中国近现代稀见史料丛刊【第一辑】

张剑 徐雁平 彭国忠 主编

# 徐兆玮杂著七种

徐兆玮 著

苏醒 整理

凤凰出版社

图书在版编目（CIP）数据

徐兆玮杂著七种 / 徐兆玮著 ; 苏醒整理. -- 南京 : 凤凰出版社, 2014.3 （2016.4重印）
（中国近现代稀见史料丛刊. 第1辑）
ISBN 978-7-5506-1953-1

Ⅰ. ①徐… Ⅱ. ①徐… ②苏… Ⅲ. ①杂著—中国—民国—选集 Ⅳ. ①Z429.6

中国版本图书馆CIP数据核字(2014)第045910号

| | |
|---|---|
| 书　　名 | 徐兆玮杂著七种 |
| 著　　者 | 徐兆玮 著　苏 醒 整理 |
| 责任编辑 | 樊 昕　王淳航 |
| 出版发行 | 凤凰出版传媒股份有限公司<br>凤凰出版社(原江苏古籍出版社)<br>发行部电话025-83223462 |
| 出版社地址 | 南京市中央路165号,邮编:210009 |
| 出版社网址 | http://www.fhcbs.com |
| 经　　销 | 凤凰出版传媒股份有限公司 |
| 照　　排 | 南京凯建图文制作有限公司 |
| 印　　刷 | 江苏凤凰扬州鑫华印刷有限公司<br>扬州市江阳工业园蜀岗西路9号,邮编:225008 |
| 开　　本 | 880×1230毫米　1/32 |
| 印　　张 | 17 |
| 字　　数 | 442千字 |
| 版　　次 | 2014年3月第1版　2016年4月第2次印刷 |
| 标准书号 | ISBN 978-7-5506-1953-1 |
| 定　　价 | 68.00元 |

(本书凡印装错误可向承印厂调换,电话:0514-85868858)

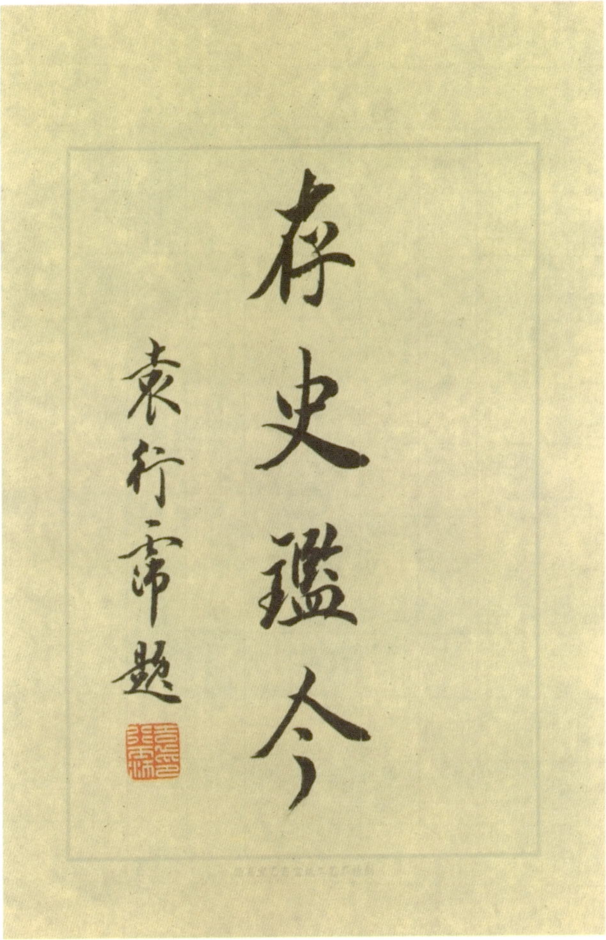


袁行霈先生题辞

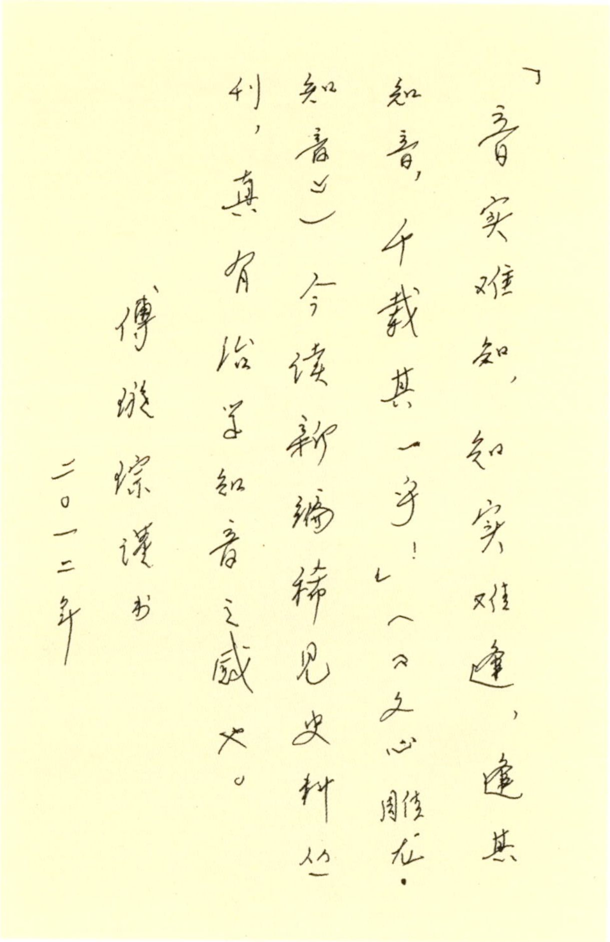
「音实难知，知实难逢，逢其
知音，千载其一乎！」（《文心雕龙·
知音》）今读新编稀见史料丛
刊，真有治学知音之感也。
傅璇琮谨书
二〇一二年

傅璇琮先生题辞

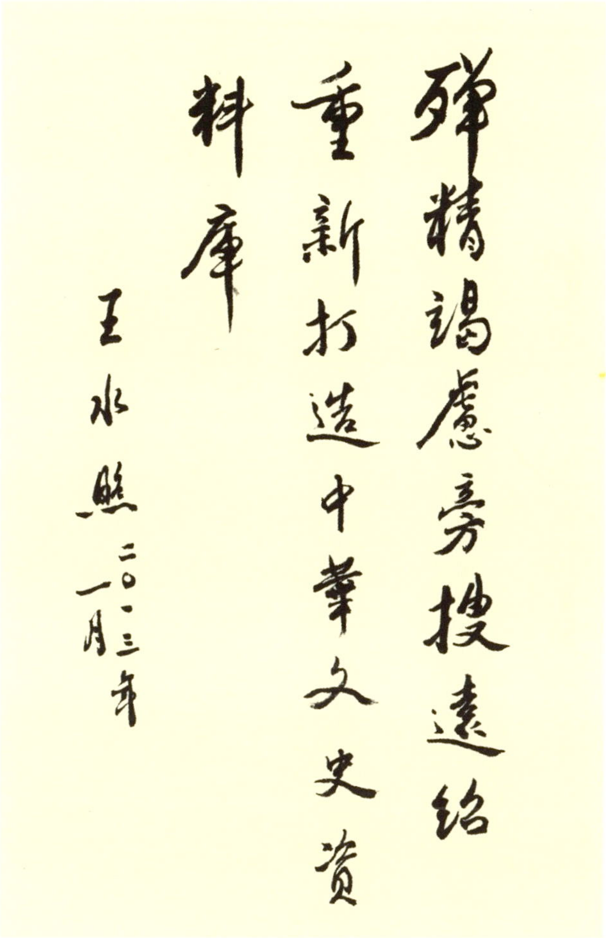


王水照先生题辞

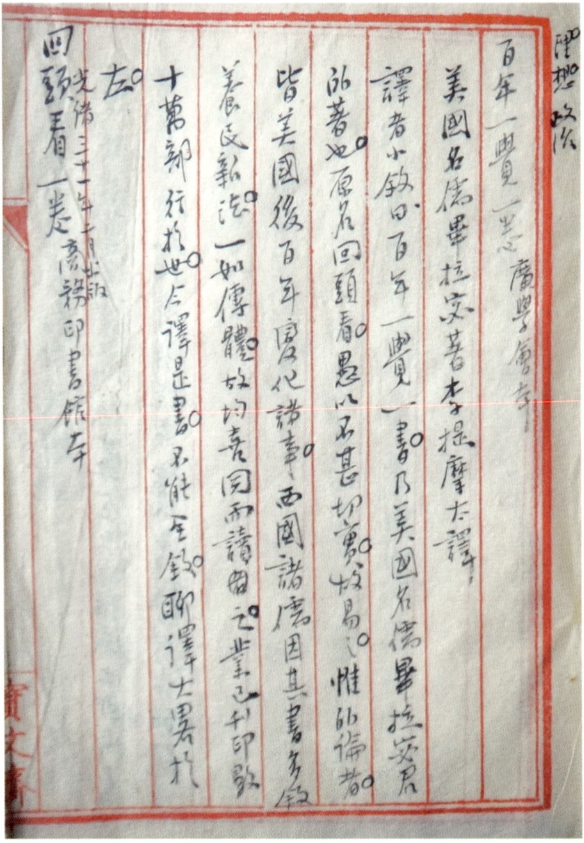

书影一

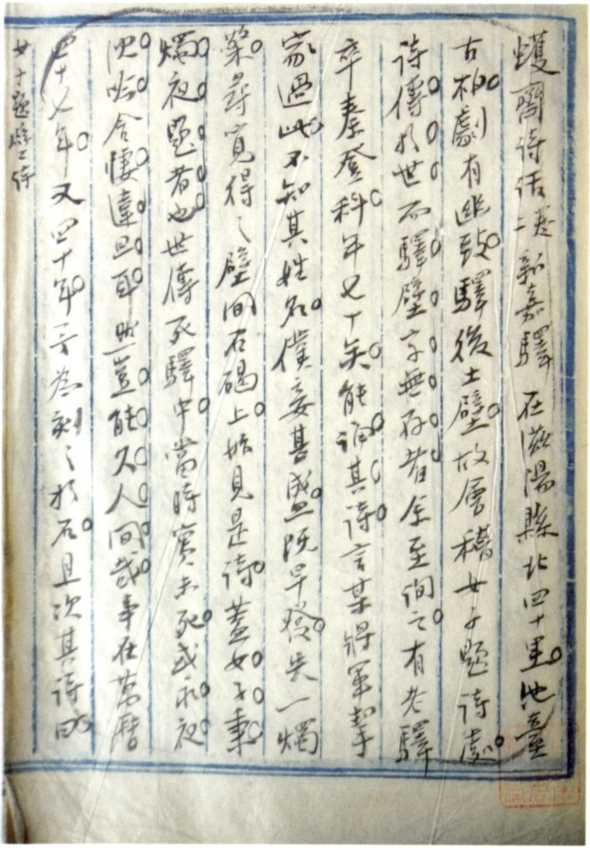

蠖齋詩話二卷 新嘉驛 在滋陽縣北四十里地臺
古柳劇有幽致驛後土壁故有稽女子題詩處
詩傳於世而驛壁字無存者余至詢之有老驛
卒秦登科年七十矣能誦其詩言某將軍挈
家過此不知其姓名僕妾甚盛既早發失一燭
篝尋覓得之壁間石碣上始見是詩蓋女子秉
燭夜題者也世傳死驛中當時實未死或和之
此吟含悽違與耶豈能久人間哉事在萬曆
四十七年又四十年予為刻之於石且次其詩曰
女子題壁之詩

书影二

甲辰里居多暇，日讀譯本小說，意有感觸，輒賦數截句，得二十種，而中輟。丙午來京師，小說日出益夥，最錄其目，殆逾百種。是區區者，管窺蠡測，嫌陋不足數，而以其頗費日力也，不忍棄，古人所謂雞肋者近之矣。綴此數言，願興嗟雞肋者共惕之。虹隱樓主人記

书影三

# 《中国近现代稀见史料丛刊》总序

在世界所有的文明中，中华文明也许可说是“唯一从古代存留至今的文明”（罗素《中国问题》）。她绵延不绝、永葆生机的秘诀何在？袁行霈先生做过很好的总结：“和平、和谐、包容、开明、革新、开放，就是回顾中华文明史所得到的主要启示。凡是大体上处于这种状况的时候，文明就繁荣发展，而当与之背离的时候，文明就会减慢发展的速度甚至停滞不前。”（《中华文明的历史启示》，《北京大学学报》2007 年第 1 期）

但我们也要清醒看到，数千年的中华文明带给我们的并不全是积极遗产，其长时段积累而成的生活方式与价值观具有强大的稳定性，使她在应对挑战时所做的必要革新与转变，相比他者往往显得迟缓和沉重。即使是面对佛教这种柔性的文化进入，也是历经数百年之久才使之彻底完成中国化，成为中华文明的一部分；更不用说遭逢“数千年来未有之变局”、“数千年未有之强敌”（李鸿章《筹议海防折》），“数千年未有之巨劫奇变”（陈寅恪《王观堂先生挽词序》）的中国近现代。晚清至今虽历一百六十余年，但是，足以应对当今世界全方位挑战的新型中华文明还没能最终形成，变动和融合仍在进行。1998 年 6 月 17 日，美国三位前总统（布什、卡特、福特）和二十四位前国务卿、前财政部长、前国防部长、前国家安全顾问致信国会称：“中国注定要在 21 世纪中成为一个伟大的经济和政治强国。”（徐中约著《中国近代史》上册第六版英文版序，香港中文大学 2002 年版）即便如此，我们也不能盲目乐观，认为中华文明已经转型成功，相反，中华文明今天面对的挑战更为复杂和严峻。新型的中华文明到底会怎样呈现,又怎样具体表现或作用于政治、经济、文化等层面,人们还在不断探索。这个问题,我们这一代恐怕无法给出答案。但我们坚信,在历史上曾经灿烂辉煌的中华文明必将凤凰浴火,涅槃重生。这既是数千年已经存在的中华文明发展史告诉我们的经验事实,也是所有为中国文化所化之人应有的信念和责任。

不过,对于近现代这一涉及当代中国合法性的重要历史阶段,我们了解得还过于粗线条。她所遗存下来的史料范围广阔,内容复杂,且有数量庞大且富有价值的稀见史料未被发掘和利用,这不仅会影响到我们对这段历史的全面了解和规律性认识,也会影响到今天中国新型文明和现代化建设对它的科学借鉴。有一则印度谚语如是说:“骑在树枝上锯树枝的时候,千万不要锯自己骑着的那一根。”那么,就让我们用自己的专业知识与能力,为承载和养育我们的中华文明做一点有益的事情——这是我们编纂这套《中国近现代稀见史料丛刊》的初衷。

书名中的“近现代”,主要指1840－1949年这一时段,但上限并非以一标志性的事件一刀切割,可以适当向前延展,然与所指较为宽泛的包含整个清朝的“近代中国”、“晚期中华帝国”又有所区分。将近现代连为一体,并有意淡化起始的界限,是想表达一种历史的整体观。我们观看社会发展变革的波澜,当然要回看波澜如何生,风从何处来;也要看波澜如何扩散,或为涟漪,或为浪涛。个人的生活记录,与大历史相比,更多地显现出生活的连续。变局中的个体,经历的可能是渐变。《丛刊》期望通过整合多种稀见史料,以个体陈述的方式,从生活、文化、风习、人情等多个层面,重现具有连续性的近现代中国社会。

书名中的“稀见”,只是相对而言。因为随着时代与科技的进步,越来越多的珍本秘籍经影印或数字化方式处理后,真身虽仍“稀见”,化身却成为“可见”。但是,高昂的定价、难辨的字迹、未经标点的文本，仍使其处于专业研究的小众阅读状态。况且尚有大量未被影印或数字化的文献，或流传较少，或未被整合，也造成阅读和利用的不便。因此，《丛刊》侧重选择未被纳入电子数据库的文献，尤欢迎整理那些辨识困难、断句费力、裒合不易或是其他具有难度和挑战性的文献，也欢迎整理那些确有价值但被人们习见思维与眼光所遮蔽的文献，在我们看来，这些文献都可属于"稀见"。

书名中的"史料"，不局限于严格意义上的历史学范畴，举凡日记、书信、奏牍、笔记、诗文集、诗话、词话乃至序跋汇编等，只要是某方面能够反映时代政治、经济、文化特色以及人物生平、思想、性情的文献，都在考虑之列。我们的目的，是想以切实的工作，促进处于秘藏、边缘、零散等状态的史料转化为新型的文献，通过一辑、二辑、三辑……这样的累积性整理，自然地呈现出一种规模与气象，与其他已经整理出版的文献相互关联，形成一个丰茂的文献群，从而揭示在宏大的中国近现代叙事背后，还有很多未被打量过的局部、日常与细节；在主流周边或更远处，还有富于变化的细小溪流；甚至在主流中，还有漩涡，在边缘，还有静止之水。近现代中国是大变革、大痛苦的时代，身处变局中的个体接物处事的伸屈、所思所想的起落，藉纸墨得以留存，这是一个时代的个人记录。此中有文学、文化、生活；也时有动乱、战争、革命。我们整理史料，是提供一种俯首细看的方式，或者一种贴近近现代社会和文化的文本。当然，对这些个人印记明显的史料，也要客观地看待其价值，需要与其他史料联系和比照阅读，减少因个人视角、立场或叙述体裁带来的偏差。

知识皆有其价值和魅力，知识分子也应具有价值关怀和理想追求。清人舒位诗云"名士十年无赖贼"（《金谷园故址》），我们警惕袖手空谈，傲慢指点江山；鲁迅先生诗云"我以我血荐轩辕"（《自题小像》），我们愿意埋头苦干，逐步趋近理想。我们没有奢望这套《丛刊》产生宏大的效果，只是盼望所做的一切，能融合于前贤时彦所做的贡献之中，共同为中华文明的成功转型，适当"缩短和减轻分娩的痛苦"

(马克思《资本论》第一卷第一版序言)。

《丛刊》的编纂,得到了诸多前辈、时贤和出版社的大力扶植。袁行霈先生、傅璇琮先生、王水照先生题辞勖勉,周勋初先生来信鼓励,凤凰出版社姜小青总编辑赋予信任,刘跃进先生还慷慨同意将其列入"中华文学史史料学会"重大规划项目,学界其他友好也多有不同形式的帮助……这些,都增添了我们做好这套《丛刊》的信心。必须一提的是,《丛刊》原拟主编四人(张剑、张晖、徐雁平、彭国忠),每位主编负责一辑,周而复始,滚动发展,原计划由张晖负责第四辑,但他尚未正式投入工作即于 2013 年 3 月 15 日赍志而殁,令人抱恨终天,我们将以兢兢业业的工作表达对他的怀念。

《丛刊》的基本整理方式为简体横排和标点(鼓励必要的校释),以期更广泛地传播知识、更好地服务社会。希望我们的工作,得到更多朋友的理解和支持。

2013 年 4 月 15 日

# 目　录

# 新旧说部两搜寻

## ——徐兆玮之小说活动及其相关著述(代前言)

北京大学中文系　潘建国

明清以降,常熟藏书、校书、刻书、著书之风颇盛,毛氏汲古阁、钱氏绛云楼、赵氏脉望馆、瞿氏铁琴铜剑楼,皆一时翘楚,并为学林书林所重。其刻藏之书,经史子集,无所不包,即便于一般藏家士子所轻之稗官野史,亦多有留意:万历时赵琦美刊唐段成式《酉阳杂俎》,明末钱遵王有“宋人词话”专藏,清咸丰时顾氏小石山房刻《绣像三国志演义》六十卷(是为清代后期《三国志演义》通行之本)。迨清季,国门开放,西风劲吹,梁任公倡导“小说界革命”,应者云集,小说遂从不登大雅之“小道”,迅速跃升为“文学之最上乘”。虞山毗邻申江,乃得风气之先,曾氏孟朴、徐氏念慈、丁氏初我、朱氏积熙诸贤,近承乡邦余绪,远效泰西流风,于沪上创设小说林社,译印东西说部百余种,其《小说林》专刊,得与《新小说》、《月月小说》、《绣像小说》合称晚清四大小说期刊,虽非宋椠元刻,然藉新小说“不可思议之魔力”,声震沪渎,名播海内,实近代吾虞之有足称者。或受乡风薰染,清季民国时期,海虞多有研治稗史者,黄摩西[①]、徐兆

① 黄摩西(1866—1913),常熟人,原名振元,字慕韩,一作慕庵,号摩西,别号江左儒侠,笔名蛮,室名“石陶梨烟室”、“揖陶梦梨拜石耕烟之室”。南社成员,光绪二十六年(1900)被聘为苏州东吴大学教授。译有《大复仇》、《日本剑》、《哑旅行》、《银山女王》等小说;撰有《小说小话》,著录通俗小说 87 种,其中包括 41 种疑佚或已佚小说,具有十分重要的小说文献价值。今人龚敏有《黄人及其小说小话之研究》,齐鲁书社 2006 年版。

玮、王古鲁[①]等人即为其中代表。

徐兆玮(1867—1940),字少逵,号虹隐,别署剑心,常熟何市镇人。光绪十四年(1888)举人,十六年(1890)进士,选庶吉士,授翰林编修。三十三年(1907)赴日本研修法学,曾参加同盟会。民国初,任国会议员。曹锟贿选总统,徐氏拒贿南归,居“虹隐楼”,专心读书著述,后丁祖荫总纂《重修常昭和志》,徐任副总纂,丁殁后又继任总纂,续成全书。徐兆玮广学博识,勤于著述,常熟县文物保管委员会于1951年接收虹隐楼藏书,编就《虹隐楼图书文物暂编目录》两册,其中徐氏个人著述六十余种[②],多为未刊稿本,蝇头小楷,密密麻麻,令人叹服。徐氏对新旧小说情有独钟,虹隐楼曾购藏大量新小说单行本及小说报刊杂志;编制《演义弹词传奇存目》一卷、《新书目录》二卷;辑纂小说资料汇编《黄车掌录》。尤为值得一提者,徐兆玮坚持每天撰写日记,数十年如一日,其虹隐楼日记[③],今存自光绪二十年二月十二日(1894年3月18日)年始,终于民国二十九年六月十二日

---

① 王古鲁(1901—1958),常熟人,原名王钟麟。民国九年(1920)赴日本,次年考入东京高等师范学校研究科学习,民国十五年(1926)归国,历任北京女子师范大学讲师,金陵、北京、中央、辅仁等大学教授。民国二十七年至三十年(1938—1941),充日本东京文理科大学讲师,新中国成立后任北京师范大学教授。撰有《王古鲁日本访书记》、《稗海一勺录》、《〈水浒传〉现存各本的关系》、《〈水浒全传〉校勘之校勘》、《读〈水浒全传〉郑序》、《南宋说话人四家的分法》、《话本的性质与体裁》等小说论著多种,校注、整理《全像古今小说》(1947)、《水浒志传评林》(1956)、《熊龙峰四种小说》(1957)、《初刻拍案惊奇》(1957)、《二刻拍案惊奇》(1957)等小说作品。

② 参阅曹培根《虹隐楼主人徐兆玮及其著述考略》,载《图书馆杂志》2008年第7期。

③ 徐兆玮虹隐楼日记全稿,已由常熟图书馆整理完毕,近期即将出版。撰写本文时,承常熟图书馆苏醒先生提供日记文本,并慨允引用其中涉及徐氏小说活动之资料,谨致谢忱。

(1940年7月16日),中缺1895年到1897年和1904年四年,另缺1911年3至5月、1937年11月27日至1938年1月30日。所涉内容极为丰富,而关于其小说活动(包括购藏、阅读、著述等方面)的文字记载,篇幅可观,引人瞩目,徐兆玮也因此具有近代小说史研究之重要个案价值。

## 一、说部荒唐遣睡魔[①]:徐兆玮的小说阅读与购藏

徐兆玮自谓"喜阅本朝说部书,取其有资掌故也"[②],并由此引发贯穿其一生的工作,即辑纂小说资料汇编《黄车掌录》。据虹隐楼日记,《黄车掌录》辑纂约始于光绪二十五年(1899),在此后一两年内,徐兆玮集中阅读了大量笔记小说杂著,其《己亥日记》、《庚子日记》记下每月读书书目,譬如:

光绪二十六年(1900)三月:读《蓴乡赘笔》三卷、《述异记》三卷、《旷园杂志》二卷、《果报闻见录》一卷、《信征录》一卷、《见闻录》一卷、《冥报录》二卷、《泰山纪胜》、《匡庐纪游》、《登华记》、《游雁荡山记》、《瓯江逸志》、《守汴日志》、《坤舆外纪》、《台湾纪略》、《台湾杂记》、《安南纪游》、《峒溪纤志》、《西征纪略》、《现果随录》各一卷、《岭南杂记》二卷、《滇行纪程》、《谈往》、《读史吟评》、《湖壖杂记》各一卷,《筠廊偶笔》二卷、《碑传集》一卷卷八十一,共三十五卷;

四月:读顾炎武《京东考古录》、《山东考古录》、《救文格论》、《杂录》、张学礼《使琉球记》各一卷、周亮工《闽小纪》二卷、许缵曾《东还纪程》、方拱乾《绝域纪略》、吴绮《扬州鼓吹词序》、张鹏翮《奉使俄罗斯日记》各一卷、高士奇《金鳌退食笔记》二卷、《扈从西巡日录》、《塞

---

① 采自徐兆玮《游戏报馆杂咏》诗,收入清孙雄所编《道咸同光四朝诗史一斑录》(1908),北京大学图书馆藏油印本。

② 见《己亥日记》光绪二十五年正月十四日(1899年2月23日)。

北小钞》各一卷、《松亭行纪》、《天禄识余》各二卷、方象瑛《封长白山记》、余怀《板桥杂记》、陈尚古《簪云楼杂说》、闵叙《粤述》、陆祚蕃《粤西偶记》、陈鼎《滇黔纪游》、虞兆漋《天香楼偶得》、王逋《蚓庵琐语》、王崇简《冬夜笺记》、王士祯《陇蜀余闻》、李仙根《安南杂记》各一卷，共三十卷；

七月:读袁枚《随园诗话》二卷、《补遗》十卷、沈涛《交翠楼笔记》四卷、翟灏《通俗编》十三卷卷九至二十一、蒋超伯《南漘楛语》八卷、程庭鹭《多暇录》二卷、朱桊《北窗呓语》一卷、程嗣章《明宫词》一卷、周寿昌《思益堂日札》五卷；

八月:读翟灏《通俗编》四卷卷二十二至卷二十五、史震林《西青散记》八卷、陆以湉《冷庐杂识》八卷、宋咸熙《耐冷谭》十六卷、《荆驼逸史》、李逊之《三朝野纪》七卷、无名氏《东林事略》三卷、吴应萁《启祯两朝剥复录》三卷、《熹朝忠节死臣列传》一卷、钱邦芑《甲申忠佞纪事》一卷、《甲申纪变实录》一卷、程正揆《甲申纪事》一卷、陈洪范《北使纪略》一卷、白愚《汴围湿襟录》一卷、钱澄之《所知录》三卷、顾炎武《圣安本纪》六卷，共五十八卷；

闰八月:读陈其元《庸闲斋笔记》八卷、柴绍炳《省轩考古类编》十二卷、洪迈《容斋随笔》十六卷、《续笔》十六卷、《三笔》十六卷、《四笔》十六卷、《五笔》十卷、《荆驼逸史》:韩菼《江阴城守纪》二卷、许德士《荆溪卢司马殉忠实录》一卷、李清《袁督师计斩毛文龙始末》一卷、丁大任《入长沙记》一卷、华复蠡《粤中偶纪》一卷、汪光复《船澥遗闻》一卷、虞山逸民《平蜀纪事》一卷、蔡士顺《李仲达被逮纪略》一卷、文震孟《念阳徐公定蜀纪》一卷、徐如珂《攻渝纪事》一卷、聋道人《遇变纪略》一卷、无名氏《四王合传》一卷、钱仪吉《碑传集》六卷卷八十二至八十七，共一百十三卷。

需要指出的是，光绪二十六年(1900)正值“庚子事变”，外敌入侵，京师沦陷，天地变色，徐兆玮内心忧愤，所谓“燕都倾覆，乘舆播迁，半壁江山终难支撑，惟有以眼泪洗面，以浊酒浇胸，以牢愁寄之苦吟，以长日付之醉梦，得过且过，如是而已。”[1]阅读笔记野史，成为其唯一之精神消遣。

如果说，徐兆玮阅读稗史小说，还有辑纂《黄车掌录》之“功利”动机的话，那么，他对新小说的搜集阅读，则更多出于一种内心的喜爱与推崇。据《剑心簃壬寅日记》记载，光绪二十八年十一月十四(1902年12月13日)，徐兆玮首次读到《新小说》杂志：“读《新小说》第一号，卷中如《新中国未来记》、《世界末日记》，思想微渺，不可思议，仙乎？仙乎！”《癸卯日记》光绪二十九年三月初四(1903年4月1日)载：“读《新小说》报第三号，五花八门，殊令人有观止之叹。”惊赏之情，跃然纸上。而梁启超借助小说展开对于国家民族未来的想象及追寻，当即激起了徐兆玮的创作欲望，他在四天之后写给翁泽芝[2]的信札中说道：“《新小说》思想入微，弟拟取东林、几、复轶事作一章回小说，必有可观，惜不能坐定构思耳。”[3]从徐氏将小说创作题材选定为晚明文人与天下兴亡主题，可以清楚地看出其接受梁氏小说影响的痕迹，可惜这部作品并未问世。

之后，徐兆玮成为新小说的长期忠实拥趸，关于其购阅新小说的记载，屡屡见诸日记，无论是在家乡常熟，还是寓居上海，或者任职京师，他始终对新小说关注有加，即便是赴日研修期间，亦不改初衷。光绪三十三年(1907)二月初三日，徐兆玮乘坐“博爱丸”轮船，自上海赴日本东京法政大学进修法学，法政大学毗邻日本著名的神田神保町古书街，他隔三差五，流连书肆，购阅了新版日本小说《绝岛军舰》、《南洋王》、《新日本岛》、《地下战争》、《电力舰队》等，并将后两部邮寄

---

① 见《庚子日记》光绪二十六年七月三十日(1900年8月24日)。

② 翁泽芝，常熟人，名之润，翁同龢之曾侄孙，常熟小说家张鸿所著《续孽海花》中翁家的“珠官”，即以翁泽芝为人物原型。

③ 《剑心簃壬寅日记》十一月十八日(1902年12月17日)录徐兆玮复翁泽芝信札。

给远在上海的丁初我，希望小说林社予以翻译出版；购阅了日本汉文小说家依田学海的《谭海》、菊池纯的《虞初新志》，并选辑其中若干篇目，编为《海客谈瀛录》三卷[①]；他还购阅了日本早稻田大学宫崎繁吉之《支那近世文学史》、《支那小说戏曲文钞释》、《续支那小说戏曲文钞释》以及笹川临风之《支那小说戏曲小史》等书，对于日本学者的中国小说研究，殊为佩服，自诫“学问无穷，幸勿沾沾自足”[②]。

从现有资料来看，徐兆玮阅读新小说最为热情高涨的时期，乃在光绪三十一年(1905)至光绪三十二年(1906)，其中尤以光绪三十二年(1906)闰四月至六月为最，几乎每天皆有阅读新小说的记载，今不惮繁琐，列举如下：

闰四月

---

① 此书稿本现藏常熟图书馆古籍部，其卷一、卷二均选自菊池纯《虞初新志》，卷三则选自依田学海《谭海》卷二。

② 《丁未日记》光绪三十三年十一月初十日载：“午后，至神田购《英国众议院先例类集》、《英国国会选举诉愿判决例》二书，又购早稻田讲义中《支那近世文学史》、《支那小说戏曲文钞释》两种”；十一日载：“早稻田大学讲义中宫崎繁吉《支那小说戏曲文钞释》凡例列举支那小说、传奇，元时小说首推《水浒传》，戏曲推《西厢记》、《琵琶记》；明时小说推《西游记》，戏曲推《玉茗堂四梦》；清时小说推《红楼梦》及《儿女英雄传》，戏曲推《桃花扇》及《长生殿》。此期讲述四种，即元代所作《水浒传》、《西厢记》及清初所作《红楼梦》、《桃花扇》也。《支那近世文学史》亦宫崎繁吉所讲述，分三编，一金元间文学，二明朝之文学，三清朝之文学，标举作家大率略于文而详于诗，旁及戏曲、小说，靡不淹贯，较久保天随《支那文学史》博洽过之，而精审不及”；十三日载：“午后，至神田购《帝国百科全书》、中岸崎昌、中村孝合著之《国法学》一册、笹川临风《支那小说戏曲小史》一册。笹川书分四篇：第一篇支那于小说戏曲之发展，第二篇元朝，一概说，二杂剧，三《水浒传》及《三国志》，四《西厢记》，五《琵琶记》。第三编明朝，一概说，二《西游记》，三汤若士。第四编清朝，一概说，二《红楼梦》，三金圣叹，四李笠翁，五《桃花扇》。后附录《金云翘传》梗概，其推重《金云翘传》，谓是支那小说中杰作，然予固未见此书也。学问无穷，幸勿沾沾自足。”

初一(1906 年 5 月 22 日):阅《洪罕女郎传》二卷

初六:阅吴趼人《中国侦探案》一卷、蟠溪子《迦因小传》一卷

初七:阅林纾译足本《迦茵小传》二卷

初八:阅林纾译《撒克逊劫后英雄略》二卷

初九:阅林纾译《斐洲烟水愁城录》二卷

十三:读林纾译《鲁滨孙飘流记》二卷

十五:阅成城子译《怪獒案》一卷、陆康华、黄大钧同译《降妖记》一卷

十六:阅林纾译《埃及金塔剖尸记》三卷

十七:阅《忏情记》二卷

十八:阅林纾译《英孝子火山报仇录》二卷

十九:阅林纾译《鬼山狼侠传》二卷

二十:阅吴步云译《一封书》二卷、《双指印》一卷

二十一:阅《美人妆》一册、《恩雠血》一册、《大复仇》一册

二十二:阅《新舞台二编》一卷、《军役奇谈》一卷、《奇狱》一卷

二十三:阅《福尔摩斯再生后探案》十卷

二十四:阅《无名之英雄》三卷、《卖国奴》一卷

二十五:阅《指环党》一卷、《昙花梦》一卷,林纾译《玉雪留痕》一卷

二十六:阅《新小说》第二年第三号一册、第四号一册

二十七:阅《新小说》第二年五号、六号、七号三册

二十八:阅新译《包探案》一卷、《长生术》一卷、《金银岛》一卷、《环游月球》一卷

二十九:阅《小英雄》二卷、《小公子》二卷

三十日:阅《最新侦探案汇刻》一卷、《瑞西独立警史》一卷、《续译华生包探案》一卷

五月

初三:阅《极乐世界》一卷

初四:阅《新新小说》二册七、八号、《侦探新语》一卷

初五:《巴黎繁华记》二卷

初六:《补译华生包探案》一卷

初八:阅《经国美谈》二卷、《银行之贼》一卷

初九:阅《侦探谈》四册

初十:阅桑伯勒《包探案》一卷、《彼得警长》三卷

十一:阅《女魔力》三卷、《黄金血》一卷

十二:阅《车中毒针》一卷、《情海劫》一卷、《泰西说苑》一卷、《小仙源》一卷

十四:阅《女娲石》甲乙二卷、《海外天》一卷、《虚无党》一卷、《玉虫缘》一卷、《新蝶梦》一卷

十五:阅《俄宫怨》二卷、《貍奴角》一卷、《一捻红》一卷、《侠奴血》一卷、《车中美人》一卷

十六:读《自由结婚一二编》二卷、《枯树花》二卷、《侠男儿》一卷、《离魂病》一卷

十七:读《儿童修身之感情》一卷

二十一:《英国诗人吟边燕语》一卷、《美洲童子万里寻亲记》一卷

二十二:《官世界》一册、《洗耻记》一册

二十三:《二金台》一卷、《俄国情史》一卷

二十四:《埃司兰情侠传》二卷

二十五:《冶工轶事》一卷、《血手印》一卷

二十六:《四名案》一卷、《黑奴吁天录》四卷

六月

初二:读《十五小豪杰》一卷、《妖塔奇谈》二卷、《髑髅杯》三卷

初三:读《女狱花》一卷、《秘密电光艇》一卷

初四:《月界旅行》一卷、《母夜叉》一卷

初五:《三字狱》一卷、《火里罪人》二卷、《澳洲历险记》一卷

初六:《禽海石》一卷、《多少头颅》一卷、《恨海春秋》一卷、《双碑记》一卷、《谷间莺》一卷、《未来战国志》一卷

初七:《新孽镜》一卷、《新稗海》一卷、《大彼得遗嘱》一卷、《游侠风云录》一卷

十二:读《回头看》一卷、《孟恪孙奇遇记》一卷、《新法螺先生谭》一卷、《黑行星》一卷

十三:阅《日本剑》二卷、《万里鸳》三卷、《地心旅行》一卷

十四:阅《双金球》二卷、《新小说》二册第二号八、九号、《白云塔》一卷、《侠恋记》一卷

十五:阅《秘密隧道》二卷、《一柬缘》一卷、《蛮荒志异》二卷、《鸿巢记》一卷

十六:《绣像小说》二册第四十七、四十八期、《双美人》一卷、《神女缘》一卷、《生死自由》一卷

十七:《瑞士建国志》一卷、《银山女王》二卷卷上、中

十八:《绣像小说》三册第五十二、五十三、五十四期

十九:《绣像小说》二册第五十五、六期

二十一:《昕夕闲谈》二卷

二十二:读《双线记》六卷

二十三:阅《绣像小说》一册第五十七期、《狱中花》二卷

二十四:《空中飞艇》二卷,卷上、中

二十五:《哑旅行》二卷

二十六:《贫子奇缘》一卷

在短短三个月时间中,徐兆玮共计阅读了 122 部新小说,另加《新小说》、《新新小说》、《绣像小说》等小说杂志 3 种 16 册,数量颇为惊人,不仅如此,他还在日记中记下了对新小说的种种评述:譬如关于林译小说,徐兆玮谓“林琴南小说以奥折见长,是深有得于唐宋人说部书者”[①];关于新小说丛书,他指出文明书局“所译小说,其版大

① 见《燕台日记》光绪三十二年闰四月二十五日(1906 年 6 月 16 日)。

小不一，不及商务印书馆、小说林之为丛书体，罗列书目，便于购读也”[①]；关于国人自撰小说，徐兆玮借王妙如《女狱花》小说批评道：“虽思力甚新，而薄弱不能动目，此近日自著新小说之通病也”[②]；关于翻译小说，他感叹曰：“近时小说日出不穷，其思想之奇辟，佐我脑力不浅，然亦全在译笔之佳与否？倘译笔平常，便味如嚼蜡矣”[③]；“近二年所出小说多侦探、言情二类，而于社会风俗毫无观感，不能不叹为美犹有憾也”[④]。

事实上，徐兆玮不仅偏爱阅读小说文本，对于小说杂志和小说研究论著，也兴趣浓厚。虹隐楼日记载及的小说报刊杂志，多达数十种，诸如《新小说》、《小说林》、《绣像小说》、《小说月报》、《小说时报》、《小说新报》、《中华小说界》、《小说丛报》、《小说海》、《小说大观》、《小说画报》、《说丛》、《小说季报》、《小说世界》、《小说日报》等，他均曾认真购阅，尤其是《新小说》、《绣像小说》、《小说月报》等重要杂志，基本上一期不漏，特别是进入民国以后，几乎每天均有阅读小说杂志的记载，他曾经写信告诉乡友孙雄：“近日湿癣大发，不出门者两月余矣，日以新出小说杂志为惟一之生命，案头累累皆是物也。足下当亦闵其志之荒矣。”[⑤]徐兆玮阅读小说杂志，除了阅读杂志登载的小说作品之外，还颇多留意各类小说研究文章，虹隐楼日记著录、摘抄了数量众多的小说论文，包括范烟桥《宋江与方腊》、董康《日本内阁藏小说戏曲书目》、郑振铎《巴黎国家图书馆中之中国小说与戏曲》、《敦煌的俗文学》、向达《关于三宝太监下西洋的几种资料》、长泽规矩也《京本通俗小说与清平山堂》、盐谷温《记全相平话三国志》、马廉《旧本三

① 见《燕台日记》光绪三十二年五月二十五日(1906年7月16日)。

② 见《燕台日记》光绪三十二年六月三日(1906年7月23日)。

③ 见《燕台日记》光绪三十二年六月五日(1906年7月25日)。

④ 见《燕台日记》光绪三十二年六月六日(1906年7月26日)。

⑤ 见《剑心簃日记》民国四年(1915)四月十八日所录与孙雄札。

国志演义板本的调查》、孙楷第《中国通俗小说提要》、傅惜华《〈樵史演义〉之发见》等等。

此外，徐兆玮还曾先后购阅了将瑞藻《小说考证》、《小说考证拾遗》、《小说考证续编》、《小说枝谈》、雷瑨《小说丛谈》、钱静方《小说丛考》、曹聚仁《平民文学概论》、胡怀琛《中国小说研究》、郭希汾《中国小说史略》、陈景新《小说学》、鲁迅《中国小说史略》、金慧莲《小说学大纲》、沈苏约《小说通论》、盐谷温《中国文学概论讲话》、孙楷第《东京大连所见中国小说书目提要》、《中国通俗小说书目》、孔另境《中国小说史料》、阿英《弹词小说评考》、《小说闲谈》、《晚清小说史》、解弢《小说话》、徐慕云《中国戏剧史》、赵景深《小说戏曲新考》等小说史专书。合而观之，徐兆玮所见所录，庶可拼接成一部二十世纪中国小说学术史，他数十年如一日紧跟学术前沿，孜孜矻矻，锲而不舍，博览群书，着实令人钦佩。

徐兆玮所阅小说作品及研究著作，其文本来源不外乎两个途径：

其一是购买。虹隐楼日记中关于购书的记载，比比皆是，家乡常熟之寺前、图书馆、学福堂书肆、江南特有之书船（徐兆玮称之"脚划船"）、沪上小说林社、新旅社书摊、四马路世界书局、京师琉璃厂、商务印书馆支馆，还有日本东京神保町、上野群益书社，处处留下过徐兆玮淘书、购书的身影；有时，他也会托书商觅购。《己亥日记》光绪二十五年七月初五（1899 年 8 月 10 日）载："王聘三丈来函云：近东乡旧家携来书百种求售，已为学福堂所得，芸生交来书目，属钞录寄览。如蒙采收示下，代留数种可也。予视其所寄书目多说部书，如《癸辛杂识》、《少室山房笔丛》、《何氏语林》、《居易录》、《分甘余话》之类，拟作书嘱其酌留数种。"在徐氏的购书经历中，最有意思的是他曾经得到了同乡黄摩西的说部旧藏，《剑心簃日记》民国五年（1916）二月十二日录与孙雄札云："下走近况无可告语，岁杪得黄摩西家中《申报》馆聚珍板丛刊百余册短书小说，借以销磨残晷，亦可见志气之颓唐矣。”

其二是租赁。小说租赁业[1]起源甚早，至清末民国时期则大盛于上海，朱文炳《海上竹枝词》(1909)云：“时新小说价诚昂，数页无非几角洋。幸有贳书新社出，看完照价一分偿”；陆士谔《新上海》(1909)第九回《新小说灌输新知识　臭出丧糜费臭铜钱》，借魏赞营与雨香的一段对话，详细描述了当时小说贳书社的经营方式、收费标准等情况；1955 年至 1956 年，上海市曾对私营书籍摊铺进行整顿与改造，经调查登记，全市共有书刊租赁业 2357 户，其中出租连环画者 2253 户，出租小说者 104 户[2]。徐兆玮晚年定居上海，时常至“兄弟书店”、“拉都书店”等处租阅小说，数量多至百余部，《丛书草堂日记》民国二十八年(1939)十一月二十二日录与翰叔札：“去岁曾租阅小说，武侠侦探、社会家庭靡不罗致，凡百余部”；他甚至还写下了《租书》诗[3]：“租书月费仅千钱，小说虞初日一编。脂夜人妖空即色，灵山道侣侠疑仙。文言退舍更通俗，泛览终朝胜懒眠。博弈用心宜圣许，蠹鱼生活我犹贤。”徐氏原注：“租费三月一元，每元三千，是月仅一千。”亦可资近代书林掌故之考证。

日积月累，聚沙成塔，徐兆玮曾经藏有十分丰富的小说书籍，尤以翻译小说及小说杂志为夥，所谓“近时译本盖十得六七矣”[4]、“案头累累皆是物也”[5]。令人遗憾的是，这些珍贵的文献未能完整地保存下来，好在尚有徐氏自编之《演义弹词传奇存目》及《新书目录》存世，让人得以稍窥虹隐楼说部收藏之一斑。关于这两份小说目录的

---

① 参阅拙文《古代小说租赁业漫话》，载《文史知识》2001 年第 5 期。

② 《1955—1956 年处理反动、淫秽、荒诞书刊工作及对私营书摊铺的安排改造》，载《上海图书馆事业志》，上海社科出版社 1996 年版。

③ 见《丛书草堂日记》民国二十七年(1938)十月二十五日。

④ 见《剑心簃日记》民国三年(1914)二月二十日。

⑤ 见《剑心簃日记》民国四年(1915)四月十八日所录与孙雄札。

细况，详见下文。

## 二、《黄车掌录》恣搜罗：徐兆玮与旧小说资料汇编

清末孙雄《道咸同光四朝诗史一斑录》(1908)收录徐兆玮《游戏报馆杂咏》诗云："说部荒唐遣睡魔，《黄车掌录》恣搜罗。不谈新学谈红学，谁似蜗庐考索多。"后有徐氏自注："都人士喜谈《石头记》，谓之红学。新政风行，谈红学者改谈经济；康梁事败，谈经济者又改谈红学。戊戌报章述之，以为笑噱。鄙人著《黄车掌录》十卷，于红学颇多创获，惜未遇深于此道者一证之。"此《黄车掌录》稿本[①]，现藏常熟图书馆古籍部，凡八册，不分卷，即便以一册为一卷视之，其卷帙也与徐氏自注不同。《黄车掌录》书稿除正文外，尚有增补性质的眉注、夹注、贴笺，其辑录资料的时间，亦远在光绪三十四年(1908)之后，譬如"《品花宝鉴》"条，引及辛亥(1911)四月廿八日《神州日报》有关资料；"查禁淫词小说"条末抄录了民国四年(1915)六月教育部所颁查禁小说名单；"《玉蜻蜓》"条，引及民国九年(1920)三月江苏淞沪警察厅布告；"《老残游记》"条，引及民国十七年(1928)九月《小说世界》第十七卷三期所载范烟桥文；"《儒林外史》"条，引及民国二十年(1931)三月十八日《新闻报》所载杨静庵文。凡此表明：《黄车掌录》的辑纂大概经历了一个较为漫长的过程。

据虹隐楼日记，《黄车掌录》始编于光绪二十五年(1897)，这是目前所知时间最早的古代小说资料汇编。《己亥日记》正月十四日载："余喜阅本朝说部书，取其有资掌故也。四日内阅梁章钜《归田琐记》八卷。时将为《称谓录》、《四书文杂事诗》、《黄车掌录》三书，未成，虽琐屑不足为大雅道，亦借以养性适情耳。"为搜集资料，在光绪二十

---

① 笔者曾撰有《徐兆玮与〈黄车掌录〉》一文，载《文学遗产》1999 年第 2 期。撰写本文时，据虹隐楼日记所载资料，进行了较大的补充和改写。

五、二十六两年时间中，徐兆玮集中阅读了一大批笔记杂著，其部分书目参见上文。至光绪二十八年(1902)十月，《黄车掌录》已具一定规模，徐氏遂有“写定”[①]之意，并陆续寄呈友朋阅正，得到肯定和帮助[②]。光绪三十一年(1905)底，徐兆玮致函小说林社的丁芝孙，声称《黄车掌录》“正二月间亦可脱稿，如尊处能代印，当邮稿就正。”[③]但由于他未能及时“铨次”完稿[④]，付印之事遂不了了之。

至光绪三十四年(1908)十二月，寓居京师的徐兆玮将《黄车掌录》缮为五册，送交曹元忠[⑤]阅正；之后，续为增补[⑥]，至民国八年(1919)二月，《黄车掌录》已达“六厚册”，较光绪二十八年(1903)初次

---

① 《剑心簃壬寅日记》光绪二十八年十月三十日(1902年11月29日)载：“欲写定《黄车掌录》，向美叔借《三国志旁证》一书，中颇有辨正演义事者。”

② 《剑心簃癸卯日记》光绪二十九年六月初二(1903年7月25日)载：“孙希孟来函，云前获读《黄车掌录》稿本，援引详博，心佩之至。兹更录所见三则，似原稿中所未及者，可采入。”此“孙希孟”，即《轰天雷》小说作者孙景贤(1880—1919)，号龙尾，笔名“藤谷古香”，常熟人，与徐兆玮关系颇密。另据《剑心簃乙巳日记》光绪三十一年二月十七日(1905年3月11日)录孙希孟函云：“前见觉我言，奉尊函托印《黄车掌录》，未知已缮稿否？《癸巳存稿》“颁行销毁演义小说”一则采录否？《水浒》下采入《绥寇经略》“叶子戏”一则、《湖壖杂记》“六和塔”一则否？”可知孙景贤所补三则之内容。

③ 《剑心簃乙巳日记》光绪三十一年十二月二十一日(1906年1月15日)录与丁芝孙信札。

④ 《燕台日记》光绪三十二年二月二十二日(1906年3月16日)录复孙希孟书：“《黄车掌录》尚未诠次，函述三条都已录入。”

⑤ 《戊申日记》光绪三十四年十二月十六日(1909年1月7日)载：“午后，乘车出门，先至胡君黼处，不值，至曹君直处，晤。以希孟集李诗及明人诗椟卷交君直，诗椟卷嘱君直题也。又《黄车掌录》五册，君直欲阅，亦即交彼。”此“曹君直”，即曹元忠(1865—1923)，字夔一，号君直，苏州吴县人，工诗词，有《笺经室遗集》等著述。

⑥ 《己酉日记》宣统元年四月初四(1909年5月22日)载：“午后，(转下页)

写定时“增入几得其半”[1]，不过，他仍未停止增补[2]，直至民国二十

(接上页)至琉璃厂，于文琳堂取《关侯事迹汇编》一部，引证浩繁，多可采入《黄车掌录》。”五月十三日(6月30)载：“录《思益堂日札·瞥记》中论小说语三页，编入《黄车掌录》。”五月十四日(7月1日)载：“录《瞥记》编入《黄车掌录》三页。”五月十六日(7月3日)载：“录《片玉山房花笺录》编入《黄车掌录》二页。”五月二十九日(7月16日)载：“录《关侯事迹汇编》中涉及演义者，拟编入《黄车掌录》，录至晚，共得二十五页。”《剑心簃日记》民国二年(1913)十月三十一日载：“以四铜子购得路朝霖《孙夫人考》一册，辨正演义，可入予《黄车掌录》也。”《剑心簃日记》民国五年(1916)九月二十七日载：“《铁笛亭琐记》有李元霸、李存孝条、小说杂考条、《封神传》用事亦颇有来历条、说部多颠倒条、《飞龙传》条、关胜、关太条，均足入予《黄车掌录》。”《剑心簃日记》民国七年(1918)十二月十九日载：“文勤师《秦輶日记》云，河之下流曰白沟，有六郎堤，宋杨延昭守益津关所筑也。今新城北有孟良营，雄县有焦瓒墓，稗官非尽杜撰，惜史无可考耳。近人诗云，巨马河边古战场，土花埋没绿沉枪。至今村鼓盲词里，威镇三关说六郎。亚古城荒焦瓒墓，桑乾河近孟良营。行人多少兴亡感，落日秋烟画角声。此则可录入《黄车掌录》。”十二月二十二日载：“《心史笔粹》中……唱喏条引《水浒传》唱大大一个肥喏，谓唱喏为古礼，当自元代废之。施耐庵为元人，去宋不远，遗俗当犹有存者。此条可采入《黄车掌录》。”

① 见《棣秋馆日记》民国八年(1919)二月八日录徐兆玮与孙龙尾札。

② 《棣秋馆日记》民国八年(1919)四月二十八日录二十七日《小时报》陈兆元《肇援杂录》，云“此条可入予《黄车掌录》”；七月二十一日录《小说月报》十卷五号《申子梨园丛话》所引黄氏《读史吟评关羽》诗，云“此亦可采入《黄车掌录》”；《剑心簃日记》民国十三年(1924)六月十日载：“阅林琴南《铁笛亭琐记》一卷，采数事入《黄车掌录》。”《剑心簃日记》民国十四年(1925)九月八日载：“《三笑因缘》前人力辨子畏无此事，予已辑入《黄车掌录》矣。”十二月十一日录海上漱石生《退醒庐笔记》所载《海上花列传》资料，云“此条可采入《黄车掌录》。”《丛书草堂日记》民国二十二年(1933)九月十二日录《珊瑚》三卷五号四十二梅居士《暹中杂感》诗，云“此诗可录入《黄车掌录》”；《丛书草堂日记》民国二十六年(1937)二月十九日录《南金杂志》一期所载周公旦《〈官场现形记〉之作者》文，云“此二则皆可入《黄车掌录》”。

六年(1937)四月十日，他还在计划重新写定《黄车掌录》[1]。然天不假年，民国二十九年(1940)，徐兆玮病逝于上海，伴随他一生的《黄车掌录》最终竟未及付印，留下了难以弥补的遗憾。

检讨《黄车掌录》的辑纂过程，前后长达五十余年，始终未能杀青定稿，个中原因，除了徐兆玮追求完美、补辑不止之外，也有若干客观因素的干扰。

其一，需要适应《黄车掌录》体例的多次调整。该书初编之时，徐兆玮计划收录的对象包括通俗小说、弹词以及杂剧，《己亥日记》光绪二十五年五月初六(1899年6月13日)载："予纂《黄车掌录》，间及杂剧，乃读《茶香室丛钞》卷十七，则乾隆时奉旨，于扬州设局修改曲剧，总校黄文旸著《曲海》二十卷，曲园称所载杂剧、传奇之名多世所未见，则搜采之浩博可知，此书不知有传本否？"但后来关于杂剧部分的书稿不慎遗失，他只能割弃而另起炉灶[2]。此外，在光绪三十二年(1906)前后，徐兆玮购阅了数量可观的新小说，他准备编制一份目录提要，并将其收入《黄车掌录》之中：《燕邸日记》光绪三十一年(1905)十二月二十一日(1906年1月15日)录与丁芝孙札："《黄车掌录》一书，考证旧小说而附以译本小说提要，正二月间亦可脱稿"；《燕台日记》光绪三十二年六月十六日(1906年7月17日)录与孙希孟札："近编译本小说目录，已得百种，归里后再编入《黄车掌录》。此书体例亦略通变，如文话、曲话之例，纯以己意之贯穿之，取能插入新智识，不至枯涩无味也。"但之后情况发生变化，一来译本小说提要撰写不易，进展缓慢，

---

① 《丛书草堂日记》民国二十六年(1937)四月十日载："予欲写定《黄车掌录》，取传奇之演《水浒》故事者一一附入，为小说考证，别开生面，因阅《元宵闹》事记此。"

② 《燕台日记》光绪三十二年三月初四日(1906年3月28日)录徐兆玮复孙希孟札云："《党人碑》为邱屿雪撰，吾邑人也，见梁廷枬《曲话》，曾考之否？《曲话》征引甚备，嘉道以前略具，补续尚易为力。前辑《黄车掌录》时，凡关系乐府、杂剧者另录成帙，稿已失去，今当以此书为定本，而另辑一长编以网罗之。"

二来其内容渐趋增多，难以与《黄车掌录》所录其它作品取得平衡，因此，徐兆玮决定将译本小说提要单列为一书。体例的多次调整，导致《黄车掌录》的卷数发生变化，徐氏自言该书有“十卷”，但今存稿本仅有八册且未标卷数。此外，徐兆玮不满足于将各种资料进行简单罗列，希望能够“以己意之贯穿之”，达到“插入新智识”的效果，自然也增加了《黄车掌录》的辑纂难度，延缓了其完稿时间。

其二，需要面对同类著作的压力。徐兆玮辑纂《黄车掌录》之时，正是“小说界革命”风起云涌之际，文人对于小说的兴趣与日俱增，小说资料汇编遂应运而生，依据其首次发表时间，主要有蒋瑞藻《小说考证》(1911)、钱静方《小说丛考》(1913)、雷瑨《小说丛谈》(1914)、蒋瑞藻《小说考证拾遗》(1922)、《小说考证续编》(1924)、《小说枝谈》(1926)、鲁迅《小说旧闻钞》(1926)、孔另境《中国小说史料》(1936)等[①]。对于上述著述，徐兆玮均曾予以及时之关注与评述。譬如：他认为钱静方《小说丛考》“颇与予有同嗜，惜其征引尚未备也”[②]；认为雷瑨“《小说丛谈》引书均注出处，与予《黄车掌录》体例相近，惟不诠次先后，稍不便于阅者耳”[③]；认为孔另境《中国小说史料》“所见甚寒俭也”[④]，还特意引录友人瞿良士书札中

---

① 参阅胡从经《中国小说史学史长编》第二章第四节“中国小说史料搜集”，上海文艺出版社 1998 年版，页 191—199。

② 《剑心簃日记》民国二年(1913)十一月三十日载：“泖东一蟹之《小说丛考》颇与予有同嗜，惜其征引尚未备也。”

③ 《剑心簃日记》民国三年(1914)九月六日载：“《小说丛谈》引书均注出处，与予《黄车掌录》体例相近，惟不诠次先后，稍不便于阅者耳。”

④ 《丛书草堂日记》民国二十六年(1937)一月二十七日，录郭则沄《寒碧簃琐谈》所引俞曲园笔记资料两则，云：“近见孔另境编《中国小说史料》，仅引曲园《小浮梅闲话》，未及此也。予辑《黄车掌录》，引曲园《小繁露》，与郭引同，又引《茶香室续抄》所辑方濬颐《梦园丛说》，与郭引《伊犁杂说》同，孔另境所见甚寒俭也。”

的相似看法[①]，以作佐证。玩味徐氏话语，每每将他人著述与《黄车掌录》相比较，可知其内心承受着一定的同行压力。

值得一提的是，徐兆玮还曾与《小说丛谈》编纂者雷瑨[②]有过书札往来，《剑心簃日记》民国四年(1915)一月五日录与雷君曜札："尊著《小说丛谈》中有《谈瀛室随笔》一种，有无刻本，希于便中示知，拙著《黄车掌录》与丛谈之体为近，尚未写定，俟稍暇录出，就正有道。"雷氏对《黄车掌录》亦有极大兴趣，他几次三番致函徐兆玮："尊著《黄车掌录》亟思一读，务求转请人录副赐下，至为感盼"[③]；"前曾示及有《黄车掌录》大著，颇思一读。近于孙师郑所辑《四朝诗》内，有尊著《游戏报馆杂咏》，其注中述此书内容有研究红学之处，益心向往之，倘蒙以原稿赐寄，感无既极"[④]；"《黄车掌录》尤寤寐不忘，如无清本，可否将原稿由邮挂号寄示，瑨当悉心录出"[⑤]。面对雷瑨的急切要求，徐兆玮均以《黄车掌录》尚未完稿为由婉拒，民国四年(1915)十一月五日，徐兆玮在回复雷氏的信札中，透露了关于《黄车掌录》辑纂的

---

① 《丛书草堂日记》民国二十六年(1937)二月六日录瞿良士函："孔另境《中国小说史料》取材甚博，不杂入传奇、戏剧，此优于蒋瑞藻《小说考证》者，然转引蒋氏所辑书极多，蒋氏采及杂志报章，固不知作者伊谁，然如《景船斋杂记》、《桃花圣解盦日记》、《菽园赘谈》、《新义录》、《寄蜗残赘》、《春冰室野乘》、《娱萲室随笔》，皆章章在耳目间，而亦厕诸不知著者姓名之列，未免见闻太隘耳。"

② 胡从经《中国小说史学史长编》第二章第四节"中国小说史料搜集"，云《小说丛谈》之"颠公"，或为金捧阊，或为松江雷缙字君曜，未审孰是。今据徐兆玮日记，可知"颠公"确为雷瑨(而非"缙")，字君曜，上海松江人，主编《文艺杂志》，编撰有《骗术奇谈》、《满清官场百怪录》、《上海之骗术世界》、《蓉城闲话》、《小说丛谈》等书。

③ 《剑心簃日记》民国四年(1915)一月三十一日录雷君曜札。

④ 《剑心簃日记》民国四年(1915)十一月三日录雷氏十月二十日札。

⑤ 《剑心簃日记》民国五年(1916)一月二十九日录雷氏民国四年(1915)十二月十九日札。

一个重要细节：

> 拙著《黄车掌录》乃未成之稿，往岁在京师闻曹云瓿言，刘蘧六亦有此作，且《水浒传》已编成，意谓无以胜人，乃辍而弗作。云瓿约予访蘧六，亦未一晤也。自返乡里，忽忽三四年，蘧六之书未见传布，箧中残稿又不忍弃掷，思稍稍整理之，会有人托觅李卓吾评本《三国志》，欲为印行，因以近世通行本校之，颇多异同，爰考得明时有内府本，钱遵王亦有藏本，拉杂疏证，复成《黄车掌录》数卷，然《三国志》外尚未暇涉猎也。

此“曹云瓿”即苏州吴县曹元忠，“刘蘧六”乃安徽贵池刘世瑗，著名藏书家刘世珩之弟，精通古籍文献之学，著有《征访明季遗书目》等。如前所述，徐兆玮曾在光绪三十四年(1908)十二月，将《黄车掌录》稿本五册送交曹元忠阅正，并于次年五月初三日(1909 年 6 月 20 日)取回，大概就在这段时间内，他从曹元忠处得知刘蘧六也在编纂类似著作的信息，自觉“无以胜人，乃辍而弗作”，数年后，徐兆玮因未见刘氏之作问世，遂又重整旧稿，续加补辑。然自民国初元(1911)至民国二十五年(1936)，《小说考证》、《小说丛考》、《小说旧闻钞》、《中国小说史料》等书陆续问世，徐兆玮虽然在体例的合理性或资料的丰富性上，仍存有一定自信，但由于小说资料汇编的空间相对有限，其《黄车掌录》的学术价值因此受到冲击和削弱，陷于谋划在先而出版在后的尴尬境地，这或许就是徐兆玮迟迟未将该书付印的主要原因。

今存《黄车掌录》稿本八册，除第一册有“演义原始”、“弹词原始”、“评解稗官”、“小说绣像”、“翻译小说”、“小说讲义”，第八册有“通考”、“说部不必妄续”、“金圣叹批小说”、“评解稗官”、“查禁淫词小说”等综合性条目外，余皆为具体小说、弹词作品的资料汇编，共收录72部作品，包括通俗小说61种、弹词10种、戏曲1种(即《万金记》)，另有2则以小说人物为条目(即“李存孝”及“八大王”)。间有《小说丛考》、《小说考证》、《小说考证拾遗》、《小说考证续编》、《小说枝谈》、《小说旧闻钞》、《中国小说史料》诸书所未收者，其中尤可注意者，有《百子图》、《龙舟记》、《海烈妇平话》、《哀江南》及《玩寇新书》5部珍稀小说:《百子图》、《龙舟记》均未见其它书目载录;《海烈妇平话》原书现仅法国巴黎国家图书馆藏有孤本，名为《百炼真海烈妇传》，徐兆玮引录清宗廷辅《壬子秋试行记》有关文字，为此小说研究提供了一则新资料;《哀江南》未见任何书目记载，乃一部成书于咸丰年间的描写太平天国战争的章回小说，凡六十回，徐兆玮引《籀经堂类稿》卷三所载，备抄全书回目及每回内容提要;《玩寇新书》，孙楷第《中国通俗小说书目》仅录书名，徐兆玮引清末醒醉生《庄谐选录》卷十一所载，录存作者原序及全书回目，凡此皆足资考证。

每篇作品所引资料多寡不一，均注明书名卷数，便于引用核查。从单部作品所征引的资料数量来看，《黄车掌录》也多有超出其它诸书者。譬如关于《施公案》，《小说考证》仅引《郎潜纪闻》，《小说旧闻钞》仅录《燕下乡脞录》，而《黄车掌录》引《茶香室三钞》卷四、《燕下乡脞录》卷四、《如是我闻》卷二、《啸亭杂录》卷十、《新义录》卷五十七、《蝶阶外史》卷二、《秋坪新语》卷三、《梵天庐丛录》卷二十八等，多达8种;再如关于《儒林外史》，《小说考证》引《桥西杂记》、《一叶轩漫笔》、《阙名笔记》3种，《小说旧闻钞》引《茶香室续钞》、《茶香室丛钞》2种，而《黄车掌录》引《茶香室续钞》卷十三、《茶香室丛钞》卷十七、《董潮东皋杂钞》卷二、《茶余客话》卷八、卷十一、《吴门销夏记》卷中、《五余读书廛随笔》卷下、《骨董琐记》卷二、《南亭笔记》卷三、《寄园寄所寄》卷六、《冬余录》卷三十、《觚剩》卷八以及民国二十年三月十八日《新闻报》所载杨静庵论文，凡12种。至于《红楼梦》、《三国志演义》、《水浒传》、《西游记》、《封神演义》等小说名著,《黄车掌录》引录更为丰富,《红楼梦》占第七册一半以上篇幅[①],《水浒传》占第五册大半篇幅,《三国志演义》份量最重,占第二、第三两整册;不仅如此,徐兆玮还将这几部名著分成若干子题,逐类汇编相关资料,如将《封神演义》分为“总论”、“姜太公”、“论俗称姜太公之谬”、“哪吒”、“杨戬”、“东狱”、“赵公明”、“闻太师申公豹”、“三姑”等九个子题,引书多达47种,庶已具小说专书资料汇编之雏形。

常熟图书馆另藏徐氏稿本《三国演义回目异同考》一册,首行标“黄车余录卷二”,然未见它卷存世,“黄车余录”一名也未见虹隐楼日记载及。此书的主体内容,乃比较《三国志演义》古本(即明末李卓吾评本)与通行本(即清初毛宗岗父子修订本)回目文字差异。在《剑心簃日记》民国四年(1915)十一月五日所录徐兆玮给雷瑨的复信中,曾提及此事:“会有人托觅李卓吾评本《三国志》,欲为印行,因以近世通行本校之,颇多异同,爰考得明时有内府本,钱遵王亦有藏本,拉杂疏证,复成《黄车掌录》数卷。”此所谓“有人托觅李卓吾评本《三国志》”,指的是徐兆玮与太仓唐海平[②]共同谋划印行明板《三国志演义》事。民国初期,新小说由于风行已久,后继乏力,令人生厌,旧小说遂重获读者青睐。徐兆玮曾敏锐地指出:“自商务印书馆编辑旧小说后,中华书局效之,亦有旧小说丛书之辑,以《三国志》、《红楼梦》、《水浒》、《西游记》等书十六种为第一辑,然价太廉,内容恐未必精美也。予谓若能将旧小说精校刊行,亦足风行一时,盖自新小说层出,取厌于社会,而旧小说又有代兴之机

---

① 参贾穗《红学史上的首部资料汇编稿——徐兆玮的〈黄车掌录〉》,载《红楼梦学刊》1997年第4期。

② 唐海平,太仓人,徐兆玮侄儿,曾留学日本,经徐兆玮介绍,为小说林社翻译小说多种。

矣。"[1]大概就在上述背景下,他向唐海平提议印行明板《三国志演义》[2],民国四年(1915)一月十八日,徐兆玮得到一部明板《三国志演义》,当即致函唐海平:"《三国志》今日由翰青叔携来,容俟日内检阅后寄呈","《三国志》尚未检查,如有缺页当为补全,但鄙意此书与今本异同之处,最好作一提要,罗列其不同之点,而加以评论,如原本《红楼梦》之有评注,或者更易动目,高见以为何如?"[3]今存稿本《三国演义回目异同考》,应即为此项提要工作之产物,或因其专事小说版本比勘,与《黄车掌录》辑录史料的体例不合,故徐兆玮另辟《黄车余录》一名。虽然徐氏只是简单比对明李卓吾本与清毛宗岗本的回目差异,但倘若站在民国四年(1915)的时间节点上,他对古小说版本的特殊关注,仍弥足珍贵。

需要指出的是,徐兆玮虽然搜集了七十多种明清通俗小说弹词史料,但他实际上并未热衷于购藏明清通俗小说,虹隐楼日记载及的旧小说购买记录,次数甚少,且时间多迟至民国以后:《剑心簃日记》民国三年(1914)七月五日载:"与程邕之函,属觅旧小说数种,《封神传》、《列国志》、《后水浒》、《平四寇》、《荡寇志》,均须木板清楚,或排印、石印本之精致者。"《丛书草堂日记》民国十八年(1929)十一月十九日载:"昨日,醉经阁送来商务印书馆所印元至治本《全相平话三国志》三册、明宏(弘)治本《三国志通俗演义》二十四册。今日在常熟书店购海宁陈氏慎初堂校印《古佚小说丛刊》三册,凡三种,《游仙窟》一卷、《三国志评话》三卷、《照世杯》四卷,皆中土佚书,流传于日本者。"虹隐楼收藏明清通俗小说的情形,今

① 《剑心簃日记》民国三年(1914)十月二日。

② 《剑心簃日记》民国三年(1914)十一月十六日录唐海平十月廿七日札云:"明版《三国志》侄已问过书业中人,据云必可获利,唯成本宜稍轻,定价宜稍廉耳,望即日商之前途,将缺页补就寄申,以便付印。"

③ 《剑心簃日记》民国四年(1915)一月十八日。

惟可从常熟图书馆藏徐兆玮稿本《演义弹词传奇存目》略窥一二。此目著录“演义类”62 种、“传奇类”3 种、“鼓书类”1 种，其中“演义类”收录《绣像三国志演义》、《镜花缘》、《西游真诠》、《西游补》、《红楼梦》、《儒林外史》等旧小说仅有 20 种，其余 42 种则皆为新小说；所录诸旧小说之版本，亦多为清代坊刻本或清末民国时期的铅石印本，不足为重。由此可知：徐兆玮的小说购藏重心，乃在新小说而非旧小说。

## 三、时新小说多魔力：徐兆玮与译本小说提要

如前文所述，光绪三十一至三十二年间(1905—1906)，乃徐兆玮阅读新小说最为热情高涨的时期，其编撰译本小说提要的想法，亦萌发于此时：《剑心簃乙巳日记》光绪三十一年一月十七日(1905 年 2 月 20 日)载：“作诗。《少年军一》两绝句。时欲为译本小说提要，每书一种赋数绝句，而掇其大略于后。”按照徐兆玮最初设定的编撰体例，每篇小说提要包括题咏绝句及情节摘要两部分文字。兹据光绪三十一年(1905)《剑心簃乙巳日记》所载，列举其所作小说题咏绝句之时间及名目如下：

一月

十七日(2 月 20 日)：《少年军一》两绝句

十八日：《专制虎》三绝句

十九日：《义勇军》二绝句

二十日：《摄魂花》二绝句

二十一日：《摄魂花》二绝句

二十二日：《哀尘》一绝句

二十三日：《少年军二》三绝句

二十四日：《雌雄蜥》二绝句

二十五日：《雌雄蜥》三绝句

二十六日：《梦游二十一世纪》三绝句

二十七日:《梦游二十一世纪》四绝句
二十八日:《小仙源》二绝句
二十九日:《新译华生包探案》三绝句
三十日:《新译华生包探案》三绝句
二月
十四日:《斯巴达之魂》二绝句
十六日:《忏悔录》二绝句
十八日:《返魂香》二绝句
二十二日:《秘密使者》五绝句
二十三日:《秘密使者》五绝句
三十日:《秘密使者》四绝句
四月
初五日:《秘密使者》四绝句
初六日:《秘密使者》四绝句
初七日:《秘密使者》五绝句
八月
初七日:《世界末日记》二绝句
初八日:《二勇少年》二绝句、《离魂病》二绝句
初九日:《俄皇宫中之人鬼》二绝句
初十日:《宜春苑》三绝句
十一日:《白丝线记》二绝句
十二日:《十五小豪杰》一绝句
十三日:《十五小豪杰》一绝句
十四日:《十五小豪杰》一绝句
十五日:《十五小豪杰》一绝句

常熟图书馆今存徐兆玮稿本《读译本小说诗》①一卷，收录翻译小说题咏绝句凡20种81首，包括"军事"4种、"地理"1种、"外交"1种、"社会"1种、"冒险"2种、"法律"1种、"侦探"7种、"理想"2种、"怪异"1种。每种小说皆"赋数绝句，而掇其大略于后"，譬如：

**斯巴达之魂**

军歌争唱从军乐，一士生还实汗颜。儿女爱情拼一割，鬼雄羞上望夫山。

誓抉心肝奉至尊，不甘乘眉入生门。青年艳说斯巴达，唤起西欧武士魂。

> 《斯巴达之魂》一卷，自树译，《浙江潮》附刊本。述西历纪元前四百八十年，波斯王泽耳士大举侵希腊，斯巴达王黎河尼佗将市民三百、同盟军数千，扼温泉门。敌由间道至，斯巴达将士殊死战，全军歼焉。一武士名亚里士多德，由爱尔俾尼目病院而生还。其妻涘烈娜不纳，且以死谏。亚里士多德卒战死于浦累皆。将军柏撒纽闻而壮之，为涘烈娜立纪念碑焉。

其全部20种小说名目与各书题咏绝句数目，均与上列《剑心簃乙巳日记》所载一致，惟缺少《十五小豪杰》1种4首而已，由此可知：所谓《读译本小说诗》实即译本小说提要之初稿。

① 需要说明的是，此手稿原未题书名，常熟图书馆藏徐兆玮稿本《北松庐杂著》丛书收入此书时题为《读译本小说诗》，整理者盖据之采录。此外，该书卷首有徐兆玮识语云："甲辰里居多暇，日读译本小说，意有感触，辄赋数截句，得二十种而中辍。丙午来京师，小说日出益夥，最录其目，殆逾百种。是区区者，管窥蠡测，媕陋不足数，而以其颇费日力也，不忍焚弃。古人所谓鸡肋者，近之矣。弁此数言，愿与嗜鸡肋者共惜之。虹隐楼主人记。"据日记所载，此"甲辰"应为"乙巳"，徐氏误记。

随着译本小说购阅数量的不断增加，徐兆玮很快意识到无法为每部小说题写绝句，遂不得不更改编撰体例。光绪三十一年十二月十五日（1906 年 1 月 9 日），徐兆玮函告唐海平“近并思编一译本小说提要”，关于其体例，他仅云“分别门类，各加评语”[①]，已无“赋数绝句”之语。后来，徐兆玮又发现自己不通外语，难以准确评估译本小说的优劣异同，故欲“各加评语”亦非易事，因此，他最终决定把编撰体例调整为：“将所阅之各书先为编目，分别门目，其重复者一一注明，以俟异日通东西文后再加考索，有原序、原跋一一录存，仿各家藏书目录例也。”[②]并一度计划将其编入《黄车掌录》[③]。

值得庆幸的是，这部凝聚着徐兆玮多年心血的译本小说提要，目前尚存于常熟图书馆古籍部，封面另题为《新书目录》，凡上下两卷，二册，共计著录新小说 18 类 120 种，包括“理想政治”类 6 种、“历史”类 4 种、“地理”类 1 种、“游记”类 1 种、“科学”类 5 种、“理想”类 2 种、“伦理”类 2 种、“道德”类 2 种、“教育”类 3 种、“军事”类 3 种、“武侠”类 3 种、“侦探”类 41 种、“言情”类 28 种、“家庭”类 2 种、“国民”类 2 种、“社会”类 5 种、“冒险”类 8 种、“滑稽”类 2 种。每种小说之提要文字颇为丰富，包含书名、出版机构、出版时间、撰者、译者、原书序跋及小说情节摘要等项。此乃目前所知时间最早的晚清翻译小说目录，较阿英《晚清小说目·翻译之部》(1954)早出近半个世纪，具有重要的学术文献价值。

翻译小说是晚清小说研究中较为薄弱的部分，其文献史料的搜集整理也相对滞后。阿英《晚清小说目》(1954)、[日]樽本照雄《新编

---

① 《剑心簃乙巳日记》光绪三十一年十二月十五日（1906 年 1 月 9 日）录徐兆玮致唐海平函。

② 《燕台日记》光绪三十二年闰四月二十三日（1906 年 6 月 14 日）。

③ 《燕台日记》光绪三十二年六月十六日（1906 年 7 月 17 日）录与孙希孟札：“近编译本小说目录，已得百种，归里后再编入《黄车掌录》。”

增补清末民初小说目录》(2002)、刘永文《晚清小说目录》(2008),虽然著录了数量可观的翻译小说,但均仅记录书名、撰译者及出版机构、出版时间四项,稍嫌简单;《中国通俗小说总日提要》(1990)虽属提要类目录,但于晚清小说收录甚少,且“专收创作小说,不收译作”;已出版的两套近代小说文本库,即台湾文雅出版社 1984 年出版的“晚清小说大系”(凡 37 册 78 种)、江西人民出版社与百花洲文艺出版社出版的“中国近代小说大系”(凡 79 卷 405 部),也只收创作小说。因此,《新书目录》实际上乃迄今唯一的晚清翻译小说提要类目录,在目前晚清翻译小说文本不易查阅的情况下,此目撮录的 120 种小说情节提要,倍显珍贵,而其抄录的众多原书序跋,更是晚清翻译小说研究的重要史料。譬如华洋书局本、广东郑哲贯公译《瑞士建国志》,提要抄录赵必振序、李继耀序、郑哲自序、“例言”七则;譬如明权社本、海天独啸子译《空中飞艇》,提要抄录长篇“弁言”,包括“小说之益”、“小说之于社会国家”、“我国小说之力”、“是书之特色”、“译述之方法”等五个部分;譬如小说林社本、会稽碧罗译述、常熟初我润辞《玉虫缘》,提要抄录萍云序、“例言”三则、译者附识、丁初我跋。凡此种种,多涉及小说翻译母本、译介过程、译者小说观念诸方面,甚有裨于晚清翻译小说研究。

值得一提的是,徐兆玮对于林纾的小说翻译极为赞赏,“林琴南所著细腻熨贴,别开胜境,每为神往,辄思效颦”①,“近译小说除林琴南所译外,多嚼蜡无味”②,故《新书目录》于林译小说著录尤夥,计有《黑奴吁天录》、《美洲童子万里寻亲记》、《英孝子火山报仇录》、《埃司兰情侠传》、《鬼山狼仙传》、《撒克逊劫后英雄略》、《足本迦茵小传》、《埃及金塔剖尸记》、《玉雪留痕》、《洪罕女郎传》、《红礁画桨录》、《蛮

---

① 《燕台日记》光绪三十二年一月初五日(1906 年 1 月 29 日)录复唐海平函。

② 《己酉日记》宣统元年三月二十日(1909 年 5 月 9 日)。

荒志异》、《足本鲁滨孙飘流记》、《斐洲烟水愁城录》等14种，抄录林纾所撰序、跋、“译余剩语”、“题词”19篇，庶可视为最早的林译小说资料汇编。

此外，《新书目录》还颇为关注晚清小说的重复翻译现象，并予以标注说明。譬如小说林社本《银山女王》提要云：“此书即《时报》馆所译之《白云塔》，因避复制，故中卷以下颇与原本不同。第七回之《春风得胜歌》、第八回之《离岛老人歌》，皆摩西自撰。郭象注庄又一庄，可与《白云塔》称二妙。”小说林社本《恩雠血》提要云：“此书与《大复仇》复出，后半所述，互有详略。而福联父女被难之历史，为前书所无，惟福与华生相遇事，又此书所阙。可据《大复仇》补之，首尾始完具耳。”广智书局本《侦探案汇刻》之一“知新子”译《窃毁拿破仑遗像案》提要云：“小说林社《福尔摩斯再生后探案》之六，为《毁拿破仑像案》，与此篇复出”，之三“无歆羡斋主”译《毒药案》提要云：“《浙江潮》有喋血生所译《摄魂花》一卷，《绣像小说》有《俄国包探案》一卷，均与此本复出。”事实上，晚清小说重复翻译现象颇为严重，著名翻译家周桂笙曾于光绪三十二年(1906)倡议建立“译书交通公会”[①]，规定所有会员凡“开译一书，无论正书小说及无论何国文字，均须先将原书书名、译定书名以及著书人之姓名，用中西文详细开列，寄交本会书记注册，按月列表刊单分送各会友，俾在会之人详悉某人现译某书，以除重复同译之弊。”此一设想虽好，但最终未能实施推广，小说翻译基本上处于无序竞争状态，翻译不注出处以及重复翻译，乃其最为突出的两大弊端。徐兆玮对此殊为究心，他在写给友人的书札中感叹道：“近编译本小说目录，约计将及百种，惟中多重复，如海平所译之《小公子》，华美书局有译本名《小英雄》，于光绪二十九年出版，是复

① 见《译书交通公会试办简章》，载《月月小说》光绪三十二年(1906)九月第一号。

制矣。此次回至沪上，拟详细搜罗，编一提要，既便读者，亦免重译。近时往往不注译本所自出，遂有疑其杜撰者，如徐念慈之《美人妆》类，令人无从考索，最为译界蟊贼[①]。”由此可知：搜检标注“重译”作品，实乃徐兆玮当年编撰译本小说提要的目的之一，而时至今日，它已成为《新书目录》学术文献价值的重要组成部分。

## 四、小说虞初富五车[②]：徐兆玮之小说人生及其意义

徐兆玮在虹隐楼日记中曾多次言及自己的小说癖，所谓“惟嗜书积习，颇不能忘，小说家言尤所笃好”[③]，“日惟以小说书报消遣永日，饱食终日，无所用心”[④]，“日来笔墨荒芜，除小说外几几束书不观”[⑤]；当他晨起感觉气闷，辄驱车公园，“静卧偶阅小说数页，颇有怡然自得之乐”[⑥]；当他由京师返乡或从上海赴日，“舟车劳顿，惟以小说度日”[⑦]；当他癣病发作，闭门不出两月余，则“日以新出小说杂志为惟一之生命，案头累累皆是物也”[⑧]；甚至在他经受政局动荡、内心充满惶恐之际，“幸有小说及书卷慰我寂寥，否则万难自遣也”[⑨]。可以毫

① 《燕台日记》光绪三十二年闰四月二十七日（1906 年 6 月 18 日）录复翥叔函。

② 孙雄为徐兆玮五十寿辰作诗《倚虹前辈五十正寿，谨赋四律以祝，即希政和》，有“搜奇驱使到虫鱼，小说虞初富五车”句，见《剑心簃日记》民国五年（1916）八月十九日。

③ 《癸卯日记》光绪二十九年十一月初八日（1903 年 12 月 26 日）录与汪兰楣书。

④ 《剑心簃日记》民国三年（1914）九月三十日录与孙雄书。

⑤ 《剑心簃日记》民国四年（1915）八月一日录与孙雄书。

⑥ 《剑心簃日记》民国十二年（1923）五月三十一日。

⑦ 《剑心簃日记》民国十一年（1922）九月十八日。

⑧ 《剑心簃日记》民国四年（1915）六月十八日录与孙雄书。

⑨ 《剑心簃日记》民国六年（1917）五月十日录与桂儿书。

不夸张地说，小说阅读对于徐兆玮来说，已不仅仅是知识的获取，而是内化成了一种惬意的生活方式。

检阅徐兆玮的小说人生，除前文所述之博览说部、辑纂《黄车掌录》以及编制译本小说提要（包括《新书目录》与《读译本小说诗》两稿）外，实际上他还做过许多与小说相关的事情：

譬如他曾计划与孙景贤、唐海平共同创办一份小说报刊，刊载东西方小说及弹词①；他曾经“戏集商务印书馆出版小说为偶，得二字者二，三字者二十三，四字者十九，五字者七，六字者三，七字者一，共五十五联，拟投稿《时报》馆以助余兴”②；他曾从译本小说中摘取修身养性之警句，编为“小说格言”，如从林译《块肉余生述前编》卷上摘出三句：“少年人居世界中必任以事，断无闲居此世界中而无事者”，“凡人每年进款至二十镑者，或縻费至十九镑十九先零六辨士，此即为世上福人，以所余者尚六辨士也，若费至二十镑以外，则即为穷困之人”，“今日所宜为之事，勿贻留至于明日，缓忽者，光阴之蟊贼也，当力擒之勿释”，可谓别具一格。

他甚至还曾创作过一篇名为《小茶馆》的选举小说，并投寄给《时报》馆，可惜未见刊出。今据《己酉日记》宣统元年闰二月初八日（1909年3月29日）所载，转录于下：

清溪一曲，茅舍三间，垂柳四五株，掩映户外，临水竹窗半启，有七八人团坐谈天者，三家村小茶馆也。有一人衣长衫，昂然入，须发半白，手长烟管，众杂起迎曰：“老爹，请坐。”老爹略一点首，坐上坐，无所屈。众中一人卒然起问曰：“前日某镇开会，

---

① 《剑心簃壬寅日记》光绪二十八年十一月十九日（1902年12月18日）录与孙希孟书。

② 《剑心簃日记》民国三年（1914）三月五日。

老爹到否?”老爹拈须曰:“尔何知? 前日投票选举,非开会也。旧年所发告示,我至今犹能背诵也。“众曰:“然则投票者为何人? “老爹曰:“村中某富户、某富户,皆有投票之资格者也。”众曰:“前日风雨,路少行人,某某素不出门,何不惮十余里之往返而亲往投票乎?”老爹曰:“尔何知? 董事某老爷亲谕我曰,奉官面谕,凡册上列名而不亲到投票者,当出差提究。虽疾风甚雨,敢躲懒邪?”众曰:“然则选举者又何人?”老爹曰“我闻此次所选即为皇帝办事之人,谈何容易? 如董事某老爷者,庶足当之无愧耳。”众曰:“吾村中某某所选,其即董事某老爷乎?”老爹曰:“既为此镇之百姓,安得不举此镇之董事邪?”众曰:“某老爷既为皇帝办事,将不能久居此乡矣。”老爹曰:“尔又何知? 我所谓为皇帝办事,即办本乡之事也,某老爷何为而去此乡? 且汝等不知,某老爷前日为州县官办事,实与我地方老爹等肩耳。不见谕单上每称董保乎? 此后为皇帝办事,则将与州县官等肩,衣服不可不华丽,不华丽不足以壮观瞻也;饮食不可不讲究,不讲究不足以养身体也;鸦片瘾不可不增多,不增多不足以提精神也。夫以某老爷如此之清廉,而有如此之费用,汝等小百姓苟有良心,当必思所以孝敬之。我知某老爷选举后必将开筵庆贺,汝等当按照家资公拼一重大分子,我代汝等送去。”众唯唯,老爹拖烟管,大踏步出门去,众各鸟兽散。楚雨曰:地方老爹之智识如许,可谓开通矣。吾独痛董事某老爷之随地皆是也,呜呼!

事实上,就在小说创作的前几天,徐兆玮刚刚参加了江苏咨议局议员的常熟地方选举,对于选举中的种种弊端,正有切身之感。该小说通篇俱为人物对话,篇末以“楚雨曰”引出作者议论,虽无曲折之情节,然其讽刺清季地方选举之荒唐、官吏士绅之腐败,则殊为及时与深刻。

徐兆玮所生活的十九世纪末至二十世纪中,正是中国小说社会、文学及学术地位跃升、小说学科逐渐形成并兴盛的时期,喜爱小说、阅读小说、撰译小说、研究小说的文人,较之明清两代大为增加。需要强调的是,即便置身于上述时代文化背景,徐兆玮也仍然是一个可圈可点的人物,他对于新旧说部的一往深情,对于小说阅读的如饥似渴,对于稗史研考的坚持不懈,皆罕有出其右者。虽然,徐兆玮的绝大部分著述未及刊印问世,如今知者甚少,而曾经让他呕心沥血、颇为自得的《黄车掌录》,也由于小说研究的推进以及电子检索工具的发明,其文献资料价值大为削弱。但是,徐兆玮的人生却注定因为小说而改变,因为小说而精彩,因为《黄车掌录》与译本小说提要(包括《读译本小说诗》、《新书目录》两稿)而在中国小说学术史上留下其应有的印迹。

## 附　记

犹忆十五年前,遵照上海师范大学徐恭时先生之嘱,我至常熟图书馆石梅古籍部查阅《黄车掌录》,甚为该书之资料价值而兴奋,归撰《徐兆玮与〈黄车掌录〉》一文予以鼓吹,并希望能将其整理出版。然因生性疏懒及学术兴趣之转移,南漂北荡,左顾右盼,竟一直未得如愿。如今,常熟图书馆苏醒先生不仅将厚厚八册《黄车掌录》稿本整理出来,还费心搜罗我当年未见之《读译本小说诗》、《新书目录》、《三国志回目异同考》、《演义弹词传奇存目》、《女子题壁诗录》、《女子题壁诗》等徐氏稿本数种,裒为一册付梓,公诸同好,嘉惠学术。承蒙苏醒先生抬爱,约我撰写一篇序文。我本才疏学浅,曷敢担当此任,惟念自己作为一名常熟籍小说研究者,理应撰文表达对乡贤前辈徐兆玮之敬意以及整理者苏醒先生之感谢,遂假新春余暇,草就此文,权作虹隐楼杂著之引玉砖可也。癸巳大年初六酉堂识于娄东之邻菽馆。

# 黄车掌录

## 卷一

### 略　例

此书专考证事实，空言评论者不录。

近时考证小说者往往阑入传奇、剧本，此书则以演义、弹词为限。

前人论著必标书名卷数，以备检查。

说部浩繁，见闻隘陋，先取浏览所及，纂为长编，间有考索，附加按语。凌乱失次，又多遗漏，整齐贯串，容俟异时，大雅君子幸是正焉。

### 演义原始

《通俗编》卷七：《新论》：小说家合丛残小语，近取譬谕[①]，以作短书。按，古凡杂说短记、不本经典者，概比小道，谓之小说。乃诸子杂家之流，非若今之秽诞言也。《辍耕录》言，宋有诨词小说，乃始指今小说矣。《水东日记》："书坊射利之徒，伪为小说杂书，农工商贩，抄写绘画，家蓄而人有之。痴騃妇女尤所酷好，因目为女《通鉴》。"《七修类稿》："小说起宋仁宗时。盖时太平日久，国家闲暇，欲进新奇之

---

① 谕：《新论》原书作"论"。

事以娱之。故小说每得胜回头之后，即云话说赵宋某年。”

《九九销夏录》卷十二：《永乐大典》有平话一门，所收至夥，皆优人以前代轶事敷衍而口说之。见《四库全书提要·杂史类》附注。按，《七修类稿》云：“小说起宋仁宗时，国家闲暇，日欲进一奇怪之事以娱之。故小说得胜头回之后，即云话说赵宋某年”云云。此即平话也。《永乐大典》所收必多此等书，如得见之，亦足销闲而娱老矣。

又：宋刘斧所著《青琐高议》，每条各有七字标目，如“张乖崖明断分财”、“回处士磨镜题诗”之类，颇与平话体例相近。

又：国朝张时为《界轩集》有拟奏疏一通，欲请定天下传奇为六等。此论大奇，不知讲学家何以有此？

又：明杨东明所绘《河南饥民图》，至今有刻本，乃东明万历中所上也。图凡十有四，前十三图绘饥民之状，各系以说；末一图乃东明拜疏之象，亦有说曰：“这望阙叩头的就是刑科右给事中小臣杨东明。”诸说皆俚俗之语，冀人主阅之，易于动听。亦深费苦心矣。

又：明薛梦李《教家类稿》一书，首以图说绘画故事，而系之以说云“这一个门内站的人是某朝某人”云云。疑明代通行小说平话有此体也。

## 弹词原始

《坚瓠九集》卷一：世之瞽者多学琵琶，演唱古今小说，以觅衣食，谓之陶真。盖汴京遗俗也。瞿存斋《过汴诗》云：“歌舞楼台事可夸，昔年曾此擅豪华。尚余艮岳排苍昊，那得神霄隔紫霞。废苑草荒堪牧马，长沟柳老不藏鸦。陌头盲女无愁恨，犹拨琵琶说赵家。”

《归田琐记》卷七：小说九百，本自虞初，此子部之支流也。而吾乡村里，辄将故事编成七言，可弹可唱者，通谓之小说。据《七修类稿》云，起于宋时。宋仁宗朝，太平盛久，国家闲暇，日欲进一奇怪之事以娱之，故小说兴。如云话说赵宋某年。又云，太祖、太宗、真宗帝，四帝仁宗有道君。瞿存斋诗所谓“陌头盲女无愁恨，能拨琵琶说赵家”，则其来亦古矣。

《茶香室续钞》卷十三：明郎瑛《七修类稿》云，小说起宋仁宗。闾阎淘真之本之起，亦云太祖、太宗、真宗帝，四帝仁宗有道君。按，淘真，不知何书。以七家为句，殆即今之弹词。明代当尚有其书，故郎氏得见之也。

又，国朝黄士珣《北隅掌录》引《西湖志余》云：杭州男女瞽者，多学琵琶，唱古今小说平话，以觅衣食，谓之陶真。大抵说宋时事，盖汴京遗俗也。

《研秋斋笔记》卷上：《逸周书·周祝解》、《荀子·成相篇》，皆如后世弹词体。《荀子》首句“请成相”，言请奏此曲也，即后世弹词之祖。

周中孚《郑堂札记》卷五：《成相篇》通例，两三字句，一七字句，一四字句，又一七字句，自成章法。后世弹词，当滥觞于此。《逸周书·周祝解》亦如此，皆周末之文体也。

## 评解稗官

《茶香室续钞》卷十三：国朝周亮工《书影》云，叶文通，名昼，无锡人，多读书，有才情，故为诡异之行。或自称锦翁，或称叶五叶，或称叶不夜，最后名梁无知，谓梁溪无人知之也。当温陵《焚》、《藏书》盛行时，坊间种种借温陵之名以行者，如《四书》第一评、第二评，《水浒传》、《琵琶》、《拜月》诸评，皆出文通手。按，今人止知有金圣叹《水浒评本》，前乎此有叶文通，则无闻矣。

《柳南随笔》卷三：金人瑞，字若采，圣叹其法号也。少年以诸生为游戏具，补而旋弃，弃而旋补，以故为郡县生不常。性故颖敏绝世，而用心虚明，魔来附之。钱宗伯《天台泐法师灵异记》所谓慈月宫陈夫人以天启丁卯五月降于金氏之乩者，即指圣叹也。圣叹自为乩所凭，下笔益机辨澜翻，常有神助，然多不轨于正，好评解稗官词曲，手眼独出。初批《水浒传》行世，昆山归玄恭庄见之，曰：“此倡乱之书也。”继又批《西厢记》行世,玄恭见之,又曰:“此诲淫之书也。”顾一时学者爱读圣叹书,几于家置一编。而圣叹亦自负其才,益肆言无忌,遂陷于难,时顺治十八年也。

《茶香室丛钞》卷十七:国朝刘廷玑《在园杂识》云,《三国演义》叙述不乖正史,而桃园结义、战阵回合,不脱稗官窠臼。杭永年一仿圣叹笔意批之,似属效颦,然亦有开生面处。《西游》为证道之书,丘长春借说金丹奥旨。汪澹漪批注处大半摸索皮毛,即《通书》之太极无极,何能一语道破耶?《金瓶梅》以淫说法,彭城张竹坡为之先总大纲,次则逐卷逐段分注批点,可以继武圣叹。按,金圣叹评《水浒》,人人知之。至《三国演义》为杭永年评,《西游》为汪澹漪评,《金瓶梅》为张竹坡评,则知者鲜矣。《金瓶梅》余未寓目,至《西游记》每回必有悟一子评,其即汪澹漪乎?惟丘长春别有《西游记》,非此书也。刘氏沿袭俗说,失之。

按:今所通行《三国志演义》,为茂苑毛宗岗序始氏评,吴门杭永年资能氏定,有金圣叹序,谓于友人案头见毛子所评《三国志》之稿,观其笔墨之快,心思之灵,先得我心之同然,称快者再,故序此数言,付毛子授剞之日,弁于简端,使后之阅者,知余与毛子有同心云。则是评《三国演义》者为毛宗岗,非杭永年。所谓定者,犹言鉴定耳。刘氏认为杭批,又以为效颦圣叹,一误再误。曲园附按语,何亦不一检原书耶?毛序始生平事实未详,惟《坚瓠集》载其杂文数首、词数阕,如《十集》卷一有序始仿制义体集四书句作《戒角篇》;《补集》卷一有《猫弹鼠文》;卷二有咏鲞鹤、茧鹤《西江月》二词;卷四有《美女灯谜》;卷五有《康熙庚辰夏日,邻人不戒于火,室庐被焚,藏书俱成煨烬,因作〈临江仙〉词自叹》;又《秘集》卷六引毛序始云,《大学》无“斯”字,《论语》无“此”字,《尚书》无“也”字,未有人拈出。其人盖与褚石农同时,又同里闬,故多所称述。《坚瓠补集》卷二云,毛德音先生纶,学富家贫,中年瞽废,同辈惜之。有《三国笺注》、《琵琶评》行世。是毛序始《三国志评》外,复有毛德音《三国笺注》,则更无人道及矣。

## 小说绣象

《前尘梦影录》卷下：绣象书籍，以宋椠《列女传》为最精，元椠则未之见。明代最为工细，曾见《人镜阳秋》及郑世子载堉《乐书》、《隋炀艳史》、《元人百种曲》首帙、《水浒传》首本、《隋唐演义》首帙，皆有绘画。自兵劫以来，此种珍本均不得见矣。

## 翻译小说

《啸亭杂录》卷一：太宗天资敏捷，虽于军旅之际，手不释卷。曾命儒臣翻译《三国志》及辽金元史、性理诸书以教国人。

《啸亭续录》卷一：崇德初，文皇帝患国人不识汉字，罔知治体，乃命达文成公海翻译国语《四书》及《三国志》各一部，颁赐耆旧，以为临政规范。及定鼎后，设翻书房于太和门西廊下，拣择旗员中谙习清文者充之，无定员。有户曹郎中和泰者，翻译绝精，其翻《西厢记》、《金瓶梅》诸书，疏栉字句，咸中綮肯，人皆争诵焉。

《癸巳存稿》卷九：顺治七年正月，颁行清字《三国演义》。此如明时文渊阁书有《黄氏女书》也。《黄氏女书》为念佛，《三国演义》为关圣，一时人心所向，不以书之真伪论。

按：蒋良骐《东华录》卷六：顺治七年正月，颁行满文《三国演义》。与俞理初所引年月正合，而王先谦《东华录》不载，知王录之删削者多也。

陈康祺《燕下乡脞录》卷十：罗贯中《三国演义》多取材于陈寿、习凿齿之书，不尽子虚乌有也。太宗崇德四年，命大学士达海译《孟子》、《通鉴》、《六韬》，兼及是书，未竣。顺治七年，《演义》告成，大学士范文肃公文程等蒙赏鞍马银币有差。国初满洲武将不识汉文者，类多得力于此。嘉庆间，忠毅公额勒登保初以侍卫从海超勇公帐下，每战辄陷阵。超勇曰："尔将材可造，须略识古兵法。"以翻清《三国演义》授之，卒为经略。三省教匪平，论功第一。盖超勇亦追溯旧闻也。

按：达海卒于天聪六年。天聪十年四月始改元为崇德，陈氏称崇德四年，命大学士达海译《孟子》等书，误也。王先谦《东华录》：天聪六年七月庚戌，游击榜式达海卒。其平日所译汉书，有《刑部会典》、《素书》、《三略》、《万宝全书》，俱成帙。时方译《孟子》、《三国志》、《通鉴》、《六韬》、《大乘经》，未竟而卒。据此是达海卒时，《三国志》犹未译竟。范文程等赓续从事十余年而始获告成。告成之日，即颁行之日。《啸亭续录》谓文皇帝命达文成海翻译《四书》及《三国志》，颁赐耆旧。盖原其始而言之，惟系之崇德初，则误与《燕下乡脞录》同。天聪三年四月，命榜式达海及刚林等翻译汉字书籍，亦见王先谦《东华录》。当改"崇德初"为"天聪初"，庶不至有倒置年月之诮耳。

又按：《圣武记》卷十二：太宗崇德四年，命达海译《通鉴》、《六韬》、《孟子》、《三国志》、《大乘经》，未竣而卒。此即《燕下乡脞录》所本。魏默深熟精国故，不知何亦舛误至此？

《小三吾亭随笔》：往年于厂肆见有《金瓶梅》，全用满文，惟人名则旁注汉字，后为日本人以四十金购去。贾人谓是内府刻本。后阅《啸亭续录》，乃知翻译出户部郎中和泰之手。和泰所译尚有《西厢记》。国初设翻书房于太和门西廊下，择旗员中谙习满文者充之，无定员。凡《资治通鉴》、《性理精义》、《古文渊鉴》诸书，皆翻译满文以行。此或当时游戏出之，未必奉敕也。

按：王先谦《东华录》：天聪九年五月己巳，上谕文馆诸臣曰："汉文《通鉴》之外，野史所载，如交战几合、逞施法术之语，皆系妄诞。此等书籍传至国中，恐无知之人信以为真，当停其翻译。"据此则当时文馆翻译小说不止《三国志》一书可知，然见于记载者只有《金瓶梅》耳。满文《三国志》、《金瓶梅》，予均于海王村书肆见之。

又按：冒鹤亭曾于满洲某侍郎家，见批本《随园诗话》一部，云是伍拉纳之子所为。卷五一条云，翻译《金瓶梅》即出徐蝶园手，其满汉文为本朝第一。此说未见他书，不知确否。

《庄谐选录》卷八：日本人为《拿破仑传》者，言拿破仑行军，携书一册，藏庋甚秘，不使人得见。盖即吾华之《水浒传》也。是书日本最先译出，辗转传译至西洋云。

## 小说讲义

日本笹川种郎、久保天随述《支那文学史》，宫崎繁吉述《支那近世文学史》，均以小说戏曲为文学之一种。宫崎为早稻田大学讲师，予见其所著《支那小说戏曲文钞释》，即早稻田大学之讲义，目次则《水浒传》第一，《西厢记》第二，《桃花扇》第三，《红楼梦》第四。续编一册，目次则《琵琶记》第一，《粉妆楼》第二。首为解题，次述本文，逐段诠释，又分字解、义解，其体如六朝义疏，亦教科中之别开生面者也。

史梦兰《止园笔谈》卷四：顺治七年，翻译《三国演义》告成，大学士范文程等赏鞍马银币。额勒登保初以侍卫从超勇公海兰察帐下，每战辄陷阵。海公曰："尔将材可造，须略识古兵法。"以翻清《三国演义》授之，卒为经略，荡平三省教匪。是国朝满洲武将不识汉文者，类多得力于此。且罗贯中大半引申于陈寿，非尽凿空，故朝廷开局译为官书，以资教胄。然此为武将言之则可，若嘉定严衍作《资治通鉴补》，多取《三国演义》。而钱竹汀作《严氏传》，遂盛推为明代史学之冠，则懵然矣。

徐景福《丹泉海岛录》卷四下：顺治七年，翻译《三国演义》告成，大学士范文肃公等均蒙赏银币鞍马。厥后嘉庆初，忠毅公额勒登保以侍卫从超勇公海兰察帐下，每战辄陷阵。海公曰："尔将材可造，须略识古人用兵。"乃以官书《三国演义》授之，卒为经略，荡平教匪。盖其为书博采各家而贯串之，以演陈志之义。每事装点，非尽凿空。军中无事，以为谈助，亦若啖益智之粽，然则苟具神悟，何书不可读？如九天玄女、奇门遁甲，皆兵家寓言。九天者，即孙子动乎九天之上之义。玄者，北方之色，藏色也。女，静处者也。惟藏惟静，无赫赫之名，而动乎九天，遂制敌人之命。奇门者，门有八，用兵门多，而得奇者生。所为以正合，以奇胜。遁甲者，先甲奇，其奇为乙丙丁，盖甲所不敌而受制者，庚也。甲以其属之乙合庚，乙又以所生之丙丁制庚，则甲可安然而遁矣。其它以此类推，凡为是书者，其寓意如此。乃以五行八卦敷衍之，颇皆凑合。若后人据以为择日之用，则失之远矣。

## 辽东传

俞樾《茶香室丛钞》卷十七：明宦官刘若愚《酌中志》云：冯铨害经略熊廷弼，因书坊卖《辽东传》。其四十八回内有"冯布政父子奔逃"一节，极耻而恨之。按《辽东传》一书今无传本，实纪当时之事，并姓氏官位亦大书之。明人之无忌惮如此。

按：李逊之《三朝野纪》卷三上，载天启朝谕内阁云：顷八月二十一日，文华殿讲读毕卿等五人面献刊行《绣像辽东传》一册，出诸袖中，合词奏曰：此熊廷弼所以掩饰夸功，希图脱罪。朕亲览之，竖发切齿。花村看行侍者《谈往》亦言，其害熊经略廷弼者，因书卖《辽东传》，其四十八回内有"冯布政父子奔逃"一节，极耻而恨之，令妖弁蒋应旸事发于讲筵，以此传出袖中面奏，致熊正法。彼时阁中拟入圣谕，归干断于先帝。体乾、永贞、文辅会议曰："分明是小冯儿与熊家有仇，在讲筵害他，与圣上何干？"遂于原稿上奏请御笔增入"卿等面奏，出诸袖中"字样。是此书当日冯铨曾以进御矣。

## 祁禹传

陈尚古《簪云楼杂说》：归安茅镳，鹿门先生第三子也，字右鸾，逸才旷世。偶同诸友谐谑，枚举平生可人，以志奇遇。镳哑然笑曰："顷获所闻，遇则遇矣，未足云奇也。世有一人而百遇尽属妙丽，斯为奇耳。"诸友曰："昔人陈迹，弟辈靡所不窥，信若兄言，愿一披读。"镳曰："此种异书，欲窥殊不易也。兄当以春缸沃我耳。"众曰："唯唯，兄固不可食言。"然镳实无此书。暮归，即鸠工匠及内外誊写者百余人，广厦列炬如昼，镳危坐其中，或以口语，或以手授，随笔随刊。苏学士手腕欲脱，亦不顾也。天将曙而百回已竣，序目评阅具备。因戒阍人曰："昨诸人来，第言宿醒未解，俟装钉既就，方报我。"遂入内浓睡。阍人如镳指，而诸友息肩书合，午后始晤。镳投以书五束，题曰《祁禹传》，结构精妙不可名状，而千载韵事，一人遍焉。诸友曰："才人妙手，如万斛明月从空散落，可谓风流之董狐矣。"镳曰："箧中尚留几帙，明日当奉诸公。"众方欲觞镳，固辞乃止。后闻镳一夕草就，莫不惊叹。而镳屡踬棘闱，曾不能博一第，或以为口过所致云。

## 开辟演义

《小浮梅闲话》：《开辟演义》一书，详言布置日月星辰事，鄙俚可笑。此本之佛经也。按，《大集经》殊致罗婆菩萨告诸龙言，贤劫初有一天子名大三摩多，其夫人与驴交而生人，委弃厕中。有罗刹妇收养之。及至长成，身体端正，福德庄严，惟唇是驴，故号为佉卢虱咤大仙，汉言驴唇也。驴唇仙人学于圣法，经六万年，翘于一脚，日夜不下天见大仙受如是苦，时诸梵众及帝释天并余上方欲色界等和合悉来礼拜，问大仙圣人欲求何等，驴唇言，我念宿命过去劫时，见虚空中有列宿日月五星，昼夜运行。此贤劫初无如是事，汝等怜我，愿说日月星辰法，用置立安施，如我所愿。诸天皆悉欢喜。于是二十八宿及日月、大小星宿皆次第安置。据此则日月星辰乃驴唇仙人为之也，演义家敷衍此事。泰西人又属之天主。

郑永禧《竹隐庐随笔》卷三：《开辟演义》曰，日姓孙名开，月姓唐名末。日月有姓名，千古奇谈！

## 大禹治水小说

《茶香室三钞》卷二十三：国朝徐承烈《燕居续语》云：沈滕友先生名嘉然，山阴人，以能书名，后入江南大宪幕中。尝陋《封神传》小说俚陋，因别创一编，以大禹治水为主，按《禹贡》所历，而用《山海经》敷衍之，参之以《真仙》、《通鉴》、《古岳渎经》诸书，叙禹疏凿遍九州，至一处则有一处之山妖水怪为梗。上帝命云华夫人授禹金书玉简，号召百神平治之，如庚辰、童律、巨灵、狂章、虞余、黄麾、太翳皆神将而为所使者也。至急难不可解之处，则夫人亲降，或别求法力最巨者救护之。邪物诛夷镇压不可胜数，如刑天、帝江、无支祈之类是也。功成之后，其佐理及归命者皆封为某山某水之神。卷分六十，目则一百二十回。曹公楝亭寅欲为梓行，滕友以事涉神怪，力辞焉。后自扬返越，覆舟于吴江，此书竟沉于水，滕友亦感寒疾，归而卒。书无副本，惜哉！

## 封神传

《通俗编》卷二十三有"三清"条、"元始天尊"条，当采。

《归田琐记》卷七：吾乡林樾亭先生言，昔有士人罄家所有嫁其长女者，次女有怨色，士人慰之曰："无忧贫也。"乃因《尚书·武成篇》"惟尔有神，尚克相予"语，演为《封神传》，以稿授女。后其婿梓行之，竟大获利云云。按《史记·封禅书》云，八神将，太公以来作之。《旧唐书·礼仪志》一引《六韬》云，武王伐纣，雪深丈余，有五车二马，行无辙迹，诣营求谒。武王怪而问焉，太公曰："此必五方之神来受事耳。"遂以其名召入，各以其职命焉。《太平御览》十二引《阴谋》所载，与此略同，而以祝融、玄冥、句芒、蓐收为四海神名，冯修为河伯神名。使谒者各以其名召之，五神皆惊云云。则知太公封神古有此说。今人于门户每书"姜太公在此，百无禁忌"，亦非无所本矣。《两般秋雨庵随笔》卷六引证略同；《通俗编》卷三十七亦引《唐书·礼仪志》、《太公金匮》、《史记·封禅书》。

《庭立记闻》卷三：《太平广记》说此事更详，五车二马乃四海之神祝融、句芒、颛顼、蓐收与河伯、风伯、雨师也。

《浪迹续谈》卷六：余于剧筵颇喜演《封神传》，谓尚是三代故事也。忆吾乡林樾亭先生尝与余谈，《封神传》一书是前明一名宿所撰，意欲与《西游记》、《水浒传》鼎立而三，因偶读《尚书·武成篇》"惟尔有神，尚克相予"语，演成此传。其封神事则隐据《六韬》、《旧唐书·礼仪志》引。《阴谋》、《太平御览》引。《史记·封禅书》、《唐书·礼仪志》各书，铺引傲诡，非尽无本也。我少时尝欲仿此书演成黄帝战蚩尤事，而以九天玄女、兵法经纬其间；继欲演伯禹治水事，而以《山海经》所纪助其波澜；又欲演周穆王八骏巡行事，而以《穆天子传》所书作为质干，再各博采古书以附益之，亦可为小说大观，惜老而无及矣。

《小浮梅闲话》：武王伐纣壹戎衣，天下大定，而世俗有《封神传》一书，费如许战争，一切仙佛皆来助战，究竟何所本？曰东晋人伪作《武成篇》有云"惟尔有神，尚克相予，以济兆民"，便有此意。《周书·克殷篇》："武王遂征四方，凡憝国九十有九国，馘魔亿有十万七千七百七十有九，俘人三亿万有二百三十。"魔与人分别言之，不知所谓魔者何谓也？使易《封神传》为《馘魔传》，不亦有典有则乎？至太公封神之说，相传甚古。《史记·封禅书》："始皇遂东游海上，行礼祠名山大川及八神，求仙人羡门之属。八神将自古而有之，或曰太公以来作之"，此即太公封神之说所自来。《太公金匮》云："武王伐纣，都洛邑。明年阴寒，雨雪十余日。甲子平旦，五丈夫乘马车从两骑止王门外。尚父曰：'四海之神与河伯、风伯、雨师耳。'使谒者各以其名召之。五神皆惊。武王曰：'天阴乃远来，何以教之？'皆曰：'天伐殷立周，谨来受命。'"云云，此亦可附会为太公封神之一证也。《汉书·艺文志》有太公二百三十七篇：《谋》八十一篇、《言》七十一篇、《兵》八十五篇。是太公之书甚多，其间奇怪之事当必不少。《封神传》所称太公射死赵公明事，考《太公金匮》云："武王伐纣，丁侯不朝。尚父乃画丁侯于策，三旬射之。丁侯病大剧，问卜者，占云祟在周。丁侯恐惧，乃遣使者诣武王，请举国为臣虏。尚父乃以甲乙日拔其头箭，丙丁日拔其目箭，戊己日拔其腹箭，庚辛日拔其股箭，壬癸日拔其足箭。丁侯病愈。四夷闻之，皆惧，各以其职来贡。"赵公明事即本此敷衍也。他如元始天尊为道教之祖，见《隋书·经籍志》。广成子为古仙人，见《庄子·

在宥篇》。赤松子，见《史记·留侯世家》。赤精子，见《汉书·李寻传》。九天玄女，见《史记·黄帝本纪》正义引龙鱼河图。《旧唐书·经籍志·兵书》有《黄帝问玄女法》三卷，云玄女撰。《元史·舆服志》有东南西北天王旗，并绘神人，右手执戟，左手奉塔。然则托塔天王亦有本也。哪吒事疑亦出于佛书。按《夷坚志》"程法师"条云，值黑物如钟，从林间直出，知为石精，遂持哪吒火球咒。俄而见火球自身出，与黑块相击。然则哪吒风火轮亦必有本也。妲己见《尚书·牧誓》枚传、《史记·殷本纪》，固经史明文也。《晋语》云："殷辛伐有苏，有苏氏以妲己女焉。"韦注曰：有苏，己姓之国，妲己其女也。《史记索隐》亦云，妲字，己姓也。是妲己姓己，而袁才子小说乃妄云妲，妇官之号；己者，以十干为次弟，真无稽之言矣。《晋语》云：黄帝之子青阳与夷鼓同为己姓。然则妲己固亦贵族之女矣。《代醉篇》引《古今事物考》，谓商妲己，狐精也，或曰雉精。犹未变足，以帛裹之，宫中效焉。委巷之谈，即今演义家所本。考《竹书纪年》云："帝辛九祀伐有苏，获妲己以归。"《通鉴前编》则在八祀。《初学记》引《帝王世纪》云："纣二年，纳妲己。"未知其究在何年。至其死也，《艺文类聚》及《御览》等书引《帝王世纪》曰："周公为司徒，使以黄钺斩纣头，悬于大白之旗。召公为司空，又使以玄钺斩妲己头，悬于小白旗。"是杀妲己者，召公也。《古今注》云："武王以黄钺斩纣，故王者以为戒。太公以玄钺斩妲己，故妇人以为戒。"则杀妲己者，又太公也。《周书·克殷篇》云："乃适二女之所，既缢，王又射之三发，乃右击之以轻吕，斩之以玄钺。"孔晁注云，二女，妲己及嬖妾。《史记》亦云："已而至纣之二女，二女皆经自杀。"则妲己之外尚有一人也。《帝王世纪》云："纣自燔于宣室而死，二嬖妾与妲己亦自杀。"则妲己之外，更有二人也。此固不可考，《演义》谓妲己有同类姊妹三人，适与古事有合矣。

又论伯邑考事：《史记·管蔡世家》但云伯邑考既已前卒矣，不言其所以卒。而《殷本纪》正义引《帝王世纪》云，纣既囚文王。文王之长子曰伯邑考，质于殷，为纣御。纣烹以为羹，赐文王，曰："圣人当不食其子羹。"文王得而食之。纣曰:"谁谓西伯圣者,食其子羹,尚不知也。"是伯邑考见烹于纣,其事乃真有之,非小说妄言也。然伯邑考事亦自有异同,盖《史记》谓之前卒,固先武王而死者,乃《礼记·檀弓篇》:"文王舍伯邑考而立武王。"郑《注》曰,权也。《正义》曰,文王在殷之世,殷礼自得舍伯邑考而立武王。而言权者,殷礼若适子死,得立弟。今伯邑考见在,而立武王,故云权也。据此又似文王之崩,伯邑考未死矣。

覆水,吕望事,非买臣事。见王棠《知新录》卷二十,又《新义录》卷七十九"太公妻逐夫"条。

太公以赘婿被逐,亦有本,见《天香楼偶得》。《陔余丛考》卷四十三"屠家称姜太公"一条。

虞兆漋《天香楼偶得》:《说苑·尊贤篇》云:"太公望,故老妇之出夫也。"《战国策》姚贾对秦王曰:"太公望,齐之逐夫。"夫出妇、逐妇者多矣,夫亦可出、可逐乎?盖太公少婿马氏,如今俗赘婿,被妻家逐遣耳。又按,太公既封齐侯,道遇前妻,再拜求合。太公取盆水覆地,令其收之,惟得少泥。公曰:"若言离更合,覆水定难收。"妇人遂抱恨而死。此见《类林》、《韩诗》、《史注》、《鹖冠子注》。今传奇家以覆水为朱买臣事,非也。又《考古录》卷六"太公妻"条。

宋长白《柳亭诗话》卷十七:太白诗"雨落不上天,水覆难再收",出《光武纪》"反水不收",又《何进传》"覆水不收"。而或有引小说姜太公令马氏覆水者,可发一笑。又焦循《剧说》卷四引《知新录》"覆水事"一条。

《封神传》称纣王见女娲像而艳之,题诗于壁。按陈兆仑《紫竹山房文集·金公德瑛墓志铭》有《厘正祀典》一疏,略曰:伏见女娲氏寝宫中,设妇人塑像,乡愚奉为求嗣之神。夫断鳌立石,固圣人所不言。和乐诛凶,岂当阳为女主?推其命氏,盖如姬姜、姚姒之伦,远在洪荒,难求日角龙颜之肖。理宜毁去旧设,别造神牌。渎亵私祈,概从禁绝。上善其议,从之。事在乾隆十七年。知女娲女像尚沿讹至今也。

《螺江日记续编》卷三：女娲本男氏，而罗泌《路史》谓是伏羲女弟。小说家称为女娲娘娘，妄也。梁刘勰云："庖牺以来，未闻有女帝者。"《说文》"娲"字注："古神圣女，化万物者也。"似汉时已有称女娲为女氏者。

《两般秋雨庵随笔》卷七：女娲氏，《三坟》以为伏羲后；卢仝《与马异结交诗》以为伏羲妇；《风俗通》以为伏羲妹；而《路史》称为皇母；《易·系》疏引《世纪》，称曰女皇；《外纪》称曰女帝；《淮南·览冥》注称曰阴帝；《须弥四域经》称为宝吉祥菩萨；《列子》注云，女娲，古天子；《山海经》注云，女娲，古神女而帝者。而唐人贡媚武氏，遂有"吉祥御宇"之语。又《论衡·顺鼓》云，董仲舒言，久雨不霁，则攻社祭女娲。俗图女娲之像作妇人形。审是则以女娲为女，自汉已然，不自近世始也。

《陔余丛考》：《北史》祖珽谓，陆令萱实妇人之英杰者，女娲以来，未见其比。程伊川《易传》，于坤六五亦云，妇居尊位，女娲氏、武氏是也。则伊川亦以女娲为妇人。

袁枚《随园随笔》卷十八：司马贞注《史记·三皇本纪》云，女娲以男子为帝，代伏羲而兴。非女也。

孙璧文《考古录》卷六"女娲"条；《养吉斋丛录》卷八有一条；孙璧文《新义录》卷七十九"女娲非女"条。

## 托塔天王

《小繁露》：《元史·舆服志》，东西南北天王旗，并绘神人，武士冠，衣金甲，绯裲裆，右手执戟，左手奉塔，履石。今世俗有托搭天王之说，亦有所本。

《茶香室三钞》卷十九：《宣和画谱》，陆探微有托塔天王图。六朝时早见于图画矣。又按展子虔有授塔天王图，吴道玄有请塔天王图，范琼有降塔天王图，朱繇有捧塔天王图。宋董逌《广川画跋》

有“北天王像后题辨”云：“吴明仲以吴生画天王示余，因告之曰，昔余尝得内典，说四天王所执器皆报应中出。北天，毗沙国王也，尝兵斗不利，三逃于塔侧，方免其困。时愿力所全，得无违碍。报四乡则变相所成，画者得以据之。今以云物为报者，非吴生所为也。以云物易塔之重，自王衍始。”按，此段语意有不可解，然北天王之所执为塔，固可考矣。

阮葵生《茶余客话》卷四：北魏孝文帝葬于瀍西，陵寝已失，遂祭于富平。西魏文帝陵，涂石溪通政丙子祭告，还请仿古望祭之礼，祭孝文洛阳，而革富平之祀。部议不行。同时奉使金桧门宗伯奏，女娲圣皇乃陵殿塑女像，村妇祈嗣者屡往祀，甚骇见闻，请有司更正。奉旨照所请行，若发部议，鲜不驳者。后数年晤中州一友，女娲像虽议更，尚迟未行。盖彼处香火之盛，皆由女像惑众。远近妇女祈祷无算，庙祝以为奇货，即地方官吏亦有裨焉。若更易男像，恐香火寥落。于冰璜云：当另立帝像，而以原像为帝后配，则香税当益盛。颇为解颐。《春秋世谱》称，华胥生男为伏羲，女为女娲。世言女娲为伏羲之妹，故后世讹为女像。卢仝诗：“女娲本是伏羲妇。”盖本《乾凿度》兄妹为夫妇之说。唐李石云：“女娲之功，上际九天，下契黄垆。乘雷车，服应龙，骖青虬，席萝图，震黄璐，掇绝瑞，前白螭，后奔蛇。”

陈霆《两山墨谈》卷十四：古今美色有为人掩抑而名不彰者。纣所嬖二妾，《史记》、《汲冢书》胥谓武王入商，纣之嬖妾二女皆经自杀。今按，二妾，一为妲己，其一名氏不著。盖妲己专美，世故略之也。

又卷十六：《传记》谓太公蒙面而斩妲己。今按武王至，纣之嬖妾二女，二女皆经自杀。武王又射三发，击以剑，斩以玄钺，悬其头小白之旗。所谓嬖妾，盖妲己也。二女非谓纣所出，乃妲己与其并嬖者。如《传》云，二女裸裸。谓妲己素慧黠，意其当纣死之时，必自计不免而预为之所，宁肯坐俟周兵之入，而致其生获哉？然则此云二女皆经自杀，揆之事理，独可信耳。

## 论俗称姜太公之谬

顾家相《五余读书廛随笔》卷上：春秋战国以前，妇人则必举其姓，男子但冠以氏而不称姓。当时各国，于氏族皆有专官，民虽异而同出一源者，彼此无不知之，亦不待标举本姓也。正因同姓人太多，冠姓于名反难区别，不如用氏之易知。太公本姜姓，吕乃封国，以国为氏者也。是以子史各书，均称吕望，或称吕尚，从无称姜望、姜尚者。后世忽称为姜太公，皆误于《封神演义》。其实起古人于九原而问之，并不知有姜太公其人也。今则三尺童子皆知姜太公，积重难返矣。试思太公之上，若须冠以姜字，则仲尼当称子夫子，孟子当称姬夫子矣。至太公之名，自以望为定。其称尚父，乃系尊称。尚者上也，与太同意，尊之为父为师，亦与公字同意。《史记》称名尚，又引文王之言，吾太公望子久矣。尤谬。文王所称太公，即太王也。尚父遇文王，年已八十，或者当太王之世已闻名兴慕，亦未可知。然当时尚无君赐臣名之例。况文王尊礼甚隆，岂有以己意即为改名之理乎？惟尚父字子牙，故《孙子》称为吕牙。《孙子·用间篇》："商之兴也，伊挚在夏；周之兴也，吕牙在殷。"太公尝仕纣。

林纾《铁笛亭琐记》：《封神传》为小说中之最奇诡者。《归田琐记》曰：林樾亭言，昔有士人罄家所有嫁其长女，次女有怨色。士人慰之曰："无忧贫也。"乃因《尚书·武成篇》"惟尔有神，尚克相予"语，演为《封神传》，以稿授女。后其婿梓之，乃大获利。考《周书·克殷篇》：武王遂征四方，凡憝国九十有九，馘魔亿有十万七千七百七十有九，俘人三亿万有二百三十。魔与人分别言之，虽不知所谓魔者何谓，然亦足证小说之依托。广成子见《庄子》，赤精子见《汉书·李寻传》，托塔天王见《元史·舆服志》，哪吒见《夷坚志》，灌口二郎即杨戬。其说多不为无据。

又：一日天暑，余家居苦热，偶出乘凉，见村店上有人然灯作宣讲状，其下围听数十人。余知为讲演义也，亦就听之。方言姜太公射死赵公明，用七箭书，行法四十九日而公明死。窃谓其设想甚奇。后观《小浮梅闲话》，中载《封神传》所称太公射死赵公明事，考《太公金匮》

云:武王伐纣,丁侯不朝。尚父乃画丁侯于策,三旬射之。丁侯病大剧,问卜占,曰:“祟在周。”丁侯恐惧,乃遣使者诣武王,请举国为臣虏。尚父乃以甲乙日拔其头箭,丙丁日拔其目箭,戊己日拔其腹箭,庚辛日拔其股箭,壬癸日拔其足箭。丁侯病愈。赵公明事或即脱胎于此。今乃知文字一道,万不能仓卒将人抹煞,演义且然,何况人之专集?

王闿运《湘绮楼日记》“光绪十九年癸巳”:《封神演义》者,本拟《水浒传》、《西游记》而作,亦兼袭《三国志》。其文有狼筅,在明嘉靖以后而俗间大信用之。至以改撰神号,至今言四天王、哼哈、财神、温疸,皆本之,已为市井不刊之典矣。余童时,喜其言太极图有焚身之祸,盖意在讥明太宗杀方正学诸君;及其言猪狗佐白蝬总戎,以讥李景隆诸将。以为各有所指,然其文衍成数十万言,必有所命意,乃能敷衍。而闻仲者,又以拟张江陵不学而跋扈也。其言姜环,又明斥梃击事。明人喜为传奇演义之言,而此独恢诡不平,多所指斥。大致以财色为戒,故独重赵公明兄妹,财为兄而色为妹,未有无财而能耽色者也。置之十绝之中者,戕生多端,中年尤在财色也。十绝破而杀仙,万仙诛而沐猴冠矣。此由庶人以至天子,不可以太极图自陷于落魂也。故必以太极图易草菅人,不可以太子入太极图。乃愤世时嫉俗者之所为,大要言贤智皆助逆,谗邪皆为神,唯禽兽乃可通天,甚恶道学之词,疑李卓吾之所为也。昔疑其有金丹医方之说,尝欲评之,今乃知其仍为迂儒,故标其作意如此。至其神名,盖别有所本,非由此始,则无可考矣。

宗稷辰《躬耻斋诗钞》卷十四上《河槎草》:《观〈逸周书〉馘魔语书以消暑》:稗说商周间,地天几复通。万仙助龙战,荒怪惊儿童。作讹亦有原,尚鬼先朝崇。二公教神道,默化破群蒙。不见冢中书,奇陈诛纣功。馘魔亿有万,读者殊梦梦。谓是夸大辞,何以他可从。想当毒痡年,沴厉聚昏霿。妖眚示殛除,用以觉聩聋。史佚号知天,赫濯佐太公。白鱼与苍兕,异象开盛隆。事或不尽诬,颇难常理穷。家相定官礼，禳逐留余风。后儒昧昼夜，神明相怨恫。治明能烛幽，离袜安潜踪。岂无道家言，降伏三界中。中庸弃索隐，一切归虚空。乘民失恒性，魔来踞其胸。逞乱谁为惩，请帝檄大忠。收戮毋少宽，廓清诸孽凶。悍者夺邪魄，柔者还本衷。庶几祥和生，于变期时雍。

陈昙《邝斋杂记》卷七：世俗相沿于门户上或墙壁上朱书"姜太公在此，诸神回避"九字，以为镇压邪祟，殊属不经。或援《封神传》事为证者，尤为诞妄。《博物志》云：太公为灌坛令，武王梦妇人当道而哭，问之，曰："吾是东海神女，嫁于西海神童。今灌坛令当道，废我行，我行必有大风雨。太公有德，我不敢暴风疾雨过也。"明日，武王召太公，三日三夜，果有暴风疾雨从太公邑外过。乃知流俗书此，亦有所本。

邓之诚《骨董琐记》卷二：《抱朴子·逸民篇》曰，吕尚之未遇文王也，亦曾隐于穷贱。凡人易之，老妇逐之，卖佣不售，屠钓无获。又《备阙篇》云，姜牙卖鱼，无所售。乃知说部《封神榜》亦有所本。

周寿昌《思益堂日札》卷四：道光三十年十月二十一日，广东官民大破贼匪于翁源，夺贼中太公旗一面。相传明末有李绍一郎者，向为道士，通晓符咒。或行抢劫，即将遗旗请出，有求立应。群匪秘传，竞相推奉。虽匪首就获，匪党仍依此旗为护身符。后经官验，此旗颜色霉变，血迹模糊，洵数百年物。当时官为销毁，人心始靖云。见《广东报捷疏》。按，元顺帝至元三年，汝宁所献棒胡，有弥勒佛小旗、紫金印、量天尺。同此妖惑之物，不值一毁也。

郑永禧《竹隐庐随笔》卷三：《封神传》一书，不足证，有以后人附会其间者。如李靖，唐人，红拂夜投者也；杨戬，宋人，化蛤蟆洛水者也。他无论也。

《浪迹续谈》卷七：四大金刚，彼教但称天王。《长阿含经》云，东方天王名多罗咤，领干闼婆及毗舍阇神将，护弗婆提人；南方天王名毗琉璃，领鸠盘茶及薜荔神，护阎浮提人；西方天王名毗留博义，领一切诸龙及富单那，护瞿耶尼人；北方天王名毗沙王，领夜叉罗刹将，护郁单越人。谓之金刚者，以所执之杵号之耳。婆沙论称四天王，身长一拘卢舍四分之一。西国以五百弓为拘卢舍，八尺为弓。盖其长百丈，故凡塑天王者，皆特长大也。

又《唐书·礼仪志》："武王伐纣，五方神来受事，各以其职命焉。既而克殷，风调雨顺。"王棠《燕在阁知新录》：凡寺门金刚各执一物，俗谓风调雨顺。执剑者，风也；执琵琶者，调也；执伞者，雨也；执蛇者，顺也。独顺字思之不得其解。杨升庵《艺林伐山》云，所执非蛇，乃蜃也。蜃形似蛇而大，字音如顺。然则《封神传》之四大金刚，非无本矣。

杨复吉《梦阑琐笔》：四金刚之名，见于释典。《通俗编》载王棠《燕在阁知新录》云，凡寺门金刚各执一物，俗谓风调雨顺字。执剑者，风也；执琵琶者，调也；执伞者，雨也；执蛇者，顺也。按《唐书·礼仪志》："武王伐纣，五方神来受事，各以其职命焉。既而克殷，风调雨顺。"

《浪迹续谈》卷七：《翻译名义》云，韦驮是符檄，用征召也，与今所谓护法韦驮无涉。其护法者，盖跋阇罗波腻。跋阇罗，此云金刚；波腻，此云手，因其手执金刚杵，遂以名之。

《通俗编》卷十九有"韦驮"条，当采入。

夏昌祺《雪窗新语》卷上：千里眼、顺风耳，水神也，屡著灵异，闽人祀之。至宋时始皈依天后，效灵助顺，功在生民。漕船往来，祈祷皆应。同治九年，前闽浙督宪据实入奏，请加封号，列入祀典。事见邸钞。余幼时尝闻人言千里眼、顺风耳，以为稗官所载，不足凭。讵知真有其神，可见六合之内，奇异甚多，未可以刻舟求剑也。

朱绪曾《开有益斋读书续志》：李义山《韩碑诗》"阴风惨淡天王旗"，注家未得其解。按，唐时绘毗沙门天王于旗，出师则祭之。宋时犹沿其法。许洞《虎钤经·祭毗沙门天王文》云："维年月日，某官谨以香火蔬果祭于毗沙门天王，惟天王神灵通畅，威德奋震，据太阴之正位，降普天之妖魔。左右擎塔，尊神显于西土；右手仗戈，一作戟。

天威游于北方。一举而群魔骇，再举而沙界裂。目激电以日暗，发聚蓝而云委。卓荦万古，郁称元神。今妖孽未除，生灵涂地，凶声逆气，溢天浮星。皇帝命某领雄师权剿戮群党，大勋未立，壮心从奋。天王受佛法印，广扬神通，尚能卷大地于掌中，纳须弥于芥子。今此小丑，岂不能怯？伏惟降慈悲心，救众生苦，开大神力神兵，右回左旋，剪灭贼众。脱苦恼于刀兵之劫，发济拯于风火之轮。则某也处心皈依，实在此日，尚飨。”

《考古录》卷十有“托塔天王”条，当录入。

《通俗编》卷十九有“四金刚”条，当采入。

沈濂《怀小编》卷八：《辽史》屡载鬼箭事，不能得其详。《耶律剌葛传》：剌葛谋反，上闻剌葛面木叶山射鬼箭，乃执叛人向彼，亦以其法厌之。然则射鬼箭者，军中厌胜之法也。《太公金匮》有太公画丁侯射之之事，岂其遗术耶？《宏简录》：西夏用兵，败后三日，则复至其处捉人马射之，号曰杀鬼招魂。或缚草人埋于地，众射而还。案，此施之既败而后，与辽之射鬼箭又不同。

## 那　吒

《考古录》卷十有“哪吒太子”条，当录入。

《小繁露》：那吒太子乃毗沙门天王子，见《开天传信记》。当出梵书。《夷坚志》载程法师事云：值黑物如钟，从林间直出，知为石精。遂持那吒火球咒，俄而见火球自身出，与黑块相击。据此则道家有那咤火球咒，或又出道经也。郭则沄《寒碧簃琐谈》，亦引曲园说。见《青鹤》五卷三期。

《壶东漫录》：世俗所传那吒太子事，余考之不得其说，颇以为憾。一日读《太平广记》九十二卷《异僧类》云，宣律尝夜后行道，临阶坠堕，忽觉有人捧承其足。宣顾视之，乃一少年也。宣遽问弟子何人，少年曰，某非常人，即毗沙门天王子那吒太子也，以护法之故拥护和尚，时已久矣。始知那吒太子真有其人，非小说家妄说。记赵云崧

《瓯北集》用那咤卸肉事，必本于释典，惜未得其详也。

严羽《沧浪诗话·答吴景仙书》，有“论诗犹那查太子析骨还父、析肉还母”语。

《指月录》卷二“应化圣贤那吒太子”云：那吒太子析骨还父，析肉还母，然后现本身，运大神力，为父母说法。

苏辙《栾城三集》卷一《那吒》一首：北方天王有狂子，只知拜佛不拜父。佛知其愚难教语，宝塔令父左手举。儿来见佛头辄俯，且与拜父略相似。佛如优昙难值遇，见者闻道出生死。嗟尔何为独如此，业果已定磨不去。佛灭到今千万祀，只在江湖挽船处。

《茶香室续钞》卷二十一：国朝方浚颐《梦园丛说》云，伊犁某大臣遇异人，以三千金为贽，授之两奇术，一为风火轮，其法觅古寺观千年瓦当，雕作两小车轮，装于鞋底之中，捏诀讽咒，其行如飞，日可八百里。按小说中有所谓风火轮者，不谓真有此术也。

李超琼《藤轩笔录》戏出中有《封神传》之那吒本不经之谈，苏子由《栾城第三集》乃有《那吒诗》一首，其云，北方天王有猛子，只知拜母不拜父。佛知其愚难教语，宝塔令父左手举。儿来见佛头辄俯，且与拜父略相似云云。竟与小说吻合，不知文定果何所本也。

## 杨　戬

《考古录》卷十有“二郎神”条可参考。

《通俗编》卷十九：《朱子语录》，蜀中灌口二郎庙，当时是李冰因开离堆有功立庙。今来现许多灵怪，乃是他第二儿子初间封为王，后来徽宗好道，谓他是甚么真君，遂改封真君。向张魏公用兵祷其庙，夜梦神语云，我向为王，有血食之奉，故威福得行。今为真君，号虽尊，凡祭我以素食，故无威福。须复封我为王。魏公遂乞复其封。不知魏公是有此梦，还复一时用兵，托为此说？按，今二郎神所在多奉，而俗以演义之谬，谓神姓名曰杨戬。读此爽然。

《萝藦亭札记》卷八：吴大勋《川主庙记》谓，蜀之大神为川主，询之吏，神为何人，以杨姓对。大勋断为李冰。余按所谓杨姓者，即流俗所传杨戬也。川主即是二郎，盖子虚乌有之杨戬，夺二郎之祀也久矣。大勋文中未直斥杨戬，而于李冰尚出之于拟度，斯亦陋哉！

## 东　岳

《茶香室续钞》卷十九：国朝施可斋《闽杂记》卷五云，省城东岳庙神每年三月出巡，城内外各一日，头踏上书东岳泰山青府天齐上帝岁岁，盖神姓也。《五岳真形图》：东岳姓峸，名崇，当由与岁近相近而误。按，闽人犹知东岳姓峸，故误为岁字。若吾乡则但执《封神演义》之说，且谓东岳姓黄矣。

按，赵吉士《寄园寄所寄》卷三"倚杖寄岳渎"云：东岳，青帝神，黄姓。《文献通考》：后唐长兴三年，诏以泰山三郎为威雄将军。宋大中祥符元年，加封炳灵公。案，后世传炳灵公为东岳之子，本此。

《考古录》卷九"东岳神"可采。

《通俗编》卷十九"炳灵公"条。

## 赵公明

《壶东漫录》：《封神传演义》有赵公明，初以为无稽之谈耳。乃读《太平广记》二百九十四卷云，散骑侍郎王祐疾困，闻有通宾者曰，某郡某里某人。有顷奄然来至，曰，今年国家有大事，出三将军分布征发，吾等十余人为赵公明府参佐云云。初有妖书云，上帝以三将军赵公明、钟士季各督数万鬼下取人，莫知所在。祐病差，见此书与前道赵公明合焉。注云，出《搜神记》。然则赵公明之名，亦流传有自矣。

《茶香室续钞》卷十九：梁陶弘景《真诰·协昌期篇》载建吉冢埋圆石文云，天帝告土下冢中直气五方诸神赵公明等：某国公位甲乙，年如干岁，生值清真之气，死归神宫，翳身冥乡，潜宁冲虚，辟斥诸禁忌，不得妄为害气。按，赵公明不知何神，乃司土下冢中事邪？余引《太平广记》所载，以为赵公明之名流传有自。今乃知《真诰》已有之矣。

《茶香室经说》卷十四：成十年《传》，晋侯梦大厉，被发及地，搏膺而踊，曰："杀余孙不义，余得请于帝矣。"杜注曰：厉，鬼也，赵氏之先祖也。《正义》曰：《世本》云，公明生赵夙。《晋语》云，赵衰，赵夙之弟，则括之祖，公明是也。服虔以为公明之鬼。凡为疫疠之鬼，皆妖邪之气，未必真是彼人。故杜不复指斥。愚按，服说虽无所据，然赵公明之鬼至后世犹有灵爽。陶弘景《真诰》及《太平广记》所载可证。余从前竟不知赵公明之见于《左传》、《正义》，亦甚愧读经之卤莽矣。

《考古录》卷九"财神"条当录入。

孙璧文《新义录》卷九十一：俗祀财神，以为玄坛神赵公明，谓见《封神记》，不知《封神记》乃子虚乌有之事，何足为据？又《姑苏志》谓玄坛神姓赵，名朗，字公明，赵子龙之从兄弟。说亦附会。

又：今天下称财神，皆曰玄坛赵公明，本道流袭《封神记》之谬说，然王守溪一代文宗，著《姑苏志》，亦称玄坛神姓赵名朗字公明，赵子龙之从兄弟。此市井无稽之说，宜乎为杨循吉所讥也。又按《张天师传》，八部鬼帅，赵公明行下痢。说亦荒谬。

李调元《雨村诗话》卷十：蜀中家家皆祀坛神，不知始于何时。俗谓之黑虎玄坛赵公明。按，晋干宝《搜神记》：散骑侍郎王祐疾，闻有通宾者曰："今年国家有大事，出三将军分布征发，吾等十余人为赵公明府参佐。吾今见领兵三千，须卿得度簿相付。"祐以老母年高辞，许之。明日，见其徒数百，皆长一尺许，乌衣军服，为佑击鼓祀，诸鬼应节起舞，出赤笔十余枝在荐下，使簪之，出入避灾，举家无恙。据此是赵公明亦有其人，然初不言为黑虎坛神也。偶阅遂宁李如石《蜀语》云，坛神名主坛罗公，黑面，手持斧，吹角，设像于室西北隅，去土尺许，岁暮割牲延巫，歌舞赛之，考《炎徼纪闻》曰，罗罗，本卢鹿而讹为罗罗，有二种，居水西十二营、宁谷马场、漕溪者为黑罗罗，曰乌蛮。居幕役者为白罗罗，曰白蛮。罗俗尚鬼，故曰罗鬼。今市井及田舍祀之，缙绅家否。杜子美诗曰"家家养乌鬼"，即此也。养读去声，言供养也。注杜诗者以乌鬼为鸬鹚，或云猪，皆非。按，元稹《江陵诗》有“病赛乌称鬼”句，则乌鬼乃神名也。

孙兆溎《片玉山房花笺录》卷十四：盩厔东南乡有赵大村，相传为玄坛神赵元帅故里。神为周时人，名公明，居是村之瓦子岗。时有黑虎为民害，神入黑水峪樵采，遂生擒之。后成神。县东南三十五里有庙，塑像即肉身也。见邑志。

## 闻太师、申公豹

汤用中《翼駉稗编》卷三云：闻太师、申公豹系《封神传》荒诞之言，乃恰克图四部祀之甚虔。山右张城方道士智禄久客恰克图，言其地近接俄罗斯，风俗与诸部异。地居北海之南，过北岸则为狗头国。每当秋冬，海冰即合，两岸相距渺无涯际，商旅未敢履冰径过，必诣申庙焚香拜请数日，舁像入水试冰。其像以木为之，裸体不着一丝。舁至海中，直立不仆，渐次入水，俟灭顶即可履冰过海。车驰马骤，了无妨碍。至次[①]年二三月，遥望巨浸中，见一指破冰出，即群相告诫，速断行踪。逾数日而拳出，又数日而神体全出，即闻坚冰碎裂，海水沸腾，像即矗立水面。彩舆舁归，报赛惟谨。至闻太师，威灵赫濯，又非申比。太师职掌天曹雷部，岁旱诣庙虔祷，雨即立降，田畴沾足。或有冤抑，诣庙申诉，神即遣役拘拿惩治，甚至霹雳一声，被控之人已为灰烬。彼地奉之尤虔。此与西藏唐僧、孙行者等师徒四众庙、闽省齐天大圣庙，皆以寓言而为后世信奉，并著灵异。可知人心所向，神即因之，不必实有其人也。

于克襄《铁槎山房见闻录》卷六：杨铁帆令尹言，有贾人至恰克图贸易。恰克图近回城，乃鄂罗斯地。城中回民常邀贾人饮食。其地近北海，产鲜鱼，白身细鳞，味甚美。鸡鸭等物亦有之。街市繁富，什

---

① 次：原稿讹为“冰”。

物不少。其所供神则闻太师，配以申公豹。夫此二神不见载籍，乃《封神传》所假托。今鄂罗斯竟以荒渺无据之辞，为俎豆馨香之奉。与闽人供齐天大圣，同堪一噱。

又卷十一：予前因杨铁帆言及恰克图祀闻太师、申公豹甚虔，已载入卷内。后戴叠峰鸿恩又言，张城有方道士智禄者，久客恰克图地方，立冬旋。张偶过道院见访，谈次询以彼地风俗，据云恰克图为北海南岸，过北岸则为狗头国。每当秋末冬初，海冰即合，然两岸相距渺无涯际，商旅行人未敢履冰径过，必共诣申公豹庙中，焚香演剧数日，请神像入水试冰。其像以木为之，不着一丝。舁至海岸水际，矗立不仆，渐次入水，竢灭顶之后，即可履冰过海。车马驰骤，均无妨碍矣。次年二三月间，遥望苍茫巨壑中突有一指，破水而出，即群相告诫，速断行踪。逾数日而拳出，又数日而神体全出，即闻坚冰啸裂，海水沸腾，神像仍矗立水际，如前状。于是轰传神以某日吉时出水，彩舆迎归，报赛惟谨。至于闻太师之威灵赫濯，则又非申公豹比。太师职掌天曹雷部，岁旱望雨，诣庙虔祷，立刻风雨交作，大雨倾盆。或有冤抑，诣庙申诉，神即立遣神役拘获惩治，甚至霹雳一声，被控之恶人已为灰烬。故庙极尊严，彼地之人尤凛凛奉祀云。莲亭氏曰：《封神传》不知何人所作，其言闻太师尽忠报国，至死不悔，诚一代之伟人。而申公豹则专与太公为难，无足取者。且其书皆系子虚乌有，毫无根据，而何以恰克图特有专祠，且能救济生民，殄灭奸慝，如响斯应，其功甚大。岂古来真有其人，殁而为神乎？古人谓天地之大，靡所不有，即此可见矣。

## 三　姑

《考古录》卷九“厕神”条可采；《癸巳存稿》卷十三有“紫姑神”条。

《茶香室续钞》卷十九：《东坡集》有“仙姑问答”一则云，仆尝问三姑是神邪仙邪。三姑曰，曼卿之徒也。欲求其事为作传，三姑曰，妾本寿阳人，姓何名媚，字丽卿。父为廛民，教妾曰，汝生而有异，他日必贵于人。遂送妾于州人李志处修学，不月余，博通九经。父卒，母遂嫁妾与一伶人，亦不旬日洞晓五音。时刺史诬执良人，置之囹圄，遂强娶妾为侍妾。不岁余，夫人侧目，遂令左右擒妾投于厕中。幸遇天符使者过，见此事，奏之上帝，敕送冥司理直其事。遂令妾于人间主管人局。余问云，甚时人？三姑云，唐时人。又问名甚，不敢言其名。又问刺史后为甚官，三姑云，后入相。又问甚帝代时人，姑云则天时。按，此即世所谓坑三姑也。俗于正月望日，迎紫姑，即其神也。此下有谢启及诗数首，不悉录。又按，紫姑事见刘敬叔《异苑》，云紫姑姓何，名媚，字丽娘，莱阳人，寿阳李景之妾。不容于嫡，常役以秽事，于正月十五日感激而死。故世人以是日作其形，夜于厕间或猪栏边迎之。则唐以前已有此说，乃云则天时人，恐东坡先生不免为黠鬼所绐矣。

孔平仲《孔氏谈苑》卷二：紫姑者，厕神也。金陵有能致其神者，沈遘尝就问之，即画粉为字，曰文通万福。遘问三姑姓，答云姓竺，《南史》竺法明，乃吾祖也。亦有诗赠遘。近黄州郭殿直家有此神，颇黠捷，每岁率以正月一日来，二月二日去。苏轼与之甚狎，常问轼乞诗。轼曰："轼不善作诗。"姑书灰云："犹里犹里。"轼云："轼非不善，但不欲作耳。"姑云："但不要及它新法便得也。"

## 列国志

《癸巳类稿》卷十四《书武城家乘后》：《嘉祥志·艺文》有济宁路教授赵思祖作《鲁秋胡庙记》云：庙在嘉祥县南五十里，盖尝考《列国志》，秋胡子，鲁南武城人。至元元年，主簿夏清祷雨此庙。赵为清子兴作记刻石，所引《列国志》是衍义，鄙书。

《国立北平图书馆馆刊》第四卷第五号，有孙楷第《跋馆藏新镌陈眉公先生批评列国志传》。当全条录入。

《列国志传》今所知有三本，一为余邵鱼编《京本春秋五霸七雄全像志列国传》，此八卷本及十二卷本是。一曰冯犹龙《新列国志》，为增改余邵鱼本。一曰蔡元放《订正列国志》，即冯本而整齐之，今之通行本是。

李元复《常谈丛录》卷四：说部之书之以话说字起者，其书至今渐益多，有凭虚结构者，亦有依傍古事而装点者。大概皆为说书人而撰，多成于粗鄙之人，或闲放之士。儒者不屑道，故其签帙不登于架。然此亦别是一家笔墨，其流总出于稗官野史也。凡于各朝代之兴衰治乱，皆有叙述，而《三国演义》称最，其次则《东周列国志》。予谓为《列国志》者尤难，盖国多则头绪纷如，难于联贯。又列国时事多首尾曲折不具详，难于敷演，未免使览者厌倦。今观其书，于附会处每多细意体合，如齐襄之弑，依《左传》从猎贝丘起，见大豕人立而啼。从者谓是公子彭生，惧而坠车丧屦之下，添豕衔屦去之语。及贼入寻公，不见，而见一屦于复壁下，乃得而弑焉。谓盖彭生厉魂化豕，取屦置壁下，以报公也。得此而前者豕之见、屦之丧及诛屦弗得，始为有因，不拘泥于左氏见公足户下之言，斯为善解左文者矣，岂妄为添设之比哉？

### 西汉演义

《麗澞荟录》卷三：大凡小说盲词，皆有依傍。《西汉演义》言，成帝求得昚恤胶，帝一丸一幸。一夕昭仪醉进七丸，帝昏夜拥昭仪居九成帐，笑吃吃不绝，抵明帝起御衣，阴精流输不禁。有顷绝倒，须臾帝崩。本伶玄《飞燕外传》。

## 卷二

### 三国志

《柳南随笔》卷五：《三国志·庞统传》云：“先主进围雒县，统率众攻城，为流矢所中，卒。”按，统致命处在鹿头山下，今其墓尚存。而《通俗三国演义》载，统进兵至此，勒马问其地，知为落凤坡，惊曰：“吾道号凤坡，此处有落凤坡，其不利于吾乎？"落凤坡之称，盖小说家妆点之辞，而后人遂以名其地。所谓俗语不实，流为丹青者，此类是也。而王新城诗中有吊庞士元之作，竟以"落凤坡"三字著之于题。然则《演义》又有曹操表关羽为寿亭侯，羽不受；加一"汉"字，羽乃拜命之说。亦可据为典要，而以"寿亭侯"三字入之诗文乎？此不容以作者名重而遂置不论，开后人用小说之门也。

《柳南续笔》卷一："既生瑜，何生亮"二语，出《三国演义》，实正史所无也。而王阮亭《古诗选·凡例》、尤悔庵《沧浪亭诗序》并袭用之。以二公之博雅，且犹不免此误，今之临文者可不慎欤？

严元照《蕙櫋杂记》：演义传奇，其不足信一也。而文士亦有承讹袭用者，王文简《雍益集》有《落凤坡吊庞士元诗》。士元死于落凤坡，自演义外更无确据。元人撰《汉寿庙碑》，其铭云"乘赤兔兮随周仓"，亦祖袭演义。

叶廷管《吹网录》卷五：落凤坡见习凿齿《襄阳记》，非小说演义装点之词也。

惠栋《渔洋山人精华录训纂》卷十下，引《蜀中名胜记》：鹿头山上平坦，有径仅容车马，三国时营垒也。其下名落凤坡。案，凤雏先生庞士元侍昭烈至此，卒于流矢。其葬在鹿头关桃花溪东岸。

按：《四库全书总目·经部易类·存目四》：钱偲《周易纬史》，以卦爻分配史事。《屯》六二称曹操待寿亭侯，《需》上六称刘备桃园投结，并引演义以说经，更可笑矣。

《归田琐记》卷七：《关西故事》载，蒲州解梁关公，本不姓关，少时力最猛，不可检束。父母怒而闭之后园空室。一夕启窗越出，闻墙东有女子啼哭，甚悲，有老人相向而哭。怪而排墙询之，老者诉云："我女已受聘，而本县舅爷闻女有色，欲娶为妾。我诉之尹，反受叱骂，以此相泣。"公闻大怒，仗剑径往县署，杀尹并其舅而逃。至潼关，闻关门图形，捕之甚急，伏于水旁，掬水洗面，自照其形，颜已变苍赤，不复认识。挺身至关，关主诘问，随口指关为姓，后遂不易。东行至涿州，张翼德在州卖肉。其卖止于午，午后即将所存肉下悬井中，举五百斤大石掩其上，曰："能举此石者，与之肉。"公适至，举石轻如弹丸，携肉而行。张追及，与之角力，相敌莫能解。而刘玄德卖草履亦至，从而御止。三人共谈，意气相投，遂结桃园之盟云云。语多荒诞不经，殆演义所由出欤？按，今时以五月十三日为关帝生日，见《明会典》。今会典亦循旧致祭，但子平家推算八字为戊午，则非也。公死于建安二十四年己亥，元胡琦考之，当在六十上下。果戊午，仅四十有二耳。戊午乃光和元年，考《通鉴目录》，是年四月庚午朔，五月己卯朔，无戊午日。且古人始生，只记年月日，不及时。故唐李虚中推命犹不以时，见《韩昌黎集》。按，今演义所载周仓事，隐据《鲁肃传》；貂蝉事，隐据《吕布传》。虽其名不见正史，而其事未必全虚。余近作《三国志旁证》，皆附著之。

梁章钜《楹联三话》卷下：张丹村广文作楠《梅簃随笔》云，谒武庙，见某明府题联云："兄玄德，弟翼德，水擒庞德。生蒲州，会涿州，坐镇荆州。"同官多哂之。余谓近某人撰《周易纬史》，于《屯》六二称曹操待寿亭侯，《需》上六称刘备桃园结义，如明府辈，更不必与之证陈寿之史、裴松之注矣。

《四库总目》一百二十八《文海披沙》条：曹娥碑一条据《三国演义》为说，不知传奇非史也。

于克襄《铁槎山房见闻录》卷三：山西解州结义园满植桃树，内一阁，并像昭烈帝、桓侯，其楹句云："吴宫花草埋幽径，魏国山河半夕阳。"集唐人诗，亦有致。

《萝藦亭札记》卷八：凡祀帝必侍以周仓，于古无征，惟元人碑记有"乘赤兔兮从周仓"之语。尔时尚无流俗《三国演义》之书，或系古语流传如此。

《浪迹续谈》卷六：《三国志演义》言，王允献貂蝉于董卓，作连环计。正史中实无貂蝉之名，惟《董卓传》云："卓尝使布守中阁，布与卓侍婢私通"云云。李长吉作《吕将军歌》云："榼榼银龟摇白马，傅粉女郎火旗下。”盖即指貂蝉事，而小说从而演之也。黄右原告余曰：“《开元占经》卷三十三荧惑犯须女，占注云，《汉书通志》，曹操未得志，先诱董卓，进刁蝉以惑其君。”此事异同不可考，而刁蝉之即貂蝉，则确有其人矣。《汉书通志》今亦不传，无以断之。又言，关公裨将有周仓，甚勇，而正史中实无其人。惟《鲁肃传》云，肃邀与关相见，各驻兵马百步上，但诸将军单刀俱会。肃因责数关云云，语未究竟，坐有一人曰：“夫土地者，惟德所在耳，何常之有？”肃厉声呵之，辞色甚切。关操刀起，谓曰：“此自国家事，是人何知？”目之使去。疑此人即周仓。明人小说似即因此而演，单刀二字亦从此传中出也。然元人鲁贞作《汉寿亭侯碑》，已有“乘赤兔兮从周仓”语，则明以前已有其说矣。今《山西通志》云，周将军仓，平陆人，初为张宝将，后遇关公于卧牛山，遂相从。樊城之役，生擒庞德。后守麦城，死之。亦见《顺德府志》，谓与参军王甫同死。则里居事迹卓然可纪，未可以正史偶遗其名而疑之也。王槭《秋灯丛话》卷二云：周将军仓殉节麦城，而墓无可考。乾隆辛卯，余宰当阳，稽其遗迹，即古长坂坡，曹刘交兵处也。因访麦城故址，在邑东南四十里，久被沮水冲塌成河，仅存堤塍，名曰麦城堤。有任生者，梦将军示以葬所，遂告前令陈公。掘其地，深丈许，露石坟一座，颇坚固，乃掩之而筑墓其上，植碑以表焉。或有疑任生伪托者，夫去地丈余，乌知有墓？且一经掘视，昭然不爽，则将军之英灵所格，未可妄非矣。

《南漘楛语》卷五：李心衡《金川琐记》云，各屯武庙中，塑周将军，皆着一铁制草履。缘登春沟之役，将军见形督阵，皤腹睅目，一足着靴，一足着铁履，如草鞋形云。

《滦阳消夏录》卷五有“关帝祠中塑周将军”条。

《壶东漫录》：东坡别集《志林》载，王彭尝云，途巷中小儿子薄劣，其家厌苦，辄与钱，令聚坐听说古。话至三国事，闻刘玄德败则颦蹙有出涕者；闻曹操败即喜跃畅快。按，此即今说平话之权舆，又可见罗贯中《三国演义》亦必有本。

《交翠轩笔记》卷四十一页，亦引《东坡集》，谓北宋时已有演说三国野史者。当引。

《小浮梅闲话》：问："貂蝉事，有其人乎？"余曰："王允与吕布谋诛董卓，初无妇人与其事。惟《后汉书·吕布传》曰：'卓以布为骑都尉，誓为父子，甚爱信之。尝小失意，卓拔手戟掷之，布拳捷得免。布由是阴怨于卓。卓又使布守中阁，而私与傅婢情通，益不自安。'然则俗传凤仪掷戟事，固出有因。而所谓貂蝉者，即因婢事而附会成之也。《后汉书·董卓传》："卓朝服升车，既而马惊堕泥，还入更衣。其少妻止之，卓不从。"此少妻当别一人，非即吕布所通之傅婢也。至吕布妻，不详何人。《三国志·吕布传》注引《英雄记》曰："布见备，甚敬之，请备于帐中，坐妇床上，令妇向拜，酌酒饮食。"又云："建安元年六月夜半时，布将河内郝萌反，将兵入布所治下邳府，诣厅事阁外，同声大呼。布不知反者为谁，直牵妇，科头袒衣，相将从溷上排壁出，诣都督高顺营。"又曰："布欲令陈宫、高顺守城，自将骑断太祖粮道。布妻谓曰："宫、顺素不和，将军一出，宫、顺必不同心共守城也。如有蹉跌，将军当于何自立乎？妾昔在长安，已为将军所弃，赖得庞舒私藏妾身耳，今不须顾妾也？"布得妻言，愁闷不能自决。"是布固惟妇言是用，然不知妻为谁氏也。又《关云长传》注引《蜀记》曰："曹公与刘备围吕布于下邳。云长启公，布使秦宜禄行求救，乞娶其妻。公许之。临破，又屡启于公。公疑其有异色，先遣迎看，因自留之。云长心不自安。"据此，则吕布妻必美，且又牵涉关公。杂剧有关公月下斩貂蝉事，即因此附会也。"

俗传关公善用刀，至今有关刀之名。考之正史，张翼德之用矛，则信有之。《本传》云："先主奔江南，曹公追之，一日一夜，及于当阳之长阪。飞据水断桥，瞋目横矛，曰：'身是张翼德也，可来共决死。'"此张翼德用矛之证也。关公本传，无一刀字。《传》云："绍遣大将军颜良攻东郡太守刘延于白马，曹公使张辽及羽为先锋，击之。羽望见良麾盖，策马刺良于万众之中。"按《周礼·考工记》："刺兵欲无蜎。"

郑注云:"刺兵,矛属。"古人用字精审,《关公传》既用刺字,则其杀颜良,疑亦用矛。若用刀,必不云刺也。《吴志·鲁肃传》:"肃住益阳,与羽相距。肃邀羽相见,各驻兵马百步上,但诸将军单刀俱会。"此却有刀字,然恐是佩刀耳。明章潢《图书编》军器类中,列鞭锏二图,称鞭为尉迟敬德所用,锏为秦叔宝所用,识者讥之。世称关刀,殆亦秦鞭尉迟锏之类也。又考杀颜良事,见本传。至文丑,则非关公所杀。《魏志·武帝纪》云:"绍骑将文丑,与刘备将五六千骑前后至,纵兵击,大破之,斩丑。"世以颜良、文丑并关公所杀,非事实矣。又杀良、丑,在建安五年。至六年,绍使刘备略汝南,汝南贼共都等应之。遣蔡扬击都,不利,为都所杀。是蔡扬事与颜良、文丑事,不在一年。世并以蔡扬为关公所杀,更失之矣。演义事,不胜辨,偶因颜良事而及此。

问:"诸葛武侯六出祁山事有否?"余曰:"此增饰之谈也。考《蜀志·诸葛亮传》:'建兴五年,率诸军北驻汉中。六年,身率诸军攻祁山,马谡为张郃所破,亮拔西县千余家,还于汉中。'此一出也。'是年冬,亮复出散关,围陈仓,曹真拒之,亮粮尽而还。'此再出也。'七年,亮遣陈式攻武都、阴平,魏雍州刺史郭淮率众欲攻式,亮自出至建威,淮退还,遂平二郡。'此三出也。'九年,亮复出祁山,粮尽退军。'此四出也。'十二年春,亮悉大众由斜谷出,据武功五丈原。'其年八月,亮疾病卒于军。此五出也。然则亮自出伐魏,止有五次。且惟第一次、第四次至祁山。则六出祁山,非事实矣。《后主传》建兴五年春,书'丞相亮出屯汉中',六年春,又书'亮出攻祁山',以亮本传考之,此实一役。盖以五年出,六年还也。俗传六出,或即因《后主传》分书两年而致误耳。"

《壶东漫录》:世传关公用刀,余以《三国志》本传无一刀字,斥其不经。乃读陶弘景《刀剑录》云,关云长为先主所重,不惜身命,自采都山铁为二刀,铭曰万人。及云长败,惜刀,投之水中。则知关公固自有刀,然似是佩刀。且其刀有二,非如俗所传关刀形制也。又云,张飞初拜新亭侯，自命匠炼赤朱山铁为一刀，铭曰新亭侯蜀大将也。后被范强杀，此刀入于吴。则张益德亦有刀也。又考明包汝楫《南中纪闻》云，荆门州南十五里，地名掇刀石，有关帝庙，神坐右偏，帝所用大刀插石窍上。摇之则动，提之不能起。庙僧云，重一百八十斤，刀杆围可七八寸，刀脊甚厚，长一丈四五尺许，色泽苍绀，体式精致雄壮。则又似关帝实有此刀，至今犹在。《南中纪闻》又云，闻天启元年，黔中总戎张某过此，欲取阅，办牺牲拜祭，随命健儿数十辈百计取之，不能起。碑文称帝过襄樊间，掇刀于石。后土人因以为祠，塑像供奉。

许缵曾《滇行纪程》：自荆门出南城，有关一座，曰虎牢关；五里曰虎牙关，今废。十五里曰新市铺，关庙岿然高峙，旁有磨刀石碑记，俗谓青龙偃月刀者，留庙后。盖先主借荆州，汉寿亭侯以前将军镇其地。新市之野，则建立壁垒处也。

《茶香室续钞》卷二十二：国朝罗天尺《五山志林》云，邑无西门。筑城之初，拟开西门，跨西山而下，抵金榜。将凿山为道，得一大刀，有青龙偃月字，异之。且青乌家谓邑不利于西，可创关公庙以镇之。遂奉刀庙中，神甚灵赫。周将军亦时见威爽。按，罗天尺，顺德人，邑即顺德也。余读明包汝楫《南中纪闻》：荆门州南十五里，有关公所用大刀，插石窍上。夫关公诚有刀，刀一而已，安得有二？且青龙偃月之名出于衍义，不足信也。

《茶香室续钞》卷十六：宋洪迈《容斋二笔》云：关公手杀袁绍二将颜良、文丑于万众之中。按《三国志》本传，但有杀颜良事；文丑，非公所杀也。乃宋即有此说，则今演义流传，亦有所本矣。

《合肥学舍札记》第一：余深恶演义《三国志》，子弟慎不可阅。尝见京朝官论蜀汉事，有误引演义者，颇遭讪笑；甚至裒然大集，其中咏古之作，用及挑袍等事。笑柄流传，非细故也。

又第三：子弟阅演义《三国志》，伪造之事往往阑入正史，亦有误疑正史为演义者。王仲瞿作《孙夫人庙碑》，用单刀二字，为人所抹。

不知此二字实见《鲁肃传》，非演义也。

《通俗编》卷八：陪（赔）了夫人又折兵，见元人《隔江斗智》杂剧，史志中未有其事。

《随园诗话》卷五：崔念陵进士诗才极佳，惜有五古一篇，责关公华容道上放曹操一事。此小说演义语也，何可入诗？何屺瞻作札，有生瑜生亮之语，被毛西河诮其无稽，终身惭悔。某孝廉作关庙对联，竟有用秉烛达旦者。俚俗乃尔，人可不学耶？

《通俗编》卷三十七：《三国志·关羽传》："先主与羽、飞二人寝则同床，恩若兄弟。而稠人广坐，侍立终日。"又羽谓曹公曰："吾受刘将军厚恩，誓以共死，不可背之。"按，世俗桃园结义之说，由此敷演。

又，《后汉书·郡国志》：汉寿城，属荆州武陵郡。《三国志·关羽传》：解白马之围，曹公即表封为汉寿亭侯。《梅花渡异林》：史称费祎屯汉寿，遇害。唐诗亦曰"汉寿城边野草生"。是汉寿者，封邑；亭侯，其爵也。《明会典》只称关壮缪为寿亭侯，去汉字而以寿亭为封邑，误矣。

又《少室山房笔丛》：古今传闻讹谬，率不足欺有识，惟关壮缪明烛一端，乃读书之士亦什九信之，何也？盖由元末村学究编《三国演义》，因传有壮缪守邳、见执曹氏之文，撰为斯说。而俚儒潘氏又不考，而赞其大节，遂至谈者纷纷。按《三国志》羽传及裴松之注、及《通鉴纲目》，并无此文，演义何所据哉？

《柳南随笔》卷四：钱宗伯《关壮缪灵应记》云，按祀典，当称汉前将军、汉寿亭侯、壮缪关公之神。余考建安二十四年，先主为汉中王，拜关某为前将军。后主七年，追谥壮缪侯。则前将军者，公生前之官；壮缪者，公死后之谥。以此称公方允。汉寿亭侯，乃曹操所表，非公意也。又汉寿，地名；亭侯，爵名。俗人据小说《三国志》，称公为寿亭侯，尤可喷饭。

《螺江日记》卷七：少时见乡先进李某于众中大言关公无明烛达旦事，予私顾坐客曰："潘氏《鉴断》云，明烛达旦，关公之大节。此言何谓邪?”李便不答。既阅胡元瑞《笔丛》,自悔少年轻率失言也。《笔丛》曰,古今传闻谬讹,率不足欺有识,惟关壮缪明烛一端,则大可笑。而读书之士亦十九信之,盖缘胜国末,村学究编《魏蜀吴演义》,因传有公守邳、见执曹氏之文,撰为斯说。而俚儒潘氏又不考而赞其大节,遂致谈者纷纷。今按《三国志》传及裴松之注、及《通鉴纲目》,并无此文。演义何所据哉?《徐文长集》亦有此说。

《陔余丛考》卷三十五“汉寿亭侯”条当引。

《订讹杂录》卷五“汉寿亭侯”条可节引。

焦循《剧说》卷五引《知新录》:元曲有吕布、貂蝉及夺戟争斗事一条。

又,《升庵外集》:世传吕布妻貂蝉,史传不载。唐李长吉《吕将军歌》:“榼榼银龟摇白马,傅粉女郎火旗下。”似有其人也。元人有关公斩貂蝉剧,事尤悠缪,然《羽传》注称羽欲娶布妻,启曹公。公疑布妻有殊色,因自留之。则亦非全无所自。按原文,关所欲娶乃秦氏妇,难借为貂蝉证。

又,杜牧之《赤壁诗》:“东风不与周郎便,铜雀春深锁二乔。”按,此诗人推拟之词,非曹氏当日果蓄此念也。演义附会之,有改二桥为二乔之说。据正史《周瑜传》,桥公两女皆国色,策自纳大桥,瑜纳小桥。则乔字本当作桥。

又卷二十八:《后汉书·吕布传》:布御马号赤兔,能驰城飞堑。《三国志》注引时语云:“人中有吕布,马中有赤兔。”按,布死后,此马不知何属。俗以为归关公,特演义说耳。

《新义录》卷八十,有“二乔非桥玄女之疑”条、“二乔本姓桥”条。

《麓澞荟录》卷十二:《后汉书·吕布传》:“布常御良马,号曰赤兔,能驰城飞堑。”元人《汉寿亭侯庙碑》“乘赤兔兮从周仓”,岂此马后归壮缪耶?

《读书敏求记》卷二:牧翁《重编义勇武安王集》二卷,又取钱塘罗贯中撰《通俗演义三国志》及内府元人杂剧,摭拾其与史传抵牾者,力为举正。

洪亮吉《更生斋文甲集》卷三《长流水关神武庙碑记》:已未岁,余以罪戍伊犁。出嘉峪关,抵惠远城,东西六千余里,所过镇堡城戍,人户众者多仅百家,少则十家、六七家不等。然必有庙,庙必祀神武;庙两壁必绘二神,一署曰平,神武子也。见裴松之注所引《蜀记》。一署曰周仓,则宋以前悉无可考,仅见于元人所作演义。神其说者或云,近世山西人掘地得周墓,有石碣焉。亦附会不足信。吾乡有俚儒撰神武世系,据《吴志·鲁肃传》云,争荆州日,坐有一人云云。遂定为周仓。夫陈寿固未尝标姓名,则百世下何由知之?此真俚儒之见矣。余前奉使贵州,过镇宁州关索岭,岭有庙,香火极盛。土人及方志皆云神武子也。正与周仓事相类,并不足信。神本谥壮缪,本朝定谥神武。

光聪谐《有不为斋随笔》乙:关壮缪秉烛达旦事,不见《三国志》传与注。《毛诗·巷伯篇》故训传所载颜叔子事绝类,或因是附会成之。此又居上流而天下之善皆归焉者也。

## 改二桥为二乔

李调元《唾余新拾》卷一:杜牧之《赤壁诗》:"东风不与周郎便,铜雀春深锁二乔。"按,此诗人推拟之词,非曹氏当日果蓄此念也。演义附会之,有改二桥为二乔之说。据正史《周瑜传》:桥公两女皆国色,策自纳大桥,瑜纳小桥。则乔字本当作桥。

## 诸葛祭风

顾家相《五余读书廛随笔》卷上:杜牧诗:"东风不与周郎便,铜雀春深锁二乔。"盖谓周郎借东风之力,侥幸成功耳。作注者但照正史本事释之,足矣。若东风之所由来,固不必问,亦无可问也。乃江西坊本有《唐诗三百首注疏》者,于此诗下,竟引《三国演义》诸葛祭风事。余窃笑之。嗣见湖南重刻本,改注疏为注释,而此条注文亦为删正。余方叹世间固不乏有心人矣。一日，偶检《渊鉴类函》，竟载有诸葛祭风事，云出《说荟》。《说荟》不知何书，而《渊鉴类函》乃钦定书。既经登载，则词章家竟可引用矣。词章家引用，原不必问其事之真伪有无，如牛女渡河之类。乃叹罗贯中并非杜撰。而由此类推，凡正史所不载之事，固未可概断为必无也。

胡应麟《少室山房笔丛》卷四十一《庄岳委谈》下：古今传闻讹谬率不足欺有识，惟关壮缪明烛一端，则大可笑。乃读书之士，亦什九信之，何也？盖由胜国末，村学究编《魏吴蜀演义》，因传有羽守邳、见执曹氏之文，撰为斯说。而俚儒潘氏，又不考而赞其大节，遂致谈者纷纷。案，《三国志》羽传及裴松之注、及《通鉴纲目》，并无此文，演义何所据哉？①

又：元词人关汉卿撰《单刀会》杂剧，虽幻妄，然《鲁肃传》实有单刀俱会之文，犹实于明烛也。斩貂蝉事不经见，自是委巷之谈，然《羽传》注称，羽欲娶布妻，启曹公。公疑布妻有殊色，因自留之。则非全无所自也。

又《吴志·鲁肃传》：先主使关羽争三郡。肃住益阳，与羽相距。肃邀羽相见，各驻兵马百步上，但请将军单刀俱会。肃因责数羽曰："国家区区，本以土地借卿家者。卿家军败远来，无以为资故也。今已得益州，既无奉还之说，但求三郡，又不从命。"语未究竟，坐有一人曰："夫土地者，惟德所在耳，何常之有？"肃厉声呵之，辞色甚切。羽操刀起，谓曰："皆国家事，是人何知？"目使之去。案，今元人所撰《单刀会》杂剧，本此。盖《肃传》本实录，而司马氏《通鉴》据《吴书》修辑，以肃欲与羽会语，诸将疑有变，肃不从而往。而所记羽语，殊俚陋，不类云长。盖《吴书》乃自尊其国，非实录也。本肃邀羽相见，故羽操刀起，岂得云肃欲往，疑羽有变乎？裴松之辨驳最明，独此注引《吴书》

---

① 按此条及"改二桥为二乔"内容均与上文有所重复。

而略无是正，亦大愦愦。司马据之，尤为疏也。

又：连环亦本元曲，或称李长吉诗："榼榼银龟骑白马，傅粉美人火旗下。"以为即吕布美人，殊不知傅粉自说吕貌，非姬妾也。

王棠《燕在阁知新录》卷二十三：元曲有吕布、貂蝉及夺戟争斗事。按《吕布传》言，布小失意，卓拔手戟掷布。布拳捷避之。又言布与卓侍婢私通，恐事发觉，心不自安。布因朝会，手刃刺卓。想侍婢当即貂蝉也。元曲所云，必有所据。

李延昰《南吴旧话录》卷十五：陈轶符十岁，同诸贤在白龙潭看剧，有谓刘先主与汉寿情犹兄弟。陈曰："此特小说之讹，何可相渎？刘晔，汉末宗室，尝曰：'关羽与备义为君臣，恩犹父子。'其言可质。"各叹其淹博。杜尚书曰："吾正服其风裁凛然，此儿头角已具，必成志节。"刘晔，字子扬，淮南成德人，汉光武子阜陵王延后也。黄初元年，以晔为侍中，赐爵关内侯。诏问群臣，令料刘备当为关羽出报吴否，众议咸曰："蜀，小国耳，名将唯羽。羽死，国内忧惧，无缘复出。"晔独曰："蜀虽狭小，而备之谋欲以威武自强，势必用众，示其有余，且关羽与备义为君臣，恩犹父子，死不能为兴军报敌，于终始之分不足。"后备果出兵击吴。《魏志》。

## 论《三国演义》称刘皇叔之谬　附论《三国演义》

顾家相《五余读书廛随笔》卷上：本朝满员不冠本姓，概以名上一字通称，惟宗室之有封爵者，则用下一字。盖以上一字乃系派行，同者太多，恐难区别也。昔有宗室载龄，以公爵任尚书，当时称为龄公；后入相，称为龄中堂。今之某贝勒、某贝子，用下一字，更为人所共知。而居乡之人，亦有不谋而合者。南方聚族而居，其佣媪彼此往来，呼其家长之族属，必冠其人之小名或别号；称其妻，则冠以夫之小名及别号。盖以同姓太多，非此不能分别也。帝王子孙众多，汉代之例，冠以母家之姓。戾太子乃卫皇后所生，故称卫太子；史皇孙，其母史氏，故称史皇孙。但此亦亲支嫡属则然，若旁支宗室，遍于天下，其昭穆长于天子一辈者何限，即长数辈者谅亦不少。岂能概加以皇叔之称？尤无统称以刘皇叔之理。作演义者但欲表章昭烈之为宗室，而实未悉当时情事也。魏晋以后，篡弑相仍，效尤接踵，故于曹操不加贬抑。唐人颂太宗者，有"神武同魏祖"之语，而杜子美《赠曹将军诗》，首句即云："将军魏武之子孙。"若在今日，施之于人，必怒詈不受，况敢以拟君上哉？盖自《三国演义》盛行，又复演为戏剧，而妇人孺子、牧竖贩夫，无不知曹操之为奸，关、张、孔明之为忠。其潜移默化之功，关系世道人心，实非浅鲜。按《东坡志林》云："小儿听人说古，闻曹操败则喜，闻玄德败则泣。"此即《三国演义》之先声。北宋太祖得国虽亦非正，而诸儒辈出，修身立品，远胜前朝。韩范富欧已然，不始于濂洛关闽也。一时风俗人心，为之丕变。沿及金元，虽以外域帝中邦，而理学大昌，人存直道，传奇、院本所演刘关张曹操之事，亦往往与《三国演义》相出入。以此知罗贯中之实有所本也。

## 论演义谓壮缪降汉不降曹之谬

顾家相《五余读书廛随笔》卷上：演义谓壮缪降汉不降曹，此其谬说也。曹操善待壮缪，不能无知遇之感。特终不肯以新易旧，此壮缪所以为壮缪也。汉寿亭侯之封，出自曹操，固与献帝无涉。即斩颜良、文丑，亦是为操立功，于汉室无与也。

## 论荆州治襄阳

顾家相《五余读书廛随笔》卷上：汉置十三部刺史，即《舜典注》之十二州，而添一交州。内畿辅属于司隶校尉，而分其外为凉州，不名雍；又梁州改为益州。后改州牧，其权过于今之督抚。州牧所居，犹今之省城。刘表为荆州牧，则治襄阳，殆取其距洛阳近耳。刺史本系巡方，不应有常驻之地。州牧则为统辖上司。以襄阳为治所，是否始于刘表，俟考。昭烈依刘表而屯于新野，亦因其为襄阳屏蔽，可以北御曹操也。新野本属襄阳，明代始分隶河南。刘琮降操，不使昭烈知。迨操兵南下，已至宛。

即今南阳府。昭烈方知之，仓卒南奔。过襄阳城，或劝袭取之，而昭烈不忍，又南奔江陵。江陵为南郡太守治所，乃荆州之支郡也。操受琮降，遂有襄阳。赤壁败后，虽引军北还，襄阳终为操有。故操所设荆州，仍治襄阳。襄阳与樊城，一水之隔，相为犄角。水淹七军，关壮缪虽暂得襄阳，而围樊未克，旋即败亡，襄阳仍为魏有。以今制拟之，荆州全境，犹湖北、湖南全境也。边界虽有出入，而大致不差。曹操虽降刘琮，而旋为周瑜所败，于荆州全境，仅得襄阳，可谓尝鼎一脔。孙刘虽以全力争荆州，毕竟未能得襄阳，可谓未达一间。襄阳竟不可得，遂改以江陵为荆州治所。而江陵乃永擅荆州之名。迄今江陵县为荆州府附郭。故赤壁战后，所谓荆州者，皆以江陵为主脑，而兼及全境，惟襄阳却不在内。若刘琮未降以前之荆州，则襄阳固省会也。罗贯中昧昧于此，故于跃马檀溪诸事叙述不明。稗官小说，不足为典要，此其一端也。

杨慎《廿一史弹词》卷四：葫芦谷用奇谋，天烧不著。张仲璜注：懿久不出，亮使司马魏延诱之，引懿入葫芦谷。亮遣将马岱垒断谷口，纵火烧之，药炮齐发。懿及子师、昭俱聚哭受死。忽大雨如注，火灭，懿出走，还保营。亮叹曰："谋事在人，成事在天。"此出《三国演义》，正史不载。

又：将亲妹锁蛟龙，锦囊计拙。注：《三国演义》载，孔明以锦囊三个密授赵云，临期次第开囊，依计而行。备与吴夫人俱驰归荆州，瑜引兵追之，有"周郎妙计安天下，赔了夫人又折兵"之诮。世谓之三气周瑜，此正史所不载。

张纯照《遗珠贯索》卷二：武侯之事之政季汉，忠之尽，义之至。先儒并许为王佐之才，而稗官小说极意敷衍，反失其真。如借风、锦囊之类，往往入于异端神怪，非所以尊武侯也。其遗迹流于后世，历考诸书，略存数事。《语林》云：孔明八阵图，箕张翼舒，鹅形鹤势，聚列分布，宛然尚存。阵图惟小石堆叠，垂六七百年，淘洒推激，而行列依然。凡八阵图者三，在夔州者，六十四方阵法也；在新都县牟弥镇者，一百二十八当头阵法也；在棋盘市者，二百五十六下营法也。《纪略》云：正德中，平谷县耕民得一釜，以凉水沃之，即自沸；炊饮即熟。下有“诸葛行锅”四字。民以为锅底有宝，碎之。其釜复层中有“水火”二字。《语林》：陆法和征蜀，在白帝城掘得箭镞一斛，有“诸葛”字。《本草》云：武侯所止，令兵种蔓菁，曰取其甲可生啖，叶可煮食。久居可随以滋长，弃不可惜。回者易寻，冬有根可食。今人呼为诸葛菜。刘煋《笔谈》云：会稽李彭山守长沙日，获一打灶，置釜于上，不用柴炭可炊。视其内，有一小道士像，书“丙丁”二字于背。又有“诸葛行军灶”几字。贮府库，今尚存。《七修类稿》云：广西全州上有武侯兵书匣。《金陵琐事》云：金陵裕民坊人淘井，得一瓦枕，上有一符，有“駈疟”二字。病疟者枕之遂愈。《纪略》云：太仓武孟因凿渠，得一瓦枕，枕之，闻其中鸣鼓起檑，一更至五更，次第不差。鸡鸣亦三唱，抵暮复然。孟以为怪，碎之。其中设机局以应夜气。博古者考为孔明鸡鸣枕也。《涌幢小品》载，蛮中有诸葛铜鼓、云南宜良县有列营处、大理府有祭天台、姚安府有武侯土城、永昌城南七里有诸葛村，擒孟获移师处。草庐前有井，青石为床。孔明征蛮，十里刻一石人。今犍为县存其一。蜀中有读书台，见《寰宇记》。馒头始于武侯，在蛮中祭泸水而设。武侯所著书有《汉书音》一卷、《六壬类苑》一卷、《平朝阴府二十四机》一卷、《六军镜心诀》一卷、《武侯诫》一卷、《隐没五事》一卷、《贞洁记》一卷、《卧龙十六策》一卷、《大堂明鉴》一卷、《全集》二十五卷。《一统志》：夔州府有石鼓，相传武侯教阵法处。《鼎录》云：孔明杀王双，还定军山，作一鼎埋于汉川，文曰“定军”。又作八阵鼎，沉永安水中。又于元武郡金山作大小二鼎，并无文。至于山川庙塔、亭台池馆，因武侯而得名者，不一而足，尽详四川郡县志。

孙璧文《新义录》卷八十，有“孔明妇有异术”条；又卷八十三，有“孔明前知”条。

章学诚《丙辰札记》：《三国演义》固为小说，事实不免附会，然其取材，则颇博赡。如武侯班师泸水，以面为人首，裹牛羊肉以祭厉鬼。正史所无，往往出于稗记，亦不可尽以小说无稽而斥之也。

又:《演义》之最不可训者,桃园结义,甚至忘其君臣,而直称兄弟。且其书似出《水浒传》后,叙昭烈、关、张、诸葛,俱以《水浒传》中萑苻啸聚行径拟之。诸葛丞相生平以谨慎自命,却因有祭风及制造木牛流马等事,遂撰出无数神奇诡怪。而于昭烈未即位前,君臣僚寀之间,直似《水浒传》中吴用军师,何其陋耶!张桓侯,史称其爱君子,是非不知礼者;《演义》直以拟《水浒》之李逵,则侮慢极矣。关公显圣,亦情理所不近,盖编《演义》者本无知识,不脱传奇习气,固亦无足深责。却为其意欲尊正统,故于昭烈忠武颇极推崇,而无如其识之陋耳。凡演义之书,如《列国志》、《东西汉》、《说唐》及《南北宋》,多纪实事;《西游》、《金瓶》之类,全凭虚构,皆无伤也。惟《三国演义》,则七分实事,三分虚构,以致观者往往为所惑乱。如桃园等事,学士大夫直作故事用矣。故演义之属,虽无当于著述之伦,然流俗耳目渐染,实有益于劝惩。但须实则概从其实,虚则明著寓言,不可虚实错杂,如《三国》之淆人耳。

章学诚《丙辰札记》:关圣庙侍周将军仓,史传并无明文,而小说载之,儒者所弗道也。然历著灵应,似非全诬。《山西通志》云,周,平陆人,初为张宝将,后遇关公于卧牛山上,遂相从。樊城之役,生擒庞德。后守麦城,死之。与《三国演义》俱合,但未知有所证否耳。

章学诚《信摭》:汉川汪特昌著《鹤阴亭集》,其《蔡邕论》云:史称邕在王允座,闻之惊叹。闻董卓诛。罗氏则曰:卓死,有一人伏尸而哭。武士拥至,乃邕也。因力诋稗说之陋。今按,此说出《三国演义》。演义岂可以论古事?又《演义》本无姓氏,不知汪氏何据而称罗氏?汪氏诗文集,本庸近无大见解,惟罗氏之说,不知所出,俟考。

俞樾《春在堂诗编》卷十一乙丙编《磨刀雨歌》:五月十三日,俗传为关帝生日,有雨为磨刀雨。吴县顾铁卿《清嘉录》云,主人口平安。今年是日有雨,戏作一诗。我读《关公传》,初不言用刀。但云力可万人敌,不知五兵何所操。及读《鲁肃传》,刀字始一见。诸将军俱单刀会,人佩一刀而非战。乃观陶氏《刀剑录》,公有二刀铸于蜀。采铁都山百炼成，铭曰万人文可读。我疑此亦佩刀耳，与世所传了不属。荆门州南关庙前，真有大刀如所传。其刀今插石窍内，刀如与石相钩连。千人拔之不可动，一人摇之能回旋。刀重一百八十斤，杆长丈余八寸圆。见明包如辑《南中纪闻》。顺德有刀更可异，上刻青龙偃月字。襄樊间犹公所经，五岭以南马迹未曾至。何况青龙偃月名，此说荒唐本衍义。同是俗传亦有别，彼或可信此则伪。顺德事见国朝罗天尺《五山志林》。更取公传观从头，试于字义深研求。传云策马刺颜良，刺之为言犹云以戈揰其喉。刺兵乃矛属，见《考工记注》。得毋关张所用皆长矛。古事流传无可考，商女稗官随意造。至今妇竖识关刀，武林更有九刀庙。凡关庙皆有刀，杭州一庙独有九刀，周将军所持一，从者八人，各持一，遂名九刀庙。余谓此与《鲁肃传》诸将军俱单刀会，颇有合也。年年五月十三日，为公生辰谁所述。是日必有雨滂沱，云是磨刀水流溢。呜呼悬弧今日不可知，磨刀俗说尤堪嗤。南方多雨则为磨刀日，北方多旱则为晒甲期。宣化府于是日为晒甲会，盖神庙有甲，出而晒之也。小窗坐听雨霅霅，惟神威棱孰敢狎。愿借神刀挽天河，净洗人间兵与甲。

苏轼《东坡志林》卷一：王彭尝云，涂巷中小儿薄劣，其家所厌苦，辄与钱令聚坐听说古话。至说三国事，闻刘玄德败，颦蹙有出涕者；闻曹操败，即喜唱快。以是知君子小人之泽，百世不斩。

俞樾《春山堂诗编》卷二十一《读元人杂剧》云：连环计定锦云堂，演义远输杂剧详。木耳村中寻艳迹，可能访取任红昌。自注：貂蝉连环计，《三国演义》中事也。乃元人《锦云堂连环计杂剧》，并载貂蝉为木耳村任昂之女，本名红昌，因选入汉宫，掌貂蝉冠，故名貂蝉。此则并非演义所知矣。

张培仁《妙香室丛话》卷十四，引海昌俞石年大令凤翰《高辛砚斋杂记》云：《蜀志》，曹公谓孙策，曰："猘儿难与争锋也。"今演义妄作狮儿，虽夙称淹雅者不能辨也。汉寿亭侯帐下力士不著名姓，元人文始云"乘赤兔兮从周仓"，不知何所本。

王侃《江州笔谈》卷下：《三国演义》可以通之妇孺，今天下无不知有关忠义者，演义之功也。忠义庙貌满天下，今且升入中祀，而有使其不安者，亦误于演义耳。演义结义本于昭烈遇关张，寝则同床，恩若兄弟。费诗亦曰，王与君侯，譬犹一体，同休等戚，祸福共之。三义二字何尝见诸纪传？而竟庙题三义，像列君臣三人，以侯于未王未帝之前称为故主者，与之并坐，侯心安乎？士大夫且据演义而为之文，直不知有陈志者，可胜慨叹！

贾臻《郡斋笔乘》卷六：是非之心，人皆有之。寒夜更长，小儿女辈日课毕，不肯辄就枕，则相率围炉促坐，要人道三国演义故事，无不切齿曹瞒，嬉笑怒骂，殆兼有之。一日，说至曹娥碑，语未竟，众哗然曰："阿瞒老奸，又瞒人矣，渠何曾真个识得也？"余闻之，为之解颐。因忆南宋潘庭坚《过娥江》一绝云："一川红日涨晴波，黄绢碑漫闭碧萝。不止但争三十里，曹瞒原不识曹娥。"其说不奇，而被小儿女看破，乃奇也。

吴伟业《梅村集》有《过古城三义庙》，诗云：庙貌高原古，村巫荐白苹。河山虽两地，兄弟只三人。旧俗传香火，残碑误鬼神。普天皆汉土，何必史书真。自注：去桃源八十里为石崇镇，下邳所筑，非三国时古城也。土人以传讹立庙，传奇有桃源结义，耳食附会，几以为真矣。靳荣藩《集览》：按《明史·地理志》，桃源元曰桃园，洪武初更名。西北有古城巡检司，东有三义镇巡检司，则其附会旧矣。

《三国演义》，作于元人罗贯中，批赞者为陈宗岗。近世以为金圣叹，误矣。顾其书虽经删改，而讹谬处尚复不少，如桃园结义、华容挡曹等事，皆正史所不载。考《关羽列传》，长子关平为胡夫人所出，乃谓其为义儿，此大谬也。诸葛借风一事，滥觞于唐人。"折戟沉沙"一绝，此诸葛借风之蓝本也。借箭一事，脱胎于张睢阳。《唐史·张巡传》："贼将尹子奇围睢阳，城中矢尽，巡命人缚草于城楼。子奇见而射之，着草上身上，获矢无算。"此诸葛借箭之蓝本也。陇上妆神一事，本于《神仙通鉴》，有"武侯未遇时，尝学于武当山北极教主，故行法动以披法仗剑"云云。又魏延既诛，后主念其前功，不罪家属。据史则谓"夷其三族"，是与史异。诸如此类，不可枚举。今姑就其一二言之。出《繁华报》。

明谢肇淛《文海披沙》卷一：《世说》载魏武过曹娥碑下，读黄绢幼妇题。按，曹娥碑在会稽中，曹操未尝南行至此，何由得见？即刘孝标注亦疑此。余按，《三国志演义》中载，操征汉中时，过蔡琰庄，见有碑刻云云。此虽小说，于理为近，足破千古之疑。又按，《典略》以为陈太丘碑，当亦以前事矛盾，故更之耳。不知"黄绢"语出李北海《曹娥碑》，当时下笔，必有考据。

蒋超伯《麗滰荟录》卷十四：诸葛祭风，俗说也。张诗舲大司空用之，其诗云："神鸟集桅来，江清晓色开。舟人劳指点，诸葛祭风台。"转觉生动。

李调元《雨村诗话》卷十：陶明经石湖章焕，会稽人，篁村之兄也，著有《秋佳诗存》。《过借风台》云："浪沙淘尽古英雄，犹说周郎破敌功。家近扶桑归棹远，借风不愿借东风。"如此用古，出人意表。

郎瑛《七修类稿》卷五十一：云南孟密安抚司，即汉孟获之地，朝廷每岁取办宝石于此。其地夷俗，鬼术甚骇。有名地羊鬼者，擅能以土木易人肢脏。当其易时，中术者不知也。凭其术数几时而发，发则腹中痛矣，痛至死而五脏尽乃土木。或恶人不深，但易其一手一足，其人遂为残疾。又有名扑死鬼者，惟欲食人尸骸。人死，亲朋锣鼓防之。少或不严，则鬼变为禽兽飞虫，突入而食之矣。皆不可以理喻者。尝读演义三国，诸葛七擒孟获，蛮夷多有怪术。于今验之，果然。今孟获子孙尚繁。

张炳《磨盾余谈》"记潞河白母刘太夫人轶事"云：诸子或有论及世家，则诫之曰："人贵自立，不假阶梯。如尔等承祖、父之荫，衣食一切现成，非由己力营得。须时时念及，总觉自愧于心，尚何自鸣得意乎？别的书我不知道，即如《三国演义》，袁绍以四世三公，而关、张乃出于马弓手、步弓手。观金圣叹之批语，则知孰轻孰重，等量分明。谚云：'父抬轿，子坐轿，是最体面的事。父坐轿，子抬轿，是最不体面的事。'"膏粱子弟，切不可不明此理。

姚元之《竹叶亭杂记》卷七：《三国演义》，不知作于何人。东坡尝谓，儿童喜看三国志影戏，则其书已久。尝闻有谈三国志典故者，其事皆出于《演义》，不觉失笑。乃竟有引其事入奏者，《辍耕录》载，院本名目有《赤壁鏖兵》、《骂吕布》之目。雍正间，札少宗伯因保举人才，引孔明不识马谡事。宪皇怒其不当以小说入奏，责四十，仍枷示焉。乾隆初，某侍卫擢荆州将军，人贺之辄痛哭，怪问其故，将军曰："此地以关玛法尚守不住，今遣老夫，是欲杀老夫也。"闻者掩口。此又熟读《演义》而更加愦愦者矣。玛法，国语呼祖之称。

《莼庐杂缀》：罗贯中《三国演义》，多取材于陈寿、习凿齿之书，原不尽属子虚乌有。惟诗人不加鉴别，概以入诗，致腾笑艺林者，亦正不鲜。何屺瞻作札，有"生瑜生亮"之语，被毛西河诮其无稽，终身惭悔。今河南有恨这关，相传因关公过五关时，有"立马回头恨这关"之句得名。明卢忠肃督师至此，赋诗云："千古英雄恨这关，疆分豫楚几重山。龙泉羽士嫌岑寂，鸟道征人叹往还。剑削芙蓉身欲奋，幽栖岩壑意仍闲。遐思壮缪当年事，历尽江山识岁寒。"五关六将，语属不经。吴拜经谓忠肃此诗，特有为而发，要未免失于检点。见《小说月报》第二年第一期。

《圣武记》卷十二：太宗崇德四年，命达海译《通鉴》、《六韬》、《孟子》、《三国志》、《大乘经》，未竣而卒。顺治七年，翻译《三国演义》告成，大学士范文程等赏鞍马银币。又闻额勒登保初以侍卫从超勇公海兰察帐下，每战辄陷阵。海公曰："尔将材可造，须略识古兵法。"以翻清《三国演义》授之。卒为经略，荡平三省教匪。是国朝满洲武将不识汉文者，类多得力于此。且罗贯中大半引申于陈寿，非尽凿空。故朝廷开局译为官书，以资教胄。而明末李定国初与孙可望并为贼，有蜀人金公趾者，在军中为说《三国演义》，每斥可望为董卓、曹操，而期定国以诸葛。定国大感动，曰："孔明不敢望，关、张、姜伯约，不敢不勉。"自是遂与可望左。及受明桂王封爵，自誓努力报国，洗去贼名，百折不回，殉身缅海，为有明三百年忠臣之殿。是故郢书可以治燕，里谣巷谚可入乐府。不龟手之药，宋人以洴澼洸，而楚臣得之，以济三军而兼城拓地。此为武将言之则可，若嘉定严衍作《资治通鉴补》，多取《三国演义》以补涑水之书。而钱大昕《潜研堂集》作《严氏传》，盛推为明代史学之冠，则希世罕闻矣。

李慈铭《荀学斋日记》庚集下：诣广德楼观剧，演诸葛武侯金雁桥擒张任事。余素恶《三国志演义》，以其事多近似而乱真也。然此事则茫然。检陈志，惟《先主传》："建安十八年，先主据涪城，刘璋遣刘璝、冷苞、张任、邓贤等，拒先主于涪，皆破败，退保绵竹。"仅一见姓名耳。裴注两引《益部耆旧杂记》曰："张任，蜀郡人，家世寒门，少有胆勇，有志节，仕州为从事。"又曰："刘璋遣张任、刘璝率精兵拒捍先主于涪，为先主所破，退与璋子循守雒城。任勒兵出，于雁桥战，复败，禽任。先主闻任之忠勇，令军降之。任厉声曰：'老臣终不复事二主矣！'乃杀之。先主叹息焉。"《华阳国志》刘二牧志，与陈志同。《通鉴》："建安十八年，刘璝、张任与璋子循退守雒城，备进军围之。任勒兵出战于雁桥，军败任死。"胡注："雁江在雒县南，曾有金雁，故名为雁桥。"是金雁桥实为有本，深愧史学之疏，乃知村书市剧，亦有益也。考雒为今四川成都府之汉川，去成都仅九十里，无山川之险，而当日先主亲自攻围至一年有余，庞统死焉。知循等之守，必有以过人者。陈志简略，故事多湮没，使无裴注，则任之志节不传矣。

杨洪泽《爱竹轩杂记》：跳马涧距湘垣南可四十余里，有关帝庙在焉。庙宇闳大，帝像庄严。像前竖有铁刀一柄，重八十五斤，虽遭虫蚁之剥蚀，而极苍古。相传此刀为关帝所用，即青龙偃月刀，后流落人间，不知所在。有清之季，跳马涧附近某村浚塘，于塘底深土中挖出，上镌"汉寿亭侯青龙偃月刀"九字，类似篆文，略可辨认。因建庙而纪念焉。乙丑旧历十月十六日《小时报》。

林纾《铁笛亭琐记》：《三国演义》为元人王实甫撰，《七修类稿》又以为明罗本贯中所编，金圣叹评为第一才子书。其书组织陈志、裴注及唐宋小说而成。前清入关时，曾翻译为满文，用作兵书。袁崇焕之死，即用蒋干偷书之谬说，而督师竟死于奄奴之手。然诸葛忠武之忠，非是书不彰；而曹阿瞒之奸，亦非是书不著。

《楹联丛话》卷四：吴中多周公瑾祠，有自夸其撰联之工者，云："顾曲有闲情，不碍破曹真事业。饮醇原雅量，偏嫌生亮并英雄。"余谓"既生瑜又生亮"语出《三国演义》，史传中并无其事。本传历叙公瑾运筹决胜，绝无与诸葛交涉一言。惟《鲁肃传》载，肃迎刘备于当阳，劝备与权并力。备甚欢悦，时诸葛亮与备相随，肃谓亮曰："我子瑜友也。"即共定交。数语而已。大抵瑜、亮之评，前明即有之，故王渔洋《古诗选·凡例》及尤西堂《沧浪亭诗序》皆袭用之。且如落凤坡，亦出《演义》，而《广舆志》误收之，渔洋遂有《落凤坡吊庞士元诗》矣，何况余子？

章世臣《武学源流》卷下附"华容释操辨"：张镇曰：《汉郡国志》，荆州有华容县，县为侯国，即曹操败还所经。今荆州之监利、石首二县，乃其故地。小说言诸葛孔明度曹操必经此途，知操不可获，而遇侯素厚，因说昭烈，使之伏兵于此，断操归路，而阴使释之，以为德。比操至，侯感其前遇，果竟释之。呜呼，何说之悖哉？侯学于《春秋》，荀莹所以对楚子者，闻之盖熟。操遇侯诚厚，然特其私恩，而侯之从昭烈破操，唯不能致操则已，设可得而获，或徇匹夫之小谅，弃天下之大义，则且不忠于所事，而负昭烈实甚，又何以为侯？且孔明知操之不可获，而故使之，又何以为孔明？是其言之无稽，甚明也。按《山阳公载记》，盖昭烈追至南郡，操已去。《记》云，后华容归，遇雨泥泞，使兵负草填之，骑乃得过。既得出，操大喜，曰："使早放火，吾徒无类矣。"故使放火而不及也。是时侯方随昭烈追操在后，安有释操之事哉？世臣按，孔明为谋主，昭烈追操，而预使关公释操，愚人不出此，而谓孔明与关公为之乎？若云感操之遇，关公于颜良之役，已报之矣，何得于此徇私以害义乎？其说之悖妄何足辨，特流俗之见，不有说以破之，则不信耳。

李联琇《好云楼初集》卷二十五:《楹联丛话》辨《三国演义》"既生瑜又生亮"语,史传并无其事,是矣。而谓公瑾绝无与诸葛交涉,惟《鲁肃传》载,肃迎刘备于当阳,劝备与权并力。时诸葛亮相随,随谓亮曰:"我子瑜友也。"数语定交而已。琇按,子瑜,诸葛瑾字,非谓公瑾,《演义》犹知之,《丛话》之陋,又出《演义》下矣。

王棫《秋灯丛话》卷十三:玉泉山在当阳西三十里,形如覆舟,叠嶂回环,飞泉迤逦,为四大名山之一。山麓有寺,创自隋开皇间。有禅师智顗者,来自天台,爱此山佳胜,欲建寺而沮洳旋绕,无基可卜。乃入定乔木之下,见金甲神谓曰:"余,汉寿亭侯也,愿舍此地为挂锡处,请安禅七日,以观其效。"指期之夕,万壑震动,风号雷虓,化湫潭为平址,而寺果成。事上,隋主赐额玉泉。其说载山志及邑乘中。前明孙松山作《关庙记》,谓浮屠立不经说,以侯愿护法玉泉,诬侯实甚。余宰当阳,询诸父老,皆称其异,且云掘地尺余即水。试之良然,又理之不可解也。寺东为显烈庙,有华表勒"汉寿亭侯显烈处"。盖因帝显圣建寺,以答神功者。《三国演义》谓,帝殉节后,显圣于普净禅师。考之志乘,并无其事,未知何据。

郎瑛《七修续稿》卷四:《桑榆漫志》,关云长听天师召使,受戒护法,乃陈妖僧智顗、宋佞臣王钦若附会私言;至于降神助兵诸怪诞事,又为腐儒收册,疑以传疑。予以既为神将,听法使矣;解州显异,有录据矣。诸所怪诞,或黠鬼假焉,亦难必其无也。但《传》公谥壮缪,乃为不学者所疑。当读为穆,如秦缪、鲁缪是也。予已辨于缪字下。谥法:壮为克乱不遂,穆为执义布德。此非神之行乎?玉泉显圣,罗贯中欲伸公冤,既援作普净之事,复倭合《传灯录》中六祖以公为伽蓝之说,故僧家即妄以公与颜良为普安侍者。殊不知普净,公之乡人,曾相遇以礼。而普安,元僧,江西人,见《佛祖通载》。隔绝甚远,何相干涉?是因伽蓝为监从之神,普安因人姓之同,遂认为监坛门神、侍者之流也,此特亵公之甚。关圣归依隋智顗,又见《癸巳存稿》卷九"关圣事辑后识语"。

## 关侯与先主结兄弟之误

孙璧文《新义录》卷十九：昭烈，君也；云长，臣也。当遇昭烈时，特一平原相耳，犹云“稠人广坐，侍立终日”，况既为帝乎？考《蜀志·关羽传》云：“先主为平原相，以羽、飞为别部司马。先主与二人寝则同床，恩若兄弟。”此不过待以亲密，并非如《关西故事》诸稗说所谓结义桃园也。《张飞列传》云：“少与关羽俱事先主，羽年长数岁，飞兄事之。”则云长与益德结为兄弟，尚不诬云。按，飞字益德，俗作翼德，误。长子苞，早夭，非如稗说云云也。

## 关侯秉烛达旦之讹

谢少连曰：秉烛一事，仅见于阳节潘氏所云。此乃掇拾稗官氏之说也，陈氏、裴氏俱所未有。余曾持论曹瞒虽奸，不至为此儿戏鬼计，陷人不义。且嫂叔不亲授受，乡党稍知自好者，亦知不为。说者乃以此而壮关侯，亦浅甚矣。按：嫂叔句虽系比喻，仍不免稗官气。

## 《三国演义》为王实甫作

孙璧文《新义录》卷五十七：《三国演义》，元人王实甫撰。《七修类稿》又以明人罗本贯中所编。金圣叹评为第一才子书。其书组织陈志、裴注及唐宋以来小说而成。梁茝林中丞著有《三国演义旁证》一书，惜未刊，不及见之。几于家置一编。然以武侯之持正，书中叙其出使用兵之诡谲，曾张仪、吴起之不如。登坛祭风，直一茅山道山已。周公瑾雅量高致，而形容其褊狭；鲁子敬有霸王之略，吴臣无出其右，书中所叙，乃一愚人。如此之类，不可胜计。今人未读陈志，动托《演义》以抵陈志，何其陋也？惟《演义》词旨浅率，顽夫俗子，最易耸听。其叙战法甚详，实倡乱之书。近时大宪禁之，可谓杜渐防微矣。

## 孔明借风之伪

又，杭堇浦《三国志补注》，引说宝曰：孙权据江东，曹操伐之，进兵赤壁，胜负未分。权大将周瑜问计于诸葛亮，亮曰："用火攻可以破之。"瑜曰："恨无东南风耳。"亮曰："可建星坛一所，为都督借风数日，即可破曹矣。"瑜大喜，令人于南屏山下筑台三层，插二十八宿旗，色按六十四卦，用一百一十八人侍立左右，禹步踏罡，三上三下而去。至其夜，东南风起。瑜部将黄盖诈降，顺风放火，烧尽北船。曹操狼狈奔还。江南安堵，皆亮之功也。《书目提要》谓杭氏不当引稗官小说以证正史，此其一也。

## 关侯无斩文丑、蔡阳事

又，《蜀志·关羽列传》但载羽策马刺颜良于万众之中，并无斩文丑事，惟《魏志·武帝纪》载，公至延津，纵兵击之，斩绍骑将文丑。是斩丑者曹军，非关侯也。又《关羽传》载羽奔先主于袁军，左右欲追之，曹公曰："彼各为其主，勿追也。"亦无斩蔡阳事。惟《先主列传》有绍遣先主将本兵至汝南，曹公遣蔡阳击之，为先主所杀。亦未明言斩阳者即关侯也。《演义》皆附会为关侯事，亦想当然耳。

## 关侯无擒黄忠事

又，《蜀志·黄忠列传》：忠初"为刘表中郎将，与表从子磐共守长沙攸县。及曹公克荆州，假行裨将军，仍就故任，统属长沙太守韩玄。先主南定诸郡，忠遂委质"云云。忠未拒守，安得有擒忠之事？小说家以桓侯有释严颜事，又从而附会之耳。

## 关侯无赤兔马

《魏志·吕布列传》：布有良马曰赤兔。裴注引《曹瞒传》曰，时人语曰："人中有吕布，马中有赤兔。"布死，并未言赤兔所在。《演义》以为曹公赐关侯，殊为附会。又《海录碎事》载，张桓侯马名豹月乌，《演义》改其名曰乌骓，亦会意耳。

## 张桓侯卤莽之诬

又，《演义》写张桓侯卤莽，尤为厚诬。考《丹铅录》载，涪陵有侯所作《刁斗铭》，流江县有侯所书题名石，文字甚工。且志称飞爱敬君子，又谓义释严颜，有国士风。《马超传》，裴注引《山阳公载记》曰，超见备待之厚，常呼备字。关羽怒，欲杀之。先主不可。飞曰："如是当示之以礼。"明日大会，请超入见。关张并杖刀立直，超乃大惊。此岂卤莽者所能耶？

## 关、张兵器用偃月刀、丈八矛皆有所本

又，关、张兵器，《蜀志》本传惟张在长阪，有"瞋目横矛"语；关则见《吴志·鲁肃传》单刀会，"羽操刀起"云云。无所谓偃月刀、丈八矛也。考《古今刀剑录》云，关壮缪为先主所重，不惜身命，自采都山铁为二刀，铭曰"万人"。及败，壮缪惜刀，投之水中。又云，张桓侯初拜新亭侯，自命匠炼赤朱山铁为一刀，铭曰"新亭侯蜀大将也"。后被范强杀，强将此刀入于吴。又云，先主以章武元年岁次辛亥，采金牛山铁铸八剑，各长三尺六寸，一帝自服，一与太子，一与梁王，一与鲁王，一与诸葛亮，一与关羽，按：关侯遇害在前一年，不得有赐剑事。一与张飞，一与赵云，又云黄忠从先主定南郡，得一刀，赤如血，于汉中击夏侯军，一日之中，手刃百数。皆是亮书。据此益足证《演义》之附会。

## 曹操有杀吕伯奢全家事

《魏志·武帝纪》但称董卓表太祖为骁骑校尉，欲与计事。太祖乃变易姓名，间行东归。并未及吕伯奢事。梁祚《魏国统》载，太祖过故人吕伯奢，遂行。道逢二人笑曰："观君有奔惧之色，何也？"太祖觉其异，乃悉告之。临别，太祖解佩刀与之。未言杀伯奢家人也。裴注引王沈《魏书》，谓太祖以卓必败，不就职，逃归乡里。过故人成皋吕

伯奢。伯奢不在，其子与宾客共劫太祖，取马及物。太祖手刃击杀数人。始言杀伯奢家人事，然犹以伯奢之子劫马及物为直也。惟郭班(颁)《世语》云，太祖过伯奢，伯奢出行，五子皆在，备宾主礼。太祖自以背卓命，疑其图己，手剑夜杀八人而去。又孙盛《杂记》云，太祖闻其食器声，以为图己，遂夜杀之。既而凄怆曰“宁我负人，无人负我”云云。即今《演义》之所本。

## 陈宫无释曹操事

《魏志·武帝纪》云：太祖间行东归，过中牟，为亭长所疑，执诣县。邑中或窃识之，为请得解。未言识之者为何人。裴注引《世语》曰，中牟疑是亡人，见拘于县。时掾亦已被卓书，唯功曹心知是太祖，以世方乱，不宜拘天下雄俊，因白令释之。亦未言功曹为何人也。《演义》竟以陈宫当之。考《武帝纪》，兴平元年，有“陈宫叛迎吕布”之语。《布传》裴注引鱼氏《典略》云，宫始随太祖，后自疑，乃从吕布。并无先为功曹之事。乃知小说之好附会也。

## 曹操有走华容事

裴注引《山阳公载记》云：公船舰为备所烧，引军从华容道步归，遇泥泞，道不通，天又大风，悉使羸兵负草填之，骑乃得过。羸兵为人马所蹈藉，陷泥中，死者甚众。军既得出，公大喜，诸将问之，公曰：“刘备，吾俦也，但得计少晚。向使早放火，吾徒无类矣。”备寻亦放火，而无所及。此《演义》所本，但无关侯释曹事耳。

## 周瑜量狭之诬

《演义》讥周瑜量狭，深嫉孔明，临终有“既生瑜又生亮”之语，殊为厚诬。考《吴志》瑜本传，称瑜性度恢廓，大率为得人，惟与程普不睦。裴注引《江表传》曰，普颇以年长，数陵侮瑜，瑜折节容下，终不与校。普后自敬服而亲重之，乃告人曰：“与周公瑾交，若饮醇醪，不觉自醉。”时人以其谦让服人如此。又云，曹公遣蒋干往说瑜。干还，称瑜雅量高致，非言辞所间。则量之恢宏，无如瑜者。即其上疏吴王，亦但称先主、关、张三人，俱在疆埸，恐蛟龙得云雨，终非池中物云云，并未尝有忌孔明之事也。

## 鲁肃畏葸之诬

《演义》写鲁肃遇事畏葸，形容尽致，诚为厚诬。考《吴志》肃本传，肃家富于财，天下已乱，大散财货。家有两囷米，各三千斛，指一囷与周瑜。及率其属三百余人渡江，州追骑至。肃自植盾，引弓射之，矢皆洞贯。初见吴主，即陈帝王之略。曹公下江南，举朝皆欲迎降，肃独以为不可。后与关侯争三郡，肃住益阳，欲与侯会，诸将疑恐有变，议不可往。肃不纳，遂单刀俱会，责数关侯，侃侃不挠。语未究竟，座有一人曰：“夫土地者，惟德所在耳，何常之有?”肃厉声呵之，辞色甚切。此岂畏葸者所能为耶？其豪气盖十倍于陈元龙矣。

秦瀛《小岘山人续文集补编·尚义庵记》：无锡西郭外旧有三义庵，前楹祀汉寿亭侯，中楹祀汉先主及侯与张桓侯，左右则祀诸葛武侯、庞德公，而旁列姜维、赵云、马超、黄忠四人像。相传创自先修敬公，而箭源公照重修之。俗名三义庵，守以僧徒，岁久不葺，庙几坏。余告于邑人某，捐赀重葺，属从弟治董其事，时嘉庆二十有一年也。三义之说，见《三国演义》，其说近诬。陈志但称先主得关张二人，夜则同寝，谊若兄弟，而两人时侍立帝侧，终日不懈。则君臣之分早定。先主又得佐命之臣，如武侯辈，桓桓虎将，角立争雄，以期扫荡六合，义声震于天下。谓非汉寿亭侯及桓侯之力不及此。或谓吾吴为孙氏所有，今祀先主，于义不合。余窃以为不然，先主始与孙氏合，冀共图操，不谓孙氏背盟负约，归命国贼，以致孙刘之好不终，而汉寿亭侯且殒于吕蒙之手。今侯庙祀遍海内，通都大邑，无不祀侯。吾吴之人，因之并祀先主，盖亦推侯翼戴之志，以及于其主，固《春秋》尊周之大义也，其谁曰不宜？余既易庵名为尚义，而并阐侯庙所以崇祀先主之旨，以泐于石。

柴萼《梵天庐丛录》卷三十六：今屑面发酵，蒸熟隆起成圆形者，谓之馒头。《集韵》：馒头，饼也。《正字通》：馒头，面食也。馒开首者曰橐驼脐，吴下呼餢飳，读若垴诈，言熟食之肥也。长曰茧，斜曰桃。《事物纪原》：诸葛亮南征，将渡泸水，土俗杀人首祭神。亮令以羊豕代，取面画人头祭之。馒头名始此。《初学记》作曼头，《梦粱录》作馒餕，《七修类稿》谓本名蛮头，则仍以孔明事附会之。今之《三国演义》宗其说，流俗皆知有此故实，实则谰言也。《晋书·束皙传》曼头薄持。又《饼赋》："若夫三春之初，阴阳交际，寒气既除，温不至热。于是享宴，则曼首宜设。"大约汉以来，以此为祭享之品。而馒字不从食，古之馒头，乃与扁平之饼相似，不如今之隆然而高者。《东原录》：枢密学士张公奎尝言，顷在疾告，既愈，仁宗问因何得疾，公曰："因食馒头。"仁宗曰："馒头岂是多食之物耶？"《燕翼贻谋录》：仁宗诞日，赐群臣包子，即馒头也。两事合而观之，足发一噱。陆游《南唐书·杂艺传》：某御厨，烈祖受禅，御膳宴设赖之。其食味有鹭鹚饼、天喜饼、驼蹄餤、春分餤、密云饼、铛糟炙、珑璁餤、红头签、五色馄饨、子母馒头，旧法具存。按，子母馒头，殆是今日南方之大馒头及汤包，然亦未敢确断也。吾国馒头，以江苏嘉定县之南翔镇为最有名，清宋琬《安雅堂稿》有诗纪之。而在北方，则以无馅者为馒头，有馅者为包子。《鹤林玉露》：有士人于京师买一妾，自言是蔡太师包子厨中人。一日，令其作包子，辞以不能，曰："妾乃包子厨中缕葱丝者也。"可见包子之有馅。南方则馒头、包子不分。吾乡于二者之分别又有不同，嘉礼吉礼用包子，极大者曰油包，其馅或以猪油夹糖霜，或用豆砂，或用赤糖。小者曰对包，馅尤精美，状均微隆而圆。凶礼或敬神用馒头，状与包子同，惟馅皆净素。二者亦究难细判。其糜豚肉为馅者，小如对包，而顶则特穹，谓之肉包子，不常见也。

汪应铨《闲绿斋文稿·韩玄墓记》：长沙府城西南有古冢隆然，相传为三国时长沙太守韩玄之墓。其前祠屋三间，庳陋下湿，守冢人以苇席蔽其旁居之，秽气触人。余游湘东，过而伤之。先是，墓南为府治，前后太守数见灵怪，或闻堂上呵叱声。风雨之夕，俨衣冠坐立，或数处皆见之。太守不自安，徙治所。今为提学校士之馆，然怪异不绝云。玄领守长沙，自荆州牧刘表之时。魏武克荆州，未暇易置守令，故黄忠、刘磐共守攸，并仍旧任，而统属于玄。至昭烈南征四郡，玄以城降。其见于史者如此。余尝以为黄忠勇毅冠三军，当群雄披攘之际，能事玄而为之下，玄降而忠始委质入蜀。盖其威信智略，必有足以服人者矣。昭烈，汉之支裔，宽厚爱人。玄与三郡俱降，兵不血刃，百姓安堵，可谓识逆顺之理，有安全之德矣。稗官小说流传委巷，如罗本中之徒，盖以蜀书略无称纪，遂并抹杀其事迹，颠倒其本末。至如玄之死事，或在吕蒙袭夺之日，而移之壮缪。壮缪奉使据荆，在玄既降之后。其入益阳，更在吴夺长沙之后。壮缪之英风义烈，震耀无穷。玄以驭众之材，受见杀之诬，归刘之实，冒拒敌之名。世人复以传奇为史记，耳食为多闻，终古霿雺，莫能剖白。宜其二千年之灵爽，不能不为异于兹土也！意者表而出之，使不没其实。官为置守家一家，作新宫而祠之，使神有所栖，庶有豸乎！余既叹世所谓之然者，往往不然也，故尝为之说而记之，抑官斯土者或有取焉。

今所行《三国志》，为茂苑毛宗岗评本，有金人瑞序，标目曰《古本三国志》。其《凡例》云：一、俗本之乎者也等字大半，龃龉不通，又词语冗长，每多复沓，今悉依古本改正。一、俗本纪事多讹，如昭烈闻雷失箸及马腾入京遇害、关公封汉寿亭侯之类，皆与古本不合。又曹后骂曹丕，详于范晔《后汉书》中，而俗本反误书其党恶；孙夫人投江而死，详于《枭姬传》中，而俗本但纪其归吴。今悉依古本辨定。一、事不可阙者，如关公秉烛达旦、管宁割席分坐、曹操分香卖履、于禁陵庙见画，以至武侯夫人之才、康成侍儿之慧、邓艾凤兮之对、钟会不汗之答、杜预《左传》之癖，俗本皆删而不录。今悉依古本存之。一、《三国》文字之佳，其录于《文选》中者，如孔融《荐祢衡表》、陈琳《讨曹操檄》，实可与前、后《出师表》并传，俗本皆阙而不载。今悉依古本增人。一、俗本题纲，参差不对，杂乱无章，又于一回之中，分上下两截。今悉体作者之意而联贯之，每回必以二语对偶为题，务取精工。一、俗本谬托李卓吾先生批阅，而究竟不知出自何人之手。其评中多有唐突昭烈、谩骂武侯之语，今俱削去。一、俗本每至"后人有诗叹曰"，便处处是周静轩先生，而其诗又甚俚鄙可笑。此编悉取唐宋名人作以实之，与俗本大不相同。一、七言律诗，起于唐人，若汉则未闻有七言律也。俗本往往捏造古人诗句，如钟繇、王朗颂铜雀台、蔡瑁题馆驿屋壁，皆伪作七言律体，殊为识者所笑。今悉依古本削去。一、后人捏造之事，有俗本演义所无，而今日传奇所有者，如关公斩貂蝉、张飞捉周瑜之类，此其诬也，则今人之所知也。有古本《三国志》所无，而俗本演义所有者，如诸葛亮欲烧魏延于上方谷，诸葛瞻得邓艾书而犹豫未决之类，此其诬也，则非今人之所知也。不知其诬，毋乃冤古人太甚，今皆削去，使读者不为齐东所误。考《凡例》所称俗本，即指明人《精刊李卓吾批评三国志真本》，序文托之杨升庵，云东原罗贯中以平阳陈寿传，考诸国史，自汉灵帝中平元年，终于晋太康元年之事，留心损益，目之曰《三国志通俗演义》。每一回绘两图，工致似仇实父。卷中详略互异，如第一回录杨赐、蔡邕灾异二对，毛本有蔡邕而无杨赐。记张角立三十六方，分布大小方者乃将军之称也。毛本则云三十六方，各立渠帅称为将军。

褚人获《坚瓠补集》卷二：毛德音先生纶，学富家贫，中年瞽废，同辈惜之。其配亦有贤德。六秩双寿时，同人俱以诗赠之。先生独喜汪啸尹四绝句，诗云："两字饥寒一腐儒，空将万卷付嗟吁。世人不识张司业，若个缠绵解赠珠。久病长贫老布衣，天乎人也是耶非。止余几点穷途泪，盲尽双眸还自挥。荆布齑盐四十年，谁人知得孟光贤。至今还举齐眉案，辛苦终身实可怜。工容何事不如人，嫁与寒儒病更贫。垂老双眉终日锁，莺花过尽那知春。"四诗绝非祝嘏常套，先生所以独喜之与？先生有《三国笺注》、《琵琶评》行世。按：毛德音与毛宗岗是否一人，容考。

齐学裘《见闻随笔》卷十六:王朝忠,字梦霞,号月山,又号蕴香,东洞庭山老布衣也。家饶于财,曾翻刻《三国演义》,补刻一百二十四人图像传世。

## 孙夫人

路朝霖有《孙夫人考》,当录入。

孙璧文《考古录》卷六:《明一统志》称,大江中有蟂矶,南有一石穴,广一丈,深叵测,盖蟂居也。蟂,即老蛟。在芜湖县西南七里,有灵泽夫人祠,俗称孙夫人还省母,过滦江,闻先主崩蜀,痛哭自沉。一曰孙刘有隙,夫人归吴,舟舣矶侧,不忍见仲谋,遂殇于矶。明建灵泽夫人祠祀之,国朝嘉庆二年,巡抚朱珪题奏,敕封崇节惠利灵泽夫人,赐"英灵惠济"额,春秋致祭。同治四年,兵部侍郎彭玉麟重建。考宋庭坚书蟂矶云:蟂似蛇,四足,能害人,汉贾生所谓"偭蟂獭以隐处"者也。陆游《入蜀记》云,蟂矶上有道士结庐,致和中赐名宁渊观。旧说下有蟂,能害人,故名。方郡县奏乞观额时,恶其名,因曰:矶在水中,水常沃石,故曰浇矶。是宋时尚无夫人沉江之说。元人王实甫作《三国演义》,始附会其事。王伟《蟂矶记》、郭子章《望蜀台记》,信以为真,并罪陈寿铨叙之略。愚案,顾亭林《日知录》曰:考《蜀志》,先主既定益州,而孙夫人还吴。又裴松之注引《赵云别传》曰:先主入益州,云领留营司马,时孙夫人以权妹骄豪,多将吴吏兵,纵横不法。先主以云严重,必能整齐,特任掌内事。权闻备西征,大遣舟船迎妹,而夫人欲将后主还吴。云与张飞勒兵截江,乃得后主还。是孙夫人自荆州复归于权而后不知所终。沉江之说殆妄。《江南通志》云,考芜湖,吴地,夫人既以蜀为重,必不肯当先主之出,而挈子归吴。既已归吴,又何必以身殉蜀?既欲殉蜀,又何不死于蜀地,而死于吴地?皆不可解。愚谓夫人归吴,发乎情也,岂逆知权之诈乎?归吴后,始知为权所卖。当是时,孙刘之怨已构,蜀既不迎,吴又不送,夫人身在吴,心未忘蜀也。及闻昭烈崩,义不得不死矣。《演义》附会其说,亦想当然，但只言江上，未言蟂矶。案《明一统志》，蟂矶旧有庙，俗讹为乔姬庙。乔、昭音近，或因乔姬又讹为昭姬，遂以为昭烈帝姬欤？

《新义录》卷八十"孙夫人沉江之疑"条。

洪亮吉《卷施阁诗》卷十九《蟂矶夫人像为方廉使昂赋六绝句》之三云："一舸翩翩下武昌，归宁以后史难详。惠陵松柏如南指，尚认江东作婿乡。"

## 关公轶事

《明斋小识》卷八：顾培真文虎自陕西归，云过河南，游许州，郊外有大石桥，当年关公去曹归汉，孟德送行处也。对桥有庙，极宏敞，塑像竟依《演义》所载，骑马横刀，左塑曹鞠躬状，后努目而立者为许褚，旁列将校献袍捧金。殿上旧有对曰："亦知我故主尚存乎，自今日走遍天涯，休说万钟千驷。曾许尔立功而去也，倘他年相逢歧路，无忘尊酒绨袍。"系青浦人张姓者著，惜忘其名。后剥落废置，及修庙撰新对，帝梦示庙祝曰："新对不可用，当悬旧者。"因修而揭之。土人云。又见《楹联丛话》卷三，《两般秋雨庵随笔》亦载之。

《茶香室续钞》卷十九：宋黄休复《益州名画录》云，赵忠义者，德元子也。蜀王知忠义妙于鬼神屋木，遂令画关将军起玉泉寺图。按，此知五代时关像已盛行矣。按：《演义》称玉泉山关公显圣事，亦有本。

《三国志旁证》卷一《魏书·武帝纪》注：《曹瞒传》云，太祖少好飞鹰走狗，游荡无度。其叔父数言之于嵩，太祖患之，后逢叔父于路，乃阳败面㖞口。叔父怪而问其故，太祖曰："卒中恶风。"叔父以告嵩。嵩惊愕，呼太祖。太祖口貌如故，嵩问曰："叔父言汝中风，已差乎？"太祖曰："初不中风，但失爱于叔父，故见罔耳。"嵩乃疑焉。自后叔父有所告，嵩终不复信，太祖于是益得肆意矣。按，裴注但言《曹瞒传》为吴人所作，不著其名，今书亦不传。前明小说家所演，即据此耳。

又卷四《魏书·明帝纪》注：《魏氏春秋》曰，亮既屡遣使交书，又致巾帼妇人之饰，以怒宣王。宣王将出战，辛毗杖节奉诏，勒宣王及军吏已下，乃止。宣王见亮使，唯问其寝食及其事之烦简，不问戎事。使对曰："诸葛公夙兴夜寐，罚二十以上皆亲览焉，所啖食不过数升。"宣王曰："亮体弊矣，其能久乎?"按，小说家演此事，有"食少事烦"四字。明冯梦祯亦有《武侯食少事烦论》。皆不知何所据，正史中实无此语也。

又卷九《吕布传》：卓常使布守中合，布与卓侍婢私通，恐事发觉，心不自安。按，今小说有王允献貂蝉、作连环计事，即由"侍婢私通"一语演出，亦非尽无因。李长吉《吕将军歌》"榼榼银龟摇白马，傅粉女郎火旗下"，即指此事也。又：布有良马曰赤兔，注《曹瞒传》曰，时人语曰："人中有吕布，马中有赤兔。"案，布乘赤兔马，小说家辄谓布败后为曹操所得，以赠关公。亦想当然，非事实也。

又卷十五《王粲传》注：《典略》曰，琳作诸书及檄草成，呈太祖。太祖先苦头风，是日疾发卧，读琳所作，翕然而起，曰："此愈我病。"数加厚赐。按，陈琳檄草愈头风，此归太祖后事。而世专指袁本初之檄文，殊失其实。盖即前明小说家之霒言也。

卷二十一《蜀书·诸葛亮传》注：《魏略》曰，庶先名福，本单家子。按，林畅园师曰："《魏志》注中言单家非一，犹言单寒之家，以别于大姓右族耳。裴楷传注引《魏略》列传，以徐福、严干、李义等同卷，亦云干、义二人并单家。"而前明小说家乃以徐庶自隐姓名，别称单福，则似以单为姓者，殊可笑矣。

又：即周瑜、程普、鲁肃等水军三万，随亮诣先主，并力拒曹公。按，《周瑜传》："时刘备为曹公所破，欲引南渡江，与鲁肃遇于当阳，遂共图计。因进住夏口，遣诸葛亮诣权。权遂遣瑜及程普与备并力逆曹公"云云。与此传所载是一事，蜀、吴通好之时，瑜、亮二人会合踪迹见于史者，不过如此。而小说家铺张其事，遂使二人居然有不能并立之势，可谓厚诬前贤。王应奎《柳南续笔》云，"既生瑜，何生亮"二语出《三国演义》，实正史所无，而王阮亭《古诗凡例》、尤悔庵《沧浪亭诗序》并袭用之。以二公之博雅，且犹不免此误。今之临文者，可不慎欤？

卷二十三《关羽传》注：公好左氏，讽诵略皆上口。按，公好左氏，史有明文，而世俗即依此演为公志在《春秋》。近人作公庙楹联者，必以春秋为美谈。此正如因史传言“恩若兄弟”，而演为桃园结义，虽名流诗文犹不免焉，而不知其非事实也。

又《张飞传》：字益德。按，飞字益德，甚明。《吕布传》注引《英雄记》、《周瑜传》注引《吴录》及《杨戏传》张益德赞，并同。李商隐诗“益德冤魂终报主”，亦是一证。钱大昕《金石文跋尾续》有金永安四年重修蜀先主庙碑，亦是益德。惟吴管本《华阳国志》及近刻《水经注》、《世说》，并作翼德。盖以翼与飞生义，皆妄人所为也。又：少与关公俱事先主，关年长数岁，飞兄事之。按，此亦足为俗传兄弟之一证。

又《黄忠传》：欲用忠为后将军，诸葛亮说先主曰：“忠之名望，素非关、马之伦也。而今便令同列，马、张在近，亲见其功，尚可喻指；关遥闻之，恐必不悦。”按，今俗动称黄忠为老将，而史言其名望不高，且于先主为汉中王之次年遽卒，则其年亦必尚未老也。

卷二十四《庞统传》：进围雒县，统率众攻城，为流矢所中，卒，时年三十六。按，士元死于雒县城下，而小说家演为落凤坡之事。前明《广舆志》已误收之，王士祯诗集中亦有“落凤坡吊庞士元”之题，皆非正史所有也。

卷二十九《鲁肃传》：肃邀关相见，各驻兵马百步上，但诸将军单刀俱会。肃因责数关曰：“国家区区，本以土地借卿家者。卿家兵败远来，无以为资故也。今已得益州，既无奉还之意，但求三郡，又不从命。”语未究竟，坐有一人曰：“夫土地者，惟德所在耳，何常之有？”肃厉声呵之，辞色甚切。关操刀起，谓曰：“此自国家事，是人何知？”目之使去。按，前明小说家言关公裨将有周仓，甚勇，似即缘此事而演之。然元鲁贞《汉寿亭侯碑》已有“乘赤兔兮从周仓”语，则明以前已有其说矣。今《山西通志》载，周将军仓，平陆人，初为张宝将。后遇关公于卧牛山，遂相从。樊城之役，生擒庞德。后守麦城，死之。亦见《顺德府志》，谓与参军王甫同死。里居事迹卓然可纪，未可以史偶失其名而疑之也。又按小说家有“单刀赴会”之事，亦本此传“单刀俱会”语，非无根也。

汪师韩《韩门缀学续编》：关公生平行业，士大夫每有误小说为正史者。如阳节潘氏《纲鉴总论》之有炳烛达旦、鹿门茅氏评古文之称关寿亭、苏门孙氏《成安庙碑》之言桃园结义，及一切联匾之以三分为说者，皆是也。

陆懋修《世补斋医书》卷一：方中行作条辨，谓张松北见曹操，以川中医有仲景为夸。仲景入蜀事，无可据，明是稗官家言。按，张松对杨修言，医有仲景之能，卜有君平之隐。见《演义》。

《癸辛杂识续集》卷下：世俗命强记者曰张松。按，《蜀纪·刘禅纪》注，杨修以所撰兵书示张松，饮宴间一看便暗诵之。即此也。

孙璧文《新义录》卷七十二：小说载关平为壮缪养子，此妄也。《蜀志》关羽本传，权遣将逆击羽，斩羽及子平于临沮。裴注，羽梦猪啮其足，语子平云云。并无养子之说。《筠廊偶笔》载，解州于生浚井得巨砖，书羽娶胡氏，于灵帝光和元年戊午五月十三日生子平。说虽不经，亦足以证养子之妄。

瞿宣颖《方志考稿》第五编“山西”：《乾隆解州志》条云，相传为关羽故里，历代崇其庙貌，至附会以为结义园。关氏子孙在乾隆二十三年传至五十四代，几于阙里之在曲阜相埒。小说之力，亦云伟矣。

## 关公生日

《陔余丛考》卷三十五“关壮缪”条，当引。

《考古录》卷八“武庙”条有生日考，当附入。

孙志祖《读书脞录》卷五：今世以五月十三日为关公生日。考吾乡冯山公先生《解舂集》中有《关侯祖考名氏记》云，戊午，解州有常平士于昌得碑于关侯故居之塔庙，碑记侯之祖考两世讳字、生卒甲子，大略曰，侯祖石盘公讳审，字问之，和帝承元二年庚寅生，居解梁常平村宝池里。公冲穆好道，以《易》、《春秋》训其子。卒于桓帝永寿三年丁酉，享寿六十八。子讳毅，字道远，性至孝，父殁，庐墓三年。既免丧，于桓帝延熹三年庚子六月二十四日生侯。侯长，娶胡氏，于灵帝光和元年戊午五月十三日生子平。据此，则公之生日乃六月二十四日，而五月十三日为公之子平生日也。然此碑出于近世，恐不足据。《潜研堂金石跋尾续》载，元至正十二年，《关王庙碑》云，荆楚之人相传，显烈关王庙额六月二十二日生；昭贶王子平庙额五月十三日生。

又阎潜丘《札记》云：世传五月十三日为关公生辰，《明会典》亦载之，但云其八字为四戊午，则不可不辨。公死于献帝建安二十四年己亥，史不言其寿。元人胡琦考之，当在六十上下。果生于戊午，则四十有二尔，不合一。戊午乃灵帝光和元年，考《通鉴目录》，是年四月庚戌朔，五月无戊午，不合二。古人始生，止记年月日，不及时，即唐李虚中推命犹不以时，见《韩昌黎集》，安有公生东汉间，而传其戊午时于千载下乎？不合三。

《萝藦亭札记》卷八：元人《当阳县玉泉山关帝庙碑》言，宋绍圣三年，赐庙额曰显烈，公子平庙额曰昭贶，俗呼为三郎。荆楚之人相传公为六月二十二日生，平为五月十三日生。是日朝拜祭赛，远近辐辏焉。碑是李普颜立石，无撰书人。按，唐郎士元有《关侯祠诗》，则唐时已有庙祀。今北俗以六月二十四日为帝生日，南俗以五月十三日为帝生日。

章世臣《武学源流》卷下附周仓考：郑环曰，陈志，鲁肃传邀侯相会于益阳，语未竟，坐有一人曰：“夫土地者，惟德所在耳，何常之有？”按，坐当作旁，上言单刀，下言操刀，则操刀而旁侍者，固将军仓也。将军字履丰，陈志虽不载，不得谓竟无其人。《边州见闻录》：白水村，威茂道左，有忠勇公祠，祀周仓。村，其苗裔也，云每世必有如仓像者。祠旁泉色白。《平陆县志》：周仓，邑人，家西祁村。今周氏族甚众，有仓庙，其祖、父坟墓在焉。孙氏扶苍曰，世传周仓，汝州鲁山县辛林街人也。地产白牡丹,仓癖好之。后见一石,刻关公像,系马远笔。其侍卫周仓,头簪白牡丹一朵。周将军墓诗序:乾隆辛巳岁,自郢中诣当阳,谒关帝陵。南五十余里为麦城故址,西数里任姓村,旁有周将军墓。相传村氓梦将军示兆,循梦求之,得一石土中,状类墓门。遂开之,有塑像,见风即化。于中得五铢钱数百,以土封其处。今任姓世守护之。此则将军非无是公也。闻氏益《淮南杂识》曰:关帝庙中皆塑周将军,其名不见于史传。考元鲁贞《汉寿亭侯庙碑》有"乘赤兔兮从周仓"之句,则其名固有在矣。

## 关圣帝君上升日

《茶香室四钞》卷二十:江苏官刻《时宪书》云,九月十三日,关圣帝君上升。按,《三国志》本传,二十四年,羽攻曹仁于樊。"曹公遣于禁助仁。秋大霖雨,汉水泛滥,禁所督七军皆没"云云。其下即叙羽遇害事,则九月十三日为关圣帝君上升日,容或可信。按,《演义》称关公父子遇害在建安二十四年冬十月,不知何据。

阮福《续编雷塘庵主弟子记》卷六:道光八年七月初二日,大人会同巡抚伊公,率在省司道,审明叛逆两案,具奏折略云,窃查滇省幅员辽阔,内则壤接川黔,外则界连交缅,屡饬清查保甲,驱逐游民。于三月间查,有外来人,托令石匠雕制盘龙石印。当即派拨弁兵,于离省城四十里之花红硐,将其人王士林并石印搜获。并据开化镇府禀报,访有李映川为赵应陇写造逆词之事,督率营弁,将李映川及戚登云、梁应富等拏获,起出逆词,内有"天运戊子二月,合行大诰,邀结英雄,整积兵丁器械,秋后约期,信到即行"等语。复经添委文武,前往缉办。赵应陇一犯查无踪迹。行谕越南官员土目,亦搜捕无获。随饬将现获各犯解讯。王士林是湖北嘉鱼县人,先在贵州古州地方入伍,犯事革退。道光七年二月,雕刻木印,托言扶鸾降神,即令交好之徐敖向程尚文、程尚志、吴本智等诱骗,程尚文等皆为信服拜师。迨被访拏,即以异日须在越南得志,嘱令程尚文等凑赠盘费,逃至云南临安。徐敖旋亦自黔寻至，会晤王士林，因见《三国志演义》所载孙坚得获玉玺，起意仿雕石玺，径赴小潮惑众盘踞。即于八年二月至省，觅得石匠李盛，托词挽令制造盘龙石印，欲刻“受命于天，既寿永昌”八字。李盛虽径篆写，心生疑惑，即向生员李宗唐告知首报，致被获破。至赵应陇本在越南小潮为僧，素无文理，好为大言。李映川原籍四川，亦在小潮教书，与赵应陇认识。赵应陇旋亦还俗。道光七年八月，赵应陇因众人见其两手腕有蓝痣，诧为贵相，遂自称为王者后裔，欲自小潮纠惑摆夷，抢为巢穴，阑至内地开化举事。向李映川密商，李映川以先须传示诰谕，暗为纠约，即为起就诰书一纸，交与赵应陇备用。时有杨仲林，因赵应陇引为同党，遂博胁曹老三等结拜入伙，又护送赵应陇至开化伊戚梁应富家，告以欲举大事。梁应富与工人王增科允从。至八年正月间，赵应陇复纠戚登云及胁关盛荣等入伙，并将逆词邀李映川另写。因纠人无多，转回小潮。当被开化文武访查拏获。李映川等犯先后解省，究明与王士林事系各起，并非互有勾结。将李映川、杨仲林、王士林各论如律。

## 关索

顾家相《五余读书廛随笔》卷上：史载关壮缪止二子：曰平，曰兴。而《三国演义》乃有关索，谓系公之幼子。荆州既陷，流落不偶，后始归蜀。今南方诸省，关索遗迹颇多。《大清一统志》疑“索”为“帅”字之误，然“帅”字虽通作“率”，而“将帅”之“帅”，究无读入声者，其说终不可通。按，宋江三十六人，有病尉迟孙立、病关索杨雄。既与尉迟并称，则古来有此猛将可知。此固北宋以前草野相传之旧闻，贯中采以入《演义》。但《演义》一叙之后，亦未再见，则虽贯中所闻亦不能详，今更无可考矣。

《茶香室丛钞》卷十七：宋范公偁《过庭录》曰，忠宣守信阳时，汉上有巨贼曰罗堑，拥众直压郡界。忠宣集郡僚谋守御，皆懦怯无敢当者。有酒吏秦生请行，独以数十骑直对敌垒。贼副小关索者，领十余骑饮马河侧，秦射中贼关索心而死，贼众窜走。按，世俗以关索为汉前将军之子，实无其人。乃宋时贼盗中即有小关索之名，则其流传亦远矣。

《癸辛杂识》载龚圣与《宋江等三十六人赞》，其《赛关索杨雄赞》云："关索之雄，超之亦贤。"则似古来真有关索其人也。

许缵曾《滇行纪程》：关索岭之半，有伏魔大帝庙，庙门外有哑泉。昔孔明南征，军士误饮此水，皆哑。后人封之以石，今泉脉闭矣。

又，《关索岭考》：世俗谓前将军第三子曰关索，从诸葛丞相南征孟获，威勋甚盛。没而民思之，立庙于此，以其名名岭。未考何代敕封义勇英武威烈感应顺忠王。考《三国志》，前将军有二子，长曰平，次曰兴；平与前将军俱被害于临沮，次兴为丞相所器重，任侍中，尝监军，有令闻。无所谓第三子名索也。陈寿作《三国志》，深习蜀事，安有前将军令子且有震世功而失其名者？甚至有"丞相不察，投军自效"语，益属不经。或曰，诸苗谓父为索，犹言关父，犹岳忠武之称岳爷爷也。然伏魔大帝与顺忠王，凿然两庙并峙，则春秋之受羊豕、享王号者，得非其次子名兴者欤？兴既为丞相所器重，且监军，则丞相有大征伐，或领护军，建伟绩以震慑诸蛮，理或有之。谢肇淛《滇略》云，汉昭烈章武元年，以李恢为庲降都督，随丞相亮南征，大破蛮兵，功最多，封汉兴侯。时左将军之子索亦有战功，开山通道，常为前锋。未审所据何书。又诸葛元声《滇事纪略》云，建兴三年五月，武侯渡泸水，进征益州，从征自赵云、魏延外，如张翼、王平、句扶及云长少子关兴，即关索，尤以骁勇前驱，多建奇功。观此则从前臆揣，若有符合。又考《云南通志》，路南州北亦有关索岭，以其险峻，必引之以索而后能度。此又一说也，存之以备讨论。

陈鼎《滇黔纪游》：霸陵桥即关索桥，水从西北万山来，亦合盘江而趋粤西以入海。关索岭为黔山峻险第一路，如之字盘折而上。山半有关壮缪祠，即龙泉寺。中有马跑泉，甘碧可饮，相传壮缪少子索用枪刺出者。寺内大竹千竿，青葱可爱。寺外道旁有哑泉，今已闭，碣曰“亘古哑泉”。西巅即顺忠王索祠，铁枪一株，重百余斤，以镇山门。按，陈寿《三国史》，壮缪长子平，从死宁(临)沮之难；次子兴，为侍中，数年殁。未有名索者。意者建兴初丞相亮南征，从者其索乎？有功于黔，土人祀之。黔人呼父为索，尊之至而以父呼之耶？相传索从亮南征，为先锋，开山通道，忠勇有父风。今水旱灾疠，祷之辄应，故血食千古。一路至滇，为关索岭者三，而滇中亦有数处。似为壮缪子，不谬也。或谓关锁岭之讹，程江夏《满江红》末句云：“当年陈寿是何人，史独缺？”诚为千载疑案。然正史缺者颇多，不独索一人已也，但不知王实甫作《三国演义》，据何稗史而忽插入索乎？是皆不得而考也。

舒位《瓶水斋诗集》卷六《汉将军关索庙下作》：庙在岭绝顶，岭从将军姓也。碑称将军为前将军之子，当武乡侯征南蛮时，将军先驱至此，遂俎豆焉。余按，临沮之役，前将军父子殉难，而将军又史失其名。《黔书》所辨良是。然庙貌飒爽，民奉其祀，奇绩所昭，不可以不作也。鸟道青天上，将军百战来。赤心先世业，白面少年才。史阙千秋恨，山空一庙开。书生惭橐笔，不记旧云台。

田雯《黔书》卷上：壮缪二子，长曰平，次曰兴。平及于临沮之难；兴弱冠为汉侍中，有父风，武侯甚爱之，征讨未尝不与。此传志之可考者，初无所谓索也，是岂纪载之失耶？抑亦乌有之谈耶？纵或有之，不过一偏裨耳，何以遂庙食于此，千秋而勿替？其功亦必有足述者矣。尝试思之，古者帅与率通，方伯连率是也。意渡泸之役，兴也实从，曾驻师于此。当时以关帅呼之，又或有纪功之迹，以帅为率，后遂讹率为索，莫之考正焉尔。丁炜曰，或曰蛮人呼索为父；或曰是岭以关锁黔滇，故名。兹二说者，炜皆未之信。

《晓读书斋四录》卷上：近世谄神之道，又别生一法。必载籍穷而无可稽者，即云掘地得碑石云云，周仓麦城之碑、关索盘江之碣，皆是也。

章世臣《武学源流》卷下附“关索辨”：郑环《关侯世家》曰，世俗谓侯第三子关索，从丞相诸葛亮南征孟获，威勋甚盛。没而民思之，立庙于滇黔间，以其名名岭。后代敕封义勇英武威烈感应顺忠王。按陈志深习蜀事，安有侯之令子且有震世功而失其名者？或曰诸苗谓父为索，犹曰关爷也。或曰古帅率通，本呼关率，后讹率为索，即侯次子兴也。谢肇淛《滇略》，谓前将军三子索随丞相南征，开山通道，多为前锋。又诸葛元声《滇事纪略》，谓武侯渡泸征孟获，云长少子关兴即关索，尤以骁勇前驱，多建奇功。据此则索之为兴无疑。世臣按，兴、索皆水名，古索县地，侯之封地也。《汉地理志》曰，索县，应劭曰顺帝更名汉寿。《水经注》，渐水，阚骃以为兴水所出，东入沅。而是水又东历诸湖，方南注沅。故亦曰渐水也。观于此言，则汉寿即索县，渐水即兴水。侯自建安五年封于汉寿，或生子兴与索于封邑。以封邑名子，故曰兴、曰索，未可知也。郑氏引或说苗人称父曰索，固非。而胡氏《滇系》引或说关索即关塞，谓索有色音，尤非。尝考明嘉靖中，王廷表《江川关索岭庙碑》：关王二子，长平，幼兴，即索。诸葛元声说同。可知关索实有其人，而为第三子，或即为次子，其皆以地以水得名则一也。此说前人所未道，因参考地理而得之。又按，《云溪友议》荆州玉泉祠有关三郎，此庙非汉寿之称，必其三子也。然则侯实有三子矣，倘即此名索者耶？此亦可为一证。

赵翼《瓯北集》卷十九《关索插枪岩歌》：万仞危崖拔地起，磴道盘空有遗垒。土人相呼关索岩，云是汉前将军子。曾从诸葛征南来，丈八铁枪插于此。我读蜀志典可征，髯翁二子平与兴。此外不闻更谁某，毋乃荒诞未足凭。然而滇黔万里境，到处俱有索名岭。若果子虚无是公，安得威声至今永。当年壮缪心安刘，胸中浩气横九州岛。一门忠孝出天性，厥子亦定贤豪流。渡泸深入不毛地，将种应为丞相倚。断头掉尾纷猓苗，蛊毒蛇氛丛瘴疠。想见前驱摧陷力，生辟鬼乡作人世。嵯峩翠壁高摩天，一枪留镇何机权。岂同射石箭没羽，或比刺山剑出泉。要以神奇詟蛮俗，如铁柱杀蛟龙涎。君不见，武乡擒纵用心苦，亦假威灵靖南土。深崖往往贮金甲，贵阳有诸葛藏甲岩。荒村处处瘗铜鼓。蛮村多铜鼓，皆云诸葛鼓也。不知此物究何用，千载群蛮舌犹吐。可知一枝绿沉枪，直抵长坂蛇矛万人阻。我来跋马苍山根，阴风飒飒寒荆榛。欲求故迹已罕有，偏觉英采垂千春。年深世远不消蚀，此岂得谓无其人。鸣呼书生论古勿泥古，未必传闻皆伪史策真。

贝青乔《半行庵诗存稿》卷四《关将军索庙》：庙在岭绝顶，岭从将军姓也。碑称将军为前将军少子，从武侯南征，有功及民。民德之，遂俎豆焉。余按，前将军二子，长曰平，次曰兴。平及于临沮之难；兴弱冠为侍中，武侯甚爱之，征讨未尝不与。此则史册之可考者，并无所谓索也。乃前明谢肇淛谓，将军曾为李恢先锋；诸葛元声又合将军与兴为一人。不知所据何书。然庙貌飒爽，祀事修明，世奉为顺忠王。谅必有所以慑伏蛮髦者，故诗之。年少从军汉相营，庲降都督此先声。惜无信史垂华夏，却有神威继父兄。被发野氓争设祭，征蛮突将幸留名。南阳有后推瞻尚，谁建崇祠鼓吹迎。

洪亮吉《卷施阁诗》卷十三《关索岭》：山南路，飞鸟亦不知。排空翠巘逼天住，乃识细路悬如丝。前行问路频相失，时入穴中时出穴。东西向背杳莫分，幸向林梢辨斜日。两山中间夹一桥，细水毕集声如箫。过桥三折方遵岭，忽讶危桥若深井。前行籧篨后戚施，时俯时仰愁难支。征衣匆匆棘心挽，攫客复有青松枝。居然一庙藏山半，上视山巅尚霄汉。停舆聊复酌山泉，以手读碑疲复换。后先济美谁所云，岭上有关索庙，相传祀蜀汉前将军子。当日或隶征南军。神扉开处山僧迓，我敬英灵且先拜。虚亭留客听晚钟，炊火远杂山花红。出门扑面风尤大，幸有扶人竹千个。君不见，来途一线云初破，天上惊看马头堕。

无名氏《松下杂钞》卷下：云贵间有关索岭，有祠庙极灵。云明初征云南至此，见一古庙，庙中石炉插箭一钑，其上曰“汉将关索至此”。

云南平，遂建关索庙。今香火甚盛。《月[1]山丛谈》云，云南平夷，过曲靖、晋宁，过江川，皆有关索岭，上各有庙。盖前代凡遇高埠置关，关备索以挽异者，故以名耳。传讹已久，遂谓有是人，而实妄也。

王士祯《池北偶谈》卷二十四：云贵间有关索岭，有祠庙极灵。云明初，师征云南至此，见一古庙，庙中石炉插铁箭一级，其上曰“汉将关索至此”。云南平，遂建关索庙，今香火甚盛。《月山丛谈》：云南平夷过曲靖，晋宁过江川，皆有关索岭，上各有庙。盖前代凡遇高埠置关，关吏备索以挽异者，故以名耳。传讹之久，遂谓有是人，而实妄也。

钱希言《狯园》第十二“淫祀”：云贵间有关索祠几处，相传一巨绠常夜作声，时人以为灵响，于此建屋立祠，名曰花关索。衣冠钟鼓，千年不断。往来行旅，莫不祷祈。至今尚在。传奇小说中常有花关索，不知何人。东瀛耿驾部橘少时，常听市上弹唱词话者两句，有云：“枣核样小花关索，车轮般大九条筋。”后以语余，共相击节。

谈迁《枣林杂俎》义集：贵州永宁卫南二十里，道旁关索石。云关索南征，恶此石截道，以戈椎击之，石破为二，一留道旁，一飞堕道旁。因名落石，今刀痕依然。

## 张翼德

《茶香室四钞》卷十二：国朝周亮工《书影》云，关云长《三上张翼德书》云：“操之鬼计百端，非羽智缚，安有今日？将军罪羽，是不知羽也。羽不缘社稷倾危，仁兄无俦，则以三尺剑报将军，使羽异日无愧于黄壤也。三上翼德将军，死罪死罪。”右此帖米南宫书，吴中翰彬收得之。焦弱侯太史请摹刻正阳门关帝庙，中翰秘不示人，乃令邓刺史文明以意临之，刻诸石。不知米南宫当日何处传此文也。按，此文既

---

① 月：原稿讹为“后”。

不知所自来，则真伪难明，即米书亦未知真否也。“仁兄无俦”句，似以仁兄称先主，恐不足信。且桓侯字益德，此作翼德，亦非也。按，桓侯字翼德，与今演义合。

《读书敏求记》卷二“重编义勇武安王集”条下云：桓侯字益德，内府板《演义传》尚未之改，而流俗本竟刊为翼德，岂不可笑？

《扬州画舫录》卷十一吴天绪效张翼德据水断桥，先作欲叱咤之状。众倾耳听之，则唯张口努目，以手作势，不出一声。而满室中如雷霆喧于耳矣。谓其人曰：“桓侯之声，讵吾辈所能效？状其意，使声不出于吾口，而出于各人之心，斯可肖也。”虽小技，造其极亦非偶然矣。

梁玉绳《瞥记》三：张飞字益德，见飞本传及《杨戏传》。钱宫詹《金石文跋尾续》有金承安四年重修蜀先主庙碑，亦作益德。并云，俗传《三国演义》讹为翼。钱遵王谓内府板《演义》犹未讹，《日下旧闻》载此碑讹翼，盖朱得之传抄也。余案，《华阳国志》、《水经注》、《世说·品藻》上篇并作翼德，岂近代刊本之讹欤？《放翁集·涪州道中诗》自注：“郡境有张翼德祠。”亦作翼。

梁学昌《庭立记闻》卷一：《吕布传》注引《英雄记》、《周瑜传》注引《吴录》，亦皆作益德。然以字配名，似翼字于义为近。

杨秉杷《杨氏杂录》：《刀剑录》载，侯所用刀称翼德刀。陈承祚《三国志》：侯字益德。钱遵王《记》，侯本字益德，翼，讹也。然翼字与侯名合，《刀剑录》或别有所据欤？

## 周将军

《考古录》卷八有“周仓”条，当补入。

孙志祖《读书脞录》卷五：《读书敏求记》云，关神座右塑立周仓像，传来甚久。遍考史书，绝无其人，仅见于小说传奇，那可为据？又如桓侯字益德，内府板《演义传》尚未之改，而流俗本竟刊为翼德，岂不可笑？志祖案，《山西通志》云，周将军仓，平陆人。初为张宝将，后遇关公于卧牛山，遂相从。樊城之役，生擒庞德。后守麦城，死之。《顺德府志》，与参军王甫同死。里居事迹卓然可纪，未可以正史不见其人而疑之也。元鲁贞《汉寿亭侯庙碑》有“乘赤兔兮从周仓”语。《吴志·鲁肃传》载单刀会关公事，肃语未究竟，坐有一人曰：“夫土地者，惟德所在尔，何常之有？”肃厉声呵之，词色甚切。所谓“坐有一人”者，疑即传奇所演之周将军，而史偶失其姓名尔。《水经注》云，当阳县城在绿水长坂南，即张翼德横矛处也。亦作翼德。或桓侯本有二字，小说非尽无稽也。宋本《华阳国志》六作益德。

## 卷三

### 桃园

荆溪万之蘅、武进吴宝彝辑《汉关侯事迹汇编》卷四：桃园结义虽无其事，而实有因。侯本传云：“先主与二人寝则同床，恩若兄弟。”侯对张辽云：“吾受刘将军厚恩，誓以共死，不可背之。”结义之说，所由来也。今涿州有桃园，而《日涉编》载《桃园记》云：“昭烈以正月二日生。”夫据稗官之语而实以地，因誓死之辞而实以事，则非矣。《季汉五志》。

又：帝寓涿年月无考。《华阳国志》云：先主善交结豪侠，年少争附之。中山大商张世平、苏双等奇之，多与之金。由是得合徒众，河东关羽云长、同郡张飞翼德并以壮力为之御侮。中平元年，讨黄巾贼。夫当时豪侠孰有过关张者？而交结时年皆少于昭烈，又御侮在前，讨贼在后，则孝灵光和之末，正风云会合之初乎？其同讨黄巾，必其交好经年，相与鸠聚师众，扶义而起。钱氏《年谱考》谓灵帝末，先主收合徒众。侯亡命奔涿郡，与桓侯共事先主，结为兄弟。不免倒置史文。胡栋《年表志》谓，中平元年，帝如涿，与昭烈、张翼德义盟。夏五月，随昭烈讨黄巾。似临时应募者然，尤非同床共器之意矣。史称昭烈与二人恩若兄弟；又称帝年长，桓侯兄事之。夫桓侯以兄事，则帝以弟畜可知。乃极言志均义敌，相待之厚也。公孙瓒深与昭烈为友，瓒年长，昭烈以兄事之。意亦如此。盖古人倾盖如故，久要不忘，何待要以明神？汉高祖闻项伯年长于张良，因谓张曰："君为我呼入，吾得兄事之。"此则一见便以齿序，岂亦刑牲歃血耶？桃园结义，失之凿矣。《关帝事迹征信编》。

桃园之名，见于《左传》，在今山西，非涿地也。《涿州志》但载桃庄在州西北里许，汉张桓侯生于此，遗址尚存。此殆桃园所由讹乎？考之《水经注》，桃水出涿县故城西南奇沟东八里大坎下，东径桃仁墟。曹学佺《名胜志》云，桃水首受涞水，于徐城合于圣水，始汇范水。城西桃庄，以此名。然则桃固水名也。乃自结义之说出，前明文士每笃信之。吕柟曰："结义桃园，起兵讨贼，兴复汉室。"郭子章曰："蒲坂降神，桃园歃血。"魏养蒙曰："侯结兄弟之好，捧盂桃林。"陈省曰："桃园一誓坚金石，却辽数语凛冰霜。"彭梦祖曰："美髯飘飘赤兔骛，桃园结盟对天地。"徐自溟辈侈然论三国成败，亦无不据为实事。吁可怪矣！其末也，沈泰灏以入本纪，钱氏以入正俗考，《涿州志》于帝传亦云："时昭烈未知名，帝与之交于张桓侯桃园中，结为兄弟。"而胡栋志古迹，并录演义结盟之词。遂宁张氏志，袭用胡本，亦未能正其失；且有结义之园，斯有三义之庙，生则北面朝之，没则并席而坐。董文敏、王山史、柴虎臣、吴志伊诸先生皆力辨其非。孙扶苍言："结义事有无不可知，若践阼后自应论君臣之义。"陈常亦言："分莫严于君臣，即真兄弟，亦当以义断恩。"可谓名论。《关帝事迹征信编》。

## 貂蝉

《汉关侯事迹汇编》卷四：史载卓常以吕布自卫，尝小失意，拔手戟掷布。布拳捷避之。使布守中閤，布与卓侍婢私通，恐事发觉。王允以布州里壮健，厚接纳之，使手刃刺卓。传奇谓王允以养女貂蝉设连环之计，两许卓、布。父子构怨，遂有掷戟之事。盖以布通卓侍婢及失意拔戟二事牵合成文。内府《斩貂蝉》杂剧，谓布死后，貂蝉归于侯，巧言呰布。侯怒而杀之。则初无此事，亦或因下邳城下请布将秦宜禄妻之事而附会流传也。《重编武安王集》。

掷戟、通婢之事，陈寿《魏志》、袁宏《后汉纪》所载并同，初无所谓貂蝉；既无貂蝉，何有于斩？而明儒宋楷顾盛称之，诧为奇绝；王元美辈复为诗歌咏之。是何闇于识而不谨于言耶？或者曰《李昌谷集·吕将军歌》中言"傅粉女郎"，杨升庵、焦阳明皆指为貂蝉，则唐诗人咏之矣。或又曰《淮安府志》载，古下邳城中有梳妆台，相传吕布宠姬貂蝉梳妆于此，遗址尚存。而陕西米脂县尚有貂蝉墓。则郡邑志载之矣。然余观布之被围，裴氏注引《英雄记》、《魏氏春秋》甚悉，何以止述其妻之言而不及貂蝉也？长吉之歌曰："吕将军，骑赤兔，独携大胆出秦门，金粟堆边哭陵树。"此为泰陵护卫之官姓吕者作，故以布比之，非咏布也。又曰："榼榼银龟摇白马，傅粉女郎火旗下。"则讥当时将帅虽佩印策肥，而实懦弱无能，似女子耳。岂真有女郎哉？即实有之，亦未言貂蝉也。至地理书所志古迹，间有讹传，如吕布射戟台，《明南畿志》、《江南通志》、《沛县志》皆称在沛县南门；《山东通志》又云在济宁州南门。夫射戟实事，犹不能定其地，况貂蝉有无不可知，不更易为附会乎？《关帝事迹征信编》。

## 关索 《汉关侯事迹汇编》卷四

世俗疑帝子者有二，其一谓平，系关定之子，帝于冀州道中收养也；其一谓帝有第三子索也。据本传："权害羽及子平于临沮。"《吴志·孙权传》："马忠袭羽及其子平、都督赵累等于漳乡。"《潘璋传》："得羽及羽子平。"《吕蒙传》："父子俱获。"是平为帝子甚明。史于昭烈子封书寇氏子，曹操父嵩书养子，而兴之子彝必系以庶，何独于平讳言继乎？所惜殉节之外，行事失传。尝以史传考之，凡功臣世爵，当传嫡子。今平死，兴嗣，犹桓侯长子苞早夭，而次子绍嗣也。乃苞有子遵为尚书，而平后无闻，至于统死绝封，亦止续以庶孽而不及嫡孙，则平固无子可知。今《陵庙纪略·世系图》，平乃有子名樾，又曰平字定国。此何据也？传言兴弱冠为侍中，而平不纪其年。《华阳国志》载建安三年，帝尚无子，则平生已晚，临沮被难，年当在二十内外。今祖墓碑谓生于灵帝光和元年戊午五月十三日，卒时年四十有一。又何据也？关索亦始见演义，言帝在荆州时所生，从武侯征孟获，绩著南土，滇黔间关索岭因之得名。考本传：帝之讨樊，孙权尽虏其士众妻子。此妻子乃浑言家属，即以为别有一子，而史既逸其名，又未知被虏之后复归汉否。罗氏何缘知其为索，岂他有所据耶？抑因岭名偶可影借，遂缘饰之耶？《新唐书·宰相世系表》但言侍中，兴之后，初不及平。而今江陵之关颇称繁衍，其果孙氏所得、吕蒙所存抚者欤？事无古据，但当阙疑而已。《关帝事迹征信编》。

冉觐祖《壮穆考》云，《演义》"花关索荆州认父"谓索母胡氏，怀孕三月而公逃难。索生七岁，失迷，养于母家，又从花岳先生学艺，故名花关索。其说鄙俚可笑。又谓索随昭烈入蜀，有功，后镇云南。及昭烈伐吴时，索已亡。全无起讫，不知何谓。此以无为有，乃公之罪人也。今考《通志》，蜀乃有花岳山，则索相从学艺时，竟在何处？昔鱼豢《魏略》载，昭烈奔荆州，失弃后帝，为扶风刘括买得，养之为子，与娶妇生子。非裴世期据史文断为妄说，后人有不轻信而传之者乎？彼关索亦犹是耳。《关帝事迹征信编》。

沈荃《河南通志》：关索城，在南阳府沁阳县东北九十里，关索所筑。案，索即有其人，亦不得至沁阳筑城。《关帝事迹征信编》。

云贵间有关索岭，有祠庙极灵。云明初师征云南，至此见一古庙，庙中石炉插铁箭一镞，其上曰"汉将关索至此"。云南平，遂建关索庙。今香火甚盛。《月山丛谈》：云南平夷过曲靖、晋宁过江川，皆有关索岭，上各有庙。盖前代凡遇高埠置关，关吏备索以挽舁者，故以名耳。传讹之久，遂谓有是人，而实妄也。《池北偶谈》。

壮缪二子，长曰平，次曰兴。平及于临沮之难；兴弱冠为汉侍中，有父风，武侯甚爱之，征讨未尝不与。此传志之可考者，初无所谓索也，是岂纪载之失耶？抑亦乌有之谈耶？纵或有之，不过一偏裨耳，何以遂庙食于此，千秋而勿替？其功亦必有足述者矣。尝试思之，古者帅与率通，方伯连率是也。意渡泸之役，兴也实从，曾驻师于此。当时以关帅呼之，又或有纪功之迹，以帅为率，后遂讹率为索，莫之考正焉。若夫马跑泉之异，未必非神明其说，以詟蛮髦。事既荒唐，时无特识，安得不妄以成妄耶？《黔书》。

世俗谓前将军第三子曰关索，从诸葛丞相南征孟获，威勋甚盛。没而民思之，立庙于此，以其名名岭。未考何代敕封义勇英武威烈感应顺忠王。考《三国志》，前将军有二子，长曰平，次曰兴；平与前将军俱被害于临沮，次兴为丞相所器重，任侍中，尝监军，有令闻。无所谓第三子名索也。陈寿作《三国志》，深习蜀事，安有前将军令子且有震世功而失其名者？甚至有"丞相不察，投军自效"语，益属不经。或曰，诸苗谓父为索，犹言关父，犹岳忠武之称岳爷爷也。然伏魔大帝与顺忠王，凿然两庙并峙，则春秋之受羊豕、享王号者，得非其次子名兴者欤？兴既为丞相所器重，且监军，则丞相有大征伐，或领护军，建伟绩以震慑诸蛮，理或有之。谢肇淛《滇略》云，汉昭烈章武元年，以李恢为庲降都督，随丞相亮南征，大破蛮兵，功最多，封汉兴侯。时左将军之子索亦有战功，开山通道，常为前锋。未审所据何书。又诸葛元声《滇事纪略》云，建兴三年五月，武侯渡泸水，进征益州，从征自赵云、魏延外，如张翼、王平、句扶及云长少子关兴，即关索，尤以骁勇前驱，多建奇功。观此则从前臆揣，若有符合。又考《云南通志》，路南州北亦有关索岭，以其险峻，必引之以索而后能度。此又一说也，存之以备讨论。《滇行纪程》。①

胡权《关庙记》中称龙骧将军兴，盖袭演义之谬。康熙间，有游搢笏者，辑《神武传》，中载平字坦之，兴字符之，索字维之。王逊《关帝事迹纪略》又谓统字维之。均属无稽，而元之之字，显与史悖，尤可笑

① 按上三条与卷二重复。

也。若索为帝三子，本出演义，宁邑朱氏藏有《明一统志》钞本，系明季海昌徐敦庸等补辑，《解州人物门》平、兴、索并列，下注云羽子，亦知名。考他刻本皆无之。或言索即兴之讹，理或然也。《关帝事迹征信编》。

### 下邳三约 《汉关侯事迹汇编》卷四

孝献皇帝建安五年春正月，操击备，破之，获其妻子。进拔下邳，擒关羽。操使张辽说羽降，羽谓辽曰："吾有三约，与皇叔誓扶汉室，降汉不降曹，一也；二嫂在彼，给应上下人等，不许到门，二也；知吾主去向，不分千里，便当辞去也，三也。如其不允，吾必不降。"操从之，封羽为汉寿亭侯。《纲鉴正史约》。

《魏志》：曹公东击刘备，破之，生擒其将夏侯博。备走奔袁绍。获其妻子。备将关羽屯下邳，复进攻之，羽降。时昭烈在小沛，其妻子亦当在小沛，进攻下邳而公乃降，是操之获昭烈妻子在先，而公归操在后也。演义谓二夫人在下邳，公禀命而后降，误矣。皇叔是何称呼，不知孰序其昭穆？即为皇叔，而疏族亦不得直如此称也。况曰二嫂，曰吾主，称嫂则宜称吾兄，称吾主则宜称主母，自相悖谬，断非公之语气也。《壮穆公考》。

降汉不降曹，乃演义饰说耳。此事在建安五年，是时也，无论阿瞒篡形未著，无所谓曹；且公为谁家臣子，而汉须待降耶？《关公考》。

荆川之辨关公，大意谓斩颜所以报曹，报曹所以归刘，其中有惓惓三约及万里寻君之句。一代文人，专信野史，何也？观其传韩湘，竟谓是文公之侄，益令人绝倒。《重订壮穆公考》。

下邳之役，《蜀志》曰禽，《魏志》曰降。此仍二国旧史书之，实亦以互文见义明，禽非束手就缚，降非穷蹙投诚也。《蜀志》先叙昭烈败绩，操尽收其众，虏其妻子；继言并禽羽以归。则非自降可知。《魏志》于昭烈言破，于夏侯博言生禽，于下邳独言进攻羽降，则非成禽又可知。《通鉴》："进拔下邳，禽关羽。"云拔者，亦想当然之词。胡琦《年谱》谓与操战于下邳，败绩，为操所执。未免添设。窃尝综其时势论之，小沛者，昭烈起事之地也。兴平元年，昭烈为豫州刺史，始屯小沛；其后与吕布连和，还屯小沛。归许及取徐州，皆屯此。一旦奔败，根本已失。下邳，弹丸地，能与操之乘胜悉锐者抗乎？《宋武北征记》："下邳城有三重，大城之门周四里，吕布所守也。魏武禽布于白门。白门，大城之门也。"郦道元《水经注》曰："南门，谓之白门，魏武禽陈宫于此。"今考《三国志》，吕布先破张飞于下邳，曹操又破布于下邳。今复见破于操，则下邳固非可战守之地也。帝自度要之以死，则左将军尚在飘飘未定，吾何敢死？欲弃城为从亡计，则小君且见俘辱，义无独免。于是不得已而从操归耳。虽然，操亦何不可归者？昭烈奔袁绍，帝归操，等也，达权济变之道也。绍郊迎，操厚礼，斯交之而已矣。俗见以帝之忠勇，不肯轻易降操，求其故不得，因造为禀命二夫人及三约之说，以为掩护。岂知二夫人初不在下邳，事已失实，又乌以知帝之心哉？冉氏辟之当矣，但谓妻子浑言家属，帝不以此为去就，则妻子被虏，史亦可以不书。昔荀林父尚为同僚送孥，而滕公尝三下车为汉王收载孝惠、鲁元，曰："虽急，奈何弃之？"况誓以同死者乎？《甘后传》："武侯上书后帝曰，大行皇帝存时，笃义垂恩，念皇思夫人神柩，在远飘飘，特遣使者奉迎。"没者尚然，死者可知矣，况昭烈数丧嫡室，其见虏于吕布也，张桓侯实守下邳，为布所败而走。其后昭烈求和于布，妻子始得还。此桓侯守下邳往事，帝肯蹈其故辙乎？明田铎作《泽州庙记》，谓帝屈身于操，因卫昭烈家属。不为无见，但不当言后主亦在掠中耳。然则帝之不得已而归操，固以观变取济，或兼为保护昭烈家属。计无不可，权而得中，斯其为帝之苦心欤？至冉氏又谓帝之归操，意在徐探昭烈消息。则前年与绍连和，帝明知之；昭烈驻郧百余日，亡卒已来集，帝岂不能由下邳东出，间关访主，而反羁迹许下，为此北辕适越之计，又不然矣。《关帝事迹征信编》。

三约之说，明儒如唐顺之、水佳允、王士性、李贽辈莫不信之，或作为词章，或见诸议论。其甚者，阑入史文，如李廷机之《历世纲鉴》、王世贞之《纲鉴大全》、顾锡畴之《纲鉴正史约》、李盘之《世史类编》，皆详载之。书生守一编,侈谈故事,谁复究所从出?宋氏《编年》谓出《通鉴》,又以秉烛为出《纲目》。即有志之士,明知本诸演义,而有诸书可以借口,亦乐引以为据。且演义三约自与张辽言耳,明儒则变为表三约以明志。表字最没理会,谓为表上,则操非天子;谓非表白,则义与明复。《纲鉴》为温公朱子之言,而以郢书燕说参之,不亦唐突之甚哉!《关帝事迹征信编》。

## 秉烛达旦 《汉关侯事迹汇编》卷四

《螺江日记》卷七有"明烛达旦"条。

阳节潘荣曰:"明烛以达旦,乃云长之大节。"《汇纂玉堂纲鉴》。

云长之于先主,义为君臣,恩同手足。则视先主后,其尊国母也,其亲羽嫂也。渎伦乱常,乡党自好者犹自羞之,云长千古烈杰,其懔懔节义,奚待一烛之光而后照哉?然则公之大节何居,曰生死不负先主,终始欲为汉臣。此所谓云长之大节也。《秉烛达旦辨》。

李仙根《史评》曰:秉烛达旦,乃云长之大节。呜呼,侯不秉烛,将何如哉?操,英雄也,既得侯,生之死之,惟操耳,岂以区区试侯耶?操之不杀侯,以侯可降也,慕之敬之,惟恐其不为用。欲其为己用,则礼之惟恐不至,而又肯先渎之哉?操必不为也。《重修关夫子志》。

许景仁曰:秉烛达旦,其说始于潘荣。信以为有,于帝之忠义不加褒;疑以为无,于帝之忠义不加贬。《关帝全书》。

秉烛一事,仅见于阳节潘氏所云。此乃掇拾稗官氏之说,陈氏、裴氏所未有。余尝论曹瞒虽奸,不至为此儿戏鬼计,陷人不义。且嫂叔不亲授受,乡党稍知自好者,亦知不为。说者乃以此而壮关公,亦浅甚矣。但云秉烛,哲于自明,终属谫陋。此真优伶作剧之为,岂史家之正简乎?《季汉书答问》。

世所传操闭羽与其嫂于一室,羽遂明烛以达旦。事乃无有,盖到此田地,虽庸人亦做得,不足为羽奇。虽至愚人亦不试以此,以操之智,决所不为也。阳节潘氏盖亦看《三国志》小说而得之者。如所谓斩貂蝉之类，世皆盛传之，乃绝无有此，不可不考也。《徐文长文集》。

程志智《重修问安亭碑》：世俗相传，谓公被虏时，操并获昭烈甘、糜二夫人，与公共闭一室，将以乱之。公分一宅为两院，朝夕问安，夜读《春秋》，秉烛达旦。于此服公之忠义。呜呼末矣！即使其事果真，凡稍知礼者，皆能之，况公之与昭烈，分属君臣，恩犹兄弟，敢无礼于其室乎？且操负奸雄之略，素壮公为人，百计牢笼，冀为己用，安肯出此拙计，触公之怒而速其行乎？考诸《魏》、《蜀》二志，均不载此，殆野史之增润，非实事也。后人又因公庙建问安亭，以彰其遗迹，不尤近于附会欤？《许州志》。

潘氏不言秉烛于何所，《纲鉴大全》云，备妻甘、糜二夫人同羽在许，操欲乱其君臣之义云云。案，此以秉烛之事为诚有，乃因曹操而然也。及阅《演义》，止云分一宅为两院，公居外宅。及辞曹后，宿胡华庄上，二夫人宿于正房，公秉烛以待天晓。如此则秉烛事与曹操无涉，凡信其有与辨其无者，俱属饶舌也。知宿胡华庄之为虚，则秉烛不待驳矣。《壮穆公考》。

论史莫先正史，正史莫先去诬稗。近世士大夫道古，至皆以云长秉烛、伯喈哭尸为实有之事，而凿凿高谈，形于文笔。胡明瑞作《武乡侯诗》，采及演义久假不归，乌知非有讹以传讹，其又何所不至也哉？《巽书》。

帝之入许也，操拜为偏将军，礼之甚厚。其时未有尺寸之功，亦非有积素累旧之欢，而一见即加优异如此，此正徐陵所谓"屈诈以羁縻"者，宁肯使男女同室，以速之去乎？且帝与昭烈恩若兄弟，则其于妻子，固同休等戚者也。礼于帝而不礼于昭烈妻子，帝之怒操，当甚于身受，而顾诩诩称于人曰："吾极知其待我厚。"尤万无是理。窃料操之奸深，将收帝为己用，必且为昭烈妻子盛其宫室、服食、器用、奄寺以奉之，使无忧旅处，而帝于羁滞中仍得修臣子之节。故帝亦深感其意，愿为立效以报也。伯诚以史学见重桃溪，而论及明烛事，诬妄已甚。若邓氏谓因此义之，拜偏将军，则更非当日情事矣。卢文韶曰，节斋以秉烛为大节，固非，辨者亦未必皆是。如于慎行《谷山笔麈》、彭梦祖《大节论》、陈常《关公考》，皆以共闭一室为信有是事，因而着意摹拟，其失更甚。至张氏作辨，直断秉烛为乌有之事，极有卓见。但谓操破昭烈，即至官渡。虽获其妻子，不送之许昌，势亦居之他所，奚为系从军中？即仇昭烈，杀之可矣，奚必使与帝一室共处？其意盖谓帝见获后，即随操在官渡，不当与昭烈妻子相见也。余参校《袁绍》、《曹操》、《荀彧传》：绍于建安四年冬，已简骑卒，将攻许。故操于五年正月破昭烈后，即还官渡，而绍卒不出。至四月，操始北救刘延，帝从，斩颜良。后操以粮尽欲还许，书与彧议。彧言守已半年，必将有变。操乃住，谓运者曰："却十五日为汝破绍。"十月袭袁绍，斩淳于琼等。《后汉书》亦云，九月，操与绍战于官渡，绍败走。然则粮尽在九月。彧所称半年，正指四月至九月。其二、三两月，绍未出兵时，操固尝还许矣。操既还许，帝与昭烈妻子又安得不在许乎？今欲辨共室之诬，而并谓不相闻问。平时与左将军誓以共死，临难则视其妻子如路人，矫枉之过，岂当日之情事哉？《关帝事迹征信编》。

## 汉寿亭侯 《汉关侯事迹汇编》卷四

《陔余丛考》卷二十五有"汉寿亭侯"条。

关将军仕汉，封汉寿亭侯。今之祠者，止题曰寿亭侯，是以汉为国名，故不书也。夫汉寿者，封邑；而亭侯者，爵也。东汉之制，有县侯，有乡侯，有亭侯，皆以寓食人之多寡。今去汉而直以寿亭为封邑，误矣。《篁墩程先生文集》。

汉寿，本县名，在犍为。史称费祎遇害于汉寿，而唐人诗曰"汉寿城边野草春"是也。《篁墩程先生文集》。

本寺卿黄方奏，钦天山十庙内，汉前将军寿亭侯之神。臣考前少詹事程敏政言，汉寿，县名，在犍为；亭侯，爵也。今去汉而以寿亭为封，误矣。昭烈劝进表列衔：前将军、汉寿亭侯关羽。若汉为国名，不当错置职名下。则"汉寿"二字不宜分析。查《会典》，亦只称寿亭侯。

是虽无关大体，但名号不正，终有未安。合无于寿字上加汉字，称汉前将军、汉寿亭侯之神，庶为得体。礼部覆题，该寺所言有据，合候命下，移咨南京礼部，将钦天山庙中牌位改书汉前将军、汉寿亭侯之神。仍行史馆知会。《南京太常寺志》。

京师汉前将军、汉寿亭侯关公庙，旧称寿亭侯，嘉靖十年始正今称。《明会典》。

案，帝封爵之说，由来已久。观宋思陵朝熊方所进《后汉书年表》及《容斋随笔》所记遗印，皆称寿亭侯，可知矣。沿数百年莫悟其失，独篁墩为表出之。嘉靖改正祀典，实据其说。惟谓汉寿县在犍为，引史称费祎遇害于汉寿及唐人诗"汉寿城边野草春"为证，又以请封汉中王表为劝进表，荡寇将军为前将军。考据疏误，颇费纠弹，然其功自不可掩也。《关帝事迹征信编》。

陈继儒曰，考本传，操表封云长为汉寿亭侯，在建安五年；蜀之汉寿县，在广汉郡之葭萌县，汉先主始改为汉寿县，在建安二十五年后。则云长所封，岂即费祎大会诸将之汉寿耶？黄希声曰，蜀有汉寿，属梓潼郡，乃先主入益州所改葭萌之地。费祎遇害在此，即今四川保宁府广元县。侯以建安五年在许受封，何得预指此地乎？东汉顺帝阳嘉中，改索为汉寿，在今湖广常德府武陵县北，封时止有此耳。先主劝进时，侯遇害已二年。文具国志，何缘尚有侯名？若先主进汉中王，群下上天子表，有曰荡寇将军、汉寿亭侯臣关羽。顾不引此，何耶？张镇曰，《汉书·地理志》：犍为有汉安，无汉寿。且犍为在蜀郡之南，葭萌，古巴地，在成都北，相去马牛其风。至"汉寿城边野草春"，则刘禹锡为朗州司马时作。朗州在湖南，其诗正指武陵之汉寿，非蜀之汉寿也。三家辨程说甚明。《关帝事迹征信编》。

关公封汉寿亭侯，汉寿是地名，亭侯是爵名也。后世谓公辞操之封寿亭侯，为加汉字始受。附会已甚。当公之世，操虽垂涎汉鼎，犹恃挟天子以令诸侯，其所以封公，虽由操意，而诏敕仍自天子出，非汉侯而谁侯之？以公之忠诚，处汉贼之际，苟有天子命而侯之，亦何辞之有？若出自操命也者，将裂书毁印之不暇，又何有一字之争耶？且礼对敌国乃称本朝国号，未闻天子爵人，而加以国号之理。余谓后世称公者，当云汉汉寿亭侯，则此义自明。《檠随笔记》。

亭侯乃汉爵中之一等也，《后汉书》云，列侯所食县为侯国。本注曰，大者食县，小者食乡、亭，得臣其所食吏民。魏定公、侯、伯、子、男，次县侯、次乡侯、次亭侯、次关内侯，凡九等。十里为亭，十亭为乡。当时封亭侯者甚多，不独公也。汉寿乃县名，非亭名。《后汉书》：武陵郡有汉寿县。昭烈初封宜城亭侯。宜城，亦县名也。《壮穆公考》。

亭侯为爵，自程敏政辨后，人或知之。而汉寿为地，王伯厚、杨升庵诸公皆不言在何处。考汉寿之名杂见不一，《三国志》多有之。《后主传》：延熙十四年，费祎北驻汉寿；十六年，祎为郭循所杀于汉寿；景耀元年，诏汉中兵屯汉寿。《姜维传》：胡济却住汉寿；炎兴元年，张翼、董厥至汉寿。《魏少帝纪》：嘉平五年，诏曰，道经汉寿。是则当在四川。《宋州郡志》：太康元年，改梓潼之汉寿曰晋寿。其即此乎？然考《华阳国志》云，晋寿县，本葭萌城，刘氏更曰汉寿。《蜀纪》曰，昭烈称帝，改广汉郡之葭萌为汉寿。若公之表封在二十余年前，应非此地。程篁墩、陈眉公指为蜀郡犍为者，误也。郭景纯《山海经注》：白水，东流通阴平至汉寿入潜。是即今湖广耳。《后汉·郡国志》云：荆州武陵郡十二城，二曰汉寿。故名索，阳嘉三年更此名，刺史治焉。《通典》、《通志》、《通考》、《通释》皆云，后汉有十三州，其十二曰荆，治汉寿。注云，今常德府武陵县也。《三国志》，吴潘浚，武陵汉寿人是也。又《晋·循吏传》：潘京，武陵汉寿人。盖武陵即前汉义陵之索县、后汉之临沅，顺帝改为汉寿，至晋尚仍之。故《后汉·地理志》与《晋·地理志》皆称汉寿，历为郡治。公之所封，当是此地。刘梦得"汉寿城边野草春"一首，自注云，古荆州刺史治。《名胜志》云，荆州有汉寿城。又云，古荆州刺史治，有汉寿亭，即曹操表封关羽处。似乎得之。今荆州府属湖北，常德府属湖南，然地壤相接，古时概属荆州。若寿亭之地，从未之闻也。《关公考》。

《名胜志》之说旧，《荆州府志》及孔自来《江陵志余》并据之，谓江陵有汉寿城。叶仰高《重修府志》力辨其讹，曰，汉武陵郡唐为朗州，即今之常德府。汉寿，即今之武陵县。故刘禹锡贬朗州司马，有《汉寿城春望诗》，自注，古荆州刺史治亭是也。《文献通考》：荆州，初隶武陵郡，汉寿县，今武陵郡武陵县也。《明一统志》：今为汉寿乡。《常德府志》：空笼城，即古汉寿县旧址。是则汉寿之在武陵明甚。曹氏不考而列为荆州府下，误矣。据此则湖广并无二汉寿。江陵为汉南郡治，焉得有汉寿城？《关帝事迹征信编》。

废汉寿县，在武陵县北。本汉索县，阳嘉中改曰汉寿，吴改曰吴寿，晋复旧，隋省入武陵，今为汉寿乡。《明一统志》。

古荆州刺史治武陵汉寿。汉武陵郡，今之常德府，汉寿则今武陵县地也。《关帝事迹征信编》。

空笼城，府东北六十里，即古索县，汉寿故城也。今为居民田，而遗址犹有可考者，故其乡仍名汉寿。《常德府志》。

古今称关侯者，或述生爵，或举褒封，要各持所是。其谓生时爵非侯志而断之前将军者，焦太史竑之议也。余以侯亦自有说，盖侯虽乃心先主。建安以前，先主亦宗臣耳，豫州牧及左将军，皆操所表授也。武乡之对仲谋曰刘豫州，侯之答鲁肃曰左将军，皆不闻羞称焉。况汉寿之职，曹操亦是承制表授，故存汉寿者尊统，非以忘汉，实录非以诬侯，其与焦氏之论，宁非义存补救志殊驳刺者乎？历代封号由王公而及乎帝尊，无二上矣。子蘅氏之诗有曰："春秋与鲁嘉素臣，帝我王我皆浮云。"以表夫始终臣汉之心云。《关侯类编》。

帝之封爵，传讹特甚。今汉寿之为地名，辨者已多。考核众文，固必以《续汉书·郡国志》"武陵郡汉寿"为断。青藤山人《路史》所云，未足据也。或又言汉寿有二，其封宜亦有二。表于操者在武陵，更封于昭烈者在汉川。见《关帝志》，大指言帝之去操，早归侯献帝。昭烈拜帝前将军时，改葭萌为汉寿，即以封之。夫葭萌之改汉寿，陈常引《蜀记》，固云在昭烈称帝后。今《蜀记》虽未得见，但《蜀志》汉寿之名，至后主延熙十四年始著，则当荆州未失，何取雷同？或帝殁后，武陵属吴，汉寿已改吴寿，因移其名于葭萌，以壮陪京。葭萌在成都北，昭烈尝于此树恩收众，进破刘璋，为兴王之地。及定益州，分广汉郡为梓潼郡，葭萌属焉。后主时，望气者言，成都无宰相位，故费祎驻汉寿。兼为帝子孙袭封地，未可知也。若帝在时，何尝有前后两封乎？亭侯为爵，亦见《续汉书·百官志》，列侯所食县为侯国，本注云，承秦爵二十等，为彻侯。后避武帝讳，改列侯。金印紫绶，以赏有功，大者食县，小者食乡、亭，得臣其所食吏民。盖汉因秦制，十里一亭，十亭一乡。《前书》王莽改大郡，至分为五郡，以亭为名者三百六十。《文献通考》云：桓帝永兴初，有乡三千六百八十二，亭万二千四百二十是也。亭侯之封，昉自建武，而最盛以章和以后。杜佑《通典》：献帝建安初，封曹操为费亭侯。亭侯之制自此始。邢昺《论语序正义》：亭侯不在爵级二十之数。盖汉末及魏置，二说并非是。《日知录》云，灵帝以解犊亭侯入继，《桓帝纪》封单超等五人为县侯，尹兴等七人为亭侯。列传中亭侯甚多，大抵皆在章和以后。丁綝言，能薄功微，得乡、亭，足矣。樊宏愿还寿张，食小乡亭。则建武中似已有亭侯矣。其位视中二千石，与乡侯同。《后汉书·皇后纪》注，汉法，乡、亭侯视中二千石。又《宋书·百官志》：亭侯，第五品，在关内侯上。其禄食，亭亦有邑户限制。《魏志》：建安十二年，封田畴亭侯，邑五百户。黄初后，封亭侯者食四百户至百户不等。李林甫等《唐六典注》：后汉有乡、亭之号。魏氏五等，皆以乡、亭，多假空名，不食本邑。时荆州汉寿方为刘表所据，帝当亦如食邑之例。然操置名号侯，实在建安二十年。裴氏以为今之虚封自此始，是也。帝封汉寿亭侯，正此爵也。汉寿有亭，载在《名胜志》，但未知旧为索县之亭，而县因亭名欤？抑既改汉寿而亭因县名欤？《琅琊代醉编》等书，亦未能深究也。范史书此爵或地或不地，如《赵孝王传》：建初二年，封栩十子为亭侯。永元三年，封商三弟为亭侯。此不地也。李纯琴亭侯，万龟曲平亭侯，此地也。《蜀志》书地者固多，张飞新亭侯、赵云永昌亭侯及陈震、王连、向朗等。而《吕凯传》云：王伉封亭侯。《王平传》云：封亭侯。亦不及地。盖总举禄爵曰某亭侯，单举爵曰亭侯，通称曰侯。故帝在当日，费诗称为君侯、廖立称为关侯也。后儒不考，直以关寿亭称之。矫其失者，存汉去亭，为汉寿侯；或且中析其爵，而杂以谥，为汉寿亭关壮缪侯。嗟乎，一代朝章，乃可任意割裂若此？而误以亭侯为即亭长者无论已。虽然，此名号之失，于帝尚无所损也。尝见郭青螺《壮缪侯辨》云：世之祠者辄曰汉寿亭侯，不知此操所表，非公意也。建安二十四年，先主拜为前将军，后主追谥为壮缪侯。不书先主之拜，而书操之表，失其实也。子章祠公于黔之东园，题曰“汉前将军壮缪侯关公之神”，庶生前之官，死后之谥，两得之矣。陈明卿评《通鉴·献帝纪》“拜书告辞”一节云，今不宜称寿亭侯以此。其记“卧龙街三义阁”云，昭烈为汉中王，拜还左将军、宜城亭侯印绶。盖亦操所表封，即壮缪封还诰书意。又云，壮旄头不系亭侯之号，是直以挂印中堂为信有其事，可谓大惑。夫表封者，表闻汉帝而封之也。《魏志·荀攸传》：建安八年，操表封文曰：军师荀攸，自初佐臣，无征不从，前后克敌，皆攸之谋，于是封陵树亭侯。盖将论功行封，必先表奏以取进止，俟批答诏可，然后别降策命。帝之受封，正是如此。《魏武纪》：“建安二十年，天子命公承制封拜诸侯守相。”则知二十年以前，皆先表而后封；二十年后，始先封而后表也。是则煌煌圭组，锡自王朝，不幸去国播迁，奉之奚啻子卿之节，敢弃之同终军之繻乎？帝，汉臣也，而归昭烈。昭烈，亦汉臣也。为汉臣而弃汉帝之封，此心不特无以白于天下后世，而先无以对昭烈矣。且操虽奸，其表请天子，固与昭烈表刘琦为荆州刺史、表孙权为车骑将军，无以异也。表孙权在建安十四年定江南时。昭烈当日封拜诸臣，如帝为荡寇将军、张为新亭侯类，莫不表闻。观此及上汉中王表列衔自明，特史略不书耳。安有出自操表，即可并汉帝薄之者？昭烈已晋王爵，而上还左将军、宜城亭侯印绶，乃汉家定制，犹操进爵魏王，上故魏公玺绶符策；孙权封吴王，上故骠骑将军、南昌侯印绶符策也。而以为亦因操表，即壮缪封还意，则昭烈之去许在建安四年，当先帝还之矣，何至是始拜章驿上耶？《蜀志·先主传》：建安二十四年秋，群下上言汉帝，封昭烈为汉中王，帝列衔名书“荡寇将军、汉寿亭侯臣关羽”。使果封还，不当复书。当日既大书于奏章，何旄头不系而后人书之为失实？且追谥壮缪侯之侯，果谁之封耶？若仍为操所表，则自相矛盾。如云昭烈更封，则昭烈为王，尚须表闻，宁于侯先擅称拜假之理？况犹是汉寿亭侯也，于孝愍弃之，于昭烈受之，改封别无宠号，上章擅换头衔，又事之必无而不待再计决者矣。凡此皆出演义之说，所谓似是而实非者。权其得失，毫厘千里，所关于世道人心甚巨，是不得不详据正史以辨之也。虽然正史亦尽人所读者，冉永光《壮穆公考》专以考正史、辟稗野为事，而于爵谥独引郭氏之辨，以为宜从“汉前将军、壮穆侯”为定称，则青螺之说，中人深矣。立言可不慎哉！《关帝事迹征信编》。

**辞操诸书** 《关侯事迹汇编》卷四

帝之去操从昭烈于河北也，拜书告辞。其书寿未之传，阅吕泾野志载辞操、谢操二书。夫与操书者，盖自述其去就光明之义、磊落不屈之节，于辞已足，而又何谢之有？且去操之志早已决矣，斩良报效，可以慨然直行。犹必拜书告辞者，特以其礼遇之隆，义未可以径绝。惟书辞而去，则分义甚明，而彼此之情可以相安而无憾。忆当时所为书，必有激昂感慨，使人读之而怦怦欲动者，操之所以戒左右无追也。昔李陵、苏武诸书，悲壮顿挫，极情辞之致，论者尚以为出于齐梁之伪，况是书顾可苟简为之乎？予阅其文词古雅者，存之。《关帝志》。

《宋史·岳飞传》论：“史称关云长通春秋左氏学，然未尝见其文章。”案，《宋史》修于元季，犹以未见帝文章为恨，则辞曹等书之为晚出，明矣。《关帝事迹征信编》。

**五关斩将** 《关侯事迹汇编》卷四

《魏志》：绍遣颜良攻白马，操使张辽、关羽前登，击破，斩良。绍骑将文丑与刘备将五六千骑追操于延津，纵兵击之，斩丑。《徐晃传》

云:又从破颜良,进至延津,破文丑。当时解白马之围,斩颜良者,侯也;延津之斩文丑者,非侯也。安得牵连书之?白马之师,颜良独将,故操遣侯先登;延津之师,先主自将,操安得遣侯与先主兵刃相接乎?事理较然,知俗说为诬矣。又《蜀志》云:先主复至汝南,合众数千人。曹操遣蔡阳击之,为先主所杀。《华阳国志》云:先主兵至汝南,操使将蔡阳击之。先主谓曰:"吾势虽不便,使汝等百万来,未如吾何?曹孟德单车来,吾自去。"阳等必战,为先主所杀。案,是时侯虽亡归先主,亦未悉已到袁军否。传奇云立斩蔡阳及五关斩将,皆傅会也。《重编义勇武安王集》。

五关名俱属子虚,惟汜水关即虎牢关,由许昌而洛阳,由洛阳而东,路径更可怪。俗传五关六将,觉斯先生加一蔡阳成七将,尤误。《重订壮穆公考》。

《关羽传》云:羽尽封所赐,告辞而奔先主于袁军。左右欲追之,操曰:"彼各为其主,勿追也。"是操既不令左右追侯,于路必无留难。况袁军在阳武,南北途正且近,何由自许昌先出洛阳,又自西而之东乎?故知《演义》所云,东岭关斩孔秀,向洛阳斩孟坦、韩福、汜水关斩卞喜、荥阳斩王直、黄河渡口斩秦琪,皆蛇足也。又曹操虽听其去,而公实未面别,灞桥赠袍,亦属点缀。且操与袁绍相持甚久,公奔袁军时,亦未必还许而后奔也。《壮穆公考》。

《小说称关壮缪过五关,相传有"勒马回头恨这关"之语,遂以为名。余剿寇信阳,闻郢中有警,星夜驰援过此》:"千古英雄恨这关,疆分豫楚几重山。龙泉道士嫌岑寂,鸟道征人叹往还。剑削芙蓉身欲奋,幽栖岩壑意仍闲。遐思壮缪当年事,历尽江山识岁寒。《卢忠烈公集》。

案《河南通志》:恨这关,在信阳州西南。《德安府志》:憾这关,在应山县北七十里,接信阳境,又曰杏遮关。《关帝事迹征信编》。

近见《陵庙纪略》内载,关山与恨者关为帝遗迹,真所谓耳食承讹也。关山在滁州西,古清流关也。宋太祖以周师破李景兵十五万于清流山下，即此。俗呼关山，上建帝祠，其石台有帝坐痕，旁有周将军足迹及马蹄四，皆后人錾凿以傅会者。如谓关山因帝得名，误矣。恨者关在许昌南六百里德安、信阳交界，谓帝斩将过关，至此微有恨辞，遂传千古，至今表题关坊，尤属乖谬。时帝被留许昌，亟欲奔昭烈于袁军，岂有不走河北而反南行之理？是不可不辨。《关帝文献会要》。

帝生平未尝至信阳州，劈破拖刀之说，大类小说家语。《河南通志》。

帝之归昭烈也，《魏志》云：建安五年四月，曹公使关羽斩颜良。绍因渡河追公，至延津南，使文丑、刘备追及。公斩丑，还军官渡，进保阳武。关羽亡归刘备。八月，绍进临官渡，汝南刘辟叛应绍，略许下。绍使备助辟。《蜀志》云：曹公与绍相拒于官渡，汝南刘辟等交叛应绍，遣先主将兵与辟等略许下。关羽亡归先主。二传不同。《壮穆公考》：本传与《魏志》皆言归袁军；《蜀志》似是昭烈离袁军，而公归。然当以归袁军为是也。相钦拔注云，绍遣昭烈略许下，归昭烈即归袁军也。盖一据帝去官渡之日书之，故在助辟之前；一据帝归昭烈之日书之，故在助辟之下，实非有舛误也。方帝斩良之后，随操还官渡，廉知昭烈在彼，必且间请还许，密为奉归昭烈妻子地。操亦明知其意，随加厚赐，而终不能留。是尔时虽未显然告辞，而从此竟去。魏史所由直书亡归也。及帝从许拜书以行，则昭烈适已引兵助辟。《曹仁传》：太祖与绍久相持于官渡，绍遣刘备狥㶏强诸县，皆举兵应之，自许以南，吏民不安。太祖忧之，乃使仁击备。故其相遇之地，当在汝颍、㶏强间，其时当在八月。《通鉴》系于六月，似误。胡琦《年谱》云，七月辞归先主。使如冉氏之说，径由官渡达阳武，曾不信宿可至，何至旷隔时日乃尔？且绍保阳武之日，昭烈正在军中，岂待略许始会？此帝之从许启行，无疑也。是时汝颍诸郡皆举兵应昭烈，帝才出许下便非操境，操即听左右之言来追，亦万不能及。而五关斩将之诬，不待辨而明矣。操戒左右勿追，宋唐子西谓，操内能平其气，外能成羽之忠，有先王遗风。余谓操，奸雄也，深知其建立大功，专为去计；即追及之，岂复为我用？况自许往追之，万不能及，故托为雅言耳。至保昭烈妻子同归，更自有说。《先主传》叙昭烈妻子最详，其始虏于吕布，旋自送还；其继虏于高顺，诛布复得；独于操只书被虏而帝归昭烈，下竟不之及。至当阳又书弃妻子。计自帝归后，刘曹更相仇杀，未几就刘表。而《甘后传》已明言随先主于荆州，产后主。则非帝奉之归而谁归之？况帝有去志久矣，临行拜书，心迹极其光明，操之追否，不系昭烈妻子也，何所畏忌而不携以行耶？且赵顺平于长坂困逼中，尚出死力护甘夫人及后帝，而帝顾惮跋涉之劳，单骑径发乎？或谓建安十二年，后主始生，安知非帝先归而其后操自送还？《关帝志》疑是操所送还，史失其事。然《魏·曹仁传》云：仁弟纯从征荆州，追刘备于长坂，获其二女辎重。二女虽未知其年，其非襁褓如后帝，可知也。则昭烈妻子之得还在帝归刘之日，当不诬矣。盖史文自有详略，前既连书虏妻子并禽羽，则后止书羽归足矣。犹当阳之弃，不必更言赵云之事，况羽可书亡，国母岂可书亡？若果还自操，则史必且大书之，又何讳乎？钱氏《正俗考》具有卓见，而亦为单骑就道、独行千里之语，不犹囿于俗哉？卢文韶曰，俗谓千里送皇嫂，固可哂；千里独行，亦无确据，且路何尝有千里也？至李传心《读易辨疑》“释睽九四爻象辞”曰：“关云长独行千里，孤矣。不降曹而复归刘，此爻之义近之。”李日华《姓氏谱纂》云：“关羽五关斩将，千里独行。”一用以说经，一用以补史，误矣。《关帝事迹征信编》。

## 华容道 《关侯事迹汇编》卷五

华容道释操之说，后人顾称帝之义，遂以此附会之。孰知帝之心岂因一时隆礼，遂尔游移哉？观许昌露刃一举，奈何以此诬之也？《关圣帝君圣迹图志跋》。

陈承祚《三国志》关壮缪传，但云孙权遣兵佐先主拒曹操，操引军退归。不归功于壮缪者，以是时昭烈与周瑜为军主，壮缪虽在军中，未尝专命故也。《先主传》云：“与曹操战于赤壁，大破之，焚其舟船。先主与吴军水陆并进，追至南郡。北军多死，曹操引归。”《诸葛亮传》

云："亮说孙权，权遣周瑜、程普、鲁肃等水军三万，随亮诣先主，并力拒操。操败于赤壁，引军归邺。"《孙权传》云："周瑜、程普各领万人，与备俱进，遇于赤壁，大破曹军。备、瑜等复追至南郡。操遂北还。"《周瑜传》云："曹军败退，还保南郡。备与瑜等复共追曹操。操径北归。"《曹操传》云："操至赤壁，与备战，不利。于是大疫，吏士多死者，乃引军还。"以上五传，皆言战于赤壁。曹操虽败归，未尝言华容也。惟《山阳公载记》云："操船舰为备所烧，引军从华容道步归，遇泥泞，道不通，悉使羸兵负草填之，骑乃得过。羸兵为人马所蹈藉，陷泥中，死者甚众。军既得出，操大喜，谓诸将曰：'刘备，吾俦也，但得计少晚，向使放火，吾徒无类矣。'备寻放火，而亦无及。"是操虽走华容，未尝与壮缪相值也。罗本中《演义》乃有遇操问答、长叹释放之语，是重私恩而轻国法，忠义之谓何？况昭烈在许，与操共猎，壮缪劝昭烈杀操，岂有觌面逃亡而纵之使去者乎？故钱氏云："《演义》谓壮缪以在许礼遇之故，纵使逸去，断无是理。矧水陆并进，追至南郡，岂有华容相遇而复纵之者？"又冉永光云："壮缪报效曹操，止有斩颜良一事。若华容私放，则无之。"是详考正史，参观二说，足证演义之纰缪不浅矣。《季汉五志》。

吕柟《实录补略》云："释曹操，寓仁爱于杀戮之中。"郭子章《潮州庙碑》云："华容相遇，不发一镞。"王士性《关羽报效曹公论》云："华容之遇，失之柔忍，此匹夫之勇、妇人之仁。"纷纷之论，漫无底止，独钱氏毅然辟之，其识卓矣。尝论赤壁之役，为刘孙君臣一大举动，三分鼎峙，实由于此。史于昭烈、武侯、孙权、瑜、普等传详书其战功，时帝虽未能专命，然所率水军精甲万人、船数百艘，岂竟无成效？观《魏志·李通传》云："刘备与周瑜围曹仁于江陵，别遣关羽绝北道。通率众击之，下马拔鹿角，入围。"然后知操之北走，奉其命绝其归路者，帝也。其遣自赤壁与遣自乌林虽不可知，而曰"拔鹿角入围"，则帝之坚垒以待，明矣。特为通所格，势难两顾，致操得以潜遁耳。然北道并非华容道。考湖广各志所载季汉舆地，华容在巴丘之西、江陵之南。

方操之发江陵至巴丘也，水军步骑悉沿江东下。及赤壁被烧，因稍折而南，绕出华容道步归。其意尚欲保南郡，为借一之计。而追兵更急，于是不复入江陵，仅留曹仁等守城，而己径由宜都趋襄阳渡江，经南阳出方关以达郧。帝之屯兵，当亦在襄阳之境。故李通得从汝南率众击之，而《乐进传》云："留屯襄阳，击关羽、苏非等，皆走之。"非又其明证欤？襄阳于南郡为北境，故《孙权传》曰"北还"，《周瑜传》曰"径自北归"，而《通传》亦曰"北道"也。若华容乃在南路，昭烈初不虞其出此，不为设伏；后知从华容来，其地夹道多葭苇，急分兵以火攻之，而已无及。操所以自喜得计，而谓昭烈见事迟也。帝既与李通战，通随道病死。帝即屯驻江北，以捍御曹兵。昭烈因得收江南诸郡。是帝之功在赤壁者小，在襄阳者大，故其后封拜元勋，特以帝为襄阳太守、荡寇将军也。又案，张勃《吴录》：昭烈谓周瑜曰："仁守江陵，城中粮多，足为疾害。使张益德将千人随卿，卿分兵二千人随我，相为从夏水入，截仁后。仁闻吾入，必走。"瑜以二千人益之。则知是时同追至南郡者，只张桓侯耳。《关帝事迹征信编》。

### 单刀俱会　《汉关侯事迹汇编》卷五

元人关汉卿《单刀会》杂剧，盛称鲁肃陈兵设伏，邀侯临江亭宴会，擒侯以夺荆州。侯单刀往赴，掀髯谈笑。肃慑伏，莫敢出气，尽撤陆口伏兵，送侯还营。其词曲发扬蹈厉，观者咸拊手击节。综其实不然，是时子敬与侯相拒益阳，侯来争三郡，军容甚盛。子敬邀侯会语，诸将皆惧有变，力阻勿往。子敬曰："正欲开譬是非，彼亦何敢重干国命？"乃令诸将军单刀俱会，往复辨论，遂割湘水为界，罢军。是则单刀约会者子敬也，非侯也。子敬力劝孙权以荆州借刘，中分之后，立谋在东西一家，戮力破魏。今之为传奇者，但为侯描写英雄生面，而于子敬之老谋苦心，则抹杀无余矣。余故伸而明之，抑亦侯之所默许也。《重编武安王集》。

刘宣化《三国策》：鲁肃邀侯欲会语，诸将皆曰："不可往。"侯曰：

“今日之会，必为荆州。肃长于辨，非他人所能口折也。且不往，则见吾怯。”诸将请陈兵往，侯曰：“兵多见疑。”各驻兵百步上，单刀诣肃。酒酣，肃曰：“肃始与豫州会于长坂，豫州之众不当一校，计穷虑极，志势摧弱，图欲远窜。主上悯豫州身无处所，不爱土地人民之力，使有所资，以济其患。而豫州私独饰情，愆德隳好，今已藉手于西州矣，又欲剪并荆州之土。斯盖凡夫所不忍行，而况整顿人物之主乎？肃闻贪而弃义，必为祸阶。吾子属当重任，曾不能明道处分，师曲为老，将何获济？”语未竟，部将周仓怒目裂眦，拔剑而言曰：“乌林之役，左将军身在行间，寝不脱介，戮力破操，岂得徒劳无一块壤？而将军来欲收地耶？臣闻纪人之功，忘人之过，宜为君者也。将军但知荆州之借当还，不知破操之功当赏，窃为将军不取也。且地也者，惟德所在耳，何常之有？”肃厉声喝曰：“此何为者！我与若主言，若安得不逊？若岂能为樊将军耶？”曰：“樊将军亦何难？”侯提刀起曰：“此乃国家事，是人何知？”目使之去，从容谓肃曰：“昔高皇帝除秦暴而创洪基，光武驱新乱而复旧物。豫州亲帝胄，君侯所知也，因天下乱，出死力百战，而有一州。此弹丸之地，即封土不为过，况天子存亡未可知，而讨虏坐拥江东之众，此岂有功德在先世，俨然受南面之赏？不过乘中州扰乱，从而攘割之耳。天命未改，尺土皆汉有也。吾久不向足下取全吴，而足下更从吾家取三郡，此吾所不解也。”肃不能答，为礼而别。案，昭烈之得荆州，鲁肃与有力焉。其后孙权颇悔之，故与陆逊言，子敬劝我借玄德地，是其一短。然肃终始意在同仇，以为即欲还三郡，亦只宜以情开喻，不当辄置兵吏，致寻干戈也。至吕蒙收取三郡，相拒益阳，自此交争不已，祸结兵连，肃之心滋惧矣。此单刀一会所由，万不容已也。吴志措辞明婉，吴书对诸将语，亦能窥见刘氏君臣心事。其后割湘为界，虽昭烈虑蜀有变，实亦肃之言，有以两释其憾也。惟厉声相责，未免忿不思难，故帝亦操刀而起，其目使之去者，殆隐授以严兵待敌之意。传奇从此得间，遂深抑肃以伸帝之神武耳。《三国策》加之润色，赵新盘、焦澹园先生采入本传，失其实矣。帝语肃一段，声情雄壮，但肃不封侯，何称君侯？权于建安十四年昭烈表行车骑将军，领徐州牧，何尚从曹操所表称讨虏？既昭烈表之，不得责其受赏，三郡见侵，难言欲取全吴，倘所谓百伪不敌一真者乎？《关帝事迹征信编》。

## **普静** 《汉关侯事迹汇编》卷五

会稽田易《天南一峰集》：公谥壮缪。《代醉编》云：缪当作穆。谥法：克乱不遂为壮；执义布德为穆。与公为当。或以玉泉显圣，援普静为乡人。又云，公与颜良为普安侍者，最为亵诬。且普安，元僧，江西人，去汉甚远也。《嵊县志》。

归依普静之说，《禅灯述》中极论其谬，云：佛法自汉明帝时始入震旦国，当时惟长安稍习之，吴阚泽仅能言之，而蜀之君臣皆不知有佛教。而云关圣与普静为乡人，久习知之，谬一也。玉泉有寺，始于智者，隋文帝赐额，旧为一音，改为玉泉，而云于玉泉山师普静，谬二也。既有此僧，为关圣所皈，必道德隆厚，古今传闻。今遍考僧传，不见所载，谬三也。盖小说好为附会，见关圣皈依盛事，既不可以隋之智者预三国时事，故以普易智，静易顗，以顗即静义故也。据此则普静之本无真人，佛氏之徒亦知之矣。乃竟谓普静即智顗，却未尽然。刘昫《唐书·方伎传》有普寂者，姓冯氏，蒲州河东人，师事玉泉寺僧神秀。贞观中，神秀至东都，因荐普寂度为僧。神秀卒，代统法众，开元时敕居都城，终于兴唐寺，赐号大照禅师。乃以静易寂，非以静易顗也。旧《汜水县志》"仙释门"公然为之立传，详载其事。《神仙鉴》又涂附之，谓帝为神龙托胎，普静识之初生之日。此则邪说害人，莫烈于此矣，犹可登之碑记，列为遗事乎？至智顗创寺一事，见于唐董挺之碑及《佛祖统纪》等书，而章安作《智者别传》独不之及。章安固听讲于玉泉者也。又《国清百录》载，当阳县令皇甫毗《玉泉寺碑》中叙智者建寺云，信心檀越、积善通人咸施一材，俱投一瓦，凭兹众力，事若神功营之，不日而成，饰以经时而就。亦无帝役鬼佣、秉炉授戒之说，与释无尽《天台山志》所载玉泉寺碑迥异，殊不可解。先辈胡公震亨《读书杂录》尝病其诬，而吕文简编帝集亦疑智𫖮之徒润饰之，有以也。《关帝事迹征信编》。

## 伽蓝 《汉帝侯事迹汇编》卷五

禅林道院中有护法神曰伽蓝，神不拘一，而以关帝作伽蓝者十八九。或曰世传帝受天台智者智𫖮五戒，得为伽蓝神，故释氏尚之。或曰帝精灵亘古今，可资以怵伏群邪，故道家又尚之。此沿习者之妄也。帝衮冕圭裳，载在典礼，今居门庑之下，类宿卫之容，其为亵越，不已甚乎？《伽蓝辨》。

关圣，汉前将军，谥壮穆。学者以其通《左氏春秋》，乃心汉室，是孔子之徒也。或称关夫子，尊之至矣。宋追封义勇武安王，王之可也。至于道教称伏魔大帝，释氏称护法伽蓝，无稽之言，儒者所不道也。《宁乡县志》。

王权《桑园镇关王庙记》：关王庙祀遍天下，而梵宫、道宫于中门偏侧之地，则设关王一室，又或擐甲执刀，杂于彼之役使之列，佛者曰："王，吾所为伽蓝，护吾法者也。"道者曰："为吾四帅之一。"原二氏之心，不过以王慷慨奇节，震耀百世，吾取若人，足以彰吾之教而耸人之听闻。其无忌惮甚矣。《海州志》。

自玉泉点化之说出，而释氏以侯入伽蓝。案，梵语云伽蓝摩，此云众园。园者，生植之所，佛弟子居之，取生植道本圣果之义，故昔人谓寺为伽蓝。杨衒之有《洛阳伽蓝记》，皆纪寺也。又案，须达多长者白佛，言弟子欲营精舍，请佛住。惟有祇陀太子园广八十顷，林木郁茂可居。白太子，太子戏曰："满以金布，便当相与。"须达多出金布八十顷。精舍告成，凡千三百区，亦曰给孤园。因须达多长者好给孤独，故有给孤独之称。盖长者与太子乃佛之地主、施主，有功佛教，寺中设坐，亦从祀之义也。壮缪何神，而入之伽蓝，与长者、太子宁相类邪？释氏之意，谓如关公乃世之极其尊礼，称圣称帝者，在吾教列之伽蓝，不过寺之土地神耳，愈以见其教之大也。道家从而效尤，列马、赵、温之后而为四帅。夫壮缪以一人而释氏入之伽蓝，道家列之四帅，壮缪将与长者、太子同坐伽蓝乎？抑将伴三帅而立之殿庭乎？此皆亵渎之甚，儒者从而信之，亦可怪已。《壮穆公考》。

## 像 《汉关侯事迹汇编》卷五

徐应秋《玉芝堂谈荟》：关云长称美髯公，陈际泰《叙漆剑潭新义》云：诸葛书与美髯公，省文言髯。又邓志谟《古事苑》亦称云长美髯公。案，美髯公系后人所称，当时原未有此。徐氏亦读演义口滑耳。至阴时夫《韵府群玉》、马维铭《史书纂略》俱改武侯书，云未若美髯公之绝伦逸群也。可谓大误。《关帝事迹征信编》。

曹丕于操陵壁间画帝战克状，曹安谰言谓是图形之始。及唐建中中，配享太公，复绘形庙庑。此皆见于史册者也。自后摹写滋多，肖否莫必，盖帝之仪表，陈承祚只言美须髯而已。至元吴渊颖《题画诗》乃称“紫金焰眼赪玉面”，明方正学《宁海庙碑》称“虬髯虎目面赤瑞”，商文毅《都城庙碑》称“修髯如戟”，李文正《拟古乐府》称“髯如虬，眼如炬”，储文懿《泰州庙碑》称“髯如戟，面如赭”，徐文贞《当阳庙碑》称“长髯飘，颜渥赪”，翁尚书《灵绪山庙碑》称“凤目虬髯”，汪司马《泾县庙碑》称“颜如渥赭”，则其说益以侈矣。王世贞《弇州续稿》载，昙阳子出神见帝，“故髯而美姿，颧白皙，色微酡”。世所图不尽尔。事虽近幻，要不为失。国朝冉觐祖《壮穆公考》曰：“公自是瑰姿多髯，而俗饰以赤面。人面安有同于朱者？妄可知矣。”《关帝事迹征信编》。

陈常《关公考》：陈承祚不喜书仪表，于蜀尤略。偶因孔明“绝伦逸群”之语连及“美须髯”三字耳。若丹凤眼、卧蚕眉、面如熏枣、身长九尺五寸、髯长一尺八寸，不知罗贯中何所考也？其称昭烈如傅粉，桓侯如煤漆，三人一白一红一黑，真小说家装点陋习，乃愚夫愚妇非此不足以状神明，甚至先儒碑记每多以此为辞，岂不可鄙？且历来传闻显灵时，亦皆如演义之状，岂灵爽亦随俗作变相邪？抑鬼神生于人心也？此二说最为得之矣。夫帝绝伦逸群之概，谈笑自若之风，固有非描画所能尽者，乃楼秉诩《揽秀楼文钞·关庙塑像议》，谓帝像必以赤面肖之，不亦拘墟之见乎？《关帝事迹征信编》。

**刀** 《汉关侯事迹汇编》卷五

关羽为先主所重，不惜身命，自采都山铁为二刀，铭曰"万人"。及羽败，羽惜刀，投之水中。《刀剑录》。

关壮缪青龙偃月刀，一名冷艳锯。《庶物异名疏》。

关王偃月刀，刀势既大，其三十六刀法，刀仗遇之，无不屈者。刀类中以此为第一。《筹海图编》。

荆门州南十五里地，名掇刀石，有关帝庙一所。殿上神座右偏，帝所用大刀插石窍上，摇之亦动，提之则不能拔。庙僧云，重一百八十觔，刀杆围可七八寸，刀脊甚厚，长约一丈四五尺许，色泽苍绀，体式精致雄壮。闻天启元年，黔中总戎张某过此，意欲取阅。办牲仪拜祭，随命健儿数十辈百计取之，不能起。碑文称帝过襄、樊间，掇刀于石。后土人因山为祠，塑像供奉。夫帝忠义大节，卓绝千古，不以勇力特闻；即以勇，亦岂有能出帝右者哉？《南中纪闻》。

荆门州有一小山，昔壮缪侯驻马山坡，偶卓偃月刀于石。石破，刀与石连，拔不可出，遂遗之而去。今人为立庙，大刀则以朱栏护之。刀上有环，观者摇之，刀动环鸣，刀终不可出。而侯竹叶书则又在省城外洪山寺。《半生自记》。

荆门山州南五里，峰峦对峙，上开下合，厥状如门。又五里曰撒石山，又五里曰掇刀石，传闻关壮缪掇刀于此。《湖北下荆南道志》。

自荆门出南城十五里，曰新市铺，关庙岿然高峙。旁有磨刀石，碑记俗谓青龙偃月刀者，留庙后。盖先主借荆州，汉寿亭侯以前将军镇其地。新墅之野，则建立壁垒处也。《滇行纪程续抄》。

**将士** 《汉关侯事迹汇编》卷五

《考古录》卷八有“赵累、王甫”条，当补入。

建安二十四年十二月，司马马忠获羽及其子平、都督赵累等于章乡。《吴书·吴方传》。

帝去麦城，时从难者尚十余骑，皆姓氏湮没，惟赵累名见《吴志》，而世又罕传。《关帝谱》谓：累，南阳人，任前将军都督粮料官。元至正六年追封宣义侯。既无所据，又妄撰粮料之名，可怪也。《关帝事迹征信编》。

壮缪祠宜配者四人：子平，随父死难，忠孝两全；都督赵累，同日被害，节烈尤著；功曹杨仪、主簿廖化，俱荆州之统率。胡千有余年而祀典缺如也？《季汉五志》。

宋以前配享皆有赵累，不知何时革去，断宜复祀。《关公考》。

王国山名甫，广汉郪人也，刘璋时为州书佐。先主定蜀后为绵竹令，迁为荆州议曹从事。随先主征吴，军败，于秭归遇害。《三国志注》。

习珍，襄阳人，丕振先绪，为时名家，仕先主为零陵比部都尉，加裨将军。孙权袭杀关羽，珍与樊胄等举兵弗克，潘浚招降，珍曰：“我必为汉鬼，不为吴臣。”粮尽自裁。先主闻之哀悼，追赠邵陵太守。《楚纪》。

侯终即在临沮，当是马忠等相值，战而遇害，断无束手就擒之理。史谓马忠获侯及子平、都督赵累等于章乡，是侯之从难仅十余骑，知名者都督赵累耳。今《演义》云，为侯死者王甫，坠城；周仓，自刎。不知王甫为绵竹令，迁荆州议曹，从昭烈征吴，军败，死于秭归。与麦城无预。若周仓则志无其人也。《壮穆公考》。

将军城在县北三十里，西祁村有汉周仓庙及古城遗址。《平陆县志》。

平陆县北三十里，有将军堡，仓尝屯兵于此。《山西通志》。

白水村，威茂道左，有忠勇公祠，祀周仓。村人，其苗裔也，云每世必有如仓遗像者。祠旁泉色白。《边州见闻录》。

《平陆志》:周仓,邑人,家西祁村,今周氏族甚众。有仓庙,其祖、父坟墓在焉。孙扶苍又曰:世传仓汝州鲁山县辛林街人也,地产白牡丹,仓癖好之。后见一石刻关公像,系马远笔,其侍卫周仓,首簪白牡丹一朵,未详何据。《重订壮穆公考》。

傅尔英《鲁山县志》云:据冉永光《壮穆考》,仓,鲁山辛林人,性好牡丹。辛林即今神林,旧为鲁地。其云鲁山者,亦据后日言之耳。他无所见,姑录之以示知者。案,傅说实出相氏所补,冉本未载所云神林,亦不见于山川街巷等门,惟拾遗载刘大锁耘田于神林山,则山名也。《关帝事迹征信编》。

乾隆辛巳岁,自郢中诣当阳,谒关帝陵,南去十余里为麦城故址,城西数里任姓村,旁有周将军仓墓。相传村氓梦将军示兆,循梦求之,得二石土中,状类墓门。遂闻之邑宰,就石开掘。其下砖碱如龛,阶级而进,有塑像,见风即朽。于中得五铢钱数百。村氓仍以土封其处,因让此地,令任姓世守护之。《周将军墓诗序》。

顾湄《武安王集》附录云:今侯塑像、画像必有周仓持刀侍立,俗呼周将军。关汉卿《单刀会》杂剧亦然。其来旧矣,而莫详所出。志传俱无明文,意史氏之书为失其实耶,岂以罗贯中之《演义》为足据邪?识之以俟博考。钱曾《读书敏求记》亦曰,遍考书史,绝无其人。金季真《西湖关庙广记》所载胡琦《实录》,于鲁肃索取荆州,侯未及答下,接部将周仓怒目裂眦,拔剑而言曰,乌林之役,左将军身在行间云云,末以"土地者,惟德所在耳,何常之有"作结,此节出自焦氏祠志,非光玮原文也。守死麦城,《通志》仍演义之说。揆之事势,帝既为象人以遁,不应尚有居守。善乎相钦拔之论曰:"仓之有无,不碍正史。"乃其里居,传闻互异,且如最著者,平陆也。而平陆在东汉实为河北县,至唐天宝间因得古铁,有"平陆"二字而改,见郑棨《开天传信记》,仓安得竟称平陆人乎?卧牛山,今在山东,亦未知即仓遇帝处否?明儒钱塘虞司勋《淳熙关庙碑记》又言,帝左右奏事之谢佑、急报之周仓、守锋之魏志、先锋之雷万春，事见道箓，则又疑为在天供职之吏，非生前侍从之人矣。俗传周将军乩笔自言字履丰，《关帝谱》所载，封号有宋大观二年追封威宁将军、明万万四十二年封武烈侯、崇祯三年封忠勇公、十三年敕封伏魔副帅、威灵忠勇王之说，绝少根据，固当存而不论也。《关帝事迹征信编》。

部将祠在关庙东大门外，旧祀部将周仓、赵累、王甫三人。乾隆二十八年，知州言如泗建议周仓、廖化配立午门两旁，祠内增入功曹杨仪，仍为部将祠。《解州志》。

## 马 《汉关侯事迹汇编》卷五

案《魏志·吕布传》：布有良马曰赤兔，破张燕时尝骑以陷锋突阵。此马不知何时属帝，或曰布败，曹操得之以赠。《关帝事迹征信编》。

赤兔马，明神宗封追风伯。《关夫子志》。

轶闻《汉关侯事迹汇编》卷六

关帝尊汉讨贼，大义懔懔，后之稗官传奇敷演其事，俾日月照临中者罔不熟知。然以讹传讹，反失真面目，而优人伧父涂面登场，适以供庸夫俗子之噱笑亵侮，蔑以加矣。每见之未尝不致恨于填词者为之作俑，而当道诸君子曾不题明禁止，为宇宙中留此一大缺陷耶？《圣迹图志全集序》。

人但知演义传奇出于金元之世，然《东坡志林》载，涂巷小儿听说三国事，闻刘玄德败，颦蹙流涕；闻曹操败，即喜唱快。又青藤山人《路史》言，影戏始宋仁宗朝，市人有能谈三国事者，或采其说缘饰之作人影，为魏吴蜀战争之象。则固昉自宋矣。袭陋沿讹，自成宗派。《关帝事迹征信编》。

谈关帝之事者有三家，曰史传、曰小说、曰传奇。史传作自陈寿，修自蔚宗，订自谢陛，而折衷于朱子《纲目》，士大夫谈之。小说作自元时，罗贯中名为演义，流俗谈之。传奇不著作者姓氏，妇人女子谈之。若桃园结义也，三战吕布也，千里独行也，五关斩将也，酒尚温斩华雄也，鼓三通斩蔡阳也，古城相会也，华容释曹也，皆演义之说，史传无之。亦有近是而非者，如许田欲诛操也，拜书以辞曹也，益阳之会肃也。他如斩颜良者帝也，而戮文丑则史逸其人，其为帝与否，未可知也。有问马超之书而无比试之说，有黄忠同列之事而无五虎之说，有骂使拒婚之事而使非子瑜，有刮骨疗毒之事而医非华陀，皆因其事而附会其说。诸如此类，不可胜辨。今世演义盛行，甚至读书人终身不见正史，止将《三国演义》熟读，而畅谈者比比。又有一种弹唱小说，如杀妻弃子及姚膑、鲍氏、花岳先生等语，其诬已甚；尤有一种异端小说，如枣树托生、指关为姓、颜良复生为吕蒙、文丑复生为陆逊及殁为伽蓝、为雷神、为四将等语，传奇皆宗之，辟之不可胜辟。叔氏圣修自京携归《关帝全书》一帙，甚属鄙俚。卢湛《圣迹图志》但遵小说，而不宗正史，使人无所征信。非所以阐扬圣帝之意也。《关帝全书》。

《先主传》云：灵帝末，黄巾起，先主率其属从校尉邹靖讨黄巾贼，有功，除安喜尉。顷之，大将军何进遣都尉毌丘毅诣丹阳募兵，先主与俱行。至下邳，遇贼，力战有功，除为下密丞。是昭烈数破黄巾，则侯从战有功无疑。而《演义》谓侯破黄巾，斩程远志。《英雄记》云灵帝崩，天下大乱，备亦起军从讨董卓。是虽有此举，实未从众西行，故袁绍等同盟而昭烈不与。《演义》谓昭烈从公孙瓒至虎牢，侯斩华雄。《孔融传》云：融为北海相，出屯都昌，为贼管亥所围。融急，乃遣太史慈求救于先主。先主即遣兵三千救之，贼乃散走。《演义》谓侯斩管亥。《先主传》云：陶谦死，先主遂领徐州。袁术来攻，先主拒之于盱眙、淮阴，相持经月。《演义》谓侯斩荀正。《先主传》云：先主南征四郡，长沙太守韩玄降。《黄忠传》云：忠为裨将军，统属长沙太守韩玄。先主南定诸郡，黄忠遂委质，随从入蜀。《演义》谓侯斩杨龄。是皆假设，无是人也。《壮穆公考》。

《曹操传》云：绍将文丑将五六千骑前后至，分趋辎重。操乃上马纵击，大破之，斩丑。《先主传》云：先主将本兵复至汝南，与龚都等合，众数千人。操遣蔡阳击之，为先主所杀。又云先主袭杀徐州刺史车胄，留关羽守下邳而身还小沛。是丑为操斩、阳与胄为先主斩，而《演义》皆谓侯斩，非也。《壮穆公考》。

本传云：尽封其所赐，拜书告辞而奔先主。公语左右曰："彼各为其主，勿追也。"俗说遂云操与张辽诸将追饯中途。内府杂剧遂云："三请云长不下马，将刀挑起绛红袍。"斯为妄矣。《重编义勇武安王集》。

《关羽传》云：羽率众攻曹仁于樊，操遣于禁助仁。秋大霖雨，禁所督七军皆没，禁降，羽又斩将军庞德。《满宠传》云：羽急攻樊城，城得水往往崩坏，众皆失色。《曹仁传》云：羽围仁于樊，又围将军吕常于襄阳。《庞德传》云：德乘小船欲还仁营，水盛船覆，为羽所得。立而不跪，遂为羽所杀。是侯攻樊斩德，而《演义》谓侯攻樊城，斩夏侯存。诸传皆无也。《壮穆公考》。

《关帝纪》，明鄞县沈泰灏纂，刻于秣陵，如斩华雄、斩六将及魂殛吕蒙之类皆入之帝传，王草堂所谓失之诞也。《关帝事迹征信编》。

罗贯中《三国演义》原属荒唐，纂志作碑者不稽正史，往往采用。如《泰州碑记》云："成都破，孙彝又死之。"《滑县碑记》云："成都失守，彝以死事闻。"又云："王司马甫死城下，曾不得一与俎豆。"《贵州碑记》云："华容相遭，不发一镞。"《实录补略》云："华容之释，侯之仁爱处也。"又云："杀蔡阳，斩五将。"《余姚碑记》云："诛文丑，戮蔡阳。"《光州碑记》云："刺良诛丑。"《当阳碑记》云："绍骑将文丑至，王背众上马，击之大破，擒丑斩之。"又有《诗》云："吞绝文颜威大振。"又《赋》云："贾余勇以诛良丑兮。"又《歌》云："五关斩将失其头，貂蝉姿色天下殊。"《英烈碑记》云："侯结兄弟之好，捧盂桃林。"《泾县碑记》云："王秉火德，荧惑应之，颜如渥丹，骑如赤兔。"是皆讹以传讹，取之小说者。《季汉五志》。

常平村，帝梓里也。有庙祀帝，而后为寝宫，奉圣后。帝既尊号为帝，则帝配称后也宜，此固缘情制礼，有举而莫可废者矣。夫帝自授室以后，常为昭烈御侮，于时跋涉兵燹，流离播迁，后与帝同其忧患可知也。迨夫荆州蹉跌，妻子为虏，吾不知后于此时与帝先后没耶？抑羁滞孙吴，至两国通和而复归于汉耶？事湮年远，史策无征。无论风节不稍概见，即姓氏生卒，亦邈焉难稽。自王珠旦作《帝祖墓碑记》，称帝稍长，娶胡氏，光和戊午生长子平。帝出亡时，胡抱子平避母族。其说甚诞，乃纂帝事迹者率以此为据，甚且以解州崇宁庙西掖门有胡公祠，遂指为后之父。或又以为胡公守约之女。《编年诗传》更讹胡为吴，而《关帝谱》则云昭烈在汝南时，帝归河东，偕夫人胡及子平俱往汝南。建安七年生兴，建安九年生索。临沮之难，胡氏死节。纷纭轇轕，愈出愈奇。此其谬误，岂止三写成焉已哉？夫事之可考信者，莫如史传，次则杂家纪录。今帝之配史传无之，杂家纪录无之，则其无可考也明矣。作碑者果何所依据哉？尝考《山西通志》、《解州志》，胡公祠以祀唐振武节度使证，而守约则不知谁何，且帝少年亡命，其婚娶果在河东与否，正未可知。今者三代已春秋祀矣，子孙得侑食矣，部属得配享矣，则圣后之祀，解人举之，礼也，不如是不备也。而姓氏行实之无征，则阙而弗书，亦礼也。不可诬也。《魏略》云：建安五年，夏侯霸从妹年十三四，在本郡出行樵采，为张飞所得。飞知其良家女，遂以为妻，产息女，为刘禅皇后。是则桓侯之配为夏侯氏，史有明征。惜帝配失传，至使纷纷附会，可不慨哉！《关帝事迹征信编》。

胡氏之说见于《演义》，今关庙旁有胡公祠，乃州名宦祠耳，载《解志》最详，俗遂指为公之外父。孙扶苍曰："往在平陆，与史乃白谈及此事，抚掌大笑。"《重订壮穆公考》。

彭大翼《山堂肆考》：含山县有饮马池、卓刀泉。关羽卓刀于泉，饮马于池。《河南通志》：劈破山，在汝宁府信阳州东南，与义阳山相接。两山相峙，状若刀劈者。关羽于此试刀云。《河南通志》：拖刀岭，在信阳州南二十里，上有峡，随岭而中分之，为关羽拖刀之所。邓忠谟《古事苑》：关公拖刀，岭不没锋痕。龚崧林《陕州志》：试刀石，北城门内，为关壮缪试刀石，刀痕犹存。《明一统志》：卓刀泉，在武昌府城南一十里汉昭烈郊坛下，关羽卓刀于此。泉侧有羽庙。张希良《江夏县志》：县东十五里，为昭烈郊坛。关羽行军，卓刀得泉。明楚昭王搜而饮之，泉甘洌。为甃石覆亭，亭前有拜将台。《明一统志》：磨刀石，在关羽庙前，羽磨刀处。又大别山顶亦有此石。《湖广通志》：马跑泉，旁有卓刀石，尚存。《湖广通志》：磨刀山，在京山县西七十里，关羽磨刀处。《关公志》：卓刀市，在京山县西北九十里办顿村，关将军驻兵于此。卓刀处遗迹尚存，今村更名卓刀市。《湖广通志》：磨刀石，旁马跑泉。关公马跑泉，出《关公志》，荆门州西十五里，关公驻马停刀于此。因立庙，庙下周围黑土二十里，色如墨渍。地名为泼砚地。土人传为公偶怒泼砚水而墨。《明一统志》：掇刀石，在荆门州南二十里。关羽往来荆襄，于此屯兵。掇刀石上，痕迹尚存。旁有羽庙。胡作柄《荆门旧闻》：打鼓台，荆门州南二十里，为关壮缪息兵处。掇刀于石，痕迹俨然。四十里外有丈许地，春草不生。壮缪曾伐鼓于此，今名打鼓台。《湖广通志》：试刀山，在黄州府黄陂县北六十里，关羽试刀处。《明一统志》：卓刀泉，在常德府城西三十里崔婆井旁。关羽过此，渴甚，以刀卓地，得泉，故名。后人嘉其甘洌，又名清胜泉。《关帝事迹征信编》。

**艺文** 《汉关侯事迹汇编》卷七

张镇《华容释曹辨》。

曹操败于乌林而归，自江夏荆州道走襄阳还许。昭烈等追之南郡。南郡则今湖广安陆、沔阳及荆州江北地也。《汉·郡国志》：荆州有华容县，为侯国，即曹操败还所经。今荆州、石首二县，乃其故地。小说言，诸葛孔明度曹操必经此途，知操不可获，而遇帝素厚。因说昭烈使之伏兵于此，号为断操归路，而阴使释之，以为德。比操至，帝感其前遇，果竟释之。呜呼，何说之悖哉！帝学于《春秋》，荀罃所以对楚子者，闻之盖熟，操遇帝诚厚，然特其私恩，而帝之从昭烈破操，唯不能致操则已，设可得而获之，或狥匹夫之小谅，弃天下之大义，以逸汉贼，则且不忠于所事，而负昭烈实甚，又何以为帝？且孔明知操之不可获，而故使之，又何以为孔明？是其言之无稽，为甚明也。案，《山阳公载记》：曹操船舰为昭烈所烧，引军从华容道步归，遇雨泥泞，道不通，悉使羸兵负草填之，乃得过。众军既出，操大喜，诸将问之，曰："玄德，吾俦也，但得计少晚。向使早放火，吾徒无类矣。"昭烈寻使人放火，而无所及。盖昭烈追至南郡，曹操已去，故使放火而不及也。是时帝方随昭烈追操在后，奚有释操之事哉？又考华容亦有二，今在岳州者乃隋所置，与汉华容异。或者指是以为即操之所经，非也。

## 张镇《华陀疗毒辨》

帝刮骨疗箭毒，世皆惊以为奇，而指医者之为华元化。元化实无此事也。考帝传云：尝为流矢所中，贯其左臂。后疮虽愈，每至阴雨，其骨常痛。医者曰："矢镞有毒，毒入于骨。当破臂作疮去毒，然后此患乃除。"便伸臂令劈之。是止称医，初不言为华佗，并不及此医之姓名。即《魏志·佗传》与《佗别传》所载佗事，若甘陵相夫人、府吏李延、严昕、督邮顿子献、徐毅、东阳陈叔山、彭城夫人、军吏梅平、广陵太守陈登等，凡为佗所治疗者，陈寿备录于史，而独不及帝。然则刮骨去毒在帝诚有是，若其医之不为佗也明矣。且曹操杀佗许狱中，其时荀彧未死，以谏，操不听。而帝尚未镇荆州，亦与佗初不相接。佗固未尝至荆州也。后世特以佗之神于术，帝之奇于勇，而复生同时，遂为附合之，要其实则非然耳。方后唐庄宗时，苌从简为将，尝中流矢，镞入髀骨，命工取之。工欲凿其骨，人以为不可，从简命凿之。见者不胜其毒，从简言笑自若。亦可见去毒者自有其术，而当时之医之果不必为佗也。

### 张镇《帝子平辨》

作小说者以平为帝养子，而非其出，若与昭烈之有刘封者同，此正齐东野人语耳。盖平与封初异，《蜀志・刘封传》：本罗侯寇氏之子，昭烈至荆州，养封为子。考操在汉中，昭烈栖于山头，使刘封挑战，操骂为假子。又孟达劝封降魏，有云“弃身来东，继嗣罗侯，不为背亲”等语。此封为昭烈养子，见于记传甚明者也。若平则《蜀记》云：帝初出军围樊，梦猪啮其足，谓其子平曰：“吾今年衰矣，然不得还。”本传记其殁于临沮，平之可见者如此，但称之为子，别无假、养之文，是平明为帝子无疑也。好伪者顾一颠倒而变乱之，是诚何说哉？

### 艺文　《汉关侯事迹汇编》卷八

江闿《重修常平寝殿碑记》：公封汉寿亭侯，虽献帝在位，操实为之。观本传：公尽封操所赐，拜书告辞而赴昭烈。是操所拜之爵，已弃如敝屣。世人尚以此称，岂知公者哉？罗贯中不学无术，更因一言之讹，将汉字指作汉代，殊未考今之龙阳，东汉汉寿县地。当汉寿失于东吴，蜀名今之广元曰汉寿，犹前代南兖、南徐、南雍意。史称从姜维议，屯兵汉寿；费祎遇害于汉寿。班班可考，且《南史》爵封汉寿子、男者叠见，岂亦汉代耶？

王十朋《登得胜冈谒武安王关云长庙》：有泉一泓，俗传谓兵至此，无水，拔刀刺地，泉随而涌。庙西磨刀溪，北有晒甲崖。得胜名冈蜀虎臣，气吞吴魏失防身。磨刀晒甲遗踪在，英魄犹能敌万人。

## 卷四

### 隋唐演义

《两般秋雨盦随笔》卷七：《隋唐演义》，小说也，叙炀帝明皇宫闱事甚悉，而皆有所本。其叙土木之功、御女之车、矮民王义及侯夫人自经诗词，则见于《迷楼记》；其叙杨素密谋、西苑十六院名号、美人名姓、泛舟北海、遇陈后主、杨梅玉、李开花及司马戡逼帝、朱贵儿殉节等事，并见于《海山记》；其叙宫中阅广陵图、麻叔谋开河、食小儿、冢中见宋襄公、狄去邪入地穴、皇甫君击大鼠、殿角女挽龙舟等事，并见于《开河记》。三记皆韩偓撰。其叙唐宫事则杂采刘悚《隋唐嘉话》、曹邺《梅妃传》、郑处诲《明皇杂录》、柳珵《常侍言旨》、郑棨《开天传信记》、王仁裕《开元天宝遗事》、无名氏《大唐传载》、李德裕《次柳氏旧闻》、史官乐史之《太真外传》、陈鸿之《长恨歌传》，复纬之以本纪列传而成者，可谓无一字无来历矣。

《小浮梅闲话》：《海山记》、《迷楼记》、《开河记》三书，明吴管《古今逸史》中无撰人名氏，本非实录，小说家据以敷衍，较之凿空撰造者，稍有据耳。惟矮民王义实自宫，不畜妻子，帝未遇害，义先自刎死，则小说所载，又不无增益其词也。至炀帝诸子，并无至突厥者。《隋书·炀三子传》："齐王暕遗腹子政道，与萧后同入突厥。处罗可汗号为隋王，中国人没入北蕃者，悉配之，以为部落，以定襄城处之。及突厥灭，归于大唐，授员外散骑侍郎。"是入突厥者，炀帝之孙，非赵王杲也。杲死江都之难，未尝至突厥，而政道又与萧后偕往，非如小说所云王义夫妇奉之去也。又：此书托始于秦叔宝，而所载叔宝事多无稽。考《罗艺传》："曹州女子李氏为五戒，自言通于鬼神。高祖闻之，诏赴京师。因往来艺家，谓艺妻孟氏曰：'妃骨相贵不可言，必当母仪天下。'孟笃信之，命密观艺。又曰：'妃之贵者由于王，王贵色发矣，十日间当升大位。'孟由是遽劝反。孟及李皆坐斩。"是艺妻孟氏，非秦也。所传秦叔宝事多非其实。

《钱牧斋尺牍》卷二《与毛子晋》云："竞渡喧阗，端居晏坐，却承粽米之惠，不无湘江角黍之思。浮大白，酌村酝，对柳敬亭剧谈秦叔宝，差消块垒耳。"

姜兆翀《国朝松江诗钞》卷二十四：蔡湘，字竹涛，上海人，生有异姿，好为古今体诗。年十九，童试未售。其明年，游京师，时秀水朱竹垞、嘉兴李武曾、吴江潘稼堂诸公皆集辇下，而湘乃以一少年出其诗与诸公角，诸公莫不折节下之。尝在龚芝麓宗伯席上听柳敬亭说《隋唐遗事》，限韵赋诗，先成，最工，座客阁笔。宗伯大喜，厚赠遗之。由是名益震。诗云："晋阳龙起说兴唐，铁马金戈旧事长。草昧君臣私结纳，乱离豪杰走关梁。听来野史风云骤，貌出凌烟剑佩庄。侧耳良宵俱上客，明灯高映六街霜。"

《麗澞荟录》卷三：大凡小说盲词，皆有依傍。《隋唐演义》言秦叔宝马名呼雷豹。按，《太平广记》：秦叔宝马名忽雷驳。特字面小讹耳。

又卷十：《开河记》，狄去邪缒入石室，见系一兽，大如牛。熟视之，一巨鼠也。良久，堂上人呼力士擘取阿麽来，武士数人控大鼠至。堂上人责鼠曰："尔为中国主，何虐民害物，不遵天道？"令武士以大棒挝其脑。其鼠大叫若雷吼然。时炀帝患脑疼，月余不视朝，梦中为人挝其脑。俗演隋唐小说，以此为蓝本。

陈裴之《澄怀堂诗集》卷九《琼花词》："三千殿脚侍宸游，水调歌成夜已秋。毕竟此花曾看否，龙舻当日下扬州。"小说家有"隋炀帝看琼花"之说。

况卜娱《织余琐述》卷下：世俗小说有所谓"骊山老母"，乃见于《新唐书·艺文志》丙部子录，李筌《骊山母传阴符玄义》一卷。注：筌，号少室山达观子，于嵩山虎口岩得黄帝阴符本，题云魏道士寇谦之传诸名山。筌至骊山，老母传其说。

## 说唐前传

《通俗编》卷三十七：《唐书·高祖诸子传》：高祖二十二子，窦皇后生建成、太宗皇帝、元吉、元霸。元霸字大德，幼辩惠。隋大业十年薨，年十六，无子。武德元年追王及谥曰卫怀王。按。今隋唐小说撰元霸勇力诸事，全无所据。

又《旧唐书·李密传》："单雄信尤能马上用枪，后降王世充，为大将军。太宗围东都，雄信出军拒战，援枪而至，几及太宗。徐世绩呵止之，曰：‘此秦王也。’雄信少退，太宗由是获免。”《新书·尉迟敬德传》：“秦王与王世充战，骁将单雄信骑直趋王。敬德跃马大呼，横刺雄信坠，乃翼王出。”按，二传所述一事也。今剧场演此，备有徐世勣、尉迟恭，不谬。

又《新书·尉迟敬德传》：尉迟敬德婞直，颇以激切自负。尝侍宴庆善宫，有班在其上者，怒曰：“尔何功？合坐我上。”任城王道宗解喻之。敬德勃然，拳殴道宗，目几至眇。太宗不怿，罢，召让之，致仕。后闻太宗将征高丽，上言：“夷貊小国，不足枉万乘，愿委之将佐。”帝不纳，诏以本官为左一马军总管。师还，复致仕。按，剧场演敬德事，有曰“打朝”，曰“装风打朝”。实装风虚也。

《茶香室丛钞》卷十七：唐刘悚《隋唐嘉话》云，英公始与单雄信俱臣李密，结为兄弟。密既亡，雄信降王世充，绩来归国。后与海陵王元吉围雒阳，元吉恃其膂力，每亲行围。王世充召雄信，告之。雄信驰马而出，枪不及海陵者尺。勣惶遽，连呼曰：“阿兄，阿兄！”雄信揽辔而止。按，世俗相传以为救太宗，不知实救元吉也。

国朝宋长白《柳亭诗话》云：贯休作《怀素草书歌》曰：“忽如鄂公捉住单雄信，秦王身上塔着枣木槊。”史称敬德善避稍，与元吉斗胜，尝三夺之。后秦王与王世充战，雄信跃马奋槊，几及秦王。敬德横刺雄信坠马。盖实事也。

《茶香室续钞》卷二十二：明沈德符《野获编》云，刘璟，青田人，诚意伯基仲子也。洪武中拜阁门使，赐以铁简，上铸金为“除奸摘佞”四字，命以击百官之不法者。时袁都御史奏车牛事，璟当殿以简击其项。其事甚奇。弇州《考误》断以为妄。焦弱侯谓，诚意家实有此简，曾以示焦。按此则小说中所谓“打佞鞭”，乃真有之。

《螺江日记》卷八：唐李昌符《铁马鞭诗序》曰：长庆二年，义成军节度使曹华进献，且曰得之汴水，有字刻云“贞观四年尉迟敬德”。是尉迟用铁鞭有确据者。胡元瑞疑《唐史》不载，谓出自委巷小说，过矣。铁马鞭前世已有用者，《晋书》载，“王澄左右二十余人，持铁马鞭为卫”是也。特铁鞭本驱马物，小说称尉迟用以行阵，亦误。

《啸亭续录》卷三：乾隆末，福文襄王征廓尔喀时，有刑部郎中某，以荐擢召见，上问福康安、海兰察二人外间声名如何。某应声曰：“外间咸服二人，将略比古罗成、敬德也。”上笑，遣之出。阿文成公悔之，告于人曰：“老夫以某相貌丰伟，故登荐牍。孰意为熟谙小说人也。”人传为笑柄云。

柳敬亭说秦叔宝见姑娘，见《板桥杂记》。

《南滘楛语》卷五：俚语“尉迟用鞭，叔宝用锏”。本无稽之语，而王圻《续通考》列之军器图。

王崇简《冬夜笺记》：传奇艳称尉迟敬德救唐太宗于单雄信之危。正史所载：世民以五百骑行战地，王世充帅步骑万余卒至，围之。雄信引槊，直趋世民。敬德跃马大呼，横槊刺雄信坠马，翼世民出围。

孙璧文《新义录》卷三十一：秦琼、尉迟恭、程咬金皆见于史。《唐书》载尉迟敬德，名恭，以字行。刺王世充骁将单雄信；又与齐王元吉试稍；又以侍宴殴任城王。小说皆与史合。秦琼，字叔宝，始为隋将，已，归王世充，为龙骧将军。与程咬金计曰：“世充多诈，非拨乱主也。”于是同降高祖。帝尝赐琼金瓶。后从征王世充、窦建德、刘黑闼，累战必克，进上柱国。程咬金，即程知节，以功进卢国公。俱图像凌烟阁。乃知小说不尽附会。

丁国钧《荷香馆琐言》：尉迟敬德用铁鞭，本出稗官小说，《唐书》固不载也。唐李昌符《铁马鞭诗序》云：长庆二年，义成军节度使曹华进献，且云得之汴水者，刻云“贞观四年尉迟敬德”。近继莲溪方伯《左庵琐语》载，南熏殿藏古帝后圣贤名人像，中有尉迟敬德像，面色微黑，短髯鲜眼，手拄钢鞭。其先伯通奉公亲见之。是敬德之鞭已有确证，小说相传，恰非荒唐。

史梦兰《止园笔谈》卷五：今世俗称秦叔宝曰秦琼、称罗士信曰罗诚，叔宝、士信似是其字。而《新》、《旧》唐书却无名琼、名诚之文，不知世俗所传，果何所本。

张昀《琐事闲录续编》卷上：周敬修总制，天爵。寿已七十有奇，久居林下。咸丰元年召对阙廷，见凡十七次，奏对颇有采纳。每至忘形，谈及武备，竟起立呈式 云即程知节之前三斧也。帝悉优容之。张椒云方伯，集馨。陛见之时，正值周总制召见之日，故闻其说。

胡应麟《少室山房笔丛》：丹铅新录四。萧摩诃与北齐战，有西域胡妙于弓矢，弦无虚发。摩诃遥掷铣锧，正中其额，应手而毙。锧音简，唐秦琼尤善用之。摩诃掷铣锧中西域胡，《纲目注》云："短兵也，形如小凿。"今以为简，未之前闻。秦琼用简，与尉迟斗鞭，乃委巷小说平话中事。考琼本传，但言"跃马挺枪，取人万众中，无不如意。"《鄂国传》："敬德善马稍，尝与齐王元吉战，三夺其兵。"是鄂国所善者稍，而胡公所善者枪。鞭、简之说，绝为不根。自宋元编演小说，加以传奇杂剧，今人童稚见之，沁人脾肺。既长，又不解精读正史信笔，为其惑乱误用而不自知。余见数文章名家，往往蹈之。李献吉乃劝人勿读六代后书，何其隘耶！因杨说附记此。考史传，枪与稍亦无大别。单雄信幼时，植一枣树，年十八伐为枪，号"寒骨白"。尝与秦王战，秦王以太白羽射之火出，因为尉迟敬德拉折。则雄信所用亦枪。今俗以为槊，非也。《杂俎》所言，盖即尉迟敬德报秦王事。"寒骨白"之名甚新。俗传美良川事亦有因。考《秦琼传》："从秦王夹击美良川，破尉迟敬德，功最居多。盖鄂国之骁悍，当时惟胡公能埒之。其后多病，常自云吾平生苦战，出血不下数斗，焉能不病乎？"俗传琼呕血事，亦有因也。必多读史传，则此等事自能烛照源流，洞见真妄，乃学问中一大关节，不可不知。不佞匪其人，第能言之耳。琼自破宋金刚后，迄无复显赫功，岂遂以病废耶？呕血事亦见《隋唐嘉话》中。

焦循《剧说》卷二："麒麟阁中换简一折，料有所本"一条，当附录《笔丛》后。

《小浮梅闲话》：据《旧唐书》本传，仁贵自恃骁勇，欲立奇功，乃异其服色，着白衣，握戟，腰鞬张弓，大呼先入，所向无前。太宗遥望见之，遣驰问先锋白衣者为谁，特引见，赐马两匹、绢四十匹。则俗传为白袍小将，固有征矣。高宗称其“北伐九姓，东击高丽，汉北辽东，咸遵声教者，并卿之力也”，则其为一朝名将，固不必言。其子讷，自有传。始为蓝田令，后突厥入寇，武后以讷将门，使摄左武威将军、安东道经略，久当边镇之任，累有战功。开元二年，讨契丹，为所覆。讷脱身走免。制削其官爵。吐蕃寇临洮，以白衣摄左羽林将军，为陇右防御使，大破贼众。录功拜左羽林军大将军，复封平阳郡公。卒谥昭定。史称其“沉勇寡言，临大敌而益壮”，是讷固不愧将门之子。其弟楚玉，开元中为幽州大都督府长史，以不称见代而卒。讷子畅，拜朝散大夫。薛氏一门，可考者如此。世人附会云薛家世为名将，则非也。

《通俗编》卷三十七：按，元张国宝杂剧称，仁贵，白袍将，亦实。

孙璧文《新义录》卷五十七：按，仁贵本名礼，见唐碑，《演义》所本，而《新》、《旧》书皆失载。

无名氏《朝鲜志》卷下：藏军洞，在忠清道石城县北。洞门曲狭，行人见之，疑若无洞，罕入。其内极广，洞可藏万余兵。世传唐将苏定方伐百济时，藏兵于此，故因以为号。

《聚星札记》有“薛仁贵”条。

李慈铭《桃花圣解庵日记》：庚集第二集。阅俞荫甫《湖楼笔谈》，唐薛仁贵之子讷，武后、玄宗时为将相有功，讷弟楚玉为幽州大都督府长史。此据《旧唐书·讷传》，至《薛嵩传》作范阳平卢节度使，盖误。楚玉子嵩及萼相代为相卫节度使，嵩子平又历帅数镇，为名臣。宋杨业之子延昭，本名延朗，历官英州防御使，为契丹所畏，呼为六郎。是薛、杨后人，虽与委巷所传迥异，而事迹昭著，史册可稽。六郎之名，且与史合。俞氏乃谓两家后裔无闻，此则失之眉睫矣。

## 西游记

焦循《剧说》卷四“元人吴昌龄《西游词》与俗所传《西游记》小异”一条。

《冷庐杂识》卷四:《西游记》推衍五行之旨,视他演义为胜。相传出元丘真人处机之手。山阳丁俭卿舍人晏据淮安府康熙初旧志《艺文书目》,谓是其乡嘉靖中岁贡生、长兴县丞吴承恩所作,且谓记中所述大学士、翰林院、中书科、锦衣卫、兵马司、司礼监,皆明代官制,又多淮郡方言。此足以正俗传之讹。丘氏自有《西游记》,见《道藏》。

《小浮梅闲话》:取经之事,自古有之。《隋书·经籍志》云:"张骞使西域,盖闻有浮屠之教。哀帝时,博士弟子秦景使伊存口授《浮屠经》。中土闻之,未之信也。后汉明帝夜梦金人飞行殿廷,以问于朝,而傅毅以佛对。帝遣郎中蔡愔及秦景使天竺求之,得佛经四二十章及释迦立像,并与沙门摄摩腾、竺法兰东还。"此中国求经之始。又云,甘露中,有朱仕行者往西域,至于阗国,得经九十章。元康中,至邺译之,题曰《放光般若经》。晋元熙中,新丰沙门智猛策杖西行,到华氏城,得《泥洹经》及《僧祇律》。义熙中,沙门支法领从于阗国得《华严经》三万六千偈,至金陵宣译。又有沙门法显自长安游天竺,经三十余国,随有经律之处,学其书语,译而写之。还至金陵,与天竺禅师跋罗参共辨定。后魏熙平中,遣沙门慧生使西域,采诸经律,得一百七十部。此皆中国至西域求经故事,而法显之役,至今尚有《佛国记》一卷,备载颠末:始于后秦姚兴宏始二年,与慧景、道整、慧应、慧嵬等同发长安,度陇至乾归国、耨檀国;度养楼山,至张掖镇,又遇智严、慧简、僧绍、宝云、僧景等诸人,或分、或合、或先还。慧景度小雪山,道毙;道整留中天竺,不还;独法显顺恒水东下,乘商人大舶泛海至青州长广郡界。计自发长安六年到中国,即中天竺。停六年,还三年,往返凡十五年,从陆路往,从海道返。其中事迹颇亦诡异,使敷衍成书,亦一《西游记》也。乃玄奘事至今妇竖皆知,而此等事湮没不著。事之显晦,固亦有数邪!《旧唐书·方伎传》:僧玄奘,姓陈氏,洛州偃师人。大业末出家,博涉经论,尝谓翻译者多有讹谬,故就西域广求异本,以参验之。贞观初,随商人往游西域。玄奘既辨博出群,所在必为讲释论难,蕃人远近咸尊伏之。在西域十七年,经百余国,悉解其国之语。仍采其山川俗语、土地所有，撰《西域记》十二卷。贞观十九年归，至京师，太宗见之，大悦，与之谈论。于是诏将梵本六百五十七部，于弘福寺翻译。是玄奘此行，并非奉敕而往。惟其还也，诏为翻译耳。所著《西域记》，惜不得见。太宗《三藏圣教序》云："翘心净土，往游西域。乘危远迈，杖策孤征。积雪晨飞，途间失地；惊砂夕起，空外迷天。万里山川，拨烟霞而进影；百重寒暑，蹑霜雨而前踪。诚重劳轻，求深愿达。"此数语亦足见其梗概矣。又《太平御览》引《独异志》及《唐新语》云："沙门玄奘，唐武德初往西域取经，行至罽宾国，道险，虎豹不可过。玄奘不知为计，乃锁房门而坐，至夕开门，见一老僧，头面疮痍，身体脓血，床上独坐，莫知来由。奘乃礼拜勤求，僧口授《多心经》一卷，令奘诵之。遂得山川平易，道路开辟，虎豹藏形，魔鬼潜迹，遂至佛国，取经六百余部而归。"此即小说家之滥觞。《欧阳文忠集·于役志》云："寿宁寺，本徐知诰故第，甚宏壮，画壁尤妙。周世宗入扬州时，以为行宫，尽杇墁之，惟经藏院画玄奘取经一壁独在。"然则玄奘取经事，在五代时已流布丹青矣。问：世传《西游记》是丘真人作，借以演金丹之旨，信乎？曰：此妄传也。按钱大昕《补元史艺文志·地理类》有《长春真人西游记》二卷，注云，李志常述丘处机事，此别是一书。按《元史·丘处机传》："太祖自奈曼命近臣持诏求之，乃发抚州，经数十国，为地万有余里，盖蹀血战场，避寇叛域，绝粮沙漠，自昆仑历四载而始达雪山。常马行深雪中，马上举策试之，未及积雪之半。"此丘真人西游故事，记中所载多及西域地理，故入地理类。俗人不知，乃以玄奘事属之，大非其实矣。《后汉·西域传论》有曰：梯山栈谷，绳行沙度之道；身热首痛，风灾鬼难之域。注引前书杜钦曰："罽宾悔过来顺，使者送至县度，历大头痛、小头痛之山，赤土、身热之阪，临峥嵘不测之深，行者骑步相持，绳索相引。"又引释法显《游天竺记》云："西度流沙，屡有热风恶鬼，过之必死"云云，然则火焰之山、流沙之河，乃真有之。又《述异记》云：大食王国在西海中，有一方石，石上多树，干赤叶青。枝上总生小儿，长六七寸，见人皆笑，动其手足，头着树枝。使摘一枝，小儿便死。亦见《旧唐书·西戎传》。是所谓人参果者，亦竟有也。

孙璧文《新义录》卷十五七：《朝野佥载》云，太宗偃驾，见一人云，陛下旋即去。问君何人，曰臣生人，判冥事。又《旃林纪略》谓西藏送瘟神，名打牛魔王。皆演义所本。

《茶香室丛钞》卷十三：国朝纳兰成德《渌水亭杂识》云，唐太宗命三藏法师取经，至西域，有老僧年已七百，谓之曰："此间经籍甚多，人命短促，能读几何？须服我延年药，庶可读少分。"藏师以帝命有定期而辞之。按，此未知出何经典，世言三藏取经者罕及此事。崔应榴《摊饭续谈》云，黎州安抚司内小厅东有藜一枝，高九丈，围九尺。相传唐僧玄奘西游，投藜杖所化。按，此亦玄奘取经之佚事。唐李德裕《次柳氏旧闻》云：东都圣善寺，有天竺僧无畏，号三藏，善召龙致雨之术。后吏部员外郎李华撰《无畏碑》云："奉诏致雨，灭火返风。"昭昭然遍于耳目。按，此三藏在玄宗时，然则玄奘后又有此三藏也。《开元传信记》亦载无畏三藏事，云崇圣寺佛牙，乃那咤太子献与三藏者。唐以前西域取经事，已略载于《小浮梅闲话》矣。《枫窗小牍》载，干德四年三月，遣僧行勤等一百五十七人，访经西域。北天竺僧天息灾与施护，各持梵筴以来献。此宋时取经故事也。天息灾、施护，两梵僧名。

又卷十六：唐张鷟《朝野佥载》云，唐太宗极康豫，李淳风见曰："陛下夕当偃驾。"至夜半，上奄然入定。见一人云："陛下暂合来还即去也。"帝问君何人，对曰："臣是生人，判冥事。"太宗入，即令还。向见者又引导出，须臾乃寤。至曙求昨所见者，令所司与一官。遂注蜀道一丞。按，此则小说家言唐太宗入冥，乃真有其事。所谓判官者，亦实有其人。惜此事记载殊不分明，今姑录其略耳。

《茶香室续钞》卷二十三：宋洪迈《夷坚丙志》云，青城县外八十里老人村，土人谓之老泽。平时无人至其处，关寿卿与同志七人往游，几二更乃得一民家。老人犹未睡，欣然延入。少顷设麦饭菜羹，俄烝一物，如小儿状。众莫敢下箸，独寿卿擘食少许。翁曰："吾储此味六十年，今遇重客，不敢爱，而皆不顾，何也？"取而尽食之，曰："此松根下人参也。"按，近世小说中有所谓人参果者，据此乃真有之。

《茶香室三钞》卷十七：宋钱易《南部新书》云，奘三藏至西域，入维摩诘方丈。及还，将纪年月于壁，染翰欲书，约行数千百步，终不及墙。又云，奘法师至中印度，居那烂陀寺，馆于幼日那院觉贤房第四重阁，日供步罗果一百二十枚，大人米等。按此皆三藏取经轶事，世罕知者

又卷十九：国朝段松苓《益都金石记》："唐东岳庙尊胜经幢，载诸神名，有南门卷帘将军。"然则《西游衍义》有卷帘大将之名，亦非无本也。

《茶香室四钞》卷十九：明朱孟震《西南夷风土记》云，都鲁濮水关有唐僧晒经台，板古有河曰流沙。唐僧取经故道，亦有晒经台。

《九九消夏录》卷十二：丘长春真人《西游记》，此书世多知之。《千顷堂书目》，有僧宗泐《西游集》一卷。此书无传本，世罕知者。宗泐字季潭，临安人。洪武初，举高行沙门，命往西域求遗经，还授左善世。《西游集》盖其奉使求经、道路往还所作。见闻既异，记载亦必可观。今俗有《西游记演义》，托之丘长春，不如托之宗泐，尚是释家本色。虽金公木母，意近丹经，然意马心猿，未始不可附会梵典也。

《茶香室丛钞》卷十七：宋周密《齐东野语》云，有某郡倅江行遇盗，杀之。其妻有色，盗胁之曰："能从我乎？"妻曰："吾事夫十年，仅有一儿才数月，吾欲浮之江中，庶有遗种。吾然后从汝。"盗许之。乃以黑漆圆盒盛此儿，籍以文褓，且置银二片其旁，使随流去。如是十余年，盗至鄂，舣舟挟其妻入某寺设供。至一僧房，黑盒在焉。妻乘间问僧，何从得此。僧言某年月日得于水滨，有婴儿、白金在焉。吾收育之，今在此，年长矣。呼视之，酷肖其父，乃为僧言始末。僧为报尉，一掩获之。遂取其子以归。按，《西游演义》述玄奘事似本此也。

《通俗编》卷三十七：《双树幻抄》，玄奘以贞观三年冬抗表辞帝，

制不许。即私遁出玉关，抵高昌。高昌王奉奘行赀，护送达于罽宾。随历大林国、仆底国、那伽罗国、禄勒那国，至曲阇国。曲阇王有胜兵十万，雄冠西域。其俗以人祀天。奘至被执，以风度特异，将戮以祭。俄大风作，尘沙涨天，昼日晦冥。彼众惊异，释之。至中天竺，入王舍城。彼已预闻奘至，具礼郊迎，安置那兰陀寺。见上方戒贤论师。贤时春秋一百有六，道德为西土宗师，号正法藏。奘启以求法意，贤咨嗟曰："吾顷疾病且死，忽梦文殊谓曰，汝未应厌世。后三年，震旦有大沙门从汝受道。自尔以来，今三稔矣。"于是慰喜交集。奘从贤穷探大乘，日益智证。至贞观十六年，乃发王舍城，入祇罗国。国主迎问："而国有圣人出世，作《小秦王破阵乐》，可为我言之。"奘粗陈帝神武大略，其主大惊，即以青象、名马助奘驮经而还。以贞观十九年至长安。文皇惊喜，手诏飞骑迎之，亲为经文作序，名《圣教序》云。按，《唐·艺文志》有王玄策《中天竺国行记》十卷。《法苑珠林》谓，玄策官金吾将军，奉诏扈玄奘往西域取经，归撰此记。今佚不传。《辍耕录》记元人杂剧，有唐三藏一段。《庄岳委谈》云，《圣教序》虽有三藏要文等语，匪玄奘号也。其以称奘，盖以唐僧不空号无畏三藏讹耳。

《北江诗话》卷一：小说家所言，亦皆有本。如《西游记》之雷音寺、火焰山，皆在吐鲁番道中。余遣戍伊犁日，曾过之。

盐城拔剑斫地生《野语》卷二：《西藏略》云，大召前廊绘有唐三藏取经师徒四众像，并尉迟敬德镇边军器犹存。

丁晏《石亭纪事·书西游记后》云：《潜研堂集·跋西游记》云："《长春真人西游记》二卷，其弟子李志常所述，于西域道里风俗，颇足资考证；而世鲜传本，予始于道藏抄得之。小说《西游演义》，乃明人所作，萧山毛大可据《辍耕录》以为出丘处机之手，真郢书燕说矣。"晏按：钱氏谓"明人作"甚是。记中如：祭赛国之锦衣卫，朱紫国之司礼监，灭法国之东城兵马司，唐太宗之大学士、翰林院、中书科，皆明代官制。丘真人乃元初人，安得有此官？其为明人作无疑也。及考吾郡康熙初旧志艺文书目，吴承恩下有《西游记》一种。承恩字汝忠，吾乡人，明嘉靖中岁贡生，官长兴县丞。旧志《文苑传》称："承恩性慧而多敏，博极群书，复善谐剧，所著杂记几种，名震一时。《西游记》，即其一也。"今记中多吾乡方言，足征其为淮人作。《西游》虽虞初之流，然脍炙人口，其推衍五行，颇契道家之旨，故特表而出之，以见吾乡之小说家，尚有明金丹奥旨者，岂第秋夫之针鬼、瞽仙之精算哉？且使别于真人之记，各自为书。钱氏之说，得此证而益明矣。

胡应麟《少室山房笔丛》卷四十一：庄岳委谈下。《辍耕录》记元人杂剧，有《唐三藏》一段。今其曲尚传，第不知即陶所记本否？世俗以为陈姓，且演为戏文，极可笑，然亦不甚虚也。三藏即唐僧玄奘，余辩见前。续考《独异志》云："沙门玄奘，俗姓陈，偃师县人也。幼聪慧，有操行。唐武德初，往西域取经。行至罽宾国，道险，虎豹不可过。奘不知为计，乃锁房门而坐。至夕开门，见一老僧，头面疮痍，身体脓血，床上独坐，莫知来由。奘乃礼拜勤求，僧口授《多心经》一卷，令奘诵之。遂得山川平易，道路开辟，虎豹藏形，魔鬼潜迹，至佛国，取经六百余部而归。其《多心经》，至今诵之。"据此，皆与今颇合。又元人散套，亦有西域取经等事。盖附会起于胜国，不始于今。而三藏之名，则又始于宋时，不始胜国。东坡《艾子小说》云："艾子好饮，少醒日，忽一日，大饮而哕。门人密抽彘肠致哕中，持以示曰：'凡人具五脏方能活，今公因饮而出一脏，止四脏矣，何以生耶？'艾子熟视而笑曰：'唐三脏犹可活，况有四耶？'"此虽戏语，然宋世所称可见。盖因唐僧不空号无畏三藏，讹为玄奘耳。《艾子》，疑非东坡，然其目已见《通考》，要亦出宋人。《圣教序》虽有三藏要文等语，匪玄奘号也。

胡应麟《少室山房笔丛》卷四十六：双树幻钞上。贞观七年，法师玄奘游天竺求法，达于王舍城。奘生洛州，偃师陈氏，隋季出家具戒，博贯经籍。每慨前代译经，多所讹略，志游西土，访求异本，以参订焉。以三年冬抗表辞帝，制不许，即私遁。自原州出玉关，抵高昌。高昌王曲文秦奉奘行资，护送达于罽宾。从僧伽论师夬俱舍，因明大毗、婆沙等论。至大林国，从婆罗门学中论及异道典籍。时婆罗门七百余岁。至仆底国，从伏光法师学对法宗显理门等论。至那伽罗国，从月胃论师学众事分毗婆沙。至禄勒那国，从阇那屈多三藏学经部毗婆沙及萨婆多部辨真等论。至曲阇国，从毗邪犀那三藏学二毗婆沙。王有胜兵十万，雄冠西域。奘与胡商八十许人渡殑伽河。彼俗以人祀天，奘与诸商被执，以奘风度特异，将戮以祭。俄大风作，尘沙涨天，昼日晦暝。彼众震惧，以奘为圣人，遂释之。至中天竺，遇大乘居士，为奘开瑜伽师地，即入王舍城。彼预闻奘至，具礼郊迎之，安置那兰陀寺。寺七宝所成，僧以万数。奘见上方戒贤论师，时春秋一百有六，道德为西土宗师，号正法藏，国主以十城租赋奉之。奘启以求法意，贤咨嗟流涕，曰："吾顷疾病且死，忽梦文殊大士谓吾曰，女未应厌世，后三年震旦有大沙门从女受道。自尔已来，今三稔矣。"于是慰喜交集，有同宿契焉。奘见王，王给象车、从者三十辈，日供上馔。馔有龙脑、香乳、苏蜜及大人米；米香闻百步，然国产不多，唯君长与后、及主法上德与焉。奘寓其国，从正法藏穷探大乘秘奥，日益智证云。至贞观十六年，三藏玄奘法师发王舍城，入祇罗国。国主郊迎之，已而问曰："而国有圣人出世，作《小秦王破阵乐》，试为我言其为人。"奘粗陈帝神武，削平天下，躬行尧舜之治。其王大惊，即以青象、名马，助奘驮经而还。以贞观十九年至长安，文皇惊喜，手诏飞骑迎之；亲为经文作序，名《圣教序》云。按，奘师茧足大荒，所历西域数十国，冒险犯艰，屡滨死地，卒罗致诸经，返于中夏，可谓旷劫之奇。惜所撰《大唐西域记》，今不复传于世。王司寇元美《跋圣教序》云："文皇手定中原，志得而无所事事，兴尽而感慨随之。不之于长生，则之于因果亡惑也。旨哉斯言，并录诸此云。"按，奘初入西域，遇异僧，授以《心经》。见《广记》。

谢肇淛《五杂俎》卷九：置狙于马厩，令马不疫。《西游记》谓天帝封孙行者为弼马温，盖戏词也。

柴萼《梵天庐丛录》卷二十九：自《西游记》出，人无不知有玄奘者。顾记中情节，实系伪造，有识者自能辨析，间亦有不尽诬者。盖玄奘本震旦释教大师，曾开东洋佛教宗派，亲至印度受经，十余年始归，译著甚多，具详《慈恩传》中。《西游记》之作，特援其本事，加以附会者也。《搜神续记》有玄奘本传，与《新》、《旧》唐书本传，及《慈恩传》，各有出入。近人考玄奘取经事者，未曾引及。《传》云：玄奘本名袆，姓陈氏，洛州缑氏人也。奘失怙恃，少罹穷苦，随兄长无法得住净土寺，授以精理，旁兼巧论。年十一，诵维摩法华，东都恒度，便预其次。自尔卓然，梗正不偶，欲慕大法。后达长安，住庄严寺，又非本望，西逾剑阁。既达蜀都，受诸经论，一闻不忘。武德五年，二十一岁，为诸学府雄伯沙门，讲扬心论，不窥文相，而诵注无穷，时曰神人。后又遍游荆州等州，访诸道邻，复还盛京。广就诸番遍学书语，行坐寻搜，数日融通，惟候机会。贞观三年，会灾下敕，道俗随丰四出，由斯得往西域，取诸经像，行至罽宾国，今克什米尔一带。道遇虎豹，不可过。奘不知为计，乃锁门而坐。至夕开门，见一老僧，头面癞病，身体脓血，床上独坐，莫知由来。奘乃礼拜勤求。僧口授《多心经》一卷，令奘诵之。遂得山川平易，道路开通，虎豹藏形，魔鬼潜迹。遂至佛国，取经千有余部，以贞观十九年还京师。纳兰成德《渌水亭杂识》：奘至西域，有老僧年已七百，谓之曰："此间经籍甚多，人命短促，能读几何？须服我延年药，庶可读少分。"奘以帝命有定期而辞之。下敕令住玉华，翻译经藏。奘生常以来，愿事弥勒。及游西域，又开无著。兄弟皆生被天义，频获祈请，咸有显证。后至玉华，但有隙次，无不发愿。麟德元年，告翻译生及门人曰："有为之法，必归磨灭。泡影形质，何得久停？年六十五，必卒玉华。于经论有疑者，今可速问。"闻者惊异。奘曰："此事自知。"遂往辞佛及诸僧众。既卧疾，常见鲜白大莲花至，又见佛相。命僧读所翻译经论名目，已总有七十三部千三百三十掌，自怀欣悦，总召门人有缘并集，云：无常将及，急来相见于嘉寿殿。以香木树吾提像骨，对寺僧辞决。并遗表讫，便默然弥勒，左胁累足，右手支头，左手脞上，坚然不动，神绝气逝。两月色貌如常。遂葬于白鹿原。《大唐新语》云：初，奘将往西域，于灵岩寺见有松，奘立于庭，以手摩其枝，曰："吾西去求佛教，汝可西长。若可归，即却东回，使吾弟子知之。"及去之年，其枝西指，约长数尺。一年忽东回，门人弟子曰："教主归矣。"乃西迎之，奘果东还。此松谓之摩顶松云。崔应榴《摊饭续谈》云：黎州安抚司内小厅，东有藜一株，高九丈，围九尺。相传为奘西游时投藜杖所化。此皆奘西游求经佚事之可记者。近人刻《慈恩传》，卷首列奘求经往返行程，如指诸掌，较前人空谈，详实远矣。

丁福保《畴隐居士自订年谱》"民国十二年癸亥"：中新书局重印《西游记》，赵君瑞和请序于余。余乃为之序。《冷庐杂识》曰："《西游记》推衍五行之旨，视他演义书为胜。相传出元丘真人处机之手。山阳丁俭卿舍人晏据淮安府康熙初旧志《艺文书目》，谓是其乡嘉靖中岁贡生、官长兴县丞吴承恩所作，且谓记中所述大学士、翰林院、中书科、锦衣卫、兵马司、司礼监，皆明代官制，又多淮郡方言。此足以证俗传之讹。"其说是也。张书绅《重刻西游记》，作《总批》二十页；杨仁山居士与幻人法师书，见《等不等观杂录》。俱以此书为丘真人作。此乃误以同书名而张冠李戴，失考之过也。不知印书名《长真丘真人西游记》，多记西北塞外游踪，近代刻入《藩属舆地图书》。今更名《中华边防舆地丛书》。余亦刻入《道藏精华录》内，与此书截然不同也。吴承恩，字汝忠，号射阳山人，英名博洽，为世所推。为诗文下笔立成，复善谐剧。家贫无子，遗稿多散失。惟此书自明季以来，风行于全国。里巷细民皆乐道之。今时僧俗持诵经咒，动称一藏。问其数，则云五千四十八也。此执著五千四十八者，依《西游记》之说。说本杨仁山居士《等不等观杂录》。亦风行全国之一证也。考《旧唐书·方伎传》，僧玄奘，姓陈氏，偃师人。自贞观初，随商人往游西域。凡十七年，经百余国，撰《西域记》十二卷。及归，太宗见之，大悦，与之谈论。诏将梵本六百五十七部，于弘福寺翻译。是玄奘此行，并未奉敕而往。惟其还也，诏为翻译耳。太宗有《三藏圣教序》，亦但言"乘危远迈，孤策远征"而已，未尝及怪异也。惟《太平御览》引《独异志》云，玄奘往西域取经，行至罽宾国，道险，虎豹不可过。乃锁房门而坐，至夕，见一老僧，口授《多心经》一卷。遂得山川平易，道路开辟，虎豹藏形，魔鬼潜迹。遂至佛国，取经六百余部而归。此当为小说家言之滥觞。以上说本《小浮梅闲话》。又民国四年，上虞罗叔蕴参事振玉，用珂罗版影印宋椠本《大唐三藏取经诗话》一册，南宋时神话小说也。书共三卷，分十七节，中有诗有话，而实平话体例，述唐三藏取经时，途中所遇之妖魔灾难。盖可为后世章回小说之祖，亦吴氏作记之先河也。考《西游记》，有言极荒诞，而实有所本者。树生小儿，载任昉《述异记》，而《旧唐书·西戎传》述之云："大食国在波斯之地，俱纷地那山，在国之西南，邻大海。其王尝遣人乘船将衣粮入海，经八年而未及西岸。海中见一方石，石上有树，干赤叶青，树上总生小儿，长六七寸，见人皆笑，动其手脚，头着树枝。其使摘取一枝，小儿便死，收在大食王宫。"此即《西游记》"人参果"所本。吐谷浑西北，有流沙数百里，夏有热风，伤毙行旅。此即《西游记》"流沙河"所本。《通考》载，女国有二，有东女国、西女国。《西戎传》谓，大食西北，相去三月行，有女国。此即《西游记》"女国"所本。然更以吴氏之博洽，所据当不止数数书了。如《旃林纪略》谓西藏送瘟神、打牛魔王，即记中所本之一证。今日新学家以小说为纯文学之大宗，吾国凡称四大小说书，而吴氏《西游记》居其一。顾吴氏之言近怪，而实善写宇宙幽玄之哲理，故在流俗则有大影响于佛教之宏布，在学者则尤足供文哲诸家之研照，更非他小说书可比。吾友赵君瑞和，重为刊刻。既竣，属余为之序。余因考此书之果来，及其有益于社会文化者，略弁诸简端。乃若张书绅又谓此书原本于真西山《大学衍义》，悠谬之谈，益不足论矣。

章学诚《丙辰札记》：唐人诗云："山中方七日，世上已千年。"神仙家言，多记烂柯一局，人世千年；刘、阮归来，子孙易世等事，大抵多出小说。《西游演义》遂有"天上一日，人间一年"之说。世人多以神仙恍惚、小说寓言，置之，不足深究。夫顷刻千年，乃阅世久者由后溯前，虽千万年理当无异于顷刻耳。烂柯一局，刘、阮归来之事，皆当因顷刻千年之语而傅会出之，非事实也。如果有其事，则仙家长生之说，不足贵矣。彼纵长生得数千年，亦只如人世生数十年无异，何足取乎？唯《西游演义》所云“天上一日，人间一年”之说，虽属寓言，却有至理，非顷刻千年及烂柯、刘、阮诸说所等例也。盖天上无世界可以为人所驻耳。假令天上果有帝庭仙界，则天上一日，必是人间一年，无差错也。盖天体转运于上，列宿依之，一岁一周。而日月右旋，附天左退，一日才过一度，人世所谓一日，但见日周三百六十五度而复其原次也。若由天上观之，则天日俱运，而一日十二时间，日仅行天一度，则必周三百六十五日而始复其原次。岂非天上一日，人世之一年乎？不得因小说寓言而置不论也。

黄安涛《贤已编》卷五：于朴斋大令著有《西藏纪闻》一则，足资域外之谭。云：先君宦蜀时，于嘉庆三年冬于役西藏，管理银钱局务，并拉理粮务。藏中相传即唐僧三藏取经之地，距川省九千七百余里。前藏至后藏，又有四千八百余里。其间怪怪奇奇，类多荒渺。方语亦非华言可悉。过青城县，有火炬山及唐三藏、齐天大圣、猪八戒庙，因世俗所演《西游记》而装点者。

史梦兰《止园笔谈》卷四：《长春真人西游记》二卷，其弟子李志常所述，于西城道里风俗，颇足资考证。而世鲜传本。村俗小说有《唐三藏西游演义》，乃明人所作。毛西河据《辍耕录》以为出丘处机之手。郢书燕说，遂传误至今。

曲园居士《九九销夏录》卷十二：《丘长春真人西游记》，钱竹汀《元史艺文志・地理类》著录，注云：“李志常述丘处机事。”此书世多知之。《千顷堂书目》，有僧宗泐《西游集》一卷。此书无传本，世罕知者。宗泐字季潭，临安人，洪武初，举高行沙门，命往西域求遗经，还授左善世。《西游集》盖其奉使求经，道路往还所作，见闻既异，记载亦必可观。今俗有《西游记演义》，托之丘长春，不如托之宗泐，尚是释家本色。虽金公木母，意近丹经，然意马心猿，未始不可附会梵典也。

赵吉士《寄园寄所寄》卷五“灭烛寄异”：万历壬辰间，一老人号醒神，自云数百岁，曾见高皇、张三丰；又自诡为越王，至今不死。又云历海外诸国万余。陈眉公曰："听醒神语，是一本活《西游记》。"《笑史》。

林纾《铁笛亭琐记》：《西游记》，咸传出元丘真人处机之手。然《冷庐杂识》曰："《西游记》推五行之旨，视他演义为胜，相传出元丘真人处机之手。山阳丁俭卿舍人晏，据淮安府康熙初旧志《艺文志目》，谓是其乡明嘉靖中岁贡、官长兴县丞吴承恩所作。"

林昌彝《砚耕绪录》卷十三：《唐高僧传》："三藏法师玄奘，陈留人，姓陈氏。贞观初，肇自咸京，誓往西国，穷览圣迹。经六载，至摩伽陀城。凡十二年，备历圣君、龙庭之文，鹫岭之秘，皆研机睹奥矣。又造迦叶结集之墟，千圣道成之树，虔心顶礼，焚香散花，设大施会；于是五天亿众，十八国王，献毡投珠，积如山岳，咸称'法师'为'大乘'也。及东归，太宗诏留于宏福道场，乃诏明德僧灵润等二十人译梵，自《菩萨戒》至《摩诃般若》，总七十四部一千三百余轴。法师身长八尺，眉目疏朗，凡所游历，一百二十八国。"案此为许白云《西游记》之所本。

又卷十二：《丘长春真人西游记》一卷，在《道藏》中。其书大旨，惟叙西游里数及内典部类，无孙悟空、猪八戒等物，及道中遇怪之事。今所传一百回《西游记》，乃明许白云所撰。然许白云之书，专论金丹之诀，托言魔道，以炼真性。阅悟一子及悟玄子二家评语自见。丘本《西游记》，平定张石舟尝翻刻于京师，校对极善。

汪师韩《读书录》：小说有言极荒诞而实有本者，树生小儿，载任昉《述异记》，而《旧唐书·西戎传》述之云："大食国在波斯之西，波斯国在京师西一万五千三百里。俱纷地那山，在国之西南，邻大海。其王尝遣人乘船将衣粮入海，经八年而未及西岸。海中见一方石，石上有树，干赤叶青。树上总生小儿，长六七寸，见人皆笑，动其手脚，头着树枝。其使摘取一枝，小儿便死，收在大食王宫。"此即《西游记》所谓"人参果"也。吐谷浑西北，有流沙数百里，夏有热风，伤毙行旅。此即《西游记》所谓“流沙河”也。《通考》载，女国有二，有东女国、西女国。《西戎传》谓，大食西北，相去三月行，有女国。此即所谓“女国”也。《西游记》是元丘处机所作，玄奘《西域记》但有女国、流沙，然《通考》注所引，如法明《游天竺记》、支僧载《外国事》、法盛《诸国传》、道安《西域志》、《佛国记》、昙勇《外国传》、智猛《外国传》、支昙谛《乌山铭》，所载奇踪诡迹必多，即玄奘之书，原有书行举至之不同，非尽身历也。

王士祯《居易录》卷二十九“书奕”云：大食王遣人之海上，见一方石，石上有树，枝赤叶青，总生小儿，不语能笑，手足着枝上。疑即人参果也。

《聚星札记》有“僧玄奘求佛经”条。

朱翊清《埋忧集》卷八：尝见《北户录》言，大食国西邻大海，其西岸有一大石，石上有树，干赤叶青。树生小儿，长六七寸，见人皆笑，动其手足。其使摘取一枝，小儿辄死。此《西游记》“人参果”之所本也。

周亮工《书影》卷六：《会要》云，大食国西邻大海，常遣人乘船，经八年未极西岸。中有一方石，石上有树，干赤叶青。树生小儿，长六七寸，见人皆笑，动其手脚，若着树枝。其使摘取一枝，小儿即死。见《北户录》。今《百中经》前所绘小儿树，想沿于此。乃知俗书，亦有所本。

丁国钧《荷香馆琐言》：《卫藏通志》云，德庆其地多候馆，往来者恒栖止之。路旁有塘铺，绕道而下四十里，至蔡里，一作采里。俗传即《西游真诠》所记之高老庄。按，《西游记》载猪八戒在高老庄娶亲事，方谓小说荒唐之言，不谓竟有其地，恐亦俗语不实，流为丹青耳。

俞樾《春在堂诗编》卷二十一《读元人杂剧》云：“狚靓狐猱各斗工，新奇颇足眩儿童。王蝉老祖桃花女，都入弹词演义中。”自注，鬼谷子姓王名蝉，见《马陵道》杂剧，乃悟弹词中有王蝉老祖，即此人也。《桃花女斗法嫁周公》剧，尤为怪诞，不知所本。明人《西游演义》以桃花女先生、鬼谷子先生并称，明时犹传有此语。

朱国祯《涌幢小品》卷九：尉迟鄂公、韩蕲王，不但忠勇，兼有谋略。晚年俱谢客学道，保其身名。韩复能作小词，自号清凉居士。此其人似皆得道而去，真《西游记》所谓战斗佛也。

《椒生随笔》卷五：《西游记》一书，人多以小说视之，其实乃道书也。中有奇语，云“扭出钱中血”，又云“手挽虚空结”，又云“灵龟吸尽金乌血”。细心潜玩，于丹道思过半矣。相传此书为孝子所撰，其父阅毕而痼疾愈，似较《水浒》、《红楼梦》之奸盗邪淫，高出百倍。

张泓《滇南新语》：有绾青篆翠，翘翘如髻，处省城内之北隅者，曰螺山，又名元通。于悬峭纡回中建元通庵，山半悬绝处，翼以危亭。登巅远眺，则昆明可盥、太华可抚也。下有潮音洞，俗名红孩。谈其迹者，鄙谬解客颐。又鹤庆牛街有山岩，岩高十余丈，峙路边，嵌空玲珑，常雾羃之，罅中水出热甚。人过其旁，蒸蒸然，虽极寒，类深春，俗谓火焰山。鄙俚可笑。

桂馥《晚学集》卷五：《唐高僧传》：“三藏法师玄奘，陈留人，姓陈氏。贞观初，肇自咸京，誓往西国，穷览圣迹。经六载，至摩伽陀城。凡十二年，备历圣君，龙庭之文，鹫岭之秘，皆研机睹奥矣。又造迦叶结集之墟，千圣道成之树，虔心顶礼，焚香散花，设大施会；于是五天亿众，十八国王，献毡投珠，积如山岳，咸称‘法师’为‘大乘’也。及东归，太宗诏留于宏福道场，乃诏明德僧灵润等二十人译梵，自《菩萨戒》至《摩诃般若》，总七十四部一千三百余轴。法师身长八尺，眉目疏朗，凡所游历，一百二十八国。”馥案：许白云《西游记》，由此而作。

《如是我闻》卷三：吴云岩家扶乩，其仙云丘长春。一客问曰：“《西游记》果仙师所作，以演金丹奥旨乎?”批曰：“然。”又问：“仙师书作于元初，其中祭赛国之锦衣卫，朱紫国之司礼监，灭法国之东城兵马司，唐太宗之大学士、翰林院、中书科，皆同明制，何也?”乩忽不动。再问之，不复答。知已词穷而遁矣。然则《西游记》为明人依托，无疑也。

焦循《剧说》卷五引《如是我闻》一条，附按语，当录入；又引《茶余客话》一条。

《证俗文》卷十一：尤西堂《艮斋杂说》五云，福州人皆祀孙行者为家堂，又立齐天大圣庙，甚壮丽。四五月间迎旱龙舟，装饰宝玩，鼓乐喧阗，市人奔走若狂。视其中，坐一猕猴耳。无论《西游记》为子虚乌有，即水帘洞，岂在闽粤间哉？风俗怪诞如此，而不以淫祠毁，何也？

谢肇淛《文海披沙》卷七：俗传有《西游记演义》，载玄奘取经西域，道遇魔祟甚多。读者皆嗤其俚妄。余谓不足嗤也，古亦有之：神农尝百草，一日而遇七十毒；黄帝伐蚩尤，迷大雾，天命玄女授指南车；禹治水，桐柏遇无支祁，万灵不能制，庚辰始制之；武王伐纣，五岳之神来见，太公命持粥五器，各以其名进之。至于《穆天子传》、《拾遗记》、《梁四公》，又不足论也。《西游》特其滥觞耳。

徐瀛《晋藏小录》：乙酉正月十三日辛丑辰初，德庆启行，三十里蔡里、十里高庄，土人指为即《西游真诠》之高老庄。

娄谦《北野闲钞》卷二：小说立言，必有所本。如《西游记》之意马心猿，即《庄子》之马蹄、秋水鲲与鹏之变化也。其所言妖魔，即《离骚》之山鬼女萝也。

廖燕《二十七松堂集》卷七《八卦炉记》：俗传《西游记》称李老君得孙悟空，以八卦炉煅炼之。悟空得巽门一躲。巽为风火不能侵，故得无恙，且反因以为功者。其言虽不经，亦可取而味也。予性多不羁，然以贫故，不得不为童塾师。塾中严禁拘束，与坐八卦炉无异，因以为名。童塾得名八卦炉，自予始。或曰："炉以煅炼为名，此何居？"予曰："不然。尽大地皆炉，尽大地人皆炉中物，况童蒙，尤须煅炼之急者乎？然人知煅炼他人，而不知煅炼自己。予尝兀坐塾中，训童子功课外，举凡困苦其身心者靡不为，而犹未足，辄取天地古今与人情物理之所以然者，而熟思之，忽焉有得于中，发而为言语文章。其始虽极惨澹经营，及其文成，则又未尝不得大愉快。此岂八卦炉得巽风一解之时耶？因贫而就塾，即因塾而得为文之乐，以视悟空坐炉中得巽门之功，为何如？不但不以苦为苦，且能以苦为乐。传称颜子箪瓢陋巷而不改其乐，其即斯意也欤。虽然，八卦首乾坤，有君臣夫妇义。次坎艮震，次巽离兑，有父子兄弟朋友义。尽大地人皆在炉中，其能得巽门一躲者，谁耶？呜呼！故有感而为记云。”

卷十《与陈牧霞尺牍》：孙悟空在八卦炉中，得巽门一躲，诸火便烧不着。著书饮酒，亦吾辈巽门也。造物还能算得否？

《滦阳续录》卷三：先姚安公曰：“子弟读书之余，亦当使略知家事、略知世事，而后可以治家、可以涉世。明之季年，道学弥尊，科甲弥重，于是黠者坐讲心学以攀援声气，朴者株守课册以求取功名，致读书之人，十无二三能解事。崇祯壬午，厚斋公携家居河间，避孟村土寇。厚斋公卒后，闻大兵将至河间，又拟乡居。濒行时，比邻一叟顾门神叹曰：‘使今日有一人如尉迟敬德、秦琼，当不至此。’汝两曾伯祖，一讳景星、一讳景辰，皆名诸生也。方在门外束幞被，闻之，与辨曰：‘此神荼郁垒像，非尉迟敬德、秦琼也。’叟不服，检丘处机《西游记》为证。二公谓委巷小说，不足据。又入室取东方朔《神异经》与争。时已薄暮，检寻既移时，反复讲论又移时，城门已阖，遂不能出。次日将行，而大兵已合围矣。城破，遂全家遇难，惟汝曾祖光禄公、曾伯祖镇番公及叔祖云台公存耳。死生呼吸、间不容发之时，尚考证古书之真伪，岂非惟知读书，不预外事之故哉！”

《庭立纪闻》卷二：闽多齐天大圣庙，楚亦有之。

《考古录》卷十“门神”条，当录入。

《坚瓠余集》卷二：《艮斋杂说》：福州人皆祀孙行者为家堂，又立齐天大圣庙，甚壮丽。四五月间，迎旱龙舟，装饰宝玩，鼓乐喧阗，市人奔走若狂，视其中，坐一猕猴耳。无论《西游记》为子虚乌有，即水帘洞，岂在闽粤间哉？风俗怪诞如此，而不以淫祠毁，则杜十姨、伍髭须相公，固无怪也。

《两般秋雨庵随笔》卷一“世俗诞妄”条云：闽、楚多齐天大圣庙。

《麓澞荟录》卷十一：《涅盘经》：阿阇王令醉象蹋佛。佛以慈善根力舒其五指，遂为五师子儿，尔时醉象惶惧而退。《西游记》等小说，俱从此生出。

《丰镐考信别录》：邠州山上，有水自洞口下，名水帘洞，山下果树甚繁。好事者遂以为《西游记》孙悟空发祥之所，而建猴王庙焉。呜呼！世所言古迹者大率皆如此矣。此条当检原书核对。

郑光祖《一斑录·杂述三》：贡金钱公鋆中雍正十三年乙卯顺天举人，乾隆十七年为湖北江夏县知县，获逆党吴南山功，升蕲州知州。蕲地岁举二郎神会，舁孙悟空像为前导。在会者藉其妖灵敛钱与鸡，糜费实甚。公莅任两载，力为禁革。士民皆惧，无不目动耳语。公谕以正理，毅然行之，令祀二郎神者，各于其庙，勿赛于墅；毁孙悟空像五，在城者三，在漕河者二。山民始而惧，既而喜，稍稍置酒庆于家。自是始知向者之为妄也。《蕲州志》中有公自为《焚孙悟空记》，录之：蕲俗以季夏月日赛二郎神，相传先世神有功于蕲也。神前导卒，或云即小说孙悟空。其像猿，置木几中，两人肩以行。所过家出只鸡、百钱有差，为神寿；不与则木几摇动有声，或云悟空怒，两肩者用木几击屋瓦器用，甚则伤人。余曰："蕲人报神功有常祀，常祀外以神尝有功于蕲，必不忍更费民一钱。况悟空本属子虚，即实有其人，为神卒，亦必喻神意、奉神法，不敢妄取民一钱。此浮民托神取利，以厌酒肉耳。夫托神取利，利虽微而乱幽明之界，干国家爱养斯民、慎重义利之典，亦非神所安。既予人责而并焚前导卒像，投于江，以绝人所附托，而又以安神灵，神其毋怒。"

梁玉绳《瞥记》卷六：应城程拳时，名大中。《在山堂集》，有《蕲州毁悟空像记》。其略云：蕲俗以六月某日赛二郎神，神一人前导，山民呼行者。举行者名，则元人小说所载孙悟空也。是日蕲人无远近皆来就观，辍市肆，肃衣冠，立于门，出只鸡百钱为寿，必请命于行者，以致于神；一不与，则行者机变毕动，趫捷若生，击人屋瓦器皿，应手皆碎，甚则人受其咎。盖鬼物之能为厉也，必有凭焉。其附于物，无定质，而害之中于人，无常形，虽谓悟空灵可也。乾隆甲戌，州牧钱侯闻其事，悉取像焚之。山民始而骇，既且喜，稍稍置酒茗，庆于家。盖自是乃知向者之为妄云。

张燮《小琅嬛福地随笔》：钱检亭先生鋆任蕲州牧，时州人向祀孙大圣，即小说《西游记》所谓孙悟空者。每年三月三日，云是大圣诞日，排门各送一鸡为寿。有老儒嗤其妄，不肯出鸡。其子寻病，且云大圣见怒，将收其魂。老儒不平，诉之州。先生阅呈词，即公服乘马至彼处，令积薪庭中。胥役咸畏惧，不敢动。先生捽其像，投烈火中，顷刻成灰烬，老儒之子亦愈。州人至今称颂焉。与《夷坚志》临安钱说焚南陵蜂王祠事相类。

孙兆溎《片玉山房花笺录》卷十四：邠州有花果山、水帘洞。山下一带皆花果树木，山皆绿色，靠依泠河，雅有林泉之胜。洞在山上，殿宇三层，最上为孙大圣修真之所。自山腰缘梯而上，直抵洞门，梯高数丈。历年既久，不堪登跻。曾有人攀附而登，竟至洞内，见有孙大圣像危踞其中。四面皆水，惶惧而下。不意稗官小说家言，而即有人点缀成此景，亦可为好事者矣。

盛此公《休庵影语・西游记误》：余幼时读《西游记》，至"清风岭唐僧遇怪，木棉庵三藏谈诗"，心识其为后人之伪笔，遂抹杀之。后十余年，会周如山，云："此样抄本，初出自周邸。及授梓时订书，以其数不满百，遂增入一回。先生疑者，得毋是乎？"盖《西游记》，作者极有深意，每立一题，必有所指，即中间插诨语，亦皆关合性命真宗，决不作寻常影响。其末回云"九九数完归大道，三三行满见真如"。九，阳也；九九，阳之极也。阳，孩于一，茁于三，盛于五，老于七，终于九。则三三，九数也。不用一而用九，犹"初九，潜龙勿用"之意云。三三，九九，正合九十九回。而此回为后人之伪笔，决定无疑。至若《关尹》、《管子》、《博物志》，皆后人伪笔，读者皆不可不辨。近日《续藏书》，貌李卓吾，更是可笑。若卓老止于如此，亦不成其为卓吾也。又若《四书眼》、《四书评》、批点《西游》、《水浒》等书，皆称李卓吾，其实乃叶文通笔也。余最恨今世龌龊竖儒，不揣己陋，欲附作者之林，将自家土苴粪壤，辄托一二名公以行世。而读者又矮人观场，见某老先生名讳，不问好歹，即捧诵之。若此等人，尚可与之上下千古、品骘是非乎？因《西游记》误，并及之。《小说世界》第十四卷第三期。

## 西游补

《茶香室续钞》卷十四：国朝钮琇《觚剩续》云，吴兴董说，字若雨。余幼时曾见其《西游补》一书，俱言孙悟空梦游事。凿天驱山，出入老庄，而未来世界历日，先晦后朔，尤奇。按，此书未知今尚存否？

钮琇《觚剩续编》卷二：吴兴董说，字若雨，华阀懿孙，才情恬旷。淑配称闺阁之贤，佳儿获芝兰之秀。中年以后，一旦捐弃，独皈净域，自号月涵。所至之地，缁素宗仰，于是海内无不推月涵为禅门尊宿矣。月涵于传钵开堂、飞锡住山之辈，视若蔑如，而身心融悟，得之典籍。每一出游，则有书五十担随之。虽僻谷之深，洪涛之险，不暂离也。余幼时曾见其《西游补》一书，俱言孙悟空梦游事，凿天驱山，出入庄老，而未来世界历日，先晦后朔，尤奇。

## 镜花缘

《冷庐杂识》卷四：《镜花缘》说部，征引浩博。所载单方，以之治病辄效。表弟周莲史太史士炳为余言之，因录其方以备用。余母周太孺人喜施方药，在台郡时，求者甚众。道光癸卯夏，有患汤火伤，遍身溃烂，医治不效，来乞方药。检阅是书中方，用秋葵花浸麻油同涂。时秋葵花方盛开，依方治之，立愈。乃采花贮油瓶中以施人，无不应手获效。

贼菌《清醒室丛话》：《镜花缘》小说，为李松石先生所作。时先生在朐阳，今灌云县。与朐阳二许相友善。二许，乔林、桂林也。二许博学多文，乔林尤精韵学。曾有《许氏说音》刊行于世。余兄韵苹客朐阳时，曾得其稿本之一。虽一字一句，稍有未善，必窜改涂易。故《镜花缘》一书，于韵学之研究，能示人以入门之途径。且其书包罗宏富，闻朐阳父老言系三先生合作，而李氏主其事也。书首有许序，系大许之作。小许早亡，李氏书成之时，已作古人矣。《小说新报》第六年第十二期。

《椒生随笔》卷四：小说之《镜花缘》，是欲于《石头记》外别树一帜者。然卖弄稗贩，剌剌不休，殊可厌也。惟女国主婿归迎母一表中四语云："指白水而重耳归来，犹是山河无恙；誓黄泉而寤生重见，遂为母子如初。"工雅浑成，几似宋人佳制。大兴李汝珍松石，有《李氏音鉴》，第三卷有《初学入门总论》，以张真中珠招斋知遮詀毡专十一音分为三句读，以万遍为度，与此书第三十一回"谈字母妙语指迷团"相合。梅修居士石华序称北平李氏以十余年之力成之，殆即出松石手欤？石华即大许，见《清醒室丛话》"许氏多藏书"条。

《菽园赘谈》卷七：撰《镜花缘》之李姓其人，或谓即金华李笠翁渔也。

无名氏《韵鹤轩杂著》卷下《题〈镜花缘〉后》：呜呼！书之所以贵于用者，吾知之矣：以之训乎俗，可以敦化原；以之施乎事，可以奏捷效；以之资乎学，可以广见闻；以之陶乎情，可以博旨趣。虽其说涉于子虚乌有，光怪陆离，变幻不测，苟揆诸四者之义而无所悖焉，是亦可谓有用之书已。近时小说家，往往喜传闺阁中事，非纤即亵，大多喃喃私语耳。余尝偶过戏场，值台中方演《荆钗》、《琵琶记》诸剧，观者俱意兴索然，倦而思卧。及再演《葡萄架》、《烤火》、《滚楼》等戏，观者俱眉飞色舞，津津乎有余味焉。以是知习尚之中于人心也，亦已久矣，此固法言庄语之所以扞格而不能相入也。夷考《班志》，称"小说家流，出于稗官"。如淳注："欲知闾巷风俗，立稗官使称说之。"《镜花缘》者，亦专言闺阁中事，且其涉于子虚乌有，光怪陆离，变幻不测，在恒情视之，鲜不以荒唐之词相诟病。而余独喜其合于四者之义，盖有取焉。其书中自述，凡诸子百家，琴棋书画，医卜星相，音韵算法，以及灯谜酒令，双陆马吊，射鹄蹴球，投壶斗草之类，无一不备，此犹其小焉者也，其用心亦良苦矣。石华居士之序曰："今坊肆所行杂书，妄题为第几才子，其所描写，不过浑敦穷奇面目，即或阐扬盛节，点缀闲情，又类土饭尘羹，味同嚼蜡，余尝目为不才子，岂过激之论欤?”

## 李存孝

孙璧文《新义录》卷三十一：《五代史》：李存孝，代州飞狐人，本姓安，名敬思。克用养为子，赐姓名。猿臂善射，每战身披重铠，櫜弓坐矟，手舞铁挝，出入阵中。以两骑自从，战酣易骑，上下捷疾如飞。晋取潞州，以为汾州刺史。存孝负其功，不食数日。大顺二年，徙邢州留后，为李存信所构，乃附梁，自归于唐。克用围之，城中食尽，泥首请罪。自陈于晋有功无过，为存信谗构，以至此。克用叱曰：“尔为书檄，罪我百端，亦存信为之耶?”车裂之以殉，然惜其才，怅恨久之，为不视事者十日。小说家演其勇力、被谗事，而讳背晋归梁一节。

## 飞龙传

林纾《铁笛亭琐记》：《飞龙传》为述宋太祖龙兴时事，叙世宗登极及陈桥兵变，似是而非。至云太祖有鸾带一条，伸之即为巨棒，此与孙悟空耳中金箍棒事相埒。余家居时，门临池上，毗舍即为社公之庙，戏台高出池上，阴凉四合。有陈华者，日讲演义，雅有声色。余亦时就听之。乡有老人年八十二矣，忽谓予曰：“赵匡胤能使棒耶?”余前数月适观《铁围山丛谈》，即应之曰：“宋徽宗讲汉武帝期门故事，出时，宦者必携从二物，一为玉拳，一则铁棒。铁棒者，乃艺祖仄微时以至受命后所持铁杆棒也。”据此以观，则使棒事或有之。小说家用孙悟空事，称为鸾带所化，谬矣。

乔松年《萝藦亭札记》卷七：委巷小说，尝谓宋太祖以一棒取天下。其言极鄙陋。《铁围山丛谈》：“天子讲武，以二物从，一玉拳，一铁棒。棒乃艺祖微时以至受命后所持铁杆棒也。”然则委巷之说，亦非无因。

《通俗编》卷三十七有“王彦章铁篙”条。

## 希夷梦

李慈铭《越缦堂日记补》：庚集中。阅小说演义名《希夷梦》者，附会韩速及闾丘仲卿两人事。首述韩通殉难，李筠阻兵，皆慷慨有生气。次述速与仲卿力图复周，所志不遂，间奔江南，投林仁肇。后主畏宋不能用，乃至黄山，失路至一洞，遇陈希夷。值方睡，二人亦就寝。遂梦至东海尾闾下曰浮山，有浮石、浮金两国，二人为其将相数十年。巡海见一人抱小儿浮海上，出之，则陆秀夫，所抱者即帝昺，已死矣。乃知宋已亡，二人惊愕而醒，仍在洞中石榻上，希夷犹未觉也。意境甚佳，惜笔舌累赘，不能称耳。

## 杨家将

《两般秋雨庵随笔》卷八：小说称杨老令婆曰佘太君，不知何本。按，毕尚书沅《关中金石记》云：杨业妻乃折德扆之女，世以为折太君。

《两般秋雨庵随笔》卷一“世俗诞妄”条：黔中多杨老令婆庙，谓是淫妄之祀。

《小浮梅闲话》：演义家所称名将，在唐曰薛家，皆薛仁贵子孙也。在宋曰杨家，皆杨业子孙也。杨业诸子，见于史者曰延朗、延浦、延训、延环、延贵、延彬。而延昭最知名，即延朗改名也。史称延昭“知勇善战，所得奉赐，悉犒军，未尝问家事。出入骑从如小校，号令严明，与士卒同甘苦，遇敌必身先行阵，克捷，推功于下，故人乐为用。在边防二十余年，契丹惮之，曰为杨六郎。”至今杨六郎之名，固犹在人口也。延昭子文广，以讨贼张海功，授殿直。范仲淹宣抚陕西，置麾下；从狄青南征，后为定州路副都总管，迁步军都虞候，盖亦不坠其家风者。此杨家之大略也。

汪师韩《谈书录》有“杨六郎”条，当采入。

《通俗编》卷三十七：《宋史》杨业以骁勇闻，人号无敌。契丹望见业旌旗，辄引去。主将戍边者，多忌之。雍熙三年，以云州观察使副潘美北征。契丹国母萧氏，领众十万陷寰州。业议未可与战。护军王侁沮之。业因指陈家谷言："诸君于此张步兵为左右翼，俟业转战至此，即以兵夹击救之，不然，无遗类矣。"美即与侁领兵阵谷。自寅至巳，侁使人登台望之，以为契丹败走，欲争其功，乃离谷口。俄闻业败，即麾兵却。业力战至暮，果至谷口，望见无人，抚膺大恸，再率帐下士战，身被数十创，士卒殆尽，马重伤不能进，遂为契丹所擒。其子延玉亦没焉。业不食三日死。诏赠太尉、大同军节度使。录其子延朗为崇仪副使，次子延浦、延训为供奉官，延环、延贵、延彬为殿直。延朗后改名延昭，真宗嘉其用兵有父风。在边防二十余年，官至保州防御使。契丹惮之，目为杨六郎。按：延浦等史云次子，则延昭当为长子，而目为六郎，六似非行次矣。业凡七子，延玉先殁契丹，所目或总其见在之兄弟六人欤？

《浪迹丛谈》卷六：嘉庆间，余扈跸滦阳，过古北口，见有大庙，土人呼为杨令公祠。嗣阅《明一统志》及《密云县志》，皆载之；《丰润县志》载有令公村，谓宋杨业屯兵拒辽于此，有功，故名。按：令公生平未尝至燕，古北口又在燕东北二百余里，地属契丹久矣，业安得而至？此顾亭林已辨之。《宋史》杨业，《辽史》作杨继业，辽人称为杨无敌。雍熙三年，大兵北征，业副潘美，连拔云、应、寰、朔四州，师次桑干河，会契丹国母萧氏与大臣耶律汉宁等陷寰州，护军王侁令业趋雁门北口，业以为必败。侁逼之，行至狼牙村，恶其名，不进，左右固请，乃行。伏四起，中流矢堕马，被擒，不食三日死。业子延昭为保州防御使，昭在边城二十余年，契丹惮之，呼为杨六郎。延昭子文广，字仲容，为定州路副都总管，皆以骁勇闻。此今说部所演，不尽诬也。

《庭立记闻》卷二：予在黔南，历游诸郡。祠宇多塑杨老令婆像，莫究由来。

方浚师《蕉轩随录》卷四：宋杨业子杨延昭，以善战著，在边二十年，契丹惮之，呼为杨六郎。此《杨家将》小说之张本。

黎士宏《仁恕堂笔记》：汀郡城西之五里，土名曰祭旗山，有地方圆不二丈，草根产珠，大如粟米。视之俨然珠也，手揉之则成粉。理最不可解。俗云杨文广征西过此，珍珠伞为风所破，故留迹至今。里语不经可笑。元亮周公《闽小纪》又易之为圣七娘。总之委巷传闻，原无确载，姑妄言之，亦姑妄听之耳。

《聚星札记》有“杨业”条。

孙璧文《新义录》卷五十七：按《宋史·杨业传》：“业为契丹所擒，其子延玉亦殁焉。业不食三日死。”是业有七子也。又陷业者，蔚州刺史王侁；小说家以为潘美，殊失之诬。但其时美为主帅，不能辞其责耳。又《续文献通考》云：“使枪之家十七，一曰杨家三十六路花枪。”《小知录》曰：“枪法之传，始于杨氏，谓之曰梨花枪，天下盛尚之。”

《新义录》卷八十一“杨令婆有本”条。

钟骏声《养自然斋诗话》卷七：野史盛称杨延昭守三关。其地在今之白沟河，有堤名六郎堤。所称裨将孟良、焦瓒者，不见正史。然今新城县有孟良营，雄县有焦瓒墓，当不尽子虚也。旧闻二绝句云：“巨马河边古战场，土花埋没绿沉枪。至今村鼓盲词里，威镇三关说六郎。亚古城荒焦瓒墓，桑干河近孟良营。行人多少兴亡感，落日秋烟画角声。”风格遒上，足可浮一大白。

《秦辐日记》引近人诗：“亚古城荒焦瓒墓，桑干河近孟良营。”当引李慈铭《荀学斋日记》戊集上，有杨业、呼延赞二传可参考。

樗园退叟《盾鼻随闻录》卷五：众贼为杨逆立功德碑，附会小说《杨家将》，称杨逆为杨业后裔。诞妄极矣。

## 七侠五义传

俞樾《重编七侠五义传序》曰：往年潘郑庵尚书奉讳家居，与余吴下寓庐相距甚近，时相过从。偶与言及今人学问远不如昔，无论所作诗文，即院本传奇、平话小说，凡出于近时者，皆不如乾嘉以前所出者远甚。尚书云有《三侠五义》一书，虽近时所出，而颇可观。余携归阅之，笑曰：“此《龙图公案》耳，何足辱郑庵之一盼乎？”及阅至终篇，见其事迹新奇，笔意酣恣，描写既细入豪芒，点染又曲中筋节，正如柳麻子说《武松打店》，初到店内无人，蓦地一吼，店中空缸空甏皆瓮瓮有声。闲中着色，精神百倍。如此笔墨，方许作平话小说，如此平话小说，方算得天地间另是一种笔墨。乃叹郑庵尚书欣赏之不虚也。惟其第一回叙述狸猫换太子一事，殊涉不经。白家老妪之谈，未足入黄车使者之录。余因为别撰第一回，援据史传，订正俗说，改头换面，耳目一新。又其书每回题《侠义传》卷几，而首页大书"三侠五义"四字，遂共呼此书为《三侠五义》。余不知所谓"三侠"者何人，书中所载南侠、北侠、丁氏双侠、小侠艾虎，则已得五侠矣。而黑妖狐智化者，小侠之师也；小诸葛沈仲元者，第一百回中盛称其"从游戏中生出侠义来"。然则此两人非侠而何？即将柳青、陆彬、鲁英等概置不数，而已得七侠矣。因改题《七侠五义》，以副其实。至颜查散为后半部书中之主，而以"查散"二字为名，殊不可解。此人后半部竟是包孝肃替人，非如牛驴子、苦头儿、麴先生、米先生诸人，呼牛呼马，无关轻重也。余疑"查散"二字，乃"昚敏"之讹，"昚"为古文"慎"字，以昚敏为名，取"慎言敏行"之义。箫管中郎，衣冠优孟，本无依据，何惮更张？奋笔便改，不必如圣叹之改《水浒传》，处处托之古本也。惟其中方言俚字，连篇累牍，颇多疑误，无可考正，则姑听之，读者自能意会耳。光绪己丑七月既望，曲园居士俞樾书。

乔松年《萝藦亭札记》卷七：王铚《默记》载有王氏女自言得幸神宗，生子冷青，以绣抱肚为验。赵概、包拯鞫得其奸诈状，并处死。而元人百种曲，乃有《断立太后》之传奇，是虽借李宸妃而言，且杂剧固亦戏语，顾与孝肃所治王氏、冷青之狱相戾尔。

俞樾《春在堂诗编》卷十三庚辛编《西湖杂诗》之四云："湖楼山馆尽荒凉，时有宾朋集草堂。戏仿淘真作平话，闲翻串雅检单方。披裘藉御晨窗冷，挥箑还招午枕凉。惟有一端殊自笑，未忘孙辈踏名场。"自注：前年，从潘伯寅尚书处借得《三侠五义》平话，戏为改定，易其名曰《七侠五义》。今沪上已排印成书，盛行于时矣。淘真亦作陶真，乃平话小说之类,宋时有此名目,汴京旧俗也。

## 五虎平西

《两般秋雨庵随笔》卷五:许亭史孝廉心坦,仁和人,官庆元学博,性嗜饮,而好谈论。一日,座中忽举问曰:"戏剧中八大王,余尝考之,已得其人。昨阅《五虎平西》小说,有所谓路化王者,称李国舅,云是李太后之舅,自民间访来者。其人有可考否?"一客曰:"先生亦太好古矣,此不过因狄太后有侄封王,故设言此人,以作陪衬耳,何足深究邪?"余并《五虎平西》小说亦未之见,不敢置喙。后阅宋魏泰《东轩笔录》,首一条即记云:李太后选入掖庭,才十余岁,惟一弟七龄。太后临别,手结刻丝鞶囊与之,拊背泣曰:"汝虽沦落颠沛,不可失此囊。异时我若遭遇,必访汝,以此为物色也。"后其弟佣于凿纸钱家,然常以囊悬胸臆,未尝斯须去身也。一日苦下痢,势将不救,为纸家弃于道左。有入内院子者见而收养之,怪其夜服百结而胸带鞶囊,问之,具以告。院子恕然惊异,盖尝奉太后旨令物色访其弟也。遂解其囊入示太后,具道本末。是时太后封宸妃,真宗已生仁宗矣,闻之悲喜,遂以其事白真宗,遂官之,为右班殿直郎,即李用和也。及仁宗立,召用和擢以显官,后至殿前都指挥使,领节钺,赠陇西郡王。世所谓李国舅者是也。据此,则其人并非杜撰。

《小浮梅闲话》:狄青本传但云"临敌披发,带铜面具,出入贼中,皆披靡莫敢当。"无他异也。然起家行伍,位至枢密使。史称:"言者以青家狗生角,且数有光怪,请出青于外,以保全之。"《欧阳文忠集》有《论狄青札子》,极言其以武臣掌机密,而得军情,于国家不便,且以朱泚事为戒。则在当日已啧有烦言。小说家神奇其说,固无怪矣。《清波杂志》云:"向在建康,于邻人狄似处,见其五世祖武襄公收侬智高时所戴铜面具,及所佩牌,上刻真武像,世言武襄乃真武神也。"此即小说家所本。

沈濂《怀小编》卷十四:狄武襄用兵,真武授以神术。此演义家无稽之谈也。而当时已有此说,《清波杂志》:“向在建康,于邻人狄似处见其五世祖武襄公收侬智高时所戴铜面具,及所佩牌,上刻真武像。世言武襄乃真武神也。”

## 八大王

孙璧文《新义录》卷五十七:俞荫甫曰,《渑水燕谈录》云:“庆历中,皇叔燕王元俨薨,仁宗追悼尤深,诏有司择立号之尤尊美者,乃特赠天策大将军。王性严毅,威望著于天下。士民识与不识,呼之曰八大王,犬戎尤惮之。”按,今小说中说宋仁宗时事,有所谓“八大王”者。当时乃真有此称也。又宋沈淑《谐史》云:“富郑公上《河北守御十二策》,曰燕王威望著于北虏,燕蓟小儿每遇夜啼,其家必惊之曰,八大王来也。每牵马牛渡河,必曰莫大王在海里。其畏之如此。”又《癸辛杂识》:“罗寿可游汴梁,书所见云,登云楼,俗呼八大王楼。盖初为燕王元俨所居。”按《宋史·周王元俨传》:“太宗第八子,年二十始就封,宫中称为八太保。庆历四年薨,赠燕王。”小说以为燕王德昭,殊谬。史又称王“广颡丰颐,严毅不可犯,天下崇惮之,名闻外夷”。与诸说同,史又载王“事母王德妃孝,平生寡嗜欲,唯喜聚书,好为文词,颇善二王书。疾亟,上亲至卧内,手调药,屏人与语久之。所对多忠言”。盖宋之贤王也。

## 五虎平南

《茶香室续钞》卷二:国朝陈鼎《滇黔纪游》云,狄青讨侬智高,史称智高遗金龙衣而遁,不知所终。殊不知其终于大理也,今其宅遗冢尚存。

又卷四:国朝王士祯《居易录》云,黄巢、张元之事,人皆知之。《贵耳集》云,侬智高发三解,不得志,遂作乱。两广遂有“两解试摄官”之格。

# 卷五

## 平妖传

《通俗编》卷三十七:《居易录》卷二十五,今小说演义记贝州王则事,其中人亦多有依据,如马遂击贼被杀是也;其所云成都神医严三点者,江西人,能以三指间知六脉之受病,以是得名。见《癸辛杂志》。

《香祖笔记》卷十:其多目神借用吕文靖事;指使马遂,乃北京留守贾魏公所遣,借作潞公耳。按,马遂详《宋史·忠义传》。

汪师韩《谈书录》有"王则、张峦、卜吉"一条,当录入。

《小浮梅闲话》:问:宋时王则之乱,如俗所传否?曰:王则之乱,在宋仁宗庆历七年冬。凡六十六日而平,其讨平之者,文彦博、明镐也。王则事详《明镐传》,曰:"王则本涿州人,岁饥,流至恩州,隶宣毅军为小校。恩、冀俗妖幻,相与习《五龙滴泪》等经,及图谶诸书,言释迦佛衰谢,弥勒佛当持世。州吏张峦、卜吉主其谋,约以庆历八年正旦,断澶州浮梁,乱河北。会其党潘方净以书谒北京留守贾昌朝,事觉被执。故不待期,亟以七年冬至叛,僭号东平郡王。以张峦为宰相,卜吉为枢密使,建国曰安阳,改年曰得圣。"是张峦、卜吉皆实有其人,余则乌有子虚也。《宋史·列女传》云:"赵氏,贝州人。王则反,闻赵氏有殊色,使人劫致之,欲纳为妻。赵日号哭慢骂求死。贼爱其色,不杀,多使人守之。乃绐曰:'必欲妻我,宜择日以礼聘。'贼信之,使归其家。家人惧其自陨,得祸于贼,益使人守视。贼具聘帛、盛舆从来迎,赵与家人诀曰:'吾不复归此矣!'问其故。答曰:'岂有为贼污辱至此,而尚有生理乎?'遂涕泣登舆而去。至州廨,举帘视之,已自缢舆中死矣。"今小说亦载此事,盖真有之。

《茶香室丛钞》卷十七:《齐东野语》云,近世江西有善医号严三点,以三指点间知六脉之受病。世以为奇。按,小说中有严三点事,未始无本。然其人似是南宋时人,非北宋时也。国朝王渔洋山人《古夫于亭杂录》卷三:元至正间,有范益者,京师名医也。一日,有媪携二女求诊,曰:“此非人脉,必异类也。当实告我。”妪泣拜曰:“我西山老狐也。”与之药而去。今小说《平妖传》,实借用其事,而所谓严三点,则南昌神医也。予已别记于《居易录》。又《传》中杜七圣与蛋子和尚斗法斩葫芦事,见《五杂俎》,乃明嘉隆间事,皆非杜撰也。《古夫于亭杂录》卷六又云,《平妖传》载蛋子和尚三盗猿公法,亦有所本。广州有大溪山,有一洞,每岁五月始见。土人预备墨渖、纸刷入其中,以手扪石壁上,有若镌刻者,急搨出,洞亦随闭。持印纸视之,或咒语,或药方,无不神验者。见焦尊生《说楛》。不仅严三点、杜七圣、马遂之有所本也。

楚黄张无咎《序》曰:小说家以真为正,以幻为奇。然语有之:“画鬼易,画人难。”《西游》幻极矣,所以不逮《水浒》者,人鬼之分也。鬼而不人,第可资齿牙,不可动肝肺。《三国志》人矣,描写亦工,所不足者幻耳。然势不得幻,非才不能幻其季孟之间乎。尝辟诸传奇:《水浒》,《西厢》也;《三国志》,《琵琶记》也;《西游》则近日《牡丹亭》之类矣。他如《玉娇丽》、《金瓶梅》,另辟幽蹊,曲中奏雅。然一方之言、一家之政,可谓奇书无当巨览,其《水浒》之亚乎?他如《七国》、《两汉》、《两唐》、《宋》,如弋阳劣戏,一味锣鼓了事,效《三国志》而卑者也。《西洋记》如王巷金家神,说谎乞布施,效《西游》而愚者也。至于《续三国志》、《封神演义》等,如病人呓语,一味胡谈;《浪史》、《野史》等,如老淫吐招,见之欲呕;又出诸杂剧下矣。王缑山先生每称罗贯中《三遂平妖传》堪与《水浒》颉颃。余昔见武林旧刻本,止二十回,开卷即胡员外逢画,突如其来;圣姑姑不知何物,而张鸾、弹子和尚、胡永儿及任吴张等后来,全无施设。方诸《水浒》,未免强弩之末。兹刻回数倍前,盖吾友龙子犹所补也。始终结构,有原有委,备人鬼之态,兼真幻之长。余尤爱其以伪天书之诬,兆真天书之乱,妖由人兴,此等语大有关系。质诸罗公,亦云青出于蓝矣。使缑山获睹之,其叹赏又当何如耶?书已传于泰昌改元之年,子犹宦游,板毁于火。余重订旧叙而刻之。子犹著作满人间，小说其一斑，而兹刻又特其小说中之一斑云。

## 水浒传

《国粹学报》丙午第五号：陈去病《周宗建传》：公廉得李永芳谋主李伯龙，以《水浒》策，饰医药诸徒侣，流布扇惑为内应状，因再陈《防察内奸》及《天津登莱添兵防御》诸疏，语极恺切。皆得旨允行。

《通俗编》卷三十七：《游览志余》：钱唐罗贯中，南宋时人，编撰小说数十种。而《水浒传》叙宋江等事，机巧甚详，坏人心术。其子孙三代俱哑。《七修类稿》：宋江乃施耐庵编。昨见《点鬼簿》载宋元传记之名，而于其书之事尤多，则其书原亦有本，因而编成之，故曰编耳。《庄岳委谈》：《水浒传》今特盛行，世率以其凿空无据，要不尽尔也。余阅一小说，序称施某尝入市肆，抽阅故书，于敝楮中得宋张叔夜擒贼招语一通，备悉一百八人所由起，因润色以成此编。《宋史·张叔夜传》："宋江起河朔，转略十郡，官军莫敢撄其锋。"《癸辛杂志》载龚圣予《宋江三十六人赞》，备列名号，曰呼保义宋江、智多星吴学究、玉麒麟卢俊义、大刀关胜、活阎罗阮小七、尺八腿刘唐、没羽箭张青、浪子燕青、病尉迟孙立、浪里白跳张顺、船火儿张横、短命二郎阮小二、花和尚鲁智深、行者武松、铁鞭呼延绰、混江龙李俊、九纹龙史进、小李广花荣、霹雳火秦明、黑旋风李逵、小旋风柴进、插翅虎雷横、神行太保戴宗、先锋索超、立地太岁阮小五、青面兽杨志、赛关索杨雄、一直撞董平、两头蛇解珍、美髯公朱仝、没遮拦穆弘、拼命三郎石秀、双尾蝎解宝、铁天王晁盖、金枪班徐宁、扑天雕李应。较小说多孙立、晁盖，无公孙胜、林冲。其吴学究，不著名；尺八腿、一直撞，绰号大异；铁鞭、先锋、赛关索、金枪班小异。先后次第，尤多不同。《宣和遗事》：卢俊义作李俊义、杨雄作王雄、关胜作关必胜，并载花石纲等事，皆似是《水浒》事本。而呼保义等号无之。按，别籍言三十六人中有一僧、一妇人，龚所《赞》未见妇人。而其《燕青赞》云："平康巷陌，岂是知名？太行春色，有一丈青。”然则时固有一丈青者，而不在数中，果复有所谓七十二地煞乎？

《居易录》卷七：《水浒传》微独三十六人姓名见龚圣予《赞》。篇首叙高俅出身，与《挥麈后录》所载一一吻合。俅本东坡小史，工笔札。坡出帅中山，留以属王晋卿。晋卿一日遣俅送篦刀子于端王邸，值王在园中蹴踘，俅睥睨之，王呼询曰：“汝亦解此耶？”曰：“能之。”令对蹴，大喜，呼隶云：“往传语都尉，谢篦刀之贶，并送人皆辍留矣。”逾月王登大宝，眷渥日厚，不次迁拜，数年间持节至使相。《传》所云小苏学士，即东坡，而稍变其文耳。都尉，即诜也。

《钱氏私志》：徐神翁自海陵到京师，时河北贼方定，蔡京谓徐曰：“且喜天下太平。”徐曰：“天上方遣许多魔君下生人间，作坏世界。”蔡曰：“如何得识其人？”徐笑曰：“太师亦是。”按此段即是《水浒·楔子》所由演。

汪师韩《谈书录》有“宋江”一条，当录入。

《聚星札记》有“淮南盗”条。

田汝成《委巷旧谈》：钱塘罗贯中本者，南宋时人，编撰小说数十种，而《水浒传》叙宋江等事，奸盗脱骗，机巧甚详，坏人心术。其子孙三代皆哑，天道好还之报如此。

钮琇《觚剩续编》卷一《言觚》：传奇演义即诗歌纪传之变而为通俗者，哀艳奇恣，各有专家。其文章近于游戏，大约空中结撰，寄姓氏于有无之间，以征其诡幻。然博考之，皆有所本。如《水浒传》三十六罡，本于龚圣与之《三十六赞》。其赞首呼保义宋江，终扑天雕李应。《水浒》名号，悉与相符，惟易尺八腿刘唐为赤发鬼，铁天王晁盖为托塔天王，则与龚《赞》稍异耳。

梁绍壬《两般秋雨庵随笔》卷一：吾杭清泰门外有时迁庙，凡行窃者多祭之。济宁有宋江庙，为盗者尝私祈焉。涌金门外有张顺庙，赤山埠有武松庙，石屋岭有杨雄、石秀庙。此皆淫妄之祀。《庭立纪闻》卷二同。

魏禧《魏叔子诗集》卷一有《读〈水浒传〉》，其一云："杯羹亡国，壶飧得士。无往不复，众少如此。睚眦之故，用是杀身。胡以粗中，惘然莫惩。"其二云："君不择臣，相不下士。士不求友，乃在于此。寒曰衣尔，饥曰食尔。曰相为生，曰相为死。"其三云："尔富我觊，尔功我忮。一父之子，截为二体。我贵尔輘，我能尔矜。一人之身，不相为亲。亦曰诗书，亦曰道德。彼狗偷子，无骄吝色。"

《桐阴清话》卷二：纪文达公行步最疾，每入朝，同僚咸落后。彭文勤公戏语同人曰："晓岚确是'神行太保'焉。"文达应之曰："云楣不过'圣手书生'。"闻者粲然，二绰号洵是绝对。《庸闲斋笔记》卷五，亦有"文勤戏呼纪文达为神行太保"一条。

麟庆《鸿雪因缘图记》：文梦芗谓《水浒》亦由《易》象参入。余讶未之前闻，因错举宋江、李逵、刘唐相质。答曰："宋江，《讼》也。天水《讼》，故号'及时雨'；刀笔吏出身，取《讼》象；人事起于讼，故以之为首。李逵，《井》也。水风《井》，故号'黑旋风'；访柴进入井，迎母入井，取《井》象。刘唐，《鼎》也。火风《鼎》，故号'赤发鬼'，缚之供桌，取《鼎》象。"又问《水浒》只三女，扈三娘号"一丈青"何义？答曰："卦止三阴，故以顾大嫂、孙二娘、扈三娘象之。三娘，《归妹》也。雷泽《归妹》，震三兑七，合成一丈；震居东方，其色属青；扈成之妹，归于王英，取卦象耳。"再问，则笑而不答。

朱翊清《埋忧集》卷七：六和塔在进泷浦上，塔下旧有鲁智深像，今毁矣。当日"听潮而圆"，应在此处。进泷浦下有铁岭关，说是宋江藏兵处。昔江中有盗劫得商舟财物，相与携而藏其中，为伏弩所射而毙。自是人不敢入。国初时，江浒人掘地得石碣，题曰"武松之墓"。当日进征青溪，用兵于此。稗乘所传，当不诬也。惟涌金门金华将军，俗传即张顺归神，则无稽矣。今又讹为青蛙将军。史言刘豫降金，骁将关胜不从，杀之。是关胜亦有其人，但不可据为《水浒》之关胜耳。一则死于忠，一则传以盗，是耐庵之罪也。

沈德符《野获编》卷五：武定侯郭勋，在世宗朝号好文多艺，能计数。今新安所刻《水浒传》善本，即其家所传。前有汪太函序，托名天都外臣者。

又卷九：戊申以后，新咨命下，瓦缶乱鸣，攻太仓、晋江未已，而攻昆、攻湘者四起。有所谓“单打双敲”之说，或云红庙设誓，或云关庙歃血，或云抱太仓靴脚恸哭。不唯圣主厌闻，而邸报抄传，俱相示以滋席间谈柄，供酒中笑谑。董思白太史目之为活《水浒传》，信然哉！

郎瑛《七修类稿》卷二十三：《三国》、《宋江》二书，乃杭人罗本贯中所编。予意旧必有本，故曰编。《宋江》又曰钱塘施耐庵的本。昨于旧书肆中，得抄本《录鬼簿》，乃元大梁钟继先作，载元宋传记之名，而于二书之事尤多。据此见原亦有迹，因而增益编成之耳。

焦循《剧说》卷五有“《义侠》、《水浒》二传，本施耐庵《水浒》小说，而施耐庵则本《宣和遗事》”一条，云元人剧中，多及宋江事。

张埏《息影偶录》卷五：钱塘罗贯中本者，南宋时人，编撰小说数十种，而《水浒传》叙宋江等事，奸盗脱骗，机巧甚详，变诈百出，坏人心术。其子孙三代皆哑，天道好还之报如此。《委巷丛谈》。

梁玉绳《瞥记》卷七：《水浒传》元本乃钱唐施耐庵得宋张叔夜擒贼招语，备悉一百八人所由起，因润色成之。或以为罗贯中编，盖取施本增益演造，未可知也。见《游览志余》、《七修类稿》、《庄岳委谈》。《宋史·张叔夜传》，止言宋江起河朔；汪应辰《王学士师心墓志铭》言：“政和八年，河北剧贼宋江转掠京东，径趋沭阳。公击败之，遁去。”俱不言人数。《东都事略·侯蒙传》，称宋江三十六人，横行河朔；《癸辛杂志续集》，载龚圣与《三十六人赞》。皆不云一百八人也。以俗本较之，三十六人中有晁盖、孙立，而无公孙胜、林冲，叙次多不同，名号亦小异。如穆横，俗作弘；尺八腿刘唐，俗作赤发鬼；一直撞董平，俗作双枪将；铁天王晁盖，俗作托塔；先锋索超，俗加急字；铁鞭呼延绰，俗铁作双；金枪班徐宁，俗班作手；赛关索杨雄，俗赛作病；短命二郎阮小二、立地太岁阮小五，俗二阮互易；浪里白跳张顺。俗跳作条。而《宣和遗事》言之甚详。其起由于朱勔之运花石纲，如杨志卖刀、吴学究劫生辰纲、宋江杀阎婆惜及受天书等事，并有之。而送生辰纲者，北京留守梁师宝，不名世杰，亦不言是蔡京婿。押送者，县尉马安国，非杨志也。称三十六人为天罡猛将，以宋江为帅，不在此数。三十六人中有公孙胜、杜千，不作迁。无解珍、解宝。其名号多与今本同、龚赞异。惟吴学究名加亮，不名用。卢俊义姓李、杨雄姓王、二阮为阮进、阮通、李俊为李海、关胜名必胜、张横为火船工张岑、杜迁为摸着云杜千，降后各受武功大夫，分注诸路巡检使。宋江收方腊有功，封节度使。至所谓一丈青者，据李日华《六砚斋二笔》，乃群盗马皋之妻，后以配张用。而龚赞燕青，有其名，何也？又王阮亭言，兖州阳谷县西北有冢，俗呼西门冢，大族潘、吴二氏，自言是西门嫡室吴氏、妾潘氏之族。见《香祖笔记》卷十二。岂亦实有其人欤？《宋史·刘豫传》：豫将关胜与俱降金。

李日华《六砚斋二笔》卷四：一丈青，群盗马皋之妻。闾劲者说张用归朝廷，马皋为郭仲荀所诛。劲以其妻配用，遂为中军统领。列二旗于马前，曰“关西贞烈女，护国马夫人”。亦女骁也，然非水浒中人。

《庭立记闻》卷一：崔秋谷云，《金史·刘豫传》：关胜者，济南骁将，屡出城拒敌。豫杀胜出降。又王象春《齐音》云：金兵薄济南，守将关胜善用大刀，屡战兀术。金人赒刘豫，诱胜杀之。是胜未尝降金也。《宋史》误。

《四库全书总目》卷一百二十七《杂家类·存目四》：《厌次琐谈》一卷，明刘世伟撰。世伟，字宗周，阳信人。嘉靖中官宁州州同。其书杂取古人说部而评论之，所见颇浅。又载宋江诱柴进为盗事，尤俚俗附会之说。末附谈后二十八条。其曰厌次者，以阳信乃汉厌次县地也。

日本中村敬宇《文集》卷十五有《读水浒传》一首。

陈璨《西湖竹枝词》二十八页。“庄严宝塔镇江潮”一首，注，六和塔上有鲁智深像。

陆次云《湖壖杂记》谓，六和塔下旧有鲁智深像，今毁矣。当日“听潮而圆”，应在此处。进龙浦下有铁岭关，说是宋江藏兵处，有石门,进此者每为伏弩所射。又国初江浒人掘地得石碣,题曰“武松之墓”。当日进征青溪,用兵于此。稗乘所传,不尽诬也。惟涌金门金华将军,人以为即张顺归神,非是。

陈庆镛《籀金堂类稿》卷九《梁山泊》:“清浅梁山泊,英雄古战场。宋江一寒畯,崛起变沧桑。”

瞿宣颖《方志考稿》第三编山东“《(光绪)寿张县志》”条云:寿张为汉以来故县,洪武十八年,定隶兖州府。宋世宋江结砦于梁山泺,即寿张之故事。而志仅引《水浒传奇》数语,架空虚说,非简则诬矣。

陈瑚《确庵文钞·读藏书日记序》云:论者或咎其《水浒》一书,为流寇披猖之祖,而不知《藏书》之害为更酷。按,李卓吾有《水浒评本》,确庵当指此。

朱琦《小万卷斋诗稿》卷十九《梁山泺》:“啸聚传此地,茫茫一水宽。如何形势便,转使扫除难。世治萑苻尽,山平草木残。可堪书诲盗,犹作义旗看。今俗并传《水浒传》为聚义,余谓此诲盗之书,急宜禁毁。”

刘基《咏梁山泊分赃台诗》云:“突兀高台累土成,人言暴客此分赢。饮泉清节今寥落,何但梁山独擅名。”见六月二十九日《时报》,蒋瑞藻所辑《诗征》。

苏辙《栾城集》卷六《和李公择赴历下道中杂咏十二首·梁山泊次韵》云:“近通沂泗麻盐熟,远控江淮粳稻秋。粗免尘泥污车脚,莫嫌菱蔓绕船头。谋夫欲就桑田变,客意终便画舫游。愁思锦江千万里,渔蓑空向梦中求。时议者将干此泊,以种菽麦。”《梁山泊见荷花忆吴兴五绝云》:“南国家家漾彩舣,芙蕖远近日微明。梁山泊里逢花发,忽忆吴兴十里行。终日舟行花尚多,清香无奈着人何。更须月出波光净,卧听渔家荡桨歌。行到平湖意自宽,繁花仍得就船看。回头却向吴侬说,从此远游心未阑。花开南北一般红,路过江淮万里通。飞盖靓妆迎客笑,鲜鱼白酒醉船中。菰蒲出没风波际,雁鸭飞鸣雾雨中。应为高人爱吴越,故于齐鲁作南风。”

《辟疆园遗集·顾敏恒笠舫诗稿四·仇实父水浒图》:“史载宋江

等三十六人，今所绘一百八人，盖本之小说家。虽状貌雄伟，然皆剽狡轻悍，有盗贼气，亦传神之笔也。有以此图示予者，纪之以诗。文章作俑司马氏《游侠列传》收奸雄。稗官点染一百八，强半流传亡是公。仇生画此如画虎，目光耽耽有余怒。草中狐兔不足贪，朝吞豹麛莫熊父。仇生画此如画妖，白日惨淡风萧骚。兄为夜叉弟罗刹，天魔起舞翻弓刀。嘶风战骑明光铠，错落犀文吐光彩。横戈耸剑不闻声，疑是衔枚走东海。当年叔夜援汴京，定驱降人随旆旌。男儿当为忠义死，青史寂寥无姓名。呜呼尔辈诚碌碌，谱入丹青讵非辱。君不见，小商桥下杨将军，战骨归来量箭镞。杨再兴亦群盗，故云。"

苏象先《丞相魏公谭训》卷十：祖父尝言，在馆中时雇得一婢，问其家何为，云住曹门外，惟锤石莲。问一家几人，各何为。云十口皆然，无它业。初甚讶之，又云非独某家，一巷数十家皆然。盖夏末，梁山泊诸道载莲子百十车，皆投此巷，锤取莲肉，货于果子行。乃知京师浩瀚，何所不有，非外方耳目所及也。

汪师韩《韩门缀学续编》：梁山泺在宋为盗薮，世俗以为宋江据此。考《宋史·蒲宗孟传》云："梁山泺素多盗，宗孟痛治之，虽小偷微罪，亦断其足筋。盗虽为衰止，而所杀不可胜计。"刘延世《孙公谈圃》云："蒲宗孟知郓州，有盗黄麻胡依梁山泺，至是贼以绝食，遂散。"此神宗时事。在淮南盗宋江犯淮阳、京东事在宣和初者，相隔四十年矣。《徽宗本纪》及《侯蒙》、《张叔夜》等传纪宋江事者，俱不及梁山泺。他若"许几知郓州，梁山泺多盗，皆渔者窟穴。几籍十人为保，使晨出夕归，否则以告，辄穷治，无脱者。"又"任谅提点京东刑狱，梁山泺渔者习为盗，荡无名籍。谅伍其家，刻其舟，非是不得辄入，他县地错其间者，镵石为表。盗发则督吏名捕，莫敢不尽力，迹无所容。"此俱及徽宗时，而未至宣和。宋江横行在其后，其先或窟穴于此。逮至黄河移故道，梁山泺退地甚广，民得恣意耕种，地已不属宋矣。《金史·佞幸李通传》："正隆六年，即金世宗大定元年，宋高宗绍兴三十一年。海陵南伐，时梁山泺水涸，战船不得进。"《食货志》云："金刷梁山泺地，遣使安置屯田，民惧征租，逃者甚众。大定二十二年，招复梁山泺流民，官给以田。”此乃宋孝宗淳熙九年，距宣和时又五十余年矣。《元志》河渠、食货，都不及梁山泺，惟于决堤偶序及之。明洪武初，胡翰，字仲子，金华人。有《夜过梁山泺》诗云：“洸河带泺水，百里无原隰。葭菼参差交，舟楫窈窕入。”又云：“往时冠带地，孰踵萑蒲习。肆噬剧跳梁，潜谋固坏蛰。”是明时犹有水有盗也。景泰间，河决沙湾。徐有贞请开广济河，谓“其外有八十里梁山泊，可恃以为泄”，其地之洼下而闲空可知。今人见其无水，并疑小说言有水者为谬。岂知地在宋元为众水之所聚哉？

方浚师《蕉轩随录》卷二：《水浒》、《金瓶梅》二书，倡盗诲淫，有害于世道人心者不小。按，《金瓶梅》载武松、潘金莲等事，其说不一。包倦翁《闸阿日记》云：阿城，古甄治，陈王墓在焉。今属阳谷，唯阿井周围百步属东阿。故东阿有贡胶役，而土人颂之曰：“山东有二宝：东阿驴胶，阳谷虎皮。”虎皮今藏阳谷库，土人传为武松所打死于景阳冈者也。景阳冈在阿城东南廿五里。土人又言：“明初，有阳谷知县武姓者，甚贪虐。有二妻，一潘一金，俱助夫婪索。西门有庆大户，尤被其毒。民人切齿，呼之为武皮匠，言其剥削也。又呼为卖饼大郎，言其于小民口边求利也。”据此似作者不为无本。

海上漠鸿氏《小家语》卷二：长随祀钟三郎，中山狼也。捕役祭徐仙，时迁之讹言也。

邓之诚《骨董续记》卷二：宋时梁山泺，久为盗区，说部因附会宋江事。据孙升《孙公谈圃》云：“蒲恭敏宗孟知郓州，先是寇依梁山泺，县官有用长梯窥蒲苇间者，恭敏下令，禁毋得乘小舟出入泺中。贼既绝食，遂散去。”考《宋史》本传，宗孟知郓州，在熙宁时，传中亦及治梁山泺盗事。晁以道《晁氏客话》云：“蒲传正因郓州梁山贼事，责词云：‘汝不以龚黄为心，朕独不愧孝宣之用人乎？’”王荆公欲决泺为田，刘贡父讥以再掘一梁山泺。当亦在此时。

袁枚《随园随笔》卷十八：俗传宋江三十六人据梁山泊，此误也。

按《徽宗本纪》、《侯蒙》、《张叔夜》两传纪江事者，并无据梁山泊之说。惟《蒲宗孟传》言："梁山泺多盗，宗孟痛治之，虽小偷必断其足，盗虽衰止，而所杀甚多。"《孙公谈圃》云："蒲宗孟知郓州，有盗黄麻胡依梁山泺为患"云云，此是神宗时事，与宋江之起事宣和者，已相隔数十年矣。

孙璧文《新义录》卷八十七：按《宋史》，梁山泺渔人张荣聚舟数百，以劫掠金人。尝补武功大夫。绍兴元年，击败金兵于兴化。与宣和间相近，或即江之余党。则江据梁山泊，亦未可知。

娄谦《北野闲抄》卷四：宋江等三十六人横行江淮，载于《宋史》。余考十国杨行密时，徐温，昫山人，少贩盐为盗。行密起合肥，隶帐下。行密所与起事，刘威、陶雅之徒，号三十六英雄。在宋江之前，所谓成则为王耳。五代自朱温从黄巢为盗，成帝业，与十国割据之徒，无非盗贼，至宋初而止。是亘古未有之劫运也。

丘炜萲《菽园赘谈》卷三：元人施耐庵，卖弄才情，希名后世，与他人穷愁抑塞、发愤著书者不同，金圣叹尝言之矣。耐庵何题不可著书，何必取群盗而铺张之？盖因史有"宋江三十六人"一句，以三十六人之多，然后足供挥洒也。此亦圣叹之言也。相传耐庵撰《水浒传》时，凭空画三十六人于壁，老少男女，不一其状，每日对之吮毫，务求刻画尽致，故能一人有一人之精神，脉络贯通，形神俱化。惟小说家言，信笔挥洒，不无失检。圣叹从而润色，托之耐庵古本，遂觉洋洋大观。何物罗贯中强起干预，妄行续貂，七十回以前被其窜乱者亦复不少，实《水浒》一大厄也。至毅然以忠义之名褒群盗，更为耐庵所不及料。后人不讥贯中而讥耐庵，曷不取圣叹所批之本而观之？此虽事之小者，然实关系于人心风俗之大，余故不能已于言。又罗贯中后人三世皆哑，俗指为耐庵事，亦误。

又：梁山泊不知在何处，谈者津津，坚称世间确有其地。及问其地之在何处，则又东称西指，莫定主名。大抵人情好怪，不稽事理，随声附和，往往而然。不为喝破，反增疑窦，使无识者日驰情于无何有之乡，则当世之惑，而人心之害大矣。今按《宋史》，并无梁山泊，而有梁山泺。梁山泺虽为盗薮，究与宋江无涉。宋江事，见《徽宗本纪》、《侯蒙传》、《张叔夜传》者，大略相同。三十六人，除宋江外，皆不著姓名，更何有于梁山泊？其属杜撰可知。若梁山泺事，见诸《蒲宗孟传》，言"梁山泺多盗，宗孟痛治之，虽小偷必断其足；盗虽衰止，而所杀甚多"云云。微论与江无涉，且宗孟为神宗朝人，其去徽宗朝，亦越数十年也。作者随手扭捏一梁山泊地名，亦犹《三国演义》之落凤坡，本无心于牵合，谈者求其地以实之，不得，或遂指梁山泺为梁山泊，如今时四川之有落凤坡者，究未可知。要为齐东野人之言，非大雅所宜出也。

李超琼《柜轩笔录》：《水浒传》为施耐庵作，原不尽虚造。宋江起河朔，转掠十郡，后降张叔夜事。备载《宋史》叔夜及侯蒙《传》中。《癸辛杂志》载龚圣予所作《宋江三十六人赞》，备列名姓，即世所传三十六天罡也。陆友仁《题三十六人画赞》云："睦州盗起尘连北，谁挽长江洗兵革。京东宋江三十六，悬赏招之使擒贼。后来报国收战功，捷书夜奏甘泉宫。"与《续水浒》所言江平方腊等事皆合。而《金史·刘豫传》言，豫知济南府。挞赖攻济南，有关胜者，济南骁将也，屡出城拒战。豫遂杀关胜出降。即《传》中所谓大刀关胜，亦作关必胜者是。江降后，其党不惟立功，且以节义著焉。草泽之雄，出邪即正，终于舍生成名，虽叔夜犹愧之，何论狗彘不若之刘豫辈哉？后人以《水浒》为诟病，抑未深考者也。

《庸闲斋笔记》卷四：庚午，余于西捻肃清案内加道衔，有人贻书称余为观察者。一幼仆粗解文义，见之愤然曰："彼欺我官太甚。"余惊问之，则曰："观察者，捕役之别名也。"众皆不解，则持《水浒传》缉捕使臣何观察为证。虽群嗤其妄，然元明之际称捕役为观察，亦寔有此名矣。

《菽园赘谈》卷二：观察，在宋时确有其官。《宋史》梁灏本传：雍熙二年，赐进士甲科，解褐，大名府观察。推官是也。惟不以之称道，盖古职官本无以道名者。前明始有巡道、粮道、佥事道、兵备道等称耳。至元明以称捕役，其详则不可考。

张埏《息影偶录》卷七：顺治丁酉，南场乡试，吾乡有杨姓者获隽。因其头歪，人遂作七字吟以嘲之，曰："侧，吹笛，听隔壁，思量弗出，头里摸跳虱，圈棚船立弗直，我是梁山阮小七。"《吴中杂识》。

邓之诚《骨董琐记》卷五：《水浒》等说部，每言刺配沙门岛。按，沙门岛在山东登州，距海岸数十里，其岛如纱帽形，今又呼为纱帽岛。土地卤斥，不生草木。王定国《甲申杂录》：沙门岛旧属有定额，过额则取一人投之海中。神宗时，马默守登州，建言今后溢额，乞选年深自至配所不作过人，移登州。上深然之，即谓可着为定制。是刺配至此者，亦有军牢约束也。

庆历间，淮南有王伦啸聚。见《麈史》卷上。

王伦起沂州，入青州境。见《涑水纪闻》卷四。

《浪迹丛谈》卷六：《水浒传》之作，亦依傍正史，而事迹不能相符。《宋史·徽宗本纪》："宣和三年二月，淮南盗宋江等犯淮阳军，又犯京东、江北，入楚海州界。命知州张叔夜招降之。"《侯蒙传》："宋江寇京东，蒙上书言：'宋江以三十六人横行齐、魏，官军数万，无敢抗者，其才必过人。今青溪盗起，不若赦江，使讨方腊以自赎。'"《张叔夜传》："叔夜再知海州。宋江起河朔，转略十郡，官军莫敢撄其锋。声言将至，叔夜使间者觇所向。贼径趋海滨，劫巨舟十余，载卤获。于是募死士，得千人，设伏近城，而出轻兵距海诱之战。先匿壮卒海旁，伺兵合，举火焚其舟。贼闻之，皆无斗志。伏兵乘之，擒其副贼，江乃降。"按《侯蒙传》虽有使讨方腊之语，事无可考。宋江以二月降，方腊以四月擒，或藉其力。但其时擒腊者，据《徽宗本纪》以为忠州防御使辛兴宗；据《童贯传》以为宣抚制使童贯；据《韩世忠传》则世忠以偏将穷追至青溪峒，问野妇得径，渡险数里，捣其穴。辛兴宗掠其俘以为己功。皆与宋江无涉也。陆次云《湖壖杂记》谓六和塔下旧有鲁智深像；又言江浒人掘地得石碣，题曰武松之墓。当时进征青溪，或用兵于此。

稗乘所传不尽诬。惟汪韩门以为杭人附会为之，恐不足信。

《小浮梅闲话》：宋江事，见《张叔夜传》。宋江降后，无使讨方腊事。方腊事，见《童贯传》云："方腊者，睦州青溪人也。世居县堨村，托左道以惑众。初，唐永徽中，睦州女子陈硕真反，自称文佳皇帝，故其地相传有天子基万年楼。腊益得凭藉以自信。时吴中困于朱勔花石之扰，比屋致怨，腊因民不忍，宣和二年十月，起为乱，自号圣公，建元永乐。兰溪灵山贼朱言、吴邦，剡县仇道人、仙居吕师囊、方岩山陈十四、苏州石生、归安陆行儿，皆合党应之。徽宗始大惊，遣童贯、谭稹为宣抚制置使，帅禁旅以东。三年四月，生擒腊及妻邵、子亳二太子、伪相方肥等五十二人。"又《韩世忠传》："方腊反，世忠以偏将从王渊讨之。时有诏能得腊首者，授两镇节钺。世忠穷追，至睦州青溪峒，问野妇得径，即挺身仗戈直前。度险数里，捣其穴，格杀数十人，擒腊以出。辛兴宗领兵截峒口，掠其俘为己功。"是擒方腊者韩世忠也，乃生前既为辛兴宗冒功，而数百年后，稗官演说，又归之于武松。抑何蕲王之不幸也！唯《侯蒙传》："宋江寇京东，蒙上书言'宋江以三十六人横行齐、魏，官军数万，无敢抗者，其才必过人。今青溪盗起，不若赦江，使讨方腊以自赎。'帝曰：'蒙居外不忘君，忠臣也。'命知东平府，未至而卒。"是赦宋江以讨方腊，侯蒙有此议，而实未之行。小说家即本此附会耳。又宋江原止三十六人，周公谨载其名于《癸辛杂志》云："宋江、晁盖、吴用、卢俊义、关胜、史进、柴进、阮小二、阮小五、阮小七、刘唐、张青、燕青、孙立、张顺、张横、呼延绰、李俊、花荣、秦明、李逵、雷横、戴宗、索超、杨志、杨雄、董平、解珍、解宝、朱仝、穆横、石秀、徐宁、李英、花和尚、武松。"今小说家以三十六人为天罡，又增益地煞七十二人。而此三十六人中，晁盖又不与焉，李英讹为李应，皆非其真也。明郎仁宝《七修类稿》云："《三国》、《宋江》二书，乃杭人罗本贯中所编。昨于旧书肆中得抄本《录鬼簿》，乃元人大梁钟继先作，载元宋传记之名，而于二书之事尤多。"据此，知原亦有本，因而增成之也。

《北野闲抄》卷一:《水浒》三十六天纲,宋江名见《宋史》;内有大刀关胜,见《宋》、《金》二史。康王至扬州,除刘豫知济南府,挞懒攻济南,骁将关胜出城拒战。豫杀关胜,出降。是胜为刘贼所害,应列《宋·忠义传》。小说诬妄甚矣。

栖清山人王侃《放言》卷上:王介甫欲泄梁山泊之水溉田,不果。其后宋江等据为盗薮。天下之不为利即为害,如梁山泊者,知州、知县似不可不知之也。

叶向高《后纶扉尺牍》卷四《答张蓬玄抚台》:昨孙淇澳宗伯言,元城有青衿为大盗,今已据梁山泊,有众二三千。大名、真定之人皆已逃避,门下有闻否?外寇方张,内寇复作,愈难支矣。如尚可消弭解散,愿门下善筹之。

《茶香室丛钞》卷十七:《癸辛杂识》载龚圣与作宋江等三十六人赞,每人各四句。其名号与世所传小有异同,铁天王今作托塔天王,然其赞有"顽铁铸汝"之句,则当时固作铁矣。尺八腿、一直撞,亦与今异。《大刀关胜赞》曰:"大刀关胜,岂云长孙?云长义勇,汝其后昆。"俗传以关胜为关公之裔,亦非无因。今所传有一丈青扈三娘,此则无之。然《浪子燕青赞》云:"平康巷陌,岂知汝名?太行春色,有一丈青。"未知何指。宋孙升《孙公谈圃》云:"蒲恭敏宗孟知郓州日,有盗黄麻胡者,劫良民,使自掘地倒埋之,观其足动以为戏。恭敏获其党,先刖去足筋,然后置于法。先是寇依梁山泺,恭敏下令,禁毋得乘小舟出入泺中。贼既绝食,遂散去。"按梁山泊巨盗宋江等三十六人,人所知也。乃当时更有黄麻胡,则知者鲜矣。明谢肇淛《文海披沙》卷五:"宋徽宗时,山东贼宋江等三十六人,聚众横行,官军莫敢撄其锋。元顺帝时,花山贼毕四等亦三十六人,聚集茅山,出没无忌,官军不能收捕。二贼相类,而皆三十六人。宋江中有一丈青、花和尚,而毕四中亦有一妇一僧最勇健,岂皆天罡之数耶?"《坚瓠广集》卷一同。

又,《莲社高贤佛驮邪舍传》云:"罗什在姑臧,遣信要之。师恐国人止其行,取清水,以药投之,咒数十言,与弟子洗足,即夜便发,比旦，行数百里。问弟子：‘何所觉耶？’答曰：‘惟闻疾风流响，两目有泪。’师又咒水洗足，乃止。”按小说书有神行之术，本此。

《茶香室续钞》卷十三：国朝周亮工《书影》卷一云：“故老传闻，罗氏《水浒传》一百回，各以妖异语引其首。嘉定时，郭武定重刻其书，削其叙语，独存本传。金坛王氏小品中，亦云此书每回前，各有楔子，今俱不传。”《书影》卷一又云：“叶文通，名昼，无锡人，多读书，有才情，故为诡异之行。或自称锦翁，或称叶五叶，或称叶不夜，最后名梁无知，谓梁溪无人知之也。当温陵《焚》、《藏》书盛行时，坊间种种，借温陵之名以行者，如《四书》第一评、第二评、《水浒传》、《琵琶》、《拜月》诸评，皆出文通手。”按：今人止知有金圣叹《水浒》评本。前乎此，有叶文通，则无闻矣。《书影》卷一又云：“《水浒传》，相传为洪武初越人罗贯中作。又传为元人施耐庵作。”田叔禾《西湖游览》又云：“此书出宋人笔，近日金圣叹自七十回之后，断为罗所续，极口诋罗，复伪为施序于前，此书遂为施有矣。”《书影》卷一又云：“《续文献通考》，以《琵琶记》、《水浒传》列之经籍志中。虽稗官小说，古人不废，然罗列不伦，何以垂远？”

又卷十六：宋洪迈《夷坚乙志》云：“宣和七年，户部侍郎蔡居厚罢知青州，以病不赴，归金陵，疽发于背，卒。未几，所亲王生暴亡，三日复苏，云如梦中有人相追，逮至公庭。俄西边小门开，狱卒护一囚，纽械连贯，立庭下；别有二人舁桶血，自头浇之。囚大叫，痛苦如不堪忍者。细视之，乃侍郎也。复押入小门，回望某云：‘汝今归，便与吾妻说，速营功果救我，今只是理会郓州事。’夫人恸哭曰：‘侍郎去年帅郓时，有梁山泺贼五百人受降，既而悉诛之。吾屡谏，不听也。’乃作黄箓醮，为谢罪乞命。”按，此梁山泺贼，即宋江等也。宋江事见《宋史·张叔夜传》，但云“擒其副贼，江乃降”。至降后为蔡居厚所杀，而蔡居厚又以杀降获冥谴，则人所未知也。

《新义录》卷八十一：愚按，《宋史·蔡居厚传》，但言知东平府，不言帅郓杀降事。或是史书漏载。梁山泺在郓州，张叔夜之擒宋江，则在海州，相距六七百里。江降叔夜，非降居厚。居厚安得杀之？窃谓此降居厚者，当是江之羽，尚踞梁山泺，闻江被擒，遂降居厚，致为所杀耳。

国朝施可斋鸿保《闽杂记》卷七云："《宋史·陈文龙传》：先是，兴化有石手军，能投石中人，议者以为不足用，罢之，遂叛。文龙为知军，讨平之。今兴化各乡人，多善投石，志眉中眉，志目中目。闻其人多于正月至三月，先聚空旷处，画地为圈，大径三四尺，去十步内，以石投之，屡中屡远，圈亦寖小，至远及百步，圈小如钱而止，故其技独精。《宋史》所言当如此辈，盖其时已然矣。"按《水浒传》中有善投石者，盖亦有所本也。

《茶香室三钞》卷三：《居易录》卷七：稗官小说不尽凿空，必有所本，如施耐庵《水浒传》，微独三十六人姓名见于龚圣予《赞》，而首篇叙高俅出身，与《挥麈后录》所载一一吻合。俅本东坡先生小史，工笔札。坡帅中山，留以予曾子寅，辞之；以属王晋卿。晋卿一日遣俅送篦刀子于端王府，值王在园中蹴鞠。俅睥睨之，王呼来前，询曰："汝亦解此邪?"曰："能之。"令对蹴，惬王意，大喜，呼隶云："往传语都尉，谢篦刀之贶，并送人皆辍留矣。"逾月王登大宝，眷渥日厚，不次迁拜，数年间持节至使相。遍历三衙者二十年，领殿前司职事。然不忘苏氏，每其子弟入都，给养问恤甚勤。靖康初，佑陵南下，俅从驾至临淮，以疾辞归京师。当时如童贯、梁师成皆坐诛，而俅独死牖下。按，今小说家衍说高俅事，与此正合。国朝顾震涛《吴门表隐》云：宋高俅墓在横塘。明万历中，土人赵应奎葬亲黄山北，掘地得古碣云。其宅即今高师巷。原注云，出徐鸣时《横溪录》。

又卷二十三：明张岱《梦忆》云：古貌古服，章侯自写其所学耳，而辄呼之曰宋江、曰吴用。而宋江、吴用亦无不应者，以英雄忠义之气积于楮墨间也。周孔嘉匄余促章侯，孔嘉匄之余促之，凡四阅月而成。余为作缘起云：余友章侯，才足掞天，笔能泣鬼。画水浒四十人，为孔嘉八口计，遂使宋江兄弟复睹汉官威仪。伯益考著《山海遗经》，兽毰鸟毸，皆拾为千古奇文；吴道子画地狱变相，青面獠牙，尽化作一团清气云云。按，近时有画宋江等像，用西法照印以牟利者，不谓亦有此故事也。伯益非伯益考，陶庵文误。

又：国朝王士祯《香祖笔记》卷十二云，兖州阳谷县西北有冢，俗呼西门冢；有大族潘、吴二氏，自言是西门嫡室吴氏、妾潘氏之族。一日社会演剧，吴之族使演《水浒记》，潘族谓辱其姑，互控于县。按明人小说多有所指。《顾曲杂言》又云，尚有《玉娇李》，亦出此名士手，与前书各设报应因果。其帝则称完颜大定，而贵溪、分宜相构亦暗寓焉。至嘉靖辛丑，庶常诸公则直书姓名，尤可骇怪。夫嘉靖庶常诸公尚可直书姓名，则所谓西门庆及吴氏、潘氏，安知不实有其人乎？阳谷县有此三姓，恐真系其子孙也。此条当录入《金瓶梅》下。

张丑《清河书画舫》亥集：明文征明有小楷古本《水浒传》全部。一好事家收文征仲小楷古本《水浒传》全部，法欧阳询，未及见之。

钱希言《戏瑕》卷一：词话每本头上，有请客一段，权做个德胜利市头回。此政是宋朝人借彼形此，无中生有妙处。游情泛韵，脍炙千古，非深于词家者，不足与道也。微独杂说为然，即《水浒传》一部，逐回有之，全学《史记》体。文待诏诸公，暇日喜听人说宋江，先讲摊头半日，功父犹及与闻。今坊间刻本，是郭武定删后书矣。郭故跗注大僚，其于词家风马，故奇文悉被铲薙。真施氏之罪人也。而世眼迷离，漫云搜求武定善本，殊可绝倒。胡元瑞云："二十年前所见《水浒传》本，尚极足寻味，今为闽中坊贾刊落，遂几不堪覆瓿。更数十年，无原本印证，此书将永废矣。"然则元瑞犹及见之。征余所闻，罪似不在闽贾。《点鬼簿》中，具有宋江三十六人事迹，是元人钟继先所编。《宣和遗事》亦载宋江并花石纲等事，施氏《水浒》，盖有所本耳。一云施氏得宋张叔夜擒贼招语，因润饰以成篇者也。

## 水浒传乃施耐庵所作

孙璧文《新义录》卷五十七：元人施耐庵撰《水浒传》，奸盗之事，描写如画。李卓吾称为宇宙内五大部文章之一，金圣叹评而刻之。归玄恭见而叹曰："此倡乱之书也。"《劝戒录》载耐庵子孙三世皆哑，亦足为文人戒。又《七修类稿》谓，《三国》、《水浒》乃杭人罗本贯中所编。昨于旧书肆中得钞本《录鬼簿》，乃元人大梁钟继先所作，载元宋传记之名，而于二书之事尤多。据此知亦有原本，因而增成之也。

## 水浒传之谬

《啸亭杂录》曰：世俗爱《水浒传奇》，至谓直逼龙门。按书中官阶、地名，虽皆本之宋代，然桃花山既为鲁达由代郡之汴京路，何以三山聚义时，反在青州？北京之汴，宋以大名府为北京。不过数程，杨志奚急行数十日，尚未至？又纡至山东郓城，何也？此皆地理未明之故。一百八人，原难铺排，然亦必各见圭角，始为著书体裁，如太史公汉兴诸王侯是也。今于鲁达、武松、林冲辈，详为铺叙；至卢俊义、关胜辈，乃天罡著名者，反皆草率成章，初无一见其长处。又于马麟、蒋敬等四五人，层见叠出，初不能辨其眉目。太史公之笔，固如是乎？至三打祝家庄后，文字益加卑鄙，直与《续传》无异矣。

谢兴尧《梁山泊》（读《水浒传》杂考之一），见《国闻周报》第十二卷第十七期，可全条录入。

翁同龢《瓶庐诗稿》卷六《偶见陈章侯画水浒叶子，叠前题博古牌册韵》：丁酉十月三日，园居卧疾，有携书画来者，章侯画水浒小册甚妙，即此册跋语，所谓水浒叶子也。开阖数次，不能释手。是日仁寿殿演礼，臣龢在赐酒之列，退而赋此。一笑探囊慰老夫，那堪庸史与书奴。陈生妙具屠龙手，却写江湖伏莽图。亲酌天浆赐近臣，自惊衰鬓久忘身。陈生饿死臣温饱，一样疏狂淡荡人。

汪康年《雅言录》：余游焦山之自然庵，僧出册页两本，题"逋逃薮"三字，乃《水浒》诸人像，云国初福州人所绘。然轰天雷所持，大似洋枪，亦可哂也。

柴萼《梵天庐丛录》卷十九：陈老莲水浒牌，白描画四十纸，高四寸，阔寸有奇，人长不及寸或二寸许，神采如生。上横书若干贯、若干钱、若干子及空一文、半枝花名目。旁注姓名，下注某某者饮。首页署款“友弟陈洪绶为也赤兄写”十字，小楷如粟。另一页署款“苎萝陈章侯为也赤先生图于梧柳园之槎庵”十八字，行书。副页四十，皆史及超先生书赞。末一页跋云：“龚圣予《淮阳文献志》，载宋江事甚悉，三十六人为一赞，而寓箴体焉。其柴进、扈三娘、樊瑞、朱武四人，志所不载，余为之续貂，虽极意摹仿，然终不能佳也。史大成书。”六十一字，行书。又一页书宋江题词一阕，不知为谁作。按《宝纶堂集》有《客萧山徐也赤、张处仲见过书赠》一诗，则也赤为萧山人。槎庵，来道之方伯别号。方伯名斯行，萧山人。《明史》无传，其武功散见毕自严、赵彦、曹钦传中。章侯客来氏久，必作于园中者，故署槎庵。想当日定有数本，张宗子《陶庵梦忆》云：“周孔嘉丐余促章侯画《水浒》四十人，为孔嘉八口计”之语。又周栎园《读画录》云：“初画《楚词》，刻于山阴，再刻《水浒牌》行世。”则此牌必已付刻，惜无人模印耳。牌为叶子格。此戏始于唐中叶。《宋史·艺文志》有《叶子格》三卷。如吴彩鸾《唐韵》、李郃彩《选格》之类。明金陵教坊盛行之。兼以赌酒，故添罚酒杯，藉用行令。金谨斋曩年得于萧山丁兰叔家。兰叔官闽。此册遭蠹如鱼网，今已装裱如新矣。

胡应麟《少室山房笔丛》卷二十《艺林学山》二《张安贫儿镂臂文》：“昔日已前家未贫，苦将钱物结交亲。如今失路寻知己，行尽关山无一人。镂臂或诮之割青，狭斜游人与娼狎，多为此态。”此事见《酉阳杂俎》。“张安”是“长安”字，杨非误，乃传刻讹也。唐、宋间恶少竞刺其身，恣为不法，《杂俎》此类甚众，非狭斜故也。宋至南渡尚多此俗，《水游传》至不足信，然亦可征当时俗习若斯。国朝此风遂绝，惟冶游儿与倡伎密，或札刺名号以互相思，斯用修所见者耶？

《江介隽谈录》：见《国风报》第一年第三十号，野民著。盘山在蓟州，为畿辅之名区，如皋冒钝宧有《游盘山诗》，《翠屏山》云：“日落翠屏山，驱车过其右。人言潘家女，昔作杨家妇。府吏府中趋，空房愁独守。情天有坏空，佛法无净垢。阿难戒体毁，观音锁骨朽。至今梳妆楼，舞鹤楼在蓟州城内大街，相传即潘氏妆楼。隐约蔽杨柳。一客听未终，整襟屡摇首。虞初说九百，君子不上口。悠悠滕薛争，谁能置可否。呼僮且晚炊，为我爇斗酒。宣和世已遥，兹事莫须有。《宣和遗事》载宋江诸人事最详，为今世通行《水浒传》所本。”咏俗事而能典雅，尤难。

胡应麟《少室山房笔丛》卷四十一《庄岳委谈》下：今世传街谈巷语，有所谓演义者，盖尤在传奇杂剧下。然元人武林施某所编《水浒传》，特为盛行，世率以其凿空无据，要不尽尔也。余偶阅一小说序，称施某尝入市肆，紬阅故书，于敝楮中得宋张叔夜禽贼招语一通，备悉其一百八人所由起，因润饰成此编。其门人罗本，亦效之为《三国志演义》，绝浅鄙可嗤也。

又：杨用修《词品》云：“《瓮天脞语》载：宋江潜至李师师家，题一词于壁云：‘天南地北，问乾坤何处，可容狂客？借得山东烟水寨，来买凤城春色。翠袖围香，鲛绡笼玉，一笑千金值。神仙体态，薄倖如何销得！想芦叶滩头，蓼花汀畔，皓月空凝碧。六六雁行连八九，只待金鸡消息。义胆包天，忠肝盖地，四海无人识。闲愁万种，醉乡一夜头白。’小辞盛于宋，而剧贼亦工如此。”案：此即《水浒词》，杨谓《瓮天》，或有别据；第以江尝入洛，则太愦愦也。《新义录》卷八十七按：六六、八九，即一百有八人之说，然此词为明代人附托，不足据也。

又：《水浒》，余尝戏以拟《琵琶》，谓皆不事文饰而曲尽人情耳。然《琵琶》自本色外，长空万里等篇，即词人中不妨翘举；而《水浒》所撰语稍涉声偶者，辄呕哕不足观。信其伎俩易尽，第述情叙事，针工密致，亦滑稽之雄也。

又：今世人耽嗜《水浒传》，至缙绅文士，亦间有好之者。第此书中间用意，非仓卒可窥，世但知其形容曲尽而已。至其排比一百八人，分量重轻，纤毫不爽，而中间抑扬映带，回护咏叹之工，真有超出语言之外者。余每惜斯人以如是心，用于至下之技，然自是其偏长，政使读书执笔，未必成章也。

又：此书所载四六语，甚厌观，盖主为俗人说，不得不尔。余二十年前所见《水浒传》本尚极足寻味，十数载来，为闽中坊贾刊落，止录事实，中间游词余韵、神情寄寓处，一概删之，遂几不堪覆瓿。复数十年无原本印证，此书将永废矣。余因叹是编初出之日，不知当更何如也？

又：宋郑叔厚以《孙武子》配《论语》、《易传》，明韩苑洛以关汉卿配司马子长，皆大是词场猛诨。因论《水浒》得二事，绝可作对。嘉隆间，一巨公案头无他书，仅左置《南华经》，右置《水浒传》各一部；又近一名士，听人说《水浒》，作歌谓"奄有丘明、太史之长"。二语本滑稽，与前意稍不同，然词若符节，信宇宙间未尝无对也。

又：世所传《宣和遗事》极鄙俚，然亦是胜国时闾阎俗说，中有南儒及省元等字面，又所记宋江三十六人，卢俊义作李俊义、杨雄作王雄、关胜作关必胜，自余俱小不同，并花石纲等事，皆似是《水浒》事本。倘出《水浒》后，必不更创新名。又郎瑛《类稿》记《点鬼簿》中亦具有诸人事迹，是元人钟继先所编。然则施氏此书，所谓三十六人者，大概各本前人，独此外则附会耳。郎谓此书及《三国》并罗贯中撰，大谬。二书浅深工拙，若霄壤之悬，讵有出一手理？世传施号耐庵，名字竟不可考。友人王承父尝戏谓，是编南华、太史合成。余以非猾胥之魁，则剧盗之靡耳。施某事见田叔禾《西湖志余》。

章学诚《丙辰札记》：稗史讥王圻《续文献通考》载《琵琶记》、《水浒传》。此亦别有一说，未可轻议。但余见《续通考》，止有《水浒传》，未见《琵琶记》也。又云：《通考》载罗贯中为《水浒传》，三世子弟皆哑。余见《续通考》，题《水浒传》为罗贯著，不名贯中；三世子弟皆哑，并无其文。岂刻本有互异耶？抑稗史之误识耶？

董潮《东皋杂钞》卷二：余里人有营葬穴，已定，夜梦一伟丈夫谓之曰："余，雷横也。君所卜地，正是吾墓，乞少避之。"其人不之许。迨穿穴，髑髅一具，胫骨长大倍常，徙之他所，卒亦无他。按：龚圣予

《水浒传》有插翅虎雷横名字,是盖乌有子虚耳,岂果有其人耶?抑姓氏偶相同耶?何以能见异于梦,而终不能为他祸也?潮,浙江海盐人。

《古夫于亭杂录》卷五:丘石常海石晚为夏津训导,《过梁山泊》诗云:"施罗一传堪千古,卓老标题更可悲。今日梁山但尔尔,天荒地老渐无奇。"

孙希孟云:王猷定于一《四照堂集·听柳敬亭说史》四绝句,其四云:"英雄头肯向人低,长把山河当滑稽。一曲景阳冈上事,门前流水夕阳西。"题注,时说《水浒》一段。

《梦忆》述柳敬亭云:一日说书一回,定价一两。十日前先送书帕下定,常不得空。余听其说景阳冈武松打虎白文,与本传大异。其描写刻画,微入毫发,然又找截干净,并不唠叨。哱夬声如巨钟,说至筋节处,叱咤叫喊,汹汹崩屋。武松到店沽酒,店内无人,暴地一吼,店中空缸空甓皆瓮瓮有声。闲中着色,细微至此。

邵博《邵氏闻见后录》卷三十:王荆公好言利。有小人谄曰:"决梁山泊八百里水以为田,其利大矣。"荆公喜甚,徐曰:"策固善,决水何地可容?"刘贡父在座中,曰:"自其旁别凿一八百里泊,则可容矣。"荆公笑而止。予以与优旃滑稽,漆城难为荫室之语合,故书之。

朱国祯《涌幢小品》卷二十六:山东不但有泉,其湖陂甚多,动经百十里,所在相望。想井田既废,水无所归,漫而成湖。古云:"山林川泽,原因地势结成。"然不闻东土之为泽国也,独巨野之名见于《禹贡》。在宋为梁山泊。王安石欲开水利,未为无见,水可入海,何必另开一泊耶?

司马光《涑水记闻》卷十五:集贤校理刘贡父好滑稽,尝造介甫,值一客在座,献策曰:"梁山泊决而涸之,可得良田万余顷,但未择得便利之地贮其水耳。"介甫倾首沉思,曰:"然安得处所贮许水乎?"贡父抗声曰:"此甚不难。"介甫欣然,以为有策,遽问之。贡父曰:"别穿一梁山泊,则足以贮此水矣。"介甫大笑,遂止。

王辟之《渑水燕谈录》卷十:往年士大夫好讲水利,有言欲涸梁山泊以为农田。或诘之曰:“梁山泊,古巨野泽,广袤数百里。今若涸之,不幸秋夏之交,行潦四集,诸水并入,何以受之?”贡父适在坐,徐曰:“却于泊之傍凿一池,大小正同,则可受其水矣。”坐中皆绝倒,言者大惭沮。

杨万里《诚斋诗话》:介甫当国,喜言农田水利。有献议梁山泺可涸之以为田,介甫欲行之;又念水无所归,以问刘贡父,曰:“此事杨蟠无齿。”贡父退,介甫思其说而不得,呼其子雱,问以此语何意,且出何书。雱曰:“不知,当召而问之。”贡父既至,雱以父之问问焉。贡父笑曰:“此易晓耳,杨蟠,杭人,善作诗,自号浩然居士,相公熟识之。今欲涸湖为田,此事浩然无涯也。”一时闻者绝倒。

王士禛《香祖笔记》卷八:宋制,军营中有天王堂。小说亦屡载之,不知何天王也。《谈薮》云:唐天宝,西蕃寇安西,奏乞援兵,诏不空三藏诵《仁王经》,帝见神人带甲荷戈在殿前门,不空曰:“此毗沙门天王第二子独健,往救安西耳。”后安西奏见神人破贼,城上天王见形,图形上进。因诏诸节镇所在州府,于城西北隅各立天王像,佛寺亦然。宋时沿之,入军营也。又《括异志》言:宋建炎中,敌将屠秀州,天王现于城上,若数间屋大,惧而引去,因建天王楼于城西北隅。

又卷十二:徐神翁谓蔡京曰:“天上方遣许多魔君下生人间,作坏世界。”蔡曰:“安得识其人?”徐笑曰:“太师亦是。”按《水浒传传奇》首述误走妖魔,意亦本此,然不识蔡京为是天罡、为是地煞耳。神翁语见《钱氏私志》。虹案:徐神公语亦见《春渚纪闻》卷二。

海上漠鸿氏《小家语》卷四:邻邑奉贤县陈宦家仆武升,乘夜杀家主及婢仆十余口。案拟大辟。初,宦有婢与武私通,有终身之约。为主所觉,逐武留婢,婢复与主私焉。武略识字,能通《水浒》,私制巾服,如剧中所演武行者状,乘夜装束,持刀而入,逢人即杀。家主喝拿,亦被斫死。随即诣县自陈,及斩,全无惧色。小说演剧之误愚人若此。

乔松年《萝藦亭札记》卷五:京师无赖有诨名李逵者,取梁山泺盗名也。因忆《后汉书》，有李逵，与许劭同里。

邓之诚《骨董琐记》卷三：周栎园《书影》云：“故老传闻，罗本字贯中，为《水浒传》一百回，各以妖异语引其首。嘉靖时，郭武定重刻其书，削其叙语，独存本传。金坛王氏《小品》中亦云：此书每回前各有楔子，今俱不传。予见建阳书坊中所刻诸书，节缩纸板，求其易售，诸书多被刊削，此书亦建阳书坊翻刊时删落者。”沈德符《野获编》云：“武定侯郭勋，在世宗朝，号好文多艺，所刻《水浒》，前有汪太函序，托名天都外臣。”按武定侯郭英，开国侯也；郭勋最豪横，后以罪庾死狱中。明末，嗣侯培民，甲申死于闯难，今有武定侯胡同，在锦什坊街。闻缪艺风丈云：光绪初叶，曾以白金八两，得郭本于厂肆。书本阔大至一尺五六寸，内赤发鬼尚作尺八腿，双枪将作一直撞云。

洪亮吉《更生斋文集·书三友人遗事》：武亿，偃师人，官博山县知县，民爱之若父兄。尝以公事至济南谒大府，大府无心，诘之曰：“闻君兄弟行居二。”亿疑以稗官中事相谑也，拂衣起曰：“知县已无兄。”欲径出，大府婉谢失言，乃止。

王韬《瓮牖余谈》卷六记南贼事：南贼冯云山，为人尚权诈，多诡谋。时为村人讲说《水浒演义》，以吴用为世间第一流人。

《坚瓠集》卷四：《韩非子》云：“宋人酤酒，悬帜甚高。”酒市有旗，始见于此。《唐韵》谓之帘，或谓之望子。《水浒传》有“无三不过望”语。宋窦华《酒谱》有《帘赋》，警句云：“无小无大，一尺之布可缝。或素或青，十室之邑必有。”

《滦阳消夏录》卷三：有“凌虐其仆，夫妇死而纳其女者。女时说《水浒传》宋江、柴进等事，称为英雄，耸恿之，交通盗贼，卒以杀人抵法”一条，可采。

徐时栋《烟屿楼读书志》卷十二：宋太祖叱雷德骧曰：“鼎铛尚有耳，汝不闻赵普，吾之社稷臣乎？”鼎铛有耳，本俗语也，入之文史，亦雅。而为稗官沿用，成恶俗语矣。世传《水浒演义》者最多。

周密《癸辛杂识续集》卷上：龚圣与作《宋江三十六赞》，并序曰：

“宋江事见于街谈巷语，不足采著。虽有高如李嵩辈传写，士大夫亦不见黜。余年少时，壮其人，欲存之画赞，以未见信书载事实，不敢轻为。及异时，见《东都事略》中载《侍郎侯蒙传》，有书一篇，陈制贼之计云：‘宋江以三十六人横行河朔、京东，官军数万，无敢抗者，其材必有过人。不若赦过招降，使讨方腊，以此自赎。或可平东南之乱。’余然后知江辈真有闻于时者。于是即三十六人人为一赞，而箴体在焉。盖其本拨矣，将使一归于正，义勇不相戾。此诗人忠厚之心也。余尝以江之所为，虽不得自齿，然其识性超卓，有过人者。立号既不僭侈，名称俨然，犹循轨辙，虽托之记载可也。古称柳盗跖为盗贼之圣，以其守壹至于极处，能出类而拔萃若江者，其殆庶几乎？虽然，彼跖与江，与之盗名而不辞，躬履盗迹而无讳者也，岂若世之乱臣贼子，畏影而自走。所为近在一身，而其祸未尝不流四海，呜呼，与其逢圣公之徒，孰若跖与江也？”

呼保义宋江：不假称王，而呼保义。岂若狂卑，专犯忌讳。

智多星吴学究：古人用智，义国安民。惜哉所予，酒色䊵人。

玉麒麟卢俊义：白玉麒麟，见之可爱。风尘大行，皮毛终坏。

大刀关胜：大刀关胜，岂云长孙。云长义勇，汝其后昆。

活阎罗阮小七：地下阎罗，追魂摄魄。今其活矣，名喝太伯。

尺八腿刘唐：将军下短，贵称侯王。汝岂非夫，腿尺八长。

没羽箭张清：箭以羽行，破敌无颇。七札难穿，如游斜何。

浪子燕青：平康巷陌，岂知汝名。大行春色，有一丈青。

病尉迟孙立：尉迟壮士，以病自名。端能去病，国功可成。

浪里白跳张顺：雪浪如山，汝能白跳。愿随忠魂，来驾怒潮。

船火儿张横：大行好汉，三十有六。无此火儿，其数不足。

短命二郎阮小二：灌口少年，短命何益。曷不监之，清源庙食。

花和尚鲁智深：有飞飞儿，出家尤好。与尔同袍，佛也被恼。

行者武松：汝优婆塞，五戒在身。酒色财气，更要杀人。

铁鞭呼延绰：尉迟彦章，去来一身。长鞭铁铸，汝岂其人。

混江龙李俊:乖龙混江,射之即济。武皇雄争,自惜神臂。
九文龙史进:龙数肖九,汝有九文。盍从东皇,驾五色云。
小李广花荣:中心慕汉,夺马而归。汝能慕广,何忧数奇。
霹雳火秦明:霹雳有火,摧山破岳。天心无妄,汝孽自作。
黑旋风李逵:风有大小,不辨雌雄。山谷之中,遇尔亦凶。
小旋风柴进:风有大小,黑恶则惧。一噫之微,香满太虚。
插翅虎雷横:飞而食肉,有此雄奇。生入玉关,岂伤令姿。
神行太保戴宗:不疾而速,故神无方。汝行何之,敢离太行。
先锋索超:行军出师,其锋必先。汝勿锐进,天兵在前。
立地太岁阮小五:东家之西,即西家东。汝虽特立,何有吾宫。
青面兽杨志:圣人治世,四灵在郊。汝兽何名,走旷劳劳。
赛关索杨雄:关索之雄,超之亦贤。能持义勇,自命何全。
一直撞董平:昔樊将军,鸿门直撞。斗酒肉肩,其言甚壮。
两头蛇解珍:左啮右噬,其毒可畏。逢阴德人,杖之亦毙。
美髯公朱仝:长髯郁然,美哉丰姿。忍使尺宅,而见赤眉。
没遮拦穆横:出没太行,茫无畔岸。虽没遮拦,难离火伴。
拼命三郎石秀:石秀拼命,志在金宝。大似河鲀,腹果一饱。
双尾蝎解宝:医师用蝎,其体贵全。反其常性,雷公汝嫌。
铁天王晁盖:毗沙天人,证紫金躯。顽铁铸汝,亦出洪炉。
金枪班徐宁:金不可辱,亦忌在秽。盍铸长殳,羽林是卫。
扑天雕李应:鸷禽雄长,惟雕最狡。毋扑天飞,封狐在草。

此皆群盗之靡耳,圣与既各为之赞,又从而序论之,何哉?太史公序游狭而进奸雄,不免异世之讥。然其首著胜、广于列传,且为项籍作本纪,其意亦深矣。识者当自能辨之云。华不注山人戏书。

金埴《巾箱说》:往读施耐庵《水浒记》,疑作者讥宋失政,其人其事,皆理之所必无者。继读《纲目》,载宋江以三十六人转掠河朔,莫能撄锋。又《宣和遗事》,备书三十六人姓名,宋龚开有赞,侯蒙有传,其人既匪诬矣。意梁山者,必峰峻壑深,过于孟门、剑阁,为天下之险，若辈方得凭恃为雄。及予亲历其境，又曾辑修《兖志》，梁山为今寿张治属，其山不过周遭五十里，耐庵乃云八百里。即宋江寨，山冈上一小垣耳。说中铺张其词，使天下后世愚民不至其地者，信以为然，长奸萌乱，莫此为甚。因拈出之，以告司治君子。且使天下后世之人，知《水浒记》所载，虽有其人，而其事则不可尽信也。梁山泺，音薄。作泊误。

俞樾《春在堂诗编》卷二十一《读元人杂剧》云："啸聚梁山卅六人，至今妇竖望如神。何来孔目李荣祖，大可遗闻补癸辛。"自注，宋江等三十六人，详见《癸辛杂识》。乃元人李致远《风雨还牢末》杂剧，有东平府都孔目李荣祖，亦梁山头目，《癸辛杂识》所无也。余意此即《杂识》中之李英，传闻异辞，少一祖字，而荣、英声近，遂误李荣为李英。今《水浒传》作李应，则又李英之误也。

史梦兰《止园笔谈》卷六：徐神翁谓蔡京曰："天上方遣许多魔君下生人间，作坏世界。"蔡曰："安得识其人？"徐笑曰："太师亦是。"案，《水浒传传奇》首述误走妖魔，意亦本此，然不识蔡京为是天罡、为是地煞耳。神翁语见《钱氏私志》。

又：稗官小说不尽凿空，必有所本，如施耐庵《水浒传》，微独三十六人姓名见于龚圣予《赞》，而首篇叙高俅出身，与《挥麈后录》所载一一吻合。俅本东坡小史，工笔札。坡出帅中山，留以予曾子宣，辞之；以属王晋卿。晋卿一日遣俅送篦刀子于端王邸，值王在园中蹴鞠。俅睥睨之，王呼来前，询曰："汝亦解此邪？"曰："能之。"令对蹴，大喜，呼隶云："往传语都尉，谢篦刀之贶，并送人皆辍留矣。"逾月王登大宝，眷渥日厚，不次迁拜，数年间持节至使相。传所云小苏学士，即东坡而稍变其文耳；都尉，即诜也。俅富贵，不忘苏氏，每其子弟入都，问恤甚勤。亦有可取。时梁师成自诡东坡之子，二人皆嬖幸擅权势，而叔党卒终于小官，可以知其贤矣。或谓二苏党禁方严，李公麟遇苏氏子弟，至以扇障面而过之。坡族孙元老上时相启，乃至云"念与党人偶同高祖"。此辈愧俅、师成不亦多乎？邹浩《道乡集》有《高俅转官制》。

又，宋张忠文公叔夜《招安梁山泺榜文》云："有赤身为国，不避凶锋，拏获宋江者赏钱万万贯双执花红；拏获李进义者，赏钱百万贯双花红；拏获关胜、呼延绰、柴进、武松、张清等者，赏钱十万贯花红；拏获董平、李进者，赏钱五万贯有差。"今斗叶子戏，有万万贯、千万贯、百万贯花红递降等，采用叔夜榜文中语也。

《三家村老委谈》：钞本，无卷数。或问："宋江有乎？"曰："江以三十六人横行河朔，岂云无也？"曰："渠兄弟一百八人，何云三十六也？"曰："三十六正史所载，一百八施君美，或云罗贯中。《水浒传》所载也，当以史为正。"曰："其所至处，无坚不摧，有诸？"曰："此君美因'横行河朔'四字，描写其无敌之状，不尽然也。"曰："江为押司，有乎？"曰："容有之。""杀阎婆惜有乎？"曰："亦容有之。非犯不赦，胡以跳而盗也？""仗义疏才，有乎？"曰："此必自其三十五人揄扬推美，诱惑贫民之言，未必有也。且盗以行惠，谊之所不敢出也。""梁山泊，有乎？"曰："泊在山东兖州府郓城县。余曾到，四面阻水中，惟一路可入。山顶坦，迤围可数十里。上有天然石座三十六，云自江时所置也。规模虽小，然是一佳窟穴也。""征辽，有乎？"曰："宋方与金比而为难于辽，童贯一出而败于白沟，旋以童贯、蔡攸统兵十五万，应金夹攻辽而已，未尝征辽也。""征方腊，有乎？"曰："有之，而功不出于江也。""然则《水浒》谬乎？"曰："征辽、征腊，后人增入，不尽君美笔也。即君美之传《水浒》，意欲供人说唱，耸人观听也，原非欲传信作也。""宋江之事可复为乎？何近来士大夫誉之甚也？"曰："此李长者也，此有激之言也，非教人为江也。江，盗魁也，王法所不赦，何可复为也？朝廷清明，京、贯不作，敢越厥志乎？"于是问者扪舌而退。又问："方腊何如宋江？"曰："腊之势十倍江而其流毒百倍江。江以三十六人为盗淮南，转掠京东十郡，官军莫敢撄其锋，然志在劫掠，不有其地，以巨舟十余据海滨以为守，故张叔夜募死士仅得千人，便能破降之。腊则托左道以惑众，因朱勔花石之扰，比屋致怨，阴聚贫乏游手之徒，以诛勔为名，旬日众至数万人，遂陷建德军、今严州府。婺、歙、衢、杭、庐等州，势猖甚。知亳州侯蒙上书言‘宋江才必有过人者，不若赦之，使讨腊以自赎’。江寻为叔夜所破降，遂与童贯合兵击腊。时腊深据清溪帮源洞，鸟道萦纡，两旁峭壁万仞，诸将莫知所入。王渊裨将韩世忠潜行溪谷，问野妇得径，即挺身仗戈直前，捣其穴，格杀数十人，擒腊及妻及子亳二太子、伪相方肥等五十二人，杀贼七万余，其党皆溃。腊凡破六州五十二县，戕平民二百余万，所掠妇女，自贼洞逃出，裸而缢于林中者，相望百余里，此方腊之概也。”又问：“今昆山纸牌，必一一缀以宋江诸人名，亦有说欤？”曰：“吾不知其故，或是市井中人所见所闻所乐道者，止江等诸人姓氏，故取以配列。恐未有深意，但其设牌微旨，亦自有味。盖自空没一文，层累而上，至于万万贯；又从万万贯等而下之，至于空没一文。深得世间盈虚消长之理焉。今人用以博钱，顷刻便有盈虚消息，而沉迷不悟，何欤？”

## 神行术

《野获编》卷八：万历初，蒲坂张凤盘相公家有一仆，陈姓，善走，一日能八百里。盖蹻捷天赋，非有他术，因名之曰陈飞。相公子名泰征者，庚辰南宫登第，遣飞归报，先驰马者一日夜，已至河中府，而全录且在手矣。飞之子亦能行，一日止五百里。后为盗，受健吏酷罚，两足遂挛，然犹三百里也。此外久不闻。近日吴中有一顾姓者，初应募在戎籍，后得异人传授，云一日夜可千里。淮抚李中丞三才喜之，至与分庭抗礼。近已不能行，闻为忌者夺其囊中一小铁船去。盖即其师所授也。夺者又不得其秘咒，如板桥三娘子木人，亦无所用之。顾姓者，余亦相稔，近已改业内外丹矣。

徐复祚《三家村老委谈》：钞本，无卷数。张成，徐州人，短小精悍，善走，日可行五百里。若缓步，亦与人同，但造意远行，则不可及。然既行，又不能自止，或负墙抱树，乃止。凡封奏羽报则使之，夜则于圆篅中缩足而睡。近昆山人顾大愚亦然，云有符咒，甲马拴于两股，日亦可三四百里。今闻其符咒书为人窃去，不能走矣。

《坚瓠续集》卷四：成化中，临清张成以善走得名，日行五百里。上官命入京师，往返仅七日，善马弗能逮。足有长毫，夜宿圆器中。每走势发，足不得住，抱树乃止。吴有举人过临清，知州与有旧，留之宿。举人求萧县大梨。知州召成往市，明旦已持梨来。疑其近处得之，使人往验，果然。盖百余里路，仅一昏时也。

郎瑛《七修类稿》卷四十四：徐州有张成者，短小精悍，善疾走，日行五百里。若缓步，亦与人同，但造意远行，则不可及。然既行，又不能自止，或着墙抱树乃可耳。凡封奏羽报则使之，夜则于圆簏中缩足而睡。此亦或有理存焉，闻之宦游者云。

《国粹学报》八十二期《疏堂遗文·陆骧武岭南诗序》，有《水浒传》之铁牛等语。

《四库全书总目》卷一百三十八《类书类·存目二》：《朱翼》无卷数，明江旭奇编。旭奇，字舜升，歙县人。万历中，官安岳县县丞。是书盖为举业而设，凡分六部，曰管窥、曰曝愚、曰调烛、曰完瓯、曰委质、曰志林，每部之中又各分子目，皆攟摭诸书，以类排纂，而是非一断以朱子，故名《朱翼》。中多引释典道书，殊乏别择，甚至采及《水浒传》，尤庞杂不伦，实与朱子之学南辕北辙也。

施显卿《奇闻类纪·骁勇纪》：景泰间，山东有一人，日能行五百里。泗水至布政司三百五十里，一昼夜能往返。《濯缨亭笔记》。

褚人获《坚瓠广集》卷四：张元长先生大复《笔谈》载，江上顾道民往来常润间，与一人面善，见其子母相抱，哭甚哀，道民问其故，人曰："吾父小逐什一于下邳，有传言父卒死，而家窘甚，不能遂赴所在，故悲耳。"道民慰之曰："姑自宽，明日当有的耗。"后日道民来报，汝父无恙，又出其父手书，款慰而去。道民日行六百里，顷刻能啖百器，又能数日不食。其异如此。郑桐庵先生尝为余言，虞山顾道民遇异人授一小铁船，一咒能日行三千里。每摘生荔枝啖钱牧斋、陆孟凫，后以贪心为人诱去其船，然咒术尚可行数百里。崇祯己巳，京都有警，抚军曹文衡檄兵宪钱继登勤王，抚军开门使道民赍文往娄东，门未关，回文已到矣。此桐庵先生辈所目睹也。

《初学集》卷三《玉川子歌题玉川子画像》：玉川子，江阴顾人愚道民也。深目戟髯，其状如羽人剑客。遇道士授神行法，一日夜走八百里。居杨舍市，去江阴六十里，人试之，与奔马并驰，玉川先至约十里许。任侠喜施舍，好奇服，所至儿童聚观，亦异人也。玉川子，何吊诡，朝游淮阴城，暮宿吴门市。万回不足号千回，赵北燕南在脚底。刚风怒生两腋边，蹇驴折着巾箱里。阔衣褒高屐齿长，须奴赤脚婢白牛。为服乘骆驼，背行李石猴。小于拳槛虎，驯而跽俨如。洪厓先生负戴共移居，又如中山老尪扶携出游戏。市儿拍手群追随，君亦蚩蚩颇自哆。今年六十五，素丝披两耳。发短心尚长，足缩踵犹跂。我观世人之行尽如驰，熙熙攘攘往来疾于矢。争名夺利死不休，钟鸣漏尽行未已。间随竖亥步天地，忙与羲和竞刻晷。君今江头老布衣，胡为乎芒芒奔波亦如此。世路苦偪侧，出门不容轨。孟郊颦眉阮籍哭，虎豹择人魑魅喜。择地徐行犹恐遭颠顿，尽气狂奔何以避棘枳。我昔盛年好驰骋，今缚诛茆守蓬藟。香篆萦帘合不开，凝尘蔽榻裘如委。君之疾驰裹粮重茧良已疲，我方神游于徐欠伸犹未起。漆园双蝶梦正甘，华山五龙睡初美。君归来乎从我游，悔不与君折其趾。图中一叟类道者，幅巾黄绦着麻履。权奇俶傥閟不见，安闲萧散差可拟。披图展玩更对君，乃知画工有深旨。同床异梦各不知，坐起问景终谁是。吁嗟乎，君其善识图中意，它年为君作传窃比方山子。

曹禾《顾玉川传》，见《虞初新志》卷三。

《说梦》二有"纪顾玉川家异物"一条。

《柳南续笔》卷二有"顾玉川"条。

张大复《梅花草堂集》有"顾道民"条。

魏浚《峤南琐记》卷上：予官农部河南司，时曹长武陵龙君。偶一日，曹事毕，遣吏承印还寓。吏途遇一人，云当赴曹投牒者。引去他处，饮以酒，吏即昏迷若寐。及觉，印为盗去矣。数日捕得盗者，予偕往讯之，对云："用风茄为末，投酒中饮之，即睡去，须酒气尽乃寤。"问："才从何得之？"云："此广西产，市之街鬻杂药者。"今土人谓之颠茄。风，犹颠也，一名闷陀罗。按，《本草》：佛说法时，天雨曼陀罗花。云即此。又《北斗经》有陀罗星使者，手执此花，因以名。此条可证蒙汗药酒，附《坚瓠集》后。

李日华《味水轩日记》卷一：客来，言常熟人有陈龙川者，昼夜能行七百里，饭必斗米，饮或数瓮。驾空驭气，可越江湖。昔年袁了凡好奇，尝一交之。亦曾见冯具区先生。今二老继殁，栖栖旅食，竟无识者。夫以如此矫健，不置之塞垣绝徼，令有所树，岂禄食在位者尽涂目塞耳耶？以区区粗能，显著若是，犹无援以老，矧机略蕴寸灵、经术在深抱者，又何烦叹不遇也？

《蝶阶外史》卷一：侯达夫国璋，新乐人，侨居行唐，以进士官明府。性善走，一日夜行八百里，缓步而进，骏马不能及也。每至试期，浼友人投文购卷，于初八日自家晓行至贡院，门未封也。出场后，以考具寄友人寓，已乃出城游西山，住精蓝中。次日饱游毕，到院，不误点名。然性落拓，不甚拘小节。一日过予寓，牵大黄犬一，令令然甚茁壮，谈亦奇诡。后官陕西某县令，罣吏议，林少穆制军以才能异人可备缓急用保留，后补石泉县尹。尝闻行唐张桔园岳峙云，达夫两足下各有毛一丛，长行后不能自主，相某处有树，抱持之，乃得住。外史氏曰：天生异人，必有所用之。夫不龟手药用以洴澼洸，则终老河浒；用以破敌，则建不世勋。吾不知达夫将终负此绝技，以老于关中耶？抑别有所建树，以上报国家也。此亦神行之一证。

王士禛《池北偶谈》卷二十六：乐安人古某，流寓淄川，能日行五百里，必攀援树枝，数转得止。足底有白毫长三寸许，一日足痛毫落，遂不能行。卷三十四"张道人"条，亦云日可行三百里。

龚泩《耕余琐闻》戊集：陕西某县知县侯君国璋，能日行五百里。自制图章云："半千里马，五百里侯。"据云行四五里外则疾走，不由自主，旁人视之，如一阵风过。侯君家直隶某县，尝代人送折奏。就一教读馆于四十里外，早晚两餐，皆回家自膳。官陕西时，林少穆中丞以侯办事颟顸，初欲休致，后闻其善走，限时刻使送文书，不逾期而返，遂复留任。

徐应秋《玉芝堂谈荟》卷九：《抱朴子》：杜子微服天门冬八十年，日行三百里。赵陀子服桂二十一年，毛生，日行五百里。《神仙传》：彭祖时，大宛山有青精先生，千岁，色如童子，步行日过五百里。白石先生，煮白石为粮，亦日行三四百里。《三国志》：虞翻能步行日三百里。麦铁杖日行五百里。辽陈州一妇人为贼帅，号白颈鸦，日可行二百里。咸亨中，神僧万回幼时，能三千里致兄书，朝往暮归，因名万回。东晋永和初，炖煌沙门单道开绝谷，阜陵太守迎之，道开从西平一日行七百里，至秦州。

张畇《琐事闲录续编》卷上：侯明府国璋。余于道光二十二年，在京邸陈露坪主政处遇之，时方由教习选授山西。席间，露坪谓其善走，因细诘之。侯云，自幼年即已如是，尝忆夏间共读，窗友午盹片时，自己乃赴他村看演戏剧，往返六十余里，不误功课。一日，友人有保定紧要之事，伊晨起饱食，趋赴料理。比回都，日犹未暮。尝自镌一小印，曰"半千里驹"。余戏之云："君真非百里才也。"一坐倾倒。晤时其年不过四旬，赤面短须，长身骨立，两目微小，而灼灼有光。因与露坪皆系葭莩，故悉其事。

王椷《秋灯丛话》卷十二：山左日照李姓，前明旧宦也。其祖有仆，差往邻省通函问，往返计程二千余里，给一月限。仆好博，持书出，径赴博场，昼夜呼卢，迁延二十余日犹未行。主闻之怒，亲往搜执，仆逾垣而遁，遍迹无踪。越三日，持回书至，主责其顽，且怒其诳也，将施以杖。仆曰："第启函，如涉子虚，情甘受责；且限期未逾，又何罪？"主启视，果不谬，大惊，乃善遇之。盖三日内已行二千余里矣。后凡遇紧切书函，及关说权贵诸秘事，俱遣仆往，无不迅速报命，恩宠为诸仆冠。一日使回，赐之酒食，醉卧树下。朦胧中见羽葆车骑凌空而至，欲起避，醉不能动。车中人呵问之，驺从以李仆对。车中人怒曰："闻此奴善走，恒助主为虐，可去其足筋以示惩。"仆惊寤，觉胫骨痛不可忍，经旬始愈。仅日行百余里矣。又：余邑有安姓者，善走，日可行五百余里，群以飞星号之。生平未尝市屦，遇农夫有脱履陇畔而耕者，即取而著焉。耕者力追之，莫能及。一日行青州道上，见有新履置陇头，安履适敝，乃从容易之去。视耕者方鞭牛徐行，若不经意。未数里，忽闻风声飒飒，回顾耕者，倏已追及，詈之曰："着我履，将焉往？"安悸甚，跪而进之。耕者乃以足受，笑曰："我昔年为此曾被挞辱，尔不自揣，亦作此伎俩耶？"安每以语人。信技之不可恃也。

天汉浮槎散人《秋坪新语》卷三：国初时，天津人王义其行也，尝自天津至居庸，一日往来八百里，因号曰八百里。其人瘦小，轻捷若猿猴，不多食饮，惟日啖二麦饼。胫有毛，长二寸许，举足若秋鹰，顷之灭没。每当平沙旷野，欲止，则直奔一树，以两手抱持。久之，神乃定。抱树不空，两足又踏空驰去矣。盖其人亦不自知所以然，走时惟觉风涌云驱，如有自后拥之使前者。或曰："其异全在胫毛也。"乃知《水浒传》中神行太保当不尽诬，且彼用甲马神符，此则生而使然，为尤异也。

《枣林杂俎》圣集：山阴吴兑环洲，出高文襄之门，以器识见重，时辄咨访，呼为吴学究。盖《水浒传》中智多星也。

缪良《涂说》卷一：纪、彭二尚书与某公同值朝房，某先告归，行趋甚急。纪戏作对云："足开五六尺，手写十三行。"盖某退食时，尝喜临古帖也。彭曰："何不云'圣手书生，神行太保'。"一座颐解。

焦循《剧说》卷六有"龚合肥邀顾黄公看丁继之演《水浒》赤发鬼"一条。

郎瑛《七修类稿》卷四十五：小说家尝言，蒙汗药人食之昏腾麻死，后复有药解活。予则以为妄也。昨读周草窗《癸辛杂志》云，回回国有药名押不卢者，土人采之，每以少许磨酒饮人，则通身麻痹而死，至三日，少以别药投之，即活。御院中亦储之，以备不虞。又《齐东野语》亦载草乌末同一草食之即死，三日后亦活也。又《桂海虞衡志》载曼陀罗花，盗采花为末，置入饮食中，即皆醉也。据是则蒙汗药非妄。

褚人获《坚瓠二集》卷三：《狮山掌录》又载，押不卢能起死回生，故阿禧主哀段功诗有“云片波鳞不见人，押不卢花颜色改”。岂押不卢有二种同名而异用者耶？抑本一种而记者有误耶？

柴萼《梵天庐丛录》卷三十六：清代囚徒之犯大辟者，思刑戮痛苦，往往私贿狱卒，取蒙花药酒饮之，至于不识不知，则受刑时绝不觉痛楚。酒一瓶，狱卒有需索至数十金者。实则酒非甚异，乃以风茄为末，投常酒中，饮之即睡去，须酒气尽乃寤。风茄产广西，土人谓之颠茄，甚易得。司马温公《涑水纪闻》云：“杜杞在广南，诱宜州蛮数千人，饮以曼陀罗酒，醉而杀之。”明魏浚《岭南琐记》云：“予官农部河南司，一日曹事毕，遣吏承印还寓。途遇一人，引去他处，饮之以酒。吏即昏迷若寐，及觉，印为盗去矣。数日，捕得盗者，讯之，云以风茄末投酒中，饮之即睡。问何从得之，云此广西产，市之棋盘街鬻杂药者。土人谓之颠茄，颠犹风也，一名闷陀罗。”由此观之，此种药酒由来已久。张华《博物志》所载之“中山千日酒”，殆亦此类。《本草》：“曼陀罗花，一名风茄儿，一名山茄子，生北土。一年生草，茎直上，高四五尺，叶作卵形，常有缺刻。夏日开大紫花，有漏斗形之合瓣花冠，边缘五裂，实为裂果。面生多刺，有奇毒。以其叶杂烟草中同吸，能止咳呛。过量则能致死。”是所产亦不限广西也。又闹羊花入酒，其效与曼陀罗同。

陆容《菽园杂记》卷十四：斗叶子之戏，吾昆城上自士夫，下至僮竖皆能之。予游昆庠八年，独不解此，人以拙嗤之。近得阅其形制，一钱至九钱各一叶，一百至九百各一叶，自万贯以上皆图人形，万万贯呼保义宋江、千万贯行者武松、百万贯阮小五、九十万贯活阎罗阮小七、八十万贯混江龙李进、七十万贯病尉迟孙立、六十万贯铁鞭呼延绰、五十万贯花和尚鲁智深、四十万贯赛关索王雄、三十万贯青面兽杨志、二十万贯一丈青张横、九万贯插翅虎雷横、八万贯急先锋索超、七万贯霹火秦明、六万贯混江龙李海、五万贯黑旋风李逵、四万贯小旋风柴进、三万贯大刀关胜、二万贯小李广花荣、一万贯浪子燕青。或谓赌博以胜人为强，故叶子所图皆才力绝伦之人，非也，盖宋江等皆大盗，详见《宣和遗事》及《癸辛杂识》。作此者盖以赌博如群盗劫夺之行，故以此警世，而人为利所迷，自不悟耳。记此，庶吾后之人，知所以自重云。

《居易录》卷二十四：宋张忠文公叔夜《招安梁山泺榜文》云："有赤身为国，不避凶锋，拏获宋江者，赏钱万万贯双执花红；拏获李进义者，赏钱百万贯双花红；拏获关胜、呼延绰、柴进、武松、张清等者，赏钱十万贯花红；拏获董平、李进者，赏钱五万贯有差。"今斗叶子戏有万万贯、千万贯、百万贯花红递降等，采用叔夜榜文中语也。又《传》中方腊贼党吕师囊，台州仙居人。亦非杜撰。但贼所陷乃杭、睦、歙、处、衢、婺六州耳，详《泊宅编》。又《七修类稿》言，《录鬼簿》，元汴梁钟继先作，载宋元传记之名，而于此传之事尤多。

《萝藦亭札记》卷七：斗叶子之戏，其为人形者，梁山泺群盗也。其谓之饼者，银铤也；其谓之索者，钱缗也；谓得某人，则与以钱几万银几锭也。故以一人一饼一索相配。后之戏者，人与饼、索相离，非古法矣。旧日人形之上尚署群盗之名，今多去之。《菽园杂记》卷十四言之甚详，惟所记群盗之名，与周公谨略有不同。

《陔余丛考》卷三十三"叶子戏"条可引。

李元复《随笔记录》卷九云：叶子不知何时改用宋江等名。

丘炜萲《挥麈拾遗》卷三：余尝见日本人北村三郎近著《世界百杰传》，收及全地球古今人物，其例与《无双谱》为近。而其称吾中国小说家，独取施耐庵一人，谓为所撰《水浒传》有自由意境。此则金圣叹所未及知者矣。

李调元《雨村诗话》卷七：今所传犹子龙《马吊谱》十三篇，马士英妓马湘兰作，翟灏谓即叶子，始宋易安《打马》，非也。叶子格戏久不传，打马别分彩选，与此不同。按：《寄园裂眦寄》云："明万历末年，民间叶子戏图宋寇姓名而斗之，至崇祯时大盛，其法以百贯灭活为胜负，有曰闯、曰献、曰大顺等名。”其“马吊”二字殊不可解，今验之，明季，遇马即吊，闯与士英皆马也，夫岂偶然？今谱乃长洲冯氏本，康熙中建州石登峨增订，近又有吕师濂《马吊牌歌》，借题发论，颇有感慨。《歌》云：“冯长洲，善牢骚，故编叶子重钱刀。以少为多井有条，陶朱程郑失秋毫。就中功罪互出入，蒙冤聚讼来喧嚣。我今笔削俨大书，刑赏忠厚本皋陶。借问宋江赵家贼，乌可推导渠出色。使民走险驱者谁，高车大吏休辞责。君不见，启祯之际立门户，东林南党分好恶。腐儒匡救只空语，群小欺瞒动厚赂。蟋蟀堂前红袖围，凤凰城外黄巾布。乾坤在在惊飞镞，奚止宋江三十六？大厦俄顷无木支，鼎湖髯堕天为哭。治乱攸关钱与盗，作者高明事先料。世眼休将儿戏看，似应直向朝堂告。独不闻，要致太平何者先？武官不惜死，文官不爱钱。”师濂，绍兴人。

钱希言《戏瑕》卷二：按，叶子戏自唐咸通以来，天下尚之，即今之扯纸牌，亦谓之斗叶子。近又有马钓之名，则以四人为之者。今自钱、索两门而外，皆《水游传》中人。故余尝呼戏者曰宋江班。或云是厌胜之术，恐梁山泊三十六人，复生世间耳。然则唐宋之世，以何为厌胜耶？

盛此公《休庵影语·总批〈水浒传〉》：施耐庵作《水浒传》，其圣于文者乎？其神于文者乎？读之令人喜，令人怒，令人涕泗淋浪，复令人悲歌慷慨，或如亲当其厄而危切身，又如已与其谋，而功成事定。他如报仇雪耻之举，孝亲信友之情，以及市谑街谈、方书兵法、龙虎飞腾，种种无不绝妙。然更有一段苦心，惟叶文通略识其意。耐庵元人也，而心忠于宋。其立言有本，故不觉淋漓婉转，刻画如生。其称宋江者，宋与宋同文，故以宋江为之首；其谋主曰吴用者，吴与无同音，言宋家辅相之臣，皆无用，以至败亡也。奸臣必称蔡京、童贯、杨戬、高俅者，诛元凶也。首称破大辽者，即可以破金元也。称平河北、定淮西者，所以吐宋家恹恹不振之气也。征江南方腊，而皇秀大半死亡者，宋家偷安江左，赵家一块肉，终于此也。宋公明葬楚州，而神游蓼儿洼者，死不忍故土也。林冲之杀白衣秀士王伦者，王伦与王伦同名，伦首附秦桧，倡成和议，杀之所以雪愤也。晁天王不得其死者，君子恶乱始，所以戒后世也。宋江等之生，始于洪信走魔者，盖指道君信任左道，首开祸乱也。其命意大率如此，故其文纵横出没，莫敢逼视，当与《十空经》并垂不朽。若以世间小说目之，呜呼冤哉！罗鹤林谓施耐庵作《水浒传》，三代皆哑，岂有如此之天道耶？

程瞻庐《〈水浒传〉图像考证》：明人作《水浒传图像》者，有陈章侯、杜堇二家，均极佳妙。张岱，明人，别署陶庵老人。《梦忆》云：古貌古服，古兜鍪、古铠胄、古器械，章侯自写其所学所问已耳，而辄呼之曰宋江、曰吴用，而宋江、吴用亦无不应者，以英雄忠义之气，郁郁芊芊，积于笔墨间也。周孔嘉匄余促章侯，孔嘉匄之余促之，凡四阅月而成。余为作缘起曰："余友章侯，才足掞天，笔能泣鬼。昌谷道上，婢囊呕血之诗；兰渚寺中，僧秘开花之事。兼之力开画苑，遂能目无古人。有索必酬，无求不与。既蠲郭恕先之癖，喜周贾耘老之贫。画《水浒》四十人，为孔嘉八口计。遂使宋江兄弟，复睹汉官威仪。伯益考著《山海遗经》，兽毨鸟氄，皆拾为千古奇文；吴道子画地狱变相，青面獠牙，尽化作一团清气。"观此则章侯之画，在当时已擅盛名。近见醉耕堂本《水浒传》，清初本。所有出像，按：醉耕堂本名曰《出像水浒传》。均题陈章侯画，自宋江至徐宁，凡四十人，须眉生动，知《梦忆》之说非诬。像各有赞，《鲁智深像赞》云："老僧好杀，昼夜一百八。"《扈三娘赞》云："桃花马上石榴裙，锦缎英雄娘子军。"《柴进像赞》云："哀王孙孟尝之名几灭门。"《武松像赞》云："申大义，斩嫂头，啾啾鬼哭鸳鸯楼。"《吴用像赞》云："彼小范老见人不早，曳石悲歌张元吴昊。"《顾大嫂像赞》云："提葫芦，唱鹧鸪，酒家胡。"均敏妙可诵。杜堇所绘之像，都一百零八人，广百宋斋有钩摹本，百八人各有特殊姿态，英风义概，奕奕如生。像各有赞，录其尤佳者。《关胜像赞》云："无念尔祖，率西水浒。"运用成语，寓有皮里阳秋之意。《鲁智深像赞》云："焉知圆寂，佛祖不识，一棒打杀，并狗子吃。"《武松像赞》云："杀虎未为武，丘嫂猛于虎。”措词均极恢奇。《李逵像赞》云：“袒裼暴虎，毋破我斧。”《王英像赞》云：“长不满五尺，贪财更好色。”运用成语，抑何巧妙乃尔？余尤爱《扈三娘像赞》云：“罔谈彼短，靡恃己长。天壤之间，乃有王郎。”天造地设，巧不可阶，真是滑稽之雄。《安道全像赞》云：“活一人，杀万人，夏无且，秦越人。”语有包孕，寥寥十二字，可作一篇史论读。见第二卷第十六号《半月》。

《七修类稿》卷二十五：史称宋江三十六人横行齐魏，官军莫抗，而侯蒙举讨方腊。周公谨载其名赞于《癸辛杂志》，罗贯中演为小说，有替天行道之言。今扬子、济宁之地皆为立庙。据是逆料当时非礼之礼，非义之义，江必有之，自亦异于他贼也。但贯中欲成其书，以三十六为天罡，添地煞七十二人之名；又易尺八腿为赤发鬼，一直撞为双枪将，以至淫辞诡行，饰诈眩巧，耸动人之耳目。是虽足以溺人，而传久失其实也多矣。今特书其当时之名三十六于左：宋江、晁盖、吴用、卢俊义、关胜、史进、柴进、阮小二、阮小五、阮小七、刘唐、张青、燕青、孙立、张顺、张横、呼延绰、李俊、花荣、秦明、李逵、雷横、戴宗、索超、杨志、杨雄、董平、解珍、解宝、朱仝、穆横、石秀、徐宁、李英、花和尚、武松。

日本诸学校文学科有《〈水浒传〉讲义》，见《新小说》。

钱泳《履园丛话》卷六《耆旧》：凌仲子教授，名廷堪，海州坂浦人。其父系海上灶户也。仲子年十余岁，未尝上学。至十三四，偶逢读书人，辄喜切三问四，遂以《水浒传》熟读，通部不移一字。

褚稼轩《坚瓠集》卷三：小说家尝言，蒙汗药人食之昏腾麻死，复有药解活。或以为妄。《齐东野语》亦载，草乌末同一草食之即死，三日后亦活。又《桂海虞衡志》载曼陀罗花，盗采花为末，置人饮食中，即醉。疑即优钵罗花是也。《癸辛杂志》载，回回国有药名押不卢，土人采之磨酒，饮人通身麻痹而死，至三日以别药投之，即活。御院中亦储之，以备不虞，据诸书所载，则蒙汗药非妄。但《狮山掌录》又载，押不卢能起死回生，故阿褡主哀段功诗有：“云片波潾不见人，押不卢花颜色改。”岂押不卢有二种同名而异用者耶？抑本一种而记者有误耶？

又：《水浒传》有一歌：“赤日炎炎似火烧，野田禾稻半枯焦。农夫心内如汤煮，公子王孙把扇摇。”与杜荀鹤《雪诗》“拥袍公子休言冷，中有樵夫跣足行”同意。

又：唐李涉《赠盗诗》曰：“风雨潇潇江上行，绿林豪客夜知闻。相逢不用相回避，世上于今半是君。”可谓婉而切。刘伯温《咏梁山泊分赃台诗》曰：“突兀高台累土成，人言暴客此分赢。饮泉清节今寥落，何但梁山独擅名。”《汉书》云：“吏皆虎而冠。”《史记》云：“此皆劫盗而不操戈矛者也。”二诗之意祖此。

《宣和遗事》记梁山泊三十六将事，多与演义不合。其目为：杨志等押花石纲违限配卫州；孙立等夺杨志往太行山落草；宋江因杀阎婆惜往寻晁盖；宋江得天书三十六将名；宋江三十六将共反；张叔夜招宋江三十六将降。据黄荛圃跋，此书以卷中惇字避讳作“惇”证之，当出宋刊。然所记三十六人名号，已与《癸辛杂志》龚圣予赞不合。其事实之抵牾，更无论矣。今备录原文，为读《水浒传》者进一解焉。

先是朱勔运花石纲时，分差着杨志、李进义、林冲、王雄、花荣、柴进、张青、徐宁、李应、穆横、关胜、孙立十二人为指使，前往太湖等处押人夫搬运花石。那十二人领了文字，结义为兄弟，誓有灾厄，各相救援。李进义等十名运花石已到京城，只有杨志，为在颍州等候孙立不来，在彼处阻雪。那雪景如何，却是：

乱飘僧舍茶烟湿，密洒歌楼酒力微。

那杨志为等孙立不来，又值雪天，旅途贫困，缺少果足，未免将一口宝刀出市货卖。终日价没人商量，行至日晡，遇一个恶少后生要买宝刀。两个交口厮争，那后生被杨志挥刀一斫。只见头随刀落。杨志上了枷，取了招状，送狱推勘。结案申奏文字回来，太守判道：“杨志事体虽大，情实可悯。将杨志诰札出身，尽行烧毁，配卫州军城。”

断罢，差两人防送往卫州交管。正行次，撞着一汉，高叫杨指使。

杨志抬头一觑，却认得是孙立指使。孙立惊怪："哥怎生恁地犯罪？"杨志把那卖刀杀人的事，一一说与孙立。道罢，各人自去。那孙立心中思忖："杨志因等候我了，犯着这罪。当初结义之时，誓有厄难相救。"只得星夜奔归京城，报与李进义等知道杨志犯罪因由。这李进义同孙立商议，兄弟十一人往黄河岸上等待杨志过来，将防送军人杀了，同往太行山落草为寇去也。

是年正是宣和二年五月，有北京留守梁师宝，将十万贯金珠珍宝、奇巧匹段，差县尉马安国一行人担奔至京师，赶六月初一日为蔡太师上寿。其马县尉一行人行到五花营堤上，田地里见路傍垂杨掩映，修竹萧森，未免在彼歇凉。片时，撞着有八个大汉，担得一对酒桶，也来堤上歇凉。靠歇了，马县尉问："那汉，你酒是卖的？"那汉道："我酒味清香滑辣，最能解暑荐凉。官人试置些饮。"马县尉方为饥渴瘦困，买了两瓶，令一行人都吃些个。未吃酒时，万事俱休；才吃酒后，便觉眼花头晕，看见天在下，地在上，都麻倒了，不省人事。笼内金珠、宝贝、匹段等物，尽被那八个大汉劫去了，只把一对酒桶撇下了。直至中夜，马县尉等醒来，不见了那担仗，只见酒桶撇在那一壁厢。未免令随行人挑着酒桶，奔过南洛县，见了知县尹大谅，告说上件事因。尹知县令司吏辨认酒桶是谁人动使，便可寻觅贼踪。把那酒桶辨验，见上面有"酒海花家"四字分晓。当有捉事人王平，到五花营前村，见酒旗上写着"酒海花家"四字。王平直入酒店，将那姓花名约的拿了，付吏张大年勘问。因由花约依实供吐道："三日前日午时分，有八个大汉来我家里吃酒，道是往岳庙烧香。问我借一对酒桶，就买些个酒去烧香。"张大年问："那八个大汉，你认得姓名么？"花约道："为头的是郓城县石碣村住，姓晁名盖，人号唤他做'铁天王'，带领得吴加亮、刘唐、秦明、阮进、阮通、阮小七、燕青等。"张大年令花约供指了文字，将召保知在，行着文字，下郓城县根捉。有那押司宋江接了文字看了，星夜走去石碣村，报与晁盖几个，暮夜逃走去也。宋江天晓，却将文字呈押差董平，引手三十人，至石碣村根捕。不知那董平还捉得晁盖一行人么？真个是：

网罗未设禽先遁，机穽才张虎已藏。

那晁盖一行人，星夜走了，不知去向。董平只得将晁家庄围了，突入庄中，把晁盖的父亲晁太公缚了，管押解官。行至中途，遇着一个大汉，身材迭料，遍体雕青，手内使柄泼镔铁大刀，自称“铁天王”，把晁太公抢去。董平领取弓手回县，离不得遭断吃棒。

且说那晁盖八个，劫了蔡太师生日礼物，不是寻常小可公事，不免邀约杨志等十二人，共有二十个，结为兄弟，前往太行山梁山泺去落草为寇。一日，思念宋押司相救恩义，密地使刘唐将带金钗一对，去酬谢宋江。宋江接了金钗，不合把与那娼妓阎婆惜收了，争奈机事不密，被阎婆惜知得来历。忽一日，宋江父亲非病遣人来报，宋江告官给假，归家省亲。在路上撞着杜千、张岑。两个是旧时知识，在河次捕鱼为生，偶留得一大汉，姓索名超的，在彼饮酒；又有董平为捕捉晁盖不获，受了几顿粗棍限棒，也将身在逃，恰与宋押司途中相会。是时索超道：“小人做了几项歹的勾当，不得已而落草。”宋江写着书，送这四人去梁山泺寻着晁盖去也。

宋江回家，医治父亲病可了，再往郓城县公参勾当。却见故人阎婆惜又与吴伟打暖，更不睬着。宋江一见了吴伟两个正在偎倚，便一条忿气，怒发冲冠，将起一柄刀，把阎婆惜、吴伟两个杀了，就壁上写了四句诗。道是诗曰：

杀了阎婆惜，寰中显姓名。要捉凶身者，梁山泺上寻。

是时，郓城县官司得知帖，巡检王成领大兵、弓手，前去宋公庄上捉宋江。争奈宋江已走在屋后九天玄女庙里弹了，那王成根捕不获，只将宋江的父亲拏去。宋江见官兵已退走，出庙来拜谢玄女娘娘，则见香案上一声响亮，打一看时，有一卷文书在上。宋江才展开看了，认得是个天书，又写着三十六个姓名，又题着四句道，诗曰：

破国因山木，兵刀用水工。一朝充将领，海内耸威风。

宋江读了，口中不说，心下思量，这四句分明是说了我里姓名。

又把开天书一卷仔细看觑，见有三十六将的姓名。那三十六人道个甚底：

智多星吴加亮、玉麒麟李进义、青面兽杨志、混江龙李海、九纹龙史进、入云龙公孙胜、浪里白条张顺、霹雳火秦明、活阎罗阮小七、立地太岁阮小五、短命二郎阮进、大刀关必胜、豹子头林冲、黑旋风李逵、小旋风柴进、金枪手徐宁、扑天雕李应、赤发鬼刘唐、一撞直董平、插翅虎雷横、美髯公朱同、神行太保戴宗、赛关索王雄、病尉迟孙立、小李广花荣、没羽箭张青、没遮拦穆横、浪子燕青、花和尚鲁智深、行者武松、铁鞭呼延绰、急先锋索超、拼命三郎石秀、火船工张岑、摸着云杜千、铁天王晁盖。

宋江看了人名，末后有一行字，写道："天书付天罡院三十六员猛将，使呼保义宋江为帅，广行忠义，殄灭奸邪。"宋江看了姓名，见梁山泺上见有二十四人，和俺共二十五人了。宋江为此，只得带领得朱同、雷横、李逵、戴宗、李海等九人，直奔梁山泺上，寻那哥哥晁盖。及到梁山泺上时分，晁盖已死，又是以次人吴加亮、李进义两人做落草强人首领。见宋江带得九人来，吴加亮等不胜欢喜。宋江把那天书说与吴加亮等道了一遍，吴加亮和那几个弟兄共推让宋江做强人首领。寨上元有二十四人，死了晁盖一个，只有二十三人；又有宋江领至九人，便成三十二人了。当日杀牛大会，抱天书点名，只少了四人。那时吴加亮向宋江道："是哥哥晁盖临终时分道与俺，他从正和年间朝东岳烧香，得一梦，见寨上会中合得三十六数。若果应数，须是助行忠义，卫护国家。"吴加亮说罢，宋江道："今会中只少了三人。"那三人是：

花和尚鲁智深、一丈青张横、铁鞭呼延绰。

是时筵会已散，各人统率强人，略州劫县，放火杀人，攻夺淮阳、京西、河北三路二十四州八十余县，劫掠子女玉帛，掳掠甚众。朝廷命呼延绰为将，统兵投降海贼李横等，出师收捕宋江等，屡战屡败。朝廷督责严切，其呼延绰却带领得李横反叛朝廷，亦来投宋江为寇。

那时有僧人鲁智深反叛，亦来投奔宋江。这三人来后，恰好是三十六人数足。

一日，宋江与吴加亮商量："俺三十六员猛将，并已登数，休要忘了东岳保护之恩，须索去烧香赛还心愿则个。"择日起行，宋江题了四句放旗上道，诗曰：

来时三十六，去后十八双。若还少一个，定是不归乡。

宋江统率三十六将，往朝东岳赛取金炉心愿。朝廷不奈何，只得出榜招谕宋江等。有那元帅，姓张名叔夜的，是世代将门之子，前来招诱宋江和那三十六人归顺宋朝，各受武功大夫诰敕，分注诸路巡检使去也。因此三路之寇，悉得平定。后遣宋江收方腊有功，封节度使。

文秉《先拨志始》卷上：杨、左既逐，奸党益无忌惮，遂肆行诬陷。于是魏广微手写所欲起用之人，黄克赞、王绍徽、王永光、徐大化、霍维华等五六十人，目为正人，各加两圈或三圈；又将缙绅便览如韩爌、缪昌期、曹于汴、李邦华、郑三俊等约百余人，目为邪党，重者三点，次者二点，托内阉王朝用转送逆贤处，以行黜陟。而绍徽复造《东林同志录》，罗列诸贤姓名，又韩敬造《东林点将录》，计一百八人，邮致都门，按籍搜索。于是诸贤受祸，无一人遗漏矣。

《点将录》旧传王绍徽所作，而《同志录》未见抄传，或是韩敬因绍徽原本而增改之者耶？

《东林点将录》：

开山元帅　托塔天王　南京户部尚书李三才

总兵都头领二员

天魁星　及时雨　大学士叶向高

天罡星　玉麒麟　吏部尚书赵南星

掌管机密军师二员

天机星　智多星　左谕德缪昌期

天闲星　入云龙　左都御史高攀龙

协同参赞军务头领一员

地机星　神机军师　礼部员外郎顾大章

正先锋一员

天杀星　黑旋风　吏科都给事中魏大中

左右先锋二员

天暗星　青面兽　浙江道御史房可壮

地周星　跳涧虎　福建道御史周宗建

马军五虎将五员

天勇星　大刀手　左副都御史杨涟

天雄星　豹子头　左佥都御史左光斗

天猛星　霹雳火　大理寺少卿惠世扬

天威星　双枪将　太仆寺少卿周朝瑞

天立星　双鞭将　河南道御史袁化中

马军八骠骑八员

天英星　小李广　福建道御史李应升

天捷星　没羽箭　陕西道御史蒋允仪

天空星　急先锋　山东道御史黄尊素

天退星　插翅虎　浙江道御史夏之令

天凶星　没遮拦　吏科给事中刘弘化

天满星　美髯公　刑科给事中解学龙

地揭星　毛头星　刑科给事中毛士龙

地镇星　小遮拦　工科给事中刘懋

总探声息走报机密头领二员

天速星　神行太保　尚宝司丞吴尔成

地速星　中箭虎　光禄寺少卿丁元荐

行文走檄调兵遣将头领一员

地囚星　旱地忽律　广西道御史游士任

掌管钱粮头领二员
天富星　扑天雕　礼部主事贺烺
地狗星　锦毛犬　尚宝司卿黄正宾
定功赏罚军政司头领二员
地正星　铁面孔目　左佥都御史程正己
地奴星　催命判官　左通政涂一榛
掌管行刑刽子手头领二员
地损星　一枝花　礼部尚书孙慎行
地平星　铁臂膊　刑部侍郎王之寀
捧把帅字旗将校一员
地贼星　鼓上蚤　内阁中书汪文言
守护中军大将十二员
天寿星　混江龙　大学士刘一燝
天微星　九纹龙　大学士韩爌
地短星　出林虎　大学士孙承宗
地转星　立地太岁　吏部尚书周嘉谟　转，一作剑。
地角星　独角龙　吏部尚书张问达
天伤星　武行者　左都御史邹元标
天贵星　小旋风　右都御史曹于汴
地轴星　轰天雷　礼部尚书王图
天牢星　病关索　刑部尚书乔允升
地强星　锦毛虎　工部尚书高从吾
地巧星　笑面虎　吏部左侍郎陈于廷
天巧星　浪子　左春坊左谕德钱谦益
四方打听邀接来宾头领十二员
地明星　铁笛仙　户部右侍郎郑三俊
地壮星　母夜叉　礼部右侍郎张鼐
地妖星　摸着天　光禄寺少卿史记事

地全星　鬼脸儿　光禄寺寺丞李炳恭
地文星　圣手书生　翰林院修撰文震孟
地阔星　摩云金翅　翰林院简讨姚希孟
地阴星　母大虫　翰林院检讨顾锡畴
地异星　白面郎君　翰林院庶吉士郑鄤
地满星　玉旛竿　吏部员外郎周顺昌
地兽星　紫髯伯　吏部员外郎张光前
地惠星　一丈青　吏部员外郎孙必显
地暗星　锦豹子　礼部主事荆养乔
马步三军头领四十六员
天慧星　拚命三郎　刑部尚书王纪
天孤星　花和尚　兵部左侍郎李瑾
天暴星　两头蛇　兵部右侍郎孙居相
地勇星　病尉迟　兵部右侍郎李邦华
地恶星　没面目　兵部右侍郎刘策
地佐星　小温侯　兵部右侍郎何士晋
地奇星　圣水将　户部右侍郎陈所学
天哭星　双尾蝎　左副都御史孙鼎相
天佑星　金枪手　右佥都御史徐彦良
地刑星　菜园子　右佥都御史周起元
地丑星　石将军　右佥都御史张凤翔
地火星　独火星　右佥都御史朱世守
地巧星　玉臂匠　右佥都御史程绍
地暴星　丧门神　右佥都御史王洽
地健星　险道神　右佥都御史李若星
天异星　赤发鬼　左通政使刘宗周
地俊星　铁扇子　大理寺少卿韦藩
地定星　小霸王　太常寺少卿韩继思

地会星　神算子　太常寺少卿赵时用
地佑星　赛仁贵　太常寺少卿李应魁
地阖星　火眼狻猊　太常寺少卿程注
地稽星　操刀鬼　光禄寺少卿沈应奎
地飞星　八臂哪吒　吏部郎中夏嘉遇
地走星　飞天大圣　吏部郎中邹维琏
地察星　青眼虎　吏科给事中陈良训
地煞星　镇三山　兵科给事中甄淑
地雄星　井木犴　户科给事中郝土膏
地杰星　丑郡马　兵科给事中沈惟炳
地幽星　病大虫　户科给事中薛文周
地孤星　金钱豹子　兵科给事中萧基
天罪星　短命二郎　湖广道御史刘芳
天败星　活阎罗　江西道御史方震孺
地僻星　打虎将　山东道御史李玄
地微星　矮脚虎　福建道御史魏光绪
地捷星　花项虎　四川道御史练国士
地戚星　百胜将　河南道御史谢文锦
地数星　小尉迟　云南道御史李日宣
地猛星　神火将　贵州道御史张慎言
地乐星　铁叫子　山东道御史刘思诲
地伏星　金眼彪　湖广道御史刘其忠
地隐星　白花蛇　河南道御史杨新期
地耗星　白日鼠　湖广道御史刘大受
地遂星　通臂猿　山西道御史侯恂
地灵星　神医手　云南道御史胡良机
地魔星　云里金刚　四川道御史宋师襄
地理星　九尾龟　河南道御史熊则祯

镇守南京正将一员

地然星　混世魔王　操江右佥都御史熊明遇

分守南京汛地头领六员

天竟星　船火儿　南京广东道御史王允成

天损星　浪里白跳　南京吏部郎中王象春

地英星　天目将　南京江西道御史陈必谦

地进星　出洞蛟　南京山西道御史黄公辅

地退星　翻江蜃　南京四川道御史万言扬

地劣星　活闪婆　南京工科给事中徐宪卿

天启四年甲子冬归安韩敬造

《小腆纪年附考》卷六：《南略》载《点将录》云："天罡星托塔天王李三才、及时雨叶向高、天巧星浪子钱谦益、圣手书生文震孟、白面郎君郑鄤、霹雳火惠世扬、鼓上蚤汪文言、大刀杨涟、智多星缪昌期等，共三十六人；地煞星神机军师顾大章、青面兽左光斗、金眼彪魏大中、旱地忽律游士任等，共七十二人。"鼒按：某氏《遣愁集》所载，与此小异。盖当时外间传钞，增减删改，不能无异。《遣愁集》云："王绍徽为魏忠贤干儿，官至吏部尚书，进退一人，必禀命于忠贤，时称王媳妇。尝造《点将录》倾害东林。忠览阅其书，叹曰：'王尚书妩媚如闺人，笔扶风霜乃尔，真吾家之珍也。'愈亲爱之。"其称东林开山元帅托塔天王南户部尚书李三才、总兵都头领天魁星呼保义大学士叶向高、天罡星玉麒麟吏部尚书赵南星、掌管机密军师天机星智多星右谕德缪昌期、天闲星入云龙左都御史高攀龙、协同参赞军务头领地魁星神机军师礼部员外顾大章、掌管钱粮头领天富星扑天雕礼部主事贺烺、地狗星金毛犬尚宝司少卿黄正宾、正先锋天杀星黑旋风吏科都给事中魏大中、左右先锋地飞星八臂哪吒吏部郎中邹维琏、地走星飞天大圣浙江道御史房可壮、五虎将天勇星大刀手左副都御史杨涟、天勇星豹子头左佥都御史左光斗、天猛星霹雳火大理寺少卿惠世扬、天威星双鞭手浙江道御史袁化中、天立星双枪将太仆寺少卿周朝瑞。所列李应升、蒋允仪、解学龙、吴尔成、孙慎行、陈于廷、钱谦益、文震孟、方震孺、徐宪卿、郑三俊、毛士龙、夏嘉遇、周顺昌、何士晋、赵时用等，皆南直人也。一时更有《东林朋党录》、《东林同志录》、《天鉴录》、《东林籍贯》诸种；又御史卢承钦疏，历举东林，亦有副帅、前锋、敢死军人、土木魔神诸目。见《三朝野纪》。皆以为王绍徽撰，惟《南略》则云阮大铖撰。

按：《明季北略》卷二《点将录》下注：阮大铖作，献魏奄，指为东林恶党。下与《小腆纪年附考》引同。

《听雨轩续纪》，有“惠世扬、房可壮”一条，可附入。

《新义录》卷八十七：“《东林点将录》非王绍徽作”条，引萧国琛说，可采。

《潜丘札记》卷五《与王山史书》：顷问《点将录》果出贵乡王讳绍徽手否，何以逆案载其事？先生以此书实出阮大铖。王偶失魏阉欢，谋所以解之术于阮。阮授以此书，而王上之。而世遂以名之。此乡曲所共传者，弟思之殊不然。儿时读《点将录》，记没遮拦穆弘乃大铖，岂有自作此录，而窜入己姓名其中者乎？盖大铖本东林，以求任吏掌垣，不久遽强之归。遂叛去。东林诸公留以处魏廓园也，祸由兹始。凡事实不特乡曲多承讹，即人子孙亲述其祖父云何，亦互异。此史学之所以难也。

《四库提要》有《东林点将录》，当录入。

《考古录》卷七“阮大铖”条，可附入此下。

《新义录》卷八十七“阮大铖编入《点将录》之伪”条，又卷二十二“周忠介编入《点将录》之误”条。

《粟香五笔》卷三：近见舒铁云《乾嘉诗坛点将录》钞本，盖仿《东林点将录》，游戏之作也。叙云：“夫笔阵千人，必谋元帅；诗城五字，厥有偏师。故登坛而选将才，亦修史而列人表。遂觉星辰可种，借其说于九百虞初；将使风月常新，和其声于三千雅颂。或盖棺而论定，或盍簪而勿疑，或廉、蔺之无猜，或尹、邢之不避。爰仿东林姓氏之录，演为西江宗派之图。嗟乎！双泪堕南州，叔子不如歌伎；一尊倾东海，中郎何似老兵？此则汝南之评，不遗孟德；元佑之籍，未列欧阳。岂曰以下无讥，实乃于斯为盛。文章千古，玉帛万重，盖惟善将将者，始可与言诗已矣。铁棒栾廷玉序。"

诗坛都头领三员：托塔天王沈归愚，赞云："卫武公，文中子，风雅有篇，隋唐无史。然而筑黄金台以延士者，则必请自隗始也。吁嗟乎，东溪村，曾头市。"及时雨袁简斋，赞云："非仙非佛，笔札唇舌。其雨及时，不择地而施。或膏泽之沾溉，或滂沱而怨咨。"玉麒麟毕秋帆，赞云："智勇功名，天下太平。"

掌管诗坛头领二员：智多星钱箨石，赞云："远而望之幽修漏，近而视之瘦透皱。不知者曰老学究。"入云龙王兰泉，赞云："盛名之下，一战而霸。湖海诗传，随园诗话。"

参赞诗坛头领一员：神机军师法梧门，赞云："前有李茶陵，后有王新城。具体而微，应运而兴。在师中吉，张吾三军。其机如此，神之所以神。"

掌管诗坛钱粮头领一员：小旋风阮云台，赞云："宗庙之事愿为小，其旋元吉风肆好。"

马军总头领三员：大刀蒋心余，赞云："四十斤者魏朱亥，十万兵者汉樊哙。巨刃摩天扬，则不如轻裘缓带。"豹子头胡稚威，赞云："十八武艺皆高强，有时误入白虎堂。"霹雳火赵瓯北，赞云："熛以赤，雌霹雳。"

马军正头领十四员：双枪将邵梦余，赞云："儿女英雄，天下健者惟董公。"双鞭萧子山，赞云："堂堂之阵，正正之旗，是孙武子，是傅修期。"没羽箭舒铁云，赞云："弃尔弓，折尔矢，高固王翦有如此。似我者拙，学我者死，一朝击走十五子。"小李广陈云伯，赞云："无双国士飞将军，孰为前身孰后身。昨夜弯弓射猛虎，诘朝视之石饮羽。"金枪手彭甘亭，赞云："钩镰枪，若是班。连环马，不复还。家藏雁翎之甲最精妙，窃此者谁鼓上蚤。"扑天雕杨蓉裳，赞云："缕金刻玉，落雕都督。"病尉迟孙子潇，赞云："恃一鞭，斗呼延。"青面兽张船山，赞云："殿前副使，将门子弟。可惜宝刀，用杀牛二。"美髯公姚春木，赞云："随陆无武，绛灌无文，未若髯之超伦轶群。"插翅虎查梅史，赞云："虎头万里飞食肉，何如朝吸湖光饮山渌。"九纹龙严丽生，赞云："瓦官寺前，少华山上，谁曰翩翩少年，不敌幽燕之老将。"急先锋周鎔云，赞云："长枪大戟，震动一切。"没遮拦许周生，赞云："结客少年场，春风满路香。"井木犴翁霁堂，赞云："青松磊落白鹤瘦，谦谦君子，上应列宿。"

步军先锋正头领二员：花和尚洪稚存，赞云："好个莽和尚，忽现菩萨相，六十二斤铁禅杖。"行者黄仲则，赞云："杀人者，打虎武松也。"

步军冲锋挑战正头领一员：黑旋风王仲瞿，赞云："牛而铁，风则黑，突如其来，如学万人敌。"

步军冲锋挑战副头领一员：浪子郭频迦，赞云："东京燕，东林钱，合传之体司马迁。"

水军总头领一员：混江龙姚姬传，赞云："家住浔阳江上，欸乃一声，有时绝唱。"

相士头领一员：紫髯伯翁覃溪，赞云："沧江夜夜虹贯月，惟有玉蟾蜍清泪滴。"

探信接宾四酒店头领四员：摸着天卢雅雨、石将军李味庄、云里将军曾宾谷、旱地忽律程鱼门，赞云："八百孤寒三大白，岂有耽人难再得。"

管理文报头领一员：神行太保戴金溪，赞云："飞行绝迹，其言不出。"

水军副头领五员：立地太岁刘芙初、短命二郎乐莲裳、活阎罗吴兰雪、船火儿吕叔讷、浪里白条钱竹初，赞云："不平则鸣，如水上之风行。”

管理军政头领一员：铁面孔目王铁夫，赞云：“断断不附和，顾公在座。”

马军票骑旧头领十员：百胜将孙补山、天目将赵璞函、圣水将顾晴沙、水火将孙渊如、镇三山吴谷人、丑郡马梦文子、火眼狻猊张瘦铜、铁笛仙赵味辛、摩云金翅伊墨卿、赤发鬼查榕巢，赞云：“小邾莒，大齐鲁，迭长敦盘，各建旗鼓。”

以上或一人一赞，或数人合赞，以后分列头领而无赞，实未成之草稿也。

**《乾嘉诗坛点将录》 大兴舒位戏作** 见《苏府志》。

夫笔阵千人，必谋元帅。诗城五字，厥有偏师。故登坛而选将才，亦修史而列人表。遂觉星辰可种，借其说于九百虞初；将使风月常新，和其声于三千雅颂。或盖棺而论定，或盍簪而弗疑，或廉、蔺之无猜，或尹、邢之不避。爰仿东林姓氏之录，演为西江宗派之图。嗟乎！双泪堕南州，叔子不如歌伎；一樽倾北海，中郎何似老兵？此则汝南之评，不遗孟德；元祐之籍，未列欧阳。岂曰以下无讥，实乃于斯为盛。文章千古，玉帛万重，盖唯善将将者，始可与言诗也已。铁棒栾廷玉。

诗坛都头领三员

托塔天王晁盖

沈归愚。德潜。著有《竹啸轩诗钞》、《归愚诗草》，长洲人。按：文悫公生于康熙中叶，犹及见尤西堂先生，新城王文简公称“横山门人，尚有诗人”，亦指文悫而言。其荐举制科，则在乾隆元年，乡、会通籍，则在三年、四年。高庙书“诗坛耆硕”四字赐之。录中首列，实遵宸翰之品题，洵属词场之定论。赞曰：“卫武公，文中子，风雅有篇，隋唐无史。然而筑黄金台以延士者，则必请自隗始也。吁嗟乎！东溪村，曾头市。”

及时雨宋江

袁简斋。枚，著有《小仓山房集》，钱塘人。赞曰：“非仙非佛，笔札唇舌。其雨及时，不择地而施。或膏泽之均沾，或滂沱而怨咨。

玉麒麟卢俊义

毕秋帆。沅，著有《灵岩山人集》，太仓人。赞曰："智勇功名，天下太平。"

掌管诗坛头领两员

智多星吴用

钱箨石。载，著有《箨石斋集》。赞曰："远而望之幽秀漏，熟而视之瘦绉透，不知者曰老学究。"

入云龙公孙胜

王兰泉。昶，著有《春融堂集》。青浦人。赞曰："盛名之下，一战而霸。湖海诗传，随园诗话。"

参赞诗坛头领一员

神机军师朱武

法梧门。式善，著有《存素堂诗集》。赞曰："前有李茶陵，后有王新城。具体而微，应运而兴。在师中吉，张吾三军。其机如此，此神之所以神。"

专管诗坛钱粮头领一员

小旋风柴进

阮芸台。元，著有《揅经室集》。赞曰："宗庙之事愿为小。其旋元吉，其风肆好。"

马军总头领三员

大刀关胜

蒋心余。士铨，著有《忠雅堂集》。赞曰："四十斤者魏朱亥，十万兵者汉樊哙。巨刃摩天扬，则不如轻裘缓带。"

豹子头林冲

胡稚威。天游，著有《石笥山房集》。赞曰："十八武艺皆高强，有时误入白虎堂。"

霹雳火秦明

赵瓯北。翼，著有《瓯北集》，阳湖人。赞曰："熛以赤，雌霹雳。"

马军正头领十四员

双枪将董平

邵梦余。无恙，著有《镜西阁集》赞曰："儿女英雄，天下健者唯董公。"

双鞭呼延灼

萧子山。抡，著《樊村草堂集》。赞曰："堂堂之阵，正正之旗，是孙武子，是傅修期。"

没羽箭张清

舒铁云。位，著有《瓶水斋集》，大兴人。赞曰："弃尔弓，折尔矢，高固王翦有如此。似我者拙，学我者死，一朝击走十五子。"

小李广花荣

陈云伯。文述，著有《颐道堂集》。赞曰："无双国士飞将军，孰为前身孰后身？昨夜关弓射猛虎，诘朝视之石饮羽。"

金枪手徐宁

彭甘亭。兆荪，著有《小谟觞馆集》。赞曰："钩镰枪，若是班。连环马，不复还。家藏雁翎之甲最精妙，窃之者谁鼓上蚤。"

扑天雕李应

杨蓉裳。芳灿，著有《真率斋集》。赞曰："镂金刻玉，落雕都督。"

病尉迟孙立

孙子潇。原湘，著有《天真阁集》，昭文人。赞曰："恃一鞭，斗呼延。"

青面兽杨志

张船山。问陶，著有《船山诗草》，遂宁人。赞曰："殿前制使，将门子弟。可惜宝刀，用杀牛二。"

美髯公朱仝

姚春木。椿，著有《晚学斋集》。赞曰："随陆无武，绛灌无文，未若髯之绝伦超群。"

插翅虎雷横

查梅史。揆,著有《菽原堂集》赞曰:“虎头万里飞食肉,何如朝吸湖光饮山渌。”

九纹龙史进

严丽生。学湰,著有《海云堂集》。赞曰:“瓦官寺前,少华山上,谁曰翩翩少年,不敌幽燕老将?”

急先锋索超

周篔云。赞曰:“长枪大戟,震动一切。”

没遮拦穆弘

许周生。宗彦,字积卿,德清人。著有《鉴止水斋集》。赞曰:“结客少年场,春风满路香。”

井木犴郝思文

翁霁堂。照,著有《赐书堂集》。赞曰:“青松磊落白鹤瘦,谦谦君子,上应列宿。”

步军先锋正头领二员

花和尚鲁智深

洪稚存。亮吉,著有《卷施阁集》。赞曰:“好个莽和尚,忽现菩萨相。六十二斤铁禅杖。”

行者武松

黄仲则。景仁,著有《两当轩集》。赞曰:“杀人者,打虎武松也。”

步军冲锋挑战正头领一员

黑旋风李逵

王仲瞿。昙,著有《烟霞万古楼集》。赞曰:“牛而铁,风则黑。突如其来,如学万人敌。”

步军冲锋挑战副头领一员

浪子燕青

郭频迦。麐,著有《灵芬馆集》。赞曰:“东京燕,东林钱,合传之体司马迁。”

水军总头领一员

混江龙李俊

姚姬传。鼐，著有《惜抱轩集》。赞曰：“家住浔阳江上，欸乃一声，有时绝唱。”

相士头领一员

紫髯伯皇甫端

翁覃溪。方纲，著有《栖霞稿》、《复初斋集》。赞曰：“沧江夜夜虹贯月，唯有玉蟾蜍，清泪滴。”

管理军政头领一员

铁面孔目裴宣

王铁夫。芑孙，著有《楞伽山人集》。赞曰：“断断不附和，顾公在座。”

探信接宾四酒店头领四员

摸着天　卢雅雨。见曾。

石将军　李味庄。廷敬。

云里金刚　曾宾谷。燠，著有《赏雨茆屋集》。

旱地忽律　程鱼门。晋芳，著有《蕺园诗集》。

赞曰：“八百孤寒三大白，岂有酖人难再得。”

管理文报头领一员

神行太保戴宗

戴金溪。敦元。一作全谢山。祖望，著有《鲒埼亭集》。赞曰：“飞行绝迹，其言不出。”

水军副头领五员

立地太岁　刘芙初。嗣绾，著有《尚絅堂集》。

短命二郎　乐莲裳。钧，著有《青芝山馆集》。一作杨六壬。梦符。

活阎罗　吴兰雪。嵩梁，著有《香苏山馆集》。

船火儿　吕叔讷。星垣。

浪里白条　钱竹初。屿沙。

赞曰："不平则鸣，如水上之风行。"

马军护卫头领二员

小温侯　高东升。文照。著有《阆清山房诗钞》，武康人。

赛仁贵　陈梅岑。熙，著有《腾笑轩诗钞》。

步军护卫头领二员

毛头星　袁湘湄。棠，著有《秋水池堂诗钞》。一作李墨庄。鼎元。

独火星　袁笛生。鸿。一作李凫塘。

水军护卫头领二员

翻江蜃　钱谢庵。枚，著有《斋心草堂集》。

出洞蛟　钱叔美。杜，著有《松壶画集》。

马军骠骑旧头领十员

百胜将　孙补山。士毅。一作李鹤锋。

天目将　赵璞函。文哲，著有《媕雅堂集》。一作张少华。

圣水将　顾晴沙。光旭。一作钱竹汀。大昕，著有《潜研堂集》。

神火将　孙渊如。星衍，著有《雨粟楼集》。一作吴竹屿。泰来，著有《净名轩集》。

镇三山　吴谷人。锡麒，著有《有正味斋集》。

丑郡马　梦文子。

火眼狻猊　张瘦铜。埙。一作艾赤霞。善长，著有《秋树读书处集》。

铁笛仙　赵味辛。怀玉，著有《亦有生斋集》。

摩云金翅　伊墨卿。秉绶，著有《留春草堂集》。

赤发鬼　查榕巢。礼，著有《铜鼓书堂集》。

赞曰："小邾莒，大齐鲁。迭长敦盘，各建旗鼓。"

专治诸病头领一员

神医安道全

薛一瓢。雪，著有《一瓢集》。

芒砀山旧头领三员

混世魔王　杭堇浦。世骏，著有《松吹堂集》。

八臂哪咤　齐次风。召南，著有《赐砚堂集》。

飞天大圣　郑炳也。虎文，著有《吞松阁集》。一作王西庄。鸣盛，著有《耕养斋集》。

登云山旧头领二员

出林龙　吴竹桥。蔚光，昭文人。一作祝宣臣。

独角龙　吴巢松。慈鹤，著有《岑华居士集》。一作祝芷塘。德麟。著有《悦亲楼集》。

宋家庄旧头领一员

铁扇子　袁香亭。谢，著有《红豆村人集》。

桃花山旧头领二员

打虎将　朱青湖。彭。

小霸王　项金门。

枯树山旧头领一员

丧门神　宋茗香。大樽。一作陈东浦。奉茹。

清风山旧头领三员

锦毛虎　盛青嵝。锦，著有《青嵝诗钞》。一作徐尚之。书。

矮家虎　王芥子。太岳，著有《清虚山房集》。一作王秋塍。复，著有《晚晴轩集》，秀水人。

白面郎君　方子云。正澍，著有《伴香阁集》，歙人。

少华山旧头领二员

跳涧虎　陈古渔。毅。

白花蛇　何南园。士颙。

后寨头领三员

一丈青　王介祉。陆禔。

母大虫　陈筠樵。声和。

母夜叉　沈芸生。清瑞。

飞书走檄头领二员

圣手书生　吴澹川。文溥，著有《南野堂集》。

玉臂匠　陈曼生。鸿寿，著有《种榆仙馆集》。

行刑侩子头领二员

铁臂膊　钱南园。澧。一作谢香泉。振定。

一枝花　尤二娱。维熊。一作胥燕绳。武。

步军协理头领二十六员

病关索　王梦楼。文治，著有《梦楼诗集》。一作邵二云。著有《南江诗稿》。

拼命三郎　毛海客。大瀛。一作崔朗斋。嵩。

锦豹子　杨荔裳。揆，著有《桐花吟馆集》，无锡人。一作杨笠湖。潮观，著有《吟风阁诗》。

金钱豹子　石琢堂。韫玉，著有《豹学庐初稿》。一作顾立方。敏慎，有《笠舫诗》，金匮人。

轰天雷　侯夷门。嘉翻。一作谢蕴山。启昆，著有《树经堂诗》。

神算子　蒋藕船。知让。一作潘榕皋。奕隽。

铁叫子　陶篁村。文藻，著有《伯沤山房集》。一作秦小岘。瀛，著有《小岘山人集》。

玉幡干　汪剑潭。端光。一作铁某庵。保，著有《梅庵集》。

两头蛇　徐龙友。夔。一作周迂村。准，著有《虚室吟》。

双尾蝎　李客山。果，著有《咏归亭集》。一作张永夫。

小尉迟　陈桂堂。廷庆。一作孙莲山。韶，著有《青云楼集》。

病大虫　赵艮甫。函。一作蒋立厓。业晋，著有《秦中》、《吴中》等草。

金眼彪　屠琴坞。倬，著有《星程堂集》。一作范瘦生。起凤，著有《瘦生诗集》。

鬼脸儿　薛香闻。一作杨篑山。

催命判官　沙斗初。维杓，著有《耕道堂集》。一作黎简民。著有《五百四峰堂集》。

中箭虎　宗圣垣。一作崔漫亭。龙见。

花项虎　严道甫。长明。一作英梦堂。廉。按：此条据《东方杂志》补。

没面目　金寿门。农，著有《冬心集》。一作张浦山。庚，著有《强恕斋集》。

青眼虎　李载园。符青。一作郑枫人。

笑面虎　詹石琴。肇堂。一作吴白华。省钦。著有《白华诗钞》。

通臂猿毕子筠。华珍，著有《少庵山房集》。一作王载扬。藻。

操刀儿　汪小梅。淮，著有《四知堂集》。一作屈悔翁。复，著有《弱水集》。

菜园子　童二树。钰。一作金棕亭。兆燕，著有《棕亭诗钞》。

小遮拦　许青山。乃济。一作沈云椒。初，著有《韵兰堂集》。

活闪婆　林远峰。镐，著有《双树生诗钞》。

险道神　郑板桥。燮，著有《板桥集》。

隐姓埋名头领四员

金毛犬

九尾龟

白日鼠

鼓上蚤。

额外头领一员

黄面佛　彭尺木。绍升，著有《观河集》，长洲人。

《东方杂志》载武进庄氏钞本，述诗人爵里较详。

眉史氏《明季复社纪略》卷四：是时有怨复社者，托名徐怀丹，作十大罪檄文。一曰："招集匪人。夫实行之士，杜门自守。今溥、采社中，或号神行太保，孙孟朴。或称智多学究。曾同远。种种奸匪，聚匿为群，有司莫敢过问。罪之五也。"

## 续水浒传

《通俗编》卷三十七：《瓮天脞语》载，宋江潜至李师师家，题词于壁。钟嗣成《录鬼簿》康进之乐府，有梁山泊黑旋风负荆、黑旋风老收心。按，此等事今俱见《续传》中。又陆友仁《题宋江三十六人画赞》云："睦州盗起尘连北，谁挽长江洗兵革。京东宋江三十六，悬赏招之使擒贼。后来报国收战功，捷书夜奏甘泉宫。"则江降后自有攻讨方腊等事，《续传》所演皆不为无因。或谓《宋鉴》刘豫所害关胜，即大刀关胜，想亦有之。

《檐曝杂记》：招安梁山泺榜文，《居易录》载，宋张忠文公叔夜《招安梁山泺榜文》："有拏获宋江者，赏钱万万贯；拏获卢进义者，赏百万贯拏；获关胜、呼延绰、柴进、武松、张清等者，赏十万贯；拏获董平、李进者，赏五万贯有差。今叶子戏有万万贯、千万贯、百万贯递降，皆用张叔夜榜文也。又《传》中方腊贼党吕师囊，台州仙居人，亦非杜撰。又《七修类稿》言，《录鬼簿》，钟继先作，于此传之事尤多。

## 关　胜

《茶香室四钞》卷三：宋无名氏《刘豫事迹》云："除中奉大夫，知济南府。是冬金人侵山东，豫遂蓄异谋，杀其将关胜，欲出城见金酋。百姓遮道愿死守。豫因缒城诣军前通款。"按：此关胜当即宋江等三十六人中之一也。

## 荡寇志

丘炜萲《菽园赘谈》卷七：《水浒传》写武松直是天人，《荡寇志》偏以文同年行刺一段，丑诋武二哥，何耶？俞仲华又以耐庵出色写一关胜，直同云长变相，讥为恶札不堪，遂因而改关胜为冠胜。不知《水浒传》之三十六天罡，自宋江以下，各人名姓绰号，均见宋人周密所著《癸辛杂识》一书中；且闻《宣和遗事》亦尝著录及之矣。关胜姓关，非耐庵之臆称。耐庵见此偶然姓关之人，聊借蜀汉云长传为蓝本，儒将风流，亦何溢美？仲华生于本朝，只知自明以来，关侯庙食，祀典崇隆，不敢亵玩。耐庵时在元朝，宜其未喻及此乎？一笑。至削"关"为

"冠",更失其真。天下之大,岂有限定某姓不准人姓之理? 如此贡媚,诚哉其拙。尝论罗贯中《续水浒》全没分晓,以忠义称盗贼,隐酿海盗之害,偶然而身后子孙三代皆哑,或遂归咎为笔孽之报。若俞仲华者,憎恶梁山,不宽一个,笔笔皆反贯中之道而行之,生前未食文章之报,乃其死后绝嗣,秋坟鬼馁,待祭于侄,是抑亦微词遗行有弗检者乎? 不则,何其酷耶! 或曰:"仲华笔下不问首从,尽杀《水浒传》一百单八人,残虐以逞,方自为功。倘其得行威福,处人家国,一日斫丧元气,并不在汉廷酷吏之下。所谓嗜杀人者,幸不自杀其躯,终必自杀其后也。理或然欤。"

《近世中国秘史》第二编:陆建瀛之遁还金陵,闭户不出也,或谓其婿女为洪军所掳。洪氏令致书于陆,言将假道入浙,决不相犯。如肯让路,即放还婿及女,否则加以极刑云。陆得书,不知所措。会前队战殁,遂狼狈而逃。俞仲华撰《荡寇志》,称宋江掠蔡京婿胁和,实影射陆事也。

《南亭四话》卷一:袁午桥钦使甲三《过梁山泊诗》云:"此地昔为奸盗区,叔夜扫平惟一鼓。"考施耐庵作《水浒传》,描写宋江奸恶,口忠义而心贼盗,故世目为奸淫邪盗之书。罗贯中撰《水浒后传》,竟谓宋江是真忠义,智又出耐庵下矣。山阴俞仲华万春,号忽来道人,为邑诸生,著《荡寇志》,力驳罗贯中,书名《结水浒》,从七十一回起,至一百四十回止,又楔子一回,大旨谓宋江并无受招抚、平方腊事,只有为张叔夜擒拿正法一句,力破贯中伪言,使天下后世深明盗贼忠义之辨,丝毫不容假借。此书虽系小说,颇有关于人心世道,华樵云太守廷杰为之镌板刊行,正堪与袁诗发明。见《海天琴思录》。

## 后水浒

《茶香室续钞》卷十三:沈登瀛《南浔备志》云:"陈雁宕忱,前明遗老,生平著述并佚,惟《后水浒》一书。乃游戏之作,托宋遗民刊行。"按,此书余曾见之,不知为陈雁宕作也。

# 卷六

## 金瓶梅

《茶香室三钞》卷二十三：明沈德符《顾曲杂言》云：袁中郎《觞政》，以《金瓶梅》配《水浒传》为外典，原本实少五十三回至五十七回，有陋儒补以入刻。无论肤浅鄙俚，时作吴语，即前后血脉，亦绝不贯串，一见即知其赝作矣。闻此为嘉靖间大名士手笔，指斥时事，如蔡京父子则指分宜，林灵素则指陶仲文，朱勔则指陆炳，其它各有所属。

国朝王士祯《香祖笔记》云：兖州阳谷县西北，有冢俗呼西门冢。有大族潘、吴二氏，自言是西门嫡室吴氏、妾潘氏之族。一日，社会演剧，吴之族使演《水浒记》。潘族谓辱其姑，互控于县。按，明人小说多有所指。《顾曲杂言》又云：尚有《玉娇李》，亦出此名士手，与前书各设报应因果。其帝则称完颜大定，而贵溪、分宜相构，亦暗寓焉。至嘉靖辛丑庶常诸公，则直书姓名，尤可骇怪。夫嘉靖庶常诸公尚可直书姓名，则所谓西门庆及吴氏、潘氏，安知不实有其人乎？阳谷县有此三姓，恐真系其子孙也。

《野获编》卷二十五：又见《顾曲杂言》。袁中郎《觞政》，以《金瓶梅》配《水浒传》为外典，予恨未得见。丙午遇中郎京邸，问曾有全帙否？曰："第睹数卷，甚奇快。今惟麻城刘延白承禧家有全本，盖从其妻家徐文贞录得者。"又三年小修上公车，已携有其书，因与借抄挈归。吴友冯犹龙见之惊喜，怂恿书坊以重价购刻。马仲良时榷吴关，亦劝予应梓人之求，可以疗饥。予曰："此等书必遂有人板行。但一刻则家传户到，坏人心术。他日阎罗究诘始祸，何辞以对？吾岂以刀锥博泥犁哉！"仲良大以为然，遂固箧之。未几时，而吴中悬之国门矣。然原本实少五十三回至五十七回，遍觅不得，有陋儒补以入刻。无论肤浅鄙俚，时作吴语，即前后血脉亦绝不贯串，一见知其赝作矣。闻此为嘉靖间大名士手笔，指斥时事，如蔡京父子则指分宜，林灵素则指陶仲文,朱勔则指陆炳,其它各有所属云。

《冬夜笺记》:近见永年申处士涵光《荆园小语》,多可铭鉴。如云:“每怪世人极赞《金瓶梅》,摹画人情,有似《史记》。果尔,何不直读《史记》? 家有幼学,尤不可不慎。”

林昌彝《砚耕绪录》卷十二:广平申和孟先生云:“世传作《水浒传》者三世哑。近时淫秽之书如《金瓶梅》等种,丧心败德,天罚当不止此。每怪友辈极赞此书,谓其摹画人情,有似《史记》。果尔,何不直读《史记》,反说其似耶? 至家有幼学者,尤不可不慎。”昌彝谓人见此书,当即焚毁,否则昏迷失性,疾病伤身。窃玉偷香,由此而起。身心瓦裂,视禽兽又何择哉?

康熙乙亥,秦中觉天者谢颐序云:“《金瓶》一书,传为凤洲门人之作,或云即凤洲手。”彭城张竹坡批评。

李日华《味水轩日记》卷七:沈伯远携其伯景倩所藏《金瓶梅》小说来,大抵市诨之极秽者耳,而锋焰远逊《水浒传》。袁中郎极口赞之,亦好奇之过。

邓之诚《骨董琐记》卷八:《茶余客话》云:《绣像水浒传》,镂板精致,藏书家珍之,钱遵王列于书目。其像为陈洪绶笔。袁中郎《觞政》,以《金瓶梅》配《水浒传》为外典,版刻亦精。此书为嘉靖中一大名士手笔。指斥时事,如蔡京父子指分宜,林灵素指陶仲文,朱勔指陆炳。又云:有《玉娇梨》一书,亦出此名士手,与前书各设报应,当即世所传之《后金瓶梅》。前书原本少五十三回至五十七回。今所刊者,陋儒所补,肤浅且多作吴语。后来唯《醒世姻缘传》,仿佛得其笔意。然二书皆托名齐鲁人,何耶? 李日华《味水轩日记》云:万历四十五年十一月五日,伯远携景倩所藏《金瓶梅》小说来,大抵市诨之极秽者,而锋焰远逊《水浒传》,袁中郎极口赞之,亦好奇之过。按,今传世《金瓶梅词话》五十三至五十五回,与通行本不同,有乘船出游事,口气亦不类,殆即所谓吴语。词话之序,题万历丁巳,正四十五年,未知即味水所见否?

顾公燮《消夏闲记摘抄》卷上：作《金瓶梅》缘起，王凤洲报父仇条云：太仓王忬家藏《清明上湖图》，化工之笔也。严世蕃强索之，忬不忍舍，乃觅名手摹赝者以献。先是，忬巡抚两浙，遇裱工汤姓流落不偶，携之归，装潢书画；旋荐于世蕃。当献画时，汤在侧，谓世蕃曰："此图某所目睹，是卷非真者。试观麻雀小脚而踏两瓦角，即此便知其伪。"世蕃恚甚，而亦鄙汤之为人，不复重用。会俺答入寇大同，忬方总督蓟辽，鄢懋卿嗾御史方辂劾忬御边无术，遂见杀。后范长白公，允临。作《一捧雪传奇》，改名《莫怀古》，盖戒人勿怀古董也。忬子凤洲，世贞。痛父冤死，图报无由。一日偶谒世蕃，世蕃问坊间有好看小说否，答曰："有。"又问何名。仓卒之间，凤洲见金瓶中供梅，遂以"金瓶梅"答之，但字迹漫灭，容钞正送览。退而构思数日，借《水浒传》西门庆故事为蓝本，缘世蕃居西门，乳名庆，暗讥其闺门淫放。而世蕃不知，观之大悦，把玩不置。相传世蕃最喜修脚，凤洲重赂修工，乘世蕃专心阅书，故意微伤脚迹，阴搽烂药。后渐溃腐，不能入直。独其父嵩在阁，年衰迟钝，票本拟批，不称上旨。上寖厌之，宠日以衰。御史邹应龙乘机劾奏，以至于败。噫，怨毒之于人甚矣哉！

方浚师《蕉轩随录》卷二：《水浒》、《金瓶》二书，倡盗诲淫，有害于世道人心者不小。按，《金瓶梅》载武松、潘金莲等事，其说不一。包倦翁《闸河日记》云：阿城古甄治，陈王墓在焉。今属阳谷，唯阿井周围百步，属东阿。故东阿有贡胶役，土人颂之曰："山东有二宝，东阿驴胶，阳谷虎皮。"虎皮今藏阳谷库，土人传为武松打死于景阳冈者也。景阳冈在阿城东南二十五里。土人又言：明初，有阳谷县知县武姓者，甚贪虐。有二妻，一潘、一金，俱助夫婪索。西门有庆大户，尤被其毒。民人切齿，呼之为武皮匠，言其剥割也；又呼为卖饼大郎，言其于小民口边求利也。据此，似作者不为无本。

无名氏《韵鹤轩杂著》卷下《跋金瓶梅后》：《金瓶梅》一书，脍炙人口，金圣叹评之详矣。世传凤洲撰文，荆川中毒，分宜《清明上河图》公案，久入覆盆，不得已假荒唐之词，作复仇之计。此殆仁人孝子之用心固有然，无足怪者。至如西门大官人，特不过子虚乌有，亡是公之类耳。乃阅者读其书，想见其为人，如司马之于蔺，长孙之于魏，仰慕无穷，求以身肖，抑又何也？胸中无五千卷书，断不可读稗官小说，虽贯华才子诸书，徒坏人心术耳，何暇论其行文之妙，发始之端哉？市井细人，往往以假托之词，据为典故，其不令人喷饭者鲜矣，是又出不识一丁下也。

## 续金瓶梅

钱陆靖《存梅氏遗稿》有《续金瓶梅序》。

孙癯蝯《啸庼笔乘》：世传《金瓶梅》一书，为王弇州先生手笔，用以讥严世蕃者。书中西门庆，即世蕃之化身。世蕃小名庆，西门亦名庆；世蕃号东楼，此书即以西门对之。此一说也。或又谓此书为一孝子所作，用以复其父仇者。盖孝子所识一巨公，实杀孝子父，图报已屡，皆不济。后忽诇知巨公观书时，必以指染沫，翻其书叶。孝子乃以三年之力，经营是书。书成，粘毒液于纸角。觇巨公出时，使人持书叫卖于市曰："天下第一奇书。"巨公于车中闻之，即索观。车行及其第，书已观讫，啧啧叹赏，呼卖者问其值，卖者竟不见。巨公顿悟为人所算，急自营救，已不及，毒发遂死。此又一说也。今按：二说皆是。孝子即凤洲也。巨公为唐荆川。顺之。凤洲之父忬，死于严氏，实荆川谮之也。姚平山《纲鉴挈要》载杀巡抚王忬事，注谓："忬有古画，严嵩索之。忬不与，易以摹本。有识画者，为辨其赝。嵩恚，诬以失误军机，杀之。"但未记识画人姓名。有知其事者，谓识画人即荆川。古画者，《清明上河图》也。凤洲既抱终天之恨，誓有以报荆川，数遣人往刺之。荆川防护甚备。一夜，读书静室，有客自后握其发，将加刃。荆川曰："余不逃死，然须留遗书嘱家人。"其人立以俟。荆川书数行，笔头脱落，以管就烛，佯为治笔，管即毒弩，火热机发，镞贯刺客喉而毙。凤洲大失望。后值荆川于朝房，荆川曰："不见凤洲久，必有所著。"答以《金瓶梅》。其实凤洲无所撰，姑以诳语应尔。荆川索之切。凤洲归，广召梓工，旋撰旋刊，以毒水濡墨刷印，奉之荆川。荆川阅书甚急，墨浓纸粘，卒不可揭，乃屡以指润口津揭书，书尽，毒发而死。此其大略也。或传此书为毒死东楼者，不知东楼自正法；毒死者，实荆川也。彼谓“以三年之力成书”，及“巨公索观于车中”云云，又传闻异词者耳。不解荆川以一代巨儒，何渠甘为严氏助虐，卒至身食其报而无悔也？噫！

黄安涛《贤己编》卷三：广州城隍庙两廊塑地狱变相，原以因果示儆蚩氓也。内有女像潘金莲一躯，即演世俗所撰《金瓶梅》故事，乃土人以潘三奶奶称之。凡有私期密约者，祷之辄如愿。香烟颇盛。锦袄绣鞢之酬丁星披挂，此与闽中牛头大王相类，伤风导淫，莫此为甚，除之岂必俟狄梁公乎？是司牧者之责矣。此袁云溪大令所亲见而述之者。

章学诚《乙卯札记》：近世尊官称大人，卑者称老爷。赵耘菘谓大人本父母，而以为尊称，起于汉世中官。后世因为达官之称。爷本父之称，谓自高力士承恩日久，中外畏之，驸马辈直呼为爷。后世王爷、公爷、老爷之称，亦自此起。然观明人所为《金瓶梅》小说，于官之尊者称为老爹。老爹即老爷也，以称太师、提督、抚按诸官；如知县、千户等官，则以大人呼之。疑明时称谓，与今互异。

## 玉娇李

《茶香室丛钞》卷十七：明沈德符《顾曲杂言》云：袁中郎《觞政》，以《金瓶梅》配《水浒传》为外典。中郎又云：“尚有名《玉娇李》者，亦出此名士手，与前书各设报应因果。武大后世化为淫夫，上烝下报；潘金莲亦作河间妇，终以极刑；西门庆则一骙憨男子，坐视妻妾外遇。以见轮回不爽。”中郎亦耳剽，未之见也。今《金瓶梅》尚有流传本，而《玉娇李》则不闻有此书矣。余从前在书肆中，见有名《隔帘花影》者，云是《金瓶梅》后本。余未披览，不知是否此书也。

《野获编》卷二十五（又见《顾曲杂言》）：中郎又云：“尚有名《玉娇

李》者，亦出此名士手，与前书各设报应因果。武大后世化为淫夫，上烝下报，潘金莲亦作河间妇，终以极刑，西门庆则一骇憨男子，坐视妻妾外遇，以见轮回不爽。”中郎亦耳剽，未之见也。去年抵辇下，从丘工部六区，志充。得寓目焉，仅首卷耳，而秽黩百端，背伦灭理，几不忍读。其帝则称完颜大定，而贵溪、分宜相构亦暗寓焉，至嘉靖辛丑庶常诸公，则直书姓名，尤可骇怪。因弃置不复再展。然笔锋恣横酣畅，似尤胜《金瓶梅》。丘旋出守去，此书不知落何所。

## 精忠传

《陔余丛考》卷二十：宋高宗初至杭州，即命立崔府君庙，以示灵异，于是精忠小说遂有泥马渡江之说。按：《宋史·宗泽传》：“康王再使金，至磁州，宗泽劝留，不从。乃假神以止之曰：‘此间有崔府君庙，甚灵，可以卜珓。’庙有马，是夜果衔车辇等物，填塞去路。泽曰：‘可以见神之意矣。’乃止。”此泥马故事也。余曾见曹勋画高宗瑞应图九幅，内一幅系崔府君庙，庙中一马独立，而车毂之类纵横满地。勋有跋云：“厅子马，不肯行。”盖即塞路之事也。

林昌彝《砚耕绪录》卷六：岳忠武王所用铁锤及其嗣君云所用铁锤，斤数不同。杭州栖霞岭岳王庙西庑立石碑，中纪岳王所用铁锤，左手持者重六十五斤，右手持者重七十斤；嗣君所用铁锤，左手持者重七十斤，右手持者重七十五斤。必有所本，为诸书所未载者。

《庸闲斋笔记》卷四：小说家无稽之语，往往误人。《岳传》载：张浚陷害岳武穆，后为诸将咬死。于是吴俗遂有“咬死人不偿命”之说。同治壬申，苏郡有飞金之贡。先是，业金箔者以所业微细，自立规约，每人须三年乃授一徒。盖以事此者多，则恐失业者众也。其时有无赖某者，以办贡为名，呈请多授学徒，用赴工作。既得批准，即广招徒众，来从学者，人费六百文，一时师之者云集。同业大忿，于是援“咬死不偿命”一言，遂群往持其人而咬之，人各一口，顷刻而死。吴县令前往检验，计咬伤处共一百二十三口，然何人咬何处，人多口杂，不特生者不知，即起死者问之，恐亦不能知也。乃取始谋先咬者一人论抵。

## 醉菩提

孙璧文《考古录》卷十。

## 英烈传

《茶香室续钞》卷十三：明沈德符《野获编》卷五云：武定侯郭勋在世宗朝，号好文多艺，能计数。今新安所刻《水浒传》善本，即其家所传。前有汪太[①]函序，托名天都外臣者。初，勋以附会张永嘉议大礼，因相倚互为援，骤得上宠，谋进爵上。公乃出奇计，自撰开国通俗纪传名《英烈传》者，内称其始祖郭英战功几埒开平、中山。而鄱阳之战，陈友谅中流矢死，当时本不知何人，乃云郭英所射，令内官之职平话者，日唱演于上前。止谓此相传旧本。上因惜英功大赏薄，有意崇进之。会勋入直撰青词，大得上眷，几出陆武惠、仇咸宁之上。遂用工程，功竣，拜太师，后又加翊国公，世袭。则伪造纪传与有力焉。此通俗书今传播于世。又云，太祖混一规模，成于鄱阳之战。今世谓战酣时，郭英射死伪汉主陈友谅，以此我师大捷。审果尔，即后来之配食太祖，亦不为泰然。而其时射者自是巩昌侯郭子兴，非英也。与英同姓，故郭勋遂冒窃其功。今《俗说英烈传》书皆勋所自造，以故世宗惑之。按《英烈传》今尚有之，不知为郭勋作也。

明郎瑛《七修类稿》云："鄱阳湖之战，郭英、子兴兄弟侍上侧。友谅启窗视师，英望见异常，开弓射之箭。贯其颅及眼而死。"至今人知友谅死于流矢，不知郭所发也。太祖闻友谅死，喜甚，曰："郭二兄弟一箭胜十万师。"盖子兴乃英之兄，行二，而英行四。太祖每称郭四

---

① 太：原稿作"大"。按汪道昆，号太函。

者，英也。英不居功，故人不知。独《英烈传》中明载。按此则郎氏又以此箭真属郭英。

明祝允明《野记》云："友谅启窗顾视，宣武遽射之，矢贯其颅及睛而死。"按，宣武者，郭子兴也。则以为郭子兴，而非郭英。

《七修类稿》卷二十四：元末僭窃虽多，独陈友谅兵力强大，与我师鄱阳湖之战，相持昼夜，势不两存矣。时郭英、子兴兄弟侍上侧，进火攻之策。友谅势迫，启窗视师。英望见异常，开弓射之，箭贯其颅及睛而死。至今人知友谅死于流矢，不知郭所发也。《功臣录》中亦含糊，载云有言英之箭者。《传信录》又误以其子兴之箭，殊不知观太祖闻友谅死，喜甚，曰："郭二兄弟一箭胜十万师，功何可当是矣？"盖子兴乃英之兄，行二；而英行四。太祖每称郭四者，英也。且友谅之死，两军莫知。铁冠道人望气而后知之，语上，作文望空以祭。陈军夺气，于时方败去。因移日未知英箭，英亦不大居功，故人不知也，独《忠烈传》中明载。按："忠烈"乃"英烈"之误。

郑晓《今言类编》下：郭勋欲进祀其立功之祖武定侯英于太庙，乃仿《三国志俗说》及《水浒传》，为《国朝英烈记》，言生擒士诚、射死友谅，皆英之功。传说宫禁，动人听闻。已乃疏乞祀英于庙庑。又言英本开国功臣，卒于永乐年间，以故不庙祀。而不知太祖定庙祀时，固兼生死而论定矣。且英之封在洪武十七年。论平云南功，大将颍川侯傅友德进封颍国公；副将蓝玉、仇成、王弼先封流侯者，与世嗣；偏俾都督佥事陈桓、胡海、郭英、张翼，兵兴以来屡效勤劳，今勋尤著，于是桓封普定侯、海东川侯、英武定侯、翼鹤庆侯。盖庙祀定后十六年，而英始侯也。

萍浪生《梦言》卷二：嘉靖十年间，刑部郎中李瑜议进诚意伯刘基侑祀高庙，位次六王。至是，武定侯郭勋欲进其立功之祖英于太庙，乃仿《三国志》，为《国朝英烈记》，言英生擒士诚、射死友谅。载英之功，传说宫禁，动人听闻。已乃疏乞祀英庙庑。又言，英本开国功臣，卒于永乐年间，以故不得庙祀。而不知太祖庙祀时，固兼生死而论定之矣。时廷臣争执不可，勋言往年进基附享，基文臣，故举朝翕然顺从。臣祖英武臣，乃纷然阻忌。上是勋言，乃进英祀。

褚人获《坚瓠九集》卷一《龙兴慈记》：高皇初诞，屋上红光烛天。皇觉寺僧望见之，惊疑回禄也。明发扣问，告以诞，请长从僧游。幼时与群牧儿戏，以车辐版作平天冠，以碎版作笏，令群儿朝之，俨然王者气象。杀小犊煮食之，插犊尾于地，诳主者曰："裂地陷去矣。"主者拽尾，转入地中，以为真陷也。后在寺时，扫梵宇，以帚击伽蓝像，令缩足起，待我扫。足即起。鼠伤灯烛，责伽蓝不管，书其背曰："发去三千里。"其晚僧梦伽蓝辞行，曰："当今世主遣发三千里矣。"明早，僧视伽蓝背有字，追问之。高皇曰："戏耳，今释之。"晚又梦伽蓝来谢。主僧禁缚之阶下，高皇口占一诗曰："天为罗帐地为毡，日月星辰伴我眠。夜间不敢长伸脚，恐蹈山河社稷穿。"

## 女仙外史

《茶香室丛钞》卷十七：国朝刘廷玑《在园杂志》云："吴人吕文兆熊，性情孤冷，举止怪僻，所衍《女仙外史》百回亦荒诞，而平生学问心事，皆寄托于此。"按，《女仙外史》一书，余在京师曾见之，不知为吕文兆所作也。

《通俗编》卷三十七：《明史·成祖纪》："永乐十八年二月，蒲台妖妇唐赛儿作乱。安远侯柳升帅师讨之。三月辛巳，败贼于卸石。赛儿逸去。甲申，山东都指挥佥事卫青败贼于安丘，指挥王真败贼于诸城。献俘京师。"按杂说，唐赛儿夫死，祭墓径山麓，见石罅露出石匣，发视，得妖书，取以究习，遂得通诸术。削发为尼，以其教施于村里，凡衣食财物随须以术运至，细民翕然从之，渐至数万。官军不能获，朝命集数路击之，屡战，杀伤甚众。既而捕得，将伏法，刃不能入。不得已，复下狱，三木被体，铁鈕系足。俄皆自解脱，竟遁去，不知所终。好事者演其事，谓之《女仙外史》。

《长安看花记》"黄小蟾"条云：昔吕青田作《女仙外史》，云云。

《野获编》卷二十九有“妖妇人”条。

丘炜萲《菽园赘谈》卷七：国初，吴人吕熊撰《女仙外史》，语多荒唐。如《封神传》，本无足观，其特许唐赛儿，要为深贬燕王棣耳。永乐武功之盛，别有三宝开港小说为之附会。其始篡位之日，杀戮之惨，有心人闻而同愤，惜《女仙外史》笔墨平庸，未能大快锄凶奸于既死之心也。

## 西洋记

《茶香室续钞》卷十七：明郎瑛《七修类稿》云，太祖建都南京，和尚金碧峰启之。见《客座新闻》。按，明代坊间有《西洋记》一书，叙三保太监事，书中有金碧峰和尚。

《浪迹丛谈》卷六：前明三保太监下西洋，至今滨海之区，熟在人口，不知何以当日能长驾远驭、陆詟水栗如是。按《明史·郑和传》载：郑和，云南人，世所谓三保太监者也。成祖疑惠帝亡海外，欲踪迹之，且欲耀兵异域，示中国富强。永乐三年，命郑和及其侪王景弘等通使西洋，治大舶，修四十四丈、广十八丈者六十有二，将士卒二万七千八百余人。自苏州刘家河泛海至福建，复自福建五虎门扬帆，首达占城，以次遍历诸番国，宣天子诏，赍金帛给赐其君长；不服，则以武临之。和经事三朝，先后凡七奉使，星槎所历，三十余国。第一次在永乐三年六月，命郑和、王景弘等，至五年九月还，诸国使者，随和朝见，献所俘三佛齐酋长，戮之。第二次在永乐六年九月，再使往锡兰山，截破其城，擒其王，九年六月献俘于朝。赦不诛，释归国。第三次在永乐十年十一月，再使往苏门答剌。擒其伪王，并俘其妻子，以十三年七月还。第四次在永乐十四年，满剌加、古里等十九国咸遣使朝贡，因命和等往赐其君长，十七年七月还。第五次在永乐十九年春，和等复往，二十年八月还。第六次在永乐二十二年正月，旧港即三佛齐。酋长请袭宣慰使职，又使和赍敕印赐之。冬还，成祖已晏驾。第七次在宣德五年六月，又使和等历往忽鲁谟斯等十七国而还。前后所得珍奇贡物，如真腊国，即今之柬埔寨。贡金缕衣、象五十九，阿丹国贡麒麟，苏禄国贡大珠，重七两有奇，忽鲁谟斯国贡麒麟，又贡狮子，麻林国贡麒麟、天马、神鹿之类，不能悉数，而中国之耗费亦不赀矣。自宣德以还，远方时有至者，而和亦老且死。自和后，凡将命海表者，莫不盛称和，以夸外番。故俗传三保太监下西洋，为明初盛事云。

《春在堂随笔》卷七：《明史・宦官传》："郑和，云南人，世所谓三保太监也。永乐三年，命和及其侪王景弘等通使西洋，将士卒二万七千八百余人，多赍金币。造大舶，修四十四丈，广十八丈者六十二。自苏州刘家河泛海至福建，复自福建五虎门扬帆，首达占城，以次遍历诸番国，宣天子诏，因给赐其君长；不服，则以武慑之。先后七奉使，所历凡三十余国，所取无名宝物不可胜计，而中国耗费亦不赀。自和后，凡将命海表者，莫不盛称和以夸外番。故俗传三保太监下西洋，为明初盛事云。"是郑和之事，在明代固赫然在人耳目间。光绪辛巳岁，老友吴平斋假余《西洋记》一书，即敷衍此事。作者为罗懋登，乃万历间人。其书视太公封神、玄奘取经尤为荒诞，而笔意恣肆，则似过之。乃彼皆盛行，而此顾不甚著，何也？文章之传不传，若有数存，虽平话亦然欤。平斋曰："此必明季人所为，以媚权奄者。"余谓不然。读其序云："今者东事倥偬，何如西戎，即叙当事者，尚兴抚髀之思乎？"然则此书之作，盖以嘉靖以后，倭患方殷，故作此书，寓思古伤今之意，抒忧时感事之忱。三复其文，可为长太息矣。书中却有一二异闻，如术家有金水木火土五行遁法，见于诸书者字皆作"遁"，此独作"囤"，未详其义。又世俗所传八仙，此书则无张果、何仙姑，而别有风僧寿、元壶子，不知何许人，岂明代有此异说欤？《图画见闻录》孟蜀张素卿，画八仙真形，有曰长寿仙者，或即此风僧寿乎？书虽浅陋，而历年数百，便有可备考证者，未可草草读过也。世间有《牙牌数》一书，言近而指远，占之亦时有巧合者。余闻许子社言，杭人有为之笺注者，惟其中有"五鬼闹判"一语，不知所出。以问余，亦无以应也。

今乃知出于《西洋记》第九十回，云“灵曜府五鬼闹判”，即其事也。开卷有益，信夫！

陈伦炯《海国闻见录》：七州洋中，有种神鸟，状似海雁而小，喙尖而红，脚短而绿，尾带一箭，长二尺许，名曰箭鸟。船到洋中，飞而来示，与人为准，呼是则飞而去，间在疑似，再吁细看决疑，仍飞而来，献纸谢神，则翱翔不知其所之。相传王三宝下西洋，呼鸟插箭，命在洋中为记。相传三宝至暹罗时，番人稀少，鬼祟更多，与三宝斗法，胜许居住，一夜各成寺塔。将明，而三宝之寺未及覆瓦，视鬼之塔已成，引风以侧之，用头巾顶、插花代瓦幔覆。今其塔尚侧。三宝寺殿，今朽烂，棕绳犹存于屋瓦。洋艘于篷顶桅上加一布帆，以提吊船身轻快，为头巾顶。又于篷头之旁，加一布帆以乘风力，船无欹侧而加快，为插花。番病，每向三宝求药，无以济施，药投之溪，令其水浴。至今番唐人尚以浴溪浇水为治病。

《七修类稿》卷十二：永乐丁亥，命太监郑和、王景弘、侯显三人往东南诸国，赏赐宣谕。今人以为三保太监下洋。不知郑和旧名三保，皆靖难内臣有功者。若王彦，旧名狗儿等，后俱擢为边藩镇守，督阵以报之。镇守自此始耳。

《此登临楼笔记》，可采。

## 野叟曝言

《庄谐选录》卷四：《野叟曝言》一书，相传为康熙时江阴缪某所撰。缪有才学，颇自负，而终身不得志，晚乃为此书以抒愤。书成，适仁庙南巡，缪乃缮写一部，装潢精美，外加以袱，将于迎銮时进呈，冀博宸赏。缪之女，颇通文墨，且明慧，晓世事，知此书进呈，必酿祸。又度其父性坚执，不可劝止。乃与缪之徒某甲商议，乘夜用白纸装订一部，其精美与其原书无殊。即置诸袱中，而匿原书于他处。迨次日，缪将迎驾，姑启袱出书，重加什袭，则见书犹是，而已无一字矣！缪大哭，以为是殆为造物所忌，故一夕之间，书遽羽化也。女乃徐劝之曰："既为造物所忌，似不进呈亦佳，免召杀身之祸。"缪无如何，始罢进呈之意。由是郁郁而死。死后，女乃将其书重加润饰，凡秽亵之语，删除略尽，始付刊印行，即近日流传之本也。

丘炜萲《菽园赘谈》卷七：《野叟曝言》，乃康熙时一常州人夏姓著，萃数十年精力，成百数十回大书，借王文成公擒宸濠旧事，以为影子。其宗旨全在诛锄僧道、收罗技武，苦心组织，独出心裁，直欲前无古人；又念俗情闻雅乐而卧，闻郑声而悦，中间撰出许多亵语亵事。识者讥之。要于小说体裁，未足深责也。其短处尽在全书笔墨过于纠缠，叙至文素臣功成名立之日，已可收科；以后絮絮叨叨，连子及孙，讲之不了，未免画蛇添足。

姚公鹤《上海闲话》卷上：凡沿海地方必崇奉天后宫。天后之历史，言人人殊，而以后为闽产之说，较可信。江阴夏二铭先生《野叟曝言》中，以香烈娘娘当之。虽小说家言，不尽足据，然夏系绩学，其说亦必所本。

龚诠《耕余琐闻》戊集：《野叟曝言》，又名《扶桑晓日》，江阴夏氏某君所作也。书无刻本，京中某部主事陈君惠卿处抄有一部，书似自为写照所言。倘有益于世道人心，必不至于湮没。

杜浚《变雅堂诗集》卷八《听韩生说武宗平话》：敬皇有道继唐尧，莫把丹朱拟圣朝。兴邸一龙飞九五，依然玉树变箫韶。

## 三笑因缘

《考古录》卷六有"秋香"一条，可参考。

焦循《剧谈》卷三有"花前一笑杂剧"，又引《茶余客话》二条。

《茶香室丛钞》卷二：国朝王应奎《柳南随笔》云，徐博士昌谷在前明成弘间，与唐解元伯虎、祝京兆希哲、文待诏征明，称吴门四才子。而昌谷实吾邑梅里镇人也。按：唐、祝、文三君，妇孺皆知，而徐稍晦。今盲词家乃以唐、祝、文、周为四才子，周为周美成，北宋人也，大可一噱矣。

又卷十七：国朝董恂《宫闺联名谱》，引王行甫《耳谈》云：陈元超，吴人，父以疏论严氏谪死。元超少年倜傥不拘，尝与客登虎丘，见宦家从婢佼好，笑而顾己，悦之，迹至其家，求佣书焉。留侍二子，文日奇。父师大骇，已而以娶求归。二子不从，曰："室中惟汝所择。"曰："必不得已，秋香可。"即前遇婢也。二子白父母，嫁之。元既娶婢，曰："君非虎丘遇者乎？"曰："然。"曰："君既贵公子，何自贱若此？"曰："汝昔笑顾我，不能忘情耳。"曰："妾昔见君服丧，表素而华其里，少年佻仕可笑，非有他也。"会有贵客过，元因假衣冠谒客，言及白吏部。盖元之外父正柄国尊显，主人闻，大骇，亟治百金装，并婢赠之。按，世传唐解元事即此。

国朝黄蛟起《西神丛语》云：俞宪，号是堂。次子见安，偶从舟次见一女郎，心悦之，买舟尾其后，至吴门，知其为某富室青衣也。因语舟人与其仆曰："留此一月，待我，勿移泊他所。"径独造女郎家。见安少年美丰姿，故作颦蹙状，托言他故，求为苍头。主人见其驯谨，又文弱可爱，留伴其子读。见安为其子代笔，子甚善之，数日后为塾师所觉，颇向主人称其才。主人将欲于群婢中择佳者，授之室。时吴中大户多以粮役倾家，主人深以为忧。苏郡守某，是堂之同年也。见安潜入已舟，呼仆随诣守署，以年家子晋谒，力为主人求罢役。守允其请。翌日，访见安居停答拜。主人初不知，见郡守无端及门，方仓皇失措；而见安已出迎道款矣。守既别，主人揖见安上坐，问所欲，乃以实告；且闻重役已释，惊喜出意外，遂饰此青衣为已女，厚嫁之。近人以其事为唐寅，余询其从孙祖源，始得其本末。女郎号美娘，盖好事者驾言子畏耳。按：黄蛟起，字孝存，无锡人也。所著《丛语》即记无锡之事，然则俞见安固无锡人，而婢家则在苏州。与世传唐子畏至无锡访华氏婢，适相反也。惟子畏此事，世知其伪托，而言人人殊。此记之说，世罕知者，故并载之。

国朝褚人获《坚瓠集》卷四：《桐下听然》云，华学士鸿山察，舣舟吴门，见邻舟一人独设酒一壶，斟以巨觥。科头向之极骂，既而奋袂举觥，作欲吸之状，辄攒眉置之，狂叫拍案。因中酒，欲饮不能故也。鸿山注目良久，曰："此定名士。"询之，乃唐解元子畏，喜甚，肃衣冠过谒。子畏科头相对，谈谑方洽。学士浮白属之，不觉尽一觞，因大笑极欢。日暮后大醉矣。当谈笑之际，华家小姬隔帘窥之而笑。子畏作《娇女篇》贻鸿山，鸿山作《中酒歌》答之。后人遂有佣书获配秋香之诬。袁中郎为之记小说传奇，遂成佳话。

《茶香室三钞》卷五：明唐寅《六如居士集》，有《绮疏遗恨》十首，皆咏物之作。其第一题为《砧杵》，诗云："忍抛砧杵谢芳菲，敲断丁冬梦不归。闻说夜台侵骨冷，可怜无路寄寒衣。"诸诗皆类此，似是悼亡之诗。按：祝枝山京兆所撰《唐六如墓志铭》云："配徐，继沈。"然则六如凡两娶，此所悼者，徐欤？沈欤？据横云山人《明史稿》云："下诏狱，谪为吏，耻不就，归家。益放浪，后缘小故去其妻。"而六如《与文衡山书》云："仆少年欲以功名命世，不幸多故，父母妻子蹑踵而殁。"然则徐氏死甚早，所悼者必是人也。又云："兹所经由，惨毒万状，眉目改观，愧色满面，僮奴据案，夫妻反目。"则以小故而去者，必后妻沈氏矣。今盲词弹唱伯虎妻甚多，正所谓"身后是非谁管得，满城听唱蔡中郎"也。

《茶香室四钞》卷二：国朝谢家福《五亩园小志》：九娘者，相传称唐六如姬人，葬桃花庵后。金云门女士诗云："鸳鸯冢小被人平。"自注云，九娘墓为人所占。然则弹词言六如有九妾，亦或有因也。

《古夫于亭杂录》卷五：小说有唐解元诡娶华学士家婢秋香事，乃江阴吉道人，非伯虎也。吉父为御史，以建言谴戍。道人于洞庭遇异人，得道术，能役鬼神。尝游虎丘，时有兄之丧，上袭麻衣，而内着紫绫裈。适上海一大家携室亦游虎丘，其小婢秋香见吉衣紫，顾而一笑。吉以为悦己也，诡装变姓名，投身为仆。久之，竟得秋香为室。一日遁去，大家迹之，知为吉，厚赠奁具，为翁婿。华则吉本姓云。

《通俗编》卷三十七：姚旅《露书》：吉道人父秉中，以给谏论严氏，廷杖死。道人七岁为任子，十七与客登虎丘。适上海一宦家夫人拥诸婢来游，一婢秋香姣好。道人有姊之丧，外衣白衫，里服紫袄绛裩，风动裾开。秋香见而含笑去。道人以为悦已，物色之，乃易姓名叶昂，改衣装，作窭人子，往贿宦家缝人，鬻身为奴。宦家见其娴雅，令侍二子读书。二子爱昵焉。一日求归娶，二子曰："汝无归，我言之大人，为汝娶。"道人曰："必为我娶者，愿得夫人婢秋香，他非愿也。"二子为力请与之。定情之夕，解衣，依然紫袄绛裩也。秋香凝睇良久，曰："君非虎丘少年邪？君贵介，何为人奴？"道人曰："吾为子含笑目成，屈体惟子故耳。"会勾吴学博迁上海令，道人尝师事者，下车。道人随主人谒焉。既出，窃假主人衣冠入见。令报谒主人，并谒道人。旋道人从兄东游，其仆偶见道人，急持以归。宦家始悉道人颠末，具数百金装，送秋香归道人。道人名之任，字应生，江阴人，本姓华，为母舅赵子。按今演其事为剧，移以属唐寅。《浪迹续谈》卷六引同。

《新义录》卷八十一，"娶秋香非唐伯虎"条，亦引姚旅《露书》。

《茶香室三钞》卷七：宋陈元靓《岁时广记》云：《三水小牍》，湖南观察使李庾女奴曰却要，美容止，善词令。李四子，曰延禧、曰延范、曰延祚，所谓大郎而下四郎也，咸欲蒸却要而不能。尝遇清明节，纤月娟媚，中堂垂绣幕，背银釭，而大郎与却要遇于樱桃影中。乃持之求偶，却要取茵席授之，绐曰："可于厅之东南隅，伫立相待，候堂前眠熟，当至。"大郎既去，又逢二郎，调之，却要复取茵席授之，曰："可于厅中东北隅相待。"二郎既去，又逢三郎。却要复取茵席授之曰："可于厅中西南隅相待。"三郎既去，又与四郎遇。却要复取茵席授之曰："可于厅中西北隅相待。"四人皆去。延禧于角中屏息以待，厅门斜闭，见其三弟比比而至，各趋一隅。少顷，却要燃密炬疾向厅事，豁双扉而照之，谓延禧辈曰："阿堵贫儿，争敢向这里觅宿处。"皆掩面而走。按，近时弹词家衍说华氏婢本此，乃知弹词家亦有所本也。四子止载三名，疑有阙误。

《两般秋雨庵随笔》卷六：唐解元窃婢秋香事，小说家多艳称之。按，南京旧院妓有秋香，后从良。有旧相识求见，以扇画柳题诗拒之云:“昔日章台舞细腰,任君攀折旧枝条。如今写入丹青里,不许东风再动摇。”见梅禹金《青泥莲花记》。祝枝山有《题秋香便面诗》云:“晃玉摇银小扇图,五云楼阁女仙居。行间着过秋香字,知是成都薛校书。”是盖又一秋香也。

陈云伯《碧城山馆诗钞》,有《桃花坞访唐子畏墓诗》,中云:“才人难得美人怜,赁庑佣书阅岁年。闲向蕉窗寻小录,人间真有笑因缘。”自世,世传秋香事,《蕉窗杂录》备载之。

徐复祚《花当阁丛谈》卷四:山东解元王化发解时,年甚少,不矜细行,绸缪二娼,遂不娶。久之,不为人齿,乃挈二娼,直抵杭州,藉之为衣食。杭,剧郡也。守日夜迎宾水次,逮夜方归。有子年十七八,日私出衙与娼狎,夜必归,曰:“欲了师父课程耳。”化令且带题来,为之代作。居逾月,师异其笔大进,以呈诸守,曰:“某且愧为师矣!”守索视之,信,呼而试之。子既凡笔,又荒落之久,不能下一词。诘其自来,势不可隐,具言之。守乃逮化及二娼至,异其状,叩以来历。化请屏人,言曰:“某山东王化,正德八年解元也。”守矍然骂曰:“畜生,何至是?”则曰:“为昵二娼,遂忘羞耻。”守乃立递二娼去。即日新其衣冠,置之师席,令诲其子,不听出入。又一年,赴会试,得第,选为御史,巡盐浙江。每赴席,当筵辄狎歌童,或为按拍。其不矜细行,卒不改云。村老曰:“此事今有传奇,俚甚不足观,且以为郡人唐解元子畏事,世遂不知有王化。”余得之连抑武先生所记,当不谬。

章学诚《信摭》:《唐六如文集》四卷,公安袁宏道为吴县时所集,名为《唐伯虎汇集》。袁云,昔不治其人而今治其文。其云子畏诗文不足书子畏,而可以见子畏。其论甚是。诗似白乐天,而浅俚不避,则更加甚;文亦六朝金粉而未炼者也。第附刻纪事,如托身为佣、窃婢秋香之类,皆前人辨其附会非真,而此犹载之,则采择亦欠的也。末附《画谱》三卷,殆六如之真笔欤?

张纯照《遗珠贯索》卷三:小说所载唐子畏诡娶华太史家婢秋香事,及考《古夫于亭杂录》,乃江阴吉道人,非伯虎也。吉姓华,父为御史，以建言谴戍。吉尝游虎丘，时有兄丧，上袭麻衣，内着紫裤。适上海一大姓携室过此，其小婢秋香者，见吉衣不伦，顾而一笑。吉误为悦己，乃诡装变姓，投身为仆。久之，竟得秋香为室。一日遁去。大姓迹之，知为吉，反厚赠奁具，而认为翁婿云。

唐仲冕所辑《六如居士外集》卷一引《蕉窗杂录》云：唐子畏被放后，于金阊见一画舫，珠翠盈座，内一女郎，姣好姿媚，笑而顾己。乃易微服，买小艇尾之。抵吴兴，知为某仕宦家也。日过其门，作落魄状，求佣书者。主人留为二子佣，事无不先意承旨，主甚爱之。二子文日益奇，父师不知出自子畏也。已而以娶求归。二子不从，曰："室中婢，惟汝所欲。"遍择之，得秋香者，即金阊所见也。二子白父母而妻之。婚之夕，女郎谓子畏曰："君非向金阊所见者乎？"曰："然。"曰："君，士人也，何自贱若此？"曰："汝昔顾我，不能忘情耳。"曰："妾昔见诸少年拥君，出素扇求书画。君挥翰如流，且欢呼浮白，旁若无人，睨视吾舟。妾知君非凡士也，乃一笑耳。"子畏曰："何物女子，于尘埃中识名士耶？"益相欢洽。居无何，有贵客过其门。主人令子畏典客，客于席间，恒注目子畏。客私谓曰："君貌何似唐子畏？"子畏曰："然。余慕主家女郎，故来此耳。"客白主人，主人大骇，列于宾席，尽欢。明日治百金装，并婢送归吴中。

又引王道衡《私记》云：梁溪旧俗，元旦无春帖，第以双红笺着门楣而已。唐先生尝薄游，岁暮驰归，抵梁溪已除夕矣，遂不能复前。旅夜无赖，呼奚奴研隃麋斗许，为各题二句云："闭门家里坐，祸从天上来。"一城几遍。诘朝门启，相与为神怪也。余与君立饮孙子长师许，偶谈及此。君立方鸠先生遗集，促余志之。

杨恩寿《词余丛话》卷三：《彩舟记》演唐六如窃婢秋香事。伪病登山，卖身入府，悉从诸小说衍出。托名康宣，则因六如本事诗有"主人若问真名姓，只在康宣两字头"句也。南京旧院有伎秋香从良，后有旧相识求见，以扇画柳题诗拒之云："昔日章台舞细腰，任君攀折旧枝条。于今写入丹青里，不许东风再动摇。"语见梅禹金《青泥莲花记》。祝枝山亦有《题秋香便面》诗云："晃玉摇银小扇图，五云楼阁女仙居。行间着个秋香字，知是成都薛校书。"当时盖有两秋香。

《吴氏一家稿》：吴锡麒《有正味斋词》卷七《桂枝香·题唐子畏美人拈花图》：江漪塘所藏，云即《三笑因缘传奇》中秋香也。秋回一剪，只脉脉无言，折枝低捻。金粟前身约略，破禅香溅。风前记起灵山笑，证三生眼波重展。泥金衫袖，渗金窗户，斜阳人面。料只是情天眷恋，肯才人名字，押上红券。游戏光阴尽彀，风花磨炼。初三下九频频约，怕梨涡晕来难浅。几时圆合，兰因絮果，画图相见。

黄印《锡金识小录》卷九：存疑。六如遗事云，世俗竞传唐六如悦华鸿山学士家青衣，因易姓名，佣身为书童。事本出于小说家，《续泾林杂记》载之。近见咏六如遗事者，亦及此，盖不足信也。按：六如，弘治中解元；鸿山，嘉靖丙戌进士。论科目，唐前于华二十余年，岂得如俗说华为前辈老成，唐作少年狡狯乎？

邹弢《三借庐赘谭》卷十二，引江建霞《怀珠阁卮言》云：华氏婢秋香故事，永久脍炙人口，皆知为唐伯虎事。近见王行甫《耳谈》载此事，始知我乡陈元超少时事也。元超父以疏论严氏谪死，元超归里，致有此事。《三笑》小说盖本此，以讹传讹耳。

黄蛟起《西神丛语》：锦华，娄江王司寇家孥也。司寇有女，归华叔阳，锦华为媵，时尚燥发。稍长，玉质天秀，复聪敏。叔阳嬖之。叔阳字起龙，号元谷，甫冠登科第，为仪曹郎。父鸿山，为掌院学士，恐其子之溺于佳丽也。乃谋于司寇，嫁于徽商之寓吴者。时叔阳在部曹，弗闻也。锦华哀号欲死，会有守者不得间，又欲一见叔阳而诀，乃谋为洁身计以俟。锦华有侍儿，年十六矣，姿貌可人，遂脱簪縠以饰之，自毁其容，短裳秃鬓，蹩蹩作野媪状，谓商曰："子挥囊金而耦我，不幸疾在膏肓，非旦晚愈者。"乃出襟中大珠二十颗曰："可偿子四百金之费。"复指侍儿曰："妮子足佐子欢也。自今以往，我当屏居服药，或冀有瘳，幸无迫我，令我疾剧，抱恨死也。"商抚慰不疑，持珠，拥侍儿去。居数日，出贾于越，凡半载而归。既醉，昵锦华旁，若欲迫之者。锦华循其发而泣曰:“我饰侍儿以事子,所以念子者至矣。子独不一念我疾乎?”言已,大恸,挥刀自刲其面,商大惊而止。既而,叔阳闻去帷之信,怅然引疾还。甫遭父丧,未几殁于苫茨,年二十九。方叔阳抱病时,锦华在三百里外,勿闻也。一日,陡焉起坐,艳装婀服,笑而呼曰:“来矣,来矣!”遂闭门自经。时万历乙亥九月八日,即叔阳捐馆日也。

又:华察字鸿山,最爱少子叔阳。适园亭落成,指石为句曰:“巧石叠山,大石小石石压石。”叔阳顾阶砌曰:“乱砖砌地,长砖短砖砖凑砖。”鸿山曰:“此子当早成名,惜欠远大。”后弱冠成进士而夭。

吴骞《拜经楼诗集》卷十二《昔金粟山人以唐六如写秋香小像见遗,受而藏之笥,几三十余载矣。顷陶山明府重葺桃花庵于吴下,爰以像归焉,且属摹勒于石,以垂佳话,戏占二绝》:一握腰支斗小蛮,空斋伴我卅年间。明珠合浦归来日,赢得唐衢也破颜。手中金粟定前身,镜里青鸾宛玉真。今夜红蕤双枕畔,桃花应让作夫人。

汤贻汾《琴隐园诗集》卷四《桃花庵》:唐六如读书处,墓亦在焉。桃花寂寞不成春,花里神仙迹已陈。一第竟为终老计,九娘都是爱才人。郡西有九娘坟,相传公侍姬九人,合葬于此。孤僧间与锄坟草,游女时为拂面尘。有像。谁更骚坛执牛耳,江南词客尽沉沦。

范烟桥《茶烟歇》:《珊瑚》四卷十号。《三笑》为弹词中别饶隽味者。其事传说不一。余见《雅谑》载:唐子畏舟经无锡,晚泊河下,登岸闲步,见肩舆东来,女从如云,中有丫环尤艳。唐迹之,知是华学士宅。因逗遛,请为佣书,改名华安。得华宠任,谋为择妇,因得此婢,名桂花。居数日,为巫臣之逃,华遍索之不得。久之,华偶至阊门,见书肆中一人,持文翻阅,极类安。私询之,人云此唐解元也。明日,修刺往谒,审视无异。及茶至,而枝指皆露,益信,然终难启齿。唐命酒对酌,华不能忍,稍述华安始末以挑之,唐但唯唯。又云:“貌正肖公,不知何故?”唐又唯唯。酒复数行,唐导入后堂,呼诸婢拥新娘出拜,华愕然。唐因携女近华曰:“公向言某似华安,不识桂花亦似此女否?”

乃相与大笑而别。较他家考证为详，惟弹词云“山塘邂逅”，而此云“在锡”；婢名“秋香”，而此名“桂花”。殆作者剪裁之妙用，盖非此无以得三笑也。而秋香、桂花意义又可通，或事诚有之，非假托欤？

谢家福《五亩园小志·检斋》：秋香事，实吉氏子冒六如盛名而得之。事闻于六如，谓生平知己无逾秋香，因误人自误，深自尤悔。杜门不出，读《近思录》者一月，颜其室曰检斋，作《检斋诗》云：检束斯身益最深，检身还要检诸心。鞠躬暗室如神在，恭己虚斋俨帝临。视听动言皆有法，杯盘几席尽书箴。遥知危坐焚香处，默把精微义理寻。宁藩聘至，遂复出，佯狂以归。始课佛于桃花庵。《桴庵琐录》。

又，《九娘墓》：九娘者，传称六如姬人，葬桃花庵后。金云门女士礼嬴《桃花庵诗》：大罗天上竟无名，浪饮何分酒浊清。龙虎榜高遭鬼击，死央冢小被人平。碑留死友胡中议，情迫穷交祝允明。踏尽绣鞋尖上土，踏青时节拜先生。自注死央句云，九娘墓为土人所占。《识小录》。

凌泗《桃坞百咏·检斋》：检勘平生过，才名合退藏。琵琶盲女唱，冤煞蔡中郎。

又《九娘坟》：在准提庵后。桃坞似马塍，荒坟划花落。诗吊白石翁，并为小红哭。金云门女士秋红丈室，在钱唐武林门外西马塍，南宋姜白石故居。

张霞房《红兰逸乘》卷三：九娘墓在阊门外沙盆潭，暑月无蚊。唐六如所娶婢秋香称九娘者葬此。

许起《珊瑚舌雕谈初笔》卷七：吾吴唐解元六如，才情富丽，宸濠甚企慕焉，尝遣人持五百金至苏聘之。既至，处以别馆，款待优渥。六如住半年余，见其所为多不法，知其后必反，遂佯狂。适宸濠命人馈物至，裸形箕踞，以手弄其人道，讥诃使者。使者反命，宸濠曰：“孰谓唐生贤，直一狂者耳。”遂遣之归。不久而变作。六如至晚年寡出，虽与衡山交甚厚，亦不时见。家住吴趋坊，常坐临街一小楼，惟求画者携酒造之，酣饮累日，虽任适放诞，而一毫无所苟，且其诗有“闲来写幅青山卖，不受人间造业钱”之句。其节操风流，概可想见。今市井竟信《三笑传奇》，目为风流才子，犹之蔡中郎，世俗以《琵琶记》为口实。俗语不实，流为丹青，可一噱也。

柴萼《梵天庐丛录》卷十《唐伯虎佣书娶秋香》：唐伯虎诡身为仆，私悦秋香，吴人类能言之。平话有《三笑姻缘》，又有弹词，则敷衍其事，形成伯虎是一佻达小人，未免厚诬高贤。今考其实在，知非伯虎之事。其与世俗同一说者，如《蕉窗杂录》云：唐子畏被放后，于金阊见一画舫，珠翠盈座，内一女郎，娇好姿媚，笑而顾己。乃易微服，买小艇尾之。抵吴兴，知为某仕宦家也，日过其门，作落魄状求佣书者。主人留为二子佣，事无不先意承旨，主人爱之，二子文日益奇，父师不知出自子畏也。已而以娶求归，二子不从，曰：“室中婢，惟汝所欲。”遍择之，得秋香者，即金阊所见也。二子白父母而妻之。婚之夕，女郎谓子畏曰：“君非向金阊所见者乎？”曰：“然。”曰：“君士人也，何自贱若此？”曰：“汝昔顾我，不能忘情耳。”曰：“妾昔见诸少年拥君，出素扇求书画，君挥翰如流，且欢呼浮白，傍若无人，睨视吾舟，妾知君非凡士也，乃一笑耳。”子畏曰：“何物女子，于尘壒中识名士耶？”益相欢洽。无何，有客过其门，主人令子畏典客。客于席间恒注目子畏，客私谓曰：“君何貌似唐子畏？”子畏曰：“然。余慕主家女郎，故来此耳。”客白主人，主人大骇，列于宾席，尽欢。明日，治百金装并婢送归吴中。此云秋香是吴兴宦家婢，则与平话及弹词所云是无锡华鸿山学士家婢者又异。《朝野异闻录》云：子畏慕华虹山学士家婢，诡身为仆，得娶之后，事露，学士反为具资奁，缔为姻好。褚人获《坚瓠集》引《桐下听然》云：华学士鸿山，舣舟吴门，见邻舟一人，独设酒一壶，斟以巨觥，科头向之极骂。既而奋袂举觥，作欲吸之状，辄攒眉置之，狂叫拍案，因中酒欲饮不能故也。鸿山注目良久，曰：“此定名士。”询之，乃唐解元子畏。喜甚，肃衣冠过谒，子畏科头相对，谈谑方洽。学士浮白属之，不觉尽一觞，因大笑极欢。日暮后，大醉矣。当谈笑之际，华家小姬隔帘窥之而笑。子畏作《娇女篇》贻鸿山，鸿山作《中酒歌》答之。后人遂有佣书获配秋香之诬。按，今本长沙唐仲冕所编《六如居士全集》，开卷即系《娇女赋》，而无《娇女篇》，赋中状娇女体段，无微不至，然起句云："臣居左里，有女未归。"又云："兄出行贾，长嫂持户，日织五丈，罢不及暮。"则亦似非华鸿山家姬人也。又按：华鸿山名察，字子潜，嘉靖进士，选庶吉士，历兵部郎中、翰林修撰。使朝鲜，劾罢。再起侍读学士，掌南院事，乞归。有《岩居稿》、《翰苑稿》、《皇华集》，生平与伯虎一无关涉。伯虎生于成化六年庚寅，卒年五十四，时嘉靖二年癸未，而鸿山尚未登科，安来学士之称？及鸿山拜侍读学士，伯虎死已数十年，冢中枯骨，讵能诡身为仆，并作娇女之篇？可见《朝野异闻录》及《桐下听然》所述，皆系谰言。最可骇者，莫如《梅圃余谈》云：子畏一邻家女，年方笄，子畏窥而悦之。一日日昳，逾垣迫之。女不从，至于裈裂，乃大呼，子畏逸去。女家畏其势，其明日，天未晓，移徙一空。此事绝未见他书，亦可谓之桀犬吠尧矣。佣书娶秋香，实系陈玄超事，而尚有系俞见安及吉道人之二说。王同轨《耳谈》云：陈玄超，吴人，父以疏论严氏谪死。玄超少年跌宕不拘，尝与客登虎丘，见宦家从婢姣好，笑而顾己，悦之。迹至其家，求佣书焉。留侍二子，文日奇，父师大骇。已而以娶求归，二子不从，曰："室中惟汝所择。"曰："必不得已，秋香可。"《泾林杂记》作桂华。即前遇婢也，二子白父母嫁之。玄超既娶，婢曰："君非虎丘遇者乎？"曰："然。"曰："君既贵公子，何自贱若此？"曰："汝昔笑顾我，不能忘情耳。"曰："妾昔见君服丧，表素而华其里，少年佻达可笑，非有他也。"会有贵客过，玄超因假衣冠谒客，言及白吏部，盖玄超之外父，正柄国尊显。主人闻，大骇，亟治百金装，并婢赠之。《西神丛话》云：俞宪号是堂，次子见安，偶从舟次见一女郎，心悦之，买舟尾其后。至吴门，知其为某富室青衣也，因语舟人与其仆曰："留此一月待我，勿移泊他所。"径独造女郎家，求为苍头。主人留伴其子读，见安为其子代笔，为塾师所觉，颇向主人称其才，主人将欲于群婢中择佳者授之室。时吴中大户多以粮役倾家，主人深以为忧。苏郡守某，是堂之同年也。见安潜入己舟，呼仆随诣守署，以年家子晋谒，力为主人求罢役，守允其请。翌日，访见安居停答拜。主人初不知，见郡守无端及门，仓皇失措，而见安已出门道款矣。守既别，主人揖见安上坐，问所欲，乃以实告，且闻重役已释，惊喜出意外，遂饰此青衣为己女，厚嫁之。黄蛟起曾询见安之从孙祖源，得其本末。女郎号美娘，好事者演绎之为子畏、秋香事。其就里乃如此。按，俞宪，无锡人，字汝成，明嘉靖进士，历官山东按察使，有文学，辑有《盛明百家诗》。其子见安始末虽无考，而其演此一段风流佳话，已在伯虎死后，则可决知。世人见伯虎生前诗酒风流，不可一世，遂以见安之事，傅会于伯虎之身，容或有之，固不暇顾及年代之相符与否也。又姚旅《露书》云：吉道人与宦家婢秋香遇于虎丘，因道人有姊丧，白衫内服紫裩，风动裾开，秋香见而含笑。道人乃鬻身为宦家奴，伴其子读书，具得欢意。问其欲，求秋香为妻。许之，具数百金装，送秋香归道人。道人名之任，字应生，江阴人。本姓华，为母舅赵子。按《露书》所述，则所谓吉道人者，即其表兄弟行。耳目所接，不无可据，而婢亦名秋香，其事迹又与陈玄超、俞见安相同，天下事之巧合，必无若此者。疑莫能明，要之，秋香与伯虎毫无关涉，则可断言者也。又按，徐电发选《本事诗》，有祝允明《秋香便面》。题下徐注，引梅禹金《青泥莲花记》。记云：秋香，成化间南京旧院妓也。后从良，有旧识欲相见，以扇画柳题诗拒之云："昔日章台舞细腰，任君攀折嫩枝条。如今写入丹青里，不许东风再动摇。"又《无声诗史》云：林秋香，名奴儿，成化间妓，风流姿色，冠于一时。学画于史廷实、王元父，笔最清润。落籍后，有旧知欲见，因画柳于扇，诗以谢之，云云。此与上述又各自一人，何秋香之多也？

郑振铎《杂剧的转变》：《小说月报》二十一卷一号。叶宪祖，字美度，一字相攸，号六桐，又号槲园居士，余姚人，万历己未进士，官至工部郎中。善填词，所作杂剧《碧莲绣府》，有《盛明杂剧二集》本。也是一篇佳人才子剧也。有八折，且也全部用的是南曲，但其故事却似有所本。却说章斌中了解元之后，南宫未利，杀翮而归。路过扬州，恰值端午，江边竞渡，万家空巷。他便约了韩生也同去一观。他们同在酒楼上等候龙舟，龙舟一到，他们也随众拥到江干去看。（一）章斌却与韩生失散了，他独自信步而行，到了一个曲巷之中，看见垂柳拂高楼，底花映朱户，好一所大宅。宅中楼上却更有一位美姝，含情向他而盼。她临入时，堕了一个绣符于地。章解元拾起此符，更惊她的绝色，留连不已，不忍便去。遇见她家的一个小使宠儿，便问她家中的事，知道她家姓秦，只有老夫人、大公子，并说他们正要求一位书记。章生便立刻乘机自荐，小使约他明日来听信。但那位倚楼堕符的美人是谁呢？章生在小使口中却不曾探听得出来。原来这位美人姓陈名碧莲，本系秦侍中之妾。侍中死后，夫人嫉妒，苦被拘箝。端阳之日，举家游观，只撇她在家。她因寂寞无聊，所以到宅后小楼登眺一会，不料却遇见了章生。（二）第二天果然如约而去，改姓名为孔兼。秦公子一见他便很喜欢，立刻聘他为书记，而命宠儿在书房中侍候他。（三）秦家老夫人仲氏，素来嫉妒陈碧莲，闻知她端阳日曾到外厢间走，便吩咐老婆子青奴等专门管着她，休得容情，务要叫她"上眠床空自熏香，待梳头不须临镜。逢月朗那许登楼，遇花开怎容穿径。"（四）秦公子家虽豪富，他却一点文才也没有，秀才见提学，老鼠入牛角。那时学院按临扬州，他不敢去应考，却是孔兼自告奋勇，代替他前去。到了应名时，有人指出他是冒充的，几乎闹出乱子。亏得宗师闻知他是秦侍中之子，乃将指证之人押出问罪。考试结果，秦生，即孔生。却得了第一等第一名。（五）却说秦家老夫人虽叫青奴管陈碧莲，青奴却要存心方便，由她的孩儿宠奴那里，她知道碧莲有一枝绣符，为孔官人拾得，且知道他未有妻室，定要娶她。他还设法托着青奴将绣符送还了她，看她意思如何。碧莲闻知是前二年那位书生，她也很有心。青奴叫她办个诚心专意，等须知到底事圆成，把钗符取为媒证。（六）孔生闻知她允婚的消息，心里十分高兴。他知道秦公子朝夕少他不得，便假意的要辞去。他想他必然苦留，那时便好道及这个婚事了。果然，秦公子一闻他要辞去，便苦苦的相留。他乃说起年华渐增，尚无妻室的话。秦公子背地与宠儿商议，欲为他觅一房妻小。宠儿乃说起碧莲来，秦公子果然同意。（七）他便去向他母亲去请求，秦夫人本来不允，禁不起公子苦求，且还将孔生说得年老无才，他母亲方才允诺下来。于是立刻公子吩咐宠儿叫他母亲伏侍碧莲梳装好了，出来拜堂。他们二人便这样的草草礼成了。正在欢宴之中，孔生的友人韩生却寻了来，秦府中人才知道孔生原来是章斌解元，且系为了碧莲，始投身秦府为书记的。此则故事分明有类于唐寅娶华府秋香的事，只是华府改为秦府、唐寅改为章斌、秋香改为寡妾碧莲、卖身投靠改为佣书秦府而已。宪祖的时代，离唐氏之时未远，或者不便直指其事，故便如此隐隐约约的说着吧？如果说，当时果有这样巧合的同样的两件章唐的故事，我却不信，试看孟称舜的《花前一笑》，写的也是唐寅娶秋香的故事，却将华学士改为沈八座，将唐寅的托名桂华改为慵来，卖身也改为佣书，婢女则改为养女。其与叶氏此本不同者，不过写出唐寅的真姓名来而已。直到卓人月改《花前一笑》为《花舫缘》时，方才将此事的真相完全布露出来。为甚么直至明末卓氏之时，方才可以毫无顾忌的写着此事呢？此中消息，明白的人当然是可以猜得出来的。而叶氏之所以不得不将唐改为章、华改为秦，且故意迷离惝恍其事者，也决不是没有原因的。但此则故事经此一改，似乎更有诗意。一位被幽禁的美人，空闺自叹，年华不再，突遇少年书生，为她之故肯屈身自佣于豪府。此其动情感意，当然要比仅仅的《花前一笑》或俗所谓的《三笑》者，要深切真挚得多了。

又，卓人月，字珂月，仁和人，善杂剧。所作有《花舫缘》，为改编孟称舜《花前一笑》之一剧者。有《盛明杂剧初集》本。剧首题着“山阴子若孟称舜原本，锦江珂月卓人月重编”。沈泰道，向见子若制《唐伯虎花前一笑》杂剧，易奴为佣书，易婢为养女，十分回护，反失英雄本色。珂月戏为改正，觉后来者居上。今子若之作已佚，我们不能知人月删改原作的程度究竟若何，然子若才情圀茂，清辞艳句，缕缕不绝。这我们于他所作的几剧中当已见之。此剧开首便佳：

《仙吕赏花时》侭着他春山能笑水能妍，有一日春色阑珊直几钱，恰花蕊正堪怜，还则怕东风凌贱，吹不到绣裀前。

大似子若的风格，或者人月所改的并不多吧？故他谦抑的题着“子若原本”。唐寅花前一笑的故事，流传得极广，已有了平话、见《今古奇观》。弹词，名《三笑姻缘》，有好几个不同的本子，有前后集，更有所谓八美图者。等等，而杂剧中便也有了子若与珂月的二作。有许多人对于伯虎的此段艳史颇加怀疑，另有异说，然俱无甚确证，故这里不复赘及。人月此剧，为严格的遵守此剧的规矩者，首有楔子，却是性质与元剧相同的楔子；其分类也是不多不少的四出，其选曲也是竭力遵守北剧的格律。像这样的拟古形式的杂剧，这时已是不多见的了。楔子叙沈八座带了夫人到姑苏游览，有婢女申慵来也同往。慵来性慧好文，沈夫人爱如己女。第一出叙唐寅与至友文征明、祝允明同往金阊门外游览，恰好沈氏的船与唐、文等的船迫近。伯虎正在挥毫，猛抬头，却见沈氏船上，有一绝色青衣，对之一笑而去。伯虎恋恋不已，即改乘小舟追向前去。第二出则叙伯虎已投身沈府为奴，一月已过，尚未得见申氏一面。某一日，二人在花园中碰见了，正欲交谈，却为沈氏二公子所冲散。沈公子们寻他，原来为了要做诗。伯虎为他们代做了两首，大为宾客们所赞赏。二人便与伯虎结为兄弟。伯虎便向露出求婚之意。公子尽将家中丫鬟们唤来，由他拣选，却一个也不中他意。最后才见着慵来倚楼刺绣。公子们答应为他设法，求得此女为配。第三出叙慵来自在花园中见了唐寅之后，颇疑他即为金阊所见之人，心中甚涉遐思。正在这时，别一个丫鬟却传夫人之命，来问他愿否嫁与伯虎。他自然是欣然而诺。洞房之夕，子畏方才对他露出真面目来，数日后，子畏留词别去。第四出，子畏在金陵，与枝山、衡山相会，说起这次之事，恰在这时，沈八座却自送慵来并妆奁来寻子畏，就于江中相遇，了此一段奇缘，痛饮欢谈而别。最后的几支曲子，也极俏丽可喜：

《收江南》望江中红浪涵香月，看杯中红酒留香颊，想衾中红蕊栖香蝶，拼一世痴邪，怕甚么无端风雨将春截。

《随尾》情花意蕊难销谢，是前生种得些些。则看他一时觑着个有心的，敖杀那半世相随薄情者。

傅惜华《缀玉轩藏曲志》“三笑姻缘”一则，当录入。《戏剧丛刊》第四期。

柴文杰《悔初庐诗稿》卷六《里门蛛隐草》，《曹生行》：生名春江，沙溪里人，少游吴中，以诙谐长其偶家专诸里，今秋乡醵金招之归，年十余，说袁中郎《三笑缘院本》，杂以里巷俚语，眉色尽舞。尝自述生平，人海浮沉，悲欢如梦，乞为小传，因援吴梅村《两生行》体，作歌赠之。满地棠梨春似酒，鹧鸪啼老东风柳。江南有客李龟年，落花时节相逢又。曹生年少游姑苏，卅年浪迹侪屠沽。沧桑一粟水清浅，蓬瀛归路愁麻姑。归来旧伴陈金币，选百登场邀奏艺。兰因絮果半荒唐，乃说风流六如偈。六如才子桃花仙，三生公案桃花禅。桃花坞荒墨亭废，脍炙万口红霞鲜。天花粉碎生公石，饶舌春婆广招客。野史亭中心未灰，芦花江上头将白。白头佐酒相悲欢，长河舌本如翻澜。床头黄金手抛却，安得尘梦苏邯郸。酒肉豪筵争掮轧，刁池到石苍苔滑。铜山鞲冷蚨饿飞，金谷杯寒蚊冻杀。几家璚宴宵飞觞，几家舞楼莎草荒。仙山海市一弹指，镜中颠鬓堆秋霜。分明宫女谈天宝，片语君房谐入妙。多许雄心耗酒边，下场头已秋娘老。垂老还家一笑迎，果然班首苏昆生。千花飞洒白雨点，十指洗涤筝琶声。阿婆涂抹东西壁，依旧冲泥缚双屐。曾访何戡是旧人，胡床邀奏桓伊笛。井里田园屡变迁，余家生计托三弦。才人尚卖临邛酒，豪客都收博进钱。只今游倦芒鞋緉，喜汝江湖舌无恙。索我旗亭壁上诗，商量叠入黄河唱。行矣曹生倦眼青，落花吹老鬓星星。挑灯试读梅村传，愁绝当年柳敬亭。

## 萃忠录

海上漠鸿氏《小家语》卷一：《萃忠录》为有明于忠肃公小传，元圃于君之所刻也。其书仿乎演义，不知何人所作，于公体裁不合。夫公之学问功业，名在青史，祭在瞽宗，固无待子孙表白。即欲宪章之，为刻年谱，岂不正大？而乃以小记行世，据板射利，本心尚可问乎？作者、刻者均无取也。

## 岭南逸史

周亮工《闽小纪》卷下：黄让者，粤长乐儒生也。嘉靖时，父墓为山贼所发，质其骨以责赎。让罄产赎而葬之。乃募壮士百余人，从督府讨贼，二子启愚、启鲁死之。让出奇计，斩首二百人，降者一千七百有奇。贼既灭，推其功于诸校，竟不受赏而去。

闵叙《粤述》：猺人十月朔祭都贝大王。

## 玉蜻蜓

《茶香室三钞》卷二十三：国朝徐承烈《听雨轩赘记》：绍兴南门外漓渚地方，有尼庵曰隔尘，崇冈古木，竹径小桥，颇饶幽趣。尼众五六人，不藉檀施，耕桑自食。老尼若木，持戒律甚严，众咸遵其准绳，不敢肆。其徒孙慧音，年十六七矣，姿容极丽。且能识字读书，经典诗词，无弗谙者。若木恐其诲淫，不令出门，惟事焚修、亲翰墨而已。城中东武山下朱生绮园者，明宰相文懿公赓云礽也。父静山，由部曹出为四川郡守。生未冠游庠，有别业在漓渚，因读书其中。临行时，见其妻有玉琢双鱼，镂刻极工，遂乞而贮于冰丝小囊中，佩之以往。老仆、小童二人侍。别业与尼庵，相隔仅百步，生暇时往游，若木以其贵公子也，不敢拒，来往既频，渐与慧音浃洽。彗音常出诗稿就正之，生为之评点，彼此倡和，遂订同心。生赠以玉鱼，欲相亲，而未有间也。一日，若木往省老母病，相距五六十里，约明日始回。慧音遂于日间潜赴生所，谐夙愿焉。讵若木母病已危，数日下世。送殓出殡而返，则已半月余矣。慧音不敢复至生斋，相约夜赴尼庵，逾墙以入。事极慎密，惟小童深知其详，泄之老仆。老仆向生苦谏，不听；入城告之主母，促其归，又不听。如是者半年。一夕，生出，及晨至午犹未返。老仆以其夜卧失晓，而不敢出也，恐致事端。潜往察之，见若木怒气未平，众尼纷纭慌急。仆疑事已败露，因伪为不知也者而问之。若木告以今日门钥未开，而慧音不知所往，惟后园墙瓦损落，想已远扬。若往其母家觅而不得，当告官缉之耳。仆疑慧音匿生室未起，急返而窥之，床第阒然；又疑二人偕逃，飞驰回，告诸主母，遍索亲戚及庄舍之所，杳无其踪；复走四川任所询之，亦未曾往。日久事冷，只布告亲友，恳其留意访求而已。十余年后，若木化去，庵中常出鬼魅，昼夜不宁，众尼或死或去，庵遂以废。生父自蜀守升滇南观察，年老致政归，暇日至漓渚别业，顾而乐之，遂久留焉。生之小童年长矣，适在随行之列，公问生往事，童具以告。公因步至隔尘庵，则屋宇颓败，寂无一人，而风景绝佳，公又顾而乐之。询诸土人，根求庵尼之在他所者，与之立券买之，围以长垣，合别业为一。颓败之所，俱焕然一新。庵之后园向有牡丹，牡丹已枯，而石台尚在。公以其位置不当，撤而去之。拆石将尽，工人忽相顾错愕，面无人色。公异而临视，则内中埋藏二尸焉，衣服虽坏，面尚如生；细审之，其一即生，其一为尼。童指而谓公曰："此慧音也。"腕上小囊，贮玉鱼尚存。盖以冰丝未化，故公疑为众尼谋死，遂密唤向日卖庵者严诘之。尼始而讳，公厉色协以谋命，因言公子与慧音通，人初不知，一日众人皆起，而慧音不起，撬门视之，见二人裸身相抱，死于床。若木恐尊府督责，因潜埋于牡丹台内，而以慧音逃去掩饰之。自若木亡后，每当冷月凄风之夜，常见二人携手出游，遇之者非病即死，故众人不敢居此而去，实非谋命也。公细验生身体无伤，而面有笑容，阳尚挺直不萎，始知为阴阳俱脱所致，遂释尼，备棺葬生于故所，并以慧音附其侧，殉以玉鱼。生向有一子，已登贤书，其处龙穴砂水皆合法，故公不欲另为觅地也。其子后举进士，入词林，莅历大位，声称满世。今吴中《玉蜻蜓》弹词，托其事于申文定公之父，实本于此。

《思益堂日札》卷五：明时，申吴县、王太仓两相国家构衅，王作《玉蜻蜓》剧以诋申，申作《红梨记》以诋王。两家门客所为，至今演唱。

《韵鹤轩笔谈》卷下：前明太仓盛时，吾苏申、王二姓以争地讦讼。有老尼某出入太仓之门，尼故与申习，申因浼尼致意于太仓，而申讼遂直。王憾焉，因作《玉蜻蜓记》，谓文定公系尼所自出，而太仓王者真申之奴才耳。申亦作《猩猩传》以报之，谓王文恪并非人所生。今《猩猩传》已不行，而《玉蜻蜓记》乃盛行于世，恐传讹日久，遂以无稽为有本也，故特表而出之。

民国九年三月江苏淞沪警察厅布告云：为布告严禁事，案准吴县知事公函内开案，据敝县文定义庄主奉现办泗阳屯摊租局局长申显华、祠裔申振冈、申丕锽、申璋、申显旸、申璜、申谨等呈称，窃十二世祖明赠太师、太子太保、兵部尚书、中极殿大学士、文定公讳时行，崇祀乡贤，建立专祠，文章勋业，彪炳史乘，为一代之名臣，实四民所矜式。乃有《玉蜻蜓》小说一书，又改名《芙蓉洞》，假托先贤事迹，语多秽亵，任意诬蔑。在前清道光间，有唱书田锦山，在本城茶寮弹唱该书。经族众等禀请苏州府提究，一面出示严禁，并通饬所属九县，一体示禁。至民国二年二月，又经族众等呈请宗前县长，循案示禁。并咨会苏州警察厅，一体示禁。嗣于民国六年九月，因阊门马路民兴新剧社，广发传单，定日演唱《玉蜻蜓》新戏，又经族众等得悉，呈奉苏常道道尹暨苏州警察厅并钧署，派警勒令该剧社停止演唱，并一体出示禁约。本年一月，复因本城临顿路壶中茶馆，容留唱书吴升泉弹唱《玉蜻蜓》，即《芙蓉洞》一书，经族众等公呈苏州警察厅并钧署，派警将唱书吴升泉拘案讯办，并由东区警察署将壶中天茶馆主汪尧卿解送苏州警察厅讯明罚办，重颁布告，申明禁约，各在案。近阅各报，登载上海租界某游戏场唱书吴玉生仍肆弹唱《玉蜻蜓》，即改名《芙蓉洞》一书；某舞台复将该书捏造情节，扮演新戏，明目张胆，肆无忌惮。盖《玉蜻蜓》即改名《芙蓉洞》小说，不惟毁谤先贤，抑且荡志诲淫，有伤风化。前年，王人文在上海发起禁毁淫书会，荷蒙政府传电嘉奖。该书早经列入收毁淫书单内。近见报载，内务部行文各省，查禁不良小说，如《玉蜻蜓》，即《芙蓉洞》小说应在查禁之列。如此三令五申，凡业唱书及演戏之人,应如何安分营业,恪遵禁令,勿蹈前辙,而上海租界如某游戏场等处,仍复弹唱《玉蜻蜓》,即《芙蓉洞》一书,并演成新戏。该唱书及演戏之人,实属故意犯禁,诬蔑先贤,俱自失其人格。为特联名呈请,伏乞县长电鉴,准予查禁,并分咨上海英法公廨,凡戏园、茶馆及各游戏场所,有《玉蜻蜓》即《芙蓉洞》一书,一体禁止弹唱及扮演新戏,如违究惩,实为公便等情。据此查《玉蜻蜓》,即《芙蓉洞》一书,历经示禁,有卷可稽。本年因苏城壶中天茶馆容留唱书吴升泉违禁弹唱,由该族众等公呈苏州警察厅暨敝署,即经会同,派警解决。吴升泉拘办在案。兹据前情,除批示并分函外相应函,请责厅查照,一体出示严禁,至切公谊等因,准此。为此布告,仰即遵照,自然各戏园、茶馆及游戏场所,有《玉蜻蜓》,即《芙蓉洞》一书,一体禁止弹唱扮演。倘敢故违,定干究办不贷。

## 大红袍

《浪迹丛谈》卷六:近日梨园有演《大红袍》全部者,其丑诋江陵张文忠与奸佞同科,并形容其子懋修等为乱臣贼子之不如,殊为过当。张太岳当前明神宗朝独持国柄,毁誉迄无定评。要其振作有为之功,与威福自擅之罪,俱不能相掩。即其子懋修等,亦并非纨袴下流。考《湖北诗录》载:张懋修,字子枢,万历庚辰廷试第一,授修撰,遘文忠家难,冤愤投井,不死;绝粒累日,又不死;手抱遗籍,泪渍纸墨间。天启辛酉,文忠墓忽有白气如云如烟,越明年,奉特旨昭雪。时子枢年八十矣。其《渡江津有感》云:“秋色满林皋,霜天雁唳高。野花寒故细,浊酒醉偏豪。白雪知孤调,青山有二毛。从来仲蔚宅,匝地起蓬蒿。”弟允修,字建初,荫尚宝司丞。崇祯甲申正月,献贼掠荆州,忧愤不食死。有《绝命词》云:“八十空嗟鬓已皤,岂知衰骨碎干戈。纯忠事业承先远,捧日肝肠启后多。今夕敢言能报国,他年漫惜未抡科。愿将心化铮铮铁,万死丛中气不磨。”俱可想见其忠义之气。至文忠之曾孙别山先生同敞,在桂林死事,尤著。然则文忠之泽,固久而未斩也。

## 黑白传

《茶香室续钞》卷十三：国朝章有谟《景船斋杂记》云：董思白在乡时，乡人皆恶之。俗所传《黑白传传奇》可证也。按：《黑白传》今不传，未详其事。

《茶香室四钞》卷二十三：明曹家驹《说梦》云：吾乡董文敏公，文章书画，冠绝一时。徒以名士风流，每疏绳检。仲子祖常尤暴戾。郡诸生陆绍芬面黑身颀，家有仆生女绿英，年未笄，有殊色。仲强刧之。陆遍告通国，欲与为难，得郡绅出解，乃已。时有好事者，戏演《黑白传》小说。第一回标题云："白公子夜打陆家庄，黑秀才大闹龙门里。"盖绍芬人呼陆黑；文敏既号思白，仲又有霸力，人尝以小白名，所居近龙门寺，故云。按：《说梦》一书无传，余录数则，皆得之上海毛对山。

曹家驹《说梦》卷二：董文敏公文章书画，冠绝一时，海内望之如景星庆云。有三子：孟履、名祖和。仲权。名祖常、季苑，名祖□。素不加检束，而仲尤甚。有干仆陈明父子，更倚势煽虐。乡里侧目久矣。适华令郑著存，名元昭，江西临川人，万历庚戌进士。为文敏公门生，借以渔猎，众怒愈积。郡中有诸生陆绍芳，字声远，长躯伟干面黑，人呼为陆黑。口微吃而好议论，颇负气。其仆有一女，小字绿英，年未笄，有殊色，公闻而慕之，仲乃承翁旨，一夕劫去。陆生遍告通国，欲与公为难。赖何绳武、名三畏，字士抑，万历壬午举人，绍兴司李。吴玄水两绅出而劝解之，陆亦勉从矣。不意好事者以此事演作小说，名曰《黑白传》，其第一回标题曰"白公子夜打陆家庄；黑秀才大闹龙门里"，公居龙门寺，故云。诙谐点缀，颇堪捧腹，一时哄传。公闻而怒甚，必欲求其人以治之，奈无可指名，心疑一范生。生之父，名廷言，字君直，号讷庵，万历己卯举人。为万州刺史，物故已久，惟夫人尚在。当《黑白传》事起，文敏公日督过范生。生无可如何，诣城隍庙，矢神前以自白。不数日，而生以暴疾亡。范母谓董氏实逼之死，率女奴登门诟骂。仲权出而闭门，擒诸妇，褫其里衣，备极楚毒。后有“剥裈捣阴”四字，入于爰书。于是人心大不平。范生有子名启宋，广召同类，诉之公庭。而峡水，名伯绅，即都开之尊公。昌言尤力，后竟以此贾祸云。时郡县俱缺止官，即明知范氏受枉，又压于文敏，惟依违观望。连日扰扰，大众聚而不散，遂相率而焚公之宅。白龙潭东北隅建一阁，名曰“护珠”，时挟侍姬而登焉，至此亦付一炬矣。凡衙宇寺院，所悬匾额，毁击殆尽。于是董氏闻之上官，而学使者，姓王，名以宁，浙江人。谓诸生实发难，殊震怒，檄司理吴公，名之甲，字符秉，号兹勉，万历庚戌进士，江西临川人。严鞫。吴公守正不挠，惟以峡水为首倡落籍，余则无所问。其谳词层层脱卸，可泣鬼神。惜余失其稿，犹忆其内四句云：“纵恶而长奸，司地方者固不敢出；杀人以媚人，有人心者又何肯为？”此其大旨也。吴公自念，此大失上台意，遂以病请。郡庠掌教胡公，名公胄，湖州人，万历癸丑进士。即思泉先生之孙也，屡奉宪檄，欲其蔓引诸生，执不奉行，亦挂冠去。郡中诸先达，亦多不直董。故张侗初先生，名鼐，字世调，万历甲辰进士，官少宰。率诸老致公函于学院，内直云：“不宜甘心士类，为一家全胜之局。”自此王公之气稍沮，不久而王亦以公论难容，卒挂吏议。王去而骆公沆瀣来，万历己未春，岁试按松，余入院候发落。但见唱名至董祖常，大加诃责云：“即‘剥裈捣阴’四字，死有余辜，姑以此案已结，不深究。与之大板二十。”人颇称快焉。因念此事衅起于床笫，祸延于学宫，剧于焚劫，致殒多命，岂文敏德不胜妖乎！最可惜者，司理、掌教二公，俱少年两榜，甫入宦途，竟以保全士子，敝屣一官。求之今人，可得乎哉？

## 百子图

《寄园寄所寄》卷六《焚尘寄·胜国遗闻》引《两朝识小录》：魏忠贤柄权，朝臣附之者以为父，忠贤目曰干儿。都人作《百子图演义》嘲之。

## 梼杌闲评

邓之诚《骨董续记》卷二:《梼杌闲评》,不详撰人。其所载侯魏封爵制辞,皆不类虚构。述忠贤乱政,多足与史相参。缪艺风《藕香簃别钞》云:弘光朝,工科给事中李清,为其祖李思诚辨冤。思诚由翰林转福建副使,与吕纯如比而媚税监高寀。逆贤用事,仍复原官,历升礼部尚书。颂美逆奄,有"纯忠体国,大业匡时"等语,故入逆案。按《酌中志》云:河南右布政使仰志完,辇三千金馈崔呈秀,谋升京卿,为逻卒所获。思诚寓呈秀比邻,乃卸罪于思诚,因之革职。映碧欲辨三千金之诬则可,欲辨入逆案之冤则不可。"纯忠体国,大业匡时",是何等语,尚以为不当入逆案耶?《梼杌闲评》亦载此事。因心疑亦映碧所撰。之诚按,《梼杌闲评》纪事,亦有与《三垣笔记》相发明者,总之非身预其事者,不能作也。谓之映碧所撰,颇有似处。

## 辽东传

《茶香室丛钞》卷十七:明宦官刘若愚《酌中志》云:冯铨害经略熊廷弼,因书坊卖《辽东传》,其四十八回内有"冯布政父子奔逃"一节,极耻而恨之。按《辽东传》一书今无传本,实纪当时之事,并姓氏官位亦大书之,明人之无忌惮如此。

按:李逊之《三朝野纪》卷三上:天启谕内阁云:"顷八月二十一日,文华殿讲读毕,卿等五人面献刊行《绣像辽东传》一册,出诸袖中,合词奏曰:'此熊廷弼所以掩饰夸功,希图脱罪。'朕亲览之,竖发切齿"云云。此书当日冯铨曾以进御矣。

花村看行侍者《谈往》亦言,其害熊廷弼者,因书坊卖《辽东传》,其四十八回内有"冯布政父子奔逃"一节,极耻而恨之,令妖弁蒋应旸发其事于讲筵,以此传出袖中面奏,致熊正法。彼时阁中拟入圣谕,归干断于先帝。体乾、永贞、文辅会议曰:"分明是小冯儿与熊家有仇,在讲筵害他,与圣上何干?"遂以原稿上,奏请御笔增入"卿等面奏,出之袖中"字样。

## 芦城平话

《癸巳存稿》卷十四:《芦城平话》四卷,吕贞九撰,句容王君乔年所藏。吕盖天津人,其自号赤隐,不知何意。《平话》中说熊廷弼、汪文言、傅櫆、吴孔嘉、吴养春事甚详。前于王氏见明时不全京报,天启四年四月傅櫆参内阁中书汪文言,即休宁县犯贼遗戍之库吏汪守泰,六月审确,杖革为民;检《熹宗本纪》不载。至报称十二月梁梦环复奏汪文言一本,奉旨:镇抚司委人扭拿;则《本纪》所云"辛巳逮问"。《报》称五年三月,锦衣卫取供词,连赵南星等;《本纪》为日"丁丑"。《报》又于四月内夹鼎甲单第三名吴孔嘉下云,贯南直隶徽州府歙县人;《本纪》则云"三月丙寅"。报称八月奉圣旨:东林关内江西徽州一切书院具着拆毁,其田土房屋估值变卖,催解助三殿工程;则《本纪》之"八月壬午"也。此后报称抄发王绍徽《东林点将录》一卷,中开捧把帅字旗将校一名、地贼星鼓上蚤、内阁中书汪文言。六年三月,文言族人京官汪汝楫、汪澍具削职为民。闰六月,东厂奏据告人吴荣告直隶徽州府歙县人吴养春,家赀数百万,为富不仁,一向结交搢绅,霸占黄山,砍伐树木货卖,年久获利何止数十余万。先年巡按御史骆骎曾见其强横,将黄山地址判断一半入公。卷案现存,养春用贿蒙蔽,仍霸官山。近因大工肇兴,采取黄山木植应用。养春胆敢遣家丁文节到京打点,停寝采木旨意。又前于天启五年八月内奉旨拆毁书院,养春不遵明旨,巧立名色,创崇文书院,招聚朋党等情。厂臣随将其党吴君实、吴謇叔、程梦庚、章应荐、茅培、许应、江川佑,拘唤讯问符合,奉圣旨:"这欺君抗旨犯人,着该厂监候。其吴养春着锦衣卫官旗同抚按拿解。其卖木赃银,严拿家属监追。"八月,东厂奉圣旨,犯人吴养春等质对明白,着拿赴镇抚司严刑追赃。北镇抚司奉圣旨,程梦庚等赃银十三万六千两,本司立限严追;吴养春赃银六十余万两,着抚按追解;山场木植值银三十余万两,著工部即差官估卖。九月,工部奉圣旨,黄山木植专差主事吕下问上紧追解。其山场丈量等,则着定额另奏。是月，议叙吴孔嘉，以《三朝要典》纂修成。十月《本纪》有“丙申逮中书舍人吴怀贤下镇抚司狱杖杀之”，不见京报。怀贤乃休宁吴憹、傅櫆、梁梦环、吴孔嘉者也。报又称，七年二月，大理寺丞许志吉奏，吴养春家财广布于外，请从天津、淮扬、两浙诸处严追。奉圣旨：“印差许志吉办理。”四月，直隶奏黄山木植一案，三月间歙县岩寺民人万余纠合，同赴府城，拆毁察院，寻杀主事吕下问。下问破后墙，携家眷躲入同知署内。现在知府石万程详报，病躯不能供职。奉圣旨：“这木植一事，即归并许志吉办理。”《本纪》具未载。报又称崇祯元年五月，抄发逆案节略，许志吉矫旨派赃附逆，流毒黄山一案，重辟何辞？久第三等斩监候，秋后处决。吴孔嘉交结近侍，黄山一案惨杀多人，入第六等徒三年，纳赎为民。其见于官文书者如此，而府志、县志无有也。读平话序录，乃知其事，其涉吴孔嘉者，定逆案时严讯吴荣，荣故养春家奴，窃财逃去。既而依孔嘉。孔嘉幼失父，其幼读书及养母赀用、考试之费与见奄拜义父之贽五万金，皆出于养春。养春遣奴吴文节核天津盐务，至京看孔嘉，遇荣，欲告之。荣夜语孔嘉，谓养春本杀孔嘉之父，而伪恤其身，且黄山木植可助三殿工。孔嘉以语奄父，奄父笑曰：“吾得财，汝复憾，吾义儿固孝子也。汝使吴荣来，吾为杀文节。”故孔嘉入逆案，其在六等。当时亦以义儿孝子宽之也。其实孔嘉父以弱病死，其为魏奄义儿，实以功名念重，请示养春。养春富而愚，畀以重贿，而不意得祸之酷也。魏忠贤传亦言孔嘉、养春有仇，诱奴告之，父子瘐死。又以寺丞许志吉为评事，石万程则削发去阉党；《李鲁生传》则鲁生时为给事中，犹上章助万程。其鄙顽如此。平话中王尔玉者，江夏知县，熊廷弼狱，承追熊兆珪赃，逼之死。湖广人诵言尔玉帷薄不修，盖非诬也。此书与《点将录》、《东林籍贯》、《东林同志录》、《东林朋党录》、《盗柄东林伙》、《天监录》、魏应泰《伙坏封疆录》并传。其真空家乡，无生父母。傅櫆告梁梦环语，见《汲县潞王坟旁庙碑》，不知何所本。雍正六年九月，河东总督办东平州牛三花拉案，其教名三元会，空字教咒云：“真空家乡，无生父母。

现在如来，弥勒我主。”乾隆三十七年，山东巡抚办单县刘省过案，其教名五荤道，收元教咒云：“真空家乡，无生父母，现在如来弥勒我主。”盖邪人邪见，同喜称说。汪文言乃能骂之，宜触傅、梁之怒。平话体盖多臆造，此书于事实似十居其八。嘉庆癸亥重过句容，住葛仙庵中，借平话及旧报为比附之，几以为字字可据，过《宣和遗事》远矣。

## 铁冠图

《通俗编》卷三十七：《宋景濂集·张中传》：中字景华，抚之临川人。举进士不第，遇异人，授以太极数学。帝下豫章时，因邓愈荐，遣使召问。后言事往往奇中。尝戴铁冠，人因号铁冠子。按，《杂说》云：明祖谕道人：“尔能先知，试言我国事，述无讳。”道人口诵数十语，其后多验，即剧所谓《铁冠图》也。

## 天雨花

《茶香室三钞》卷七：国朝吴绍箕《笔梦清谈》云：明英宗复辟，吾湖有大臣某公忤石亨，致政归。子婿四人，皆列清要，寓京邸。石党疾之，购名妓二人，曰巫娥、月姝，故寓其旁，昕夕歌舞。四人果堕其计，往来甚密。一夕聚饮于妓所，分填一半儿词。巫娥《咏荷》云：“好趁春晴着意栽，亭亭出水映红腮。绿萍鱼跃不知回，晚风催，一半儿含香一半儿开。”月姝《咏月》云：“满目新凉雨乍晴，梧桐叶落夜风轻。一枝斜影小窗横，月窥人，一半儿云遮一半儿明。”余词不备录。酒地花天，祸机潜伏，四人不知也。先是，有宋半城者，京师大贾也，缘案拟辟。公平反之，贾感甚。是月知其谋，乃以重赂结妓寓阍者，密布火种于内外。漏三下，见十余人持铁练绳索而来，阍者纳之。贾即使人抛进引火之物，少时烈焰飞腾，贾率多人毁门而进，扰攘中将四人负出，返之于其寓。贾函告某公，公遂致书于四人拆之，得词三首，云：“只道隔园春色多，谁知好事忽生讹。星桥刚渡正鸣珂，起风波。一半儿绳牵一半儿锁。”“就里机关君莫参，眼前去处是波澜。切休误认好姻缘，命难全，一半儿几希一半儿免。""锦帐佳人貌似莲，何须别恋野花妍。高堂望子锦衣旋，再俄延，一半儿充军一半儿斩。"四人得词，遂归。按，此事不知出何书，今有弹词名《天雨花》者，中有一段全敷衍此事，即宋半城之名，亦见于其书，然事则全别也。

## 祁禹传

陈尚古《簪云楼杂说》：归安茅镳，鹿门先生第三子也，字右鸾，逸才旷世。偶同诸友谐谑，枚举平生可人以志奇遇，镳哑然笑日："顷获所闻，遇则遇矣，未足云奇也。世有一人而百遇均属妙丽，斯为奇耳。"诸友曰："昔人陈迹，弟辈靡所不窥，信若兄言，愿一披读。"镳曰："此种异书，欲窥殊未易也，兄当以春缸沃我耳。"众曰。"唯唯。兄固不可食言。"然镳实无此书。暮归，即鸠工匠及内外誊写者百余人，广厦列炬如昼，镳危坐其中，或以口语，或以手授，随笔随刊，苏学士手腕欲脱，亦不顾也。天将曙而百回已竣，序目评阅具备。因戒阍人曰："昨诸人来，第言宿酲未解。俟装钉既就，方报我。"遂入内浓睡。阍人如镳指，而诸友息肩书合。午后始晤，镳投以书五束，题曰《祁禹传》。结构精妙，不可名状，而千载韵事，一人遍焉。诸友曰："才人妙手，如万斛明珠，从空散落，可谓风流之董狐矣。"镳曰："箧中尚留几帙，明日当奉诸公。"众方欲觞，固辞乃止。后闻镳一夕草就，莫不惊叹。而镳屡蹶棘闱，不能博一第，或以为口过所致云

## 灯花婆婆

邓之诚《骨董续记》卷二：李日华《味水轩日记》，万历四十五年二十二日记云：从沈景倩借得《灯花婆婆》小说，阅之，乃莺脰湖中一老猕猴精也。宋咸淳中，搅震泽刘谏议家，遇龙树菩萨降灭。

## 白蛇传

陆次云《湖壖杂记》：雷峰塔，五代时所建。嘉靖时，东倭入寇，疑

塔中有伏，纵火焚塔。故其檐级皆去，赤立童然，反成异致。俗传湖中有青鱼、白蛇之妖，建塔相镇，大士嘱之曰："塔倒湖干，方许出世。"崇祯辛巳，旱魃久虐，水泽皆枯，湖底泥作龟裂，塔顶烟焰熏天，居民惊相告曰："白蛇出矣。"互相惊惧，遂有假怪以惑人者。后得雨，湖水重波，塔烟顿息，人心始定。洪昉思《附记》云：杭州旧传有三怪：金沙滩之三足蟾、流福沟之大鳖、雷峰塔之白蛇。隆庆时，鳖已为屠家钓起，蟾已为方士捕得，惟白蛇之有无，究不可得而知也。小说家载有"白娘子永镇雷峰塔"事，岂其然乎？

《麗澞荟录》卷二：大凡小说盲词，皆有依傍。吴从先《小窗自记》云，宋时法师钵贮白蛇，覆于雷峰塔下。陈芝光《南宋杂事诗》云"闻道雷坛覆蛇怪"，则其事似非子虚。

《茶香室丛钞》卷十七：今世已罕知有鳖、蟾二怪者矣，惟传后湖有一大蛙，又有一大龟，或与鳖、蟾二怪代兴者乎？

又国朝徐逢吉《清波小志》，引《小窗日记》云：宋时法师钵贮白蛇，覆于雷峰塔下。似宋时实有此事也。

《小繁露》有"雷峰白蛇"一条。

《涌幢小品》卷三十二：雷峰塔相传镇青鱼白蛇之妖。嘉靖时，塔烟抟羊角而上，便谓两妖吐毒。迫视之，聚虻而已。

俞樾《春在堂诗编》十四《观影戏作》云："湖楼良夜小排当，老尚童心兴欲狂。戏剧流传黑妈妈，南宋时以影戏著名者。弹词演说白娘娘。是夕所演为宋时青白二妖事。轻移韩寿折腰步，明露徐妃半面妆。曲罢局阑人亦散，世间泡影总茫茫。"

李联琇《好云楼初集》卷十一：出天竺，游灵隐寺，旋拜精忠庙，吊岳坟；经苏小墓，谒孤山处士祠。晚憩净慈寺，度慈云岭，归舟赋五言古六首。其六云："小立雷峰塔，道是覆蛇地。我溯小窗编，彼征稗官事。"自注，吴从先《小窗自记》：宋时法师钵贮白蛇，覆于雷峰塔下。今稗说本此。

傅惜华《缀玉轩藏曲志》："《雷峰塔传奇》二卷"一则，当录入。

《戏剧丛刊》第四期。

孙璧文《新义录》卷五十七：《义妖传》演白蛇事，本属子虚，而《西湖游览志》谓，俗传湖中有白蛇、青鱼两怪，镇压雷峰塔下。《湖壖杂记》所载略同。又谓相传建塔时，大士嘱之曰："塔倒湖干，方许出世。"崇祯辛巳大旱，湖底泥作龟裂，塔顶烟焰熏天。居民惊曰："白蛇出矣。"后得雨，湖水重波，塔烟顿息，人心始定。洪昉思亦谓杭州旧传有三怪：金沙滩三足蟾，已为方士捕得；流福沟大鳖，隆庆时为屠家钓起；惟雷峰塔白蛇之有无，究不可得而知也。小说家载有"白娘子永镇雷峰塔"事，岂其然乎？据此则《义妖传》当为明人作，惟传载青、白二蛇，《游览志》以为白蛇、青鱼，微异耳。又徐逢吉《清波小志》引《小窗日记》云：宋时法师钵贮白蛇，覆于雷峰塔下。即传中法海禅师之所本。是宋时已有此说矣。

柴萼《梵天庐丛录》卷二十九：《白蛇传》小说中，有法海禅师，考《金山寺志》，实无其人，而妇孺知之。其前有两法海，皆唐人，乃无知之者。其一金陵人，见颜鲁公《湖州乌程县杼山妙喜寺碑》，缪雪庄谟有《题法海禅师像》。其一丹阳张氏子，字文允，少出家于鹤林寺，赅通外学，圆入一性，擅独悟之名，剖不决之义，尝曰："佛法一门，极唯心地，余皆椎轮也。"天宝中，预扬州法慎律师讲肆，与昙一、灵一等，同推为颜、冉，复与杼山昼公为忘形交。是二人皆佛门龙象，顾湮没不彰；彼则以俗语为丹青，天下事真有幸有不幸哉！

## 清风闸

《茶香室丛钞》卷十七：国朝李斗《扬州画舫录》云：浦琳字天玉，右手短而捩，称秘子。少孤，乞食城中，夜宿火房。及长，邻妇为之媒妁，秘子惶恐，妇曰："无恐。"问女家姓氏，自有美妻也。约以某日至某处成婚。秘子以为诈，及期，妇索秘子不得，甚急，百计得之，偕至一处，香奁甚盛。纳秘子而强为婚焉。自是秘子为街市洒扫，不复为乞儿。逾年，大东门钓桥南一茶炉老妇授秘子以呼卢术，秘子挟之以往，百无一失，由是积金赁屋，与妇为邻，在五敌台。妇有侄，以平话为生，每日皆演于妇家。秘子耳擩已久，以平话不难学，而各说部皆人熟闻，乃以已所历之境，假名皮五，撰为《清风闸》故事。养气定辞，审音辨物，揣摩一时亡命小家妇女口吻气息，闻者欢咍嗢噱，进而毛发尽悚，遂成绝技。按，此书余曾见之，亦无甚佳处，不谓当日倾动一时也。殆由口吻之妙，有不在笔墨间邪？

《画舫录》又云：郡中称绝伎者，吴天绪《三国志》、徐广如《东汉》、王德山《水浒记》、高晋公《五美图》、浦天玉《清风闸》、房山年《玉蜻蜓》、曹天衡《善恶图》、顾进章《靖难故事》、邹必显《飞驼传》、谎陈四《扬州话》，皆独步一时。

## 儒林外史

《茶香室续钞》卷十三：国朝叶名澧《桥西杂记》云：坊间所刊《儒林外史》五十卷，穷极文士情态，全椒吴敬梓所著也。字敏轩，一字文木，乾隆间人。尝以博学鸿词荐，不赴。袭父祖业，甚富，素不习治生，性复豪上，遇贫即施，偕文士辈往还，饮酒歌呼，穷日夜。不数年而产尽，醉中辄诵樊川"人生直合扬州死"之句，后竟如所言。程鱼门吏部为作传。按：嘉兴李富孙《鹤征后录》载，不就试者二十五人，无吴敬梓，惟有吴檠字青然，全椒人，乃与试而未用者，恐非其人也。

按，坊刻《儒林外史》例言云：原书不著作者姓名。近阅上元金君和跋语，谓系全椒吴敏轩征君敬梓所著，杜少卿即征君自况，散财、移居、辞荐、建祠，皆实事也。慎卿乃其从兄青然先生檠，虞博士乃江宁府教授吴蒙泉，庄尚志乃上元程绵庄，马二先生乃全椒冯粹中，迟衡山乃句容樊南仲，武书乃上元程文。其它，二娄为浙江梁家，牛布衣为朱草衣，权勿用为是镜，凤鸣岐为甘凤池，汤奏为杨凯；萧云仙姓江，赵雪斋姓宋，随岑庵姓杨，杨执中姓汤，匡超人姓汪，严贡生姓庄，高翰林姓郭，余先生姓金，万青云姓方，范进姓陶，荀玫姓苟，韦思元姓韩，沈琼枝即随园所称"扬州女子"：或象形谐声，或廋词隐语，若以雍干间诸家文集细绎而参稽之，则十得八九矣。吴征君著有《文木山房诗文集》及《诗说》，均未付梓。是书为金棕亭官扬州教授时刊行。

《茶香室丛钞》卷十七：唐冯翊《桂苑丛谈》云："进士张祜，自称豪侠。一夕，有非常人装饰甚武，腰剑手囊，贮一物，流血于外，入门谓曰：'此非张侠士居乎？'曰：'然。'客曰：'有一仇人，十年莫得。今夜获之，喜不可已。'指囊曰：'此其首也。'问张曰：'有酒否？'张命酒饮之。客曰：'此去三数里，有一义士，余欲报之，则平生恩仇毕矣。闻公气义，可假余十万缗，立欲酬之。此后赴汤蹈火，无所惮。'张深喜其说，乃倾囊与之。客曰：'快哉！无所恨也。'乃留囊首而去，期以却回。及期不至，张虑囊首为累，遣家人埋之，乃豕首也。"按今稗官家有敷衍此事者，莫知其本此也，故记之。

《桂苑丛谈》刊入《广四十家小说》第三册；《涌幢小品》卷九亦纪其事，为东吴张侠士，盖传闻之讹；《北埜闲抄》卷一，亦纪此事。

董潮《东皋杂钞》卷二：澄江是镜，字仲明。托名讲学，筑室圣柯山，极其壮丽，聚门徒百十人。壬申、甲戌，保举经学，一时数大老连章荐之，高卧不就，名益高。近为胞弟告发，共三十余款，多有不法事。常郡侯宋讳楚望，玉阳人，深恶之，毁其庐造书院。时适有奸僧某，拥巨资，亦为宋公所恶，畲田八百亩，尽入书院为膏火费。院中告示，首举二事。所谓经明行修之儒，乃与淫恶不法之僧，并提而论，可为浩叹。

《茶余客话》卷八：江阴是镜，诡诈诞妄人也。胸无点墨，好自矜饰，居之不疑。海宁陈相国为其所惑，高东轩相国亦信之。尹健余侍郎督学江左，因二公之言，造庐请谒，结布衣交。镜遂辟书院，招生徒，与当时守令往还，冠盖络绎。常州守黄静山永年，亦与过从。其后因嘱托公事，不复往。镜因于书院静室中，供陈、高、尹、黄四木主，俗所谓长生禄位也。稍有识者，皆非笑之。辛未，雷翠廷先生督学至，广文以为言，先生贻书令其来见，以觇其学；镜不往，而令广文通意，欲先生造庐，如尹故事。先生笑曰："吾固知贤士不可召见；但恐吾往见后，则四公木主之外，又增一人，故不为耳。”后数年，镜为乡人告讦，亡命，不知所终。镜居村去市数里，有小路，逾沟而行，稍近数十步；镜平生必由正路过桥，不趋捷也。一日，自市归，途遇雨，行至沟旁，四顾无人，一跃而过。有童子匿桥下避雨，惊曰：“是先生亦跳沟耶？”镜饵以一钱，嘱勿言。童子归，其父诘钱所从来，争传是先生跳沟，声名大损。

《庄谐选录》卷七：《儒林外史》之权勿用，即是镜也。相传是镜行多矫伪，动称礼法。一日晨出，过小涧，四望无人，遂越而过。忽远处一村童见之，大呼曰：“是先生跳涧矣。”是闻之，即出钱十余文，与童曰：“畀汝啖饼，慎勿以此告人。”又匡超人，或云实暗指汪容甫先生。相传先生情性乖僻，一日晨出，忽潜回，至夫人房中。时夫人方梳头，汪出其不意，自其后抱之。夫人问曰：“是何人来相戏？”先生怒曰：“岂尚有他人敢如此乎？”遽出之。后作《拟刘孝标论》，乃有“蹀躞东西，终成沟水”语。实则夫人之出，固由先生之疑误也。按此二说，皆常州人语，不知确否？

惺园退士《增补齐省堂儒林外史》例言：一，原书分为五十六回。其回名往往有事在后而目在前者。即如第二回，叙至周进游贡院见号板而止，乃回首已书暮年登上第字样。其下诸如此类，不一而足。此虽无关紧要，殊非核实之意。是册既增四回为六十回，而原书之回名舛误者，代为改正，总以本回事迹，联为对偶。名姓去其重复；字面易其肤泛，使阅者开卷之始，标新领异，大觉改观。

按：惺园居士所增四回，即四十三下半回“追身价老贡生押房”、四十四回“沈琼枝求父居侧室，宋为富种子乞仙丹”、四十五回“满月麟儿扶正室，春风燕子贺华堂”、四十六回“假风骚万家开广厦，真血食两父显灵魂”及四十七回上半回“吃官司盐商破产”，其承转处尚无痕迹，惟殊不类文木老人之冷隽耳。

张祥河《关陇舆中偶忆编》：小说家如《儒林外史》，臧否人物，隐有所指。可与《聊斋》、《谐铎》并传。

张谊《宦游纪闻》：云南大理府李智梦人语之曰：“君与省城张辉

同科。”及应试，偶见此子，尚幼稚；再往见，其发渐长。后果同登，而李智年已五十二矣。其定数如此。

江潮《吴门销夏记》卷中：是镜仲明，江阴人，世传《儒林外史》所载权毋用，即是公也。阮吾山《茶余客语》极其丑诋。闻溧阳强先生言，盖亦深不取之。今读其年谱，俨然纯儒，以其被谤，由弟之讦告，声名大损。昔吴康斋亦因知府张璝谒见不得，募人代其弟投牒讼之。何讲学家之多不幸也？将恶直丑正，千古一辙乎？抑其色取行违，有以干造物之忌邪？后之君子可以警矣。

顾家相《五余读书廛随笔》卷下：明代专重时文，《儒林外史》纪鲁翰林之女亦工时文，想见当时风气。

邓之诚《骨董琐记》卷二：“典却青衫供早厨，老妻何必更踌躇？瓶中有醋堪浇菜，囊底无钱莫买鱼。不敢妄为些子事，只因曾读数行书。严霜烈日皆经过，次第春风到草庐。”元吕仲实《思诚》诗，见《辍耕录》。按，“典却青衫”一诗，说部《儒林外史》只撷其半。

又：说部《儒林外史》中“气散风冲那可居，先生埋骨定何如。日中未解逃兵额，世上人犹信《葬书》”一诗，盖沈石田过郭璞墓作也。

李伯元《南亭笔记》卷三：江阴是镜，号明我，即小说《儒林外史》中之权勿用。其人胸无点墨，好自矜夸。海宁陈相国、高东轩相国，为其所惑，信之至笃。尹健余督学江苏，因二公故，造庐请谒，结布衣交。镜遂辟书院，集生徒，与当时守令互相来往，冠盖络绎于门。常州府黄静山永年，亦过从之。后缘嘱托公事，黄为绝足。镜在私室中，供陈、高、尹、黄木主，俗谓之长生禄位。辛未，雷翠庭祭酒，承尹健余之乏。广文致意，雷招以书，欲觇其学，镜请援尹例。雷笑曰：“吾知贤士不可召见，但吾往后，恐四公木主外，又添一人耳！”一日，镜为乡人告发，亡命不知去向。镜居村去市有里余之远，有小径逾沟而过，可省行数武。镜平生必由正路，自谓澹台灭明复见。某日归途遇雨，至沟旁，四顾无人，跃之而过。有童子匿于桥下，惊曰：“是先生跳沟耶！”镜饵以一钱，嘱勿传宣。俄童子泄言于外，声名大损。

杨静庵《〈儒林外史〉中之一种考据》二十年三月十八日《新闻报·快活林》。

## 张铁臂与洪憨仙

《儒林外史》第十五回，马二先生遇洪憨仙，炼金受绐。胡适先生据程晋芳诗集，内有《闻滁州冯粹中先生没于京师，诗以哭之，并告诸友，谋归其丧》之诗，则滁州冯粹中，殆即《外史》中之处州马纯上。又称马二先生。其第一首有句云："海上松期方本幻，原注，冯曾遇假仙于浙水。冢中文字焰犹腾。"其假如何，其真如何，虽未明言，似是实有其事。然《外史》中此段记载，纯采用唐人冯翊之《桂苑丛谈》中为左道所误一节。今录于后。

护军李将军全皋罢淮海日，寓于开元寺，以朝廷艰梗，未获西归。一旦，有一小校绍介一道人云："能通炉火之事。"护军乃延而礼之，自此常与之善。一日话及黄白事，道人曰："唯某颇能得之。可求一铁鼎，容五六升以上者，得黄金二十余两为母，日给水银药物，火候足而换之，莫穷岁月，终而复始。"李善其说，顾囊有金带，可及其数，以付道人。诸药既备，用火之后，日日亲自看验。居数日，觉微倦，乃令家人亲爱者守之。日数既满，斋沐而后开视，金色灿然，的不虚矣。李拜而信之。三日之内，添换有征。一日，道人不来，药炉一切如旧，骇疑之，俄经再宿，久待，讶其不至，不得已启炉而视之，不见其金矣。事及导引小校，代填其金。道人杳无踪迹。

此前之前，更有崔张自称侠一节，与《外史》中娄公子侘傺下第，尚侠好客，为张铁臂以猪首伪称人头一段事迹，完全相同。于是可见古人长篇巨帙，其剪裁之巧矣。今并录之。

进士崔涯、张祜下第后，多游江淮。常嗜酒，侮谑时辈，或乘饮兴，即自称豪侠。二子好尚既同，相与甚洽。崔因醉作《侠士诗》云："太行岭上三尺雪，崔涯袖中三尺铁。一朝若遇有心人，出门便与妻儿别。"由是往往播在人口："崔、张真侠士也。"以此人多设酒馔待之，得以互相推许。一旦，张以诗上牢盆使，出其子授漕渠小职，得堰，俗号冬瓜①。张二子：一椿儿，一桂子，有诗曰："椿儿绕树春园里，桂子寻花夜月中。"人或戏之曰："贤郎不宜作此等职。"张曰："冬瓜合出祜子。"戏者相与大哂。后岁余，薄有资力。一夕，有非常人装饰甚武，腰剑手囊，贮一物流血于外，入门谓曰："此非张侠士居也？"曰："然。"张揖客甚谨。既坐，客曰："有一仇人，十年莫得，今夜获之，喜不可已。"指其囊曰："此其首也。"问张曰："有酒否？"张命酒饮之。客曰："此去三数里有一义士，余欲报之，则平生恩仇毕矣。闻公气义，可假余十万缗，立欲酬之，是余愿矣。此后赴汤蹈火，为狗为鸡，无所惮。"张且不吝，深喜其说，乃倾囊烛下，筹其缣素中品之物，量而与之。客曰："快哉！无所恨也。"乃留囊首，约三更即回。及时不至，五鼓绝声，东曦既驾，杳无踪迹。张虑以囊首彰露，以为己累。静按：《外史》此段谓待其重返，开人头大会。未免与法律人情相违。娄公子虽跅弛，究不至是，不若此句意义之妥善。客既不来，计无所出，遣家人将欲埋之。开囊出视，乃豕首也。因憬悟而叹曰："虚其名，无其实，而见欺之若是，可不戒欤！"豪侠之气自此顿衰。

赵吉士《寄园寄所寄》卷六《焚尘寄·科名》：唐皋，字守之，徽州歙县人。尝梦与郑佐同榜。时皋年已三十余，而佐方生。后佐年十九，与皋两榜皆同捷。《尧山堂外纪》。

中州士人周见屡举不第，一夕有神见梦曰："汝须待朱尚伦同中。"周觉而求诸校中，竟不得其人。后十余年，乃有朱尚伦入学。问其举业，懵然；其年周君未录科，挈朱同告考，周代朱作，两人俱入试，三场同，号房亦然。周中本房第一，朱亦登科。周至膴仕，朱至县令云。《升庵外集》。

---

① 一旦，张以诗上牢盆使，出其子授漕渠小职，得堰，俗号冬瓜：原稿有脱文，作"一旦张以诗上牢盆使，出其子授漕渠小职，俗号为瓜"，今据《桂苑丛谈》补。

阮葵生《茶余客话》卷十一：王尧载典，号龙怀，万历丙子举人，官乐清令，与同里刘晦卿沈丘交好。谓曰："夜得子，饮诸君酒。"告以夜来梦太乙星临于室而生，遂名一临。尧载闻之，惊诧不怡，众诘之，徐乃云："予尝梦与刘一临同榜，今此子才降地，予已向衰，能久待乎？"自是每过晦卿，必抱膝呼"年兄"为谑。及丙子，一临年十六，果与尧载同乡举，当时以为异。后一临卒于官，丧归，尧载尚优游林下，往抚其棺哭之。

庄尚志"应诏陈言，为蝎所螫"，此亦有本。《寄园寄所寄》卷五引《笑史》：天顺间，征士吴与弼到京，英宗御文华殿召对。吴默然无应，唯曰："容臣上疏。"众方骇异。上不悦，驾起。吴出至左顺门，除帽视之，有蝎在顶，螫皮肉红肿。方知其适不能答者，以螫故也。

《余冬录》卷三十一：天顺二年，临川吴征士与弼入京，择日而后廷见。英宗退御文华殿，召问大略。与弼噤无以对，左右怪之。趣使言，始曰"容臣上疏"而已。先时，与弼宿草备顾问，竟不如志。驾起。因惨然出，至左顺门，脱帽视，两蝎存焉，顶预螫已肿。人始知其不能承旨，以忍痛故。

郎瑛《七修类稿》卷四十三"恶虫"有数条，可附入。

钮琇《觚剩》卷八《粤觚》下：严学思，高明县平步村人。弱冠补博士弟子，意气傲岸，谓掇科第如拾芥，而久困棘闱，年将四十，始举于乡。又复自负，谓南宫之捷，转瞬可俟，仍下第归。由此惘惘若失，卜筮之询，殆无虚晷。或言："我村洪圣庙，其神甚灵，盍往祈焉？"学思即携襆被夜宿殿庑，恍惚梦神告曰："汝欲成名，须俟麦而炫，乃同榜耳。"惊喜而寤。及遍访知名之士，并无其人。偶一日自村入城，东门外亦有洪圣庙，见塾师训课其中，相与谈论，忽一童子呈书仿于前，视其姓名则麦而炫也。因细问年岁里居，嘿志而去，不以告人。是时炫方髫龄，越十有余载，炫一举获隽，学思欣然资以行李，偕入京师。崇祯辛未科俱成进士，联舫旋乡，乃话前梦。

# 卷七

## 万金记

《莼乡赘笔》卷上：江南乡试前数日，严霜厚三寸。既锁闱，鬼嚎不止。发榜后，弊发，主考方猷、钱开宗，俱骈戮于市。前此江陵书肆刻传奇名《万金记》，不知何人所作，以方字去一点为万，钱字去边旁为金，指二主考姓，备极行贿通贿状，流布禁中。上震怒，遂有是狱。

## 无声戏

陆文衡《啬庵随笔》卷三：古来有识者，往往逃名，有深意焉。今人欲无寔而盗名，或借长以讳短，未有不及于祸者。新乡张缙彦、丰润谷应泰同时任浙中藩臬，坊刻《无声戏》小说，一则铺扬张之忠义，以报明仇；一则称诵谷之清廉，巧断疑事。见者鄙之，云明是授意作者编造，将以自文其不足。后缙彦被纠入刘正宗案中，籍没，流徙宁古塔，遇赦不宥，二月初二日出关。应泰亦为台臣所纠。俱指《无声戏》为据，求名得祸，殆自取也。见《传家集》。

## 绛红袍弹词

杨恩寿《续词余丛话》卷三：《汉阳志》：仙翁，姓氏不可考。顺治初，侨居汉口由义坊，言未来事多奇中。忽一日，言："此处当火。"急持杯水，周行十余家。数日后，果火。前后灰烬，独所行者无恙。孝廉解干浚子以痘殇，葬尼庵侧。寻复活，里人陈姓收养之。孝廉不知也，每以无子为忧。仙翁常慰之曰："汝子已长成矣。"初以为诞。康熙己酉，干浚遇小儿于道，疑其貌类己子，物色根究，得其详，遂闻于官，判归干浚。时人作《绛红袍传奇》纪其事。于是仙翁之名益著云云。光绪丙子，余需次武昌，忽于旧书肆得是书。急购归读之，乃弹词也，鄙俚可笑，不知撰志者何竟以弹词作传奇耶？

## 醒世姻缘

杨复吉《梦阑琐笔》：蒲留仙《聊斋志异》脱稿后百年，无人任剞劂。乾隆乙酉、丙戌，楚中、浙中同时授梓。楚本为王令君某、浙本为赵太守起杲所刊。鲍以文云：留仙尚有《醒世姻缘》小说，盖实有所指。书成，为其家所讦，至褫其衿。易箦时，自知其托生之所，后登乙榜而终。留仙后身，平阳徐昆，字后山，登乡榜，撰有《柳崖外编》，亦以文云。岁庚子，赵太守之子曾与留仙孙某遇于棘闱，备述其故，且言《志异》有未刊者数百篇，尚藏诸家。

李慈铭《越缦堂日记补》庚集上：阅小说演义名《醒世姻缘》者，书百卷，乃蒲松龄所作。老成细密，亦此道中之近理可观者。

范烟桥《〈醒世姻缘〉考证》：《醒世姻缘传》，一名《恶姻缘》，见《弁言》。署"西周生辑著，然藜子校定"，都一百回。西周生何人，无可考，惟观其作风，似为明代人手笔。《引起》中称明代为本朝，足为明证。有辛丑环碧主人序，亦未冠以年号。又按第八回青梅引《西游记本事》，而胡适《西游记序》，断定《西游记》为明中叶之作品，则是书当在《西游记》之后，或是明末矣。全书宗旨详于《凡例》及东岭学道人之《弁言》。

凡例：本传凡有懿嬍，扬阐不敢稍遗。惟有劣迹，描绘多为挂漏，以为赏重而罚轻。

本传凡语涉闺门，事关床笫，略为点缀而止，不以淫哇媟语博人传笑，揭他人帷簿之惭。

弁言：无非劝人为善，禁人为恶，盖谓人前世既已造业，后世必有果报；既生恶念，便成恶境。生生世世，业报相因，无非从一念中流出。

盖完全以因果报应为骨子者。论事实不出弹词、宝卷之流；惟论文字，颇多可取。《凡例》云："本传敲律填词，意专肤浅，不欲使田夫闺媛，懵矣面墙，读者无争笑其打油之语。"又云："本传造句涉俚，用字多鄙，惟用东方土音从事，但亟明其句读，以意逆志，是为得之。”是乃小说之正。惟《弁言》云：“此书传自武林，取正白下，故虽记山东之事为多，而方言似杂以南方，或西周人为武林人未可知。”

每回之首，必有一引子。或韵语，或骈文，此是宋代评话之变体，所以打起听者之精神也。全书之首，尚有《引起》一篇，诠发贤母良妻主义，谓孟子言君子有三乐，须添一乐，而后三乐可得；不添此一乐，纵然父母俱存，搅乱的那父母生不如死；纵然兄弟目下无故，将来毕竟成了仇雠也。做不得那仰不愧天、俯不怍人的品格，也教育不得天下的英才。此乐维何？即贤德妻房也。作者之意，以为现世夫妇之不相得者，皆于前世自造恶因，所以劝导现世之人多种善因，以成来世之好姻缘。盖作者能探源立本，认夫妇为一切社会之主体，而尽力描写家庭之实况，以寓其批评之意。较之说书者大而无当、性欲书之荒唐失常，自足称明代小说之秀矣。惟为时代所拘束，将报应之腐说作全书之线索，此又明代小说普通之陋，不能专责是书也。

全书事实，先具于《引起》：

“只因本朝正统年间，曾有人家一对夫妻，却是前世伤生害命，结下大仇。那个被杀的托生了女身，杀物的那人托生了男子，配为夫妇。那人前世又宠妾凌妻，其妻也转世托生了女人。今世来反与那人做了妻妾。俱善凌虐夫主，败坏体面，做出奇奇怪怪的事来。”

自第一回至第二十二回为前世，第二十三回起为今世。其间有关掌故者，如第十回言明代有罚纸之例：“大尹又接道：‘计都计巴拉都免打，也免问罪，每人量罚大纸四刀。’看官听说，甚么叫是大纸？是那花红毛边纸的名色。虽是罚纸，却是折银，做成了旧规，每刀却是折银六两。”第三十二回又云：“或是罚米折钱、罚谷折钱、罚纸折钱、罚木头折钱、罚砖瓦折钱、罚土坯折钱。”

考之《明史·刑法志》，只有以钞赎罪之例，所谓收赎律钞与赎罪例钞是也。此外则纳银、纳米及运灰、运炭、运石、运砖、运碎砖，皆赎罪之变，并无罚纸之明文。意者罚纸为最轻之罪，《刑法》所不及；或竟是一地方之私法，积久而成习惯也。此事未见于他书，故小说为社会史也。

第三十一回记绣江县明水镇荒歉，至于人相食。当时米价一石七两，不及今日之半也。而第三十二回云："一分折算铜钱为十二个。"则银一两合钱一千二百文。当时银价与清季方弗，似《越缦堂日记》言，一两折一千五百钱也。

明季纳粟入监，近于勒索。四十一回说之甚详。侯小槐以乡约所迫，几至破家。妙在与县官问答之词，调侃有味。侯以"不识一字，世代为农"为辞，县官云："因你不识一字，所以报你纳监。若是认识几个字，就该报你做农民了。"此中玄理，有解人否？四十四回云："薛家叫了两个女瞎子，一个谢先，一个张先，各人唱了几套春曲。"此即宋人所谓淘真也。

是书文明书局有石印本，惟传流仍少，一般研究小说者，亦多未论列。若加以整理，不失为好小说也。

见《紫罗兰》四卷十九号。

## 施公案

《茶香室三钞》卷四：国朝龚炜《巢林笔谈》云：漕宪施公貌奇丑，人号为缺不全。初仕县尹，谒上官。上官或掩口而笑，公正色曰："公以某貌丑邪？人面兽心，可恶耳！若某则兽面人心，何害焉？"按，李笠翁《十种曲》有所谓"阙不全"者，不谓真有此也。惜施公不载其名，未知何人。

陈康祺《燕下乡脞录》卷四：少时，即闻乡里父老言：施世纶为清官。入都后，则闻院曲盲词，有演唱其政绩者。盖由小说中刻有《施公案》一书，比公为宋之包孝肃、明之海忠介，故俗口流传，至今不泯也。此下政绩当录入。

《如是我闻》卷二：窦二东，献县剧盗。其兄曰大东，皆逸其名，而以乳名传。他书记载或作窦尔敦，音之转耳。

《啸亭杂录》卷十：施漕帅世纶有权术，任京兆尹，时金吾帅托公和诺以宠幸冠一时，轿前常拥八驺。施遇诸途，乃拱立道旁，长揖以俟之。托惊骇，下轿问之，施忽厉声曰："国制非王公不设骝马，吾以为诸王至此，拱立以俟，孰意其为汝也？"欲立劾之，托谢之乃已。与同时于襄勤公成龙，皆名盛一时，俗呼曰"施青天"云。

孙璧文《新义录》卷五十七：北人演剧，《施公案》最为出色。尝取其书阅之，鄙陋不堪，然不知其所本。近阅乾隆间昆山龚炜《巢林笔谈》云："漕宪施公貌奇丑，人号为缺不全。初仕县尹，谒上官。上官或掩口而笑，公正色曰：'公以某貌丑邪？人面兽心，可恶耳！若某则兽面人心，何害焉？'"据此则实有施不全矣，惜不载其名。

《蝶阶外史》卷二：窦尔敦，献县剧盗也。一日尾孤行客甚疾，客知其盗，击马驰。马逸，越宿处，至古寺，日已曛黑，不得已投焉。窦亦寻至。僧出迎，貌狞恶。见客装甚喜，延之食，俾与窦同室宿。户既阖，窦潜启之，键矣，悄谓客曰："我初欲劫君，乃同陷盗窟，然无恐，我救汝。"出火具，见室西北隅有大筐，中实败絮。移之见穴，有阶梯。窦持刀，潜身由邃道达院落，窥室内张灯，僧方据上坐，少妇环侍，饮甚豪。旋一妇携壶出，挟至僻所，问状，言："某近村某妻，为僧挟置秘室，如某者二三十辈也。"窦言："能听我，当救汝出。"问贼兵器，则二铁翼，排大小刃数十为羽，挟以飞，着人立死。窦言："入劝以酒，窃其翼，彼无能矣。"妇人约众妇如窦言，共窃其翼出。窦奔人，以刀刺僧，僧索翼不得，跃起，窦亦跃而从斗梁间。逾炊许，窦以生力且持刀，僧徒手又被酒，遂颠于地，窦手刃之。呼诸妇囊括僧所藏金钱，待空旷处；呼客打包，牵两骑出，纵火焚寺。火起，邻村来救，窦遂与客连骑驰。迟明，至歧路，客感其救，欲分以金。窦曰："休矣！若图君金，待此时耶？"遂分道去。

天汉浮槎散人《秋坪新语》卷三：康熙间，献邑有巨盗窦尔东，骁勇绝伦，匹马双刀，飞腾上下，捷类猿猱，鸷若鹰隼。所乘马日可行八百里。每孤身劫客，无论数十百人，刀马所至，应手披靡，得其货财，缚置马上，累累数千百斤；顷之灭没，瞥若飞鸟，不知所之矣。故闻其名者，望风奔溃。一日，邑令帅百数十人，围之城西廉颇庙。窦持刀拒门，众无敢入。久之，计火其庙，窦窥见，于是跨鞚马，袒臂握刀，呼跃而出。刀锋所指，灿若白虹，人头飞落。众兵交下，窦从容挥霍，矛矢纷纷坠地，卒莫能近。马亦嘶怒奔蹄，雷轰电转，众皆辟易，窦已溃围去。后屡捕不获。然窦最孝，其母匿居僻村，搜访得之，下之狱。乃乘马握刀，驰至县门，大呼曰："我窦尔东在此，杀人劫财我也，于母奚与？幸释我母，我当就缚。"兵役惊集，遥为环绕而莫敢近，窦笑叱曰："是奚为者？母出我自囚矣，可白尔官来。"于是令出，立堂前，遥谓曰："子豪士也，诚欲自投，盍弃尔马！如弗释尔母者，有如日。"窦乃下骑，遂出其母于狱，尽去琅铛。窦弃刀抱之哭，乃就执。奏闻，上惜其材勇，欲留之。闻其踝骨已坏，遂诛焉。所乘马一将官得之，每骑出，遇怀金辇货者，辄横道长嘶，遂屏不敢乘。其妹名金莲，姿态轻盈，亦趫捷善斗，骑马上下若飞。自窦诛后，匿迹奉母，不知所终。浮槎山人曰："盗也而孝，盗或可谅矣。况挟绝人之材勇，终以盗诛，不亦惜欤？然使窦去其盗而尽孝，则卒为孝子，谁复以盗而恶之哉？甚矣，窦似死孝，而仍死盗。盗而诛，又何惜焉？"

柴萼《梵天庐丛录》卷二十八：窦开山，乳名尔敦，一曰二东。兄大东，俱乾隆间献县剧盗。善舞枪，使人对面放镖，十镖齐发，尔敦能以枪尖抵镖，使反射，十不失一。舞双刀尤巧出侪辈，舞时只见刀光闪耀，不见人也。尝劫一巨室，官捕之急，侦得其所在。尔敦知之，持两刃盘舞而前，捕卒不见其人，但见白练数尺，旋行以进，渐渐远去。盖顷刻间飏至十里外矣。捕卒十五人，视马尾俱已截去尺许，共叹非其敌，垂丧而返。尔敦行劫，每于夜半入人家，持刃直奔妇女房，不论老幼，俱奸污之；其尤艳者，辄里以絮被，并所劫物挟之去，黎明时仍送妇返家。凡被奸者，须慎默，否则重来挟之去，不复能返矣。尔敦以此横行于阜城、肃宁、交河、吴桥、献县诸境，积资产，拥妻妾，至七十二，善终于家。

## 肉蒲团

丘炜萲《菽园赘谈》卷七：近时坊间盛行《觉后禅》一书，乃将《肉蒲团》改名者。全书用章回体，笔墨疏荡跌宕，自成一子。或云出李笠翁，著笔颇近之，叙述狂亵，令人不忍注目。

## 海烈妇平话

宗廷辅《壬子秋试行记》：泊毗陵驲，是为常州北门。天时尚早，上岸间行访海烈妇祠。烈妇为徐州陈有量妻，以康熙六年正月拒凶殉节。其事甚烈，太仓陆桴亭先生世仪撰传表彰之，文千八百言，曲折备具。且当时有演成平话十二回者，均云祠在毗陵驲前龙嘴里，欲展谒之以将敬也。

## 红楼梦

《小浮梅闲话》：《红楼梦》一书，脍炙人口，世传为明珠之子而作。明珠之子何人也？余曰："明珠子名成德，字容若，《通志堂经解》每一种有纳兰成德容若序，即其人也。"恭读乾隆五十一年二月二十日上谕，成德于康熙十一年壬子科中式举人，十二年癸丑科中式进士，年甫十六岁，然则其中举人止十五岁，于书中所述颇合也。此书末卷自具作者姓名曰曹雪芹。袁子才《诗话》云："曹楝亭康熙中为江宁织造，其子雪芹撰《红楼梦》一书，备极风月繁华之盛。"则曹雪芹固有可考矣。又《船山诗草》有《赠兰墅鹗同年》一首云"艳情人自说红楼"，注云"传奇《红楼梦》八十回以后，俱兰墅所补"，然则此书非出一手。按：乡会试增五言八韵诗，始乾隆朝，而书中叙科场事已有诗，则其为高君所补可证矣。纳兰容若《饮水词集》有《满江红・为曹子清题其先人所构楝亭》，即曹雪芹也。

张祥河《关陇舆中偶忆编》：《饮水词集》，为长白性德著，大学士明珠子。《曝书亭集》有《挽纳兰侍卫诗》。世所谓贾宝玉者，即其人。

词以小令为佳,得南唐李后主意。余尝刻于粤西藩署。原本残缺,其有不合律者,或传钞之讹。余为更易十数处。周稚圭中丞之琦,称为善本焉。

逍遥子《后红楼梦序》云:《红楼梦》一书,自铁岭高君梓成,一时风行,几于家置一集。

《壶东漫录》:《红楼梦》小说,有咏林四娘事,此亦实有其人。王渔洋山人《池北偶谈》卷二十一云:"闽陈宝钥字绿崖,观察青州。一日,燕坐斋中,忽有小鬟,年可十四五,姿首甚美,搴帘入,曰:'林四娘见。'逡巡间,四娘已至前万福。蛮髻朱衣,绣半臂,凤觜靴,腰佩双剑,自言故衡王宫嫔也,生长金陵。衡王以千金聘妾入后宫,宠绝伦辈,不幸早死,殡于宫中,不数年国破,遂北去。妾魂魄犹恋故墟,今宫殿荒芜,聊欲假君亭馆延客,愿无疑焉。自是日必一至。久之,设具宴陈,嘉肴旨酒,不异人世,亦不知从何至也。酒酣,叙述宫中旧事,悲不自胜,引节而歌,声甚哀怨,举坐沾衣罢酒。一日,告陈,言当往终南山,自后遂绝。有诗一卷,其一云:'静锁深宫忆往年,楼台箫鼓遍烽烟。红颜力弱难为厉,黑海心悲只学禅。细读莲花千百偈,闲看贝叶两三篇。梨园高唱兴亡事,君试听之亦惘然。'"是林四娘事甚奇。而云早死,殡于宫中,则与小说家言不甚合,或传闻异词乎?考之《明史》,宪宗之子佑樿,封衡王,就藩青州。其玄孙常澁,万历二十四年袭封,不载所终。林四娘所云国破北去者,即斯人矣。

林云铭有《林四娘记》,见《虞初新志》卷一;《吾庐笔谈》卷八,有"林四娘"一条;杨恩寿有《姽婳封传奇》。

《茶香室三钞》卷七:国朝朱彝尊《静志居诗话》云:"赵彩姬字今燕,名冠北里,时曲中有刘、董、罗、葛、段、赵、何、蒋、王、杨、马、褚,先后齐名,所称十二钗也。"按此,则今小说中所称金陵十二钗,亦非无本。

又卷九:国朝礼亲王昭梿《啸亭杂录》云:"明太傅广置田产,市买奴仆,厚加赏赉,使其充足,无事外求;立主家长,司理家务,奴隶有不法者，许主家立毙杖下。所逐出之奴，皆无容之者，曰：‘伊于明府尚不能存，何况他处也?’故其下爱戴，罔敢不法。其后田产丰盈，日进斗金，子孙历世富豪。至成安时，以倨傲和相，故撄法网，籍没其产，有天府所未有者。”世传《红楼梦》小说为演说明珠家事，今观此，则明珠之子纳兰成德至成安籍没时，几及百年矣，于事固不合也。

《啸亭杂录》又载癸酉之变云：“有侍卫那伦者，纳兰太傅明珠后也。少时，家巨富，凡涤面银器，日易其一。晚年贫窭，一冠数年，人多笑之。是日应值太和门，闻警趋入，遂被害。”按此，亦可见明珠家之久富矣。

又云：纳兰侍卫宁秀，为明珠太傅曾孙，生时有髭数十茎，罗罗颐下。年弱冠，颜貌苍老，宛如四五十人，未三十即下世，其家因之日替。亦一异也。小说所称生有异征者，岂即斯人欤？按：《啸亭续录》云：明太傅擅权时，其巨仆名安图，最豪横，士大夫与之交接，有楚滨萼山之风。其子孙居津门，世为商，家巨富。今《红楼梦》称贾氏家奴赖大豪富，与主人埒。殆即其人欤?

《东华录》：雍正四年二月，康亲王等议奏塞思黑罪状云：伊女聘与明珠之孙永福，索取赀财累百万金，夺取各处贸易，贪婪无厌。众所共知者，一也。应赔钱粮，抗不还项，乃将诈取明珠家财数百万两带往西宁，凡市买物件，听人索价，如数给与，图买人心。又越礼犯规，僭称王号。众所共知者，一也。

《东华录》：雍正五年十月，顺承郡王锡保等审奏隆科多罪案，有“索诈安图银三十八万两”一款。

《非石日记》：书贾钱听默云：“传是楼藏书大半归于明珠，而其家人安麓村所藏亦有善本。”又：黄荛圃家观北宋本《孟东野集》，上有徐健庵、季沧苇及安岐印，每本卷末有“安麓村”椭方图记。

《冷庐杂识》卷五：周芸皋观察《内自讼斋文集》载朝鲜安仪周事甚奇，其略云：仪周名岐，从贡使入都，偶于书肆见抄本书，不可句读，以数十钱购归，细玩之，解，乃前人窖金地下，录其数与藏处，皆隐语。

遍视京师，惟明国公屋宇房舍似之，即世所称大观园也。乃求见明公曰："公日用以千万计，度支将不给，愿假金十万，不问所之，三年还报。"因指所坐室柱曰："发此砖可得金如数。"公笑，命具畚闸，获如所言。遂付之去，至天津业盐，为商三年，还谒曰："幸不辱命，息三倍。"公曰："是亦不足供吾用，愿再为我谋。"曰："无已则假金百万。"公笑曰："安得发地再得之？"仪周起，请遍观诸室，至寝门内，曰："是可得。"发而与之。乃至扬州为商，三年报曰："倍之，俟公取用。"公曰："其再经营之。"又十余年，仪周老，辞归国，公留与饮食，曰："若异人，有异术。"曰："非也，岐得异书，知藏金处，请为公尽言之。"因一一指其处。公曰："若不需耶？"曰："此公物，天以与公者，仗公福，已得赢余，足自给，拜公赐矣。"仪周好宾客，济贫困，多豪举，富收藏，尽以书画归国，子孙留者为安氏。观察谓仪周知物之有主，不妄取，而以力取其余，似有道者。余谓仪周躬自致富，而能施与不吝，崇尚风雅，诚足志也。按：安仪周与安图不知是一是二，当再考之。

《楹书隅录》：北宋《孟东野诗集》十卷，每册有"安岐之印"、"仪周珍藏"、"安麓村藏书印"各记。安岐，字仪周，麓村其号也，亦号松泉老人，天津人，颜所居曰沽水草堂。学问弘通，极精鉴赏，收藏之富，甲于海内。著有《墨缘汇观》，亦一时博雅好古士也。《百宋一廛赋》著录此本，谓麓村乃卖骨董者，误矣。周芸皋观察《内自讼斋文集》，谓仪周朝鲜人，从贡使入都云云。语尤荒诞，无足辨也。叶昌炽《藏书纪事诗》注：《红豆树馆书画记》：《陈白阳古诗十九首卷》，有"朝鲜安氏图书"、"朝鲜安氏书画图章"、"安氏子静鉴定"、"安氏小绿天亭珍藏"诸印。是朝鲜实有安氏精鉴藏者，芸皋之言，得毋以此传讹乎？

邓之诚《骨董琐记》卷三：《庸闲斋笔记》言"曹雪芹因著《红楼梦》小说，后其孙纶入林清党，致族诛"者，轡言也。按：《靖逆记》：纶，汉军正黄旗人。曾祖金铎，官骁骑校；伯祖瑛，历官工部侍郎；祖瑊，云南顺宁府知府；父廷奎，贵州安顺府同知，有廉声，与其妻荆、妾孙皆死苗难。纶与子福昌同磔，以廷奎故，得免族诛。世或因寅、瑛声相近而混耳。雪芹名沾，以贡生终，无子。

《粟香随笔》卷五：张南山《诗人征略》云：世所传《红楼梦》，贾宝玉盖即容若也。《红楼梦》所云，乃其髫龄时事。其诗善言情，又好言愁。有诗云："幽谷有美人，无言若有思。含颦但斜睇，吁嗟怜者谁。予本多情人，寸心聊自持。私心托远梦，初日照帘帷。"诗中美人即林黛玉邪？又《无题》，起句云"是谁看月是谁愁"，予为作出句云："同我惜花同我病。"两句中皆有黛玉在。

《庸闲斋笔记》卷八：淫书以《红楼梦》为最，盖描摩痴男女情性，其字面绝不露一淫字，令人目想神游，而意为之移。所谓"大盗不操戈矛"也。丰润丁雨生中丞巡抚江苏时，严行禁止，而卒不能绝，则以文人学士多好之之故。余弱冠时，读书杭州，闻有某贾人女，明艳工诗，以酷嗜《红楼梦》致成瘵疾。当绵缀时，父母以是书贻祸，取投之火，女在床乃大哭曰："奈何烧煞我宝玉！"遂死。杭州人传以为笑。此书乃康熙年间江宁织造曹楝亭之子雪芹所撰。楝亭在官有贤声，与江宁知府陈鹏年素不相得。及陈被陷，乃密疏荐之。人尤以为贤。至嘉庆年间，其曾孙曹勋以贫故人林清天理教。林为逆，勋被诛，覆其宗。世以为撰是书之果报焉。

《校余谈荟》卷一：无作者姓名，坊刻改名《续阅微草堂笔记》。《红楼梦》一书，脍炙人口，吾辈尤喜览之。然自百回以后，脱枝失节，终非一人手笔。戴君诚甫言，曾见一旧时真本，八十回之后，皆不与今同。荣、宁籍没，均极萧条；宝钗亦早卒；宝玉无以作家，至沦于击柝之流；史湘云则为乞丐，后乃与宝玉仍成夫妇。故书中回目，有"因麒麟伏白首双星"之言也。闻吴润生中舍家，尚藏有其本，惜在京邸时未曾谈及，俟再踏软红，定当假而阅之，以扩所未见也

《燕下乡脞录》卷五：姜西溟太史，与其同年李修撰蟠，同典康熙己卯顺天乡试，获咎。时盖因士论沸腾，有"老姜全无辣气，小李大有甜头"之谣，风闻于上，以致被逮。姜竟卒于请室。第前辈多纪述此事，而不能定其关节之有无。昔读《鲒埼亭》先生墓表，称满朝臣僚皆

知先生之无罪，而王新城亦有“我为刑官，今西溟以非罪死，何以谢天下”之语。知同时公论，早以西溟之连染为冤。嗣闻先师徐柳泉先生云：“小说《红楼梦》一书，即记故相明珠家事，金钗十二，皆纳兰侍御所奉为上客者也。宝钗，影高澹人。妙玉，即影西溟先生。妙为少女，姜亦妇人之美称，如玉如英，义可通假。妙玉以看经入园，犹先生以借观藏书，就馆相府。以妙玉之孤洁，而横罹盗窟，并被以丧身失节之名；以先生之贞廉，而瘐死圜扉，并加以嗜利受赇之谤。作者盖深痛之也。”徐先生言之甚详，惜余不尽记忆。

《桐阴清话》卷七：《樗散轩丛谈》载：《红楼梦》，实才子书也。或言是康熙间京师某府西宾常州某孝廉手笔。巨家间有之，然皆抄录，无刊本。乾隆某年，苏大司寇家因是书被鼠伤，付琉璃厂书坊装订。坊中人藉以抄出，刊板刷印渔利。其书一百二十回；第原书仅止八十回，余所目击，后四十回不知何人所续云云。《红楼梦》八十回以后，皆高兰墅鹗所补，见《船山诗注》。

陈玉璂《学文堂诗集》卷一《青州行》有引：林四娘者，明故衡王妃也。擅姿致，能诗，生时有宠于王，无何以病死。而王亦遽遭变故。晋昌陈绿崖视臬青州，夜阑时，忽听鼓乐声从空中来，俄见驺从拥一女郎至。美而艳，高髻宫衣，腰悬金错刀，二婢左右供指使。须臾，盛设杯酒，歌舞于氍毹之上者，皆十六七岁童子，不异人间世。绿崖令麾之，不去；挟弓矢射之，不及。撞钟伐鼓，如罔闻。邀绿崖共饮，不能却。驼峰麟脯，错落绮筵，尽欢达旦而去。明夜复至书斋，再拜陈词，自言：“妾本金陵林四娘，向为衡王妃。”语半泪簌簌下。命取蛮笺，濡毫赋诗，句皆冷艳。自是恒往来燕笑，然卒不可犯。二婢一名青儿，一名东儿，皆殊色。一日，复治酒，与绿崖言别，云将挈东儿访道山中，遂联袂耸入云端。后青儿亦偶一来，寻亦不至矣。昔年王祠部向予曾道其事，今王庶常复于酒酣时详述之，因作歌。庭前小雨三更始，有客酣歌眼垂泪。青州遗事最关情，欲言不言心惊悸。青州夙昔驻藩王，后宫行乐信无方。馆娃妙选亦难数，第一金陵林四娘。才容独重君王顾，莫说红颜本朝露。歌翻团扇欲生愁，曲绕空梁浑不误。谁知中道成弃捐，故宫回首泪如泉。吁嗟世事真翻覆，妾死君王亦可怜。晋江陈君为法吏，忽闻天籁来空际。须臾驺从集堂间，六尺氍毹歌舞媚。呼儿叱咤如不闻，撞钟伐鼓声殷殷。空劳武士弯弧矢，恰似巫山散雨云。使君惝怳空斋立，美人搴帷莲步入。遣婢殷勤先致词，敛衽胜常中礼节。含悲再拜说衡王，昔也承恩今断肠。鹤归已失当年梦，魂返难寻旧日香。为言此际成良会，逢君醉倒夫何害。金盘错落紫驼峰，犀筋纷纭素鳞鲙。兴来往往爱挥毫，谈经说史如波涛。标奇好续齐谐记，选句应追楚客骚。笑语逢人浑不苟，明河莫望君知否。宝带双悬金错刀，宫腰一束章台柳。似此相于阅数旬，一朝离别涕沾巾。阳关不忍歌三叠，别酒还教酌数巡。来挈双鬟去留一，啼痕独向青儿湿。东儿联袂入云中，驾言访道求丹诀。我闻此语魂黯然，搦管应为野史编。铜驼离黍无须问，独使佳人姓氏传。人生一死诚何用，留得芳名青史重。花蘂空辜故主恩，明妃徒有还宫梦。谁将白骨殉王家，魂梦归来泣暮鸦。月冷湖头飞海雁，夜寒江上听琵琶。古今怪事恒相类，或者神仙或鬼魅。少君曾召李夫人，方平亦遣麻姑至。不知此女为谁来，对客陈词亦可哀。君不见，杜鹃枝上三更血，傍汝飞鸣到夜台。

陈玉璂《学文堂诗余》卷三《春云怨·题林四娘歌后在宣城作》：羁栖旅馆，乍敬亭木落，宛溪冰合，恰值酒阑歌歇。有客把仙姬闲述，座上佳朋，屏间少妇，听罢纷纷俱欲泣。窣地阴晴，陡然风雨，一阵梳棂侧。遥怜对客时呜咽，怅青州何地，黄扉谁宅？回首金陵更凄绝。袅袅亭亭，是也非邪，销魂尽得，格韵堪描，情思难写，都向狂歌偷入。

杨恩寿《坦园诗录》卷六《论词绝句》：塞北胭脂着色新，莺莺燕燕尽嬉春。艳情惯写痴儿女，一觉红楼梦里人。纳兰容若《饮水词》，多缘情斗靡之作，俗传《红楼梦》说部所谓宝玉，即侍卫也。说虽无征，词笔近似。

《香艳杂志》第一期有“孙渠甫《红楼梦》解提要”一条。

杨恩寿《词余丛话》卷一：《虎囊弹》院本“鲁智深醉酒”一出，结尾

《寄生草》,《红楼梦》曾引之。此一条可采入。

《清代野纪》卷下有一条,见后《品花宝鉴》。

邓之诚《骨董琐记》卷八:《桦叶述闻》八卷,长白西清撰。记载宏博,足资考证,惜未刊行。有一则云:《红楼梦》始出,家置一编,皆曰此曹雪芹书。而曹雪芹何许人,不尽知也。雪芹名沾,汉军也。其曾祖寅,字子清,号楝亭,康熙间名士,累官通政。为织造时,雪芹随任,故繁华声色,阅历者深,然竟坎壈半生以死。宗室懋斋名敦敏、敬亭,与雪芹善。懋斋诗:“燕市哭歌悲遇合,秦淮风月忆繁华。”敬亭诗:“劝君莫弹食客铗,劝君莫叩富儿门。残杯冷炙有德色,不如著书黄叶村。”两诗画出雪芹矣。

袁枚《随园诗话》卷二:康熙间,曹楝亭为江宁织造,每出,拥八驺,必携书一本,观玩不辍。人问:“公何好学?”曰:“非也。我非地方官,而百姓见我必起立,我心不安,故藉此遮目耳。”素与江宁太守陈鹏年不相中。及陈获罪,乃密疏荐陈。人以此重之。其子雪芹撰《红楼梦》一部,备记风月繁华之盛。中有所谓大观园者,即余之随园也。明我斋读而羡之。当时红楼中有某校书尤艳。雪芹赠我斋题云:“病容樵悴胜桃花,午汗潮回热转加。犹恐意中人看出,强言今日较差些。威仪棣棣若山河,应把风流夺绮罗。不似小家拘束态,笑时偏少默时多。”

批本:乾隆五十五六年间,见有钞本《红楼梦》一书,或云指明珠家,或云指傅恒家。书中内有皇后,外有王妃,则指忠勇公家为近是。批本引原文如是。

张问陶《船山诗草》卷十六《赠高兰墅鹗同年》:传奇《红楼梦》八十回以后,俱兰墅所补。“无花无酒耐深秋,洒扫云房且唱酬。侠气君能空紫塞,艳情人自说红楼。逶迟把臂如今雨,得失关心此旧游。弹指十三年已去,朱衣帘外亦回头。”

震钧《天咫偶闻》卷三:张船山有妹嫁汉军高兰墅,鹗。以抑郁而卒。见《船山诗集》。按:兰墅,乾隆乙卯玉殿传胪,亦有诗才。世行小说《红楼梦》一书，即兰墅所为。余尝见其书诗册，有印曰“红楼外史”，则其人放宕之士矣。兰墅能诗，而《船山集》中绝少和唱，可知其妹饮恨而终也。

恽珠《国朝闺秀正始续集》卷七：张问端，字淑征，四川遂宁人，知府问陶女弟，知州丁耦仙室。《和次女采芝阅〈红楼梦〉偶作韵》云：“奇才有意惜风流，真假分明笔自由。色界原空终有尽，情魔不着本无愁。良缘仍照钗分股，妙谛应教石点头。梦短梦长浑是梦，几人如此读红楼。”

## 《红楼梦》中贾宝玉即纳兰性德

孙璧文《新义录》卷五十七：《红楼梦》一书，乾隆五十年以后始出。相传为演故相明珠家事，以宝玉隐明珠之名，以甄真。宝玉、贾假。宝玉乱其绪。或又云宝玉即明珠之子纳兰性德。按：性德原名成德，字容若，康熙壬子举人，癸丑进士。《名人年谱》载，容若生于顺治十二年乙未，然则其中举时正十八岁，于书中所述颇合也。容若官侍卫，著有《通志堂集》。沈归愚《国朝诗别裁集》谓全集罕见，登其诗五首。乡试出徐健庵之门。《通志堂九经解》乃其所刻，每一种有成德序，并著有《合订删补大易集义粹言》八十卷、《礼记陈氏集说补正》三十八卷，附刻于后。韩慕庐《有怀堂集》，称其尝辑《全唐诗选》，后乃笃意于经史。非虚誉矣。阮葵生《茶余客话》亦称其天姿英绝，萧然若寒素，拥书数万卷，弹琴歌曲，评书画以自娱。书学褚河南，幼善骑射，自入环卫，益便习，发无不中。以意制器，多巧倕所不能到。尤工倚声，少作名《侧帽词》。朝鲜使臣以金饼购去。题云：“谁料晓风残月后，而今重见柳屯田。”近世所传《饮水诗集》、《词集》各二卷，乃其友顾贞观、张纯修二人所刊本。袁简斋刊其词，附集后。南海伍氏并其诗词编入《粤雅堂丛书》。诗集中如王阮亭、朱锡鬯、姜西溟、叶讱庵、吴天章、严荪友诸人，皆当代巨公，与之酬唱；词集有《金缕曲》、《于中好》、《南乡子》、《青山湿遍》等篇，皆悼亡作，情文相生，哀感顽艳。张诗舲尚书称其所作，善言情，又好言愁，其缠绵悱恻之概，时动简外。今传奇中慕写柔情，婉娈万状，诚如尚书云云也。考《名人年谱》：容若卒于康熙乙丑，年三十一岁。

## 《红楼梦》不尽为曹雪芹作

又：李卓吾谓："《拜月》、《西厢》，化工也；《琵琶》，画工也。"予谓《西厢》只可谓之画工，若《红楼梦》，则真化工矣。是书不著一字，将男女心坎中种种情思，曲曲传出，令读者悲喜无端，缠绵莫解。自是而有《续红楼梦》、《后红楼梦》、《红楼后梦》、《红楼重梦》、《红楼复梦》、《红楼再梦》、《红楼幻梦》、《红楼圆梦》诸刻，远逊原书。书中无一人是真，惟属笔之曹雪芹工诗，《随园诗话》所推为"近日旗人中有才者"是也。雪芹为江宁织造曹楝亭之子，《饮水词集·满江红·为曹子清题其先人所构楝亭》，子清，即雪芹字，名寅。考张诗舲《饮水集序》，容若与顾贞观、张纯修交最深，两公思所以不朽容若者，为序其集而行之。雪芹当亦容若至交，故作是书以写其缠绵悱恻之概也。惟男女情窦初开时，见此书未有不移其性情者。伤风败俗，莫此为甚。《劝戒录》谓雪芹以贡生老死；《庸闲斋笔记》谓嘉庆年间，雪芹之孙曹勋以贫故入林清教为逆，勋被诛，覆其宗，世以为撰是书之果报，谅哉！又《小浮梅闲话》谓，《船山诗草》有《赠高兰墅鹗同年》一首，云"艳情人自说红楼"，自注："《红楼梦》传奇八十回以后，俱兰墅所补。"然则此书非出一手。按，乡会试增五言八韵诗，始乾隆；而书中叙科场事已有诗。则为高君所补可知矣。

李伯元《南亭笔记》卷一：纳兰明珠为太傅，穷奢极欲。大兴土木，建一园林，风廊水榭间，纯以白玉凿为花，贴于四壁。有池宽十亩，每交冬令，则以五彩剪成花叶，浮于水面，以为荷芰。复以各色杂毛，缀为凫雁。亦可见其大概矣。今说部《红楼梦》，所谓大观园者，盖指此。袁简斋牵合随园，犹是掠名之意也。夫人某氏，亦蒙古籍，终年佞佛，一龛香火，有若优婆尼。然御下綦严，婢媪有一蹈淫邪事者，鞭之立毙。此即说部《红楼梦》中之所谓王夫人。成容若，为太傅明珠之子，即小说《红楼梦》之贾宝玉也。十七为诸生，十八举乡试，十九成进士，二十二授侍卫。天姿英绝，萧然若寒素。拥书万卷，弹琴歌曲，评书画以自娱，不知其出宰相家也。字学褚河南，善骑射，入禁掖，日事演习，发无不中。扈跸时，雕弓牙箭，列于罽帐。以意制器，多巧匠所不能到。尝读赵松雪《自写照诗》有感，绘小影仿其装束。座客期许太过，皆不应。徐东海曰："尔何酷似王逸少。"乃大喜。有中表戚，备宫闱之选，无从会晤。适某后崩，乃扮作喇嘛僧，得窥一面，卒以不能通言而罢，此《石头记》贾宝玉梦见潇湘妃子之所由作也。此事为钟子勤所述。钟撰《谷梁补注》，硁硁然一守经之士，当不致造作虚言。

海上漠鸿氏《小家语》卷二：曹春峤中表尝论《李笠翁一家言》，袁子才先生每訾其短，而其踪迹又绝相类，特际遇不同耳。其以《石头记》之大观园为即是随园，一何可笑？无论《红楼梦》一书是为才人寓言，子虚乌有，而其中颠倒错杂，无非男女相爱悦之辞。虽不明叙宣淫，诛心不诛迹，盖有所指以丑诋之也。奈何以随园实之？殊不可解。至纳妾必接诸妓，尤不可解也。

赤霞《雨花斋笔记》：《红楼梦》一书，极写风月繁华之盛，读之令人想见当时八旗贵人极欲穷奢之恶习。作者不著姓名，《随园诗话》谓出曹雪芹公子之手。曹为汉军旗人，盖实有所本，并非凭空杜撰者也。说者谓此书系指明珠家事，想当然欤！书中小曲最佳，骈体文次之，诗笔亦清新，惜格调卑耳。林黛玉《葬花诗》，全袭唐人刘希夷《悲白头翁诗》，不特窃取其意，即词句亦多同者，亦一玷也。至其叙事之晓畅，用笔之曲折，则诚不愧为小说家之巨子，吾无间然矣。见《江宁实业杂志》第二期。

邓之诚《骨董琐记》卷一："水花儿聚了还散，蛛网儿到处去牵，锦缆儿与你暂时牵绊。风筝儿线断了，扁担儿担不起你去担。正月半的花灯，也亮不上三五晚。同心带结就了，割做两段。双飞燕一遭弹打，怎得成双。并头莲才放开，被风儿吹断。青鸾音信杳，红叶御沟干。交颈的鸳鸯，也被钓鱼人来赶。”见《闲居笔记》。说部《红楼梦》中《好了歌》，盖本于此。

梁恭辰《劝戒四录》卷四：《红楼梦》一书，诲淫之甚者也。乾隆五十年以后，其书始出。相传为演说故相某公家事，以宝玉隐某公之名，以甄（真）宝玉、贾（假）宝玉乱其绪，以开卷之秦氏为入情之始，以卷终之小青为点睛之笔。摹写柔情，婉娈万状，启人淫窦，导人邪机。自是而有《续红楼梦》、《后红楼梦》、《红楼后梦》、《红楼重梦》、《红楼复梦》、《红楼再梦》、《红楼幻梦》、《红楼园梦》诸刻，曼衍支离，不可究诘。评者尚嫌其手笔远逊原书，而不知原书实为厉阶，诸刻特衍诲淫之谬种，其弊一也。满洲玉研农先生麟，家大人座主也，尝语家大人曰：“《红楼梦》一书，我满洲无识者流每以为奇宝，往往向人夸耀，以为助我铺张。甚至串成戏出，演作弹词，观者为之感叹欷嘘，声泪俱下，谓此曾经我所在场目击者。其实毫无影响，聊以自欺欺人，不值我在旁齿冷也。其稍有识者，无不以此书为诬蔑我满人，可耻可恨。若果尤而效之，岂但《书》所云‘骄奢淫佚，将由恶终’者哉？我做安徽学政时，曾经出示严禁，而力量不能及远，徒唤奈何！有一庠士颇擅才华，私撰《红楼梦节要》一书，已付书坊剞劂。经我访出，曾褫其衿，焚其板，一时观听，颇为肃然。惜他处无有仿而行之者。那绎堂先生亦极言，《红楼梦》一书为邪说诐行之尤，无非糟蹋旗人，实堪痛恨。我拟奏请通行禁绝，又恐立言不能得体，是以隐忍未行，则与我有同心矣。此书全部中无一人是真的，惟属笔之曹雪芹实有其人，然以老贡生槁死牖下，徒抱伯道之嗟。身后萧条，更无人稍为矜恤，则未必非编造淫书之显报矣。”

郝懿行《晒书堂笔录》卷三：余以乾隆、嘉庆间入都，见人家案头必有一本《红楼梦》。今二十余年来，此本亦无矣。

《红楼梦影》有咸丰十一年西湖散人序，称云槎外史新编，而每回仍题西湖散人撰，盖即其一人所为也。

葵愚道人《寄蜗残赘》卷九：《红楼梦》一书，始于乾隆年间，后遂遍传海内，几于家置一编。聪明秀颖之士，无不荡情佚志，意动心移，宣淫纵欲，流毒无穷。至妇女中因此丧行隳节者，亦复不少。虽屡经查禁，迄未绝迹。相传其书出汉军曹雪芹之手。嘉庆年间，逆犯曹纶，即其孙也。灭族之祸，实基于此。曾闻一旗下友人云："《红楼梦》为谶纬之书。"相传有此说，言之凿凿，具有征引。是耶非耶，吾不得而知之矣。

蘅意《春明谈屑》：《红楼梦》一书，为吾国小说家巨著，近且有以右行文字译入西方者。其言纪家庭琐事綦详。《郎潜纪闻》谓书记故相明珠家事，则书中之贾宝玉，殆指公子纳兰侍御。《桐阴清话》又谓是康熙间京师某府西宾、常州某孝廉手笔。考吾邑顾梁汾先生，曾主明珠家，与纳兰侍御交莫逆，所谓"常州某孝廉者"，或指梁汾先生。至于俗传十刹海莲塘为大观园旧址。按，明珠旧宅在十刹海左近，后为成亲王邸，今橚贝子府是也。其说似有依据，惜不见纪载，勿为人信耳。惟《随园诗话》载是书为曹雪芹所作，明我斋读而艳之。当时红楼中有某校书尤艳。我斋题云："病容樵悴胜桃花，午汗潮回热转加。犹恐意中人看出，强言今日较差些。威仪棣棣若山河，应把风流夺绮罗。不似小家拘束态，兴时偏少默时多。"可与我说相发明。世称红楼中十二金钗，未必无所指也。见宣统三年又六月七日《宪报》。

钱塘九钟主人《清宫词》："石头旧记寓言奇，传信传疑想象之。绘得大观园一幅，征题先进侍臣诗。"自注："瑾、珍二贵妃令画苑绘《红楼梦大观园图》，交内廷臣工题诗。"

王之春《椒生随笔》卷八：尝读瓯北诗，有"英雄大抵是痴人"之句。又读刘省三爵帅诗，有云："高官足荣贵，身后何所有。李广若封侯，至今犹在否。"因忆小说《石头记》中有歌语云："古来将相在何方，荒冢一堆草没了。"措词异而用意同，是则千古痴人，莫英雄若也。然使英雄而不痴，非为山林之真隐，即为廊庙之大奸矣。

顾家相《五余读书廛随笔》卷下：夏县贾筱樵侍御，瑚。其尊甫字云樵，故侍御号筱樵。北音樵、乔无别，时人作联云："姓名疑在红楼梦，夫婿曾烧赤壁兵。"余先闻此联，而光绪乙亥、丙子，侍御胞弟筱云，璜。与余春秋同捷，官兵部，侍御则外简山东知府。余迄未晤面也。光绪间，沪上妓女有贾探春、贾惜春、薛宝钗等名，所欢赠以联云："我为黄浦江边客，卿是红楼梦里人。"后林黛玉出，艳名尤噪，屡嫁人而复屡出为娼。其演秦腔，全恃身段活泼，所歌字句，竟不可辨，真所谓浪得名耳。此"浪"字作淫字解。曾雪芹死而有知，当为潇湘妃子痛惜名誉矣。

丘炜萲《菽园赘谈》卷四：《红楼梦》一书，不著作者姓名。或以为曹雪芹作，想亦臆度之辞。若因篇末有曹雪芹姓名，则此书旧为抄本，只八十回。倪云癯曾见刻本，亦八十回。后四十回，乃后来联缀成文者，究未足为据。或以前八十回为国初人之旧，而后之四十回即雪芹所增入。观其一气衔接，脉络贯通，就举全书笔墨，归功雪芹，亦不为过。

丘炜萲《菽园赘谈》卷七：曹雪芹撰《红楼梦》，花雨缤纷，洒遍大千世界，锦绣肝肠，普天之下谁不竞呼为才子？而说者乃以林、薛以下诸美人皆不缠足，谓为隐刺满洲巨族某相国府中阴事，以蒙、满妇女均素足故也。传疑传信，莫知其始。满洲巨族闻及此书，辄形切齿，毁禁者屡矣。不知中国文字，历来传美人者，原不称及双弯。《杂事秘辛》，古艳浓香，千古绝凋，特写素足，岂以此亦为满洲妇女乎？文字写美人缠足，古虽有之，除一窅娘外，并不指定谁何。至元时《西厢记》，始以专誉双文，而原本《会真记》无有也。《西厢》伪事，何足据为典实？今于《红楼梦》不缠足美人，遂疑曹氏为有意影射，恨其事而并怒其文，不已冤耶？燕北闲人特著《儿女英雄传》，极写义侠，以称满人，将藉此以平局外之气，用心可谓厚矣。至思夺雪芹一席，而阻《红楼》行世，尚属未能。今无论其是否刺满相国之作，即是矣，《琵琶》中郎，《荆钗》十朋，人自鉴别。书自流传，亦何能阻？况劣笔如《后红楼梦》、《续红楼梦》、《红楼后梦》、《红楼续梦》、《红楼幻梦》、《红楼圆梦》，之数种者，本无盛名，犹未能一扫而空，而《红楼梦》原书，腾焰难灭，更可知矣。必不得已再著一书，以匡古人之失。如《荡寇志》名为《结水浒》，以反正第五才子书《水浒传》可也。

云间幻园居士《城南草堂笔记》卷上：苕上周君炳城，字朗圃。少从某国手游，因明医理，兼工诗词。平生性爱杯中物，且嗜《红楼梦》一书，谓具明体达用，有齐家治国之旨。因绘十二图画，征名流题咏。是诚风流格创于一旦，美人缘结自千秋矣。题咏中佳句甚伙，桐溪达叟云："恩情如海终虚愿，血泪成河亦夙因。"因忆昙花馆主云："独存天外想，唤出梦中人。"吾师天南遁叟云："消受名花才子福，摩挲香草美人心。"西脊山人云："独活珠怜绛，相思豆怨红。"

又：华亭改七芗画师琦，时下榻吾园，即李笋香光禄别墅也。以书画雄于东南，生平杰作惟《红楼梦图》五十幅。后至光绪己卯，淮浦居士以数百金得之，急付手民，风行海内。惜未及十余年，闻原板已毁，原书行世者亦不数觏。

又卷下：余记张船山《题湘云醉眠芍药图·倚绮罗香》一阕云："褥设芙蓉，筵开玳瑁，玉斝以霞为酒。小院重帘，扶出一枝花瘦。悄不管、石磴云窝，漫赢得粉融香透。殿春芳、婪尾杯深，扶头眠起睡痕逗。藏钩犹记袖底，争奈花阴拂处，新凉偏骤。软立东风，约略梦回时候。更何人、罗袜春钩，慰不醒，蝶裙痕皱。镜鸾开，重理娇鬟，者番喧笑口。"又《题秦钟二绝》云："娇小痴儿弱不支，也寻瑶岛费相思。通灵自有三生契，分付春风好护持。自怜纨袴隔云泥，颠倒情怀恨不齐。检点琴书来伴读，那知莺燕互猜疑。"

又卷下：余草堂之后有楼焉，左曰天籁阁，即书画处也；右楼中除湘榻、茶灶、香鼎、花瓶外，无他物，惟贮《红楼梦》书八种，如《红楼后梦》、《红楼补梦》、《红楼复梦》、《红楼重梦》、《演梦》等，故以此命名曰八红楼。后又得玉壶山人八红图画幅八帧，是红线、红玉、红拂、红夫、红绡、红瓶、红桥、红儿，至今常悬于斯楼之壁，亦可见偶时之巧也。闺人喜读《红楼梦》一书，又喜画《红楼梦》中人物，前临潘雅声

《名家红楼梦画稿》一幅，后见子虚氏题诗二律。画中补景，画被诗句，一一现出，可知善于写意矣。其诗云："绣倦妆楼春昼长，怡红院内戏群芳。玉钩倒挂调鹦鹉，珠柱轻弹引凤凰。梦稳娇容扶芍药，吟成余韵彻潇湘。就中缘是三生结，艳福修来不敢当。漫言渺渺又茫茫，痴海情天夙愿尝。四壁楼台开罨画，一场风月赋篇章。花间唼喋鱼争饵，扇底翩跹蝶恋香。我亦通灵浑欲住，红楼梦里足倘佯。"

## 红楼梦诗

《合肥学舍札记》卷一：海树诗清于云伯，艳于梅史。尝以迎候长官，一夕成《〈红楼梦〉小说八韵诗》二十首。余惜其无可著录，为摘记数联。《冷香丸》云：冷语番番记，香心曲曲勾。台□原有使，嫉妬最难瘳。紫柘浆盈盌，红梨汁半瓯。玉环同内热，会遣六宫秋。《病中断指甲》云：断筝银甲卸，残线翠裘孤。笋折麻姑爪，桃香细骨臞。鸾鞾搔不着，鸿雪印全诬。《东风压西风》云：柳梢眠上下，帐底斗雌雄。池水干卿绿，桃花为底红。我怜聊复尔，婢学可能工。不竞南犹失，其凉北又同。《芙蓉女儿诔》云：碧落新碑树，沉香小像熏。野棠寒食祭，春草玉人坟。征引不及稗官，故非尤展成辈所及。

倪鸿《诗话新编》卷一：《红楼梦赋》是萧山沈青山锡庚游戏之作。近有人亦以《红楼梦》各题作试帖，可谓无独有偶。

山阴何镛桂笙有《瑀玶山房红楼梦词》，刊入《屑玉丛谈》三集。

茸城王芝岑有《题红词》，刊入《屑玉丛谈》二集。

《余墨偶谈》卷七有《红楼百美诗》，潘容卿铭孚作。

《妙香室丛话》卷九有"《戏咏红楼梦诗》"一条。

柴萼《梵天庐丛录》卷二十六：《红楼梦》一书，前人但知为言情之作，今则渐有知其为与清史有关之书者矣。读之可以明理，可以悟道。清嘉庆间，山阴周逢吉砚香氏曾于一百二十回之中，择其尤者，绘图三十二幅。茸城王芝岑为之各系一词，不失乐而不淫，哀而不伤之旨。砚香并为骈体文序于简端，而名其书曰《题红词》，一时脍炙人口。夫贾政老时，已式微矣，而王氏世席清华，芝岑追念前芬，凡书中境遇，不啻自历其间，故比事属辞，较他手益为亲切，岂特引商刻羽，媲美姜张已哉？今最录十阕于此。《贾宝玉初试云雨情·锦帐春》云："佩解衡皋，云深楚岫，早午梦一番春逗。笑名花羞涩，颊潮微透，眼波低溜。蜥蜴肌妍，鸾凤声凑，正瓜字平分时候。问来朝揽镜，黛螺双皱，可还依旧。"《意绵绵静日玉生香·绮罗香》云："玳瑁帘垂，狻猊篆袅，万种愁思齐绾。黛殢春山，窥得玉人微倦。问底事、翠簟横陈，愿乞取、红麸半面。漫疑猜、星压流丹，残膏刚被一痕溅。关心来与拂拭，浑觉轻绡抹处，香霏银腕。两小无猜，恰似并栖雏燕。递软语、兰臭偏投，恣雅虐、齿芬交散。可知他、并剪难分，这芳心一片。"《牡丹亭演曲惊芳心·声声慢》云："乍离香冢，且返潇湘，行来院近梨香。一串珠喉，随风飘度横墙。分明谱成幽怨，一声声、似诉愁肠。浑不料，那笙歌丛里，也有文章。道是嫣红姹紫，付颓垣，断井大半凄凉。仔细思量，无情偏是东皇。流年去真如水，尽番番吹老时光。休听矣，怎禁他余香，还自悠扬。"《蜂腰桥设言传心事·鹊桥仙》："绿杨深处，碧桃开遍，一种红情脉脉。画桥流水落花天，印片片相思痕迹。殷勤嘱女，为侬寄语，尺幅轻绡归璧。笑他真赝半模糊，问可有琼瑶报得。"《潇湘馆春困发幽情·念奴娇》："蜂忙莺懒艳阳天，刚被尖风吹透。万个琅玕敲碧玉，午梦乍醒时候。破闷无方，牵愁有句，芳思吟边逗。几分余倦，欠伸微露双藕。恰是看竹人来，寻幽意悄，帘外偷窥久。笑尔低徊肠九折，毕竟为谁消瘦。脉脉依依，朝朝暮暮，慵似三眠柳。春光漏泄，问伊知也还否。"《埋香冢黛玉泣残红·金缕曲》："一掬伤春泪，又匆匆、清明谷雨，等闲过矣。二十四番风递遍，枝上空余温翠。只剩有，埋愁之地。漫说红颜多命薄，但名花也便难如意。三尺土，众芳寄。天涯大半同憔悴，只堪怜飘零似我，更谁知己。我欲问花花不语，偏是啼鹃解事。却谱出，声声清征，七字吟成千古恨，叹吴侬、几遍多情死。肠断处，绿阴里。"《秋爽斋偶结海棠社·多丽》云："注吟眸，珠帘齐上珊钩。畅吟怀、漫嗤不栉，蛾眉也侭风流。试评量深闺韵事，须打扫、落花闲愁。玉露初团，海棠正放，名花端合互赓酬。况冰雪平分姿态，相对更清幽。休辜负者番雅集，者样高秋。最标新、称农号客，蘅芜却俨封侯。倩湘妃旋来藕榭，迟女史且访菱洲。莫讶怡红，居然入社，垂髫兄妹惯勾留。看此日裁丹俪白，谁胜两三筹？关心处，梦恬香烬，铜钵声遒。"《勇晴雯病补雀毛裘·剔银灯》云："缺陷世间真有，补缀更无能手。欲慰郎痴，那怜侬病，且自为他成就。偏如春柳，眠乍起，低垂还又。红线丝丝结构，翠羽层层分剖。一领轻裘，几分心血，辛苦为郎担受。问郎知否，须记取，今宵人瘦。"《怡红院群芳开夜宴·昼夜乐》："开筵重衍今宵寿，颂年年欢场久。最怜婢女多情，早把金钱纷凑。绿泛葡萄春在乎，看递处、乍扬红袖。低语祝檀郎，愿如山如阜。闺中姊妹吟边友，倩齐来团圞就。分明暖簇花丛，隐约声催莲漏。漫说园亭曾卜昼，却既醉玉杯还侑。试问夜如何，已蟾窥西牖。"《林黛玉焚稿断痴情·潇湘夜雨》云："痴莫如侬，诗偏成稿，算来大半言愁。愁城鸿雪底须留，休再说天长地久，终只合雪散风流。真堪笑，灯边月下，盼断吟眸。而今已矣，劫灰剩处，余墨都勾。便将他炉火，炼尽烦忧。思往事多成幻境，寻旧梦曾咏扬州。情滋味，酸咸辨透，到此也应休。"芝岑名重道学，亦有风流游戏之作，人咸怪之。不知古人如白乐天、李玉溪诸人，均有言情之作，而寇莱公、司马温公、欧阳文忠公，一代伟人，文必载道，而亦不屏艳词。可见名士风流，果有合乎不淫不伤之旨，即与三百篇复作无殊。圣人而兴，犹将采之矣。

又，红楼词，予所见者都十六种，俱皆藻思轶群，绮芬溢楮，其它如王雪香之评赞、卢半溪之竹枝词、绿君女史之七律、冯庚堂之律赋、杨梅村之时文、封吉士之南曲、愿为明镜室主人之杂记，无不借题发挥，情文交至，而尤以沈青士之赋二十篇为独有见地。惟诗余则除前录之芝岑所谱外，不少概见。山阴何桂笙曾于长夏无事时，取《红楼梦》全书细绎之，择其尤者各填一词，十二钗正册，共得三十二首；其副册，又副册，虽不尽着其名，然不仅晴雯、袭人等一二人，乃为之扩而充之，并及册子外者，亦得三十二首。此外尚有可咏，亦收之补遗，以弥缺陷。又以警幻司情一首结之，以括全部言情之旨。凡十余日乃脱稿，绮语艳词，觉前所未有。以篇幅长，不复录矣。

倪鸿《桐阴清话》卷三：吴川林芾南殿撰召棠，有《红楼梦百咏》一首，裁对工巧，亟为录之。诗云："贵戚椒房宠，元春。萱堂老更贤。史太君。黄粱仙岛梦，痴梦仙。香稻美人田，李纨。舌可同鹦鹉，王凤姐。魂犹怨杜鹃。林黛玉。红裳能大雅，香菱。素缟薄春绵。邢岫烟。客在芭蕉下，探春。人依芍药边。史湘云。何年鸿案举，秋芳。今夜鹊桥填。巧姐。碧藕吹香地，惜春。红梅咏雪天。宝琴。三更枯井月，金钏。一剑暮云烟。尤三姐。蔷字谁能画，龄官。环儿未解怜。彩云。妾心清似水，鸳鸯。郎性急如弦。迎春。情问红衣女，袭人妹。诗来水国船。真女。草萤新得谴，李绮。脂虎借分权。秋桐。几斛明珠换，珍珠。斜簪玳瑁妍。玳瑁。宫袍留夜半，抱琴。春事送秋千。偕鸾。巧侍丹青画，入画。名宜翰墨编。侍书。芳姿争似杏，文杏。小步可生莲。莲花。舞袖垂纤腕，玉官。苍头饰小鬈。艾官。素云横翠鬓，素云。碧月映金钿。碧月。字忆银钩美，篆儿。人疑射雉旋。丰儿。瓯擎翻玉茗，茜云。盘遣汲汤泉。笑儿。佳果从教索，板儿。尝糕未许先。小蝉。情缘通邂逅，娇杏。花样倩描传。绮霞。扇误杨妃觅，倩儿。钱教姹女穿。佳蕙。羹尝荷叶美，玉钏。钗已凤丝全。绣桔。擎掌珠成宝，宝珠。描蛾黛小卷。小螺。性同狮子吼，金桂。搥爱美人拳。琥珀。舞镜推双羽，药官。泉台约比肩。金哥。此卿真命薄，可卿。阿姐为情牵。尤二姐。曲度银云遏，文花。箫吹碧月圆。佩凤。同生怜此夕，宝蝉。独秀艳他年。秋纹。初试缫车转，翠屏。凭谁彩线牵。紫鹃。壶浆温酒送，若玉。恩赐旧衣偏。妙玉。懒侍莲花座，四儿。痴参玉版禅。喜鸾。虚无神女赋，村丫头。妙悟伯牙弦。彩霞。花爱阴阳辨，翠缕。情欣水月联。能儿。鸳鸯原野宿，鲍二家。仙鹤亦双眠。仙鹤。佳会遗香带，司棋。痴心寄纸笺。藕官。何人怜病骨，五儿。之子是情颠。晴雯嫂。蕙径遗巾在，小红。兰汤出浴嫣。碧痕。薇硝香悄赠，蕊官。花冢泪难溅。傻大姐。偷得虾须镯，坠儿。持来雁字笺。翠墨。闲拈花姊妹，荳官。偶有玉姻缘。李纹。小院调鸂鶒，宝官。邻墙认纸鸢。妍红。扇歌蝴蝶舞，宝钗。脸爱海棠鲜。芳官。偷系虾须带，袭人。欢呼蟹了筵。平儿。关心头似靛，麝月。得意体如绵。多姑娘。络结梅花外，莺儿。春归燕子前。春燕。藉扶亲婉恋，雪雁。借伴旧婵娟。万儿。荳蔻花三月，雪儿。芙蓉诔一篇。晴雯。恨大留未补，宝玉。一梦悟情仙。警幻仙姑。”

倪鸿《桐阴清话》卷八：蒲田吴氏，粤之盐商也。大开诗社，以《红楼梦》事分得四题，各以七律咏之。卷以万计，糊名易书，延番禺洪日厓孝廉应晃评阅，如乡会试之例，取得黄星洲学博等百人，各酬以缣帛珍玩。先是，番禺女史张兰士卷已录第一。及开榜，主人以为女子压卷，恐招物议，遂以黄卷易之。其实黄诗本不及张也，亟为录之。《黛玉葬花》云：“携将鸦嘴系奚囊，无赖春心黯自伤。未必红颜皆薄命，顿教黄土也生香。彩播低护魂应妥，浊酒重浇怨恐长。底事诔花难握管，一般愁绪费商量。”《宝钗扑蝶》云：“沁芳桥畔好春光，莺自和鸣燕自双。高下蝶随飞絮舞，娉婷人爱绕花忙。苔痕狼藉弓鞋湿，扇影轻盈宝串昏。细语喃喃留小步，树阴浓翠欲沾裳。”《湘云卧茵》云：“洒脱情怀绮丽年，要从香界小游仙。花前扶醉风无力，梦里寻春蝶有权。上颊酒浓眉黛蹙，压肩香重鬓云偏。睡乡料得甜何似，鹦鹉帘栊莫浪传。”《晴雯补裘》云：“翠羽含风缺一翰，累人痴病未曾安。情怀生小寒暄共，罅隙无多组织难。灯里颜容愁惨淡，眼前刀剪泪辛酸。他年醉拥应须记，烛灺房栊漏欲残。”女史名秀端，南山师之女也，著有《碧梧楼诗钞》。

邹弢《三借庐赘谭》卷五：上海萧棣香先生，有《题红楼梦百美词卷》，诗四首，脍炙人口。余偶过友人斋头，见先生《撷红词稿》中亦载此诗，亟读之。后忘其一，只将所记者录下。诗云：“新词合谱满庭芳，玉色金声各擅场。箧里有花皆芍药，楼中无牒不鸳鸯。描将眉影诗成史，领得头衔骨是香。试向禅宗参一转，未须回壁画西厢。吟遍花娇与柳颦，红楼有梦忆前身。三生怨耦偏嘉耦，绝世才人总美人。自是情天饶艳福，尽教彩笔管浓春。只怜顽名呼难起，谁向荒山叩夙因。信有琼仙住上清，天风吹落佩环声。十分春尽参空色，一样花开各性情。聚散何心愁浅浅，缠绵无语泪盈盈。瑶编珍重缄云笈，好与西堂补小名。”

王小隐《梦忉利馆随笔》：香妃者，回部某酋长妻。或云即小霍集延，未确。清高宗之戡定回疆，固旧有楚文灭息之意。迨深宫承宠，犹不能忘故君之仇。太后恐变生床第，乘间缢杀之。帝惋惜莫能救。世所传闻如是而已。然而官中史册牵于忌讳，野记稗闻又失之铺张，欲求其信而有征，夐乎难矣。而宝月之楼，传为妆阁。即今总统府表门。陶然亭孤冢，疑埋香旧处。因石碣诔有“浩浩愁，茫茫劫”，及“碧亦有时尽，香亦有时灭”语，辞意隐晦难识。迹近疑似，说亦可存。至武英殿旁浴德堂之西式浴室，一涉其地，殊有随风且歇之感矣。尝闻盛京故宫藏有《高宗射猎图》，有武装女子并辔授箭，谓即香妃。此图未得目睹。而游清宫传心殿时，见中陈画象一帧，戎装擐甲，眉目娇丽，衣冠俨若西装。谭者指以为妃，而四壁所悬绣画，又皆西域景物，此又一征也。而《红楼梦》一书，近人谓为政治历史小说，多资以谈掌故，于香妃一事，亦似略有迹象。书中尝由宝中述说，有真真国女子者，衣炼金甲，着宝石冠，佩倭刀，容貌佚丽，兼工吟咏。以衣装而言，固与传心殿藏像若合符节；至真真之谓清真，叠言之以明其为回回，尤昭然若揭。妃嗜音律，故以工吟咏表之。至所吟诗，若“昨夜朱楼梦，今宵水国吟”，独非宝月楼、太液池之谓乎？若“月本无今古，情缘自浅深”，犹言女子重前夫，志不可以终夺；至“汉宫春历历，焉得不关心”，竟指汉南种柳，隐寓陶然亭瘗玉事也。此独非香妃一小传哉？然《红楼梦》所指多顺康间事，香妃晚出近百年，似不能援今证古。特不知著书岁月尚待考确，小说证古，知难免于傅会，以斫空见责，盖有所不辞也。

荆石山民《红楼梦散套》，一归省、二葬花、三警曲、四拟题、五听秋、六创会、七联句、八痴诔、九颦诞、十寄情、十一走魔、十二禅订、十三焚稿、十四冥升、十五诉愁、十六觉梦。璞山老人题词云:“一卷听秋新乐府,胜他祭酒秣陵春。”自注:“我乡自梅村祭酒作《秣陵春》后,百余年无制曲家。今仅见此刻。”据此则荆石乃娄东人也。

吴州红豆村樵《红楼梦传奇》二卷,取前后梦合成新乐府,五十六剧,有曾宾谷题辞。原列左:上卷:原情、前梦、别兄、聚美、合锁、私计、葬花、海阵、禅戏、释怨、扇笑、索优、谗构、听雨、补裘、试情、花寿、搜园、诔花、失玉、设谋、焚帕、鹃啼、远嫁、哭园、通仙、归葬、后梦、护玉、礼佛、逃禅、遣袭;下卷:补恨、拯玉、返魂、谈恨、单思、煮雪、赠金、寄泪、坐月、海战、见兄、哭梦、花悔、示因、偿恨、说梦、劝婚、礼迎、凯宁、剖情、解仇、仙合、玉圆、勘梦。

杨懋建《长安看花记》:凤翎,陈姓,字鸾仙,菊部中推弦索好手。仲云涧填《红楼梦传奇》葬花合警曲为一出,南曲抑扬抗坠,取贵谐婉,非鸾仙所宜。然听其越调《斗鹌鹑》一曲,哀感顽艳,凄恻酸楚,虽少缠绵之致,殊有悲凉之慨。闻者自尔惊心动魄,使当日竟填北曲,鸾仙歌之,必更有大过人者。

又:双寿,钱姓,字眉仙,吴人。尝演《红楼梦·葬花》,为潇湘妃子,珠笠云肩,荷花锄,亭亭而出,曼声应节,幽咽缠绵。至“这些时,拾翠精神都变做了伤春证候”句,如听春鹃,如闻秋猿,不数一声何满矣。余目之曰幽艳。尝论红豆村樵《红楼梦传奇》盛传于世,而余独心折荆石山民所撰《红楼梦散套》为当行作者。后来陈厚甫在珠江按谱填词,命题皆佳。余最爱《画蔷》一出,《绣鸳》一出情景亦妙。而词曲徒砌金粉,绝少性灵,与不知谁何所撰袖珍本四册者,同为无足重轻。故歌楼惟仲云涧本传习最多,散套则有自谱工尺,故旗亭间亦歌之,然琐琐余子,无堪称作潇湘馆主人者。虽有佳品,非过于浓,即失之劲,盖冷艳幽香,固自与夭桃郁李不同,惟眉仙差能近似耳。

杨恩寿《词余丛话》卷三:《红楼梦》为小说中无上上品。向见张船山《赠高兰墅》,有“艳情人自说红楼”之句,自注:“兰墅著有《红楼梦传奇》。”余数访其书，未得所见者，仅陈厚甫先生所著院本耳。先生工制艺试帖，为十名家之一，度曲乃其余事，尽多蕴藉风流、悱恻缠绵之作，惜排场未尽善也。原书断而不断，连而不连，起伏照应，自具草蛇灰线之妙。先生强为牵连，每出正文后另插宾白，引起下出；下出开场又用宾白，遥应上出，始及正文。颇似时文家作割截题，用意钩联，究非正轨。且以柳湘莲为红净、尤三姐为小丑，未免唐突。后成男女剑仙，更嫌蛇足。近日梨园多演之者，似非先生得意笔也。道光末，盐商演是剧，袭人改嫁蒋玉函，洞房结彩帐，其额未题。适梁茝邻中丞在座，提笔书“玉软花娇”四字。盐商叹赏，立以珍珠缀而悬之。

墨香《剧话》：传奇有《潇湘怨》、《怡红乐》二种，忘其名姓，皆演红楼故事。一取材本传，一则采后传中语。其叙考试，有文昌关帝监场，与沈滨渔《报恩怨》略同。吴氏《儒林外史》汤公子一段，盖深恶此说也。不知才如滨渔，何亦未能免俗。《剧学月刊》一卷九期。

梁廷楠《曲话》卷三：《红楼梦》工于言情，为小说家之别派，近时人艳称之。其书前梦将残，续以后梦，卷牍浩繁，头绪纷琐。吴洲仲云涧取而删汰，并前后梦而一之，作曲四卷，始于《原情》，终于《勘梦》，共得五十六折。其中穿插之妙，能以白补曲所未及，使无罅漏，且借周琼防海事，振以金鼓，俾不终场寂寞，尤得本地风光之法。惟以副净扮凤姐，丑扮袭人，老旦扮史湘云，脚色不甚相称耳。近日荆石山民亦填有《红楼梦》散套，题止归省、葬花、警曲、拟题、听秋、剑会、联句、痴诔、颦诞、寄情、走魔、禅订、焚稿、冥升、诉愁、觉梦十六折而已，其实此书中亦究惟此十余事言之有味耳。其曲情亦凄婉动人，非深于四梦者不能也。

汪穰卿有《红楼梦》抄本八十回，与今本有异同，云已赠夏穗卿矣。曹雪芹馆明珠宅，未必是明珠，只一满洲大姓。一日主人梦人谓之曰：“来年西席某人必得状头。”明日以告，曹窃喜自负。主人有寡媳，闻而慕之，夜效文君之私奔。主人又梦人谓之曰：“汝西席某人来年不得元，以犯淫恶故。"主人又以告。曹大恚，因作此书述其一家淫乱，无一干净，独寡媳冰清玉洁。指李纨。此一说也。林如海家赀百万，贾氏干没之，以黛玉代宝钗入宫，故称潇湘妃子。后宝玉为僧，犹得入宫，与黛玉相见。此又一说也。

郑光祖《一斑录·杂述六》：《红楼梦末传》潇湘妃子诗四句云："杯酒自浇苏小墓，可知妾是意中人。"又曰："人间亦有痴于我，何必伤心是小青。"诚哉佳句，惜两不成首也。曾于所知家见有《红楼梦》抄本十余本，中多删改，意是原稿，虽已不全，而本末完善。姑翻末页观之，诗曰："偶携女伴到湖滨，寻遍芳原总是春"，直去，改："西泠桥畔暂逡巡，罗袜凌波染曲尘"，成上一首；又曰："柳满长堤花满汀，晨妆空自妒娉婷"，直去，改："宴罢归来月一庭，情怀无限诉谁听"，成下一首。刊本皆略去，愈见藏蓄含情，殆亦几费踌躇也。按：《红楼梦末传》即白云外史、散花居士所续之《后红楼梦》也。此书附刻《吴下诸子和大观园菊花社原韵诗》一卷、《为菊花社补题诗》一卷，有李子仙、蔡铁耕、顾南雅、李四香诸作。

《楹联续话》卷四：严问樵曰："余所制《红楼杂剧》中有《巾缘》一折，叙花袭人嫁蒋玉函事。诘旦，将登场矣，曲师来请云：'场上铺设新房，尚少一扁对。'乞书之。余即书'玉软花娇'四字为额。对语屡思不属，正踌躇间，忽见雏伶二人翩然而至者，则其徒也。一名天寿，字眉生；一名仙寿，字月生。即同习此剧者。意有所触，即成一联云：'好儿女天仙双寿；小团栾眉月三生。'"

《红楼梦》。按，今本有小泉程伟元序，称原目一百廿卷。今所藏止八十卷，殊非全本。爰为竭力搜罗，数年以来，仅积有廿余卷。一日，偶于鼓担上得十余卷，见其前后起伏，尚属接笋，乃同友人细加厘剔，截长补短，钞成全部云云。

《红楼复梦》题"红香阁小和山樵南阳氏编辑，嘉庆乙丑刊本。"

《续红楼梦》有秀水郑师靖药园序，称雪坞秦都阃著，嘉庆己未刊本。

《竹隐庐随笔》卷四“咏菊”条，论《后红楼梦》附《菊花诗》，可采入。

邹弢《三借庐赘谭》卷四：《石头记》一书，笔墨深微，初读忽之，而多阅一回，便多一种情味。迨目想神游，遂觉甘为情死矣。余十四岁时，从友人处借阅数卷，以为佳。数月后乡居课暇，孤寂无聊，复借阅之，渐知妙。迨阅竟复阅，益手不能释。自后心追意仿，泪与情多，至愿为潇湘馆侍者，卒以此得肺疾，人皆笑余痴，而余不能自解也。然此书之淫妙在有意无意，非粗浅人所得而知。闻乾隆时杭州有贾人女，明慧工诗，以酷嗜《红楼》，致成瘵疾。绵缀时，父母以是书贻祸，恨而投之火，女在床上大哭，曰：“奈何烧煞我宝玉！”遂气噎而死。苏州金姓某，吾友纪友梅之戚也，喜读《红楼梦》，设林黛玉木主，日久祭之。读至黛玉绝粒焚稿数回，则呜咽失声。中夜常为隐泣，遂得癫痫疾。一日炷香凝跪，良久起，拔炉中香，出门，家人问何之，曰：“往警幻天，见潇湘妃子耳！”家人虽禁之，而或迷或悟，哭笑无常，卒于夜深逸去，寻数月始获。

邹弢《三借庐赘谭》卷十一：仁和秀芬女史慈意《贺新凉·红楼梦传奇》：“情到深于此。竟甘心、为他肠断，为他身死。梦醒红楼人不见，帘影摇风惊起。漫赢得、新愁如水。知有前身因果在，愿今生、滴尽相思泪。频唤取，颦儿字。潇湘馆外春余几？衬苔衣、残痕一片，断红零紫。飘泊东风怜薄命，多少惜花心事。忍重忆、葬侬句平声。子。归去瑶台尘境杳，又争如、此恨能消未？怕依旧，锁蛾翠。”

又，《樗散轩丛谈》云，《红楼梦》实才子书也，或言是康熙间京师某府西席孝廉某所作。巨家故间有之，然皆抄本。乾隆时，苏大司寇家因此书被鼠伤，遂付琉璃厂书坊装订。坊贾藉以抄出付梓，世上始有刊本。惟止八十回，临桂倪云癯大令鸿言曾亲见之。其四十回不知何人所续，或谓高兰墅鹗所补，又谓无锡曹雪芹添补，皆无确据。洞庭王雪香先生取此书加以评语，亦无出色。最可笑者，龙潭厂云友批本，共数百条，泛论迂谈，无理取闹，谓欲表作者之苦心，吾不信也。

惟顾恩思义一则，及说黛玉身子是干净无瑕，故不许其嫁而死。又说黛玉生日打扮宛如嫦娥，演的新戏《蕊珠记》，说扮的小旦是嫦娥，因堕落人间，几难完璧，幸观音点化，未嫁而死。论以为明明说到黛玉深处。又云薛氏梨香院，后以居女优而让出，既为教戏之所，得勿谓梨园耶？则薛氏可知，而宝钗愈可知。余谓梨香院即隐喻梨园，意“院”与“园”音似。云友此说，独有见到处。

邹弢《三借庐赘谭》卷十一：许伯谦茂才绍源，论《红楼梦》，尊薛而抑林，谓黛玉尖酸，宝钗端重，直被作者瞒过。夫黛玉尖酸，固也，而天真烂漫，相见以天，宝玉岂有第二人知己哉？况黛玉以宝钗之奸，郁未得志，口头吐露，事或有之。盖人当历境未亨，往往形之歌咏。诗三百篇，大抵圣贤发愤之所为作也。圣贤且如此，况儿女乎？宝钗以争一宝玉，致矫揉其性。林以刚，我以柔；林以显，我以暗，所谓大奸不奸，大盗不盗也。书中讥宝钗处，如：丸曰冷香，言非热心人也；水亭扑蝶，欲下之结怨于林也；借衣金钏，欲上之疑忌于林也。此皆其大作用处。况杨国忠三字，明明从自己口中说出，此皆作者弄狡狯处，不可为其所欺。况宝钗在人前，必故意装乔，若幽寂无人，如观金锁一段，则真情毕露矣。己卯春，余与伯谦论此书，一言不合，遂相龃龉，几挥老拳，而毓仙排解之，于是两人誓不共谈《红楼》。秋试同舟，伯谦谓余曰：“君何为泥而不化邪？”余曰：“子亦何为窒而不通邪？”一笑而罢。此后放谈，终不及此。君狂放不羁，好辨善饮，而爱友如命。与余交，每以古谊相勖。亦今人中之古人也。

又：余于女子诗词故事，有见必录，以其有性灵也。己卯三月之晦，夜深薄醉，阅《桐阴清话》，摘一则于下云：蒲田吴氏，粤之盐商也。富而好文，大开诗社，以《红楼梦》分得四题，各以七律咏之。卷以万计，延番禺洪日崖孝廉评定甲乙，取得黄星洲等百余人，各酬以厚仪。先是，番禺张女史兰士卷已录第一。及开弥封，主人以为女子压卷，恐招物议，遂置第二。其实黄诗不及张也，亟为录之。《黛玉葬花》云：“携将鸦嘴系奚囊，无赖春心黯自伤。未必红颜皆薄命，顿教黄土也生香。彩播低护魂应妥,浊酒重浇怨恐长。底事诔花难握管,一般愁绪费商量。"《宝钗扑蝶》云:"沁芳桥畔好春光,莺自和鸣草自芳。高下蝶随飞絮舞,娉婷人爱绕花忙。苔痕狼藉纠弓鞋湿,扇影轻盈宝串香。细语喃喃留小步,树阴浓翠欲沾裳。"《湘云卧茵》云:"洒脱情怀绮丽年,要从香界小游仙。花前扶醉风无力,梦里寻春蝶有缘。上颊酒浓眉黛蹙,压肩香重鬓云偏。睡乡料得甜何似,鹦鹉帘栊莫浪传。"《晴雯补裘》云:"翠羽含风缺一翰,累人痴病未曾安。情怀生小寒暄共,罅隙无多组织难。灯里颜容愁惨淡,眼前刀剪泪辛酸。他年醉拥应须记,烛灺房栊夜半残。"女史名秀端,南山师之女也,著有《碧梧诗钞》。

倪鸿《桐阴清话》卷四:尝于珠江画舫中,见一女郎,手持湘妃竹淡金面折叠扇一柄。蝇头细书《红楼梦》人名,下合《西厢记》曲一句。词意酷肖,真雅制也。录之以供同好。

警幻仙姑—人间天上。史太君—积世老婆婆。邢夫人—从来懦。王夫人—女教为师。李纨—节操凛冰霜。王熙凤—酸醋当归浸。尤氏—这边是河中开府相公家。秦可卿—梦儿相逢。元春—御笔亲除。迎春—体格是温柔,性格是沉。探春—我虽是女孩儿,有志气。惜春—礼三宝。巧姐—织女星。宝珠—哭声儿似莺啭乔林。林黛玉—情到海枯石烂时。薛宝钗—举止端详。宝琴—娇滴滴越显红白。史湘云—梦不离柳影花阴。邢岫烟—可怜我为人在客。李纹—扑剌剌把比目鱼分破。李绮—好着我难猜。尤二姐—游丝牵惹桃花片。尤三姐—斩钉截铁常居一。喜鸾—不识忧,不识愁。夏金桂—寒窗重守十年寡。妙玉—真伪。傅秋芳—只许心儿空想,口边闲题。若玉—扑腾腾点着祆庙火。薛姨妈—幼女孤儿。赵姨娘—便待剪草除根。佩凤—打扮着特来晃。秋桐—如何妾脱空。鸳鸯—凤只鸾孤。瑞珠—在心为志。金钏—一纳头便去憔悴死。紫鹃—有情的都成了眷属。平儿—做夫人便做得过。香菱—她若见甚诗,看甚词,她敢颠倒费神思。晴雯—性头刚。彩霞—多情早被无情恼。玉钏—恁般恶抢白,并不曾记心怀。彩明—向柬帖儿上计禀。莺儿—真不枉唤做莺莺。彩云—非奸做盗拿。抱琴—宫样眉儿新月偃。袭人—伯劳东去燕西飞。麝月—抓住荼蘼架。碧痕—湿透了凌波袜。柳五儿—遮遮掩掩穿芳径。小红—要梅香来说勾当。四儿—漏泄春光与乃堂。司棋—人约黄昏后。侍书—冷句儿将人厮浸。翠缕—和小姐闲穷究。入画—谁许尔胡行乱走。春燕—管什么拘束亲娘。万儿—好事儿收拾得早。宝蟾—纸窗儿湿破,悄声儿窥视。雪雁—世间草木是无情。傻大姐—小孩儿家,口没遮拦。王善保家—何须尔一一搜原由。文官—启朱唇,语言的当。龄官—尽在不言中。芳官—翠袖殷勤捧玉钟。藕官—一样是相思。葵官—女孩儿家恁响喉咙。娇杏—稳受了五花官诰。金哥—白练套头,寻个自尽。净虚—对艳妆将言词说上。智能—常要担搁人性命。刘老老—信口开河。青儿—猩猩惜猩猩。马道婆—速灭。甄士隐—谁想这里遇神仙。贾敬—无意求官,有心听讲。贾赦—情性㑳。贾政—平生正直无偏向。贾珍—将锦片前程已蹬脱。贾琏—惹草粘花没掂三。贾珠—先亡了有福之人。宝玉—万种情缘一样愁。贾环—一地胡拿。贾蓉—做多少好人家风范。贾兰—后代儿孙。贾代儒—向诗书经传,蠹鱼似不出费钻究。贾瑞—硬撞了桃源路。贾蔷—不由人不口儿作念心儿印。贾芹—将一座梵王宫,化作武陵源。贾芸—若是眉眼传情未了时。北静王—潘安般貌,子建般才。王子腾—兼领得陕右河中路。云光久—拆鸳鸯坐两下里。赵全—贼心贼脑天生劣。戴权—难消遣。冯子英—排酒果,列笙歌。林如海—宦游在四方。贾雨村—任凭人说短论长。薛蟠—天生是憨。薛蝌—愁她心动。冯渊—蓦然见五百年风流业冤。甄宝玉—雨霁风细,梦回时,多少伤心事。柳湘莲—铁石人。秦钟—未语人前先腼腆。蒋琪官—解舞腰肢娇又软。冷子兴—这人一事精百事精。孙绍祖—发村使狠,甚的是软款温存。焦大—恶语伤人六月寒。包勇—有勇无惭。茗烟—没颠没倒。潘又安—死则同穴。王仁—甚姻亲。张道士—诸檀越尽来到。倪二—今宵酒醒何处也。张华—展污了姻缘簿。张友士—医可病恹恹。王作悔——天星斗焕文章。稽好古—知音者。曹雪芹—有千种相思对谁说。云儿—桃李春风墙外枝。大观园—有几多六朝金粉,三楚精神。省亲别墅—碧琉璃,翠烟笼罩。嘉荫堂—画堂箫鼓鸣春昼。大观楼—倚栏干,极目行云。缀绵阁—两边是孔雀屏风,软玉屏。怡红院—脂粉丛里,包藏着锦绣。潇湘馆—疏竹萧萧曲槛中。蘅芜院—温润有清香。稻香村—禾黍秋风。藕香榭—嫩绿池塘藏睡鸭。紫菱洲—对菱花楼上晚妆罢。秋爽斋—天际秋云卷。暖香坞—宝鼎香浓,绣帘风细,绿窗人静。梨花院—门掩了梨花深院。栊翠庵—珠围翠绕。红香圃—柳遮花映。凸碧堂——月色横空,花阴满庭。凹晶堂—月明如水浸楼台。蓼风轩—点苍苔白露泠泠。埋香冢—落花满地胭脂冷。蜂腰桥—蹑着脚步儿行。沁香闸—花落水流红。虽属游戏,颇见匠心。

《锄经书舍零墨》卷四载禾中郑缦卿瑞昌所作,上更冠以花名,亦极工稳切帖云云。

## 龙舟记

齐学裘《见闻随笔》卷十四:沪城卢殷辂蔚廷氏云:“因果之说,或涉虚无,然亦有不可废者。予窃于南邑潘九相事信之。潘系海滨豪族,其父士荣,尝游维扬,狎一妓女九娘。同时又有陕西三原人魏韶先与九娘相订。及九娘接潘,魏责其失信,一时怒起,竟将九娘踢死。幸鸨母贪贿,魏得不抵命。后士荣居家,一日忽见九娘翩然而来,竟向内室,旋报其妻生子矣。士荣知冤气所聚,料不能逃,即以九名其子,志所自来也。迨九相稍长,状貌气度豪暴异常,其父常嘱曰:‘尔与魏姓之人有宿怨,此生不可近。’孰意九相年才十九,魏已开盐铺于大团镇,相距咫尺。偶因睚眦,潘遂统领多人,竟将魏擒归捶毙,并藏毁其尸。此康熙初年事也。魏子庠生连城闻信,奔赴控宪鸣冤,卒正其罪,同抵者几数十人。其党有稍通文理者,于系狱无聊时作为《龙舟记》小说。乡里至今传诵。其托言为周氏女起见，颇为义举，亦知自占身分，犹魏连城冤状，痛指潘为东海乱民吴圣阶余党。过褒过贬，势使然也。忽于嘉庆十六年春，乡民讹传潘儿相显灵，向其坟旁炷香焚帛，接踵联肩。二年而积捐银盈千，为构祠宇两楹，三年而至者渐少矣，四五年而阒无人矣。"毛祥麟《对山书屋墨余录》卷四载此事略同。

## 儿女英雄传

《栖霞阁野乘》卷十：《儿女英雄传》说部，燕北闲人著。全书所记，皆侠女何玉凤事。其人有无不必论，惟据其纪载，则玉凤故大家女也，奉老母，避地青云，且隐其名曰十三妹。则以有一功名盖世、炙手可热之人，陷其父于死，立志不与共戴天也。功名盖世者为谁？曰：纪献唐也，即闲人所谓天大地大无不大者。然本朝二百六十年中，有纪献唐其人不乎？吾之意，以为纪者年也，献者，《曲礼》云："犬名献羹"，唐为帝尧年号，合之则年羹尧也。年氏用兵西陲，转战万里，为本朝勋臣第一，后以跋扈诛，人尽知之矣。其事迹与本传所记悉合，故吾谓其书虽传何玉凤，实则传年羹尧也，纪献唐特变幻其字耳。虽然年以罪诛，直书其名，述其事，当不至干犯禁网，何须委曲乃尔？意者，年氏之死，出于同僚诬蔑，而非其罪。燕北闲人特隐约其词，纪之小说，以表明之耶？不然，何玉凤为全书主人，而开宗明义第一章，反叙安骥救父，玉凤正事，直至全书将完始行述及，何也？安氏籍贯，惟著者之意所欲云，必曰旗人，又何也？夫阿里吗一武夫耳，且忌之如眼中钉，必杀之而后快，不以其为满人故稍宽假之；况年羹尧以汉儿而拥重兵，目无余子者乎？燕北闲人，盖言之有余痛矣。试稔知博闻者。

## 蟫　史

震钧《天咫偶闻》卷三：世行《蟫史》一书，不著姓名。以荒唐之辞，肆诋诽之说。详其命意，似指三省教匪之役。当时将相，任意毁刺，且有上及乘舆处。考其用笔，极类《烟霞万古楼集》，此殆王昙手笔。王为吴省钦弟子，吴曾举其能用掌心雷破贼，奉仁宗严斥。盖吴、王皆和党也。然则此书泄怨之作，胡足存乎？其书末之少目翁，已明指省钦矣。为昙无疑。

金武祥《粟香随笔》卷二：屠笏岩刺史名绅，又号贤书，所居西贯，与余居前后相望。先曾祖《客窗笔记》中"屠氏善报"一条，即纪其先代积累之由，今则式微甚矣。所著有《六合内外琐言》二十卷、署黍余裔孙编。《蟫史》二十卷。署磊砢山人撰。近年上海以洋版刷印，流传颇广。洪北江《诗话》云："屠州守绅，诗如蓄沼文鱼，栽盆红药。庚申乱后，迄未见其诗集也。"余《杂忆乡居》诗云："州守风流忆往时，忽焉旧泽鲜留遗。《琐言》《蟫史》犹传遍，不见文鱼红药诗。"

《粟香三笔》卷五：《崇百药斋五哀诗·哀广州通判屠君绅》云："心期郁郁向谁陈，论定斯人我最真。游戏文章都奥衍，狷狂意气是酸辛。怜才热泪倾如水，垂老柔乡葬此身。却悔临歧殊草草，危言含意未全伸。"即咏笏岩刺史也。其所著《六合内外琐言》，初名《琐蛣杂记》，吴谷人祭酒有序，以吴锡麒为姬金麟，其诡异如此。

又：《六合内外琐言》及《蟫史》二种，县志皆不载，仅载其《酌酒与储玉琴》诗一首云："当筵那复问悲欢，念尔茫茫感百端。风雨十年家铁瓮，云山一夕话铜官。谁怜冷锻嵇康灶，我愧虚弹贡禹冠。今夜蓉城好明月，醉中犹得坐团栾。"余见《亦有生斋集》有《屠贤书诗序》，称其旷朗出尘，时得神解。惜无由见其全集也。

## 燕山外史

秀水于源《灯窗琐话》卷一：陈蕴斋先生球，居郡中瓶山之侧，自号一篑山樵，著有《燕山外史》。通体四六，洋洋数千，俪青妃白，洵传作也。叶雨垞刺史维庚，题云："海内文宗陈伯玉，禁中乐府柳屯田。闲来谱出燕山传，不数怀宁燕子笺。"

丘炜萲《菽园赘谈》卷七：通体用四六偶句，为一大部小说者，寻尽坊间，只有《燕山外史》一种耳。此书骈文体，格本甚卑靡，而叙事周挚，前伏后补，中间连络，颇见运思之工。以言其事，则可歌可泣；以观其笔，则亦熟亦流。子弟初学作文之日，得此读之，犹强于无所用心多多矣。近有为笺注者，于原文亦略有删节。

## 警富新书　绣鞋记

李文泰《海山诗屋诗话》卷四：余阅《绣鞋记》小说，有感于叶主曹事。询之东莞人士，多为称冤。又《警富新书》七尸八命案，皆归罪凌上舍贵卿，迄今众口一词，似乎无可解矣。而苏古侪先生珥《赠凌上子汉亭诗》云："九疑风雨暗崎岖，八节波涛险有余。世路合裁招隐赋，俗情催广绝交书。传闻入市人成虎，亲见张弧鬼满车。旧约耦耕堂愿筑，平田龟坼又何如。"凌曾孙药洲广文《答黄香石先生书》，累累千余言，亦极辨此事。香石从兄瑞谷丈云："古侪为今之鸿儒，目击凌事，以此诗与药洲书观之，实似诬陷也。"

## 品花宝鉴

《两般秋雨庵随笔》卷四：毕秋帆尚书沅李郎之事，举世艳称之。袁大令、赵观察俱有《李郎曲》，而袁胜于赵。余最爱其中一段云："果然胪唱半天中，人在金鳌第一峰。贺客尽携郎手揖，泥笺翻向李家红。若从内助论勋伐，合使夫人让诰封。"写得有景有色，溧阳相公呼李郎为状元夫人，真风流佳话也。

《随园诗话》卷四：李桂官与毕秋帆尚书交好。毕未第时，李服事最殷：病则称药量水，出则授辔随车。毕中庚辰进士，李为购素册界乌丝，劝习殿试卷子，果大魁天下。溧阳相公，康熙前庚辰进士也，重赴樱桃之宴，闻桂郎在坐，笑曰："我揩老眼，要一见状元夫人。"其名重如此。戊子年，毕公官陕西。李将往访，路过金陵，年已三十，风韵犹存。余作长歌赠之，序其劝毕公习字云："若教内助论勋伐，合使夫人让诰封。”

《小仓山房诗集》卷二十一有《李郎歌》：自注：郎名桂官，将往甘肃，作歌送之。我闻李郎名十年，去年吴下才交言。今年李郎来见访，握手方知郎果贤。李郎色艺梨园中，李郎行事梨园外。不为李郎歌一篇，那知大有传人在？郎家旧住阖闾城，折取天香作小名。撅笛不吹银字管，歌唇时带读书声。受聘南州季姓家，缠头教舞玉鸦叉。只屐偶停游子足，三春羞杀此邦花。镜中自惜红颜好，西施不肯西溪老。直走长安隶太常，万人如海知音早。上公乐部正需人，选入仙班宠赐频。燕栖金屋难轻出，花傍高楼易得春。偶然城外笙歌集，天上人来地上立。分得星眸一寸光，顿增酒面千灯色。秋帆舍人二十余，玉立长身未有须。把盏唤郎郎不起，怒曳郎裾问所以。郎言侬果博君欢，寸意丹心密里传。底事当场为戏虐，竟作招摇过市看。一言从此定心交，孤馆寒灯伴寂寥。为界乌丝教习字，为熏宫锦替焚椒。延医秤水春风冷，嘘背分凉夜月高。但愿登科居上上，敢辞礼佛拜朝朝。果然胪唱半天中，人在金鳌第一峰。贺客尽携郎手揖，泥笺翻向李家红。若从内助论勋伐，合使夫人让诰封。溧阳相公闲置酒，口称欲见状元妇。揩眼将花雾里看，白发荷荷时点首。君卿何处最勾留，毕蒋熊姜当五侯。蒋御史用庵、熊比部蔗泉、姜明府某。四子非为讲德论，三生同上一钟楼。郎名此际虽风动，郎心镇日如山重。一诺从无隔宿期，千金只为多情用。岳岳高冠士大夫，乔松都要女萝扶。日中原涉来营赙，千里臾骈代送孥。岂徒周雅称将伯，直可东京唤八厨。笑他儿辈持钱易，纷纷多作无名费。谁肯如郎抱侠肠，散尽黄金偏市义。再入长安万事非，晨星零落酒徒稀。惟有状元官似故，锋车又向陇西飞。年华弹指将三十，身世苍茫向谁说。誓走天涯觅故人，拚将玉貌当风雪。会迟别早我神伤，此后相思路阻长。倘得令君香再接，定倾老耳听伊凉。

《藤阴杂记》卷五：《如是我闻》载倪少宗伯承宽《感旧为方俊官作》，诗云：“落拓江湖鬓欲丝，红牙按曲记当时。庄生蝴蝶归何处，惆怅残花剩一枝。”诗末有注：“俊官名兰如，吴人。为庄本淳学士所狎，有状元夫人之号。已卯入都，学士已殁，憔悴自伤，门前冷落。”宗伯诗语无泛设。嗣后南部李桂官方至其详，见袁随园、赵瓯北长歌，称史文靖于庚辰重赴琼林宴上，亦呼状元夫人，后依秦中幕府，较方为优。

赵翼《瓯北集》卷十六《李郎曲》：李郎昔在长安见，高馆张灯文酒宴。乌云斜绾出场来，满堂动色惊绝艳。得郎一盼眼波留，千人万人共生羡。人方爱看郎颜红，郎亦看人广座中。一个状元犹未遇，秋帆时为舍人。被郎瞥睹识英雄。每当舞散歌阑后，来伴书帏琢句工。毕卓瓮头扶醉起，鄂君被底把香烘。但申啮臂盟言切，并解缠头旅食供。明年对策金门射，果然榜发魁天下。从此鸡鸣内助功，不属中闺属外舍。五花官诰合移封，郎不言劳转谦谢。专恩肯作郑樱桃，尽许后房多粉麝。状元官贵拥高牙，匹马相从万里赊。为听甘凉边曲好，相从皋兰官舍。当筵改学拨琵琶。主人酬赠千金橐，幸客庄严七宝车。送上云程心事了，忽伤老大苦思家。思家泣与东君别，归到姑苏百花宅。旧时同伴见资多，谁不咨嗟眼光赤。岂知游兴犹未已，尽倒囊金买瑶碧。捆载巾箱过岭来，昔是玉人今玉客。时贩玉玩至粤。谒侬恰趁放衙早，不觉相迎屣为倒。通词曾记托微波，欲即仍离郎太狡。往日挑琴未目成，今朝拥楫偏人老。西子重逢范大夫，非复当时浣纱好。成阴树已感司勋，轹釜声兼记丘嫂。回忆华年澹泊遭，褊衷那禁私相恼。生平不吃懒残残，偏是人间禁脔难。初日杲莲虽已褪，晚风绪柳尚堪攀。樽前软语聊调笑，李下何妨一整冠。

《雨村诗话》卷六：李桂官，吴伶人，尝识毕秋帆于未魁时，委身事之。史文靖公庚辰再入琼林，尝戏呼为“状元夫人”。后毕官秦抚，往访之，赠千金，归贩玉玩至粤东。赵云松为广州守，见之，则已老矣，为作《李郎曲》。

褚人获《坚瓠集》卷一：顺治中，有咏奚姓者七字吟云：“奚，嬖奚，此物奚，虽多亦奚，子之迂也奚，虞不用百里奚，如此则与禽兽奚。”

孙希孟云:《随园诗话》卷一:“余戏刻一私印,用唐人‘钱塘苏小是乡亲’之句。某尚书过金陵,索余诗册。余一时率意用之,尚书大加呵责。”《品花品鉴》侯石翁以“卢家少妇是乡亲”一联为可作印章。乃影身此事,亦足为侯石翁即袁简斋之一证。

《长安看花记》有“黄小蟾为状元夫人长香弟子”一条可引证;又《辛壬癸甲录》“长春”一条;《昔柳摭谈》卷五“伶人杰识”一条,以馥即为状元夫人。

《丁年玉笋志》引常州陈少逸《品花宝鉴》第二十三回“兰保御侮”一条以证小香之拒伧父,可采入。

《菽园赘谈》卷七:咸丰间,余小汀相国之子桂全著《品花宝鉴》,独开生面。

《梦华琐簿》:常州陈少逸撰《品花宝鉴》,用小说演义体,凡六十回。此体自元人《水浒传》、《西游记》始,继之以《三国志演义》,至今家弦户诵,盖以其通俗易晓,市井细人多乐之。又得金圣叹诸人为野狐教主,以之论禅悦、论文法,张皇扬诩,耳食者几奉为金科玉律矣。《红楼梦石头记》出,尽脱窠臼,别辟蹊径,以小李将军金碧山水楼台树石人物之笔,描写闺房小儿女喁喁私语,绘影绘声,如见其人,如闻其语。《竹枝词》所云:“开谈不说《红楼梦》,纵读诗书也枉然。”记一时风气,非真有所不足于此书也。余自幼酷嗜《红楼梦》,寝馈以之。十六七岁时,每有所见,记于别纸,积日既久,遂得二千余笺,拟汰而存之,更为补苴掇拾,葺成《红楼梦注》,凡朝章国典之外,一切鄙言琐事,与是书关涉者,悉汇而记之,不贤者识其小者,似不无小补焉。其禅悦文法,托诸空言,概在所屏,似与耳食者不同。今匆匆十余年,未能脱稿,殊自惭也。嘉庆间,新出《镜花缘》一书,《韵鹤轩笔谈》亟称之,推许过当,余独窃不谓然。作者自命为博物君子,不惜獭祭填写,是何不径作类书,而必为小说耶?即如发榜谒师之日,百人群饮,行令纠酒,乃至累三四卷不能毕其一日之事,阅者昏昏欲睡矣。作者犹津津有味,何其不惮烦也?《红楼梦》叙述儿女子事,真天地间不可无一不可有二之作。陈君乃师其意而变其体，为诸伶人写照，吾每谓文人以择题为第一义，正谓此也。正如《金瓶梅》极力摹绘市井小人，《红楼梦》反其意而师之，极力摹绘阀阅大家，如积薪然，后来者居上矣。顾余有私见，欲献而商之者。《宝鉴》中所称士大夫，我辈为尊亲贤者讳，礼固宜之。至其中小人如奚老土之类，夫也不良，歌以谇之，不忍斥言，亦忠厚之至。独至杜琴言等十伶官，亦别立名目。此大不必。若辈方幸得附骥尾而名益显，奈何忍使湮没弗彰乎？桐仙为余言，杜琴言即桐仙也，书中推为第一，未知信否？其十人者，曰杜琴言、袁宝珠、苏蕙芳、陆素兰、金漱芳、林春喜、李玉林、王兰保、桂保、秦琪官。十人者皆不知何所指，不能求其人以实之。素兰、春喜、玉林，虽有其人，皆与此书所述不称，必别有所谓也。余丁酉夏从严州友吴立臣达案头见之，迫欲借抄，未得其便。闻季卿言，少逸馆内城一尚书郎家，咫尺天涯，未能一握手为笑，殊恨无缘。暇日作尺一书致少逸，述鄙见质之，方把笔而难作，书未及达也。立臣亦缘事论城旦。所谓《品花宝鉴》者，不知落谁何人之手，或者如欧公文，有蛟龙妒且护之耶？《宝鉴》是年仅成前三十回；及己酉，少逸游广西归京，乃足成六十卷。余壬子乃见其刊本。戊辰九月，掌生记。

辛亥四月念八日《神州日报》载《品花宝鉴琐记》云：徐子云者，名锡，某侍郎也。左手六枝指，故别号锡六指头。其花园在南下凹，即名怡园，今野凫潭、太清观一带，皆其遗址也。萧静宜者，即吾皖江慎修先生也。至田春航、侯石翁，人皆知为毕秋帆、袁子才矣。史南湘即蒋苕生，屈道翁即张船山，梅学士为铁保，而梅子玉、杜琴言实无其人，隐寓言二字之意。至如潘三乃内城钱粮胡同内兴隆靴铺掌柜，姓苏诨号靴苏者是也。奚十一为孙尔准之子，孙为两广总督，拆孙字偏旁，尔字上截，而凑为奚字，从广东来，故称为广东人。其来也，夹带大土无数，至京贩卖，故拆土字为十一，又呼之为老土也。此条未完，惜觅廿九日报不得。

作者不知何故，讥斥之不遗余力，殆有私憾焉。至苏侯即琦侯，而硬扭为田春航，外舅则不可解，孙亮功即穆扬阿，曾任广西柳州知府，嗣徽、嗣元即其二子穆四山、穆五山也。高品者，即陈森书，常州名士，即作《品花宝鉴》者。金粟者，旗人桂竹孙也，道光末年以同知署常州知府，出资刻《品花宝鉴》者；后因案革职，贫不能自存。群旦中惟袁宝珠原姓原名，即云南甘太史为之自尽者，咸丰季年其人尚存，然门前冷落车马稀，无人过问矣。其余如王文辉、王恂、颜仲清、李性全、王胡等，皆实有其人，不过姓名皆更易矣，不可枚举也。道光季年，《品花宝鉴》未出版时，陈森书挟抄本持京师大老介绍书，遍游江浙诸大吏间。每至，作十日留；阅毕更至他处。每至一处，至少赠以二十金。是以获资无算。半聋少时，随其父浙江粮道任，陈至，留阅十日，赠以二十四金。彼犹以为菲薄也。五月初一日报。

酿花使者《花间笑语》卷一：乾隆间，李秀章识毕秋帆尚书于风尘，约同居处。报捷鼎元，都人以碧岑夫人呼之。事载随园集、《燕兰小谱》。李郎现已近耄，尚在吴中。

梁溪坐观老人《清代野记》卷下：炳成字集之，五十后号半聋，以左耳重听也。为清肇祖后，世贵显。父桂昌，道光初为浙江粮道，擢宁绍台道。以治战舰不如期，为钦差赛尚阿所逼，自经死。伯父桂清，以都御史讯狱湖北，道卒，谥文清。家虽贵而贫。炳成幼好学，无贵介习，以荫为都察院笔帖式，四十年不迁，郁郁以终。炳成能饮健谈，尤熟于国朝掌故。尝言《品花宝鉴》小说，出于道光中叶，其时正随父居杭州任所，著者挟贵人介绍，以稿本遍阅江浙诸大吏，所至以旬为限，获金无算。其书中人有身见之者。华公子者，崇华岩，父名玉某，两任户部银库郎中，集资百余万，有园林在平则门外。华公子死，贫无以殓。徐子云者，名锡某，六枝指，其园即在南下洼，名怡园也。田春航者，毕秋帆制府也。侯石翁者，袁子才太史也。史南湘，蒋苕生也。屈道翁，张船山也。孙亮功者，穆扬阿，慈安后之父，嗣徽、嗣元，即其二子四山、五山也。魏聘才者，常州朱宣初，即江浙时文八名家中朱雪塍之父也。萧静宜者，或曰江慎修也。梅学士，或曰铁保也。奚十一者，孙尔准之子，尔准时为两广总督也。潘其观者，内城内兴隆靴肆主人姓苏也。梅子玉、杜琴言皆无其人，隐寓言二字之义。高品者，名陈森书，即著书之人也。伶人袁宝珠，则仍其姓名，云南甘太史为之自尽者也。其余诸伶皆原姓名未改也。宏济寺即兴胜寺。金粟者，即桂竹荪，曾权常州知府，遭吏议者也。其余如王恂、颜仲清，皆隐当时名人，不可缕纪也。又言《红楼梦》一书，实隐国初宫闱事，非明珠纳兰成德之事也。其赅洽如此。

赵翼《檐曝杂记》卷二：京师梨园中有色艺者，士大夫往往与相狎。庚午、辛未间，庆成班有方俊官，颇韶靓，为吾乡庄本淳舍人所昵。本淳旋得大魁。后宝和班有李桂官者，亦波峭可喜。毕秋帆舍人狎之，亦得修撰。故方、李皆有状元夫人之目，余皆识之。二人故不俗，亦不徒以色艺称也。本淳殁后，方为之服期年之丧。而秋帆未第时颇窘，李且时周其乏。以是二人皆有声缙绅间。后李来谒余广州，已半老矣。余尝作《李郎曲》赠之。

丘炜萲《菽园赘谈》卷七：《品花宝鉴》，追纪乾隆全盛之时，描绘京师梨园人物，细腻熨贴，得未曾有，固平话小说之别开生面者。其托名田春航，以写灵岩山人，自得名士风流。特用侯石公以影仓山居士，真是无赖佻达。皮里阳秋，知非苟作。《儿女英雄传》书随后出，横空插入一段，以蛇腰之相公，呼肚香之阔客，谑而近虐，煞风景矣。

## 再生缘

陈文述《西泠闺咏》卷十五《绘影阁咏家□□》：云贞，名端生，勾山太仆女孙也，适范氏。婿诸生，以科场事，为人牵累谪戍，因屏谢膏沐，撰《再生缘南词》，托名女子郦明堂，男装应试，及第为宰相。与夫同朝而不合，并以寄别凤离鸾之感，曰："婿不归，此书无完全之日也。"婿遇赦归，未至家而云贞死。许周生、梁楚生夫妇为足成之，称全璧焉。"南花北梦，江西九种"，梁溪杨蓉裳农部语也。南花谓《天雨花》，北梦谓《红楼梦》，谓二书可与蒋青容九种曲并传。《天雨花》

亦南词也，相传亦女子所作，与《再生缘》并称，闺阁中咸喜观之。红墙一抹水西流，别绪年年怅女牛。金镜月昏鸾掩夜，玉关天远雁横秋。苦将夏簟冬缸怨，细写南花北梦愁。从古才人易沦谪，悔教夫婿觅封侯。

邓之诚《骨董琐记》卷五：陈端生，钱塘陈句山太仆女孙也，适诸生颜某，以科场事为人牵累谪戍。因撰《再生缘南词》，托名女子郦明堂.男装应试，及第为宰相，与夫同朝而不合，并以寄别凤离鸾之感。曰："婿不归，此书无完全之日也。"后婿遇赦归，未至家而端生死。相传许周生、梁楚生夫妇，为足成五十六回以后，始称全璧。然今通行本结处，有"我亦缘悭甘茹苦"句，又有"有子方知万事定"之句，殊与许、梁口气不类，岂故弄狡狯耶？

## 雅观楼

汪堃《寄蜗残赘》卷六：扬州钱某，以负贩起家，积至数千金，遂开设银铺。有商家伙计吴姓来铺换银，匆匆而去。失一小包，中有万金银券一纸。钱即持券往兑。吴知为钱所取，其银乃历年侵蚀所得，不能白于主人者，郁郁病卒。钱遂成富室。年已五十，无子。是年除夕梦吴来索欠，是年八月生一子，知为夙孽，因年老无嗣，姑以自慰。子年十三四，即淫荡无度，视钱财如粪土，耗费不赀。钱气结死，益无忌惮，淫朋狎友，如蝇集膻。复构大讼，继以回禄，家业荡然，妻入倡家。年甫二十，孑然一身矣。遂为群丐所诱，缚足穿耳，傅粉簪花，乔扮花鼓妓，沿街唱曲。遇登徒子给青蚨数百，即春风一度，群知为富室子也。苏人朱某司训扬州，曾目睹其人装女侑酒，恬不知耻。扬州人著有《雅观楼》小说，演述其事。

## 来生福

《两般秋雨庵随笔》卷六：嘉庆中，阮芸台协揆抚浙时，海氛不靖，有张永祥者，英勇过人，号张铁枪。协揆之治盗也，多资其力。后屠琴坞太守倬宰仪征，协揆以此人荐之，故太守之缉捕，有声于江南。

《养吉斋余录》卷九有“张永祥”条。

夏昌祺《雪窗新语》卷上：明夏忠靖公官户部尚书，治水东南，人无陷溺之忧，田有灌溉之利，政绩昭彰，载于明史。相传公治水时，舟泊吴淞江。一日，天色薄暮，有一黑衣老妪携幼女，亦衣黑衣，容色绝丽，貌若水仙，长跪乞援。公问之，曰：“妾母女居此溪已数百年矣，不意老蛟欲强娶妾女为妾，妾母女二人势孤力弱，难与之抗。公神人也，乞公判断，俾免强暴之污，公则泽及渊泉矣。”公许之。言讫不见，方悟黑衣者乃蚌精也，遂具牒投于江神。次日水上浮一死蛟，截为数段，数里之内，浪色皆红。其夕，黑衣媪又携女来谢。

俞樾《右台仙馆笔记》卷十三有“蚌献珠”一条，当附入。

朱国祯《涌幢小品》卷十九亦记夏忠靖事，较详。

《二申野录》卷一甲申年，亦录此事。

## 凤双飞

王蕴章《然脂余韵》卷六：阳湖程蕙英茝俦著有《北窗吟稿》。家贫，为女塾师，曾作《凤双飞》弹词，才气横溢，纸贵一时。所为诗，纯乎阅世之言，非寻常闺秀所能。其《自题〈凤双飞〉后寄杨香畹》云：“半生心迹向谁论，愿借霜毫说与君。未必笑啼皆中节，敢言怒骂亦成文。惊天事业三秋梦，动地悲欢一片云。开卷但供知己玩，任教俗辈耳无闻。”

邓之诚《骨董琐记》卷五：《凤双飞》弹词，阳湖程蕙英字茝俦著，别著有《北窗吟稿》。《自题〈凤双飞〉后寄杨香畹》云：“半生心迹向谁论，愿借霜毫说与君。未必笑啼皆中节，敢言怒骂亦成文。惊天事业三秋梦，动地悲欢一片云。开卷但供知己玩，任教俗辈耳无闻。”全书四十回，后增为五十二回。自题卷末诗有云：“易稿三番此最优，枯毫落尽渐成丘。应逢福地为书篋，慰我辛勤二十秋。”亦颇自负。全书数十万言，结构遣词，远在《天雨花》、《再生缘》之上。所天有娈童之好，故托为果报以警之。家贫，为女塾师，书中真大雅即隐以自寓。

## 花月痕

《花月痕》五十二回：眠鹤道人撰，或言李芋仙所作，摛芳掞藻，为近时说部之冠。书中述酒令，新颖可喜，然亦有本。《冷庐杂识》卷六云：同邑叶馨陔明经绥祖嗜酒，恒出新意为觞政以娱宾。幼尝侍谈宴，记其酒令数则。一字三笔而四子书中只一见者：个、勺、弋；古钱四字备四声者：大泉五十、永通万国、天福镇宝、正德通宝；二物并称有奇耦之分者：冠履、钗环、领袖、杯箸、扁对；成语三字叠韵者：典浅显轻、清灵皱透、瘦手柳酒；古人姓名三字同一韵者：田延年、高敖曹、王方庆、刘幽求；一字分两字而三字同在一韵者：虹蝓、祺祎、伸谖。惜今《花月痕》有一字分二字、三字合一韵及二物并称一奇一偶令，即祖此，惟三字合韵多一蝀字耳。

此书多采取各传记，如第二十回涂沟绅士取所储火器枪棒，召团丁中勇猛肥长，排立阶下，指说这个善射、这个善拳、这个能飞戟刺人于阵、这个能跃丈墙获贼于野，口若不尽其技，而阶下眉目手足各跃跃欲动。全袭程正揆《沧州纪事》，刊《荆驼逸史》中。

《随园诗话》卷十四《布衣史青溪》诗云："多情自古空余恨，好梦由来最易醒。"

第四十五回采秋挽秋痕联："有限光阴丁噩梦，不情风雨虐梨花。"此江阴女子洪梦梨和孙陶庵诗，见《柳南随笔》卷三，只易妒字为虐字耳。

谢枚如章铤《题魏子安所著书后》云："有泪无地洒，都付管城子。醇酒与妇人，末路乃如此。独抱一片心，不生亦不死。"《花月痕》小说。

谢章铤《赌棋山馆集》卷五《魏子安墓志铭》：君见时事多可危，手无尺寸，言不见异，而亢脏抑郁之气，无所发舒，因遁为稗官小说，托于儿女子之私，名其书曰《花月痕》。其言绝沉痛，阅者讶之，而君初不以自明，益与为惝怳诙谲，而人终莫之测。

丘炜萲《菽园赘谈》卷四:《花月痕》命意见自序两篇中,大抵有寄托而无指摘者。近是人见其所言多咸同间事,意以为必有指摘,过矣。

《花月痕》所言韦韩本是一人,故韩亦从韦。刘杜亦是一人,左传刘累之论在周为唐杜氏也。书为闽中魏子安秀仁所作。子安悦一歌妓,乃以韦痴珠、韩荷生、刘梧仙、杜采秋写其悲欢离合。余闻诸陈学部仕伊衍得其姓名,略与鄙说相合,因记于此。

范烟桥《茶烟歇》:《珊瑚》四卷十号。魏子安所作《花月痕》说部,为清末杰作。其间诗词有似王次回,而生辣爽脆过之。武事似影雅片战役,故有逆倭至粤,掳帅去,直迫津沽诸事。第二十回韦痴珠《杂感》第四首:"追原祸始阿芙蓉,膏尽金钱血尽锋。人力已空兵力怯,海鳞起灭变成龙。"乃明言之矣。而东南战事影洪杨尤显,如第四十二回所谓五狗之羊绍深即杨秀清、刁潮贵即萧朝贵、冯云珊即冯云山、危锵辉即韦昌辉、席沓开即石达开。故近人以为韦韩合传,作者自比,而明经略则左宗棠也。

谢章铤《课余续录》卷一:子安为魏丈又瓶,本唐。教授之长子。教授五子,次子愉,秀孚。秀才,长于礼;三子寿,起。秀才,长于书,皆有遗著。而制作之才,子安为最,撰述宏富,详予所作《墓志铭》。然而今之盛传者,则在其《花月痕》小说。是时子安旅居山西,就太原知府保眠琴太守馆。太守延师课子,不一人,亦不一途,课经、课史、课诗、课文、课字画、课骑射,下而课弹唱、课拳棒,亦皆有师。人占一时,课毕即退。子安则课诗之师也。巳时登席,授五言四韵一首,命题拟一首,事毕矣。岁修三百金。以故子安多暇日,欲读书,又苦丛杂,无聊极,乃创为小说以自写照。其书中所称韦莹字痴珠者,即子安也。方草一两回,适太守入其室见之,大欢喜,乃与子安约,十日成一回,一回成,则张盛席、招菊部为先生润笔寿。于是浸淫数十回,成巨帙焉。是《花月痕》者,乃子安花天月地、沉酣醉梦中嘻笑怒骂,而一泻其肮脏不平之气者也。虽曰虞初之续,实为玩世之雄。子安既没，予谓子愉曰："《花月痕》虽小说，毕竟是才人吐属，其中诗文、词赋、歌曲，无一不备，且皆娴雅，市侩大腹贾未必能解。若载之京华，悬之五都之市，落拓之京员，需次之穷宦，既无力看花，又无量饮酒，昏闷欲死，一见此书，必且破其炭敬、别敬之余囊，乱掷金钱，负之而趋矣。于是捆载而归，为子安刻他书，岂不妙哉。"子愉亦以为然，逡巡未及行。其同宗或取而刻之，闻亦颇获利市，近又闻上海已有翻本矣。

王小隐《梦切利馆随笔》：苗沛霖，即世所谓四眼狗余党也。乘洪、杨之乱，发难颍亳间。胜保视师江南，抚以为功。而苗不法如故。后胜保被劾去官，苗复叛去，皖南北蹂躏数四，荼毒滋甚。而苗以一书生，攘臂遽起，横行一时，其智虑亦自大有过人者。《花月痕》一书诋为鸨奴，虽挟意气，然实有说。苗每据城邑，则聚荡妇姹女于一隅，使人总司而榷税焉。殆犹昔日教坊之遗意，而今日妓捐之先河也。苗之治军政尚严皦，能以苛法绳众，以故部伍森肃，为当时诸部所不及。吾友张子叔坚，皖人也，言当苗之扰天长，曾据其宅。有族人迫不避，匿中溜间，思俟其去而后出。而数日犹不行，饥不能忍，又闻有互语纵火者，遂骇而坠。牵诣苗，殊和善，无杀意，询数语，释之，竟无恙。而捕杀倡言纵火者数人，谓其惑众也。又一人戏以刀劈檀木案，为苗所见，叱止之，谓毁用物，供戏弄，乖军法，就案剉其手以示众。军中股栗。去后虽一覆一植，无所毁。此案今尚存，血迹刀痕犹显然也。嗟夫，文武失职，豪猾得以假手，而尚能严约部曲，俾勿大肆。奈何今之人，反多鄙程不识耶？

张鸣珂《寒松阁谈艺琐录》卷二：杨利叔象济，初号啸溪，尝慕汲黯之为人，一号汲庵，秀水人。咸丰己未举人，议叙知县。性坦荡无城府。粤寇陷金陵，江忠烈公陈臬楚中，君往投之。比至而忠烈已进军九江，上书当事，膺荐入张制府亮基幕，与左文襄同事，共商军务。后与江陵林太守天直练勇，同援庐州。三河之战，忠烈殉节。君力辞军事，以所部勇隶林太守，而间道归里。后虽稍稍出游，卒无所遇，年五十四卒。友文襄督闽浙，利叔意有不慊，屡移书让之，至引黄祖、祢衡事相况，并题纸尾云："千古是非从此定，先生文笔大如椽。"左亦无如何，一笑置之而已。世传说部有《花月痕》一书，或谓利叔自伤不遇，记其与左文襄同客武昌时事，未知确否。然文笔隽雅，迴绝尘氛，断非俗手所能办也。

## 哀江南

《籀经堂类稿》卷三《奏缴时事说部疏》：掌陕西道监察御史臣陈庆镛跪奏，为奏闻事：臣近得江南人寄到《哀江南》总目提要一本，阅其书，虽近于戏，所言皆贼匪近日情事。仰思圣明，洞鉴万里，军营日报，当无不知。唯细微曲折之处，或有语焉弗详，军中之事，所见异辞，所闻异辞，所传闻异辞，皆未能确凿。但以江南人说江南事，恐言之者必非无据，其中有弃城逃走者，有奋勇直前者，有拥兵自卫者，或经办，或未经办，朗若列眉。皇上几余之暇，随时披览，或可以得其人之贤否，知其心之伪诚。汉臣何休《公羊传注》曰："案见善行赏，则众誉不能进无功；案见恶行诛，则众谗不得退无罪。"以此旌别淑慝，询之于万民，百不失一；观之于实事，千不失一；衷之于宸断，更万不失一。孔子言"舜好问而好察迩言"，是亦刍荛之一助也。臣因关系国事，谨将原底恭缮一通，封呈御览，伏乞皇上圣鉴。谨奏。

附钞《哀江南》总目提要。前编六十回。

书目为江苏人所编，皆按每日探报所闻者，撰为说部，其书未之见，仅见其目如此：

《恩总兵慷慨投江，陆制军仓皇回省》：恩镇台为制台前队，开炮受伤，事急投江。陆制台尚离三百里，得信惊逃，日行六七百里，于正月十九日到江宁省。沿江兵勇，纷纷溃散。安徽、江苏，因此震动，不能固守城池已。

《洪贼帅扬帆赴皖，杨中丞运炮入城》：贼下九江，顺流赴安庆。苏抚杨令沿江州县，运炮入城；不能运者，钉炮门，埋地下。后三城失守，炮为贼有。

《三百里弃饷走舒城，五十贼借梯破安庆》：安抚蒋将粮饷交李方伯管理，贼未至城下，先期遁走舒城。贼至安庆，向民借梯，逾城而入，仅五十人。

《祁方伯呕血御贼匪，祥将军挥涕留抚台》：祁方伯因忧愤抱病，贼将至，力疾登陴防御，呕血卒。杨抚因陆督回奏，退守镇江，祥将军挥泪留之。

《乘小舟黑夜潜逃，架大木白门失守》：杨抚因众官哭留，于更深时开水门潜走镇江。贼至江宁，掠江中木排，扎梯上城，祥将军死之。

《刃爱妾刘使君殉节，陷危城福提督捐躯》：江宁陷，提督等巷战死。上元令刘先刃爱妾，遂自刎。

《死敌兵陆督逃国典，拘难妇洪贼闭乡闱》：城陷，陆督时已革拿，乘小轿将逃出城，为乱兵所杀。贼以陆不抗拒伊等，入城即下令不杀此人，已无及已。此三月初十日督署逃出兵房所传也。贼将所掠妇女，囚闭贡院，廿五人一处，管以女贼，日放饭两次。

《怕防堵运司何所司，想遁逃太守不能守》：运司刘奉命防堵扬州，贼至江宁，不知遁逃何处。苏抚钟告同官曰："贼将至，我虽名为太守，实不能守。"

《烧房屋火光烛天，杀男女哭声动地》：贼纵火烧毁衙署民房甚多，火光常烛天。杀戮百姓男女，尸蔽江而下，不计其数。

《土匪乘机搜宝货，逃兵沿途造谣言》：逃兵到处吓人，辄言贼至，声势浩大，居民纷纷迁徙，土匪乘机劫夺。

《失京口署督遁江阴，弃扬州漕帅奔袁浦》：镇江未陷之前，署督已驻艇船。贼至，交战不利，遁避江阴北门外。贼将到扬，漕帅星夜奔回袁浦。

《装昏晕联藩告病，徙眷属倪臬被参》：贼未至江宁，联方伯于公局中诈中风痰晕倒，告病开缺回旗。倪臬司送眷属至浙，为浙抚参奏。

《豫太守微服借靴，熙淑人改妆裹足》：镇江府豫，微服潜逃，中途借靴，往依署督。常州熙游击之妻，改满装，裹足为汉人，混入民妇内。

《罗贼目竖旗收贡，颜委员奉札献银》：贼陷镇江，竖黄旗，上书“奉命收贡”。苏州官绅纠银赂贼，嘱过苏勿扰，直下杭州。有颜姓充委员，奉两司会印札以往，札云为设法保护苏民事。

《嗪邪经崇奉天主教，开空炮吓走地方官》：贼每饭嗪经。贼每出必放炮。

《向军门大队抵金陵，胜阁学偏师复浦口》：二月廿五日，向帅大兵到江宁城外，人心稍定。胜阁学及陈提督统锐师继至，收复浦口城堡。

《运奇谋行文罢团练，知大义送米效涓埃》：军务方急，署督忽六百里通饬各属，停止团练。向帅初到江宁，时各乡镇送米到营供军糈。

《才下马出示安民，先驱牛入城探路》：向帅甫到，即示安民。向帅知贼掘地埋地雷，先驱火牛入城。

《吴道台请募洋鬼子，杨贼帅乞灵樟柳神》：上海道吴雇募夷艇。贼奉樟柳神，凡事听其指使。

《闻风声各城罢市，趁地震连夜鏖兵》，二月中旬，苏常各属罢市月余。三月初八日子刻地震。

《洪秀泉占据督署，杨文定等候夷船》：洪贼住督署，筑围墙高七八尺。署督杨在江阴等侯夷船，停泊不前，向帅四路访查下落。

《开城门救出数万众，破贼寨连毁十三营》：向帅屡战屡胜，救出难民无数，连毁贼营，军威大振。

《匿如皋胡道买妾，窜泰坝粤匪装官》：常镇道胡遁至如皋，以数千金买妾。贼装向营差官探路，至泰坝被获。

《发军前吓短漕知县，登银数请管帐先生》：州县漕米不兑清者，倪藩拟发紧要军前。杨秀清请人管帐，登记所掠银，呼为先生。

《宠小兵武弁争风，选美女逆酋渔色》：军务紧急时，有二武弁争一小兵，持刀相向。贼目在镇江选美女廿四人。

《裸妇女城头魇炮，杀工匠地底埋雷》：贼驱逐妇女，裸卧城头，以魇向营大炮。向营亦令男子露势以拒之。贼役工匠埋地雷，杀之灭口。

《竖子领兵扎黄缎，革员降贼着红袍》：贼掳一村竖，甚宠任，头札黄缎，令统童子军。有革员降贼，在城上穿红袍执旗指挥，镇江人皆见之。

《贪贱米被胁挡头阵，送小菜免死给腰牌》：贼卖贱米，诱人入城，数日后买米者多，悉闭城内，胁当头阵。有送小菜者，给免死腰牌，在镇江事。

《结同盟不论祖孙父子，出伪示要买雀鸽鹞鹰》：贼虽祖孙父子，皆称兄弟。于镇江出示，招买虎豹熊罴雀鸽鹞鹰，许给平价。

《破土城琦善忌功，阻文报魏源革职》：扬州贼所筑土城，已为我兵攻破，胜、陈二帅即欲进城，因琦不许而止。高邮州将紧急文报递回，为河督特参。

《批呈词恼羞变怒，具公启情急求援》：署督在江阴，兵勇上岸有肆扰，绅民呈请移节，署督批有"此间若非王土，亦不莅此，尔等其指示迷"。常州、江阴均有公禀于向帅。扬州人具公启，沿途遍贴，遍告求援。扬州大兵维琦所统者多，各营皆须听其号令进止。

《胜阁学拔帜先登，琦都统拥兵不进》：扬州破土城后，又攻贼得胜仗，胜已督兵入土城，将进大城，琦拥兵不进，以兵力不足而退。又向帅拨川兵数百赴扬州助剿，已进城，会难民奋杀，琦帅坐视，不肯应援，力竭退出。

《遣小儿敲锣击鼓，惊冤鬼掷瓦抛砖》：贼掳小儿，头扎红巾，驱上城头，敲锣击鼓，以助声势。金陵每夜冤鬼掷瓦抛砖，贼甚惊骇。

《好兄弟典司户口册，大头目押载银米船》：贼掳一铺伙，令司户口册，呼为好兄弟。贼将镇江所掠银米货物，装船运江宁。

《李陵卫和尚遭殃，镇江城都天显圣》：贼见和尚必杀。贼每见青面红须人显圣，土人指为都天王。

《林太史募勇屯要隘，邓提军分兵扼下游》：林太史，文忠公子；邓提军，江苏提督，住兵北固山。

《排土偶执长柄灯笼，扎木城嵌空心酒瓮》：镇江贼抬各庙神像上城，将长柄灯笼插其手内。又造城排，嵌酒瓮，瓮口向外，令人惊为贼炮。

《用补剂医死萧朝贵，遗孽种托孤杨秀清》：贼目萧朝贵在镇江犯瘟，延医生王百川诊治。王故用参桂，萧服而死，贼杀百川。洪秀泉临死，以四岁儿托杨秀清，杨奉为赎病王。

《向少君夺回游击尸，钮知县监斩总兵首》：有一游击阵亡，向少君带兵深入重围，夺尸而出。向帅率官兵祭奠。舒城县钮令监斩某总兵。

《督官兵奋身死战，纠义勇捉贼活埋》：贼蜂拥至，向少君奋身力战，夺七瓮桥贼营数座，斩获千余。贼掠丹徒等镇，乡民率众与斗，擒贼廿余人，当即活埋。乡民受伤六人。

《昧天良织造当兵，伸国威游戎伏法》：江宁织造，被贼捉住当差，乘机逸出。泰州、常州两游击皆以逃官，于向帅军前处斩。

《张都司手刃长发贼，和总镇统带红毛兵》：都司张加祥混入城内，点放贼炮，被贼惊觉，手刃长发四人而出。江宁城和总兵奉向帅委，统广艇、夷艇剿贼。

《维扬贼假作人头，句容令幸全虎口》：扬州贼用子桶假作人头，露雉堞外，扮贼守城。句容离江宁甚近，贼片刻可到，幸而无恙。

《丹徒女开亲受辱，红桥贼入赘被擒》：贼目以选剩之女，分配贼兵，名曰开亲。贼目卞玉贤至扬州红桥赘亲，被缚斩于署督水营。

《穿紫袍跣足骑骡，戴蓝顶薙头坐轿》：贼穿紫袍，赤脚骑骡，忽在镇江城内仓皇奔走。贼戴顶剃头，至东坝探路，被兵勇盘获。

《张郡侯逃回护道，罗同知捉住当差》：常府张自镇江失后，出署潜逃，闻向兵到江宁，拨兵来常，于丹阳接兵差，同回府城，遂护道印。

江宁有罗姓同知，在贼营当差。

《黑龙江兵偃旗不战，仪风门贼返炮内轰》：贼窜浦口一带，黑龙江兵不防堵截杀，任伊经过，致扰滁、凤。仪风门内喧传兵入城，疑有内应，返炮内轰，伤贼及百姓千余。

《会匪填壕屯北固，艇船下碇等东风》：贼填镇江城壕，与北固山相连，屯兵固守。艇船非有东风，不能击贼。

《埋竹签奸谋可恶，插桃叶妖术不灵》：贼于城内埋竹签，以防官兵突入。贼令妇人饮符水，即持刃杀人，惟插桃叶者不敢杀。

《争先手署督劾逃官，学梳头贼婆求难妇》：江苏文武逃官，署督据实揭参。贼婆见势日蹙，学城中妇女梳头，且云城破求其携带。

《胁难民象山脚筑垒，扼要路龙潭口驻师》：镇江城外有象山。龙潭在句容，向少君驻此，防贼东窜。

《广艇乘风放火箭，大营连日造云梯》：四月内，乘顺风攻击，焚毁贼船无算，每次百余只数十只不等。向帅令造云梯，备攻城之用。

《但见脑大为贼笑，敢留发扮作女装》：镇江人为贼所掳，渐与熟悉，问贼有何道法，贼笑曰："并无道法，官兵遇我即逃，但见其脑。"贼屡扮女装作奸细，辄被查拿。

《怕火攻垛口藏身，被风吹旗角裹项》：贼惧官兵炮攻，藏身垛内。江宁贼执旗指挥，被风吹旗角裹项就拴。

《攻秣陵一身独任，驻邗江三帅不和》：逆首在江宁，向帅独任其事。

《新制台从容驻苏省，伪丞相吹打出扬州》：怡制台到苏州，驻胥门外公馆，廿余日无动静。伪丞相胡、伪副相林，鼓吹坐轿，率贼数千，放炮出城，冲琦营而过，琦帅犹在梦中，并不派兵截杀，至仪、六告警，始劾浦口防堵领兵官以诿过。贼遂窜扰滁、凤一带矣。

《苏抚焚香祝仙蝶，土人哄贼吃刀鱼》：有蝶集抚帅营帐上，疑为太常仙蝶，焚香祝曰："去则吉，不去则不吉。"祝毕而去。有镇江人为贼所掳，欲逃去，佯谓贼目曰："焦山僧烹刀鱼极佳。"贼令其招致，不应，强而后行，遂逸去。

《张太守欲释放奸细，马提军谓宽免胁从》：常州获贼十人，张守恐为贼怒，欲释放，绅士不可，乃解赴苏。马提军请宥两湖胁从，开其自新之路。

《湖南苗偷割小麦，江北贼窜扰全椒》：镇江城内有湖南苗匪数十，出城偷割民麦，兵至遁入城中。扬州窜出之贼，由滁扰全椒。

《盼擒渠速除妖孽，愿奏凯共乐升平》。

咸丰三年七月十六日上。旨留。

## 玩寇新书[①]

《庄谐选录》卷十一：《玩寇新书》，系贵州幕友某君所撰。甫将回目编定，将撰书，或阻之曰："是书若成，恨汝者必多，将挤死矣！"遂辍不作。予从友人处录得序及回目。今录如左。

《玩寇新书》序：吾黔地瘠民贫，数年来烽烟四起，城邑为墟。秉政者庸懦无能，毫无措置。而贪婪忌刻之徒，犹且自作威福，视民瘼于罔闻。致使上干天怒，下招人怨，祸有不可胜言者。仆一介书生，手无尺寸，睹满地之疮痍，心窃悯焉。兹集近事，名曰《玩寇新书》，其间忠佞贤奸，不一而足。然好善恶恶，人之常情，或褒或贬，概从实录。虽稗官野史，其有关于世道人心者匪浅。但愿天心厌乱，及早太平，则天下幸甚，谨序。

第一回　蜀道人惑众造妖言，杨皂隶揭竿举大事。

第二回　桐梓城小霸王劫狱，仁怀县容贤令归天。

第三回　朱太守仓皇招练，常副戎勉强出师。

第四回　蒋抚台闻报大惊慌，承观察献谀筹计策。

第五回　陶保捐躯同时殉难，徐韩奋勇两路进兵。

---

① 此处题目为整理者所加。

第六回　真藩司螺狮堰丧师，伪将军雷台山挂印。

第七回　退乌江藏身孔固，屯扎佐裹足不前。

第八回　乘夜开城大将惊心频往返，登高观战妖魔鼓掌大挪移。

第九回　赵军门高卧寸步不行，罗督师贪杯一筹莫展。

第十回　调度无方蒋霨远自居庸懦，逢迎有术鲁经芳妄逞才能。

第十一回　崇野渔七口遭殃，朱秋田全家被祸。

第十二回　走新城黄学使徒步，复普安崇少君乞师。

第十三回　结斋匪杨逆走新场，调夷人曹瞒镇天定。

第十四回　福观察黔西解围，韩太守坡贡杀贼。

第十五回　杨将军刎死葛庄司，苗大王闹进黄平府。

第十六回　刊告示主意招安，免征粮妄思要结。

第十七回　张道台吁嗟散练，万军门愤恨班师。

第十八回　粉饰太平堪笑中丞空奏凯，钻营保举可怜群小尽升官。

第十九回　贼破岩门陈彭被毁，军临贵定吴鲁专权。

第二十回　设粮台克扣无遗，开捐局锱铢必计。

第二十一回　抹牌终日何榜眼赏戴花翎，醉酒连朝沈首县荣膺知府。

第二十二回　黄乡绅勒索捐输，高提举糊涂团练。

第二十三回　徐举人抗粮滋事，葛太守为国亡身。

第二十四回　松桃城程镛被难，荔波县蒋令捐生。

第二十五回　困危城马世璜缢死八寨，绝饷道严锡珍饿毙丹江。

第二十六回　黄凤赴义死炉山，承龄偷生走平越。

第二十七回　张巡道兵败旧县，马都司战死新城。

第二十八回　清水江老幼遭枉死，武侯祠练勇肆行凶。

第二十九回　陆滋秀以典史之官而尽节，贾致恂藉中堂之势而冒功。

第三十回　吴夫人出头控告，承老板摇尾乞怜。

第三十一回　吊雪斋承观察灵前假痛哭，赂寡妇蒋中丞背后装糊涂。

第三十二回　毕缪二竖子左斡右旋，储舒两奸人东奔西走。

第三十三回　余申之利口弄是非，周友松厚颜甘谄媚。

第三十四回　招赌友承志玷官箴，捕跟丁炳纲乱家法。

第三十五回　饱私囊收买钞票，侵公项建造军装。

第三十六回　沈通判追贼遽丧身，刘太守受伤怀退志。

第三十七回　王盐道坐守镇宁城，恒制军移驻贵州省。

第三十八回　大小户重挂捐输，内外城严加巡察。

第三十九回　王安国智获大主公，恒宜亭怒骂小杂种。

第四十回　统率三军扬威耀武，连亡八县丧气垂头。

第四十一回　刘宝善阵亡忠臣有后，于钟敏夭逝孝子无功。

第四十二回　宣庙哭圣人邓文炽从容就义，偏桥作孤鬼刘玉麟慷慨亡身。

第四十三回　孝军门威震定番山，陈翼长兵败杨老驿。

第四十四回　马鞍山张天师被刺，龙头营巴图鲁陈兵。

第四十五回　困麻沙孝顺寡胜众，援滨水韩超逸待劳。

第四十六回　驻贵定糜饷劳师，陷都匀惊心破胆。

第四十七回　石鹿二守共捐生，陶周两家同死绝。

第四十八回　王敬烈革职提省，陈得功带罪回营。

第四十九回　杨承照死犹有恨，高得善生亦何为。

第五十回　石阡城撞死长人，古州镇逃回幼子。

第五十一回　炳藩政贪婪藉端克饷，恒制军畏缩托故退师。

第五十二回　委善安暮夜进苞苴，复三脚凭定揽楼阁。

第五十三回　丁但二翰林风流买妾，陈王两烈妇生死从夫。

第五十四回　大公馆拜佛招灵，粮道署挟优饮酒。

第五十五回　余幕友行街访妓女，葛委员挨店逐难民。

第五十六回　杨兵道被掳太平场，孝提台克复都匀府。

### 青楼梦

丘炜萲《菽园赘谈》卷七:《青楼梦》出近时苏州一俞姓手笔,即此小说中所叙之金挹香其人。而邹拜林即其好友邹翰飞,尝著《三借庐赘谈》者也。此书专为自己写照,事实半从附会,只图说得热闹,并非敢与《红楼梦》作上下云龙,互相追逐。或见其命名如此,处处执《红楼梦》相绳,则疵累多矣。

### 老残游记

鹤巢《〈老残游记〉柳氏藏书新证》:最近北方京津各地,发现山东聊城杨氏藏书,社会人士颇为注目。去年十二月二十八日《新闻报》曾有关于此事之详细记载。余向读《老残游记》,其回目有《纳楹闲访百城书》者,记山东东昌府柳氏藏书事:老残自叙亲往东昌访寻此书,而柳氏靳不与见。老残深为扫兴,题诗旅壁云:“沧苇遵王士礼居,艺云精舍四家书。一齐捜入东昌府,深锁琅环饱蠹鱼。”当时随便读过,未尝注意也。今阅《新闻报》,始知《老残游记》所记柳氏藏书,实指杨氏之书而言。盖聊城为前东昌府之府昌,柳氏即杨氏之假名。柳与杨,同类物也,故以影射法出之,小说惯例,大都如此。至杨氏藏书之来源,老残诗中指点极明。《新闻报》亦言季沧苇、钱遵王、黄荛圃诸家遗书皆归杨氏。两两对照,无不吻合。《老残游记》,人第知其为小说,第叹赏其叙事之工,不知其所述各事,均有来历,与向壁虚构者迥然不同。如本文所论之杨氏藏书,即为一例也。民国十七年九月《小说世界》十七卷三期;同卷同期范烟桥《文艺谭屑》有一条,引《平等阁笔记》。

## 卷八

### 通　考

《茶香室丛钞》卷十七:《平妖传》、《禅真逸史》、《金瓶梅》,皆平话也;《倭袍》、《珍珠塔》、《三笑姻缘》,皆弹词也。乃《曲海》所载,则皆有曲本。学问无穷,即此可见矣。

《春在堂诗编》卷十三自注:杨蓉裳以《天雨花》弹词、《红楼梦》平话并称,谓之南花北梦。

刘銮《五石瓠》"《水浒》小说之为祸"条云:张献忠之狡也,日使人说《三国》、《水浒》诸书,凡埋伏攻袭,咸效之。其老本营管队杨兴吾尝语孔尚大如此。

《陔余丛考》卷四十有"门将"一条。

流俗相传以《三国》、《西游》、《水浒》、《金瓶梅》为四大奇书,不知作俑何时也。

国朝礼亲王昭梿《啸亭杂录》卷十:委巷琐谈,虽不足与辨,然使村夫野妇闻之,足以颠倒黑白。如关公释曹操、潘美陷杨业,此显然者。近有《承运传》,载朱棣篡逆事,乃以铁、景二公为奸佞;又有《正统传》,以于忠肃为元恶大憝。又本朝佛抚院盲词,以李文襄公之芳为奸臣,包庇其弟。此皆以忠为奸,使人竖发,不知作俑者始自何人。任使流传,后世不加禁止,亦有司之过。按:此等书今日不传,佛抚院盲词更不知何书也。

明万历间,播州宣慰使杨应龙叛,郭子章巡抚贵州,与李化龙同讨平之。化龙时巡抚四川,进总督四川、湖广、贵州军务。事平,化龙有《平播全书》之作。其后一二武弁造作平话,以播事全归化龙一人之功。子章不平,作《平播始末》二卷,以辨其诬。据此,知明人于时事亦有平话也。

《茶余客话》卷一:康熙辛卯、壬辰间,京堂小九卿谋出学差,浼台中疏参翰林部郎不可出学差。一时造为小说,有"小京卿密谋翻大局"、"死御史卖本作生涯"、"老郎中掣空签望梅止渴"、"穷翰林开白口画饼充饥"四段,见郑寒村梁诗注。亦见《郎潜三笔》卷二。

金武祥《江阴艺文志·凡例》:小说平话,如夏二铭先生之《野叟曝言》、屠笏岩先生之《蟫史》,一遵《四库总目》体例,概不列入。

汪曰桢《南浔镇志》卷三十《著述》二:浔人所撰,弹词则有陈忱《续廿一史弹词》;演义则有董说《西游补》、陈忱《后水浒》。此类旧志不免阑入,今悉不载。

明王圻《续文献通考》中《经籍考》,《琵琶记》、《水浒传》俱著录。《书影》卷一:予又见《续文献通考》,以《琵琶记》、《水浒传》列之《经籍志》中,虽稗官小说,古人不废,然罗列不伦,何以垂远?

英和《恩福堂笔记》卷下:刘文清公熟于史汉,博通前人诗古文词,尤精内典,旁及说部。一日侍坐,谓余曰:"曾阅坊间小本平话否?"以无暇及此对。公笑曰:"是尚未能传衣钵。"盖公天资超迈,每于俚言琐事中悟出正道。

欧阳泉《萑堂笔记》:自《封神演义》出,而民间祠祀诸神,遂妄加以姓名矣。自《东周列国志》出,而《左传》、《国语》、《国策》、《史记》所载事迹,遂杂以如许俗事俗话矣。自《三国演义》出,则诸葛武侯之学术经济没而不见,徒见为机巧伶俐,一术士而已。以其事多斗智,市井俗目乐观者。众几不知有正史《三国志》,乃士人亦或取其无稽之谈,引入诗文,不免见笑通人耳。

《癸巳存稿》卷九:其小说之禁,顺治九年,题准:琐语淫词通行严禁;康熙四十八年六月,议准:淫词小说及各种秘药,地方官严禁;五十三年四月,九卿议定坊肆小说淫词严查禁绝,板与书尽销毁,违者治罪,印者流,卖者徒;乾隆元年,覆准:淫词秽说,叠架盈箱,列肆租赁,限文到三日销毁。官故纵者照禁止邪教不能察缉例,降二级调用;嘉庆七年,禁坊肆不经小说,此后不准再行编造。十五年六月,御史伯依保奏禁《灯草和尚》、《如意君传》、《浓情快史》、《株林野史》、《肉蒲团》等。谕旨:不得令吏胥等藉端坊市纷纷搜查,致有滋扰;十八年十月,又禁止淫词小说。

《东华录》:康熙二十六年二月甲子,九卿议覆给事中刘楷奏请禁淫词小说。上曰:"淫词小说,人所乐观,实能败坏风俗,蛊惑人心。朕见乐观小说者多不成材,是不惟无益,而且有害,应严行禁止。"

《啸亭续录》卷一：乾隆初，纯皇帝以海内升平，命张文敏制诸院本进呈，以备乐部演习。其演唐玄奘西域取经事，谓之《升平宝筏》，于上元前后日奏之。曲文皆文敏亲制，词藻奇丽，引用内典经卷，大为超妙。其后又命庄恪亲王谱蜀汉《三国志》典故，谓之《鼎峙春秋》；又谱宋政和间梁山诸盗及宋金交兵、徽宗北狩诸事，谓之《忠义璇图》。其词皆出日华游客之手，惟能敷衍成章，又抄袭元明水浒、义侠、西川图诸院本，曲文远不逮文敏多矣。

《啸亭续录》卷二：自金圣叹好批小说，以为其文法毕具，逼肖龙门。故世之续编者汗牛充栋，牛鬼蛇神，至士大夫家几上无不陈《水浒传》、《金瓶梅》，以为把玩。余以小说初无一佳者，其它庸劣者无足论，即以前二书论之。《水浒传》官阶、地理虽皆本之宋代，然桃花山既为鲁达由代郡之汴京路，何以三山聚义时，反在青州？北京之汴不过数程，杨志奚急行数十日，尚未至？又纡至山东郓城，何也？此皆地理未明之故。一百八人原难铺排，然亦必各见圭角，始为著书体裁，如太史公《汉兴诸王侯》是也。今于鲁达、林冲辈详为铺叙，至卢俊义、关胜辈，乃天罡著名者，反皆草率成章，初无一见其长处。又于马麟、蒋敬等四五人，层见叠出，初不能辨其眉目。太史公之笔，固如是乎？至三打祝家庄后，文字益加卑鄙，直与《续传》无异。此善读书人必能辨别者。《金瓶梅》其淫亵不待言，至叙宋代事，除《水浒》所有外，俱不能得其要领。以宋明二代官名羼乱其间，最属可笑，是人尚未见商辂《宋元通鉴》，无论宋金正史。弇州山人何至谫陋若此？必为赝作无疑。世人于古今经史略不过目，而津津于淫邪庸鄙之书，称赞不已，甚无谓也。

《啸亭杂录》卷十：稗史小说，虽皆委巷妄谈，然时亦有所据者。如《水浒》之王伦、《平妖传》之多目神，已见诸欧阳公奏疏及唐介记，王渔洋皆详载《居易录》矣。近有《盛世鸿图》杂剧，演习曹彬南征故事，谓南唐有妖道某，能使药迷宋将，自相残杀。语虽怪诞不经，按《北史》：冀州沙门法庆，以妖词惑众，与李归伪作乱，自号大乘王。又合狂药，令人服之，父子兄弟不复相识，以杀害为事。后为刺史元遥所破。是亦有所托也。

李文泰《海山诗屋诗话》卷四：余阅《绣鞋记》小说，有感于叶主曹事。询之东莞人士，多为称冤。又《警富新书》七尸八命案，皆归罪凌上舍贵卿，迄今众口一词，似乎无可解矣。而苏古侪先生珥《赠凌子汉亭诗》云："九疑风雨暗崎岖，八节波涛险有余。世路合裁招隐赋，俗情催广绝交书。传闻入市人成虎，亲见张弧鬼满车。旧约耦耕堂愿筑，平田龟坼又何如。"凌曾孙药洲广文《答黄香石先生书》，累累千余言，亦极辨此事。香石从兄瑞谷丈云："古侪为今之鸿儒，目击凌事，以此诗与药洲书观之，实似诬陷也。"①

江瀚《吴门销夏记》卷下：顺治七年正月，颁行清字《三国演义》。魏默深谓国朝满洲武将多不识汉文，类多得力于此。且罗贯中大半引申于陈寿，非尽凿空。故朝廷开局译为官书，以资教胄。《圣武记》。其说是也。俞理初以为为关公，《癸巳存稿》。殆错会矣。

谢肇淛《五杂俎》卷十五：小说野俚诸书，稗官所不载者，虽极幻妄无当，然亦有至理存焉。如《水浒传》无论已，《西游记》曼衍虚诞，而其纵横变化，以猿为心之神，以猪为意之驰；其始之放纵，上天下地，莫能禁约，而归于紧箍一咒，能使心猿驯伏，至死靡他。岂亦求放心之喻，非浪作也。华光小说则皆五行生克之理，火之炽也，亦上天下地，莫之扑灭。而真武以水制之，始归正道。其它诸传记之寓言者，亦皆有可采。惟《三国演义》与《钱唐记》、《宣和遗事》、杨六郎等书，俚而无味矣。何者？事太实则近腐，可以悦里巷小儿，而不足为士君子道也。

徐时栋《烟屿楼笔记》卷四：史事演义，惟罗贯中之《三国志》最佳。其人博极典籍，非特藉陈志、裴注敷衍成书而已，往往正史及注

① 此条内容又见卷七。

并无此语，而杂史小说乃遇见之，知其书中无来历者希矣。至其序次前后变化生色，亦复高出稗官，盛传至今，非幸也。乃至周秦列国、东西汉、六朝五代、季唐赵宋，无不有演义，则无不可覆瓿者。大约列国两汉不过抄袭史事，代为讲说，而其人不通文法，平铺直叙，惊人之事反弃去之。隋唐汉周宋初诸书，则其人并不曾一见正史，直是信口随意，捏造妄说，有全无情理，一语不可究诘者。俗语丹青以为故事，扮演上场，愚民舞蹈，甚至乱民假为口实，以煽庸流。此亦风俗人心之患也，有心世教者当禁遏之。

俞樾《春在堂诗编》卷二十一《读元人杂剧》云："宋史唐书总不收，何来故事尽风流。御园妃子寻金弹，相府娇儿抛绣球。"自注："元人陈琳《抱妆盒》杂剧言，宋真宗于三月十五日在御园向东南方打金弹，使宫妃往寻之，得者即有子。此不知出何书？又《梧桐叶》杂剧言，唐宰相牛僧孺女金哥抛绣球，打中武状元。"然则弹词小说所言彩楼招亲，亦有本也。

王士禛《池北偶谈》卷二十四："挑战"二字，见《左传·宣十二年》："赵旃请挑战，弗许。"唐人诗屡用之。《类要》云："两阵既立，各以将出斗，谓之挑战。"《剧谈录》："白敏中兴师讨吐蕃，有酋帅衣绯茸裘，乘白马，出阵，频召汉军斗将。有潞州小将善射，驰马弯弧而出，射中其项，抽短剑踣于鞍上，脱绯衣金带，夺马而还。"又李临淮将白孝德斩贼将刘龙仙，事亦相类。又《五代史·周德威传》："有陈章者，号陈夜叉，乘白马，被朱甲以自异。求阳五欲生致之。德威出挑战，禽之。"唐宋已来，实有斗将之事，非尽稗官之妄说也。

《带经堂诗话》卷十七附录《古夫于亭杂录》，当采入。

林纾《铁笛亭琐记》：余儿时从诸兄观剧，见李元霸运双椎，神勇无匹；而李存孝用铁挝，忠义之概凛然。童子无识，以为元霸果勇，而存孝且勇而忠。居恒怏怏，惜其惨死。迨长，能读《唐书》，至《高祖诸子传》，高祖凡二十二子，窦皇后生建成、太宗、元吉、元霸。元霸字大德，幼辨慧，隋大业十年薨，年十六。初无武功，心为爽然。又读《五代史》，存孝为代州飞狐人，本姓安，名敬思，克用养子，赐姓名。猿臂善射，舞铁挝，捷疾如飞。剧中演其勇，概信矣。后乃附梁，克用围之，食尽，泥首请罪，车裂以殉。然则所云忠义者，诬矣。故家庭教育当举人人所知之事，语以真际，一染小说及梨园之谬说，适足以病童子之脑筋，是不可不知。

又：说部中不可解者，如称人之美，必曰潘安，将仁字斥去；称潘美，必曰潘仁美，却增一仁字。余前已论过矣。至于岳云，《宋史列传》为飞养子，从张宪战，多得其力，军中呼曰赢官人。每战必手握两铁稚，重八十斤。而说部偏以为忠武所生子。关兴者，壮缪子也，而演义复以为养子。何所见而然，殊不可解。

又：《宋史》载刘豫降金，杀其骁将关胜，胜不从逆故也。按《水浒》有关胜，《癸巳杂志》龚圣与作关胜赞云："大刀关胜，岂云长孙？云长义勇，汝其后昆。"以其时考之，宋江作乱，正在宋末；然则刘豫所杀之关胜，即《水浒》之关胜耶？世之图关胜者，赤面大刀，其状似壮缪。于是凡关姓者，匪不赤面，匪不大刀，而《施公案》之关太出矣。太号小西，盖自命为山西人，似即壮缪之后。小说家无识，盗袭可笑。

《畏庐琐记》"《三国演义》为王实甫撰"条；又"考《周书·克殷篇》"条。

《尧山堂外纪》：杭州瞽女唱古今小说评话，谓之陶真。《七修类稿》作"淘真"，云："淘真本起处，每曰太祖太宗真宗帝，四祖仁宗有道君。"盖始宋时也。姜南《洗砚杂录》："瞿存斋诗：'陌头盲女无穷恨，能拨琵琶唱赵家。'今瞽者弹琵琶，演说小说，以觅衣食，盖自昔如是。"

国朝黄士珣《北隅掌录》引《西湖志余》云："杭州男女瞽者多学琵琶，唱古今小说平话，以觅衣食，谓之陶真。"

《古杭梦游录》：说话有四家，一银字儿，谓烟粉灵怪之事；一铁骑儿，谓士马金鼓之事；一说经，谓演说佛书；一说史，谓说前代兴废。《武林旧事》：百戏社名小说为雄辨社。按，今俗谓之说书。说书字见

《墨子·耕柱篇》:“能谈辨者谈辨,能说书者说书。”然所言与今事别。

坊刻《夷坚志》丁集“班固入梦”条云:吕德卿偕其友出嘉会门外茶肆中坐,见幅纸用绯帖尾,云今晚讲说《汉书》。

《听雨轩余记》有“评话”一条,可采入。

俞樾《春在堂诗编》卷十七《晓枕口占》之一云:“老年精力愈衰微,暮史朝经事尽非。平话偶看花独占,弹词更听凤双飞。”自注:“偶看《今古奇观》评话,内有‘独占花魁’一回。《凤双飞》则新出弹词也,颇可观。”

《梦华琐簿》:曲家“务头”二字,余向不解所谓。舞勺时,读《桃花扇》散歌一出,李香君唱《牡丹亭·惊梦》皂罗袍“原来姹紫嫣红开遍”一曲,至“雨丝风片”,苏昆生曰:“误矣,丝字是务头。”于是窃讶之。按:此曲工尺丝字谱止尺上二字,非板并非眼,不识昆生所谓误者安在?凡遇曲师即举此质之,莫能言其所以然。后阅《水浒传》朱仝入歌院听笑乐院本,至务头停声乞缠头。是务头又似关,自不关曲中节拍矣。《金瓶梅》亦屡言笑乐院本。是自元及明皆有笑乐院本,似通俗常演者,究不知是何院本,又不知务头毕竟如何,虽老师无知之者。余舌强喉直,自愧不能学歌,于此事尤深抱陶隐居一事不知之耻。

陈康祺《燕下乡脞录》卷三:满洲完颜给谏阿什坦通经学,笃于践履。顺治初,翻译《大学》、《中庸》、《孝经》诸书刊行之,以教旗人。皆出其手。时稗官小说盛行,满人多翻译。给谏上言,学者宜以圣贤为期,经史为导,此外无益杂书,当屏绝。报可。

小说绘画图,范烟桥《文艺谭屑》有一条。《小说世界》十七卷三期。

《清室外纪》:刚毅者,赋性粗卤,不学无术,极信妖法。盖自幼习闻神怪之语,皆信以为真,故深信拳匪不疑。其所最爱者,即小说中之《封神榜》,常令人诵读而听之。当一千八百九十四年,刚毅由广督任内回京,荐其巡捕,请授以显职。帝问此人才具如何,刚毅对曰:“此人为奴才之黄天霸。”帝不觉失笑,知刚毅之知识不出戏剧小说中也。

## 说部不必妄续

丘炜萲《菽园赘谈》卷二：词客稗官家，每见前人有书盛行于世，即袭其名而著为后书副之，取其易行，竟成习套。有后以续前者，有后以证前者，甚至后与前绝不相类者，亦有狗尾续貂者。四大奇书，如《三国演义》名《三国志》，窃取陈寿史书之名；《东西晋演义》亦名《续三国志》，与前绝不相侔。如《西游记》，乃有《后西游记》、《续西游记》。《后西游》虽不能媲美于前，然嬉笑怒骂，皆成文章；若《续西游》，则诚狗尾矣；更有《东游记》、《南游记》、《北游记》，真堪喷饭耳。如《前水浒》一书、《后水浒》二书，一为李俊立国海岛，花荣、徐宁之子共佐成业，应高宗"却上金鳌背上行"之谶，犹不失忠君爱国之旨；一为宋江转世杨么、卢俊义转世五魔，一片邪淫之谈，文词乖谬，尚狗尾之不若也。《金瓶梅》亦有续书，每回首载《太上感应篇》，道学不成道学，稗官不成稗官，且多背谬妄语，颠倒失伦，大伤风化。况有前书压卷，而妄思续之，亦不自揣之甚矣。外而《禅真逸史》一书、《禅真后史》二书，一为三教觉世，一为薛举托生瞿家，皆大部文字，各有各趣，但终不脱稗官口吻耳。再有《前七国》、《后七国》，凡此不胜枚举，姑以人所习见习闻者笔而志之，总之作书命意，创始者倍极精神，后此纵佳，自有崖岸，不独不能加于其上，即求媲美并观，亦不可得，况续以狗尾？

## 金圣叹批小说

丘炜萲《菽园赘谈》卷七：人见圣叹尝题《水浒传》为第五才子书，《西厢记》为第六才子书；可巧又遇见圣叹之取茂苑毛氏所批《三国志演义》一种，题曰第一才子书，遂恍惚误以《三国志演义》亦谓为圣叹所批矣。不但将原书各卷毛氏题名看不明白，连简端之圣叹序文，所以倾倒于毛子者，亦未及一为寓目矣，岂不可笑？抑知圣叹所自称其品定之才子书六者，一《庄子》也，二《屈骚》也，三马《史记》也，四杜律诗也，而五之以施《水浒》、六之以王《西厢》。与《三国志演义》初并不相关涉，后见毛氏批了一部现成好笔墨，讶为突出己上，爱之羡之，至不忍释。遂暂舍共平日首选《庄子》之正论，而急急以第一才子书之嘉名，迳相转赠。此见于圣叹撰《三国志演义》序中者，明明可考，殆一时兴到语也，岂真骚史杜诗，反不若小小说部演义，而甘为之下哉？后来坊间因仍《三国演义》为第一才子书，而凑出《好逑传》、《平山冷燕》、《白圭志》、《花笺记》各下乘陋劣小说，硬加分贴为第二才子书、第三才子书，以下除却五才《水浒》、六才《西厢》，还依圣叹旧号外，一直排下，到至第十才子，无理取闹。设圣叹见之，当日悔不该为作俑之始，使毛施关王四位真才子共起，何曾比余于是之叹也。

又：《东周列国演义》，荟萃《左传》、《国策》、《史记》原文而成，故词华古茂，足供俭腹之掇拾。《三国演义》多本陈寿志书、裴松之补注、习凿齿春秋而成，故书法微显，颇与世道为关系。《三国志演义》尤好纵谈兵略，不厌权谋，笔致雪亮，引针伏线，起落分明，以视《东周列国演义》，文尚繁缛奇倔，宜于学子，不宜于武夫、商人之披寻者，迥不侔矣。按国朝康熙朝，尝有诏饬印《三国志演义》一千部，颁赐满洲、蒙古诸路统兵将帅，以当兵书。又闻日本国前未明治维新变法之时，亦尝以为兵书。究之此两大部小说，均不知撰人名氏，是一憾事，只知有评者之人而已。《列国》是白下蔡元放手批，《三国》是茂苑毛序始手批。同一批评小说，金圣叹之名则里巷皆知，蔡、毛两君反无知者，徒于纸角一露姓名而已，何有幸有不幸耶？

沈濂《怀小编》卷十二：稗官演义流传既久，不知者误以为史传所有，辄取而笔之于书，甚可笑人也。《三国志·吕布传》：布有良马曰赤兔。梁谢微诗“赤兔从联翩”，吴均诗“联翩骖赤兔”，皆用其事。但与关壮缪无涉，元人鲁贞《武安庙记》迎神词曰：“兰佩下兮桂旗扬，骑赤兔兮从周仓。”赤兔、周仓皆出于陈实甫演义，不可为典要。吾乡钱侍郎载《萚石斋集》献大土地五古云：“赤兔马壮缪”，盖因元人既误用，因亦用之，要是戏笔。国朝钱偲《周易纬史》需六五，称刘备桃园投结，则亦取于演义。明谢肇淛《文海披沙》"曹娥碑"一条，据《三国演义》为说，盖同一笑柄也。明钱希言撰《戏瑕》云："余见一书，称裹足始于帝辛妲己。妲己狐妖，故缠其足。不知所云一书果何书。《代醉编》、《古今事物考》谓商妲己，狐精也，或曰雉精，犹未变足，以帛裹之，宫中效焉。明章潢《图书编·军器类》中列鞭锏二图，称鞭为尉迟敬德所用，锏为秦叔宝所用。本朝邹祗谟《远志斋词衷》云："胡元瑞《笔丛》辨词名之本诗者，尉迟大杯，正史无考，乃误认元人杂剧。"咸宁胡侍《珍珠船》云："太公初娶马氏，读书不事产，马求去。太公封齐，马求再合。太公取水一杯倾于地，令妇收取，惟得其泥。太公云，若能离更合，覆水定不收。"盖亦出传奇。明苏佑《逌旃琐语》以插箭晒甲石指为杨六郎之真迹。刘世伟《厌次琐谈》载宋江诱柴进为盗事。皆系委巷流传，传奇家之言。

《麗澞荟录》卷九：小说盲词，往往有择婿抛球者。按高青丘《宋进士丝鞭歌》："天街直拂花枝过，择婿楼高彩球堕。"谅古有此事矣。

陈瑚《离忧集》卷上：陆钺，字仲威，号巽庵，常熟人，工于传奇，著《曲谭》四卷，填词家多宗其说。间取弋、昆二调中《三国》、《水浒》数十部撰次为补缀之，都为一大部，谓之连锦汉中，剪绡水浒。览者皆叹赏，以为远匹马东篱，近亦汤义仍之流也。

## 评解稗官

钱希言《戏瑕》卷三：比来盛行温陵李贽书，则有梁溪人叶阳开名书者，刻画摹仿，次第勒成，托于温陵之名以行。往袁小选中郎尝为余称李氏《藏书》、《焚书》、《初潭集》、批点《北西厢》四部，即中郎所见者，亦止此而已。数年前，温陵事败，当路命毁其籍，吴中锓藏书板并废。近年始复大行，于是有李宏父批点《水浒传》、《三国志》、《西游记》、《红拂》、《明珠》、《玉合》数种传奇，及《皇明英烈传》，并出叶笔，何关于李？

邓之诚《骨董琐记》卷六：康熙五十三年四月，谕礼部：朕惟治天下，以人心风俗为本。欲正人心、正风俗，必崇尚经学，而严绝非圣之书。此不易之理也。近见坊间多卖小说淫辞，荒唐鄙俚，殊非正理。不但诱惑愚民，即搢绅士子，未免游目而蛊心焉。所关于风俗者非细，应即通行严禁。其书作何销毁，市卖者作何问罪，着九卿詹事科道会议具奏。寻议定：凡坊肆市卖一应小说淫辞，在内交与八旗都统、都察院、顺天府；在外交与督抚，转行所属文武官弁，严查禁绝，将版与书一并尽行销毁。如仍行造作刻印者，系官，革职；军民，杖一百，流三千里；市卖者，杖一百，徒三年。该管官不行查出者，初次罚俸六个月，二次罚俸一年，三次降一级调用。又道光十四年二月，特谕申禁坊肆淫书小说。据此知明季以来，小说多不传于世，实缘康熙有此厉禁。自乾隆中叶以后，托于海宇承平，禁例稍宽，《红楼》、《绿野》、《儒林》、《镜花》诸著，遂盛行一时。虽道光申禁，而《品花》成书于丁酉，实在禁后二年。《儿女英雄评话》且出于朝士文康之手。唯小说为道咸后重刻者，略删猥亵过甚语而已。或谓是时宫禁中流传甚广，故不能绝。闻孝钦颇好读说部，略能背诵，尤熟于《红楼》，引贾太君自比。孝钦亡后三年，清运果终，且有颐和，遥与大观辉映，则悼红一梦，不啻系二百六十年终始之局，亦一异也。

## 查禁淫词小说

《江苏省例》卷三：巡抚部院丁札开，淫词小说，向干例禁，乃近来书贾射利，往往镂板流传，扬波扇焰。《水浒》、《西厢》等书，几于家置一编，人怀一箧。原其著述之始，大率少年浮薄，以绮腻为风流；乡曲武豪，借放纵为任侠；而愚民尠识，遂以犯上作乱之事，视为寻常。地方官漠不经心，方以为盗案奸情纷歧叠出，殊不知忠孝廉节之事，千百人教之，而未见为功；奸盗作伪之书，一二人导之，而立萌其祸。风俗与人心，相为表里。近来兵戈浩劫，未尝非此等逾闲荡检之说，默酿其殃。若不严行禁毁，流毒伊于胡底？本部院前在藩司任内，曾通饬所属，宣讲圣谕广训，并颁发小学各书，饬令认真劝解，俾城乡士民得以目染耳濡，纳身轨物。惟是尊崇正学，尤须力黜邪言，合亟将应禁书目粘单札，饬札到，该司即于现在书局附设销毁淫词小说局，略筹经费，俾可永远经理。并严饬府县，明定限期，谕令各书铺将已刷陈本及未印板本，一律赴局呈缴。由局汇齐，分别给价，即由该局亲督销毁。仍严禁书差，毋得向各书肆藉端滋扰。此系为风俗人心起见，切勿视为迂阔之言，并由司道饬外府县一律严禁。本部院将以办理此事之认真与否，辨守令之优绌焉。

计开应禁书目：

龙图公案　品花宝鉴　昭阳趣史　玉妃媚史　呼春稗史　春灯迷史

浓情快史　隋炀艳史　巫山艳史　绣榻野史　禅真后史　禅真逸史

幻情逸史　株林野史　浪史　梦纳姻缘　巫梦缘　金石缘

灯月缘　一夕缘　五美缘　万恶缘　云雨缘　梦月缘

雅观缘　詅痴符　桃花艳史　水浒即五才子　西厢即六才子　何必西厢

桃花影　梧桐影　鸳鸯影　隔帘花影　如意君传　三妙传

姣红传　循环报即肉蒲团　贪欢报即欢喜冤家　红楼梦

续红楼梦　后红楼梦　补红楼梦　红楼图梦　红楼复梦　红楼重梦

金瓶梅　唱金瓶梅　续金瓶梅　艳异编　日月环　紫金环

天豹图　天宝图　前七国志非四友传　增补红楼　红楼补梦

牡丹亭　脂粉春秋　风流野志　七美图　八美图即百美图

杏花天　桃花艳　载花船　闹花丛　灯草和尚　痴婆子

醉春风　怡情阵　倭袍　摘锦倭袍　两交欢　一片情

同枕眠　同拜月　皮布袋　弁而钗　蜃楼志

锦上花有解元吴文彦者　温柔珠玉　石点头　奇团圆　清风闸

蒲芦岸　八段锦非讲玄门者　今古奇观抽禁　情史　配世奇书即空空幻

汉宋奇书　碧玉塔　碧玉狮　摄生总要　梼杌闲评　反唐

文武元　凤点头　寻梦托　海底捞针　国色天香　拍案惊奇

十二楼　无稽谰语　双珠凤　摘锦双珠凤　绿牡丹　芙蓉洞即玉蜻蜓

乾坤套　锦乡衣　一夕话　解人颐　笑林广记　岂有此理

更岂有此理　小说各种福建板　宜春香质　子不语　北史演义

女仙外史　夜航船　风流艳史　妖狐媚史

同治七年四月十五日通饬

巡抚部院丁札开，据提调书局吴牧承潞等禀，续查尚有应禁《钟情传》等书，均系淫词小说，开单呈请一律查禁等情，到本部院据此此聊批示外札司通饬，一体严行禁查等因。

计开续查应禁淫书：

隋唐　九美图　空空幻　文武香球　蟫史　十美图

五凤吟　龙凤金钗　二才子　百鸟图　刘成美　绿野仙踪

换空厢　一箭缘　真金扇　鸾凤双箫　探河源　四香缘

锦香亭　花间笑语　盘龙镯　琇球缘　双玉燕　双凤奇缘

双剪发　百花台　玉连环　巫山十二峰　万花楼　金桂楼

钟情传　合欢图　玉鸳鸯　白蛇传

同治七年四月二十一日通饬

《钦定学政全书》卷十四：乾隆十九年，议准《水浒传》一书，应饬各省督抚学政，行令地方官，一体严禁。

又乾隆十八年七月，钦奉谕旨：满洲习俗淳朴，自我朝一统以来，始学汉文。曾将五经及四子、通鉴等书翻译刊行。近有不肖之徒，不翻译正传，反将《水浒》、《西厢记》等小说翻译，使人阅看，诱以为恶。甚至以满洲单字还音钞写蓍词者俱有。满洲习俗之偷，皆由于此。

不可不严行禁止等因，钦此。

教育部为咨行事，查述作之事，条贯千殊，而综其旨归，必存训范。是以六艺而外，兼存十家稗官之说，亦资观采也。吾国小说本自青史虞初，作者继兴，支流渐衍，迄于近日，篇卷大繁，总揽条流，大较近古诸家多承诵训训方之遗，舆诵刍辞之旨，捃摭典实，传道方物。撰集迩言，搜采灵异，谊比识小，志在拾遗。唐宋而后，乃有虚构事迹，叙以俚辞，取便行于里巷者，虽文义浅俗，无裨典训，而大体亦有资劝惩，无伤教理。间有浮杂鄙薄者，多已毁禁。至于欧西艺文，特崇小说之体，高才踵起，巧制纷纶，各骋芳轨，互陈盛藻。或原上古荒幽之迹，或饰人间贞信之传；或以意造端，绘形声于冥漠；或跖实而纪，穷情变于言文。时亦因谈谐而涉笔资嫚，戏以成篇。体势不同，风流殊别，而要其宗趣，或以虚玄之想，擢情灵于云天；或以迩实之谈，动劝戒于视听。言亦近俚，而必不伤雅；事虽有佹，而终存其理。并有陶钧之益，皆弘辅教之功，故足贵也。惟近日坊间流行小说多种，或称新制，或号旧本，并专为诡诞，竞尚轻薄，叙记既甚鄙猥，立旨尤极乖刺，帷薄挑招、奸盗怪乱之事，连篇累纸。其情节之荒唐，言辞之秽媟，几令人不堪卒读。而又多于书中倡为狂恣之论，显诋人道之常，目方正为迂拘，美放僻为识达，且有公言青年子弟可不必营求世业，循守轨法者。是其意在诱全国后生荒弃本务，习为佻达，用心可为奇谬。其名为杂记古今事迹各种，亦至为诬妄。熏莸杂置，朱紫溷淆，贞淫并为一谈，邪正毫无抉择。变乱黑白，荧惑听闻，莫此为甚。此类小说每喜借口于滑稽讽刺针砭社会之名，殊不知滑稽讽刺针砭社会之书，旨趣必甚宏远，取材谊极矜慎，遣辞宜极丽类，庶足使人读之，瞿然惊觉，迁善远过而不自知。如欧西纪实派之小说，即是此类，岂此等庸鄙支离、诲淫诲盗之作，可得相提并论？社会一般士女喜读小说之人每占多数，今此类之书充斥市肆，一经涉目，皆为有害身心。设使时时习近，必至丧失志气，荒废本业，蔑弃经常，败坏行检，其流风所被，渐染之深，或且使社会中奸僻滋兴，贞良销寂，吾国数千年所传淳朴贞固之民俗，将因以坏灭，而不可振救。其流毒之巨，胡可胜道？又况陈诗诵训，觇国所资，当今海陆棣通，列强竞起，观风问俗，多有其人。使吾国此类之书溢于视听，见者必谓民志如此颓靡，邦俗如此浇恶，其何以保文明之誉，而销陵侮之几？是此类之书影响之巨，又不独深中于社会，且将远及于国际。如不事排除，听其滋蔓，实足为人心世道之隐忧。自应查照出版法第十一条第二、三款之规定，严行禁止。兹特先就检查已毕者三十二种开具清单，连同原书咨送贵部，请烦查照，通饬所属，设法严禁，务绝根株，以端秉彝而维治教，实纫公宜。此咨。

附清单：

民国艳史　上海文学书社；

有夫之妇　一名情天决死者　杭州之江日报社；

星中人语　一名新婚约；

自由结婚　一名情天劫　广东小说社；

隔帘花影　一名三世报；

意外奇缘　亦名载阳堂意外缘；

女学生　英商尚古书局；

最近女界现形记　上海新新小说社；

男女串骗奇谈　上海醉经堂书庄；

红楼梦续编　东瀛书馆；

闻见述奇　文明进行社；

清廉访案　一名秘本杀子报；

海上艳妓百花谱　两罍轩；

笑话奇谈　上海鸿文益新书局；

龟中贵　清廷污宫秘史　上海醉经堂书社；

新西湖佳话　一名有情天　改良小说社；

双鸳鸯　沈鹤记书局；

风流观察　游戏社；
情中奇　一名蜃楼志，上海通记书局；
上海评花宝鉴　醉经书庄；
社会小说金钱龟　小说进步社；
素梅姐　改良社；
迷魂阵；
最奇小说缘中缘　英商尚古书局；
艳情小说喜中冤　上海沈鹤记书局；
滑稽小说学堂笑话　一名学界现形记，又名学堂镜；
醒世小说真桃花梦　上海改良小说社；
最新姊妹花　英商尚古书局；
艳情小说女拐子　上海书局；
改良仙人跳新美人计　上海政新书局；
言情小说铁血美人　英商尚古书局；
二十世纪最新小说多宝龟　启民爱国报北京民强报。
民国四年六月咨内务部。

# 三国志回目异同考

## 三国志

自毛宗岗评本《三国志》盛行，而明本几绝迹人间矣。毛氏《凡例》每称依古本改正辨定，而訾李卓吾所评为俗本。考周亮工《书影》，谓当温陵《焚》、《藏》书盛行时，坊间种种借温陵之名以行者，如《四书》第一评、第二评，《水浒传》、《琵琶》、《拜月》诸评，皆出叶文通手。是卓吾《〈水浒传〉评》为文通所依托，《〈三国志〉评》是否文通所为，不可知。其依托温陵，断然无可疑者。毛氏悉从删削，可谓有识，惟逞臆改窜，使后人不复见旧本面目，是其一短。所谓楚则失矣，而齐亦未为得也。如旧本回目参差不对，又于一回之中分上下两截，盖当时演义体制如是。毛氏《凡例》谓今悉体作者之意而联贯之，每回必以二语对偶为题，务取精工，以快阅者之目，独不云据依古本，足为毛氏逞臆改窜之一证。予尝取旧本、毛本回目异同，列为一表，举毛本之整齐，反不如旧本之古拙。录而存之，以为好古者研究之资料焉。

三国志回目异同表

| | 旧本 | 毛本 |
|---|---|---|
| 第一回 | 祭天地桃园结义 | 宴桃园豪杰三结义 |

| | | |
|---|---|---|
| | 刘玄德斩寇立功 | 斩黄巾英雄首立功 |
| 第二回 | 安喜张飞鞭督邮 | 张翼德怒鞭督邮 |
| | 何进谋杀十常侍 | 何国舅谋诛宦竖 |
| 第三回 | 董卓议立陈留王 | 议温明董卓叱丁原 |
| | 吕布刺杀丁建阳 | 馈金珠李肃说吕布 |
| 第四回 | 废汉帝董卓弄权 | 废汉帝陈留践位 |
| | 曹孟德谋杀董卓 | 谋董贼孟德献刀 |
| 第五回 | 曹操起兵伐董卓 | 发矫诏诸镇应曹公 |
| | 虎牢关三战吕布 | 破关兵三英战吕布 |
| 第六回 | 董卓火烧长乐宫 | 焚金阙董卓行凶 |
| | 袁绍孙坚夺玉玺 | 匿玉玺孙坚背约 |
| 第七回 | 赵子龙盘河大战 | 袁绍盘河战公孙 |
| | 孙坚跨江战刘表 | 孙坚跨江击刘表 |
| 第八回 | 司徒王允说貂蝉 | 王司徒巧使连环计 |
| | 凤仪亭吕布戏貂蝉 | 董太师大闹凤仪亭 |
| 第九回 | 王允定计诛董卓 | 除凶暴吕布助司徒 |
| | 李傕郭汜寇长安 | 犯长安李傕听贾诩 |
| 第十回 | 李傕郭汜杀樊稠 | 勤王室马腾举义 |
| | 曹操兴兵报父仇 | 报父仇曹操兴兵 |
| 第十一回 | 刘玄德北海解围 | 刘皇叔北海救孔融 |
| | 吕温侯濮阳大战 | 吕温侯濮阳破曹操 |
| 第十二回 | 陶恭祖三让徐州 | 陶恭祖三让徐州 |
| | 曹操定陶破吕布 | 曹孟德大破吕布 |
| 第十三回 | 李傕郭汜乱长安 | 李傕郭汜大交兵 |

| | | |
|---|---|---|
| | 李奉董承双救驾 | 杨奉董承双救驾 |
| 第十四回 | 迁銮舆曹操秉政 | 曹孟德移驾幸许都 |
| | 吕布月下夺徐州 | 吕奉先乘夜袭徐郡 |
| 第十五回 | 孙策大战太史慈 | 太史慈酣斗小霸王 |
| | 孙策大战严白虎 | 孙伯符大战严白虎 |
| 第十六回 | 吕奉先辕门射戟 | 吕奉先射戟辕门 |
| | 曹操兴兵击张绣 | 曹孟德败师淯水 |
| 第十七回 | 袁术七路下徐州 | 袁公路大起七军 |
| | 曹操会兴击袁术 | 曹孟德会合三将 |
| 第十八回 | 决胜负贾诩谈兵 | 贾文和料敌决胜 |
| | 夏侯惇拔矢啖睛 | 夏侯惇拔矢啖睛 |
| 第十九回 | 吕布败走下邳城 | 下邳城曹操鏖兵 |
| | 白折门楼曹操斩吕布 | 白门楼吕布殒命 |
| 第二十回 | 曹孟德许田射鹿 | 曹阿瞒许田打围 |
| | 董承密爰衣带诏 | 董国舅内阁受诏 |
| 第二十一回 | 青梅煮酒论英雄 | 曹操煮酒论英雄 |
| | 关云长袭斩车胄 | 关公赚城斩车胄 |
| 第二十二回 | 曹操分兵拒袁绍 | 袁曹各起马步三军 |
| | 关张擒刘岱王忠 | 关张共擒王刘二将 |
| 第二十三回 | 弥衡裸衣骂曹操 | 弥正平裸衣骂贼 |
| | 曹孟德三勘吉平 | 吉太医下毒遭刑 |
| 第二十四回 | 曹操勒死董贵妃 | 国贼行凶杀贵妃 |
| | 玄德匹马奔冀州 | 皇叔败走投袁绍 |
| 第二十五回 | 张辽义说关云长 | 屯土山关公约三事 |

| | | |
|---|---|---|
| | 云长策马刺颜良 | 救白马曹操解重围 |
| 第二十六回 | 云长延津诛文丑 | 袁本初损兵折将 |
| | 关云长封金挂印 | 关云长挂印封金 |
| 第二十七回 | 关云长千里独行 | 美髯公千里走单骑 |
| | 关云长五关斩将 | 汉寿侯五关斩六将 |
| 第二十八回 | 云长擂鼓斩蔡阳 | 斩蔡阳兄弟释疑 |
| | 刘玄德古城聚义 | 会古城主臣聚义 |
| 第二十九回 | 孙策怒斩于神仙 | 小霸王怒斩于吉 |
| | 孙权领众据江东 | 碧眼儿坐领江东 |
| 第三十回 | 曹操官渡战袁绍 | 战官渡本初败绩 |
| | 曹操乌巢烧粮草 | 劫乌巢孟德烧粮 |
| 第三十一回 | 曹操仓亭破袁绍 | 曹操仓亭破本初 |
| | 刘玄德败走荆州 | 玄德荆州依刘表 |
| 第三十二回 | 袁谭袁尚争冀州 | 夺冀州袁尚争锋 |
| | 曹操决水淹冀州 | 决漳河许攸献计 |
| 第三十三回 | 曹操引兵取壶关 | 曹丕乘乱纳甄氏 |
| | 郭嘉遗计定辽东 | 郭嘉遗计定辽东 |
| 第三十四回 | 刘玄德襄阳赴会 | 蔡夫人隔屏听密语 |
| | 玄德跃马跳檀溪 | 刘皇叔跃马过檀溪 |
| 第三十五回 | 刘玄德遇司马徽 | 玄德南漳逢隐沦 |
| | 玄德新野遇徐庶 | 单福新野遇英主 |
| 第三十六回 | 徐庶定计取樊城 | 玄德用计取樊城 |
| | 徐庶走荐诸葛亮 | 徐庶走马荐诸葛 |
| 第三十七回 | 刘玄德三顾茅庐 | 司马徽再荐名士 |

| | | |
|---|---|---|
| | 玄德风雪访孔明 | 刘玄德三顾草庐 |
| 第三十八回 | 定三分亮出草庐 | 定三分隆中决策 |
| | 孙权跨江战黄祖 | 战长江孙氏报仇 |
| 第三十九回 | 孔明遗计救刘琦 | 荆州城公子三求计 |
| | 诸葛亮博望烧屯 | 博望坡军师初用兵 |
| 第四十回 | 献荆州王粲说刘琮 | 蔡夫人议献荆州 |
| | 诸葛亮火烧新野 | 诸葛亮火烧新野 |
| 第四十一回 | 刘玄德败走江陵 | 刘玄德携民渡江 |
| | 长阪坡赵云救主 | 赵子龙单骑救主 |
| 第四十二回 | 张翼德据水断桥 | 张翼德大闹长坂桥 |
| | 刘玄德败走夏口 | 刘豫州败走汉津口 |
| 第四十三回 | 诸葛亮舌战群儒 | 诸葛亮舌战群儒 |
| | 诸葛亮智激孙权 | 鲁子敬力排众议 |
| 第四十四回 | 诸葛亮智说周瑜 | 孔明用智激周瑜 |
| | 周瑜定计破曹操 | 孙权决计破曹操 |
| 第四十五回 | 周瑜三江战曹操 | 三江口曹操折兵 |
| | 君英会周瑜智蒋干 | 群英会蒋干中计 |
| 第四十六回 | 诸葛亮计伏周瑜 | 用奇谋孔明借箭 |
| | 黄盖献计破曹操 | 献密计黄盖受刑 |
| 第四十七回 | 阚泽密献诈降书 | 阚泽密献诈降书 |
| | 庞统诈献连环计 | 庞统巧授连环计 |
| 第四十八回 | 曹孟德横槊赋诗 | 宴长江曹操赋诗 |
| | 曹操三江调水军 | 锁战船北军用武 |
| 第四十九回 | 七星坛诸葛祭风 | 七星坛诸葛祭风 |

| | | |
|---|---|---|
| | 周公瑾赤壁鏖兵 | 三江口周郎纵火 |
| 第五十回 | 曹操败走华容道 | 诸葛亮智算华容 |
| | 关云长义释曹操 | 关云长义释曹操 |
| 第五十一回 | 周瑜南郡战曹仁 | 曹仁大战东吴兵 |
| | 诸葛亮一气周瑜 | 孔明一气周公瑾 |
| 第五十二回 | 诸葛亮傍略四郡 | 诸葛亮巧辞鲁肃 |
| | 赵子龙智取桂阳 | 赵子龙智取桂阳 |
| 第五十三回 | 黄忠魏延献长沙 | 关云长义释黄汉升 |
| | 孙仲谋合淝大战 | 孙仲谋大战张文远 |
| 第五十四回 | 周瑜定计取荆州 | 吴国太佛寺看新郎 |
| | 刘玄德娶孙夫人 | 刘皇叔洞房续佳偶 |
| 第五十五回 | 锦囊计赵云救主 | 玄德智激孙夫人 |
| | 诸葛亮二气周瑜 | 孔明二气孙公瑾 |
| 第五十六回 | 曹操大宴铜雀台 | 曹操大宴铜雀台 |
| | 诸葛亮三气周瑜 | 孔明三气周公瑾 |
| 第五十七回 | 诸葛亮大哭周瑜 | 柴桑口卧龙吊丧 |
| | 耒阳县张飞荐庞统 | 耒阳县凤雏理事 |
| 第五十八回 | 马超兴兵取潼关 | 马孟起兴兵雪根 |
| | 马孟起渭桥大战 | 曹阿瞒割须弃袍 |
| 第五十九回 | 许褚大战马孟起 | 许褚裸衣斗马超 |
| | 马孟起步战五将 | 曹操抹书间韩遂 |
| 第六十回 | 张永年反难杨修 | 张永年反难杨修 |
| | 庞统献策取西川 | 庞士元议取西蜀 |
| 第六十一回 | 赵云截江夺幼主 | 赵云截江夺阿斗 |

| | | |
|---|---|---|
| | 曹操兴兵下江南 | 孙权遗书退老瞒 |
| 第六十二回 | 刘玄德斩杨怀高沛 | 取涪关杨高授首 |
| | 黄忠魏延大争功 | 攻雒城黄魏争功 |
| 第六十三回 | 落凤坡乱箭射庞统 | 诸葛亮痛哭庞统 |
| | 张翼德义释严颜 | 张翼德义释严颜 |
| 第六十四回 | 孔明定计捉张任 | 孔明定计捉张任 |
| | 杨阜借兵破马超 | 杨阜借兵破马超 |
| 第六十五回 | 葭萌关张飞战马超 | 马超大战葭萌关 |
| | 刘玄德平定益州 | 刘备自领益州牧 |
| 第六十六回 | 关云长单刀赴会 | 关云长单刀赴会 |
| | 曹操杖杀伏皇后 | 伏皇后为国捐生 |
| 第六十七回 | 曹操汉中破张鲁 | 曹操平定汉中地 |
| | 张辽大战逍遥津 | 张辽威震逍遥津 |
| 第六十八回 | 甘宁百骑劫曹营 | 某宁百骑劫魏营 |
| | 魏王宫左慈掷杯 | 左慈掷杯戏曹操 |
| 第六十九回 | 曹操试神卜管辂 | 卜周易管辂知机 |
| | 耿纪韦晃讨曹操 | 讨汉贼五臣死节 |
| 第七十回 | 瓦口关张飞战张合 | 猛张飞智取瓦口隘 |
| | 黄忠严颜双立功 | 老黄忠计夺天荡山 |
| 第七十一回 | 黄忠馘斩夏侯渊 | 占对山黄忠逸待劳 |
| | 赵子龙汉水大战 | 据汉水赵云寡胜众 |
| 第七十二回 | 刘玄德智取汉中 | 诸葛亮智取汉中 |
| | 曹孟德忌杀杨修 | 曹阿瞒退兵斜谷 |
| 第七十三回 | 刘备进位汉中王 | 玄德进位汉中王 |

| | | |
|---|---|---|
| | 关云长威震华夏 | 云长攻拔襄阳郡 |
| 第七十四回 | 庞德抬榇战关公 | 庞令明抬榇决死战 |
| | 关云长水淹七军 | 关云长放水淹七军 |
| 第七十五回 | 关云长刮骨疗毒 | 关云长刮骨疗毒 |
| | 吕子明智取荆州 | 吕子明白衣渡江 |
| 第七十六回 | 关云长大战徐晃 | 徐公明大战沔水 |
| | 关云长夜走麦城 | 关云长败走麦城 |
| 第七十七回 | 玉泉山关公显圣 | 玉泉山关公显圣 |
| | 汉中王痛哭关公 | 洛阳城曹操感神 |
| 第七十八回 | 曹操杀神医华陀 | 治风疾神医身死 |
| | 魏太子曹丕秉政 | 传遗命奸雄数终 |
| 第七十九回 | 曹子建七步成章 | 兄逼弟曹植赋诗 |
| | 汉中王怒杀刘封 | 侄陷叔刘封伏法 |
| 第八十回 | 废献帝曹丕篡汉 | 曹丕废帝篡炎刘 |
| | 汉中王成都称帝 | 汉王正位续大统 |
| 第八十一回 | 范强张达刺张飞 | 急兄仇张飞遇害 |
| | 刘先主兴兵伐吴 | 雪弟恨先主兴兵 |
| 第八十二回 | 吴臣赵咨说曹丕 | 孙权降魏受九锡 |
| | 关兴斩将救张苞 | 先主征吴赏六军 |
| 第八十三回 | 刘先主猇亭大战 | 战猇亭先主得仇人 |
| | 陆逊定计破蜀兵 | 守江口书生拜大将 |
| 第八十四回 | 先主夜走白帝城 | 陆逊营烧七百里 |
| | 八阵图石伏陆逊 | 孔明巧布八阵图 |
| 第八十五回 | 白帝城先主托孤 | 刘先主遗诏托孤儿 |

| | | |
|---|---|---|
| | 曹丕五路下西川 | 诸葛亮安居平五路 |
| 第八十六回 | 难张温秦宓论天 | 难张温秦宓逞天辨 |
| | 泛龙舟魏王伐吴 | 破曹丕徐盛用火攻 |
| 第八十七回 | 孔明兴兵征孟获 | 征南寇丞相大兴师 |
| | 诸葛亮一擒孟获 | 抗天兵蛮王初受执 |
| 第八十八回 | 诸葛亮二擒孟获 | 渡泸水再缚蛮王 |
| | 诸葛亮三擒孟获 | 识诈降三擒孟获 |
| 第八十九回 | 诸葛亮四擒孟获 | 武乡侯四番用计 |
| | 诸葛亮五擒孟获 | 南蛮王五次遭擒 |
| 第九十回 | 诸葛亮六擒孟获 | 驱巨兽六破蛮兵 |
| | 诸葛亮七擒孟获 | 烧藤甲七擒孟获 |
| 第九十一回 | 孔明秋夜祭泸水 | 祭泸水汉相班师 |
| | 孔明初上出师表 | 伐中原武侯上表 |
| 第九十二回 | 赵子龙大破魏兵 | 赵子龙力斩五将 |
| | 诸葛亮智取三郡 | 诸葛亮智取三城 |
| 第九十三回 | 孔明以智伏姜维 | 姜伯约归降孔明 |
| | 孔明祁山破曹真 | 武侯侯骂死王朗 |
| 第九十四回 | 孔明大战铁车兵 | 诸葛亮乘雪破羌兵 |
| | 司马懿智擒孟达 | 司马懿克日擒孟达 |
| 第九十五回 | 司马懿计取街亭 | 马谡拒谏失街亭 |
| | 孔明智退司马懿 | 武侯弹琴退仲达 |
| 第九十六回 | 孔明挥泪斩马谡 | 孔明挥泪斩马谡 |
| | 陆逊石亭破曹休 | 周鲂断发赚曹休 |
| 第九十七回 | 孔明再上出师表 | 讨魏国武侯再上表 |

| | | |
|---|---|---|
| | 诸葛亮二出祁山 | 破曹兵姜维诈献书 |
| 第九十八回 | 孔明遗计斩王双 | 追汉军王双受诛 |
| | 诸葛亮三出祁山 | 袭陈仓武侯取胜 |
| 第九十九回 | 孔明智败司马懿 | 诸葛亮大破魏兵 |
| | 仲达兴兵寇汉中 | 司马懿入寇西蜀 |
| 第一百回 | 诸葛亮四出祁山 | 汉兵劫寨破曹真 |
| | 孔明祁山布八阵 | 武侯斗阵辱仲达 |
| 第一百一回 | 诸葛亮五出祁山 | 出陇上诸葛妆神 |
| | 木门道万弩射张合 | 奔剑阁张合中计 |
| 第一百二回 | 诸葛亮六出祁山 | 司马懿战北原渭桥 |
| | 孔明造木牛流马 | 诸葛亮造木牛流马 |
| 第一百三回 | 孔明火烧木栅寨 | 上方谷司马受困 |
| | 孔明秋夜祭北斗 | 五丈原诸葛禳星 |
| 第一百四回 | 孔明秋风五丈原 | 殒大星汉丞相归天 |
| | 死诸葛走生仲达 | 见木像魏都督丧胆 |
| 第一百五回 | 武侯遗计斩魏延 | 武侯预伏锦囊计 |
| | 魏拆长安承露盘 | 魏主折取承露盘 |
| 第一百六回 | 司马懿破公孙渊 | 公孙渊兵败死襄平 |
| | 司马懿谋杀曹爽 | 司马懿诈病赚曹爽 |
| 第一百七回 | 司马懿父子秉政 | 魏主政归司马氏 |
| | 姜维大战牛头山 | 姜维兵取牛头山 |
| 第一百八回 | 战徐塘吴魏交兵 | 丁奉雪夜奋短兵 |
| | 孙峻谋杀诸葛恪 | 孙峻席间施密计 |
| 第一百九回 | 姜维计困司马昭 | 困司马汉将奇谋 |

| | | |
|---|---|---|
| | 司马师废主立君 | 废曹芳魏家果报 |
| 第一百十回 | 文鸯单骑退雄兵 | 文鸯单骑退雄兵 |
| | 姜维洮西败魏兵 | 姜维背水破大敌 |
| 第一百十一回 | 邓艾段谷破姜维 | 邓士载智败姜伯约 |
| | 司马昭破诸葛诞 | 诸葛诞议讨司马昭 |
| 第一百十二回 | 忠义士于诠死节 | 救寿春于诠死节 |
| | 姜维长城战邓艾 | 取长城伯约鏖兵 |
| 第一百十三回 | 孙琳废主立孙休 | 丁奉定计斩孙琳 |
| | 姜维祁山战邓艾 | 姜维斗阵破邓艾 |
| 第一百十四回 | 司马昭南阙弑曹髦 | 曹髦驱车死南阙 |
| | 姜伯约弃车大战 | 姜维弃粮胜魏兵 |
| 第一百十五回 | 姜伯约洮阳大战 | 诏班师后主信谗 |
| | 姜维避祸屯田计 | 托屯田姜维避祸 |
| 第一百十六回 | 钟会邓艾取汉中 | 钟会分兵汉中道 |
| | 姜维大战剑门关 | 武侯显圣定军山 |
| 第一百十七回 | 凿山岭邓艾袭川 | 邓士载偷渡阴平 |
| | 诸葛瞻大战邓艾 | 诸葛瞻战死绵竹 |
| 第一百十八回 | 蜀后主舆榇出降 | 哭祖庙一王死孝 |
| | 邓艾钟会大争功 | 入西川二士争功 |
| 第一百十九回 | 姜维一计害三贤 | 假投降巧计成虚话 |
| | 司马氏复夺受禅台 | 再受禅依样画葫芦 |
| 第一百二十回 | 羊祜病中荐杜预 | 荐杜预老将献新谋 |
| | 王浚智取石头城 | 降孙皓三分归一统 |

王氏所称古本，分六十卷，析二回为一卷。今考钱遵王《也是园书目》“通俗小说”有《古本演义三国志》十二卷，遵王所藏当系旧刊，是古本析十回为一卷也。毛本卷帙已失其真，字句之增删更无论矣。谓李卓吾评本一无窜易，吾未敢信。然谓毛氏及见古本（凡例新列），异同之处一一从古本更定，吾亦未敢信也。

李卓吾评本外，尚有明内府本。刘若愚《酌中志》卷十八：内板经书纪，略述司礼监经厂库内所藏秘书典籍，其现今有板者，有《三国志通俗演义》廿四本一千一百五十叶。又言《三国志通俗演义》、《韵府群玉》，皆乐看爱买者。可见当日印行之广。然李卓吾评本尚有留遗，而内府本竟未一睹，不获与毛本较其异同，亦恨事也。

毛氏《凡例》谓俗本每至“后人有诗叹曰”，便处处是“周静轩先生”，其诗又甚俚鄙可笑。周静轩不知何时人，后读《永漫翁诗话》卷上“红豆题近时册子”有云：取次应酬，率率属和。撑肠拈须，不免差排成联。捋撦作对，子路乘肥马，尧舜骑病猪。此十字金针诗格，闷为至宝。但是扇头屏上，利市十倍，不敢云舍弟江南、家兄塞北也。此老故作解嘲，谬为谑语，至自谓老来作诗，长言谰语，率意放笔，不征典故，不究声病。吴人嗤笑，谓是静轩先生有诗为证者。若如此，真是绝妙境界，一切尘凡脱弃了也。此老未能到。李氏祖籍北平，侨隐吴中，时惠研溪大令称老红豆先生，半农学士称红豆先生，定宇征君称小红豆先生，三世皆有红豆之目。诗话所述，不知何属，然亦可见当时流行之《三国志演义》，尚是未经毛宗岗改窜之本，故红豆说诗即以静轩先生为谈资也。

# 演义弹词传奇存目

## 演义类

绣像三国志演义六十卷　十六册　常熟顾氏小石山房刊本。

第五才子书水浒传七十五卷　二十册。

镜花缘二十卷　二十册　第十三卷缺三十四页、第二十卷十三、十四页误订，又缺十七页。

西游真诠二十卷　二十册　山阴悟一子陈士斌允生甫诠解，卷二十缺三页、二十页。

西游补一册　静啸斋主人著　开明书店排印本。

东周列国志二十七卷　八册　白下蔡界元放甫评点　点石斋石印本。

绣像封神演义一百卷　二十册　竟陵钟惺伯敬评释　聚珍板本。

增补齐省堂儒林外史　四册　鸿宝斋石印本。

花月痕十六卷　十六册　眠鹤主人编次　卷三缺第三十七页。

女仙外史一百卷　二十册　吕熊文兆著。

列国志辑要八卷　八册　丰城杨庸邦怀氏辑。

隋唐演义二十卷　二十册　剑啸阁齐东野人等原本　长洲后进没世农夫汇编。

精订纲鉴廿四史通俗衍义二十六卷　六册　新昌吕抚安世辑

广百宋斋排印本。

第十才子书白圭志四卷　二册　博陵崔象川辑　卷一缺第三十九页。

魏忠贤轶事二卷　一册　明西湖野臣原著　河间赵云书辑录　文明书局排印本。

台湾外记一卷　一册　珠浦江东旭辑　原本三卷，此止印上卷　上海均益图书公司排印本。

笏山记三卷　三册　东筦冷道人守白氏　广智书局排印本。

红楼梦一百二十卷　二十四册　洞庭王希廉雪香评。

红楼梦索隐二十四卷　十册　王梦阮、沈瓶庵索隐　中华书局排印本。

红楼梦偶说二卷　二册　晶三芦月草舍原本。

梦痴说梦前编一卷后编一卷　二册　梦痴学人。

红楼梦广义二卷附红楼梦戏咏一卷红楼梦百美合咏一卷　二册　青山山农。

石头记索隐一卷　蔡元培　附红楼梦考　钱静方　董小宛考　孟森　一卷　一册　商务印书馆排印本。

增刻红楼梦图咏一卷红楼梦纪略一卷　青山山农辑　红楼梦广义二卷　青山山农撰　红楼梦论赞一卷　读花人戏编　二册　点石斋石印本　缺隶书序一页。

悟石轩石头记集评二卷解庵居士戏笔　红楼梦论赞一卷　涂铁纶瀛　红楼梦本事诗一卷　西园主人著　红楼梦金陵十二钗本事词一卷杂俎一卷红楼梦竹枝词一卷　附，无撰人名　二册。

红楼梦谈屑一册　中华图书馆排印本。

红楼梦新语一卷　话石主人著。

红楼梦正讹一卷　话石主人著。

红楼梦觥史一卷　东湖酒徒。

红楼梦杂咏一卷　吴县蒋如洵眉生。

红楼梦竹枝词一卷　合肥卢先骆半溪著。

红楼梦小阳秋一卷　平湖董金台鹤楼。

红楼雅叙谱　一册。

后红楼梦三十卷附刻诗二卷　十册。

红楼复梦一百卷　二十四册　红香阁小和山樵南阳氏编辑。

续红楼梦三十卷　十二册　雪坞子忱氏。

孽海花十二卷附人名索隐表人物故事考证一卷　三册　东亚病夫编述　强作解人达恉。

庚辛剑腥录一卷　一册　冷红生戏编　平报社排印本。

冷眼观六卷　三册　八宝王郎著　小说林社排印本。

绣像海上繁华梦新书初集六卷　六册　古沪警梦痴仙戏墨　笑林报馆排印本。

绣像海上繁华梦新书二集六卷　六册　古沪警梦痴仙戏墨　笑林报馆排印本。

二十年目睹之怪现状七卷　七册　我佛山人著　广智书局排印本。

又一卷　一册　我佛山人著　广智书局排印本　此卷第八全。

广陵潮六集　六册　江都李涵秋著　国学书室排印本。

　又七集一册　震亚图书局排印本。

　又八集二册。

金陵秋一卷　一册　东越冷红生戏编　商务印书馆排印本。

轰天雷一卷　一册　龙尾著　第二次排印评点本。

官场现形记初编十二卷续编二十卷三缗十二卷四编十二卷五编十二卷　十五册　李伯元著　崇本堂石印本。

续海上繁华梦初集六卷　一册　海上警梦痴仙漱石氏著　文明书局排印本。

续海上繁华梦二集六卷　一册　海上警梦痴仙漱石氏著　文明书局排印本。

续海上繁华梦三集八卷　二册　海上警梦痴仙漱石氏著　文明书局排印本。

新华春梦记十卷　十册　谯比杨尘因著　泰东图书局排印本。

奇石广记三卷　一册　美国林乐知口译　古吴沈毓隐笔述　光绪六年刊本。

百年一觉一卷　一册　美毕拉宓著　李提摩太译　广学会排印本。

巴黎茶花女遗事一卷　一册　冷红生译　昌言报馆排印本。

新译包探案一卷　桐乡张坤德译　长生术一卷　英国解佳撰　湘乡曾广铨译　一册　昌言报馆排印本。

泰西说部丛书一卷　一册　福而摩司包探案　同安黄鼎佐廷、上海张在铁民译　启明社排印本。

续译华生包探案　二册　文明书局排印本。

补译华生包探案一卷　一册　商务印书馆排印本。

经国美谈前编一卷后编一卷　一册　日本矢野文雄著　商务印书馆翻译排印本。

环游月球一卷　一册　法国焦奴威尔士著　日本井上勤译　商务印书馆重译排印本。

金银岛一卷　一册　英国司的反生著　商务印书馆翻译排印本。

迦因小传一卷　一册　蟠溪子译　文明书局排印本。

利俾瑟战血余腥记二卷滑铁庐战血余腥记二卷　二册　法国阿猛查登著　英国达尔康译　闽县林纾、长乐曾宗巩重译　文明书局排印本。

白云塔一卷　一册　时报馆译述排印本。

神女缘一卷　一册　荷兰麦巴士著　嘉定吴竟口译　秀水洪光笔受　时报馆排印本。

兰因一卷　一册　英国斯来得著　兰梦译　神州日报馆排印本。

银山女王二卷　二册　日本押川春浪撰　摩西译补　小说林排印本　缺下卷，未译。

电术奇谭一卷　一册　日本菊池幽芳著　东莞方庆周译述　新小说社排印本。

泣路记一卷　一册　许指严著　小说丛报社排印本。

火里罪人二卷　二册　冷译　有正书局排印本。

空谷兰二卷　二册　吴门天笑生译　有正书局排印本。

玉田恨史一卷　一册　天虚我生著　排印本。

土里罪人一卷　一册　陈冷血译述　有正书局排印本。

梅花落二卷　二册　吴门天笑生译述　有正书局排印本。

胠箧之王二卷　一册　法国玛黎瑟勒勃朗著　吴门瘦鹃译　有正书局排印本。

大宝窟王二卷　一册　吴门天笑生译　有正书局排印本。

九十三年四卷　二册　嚣俄著　东亚病夫译　有正书局排印本。

时报短篇小说四集　四册　有正书局排印本。

## 传奇类

乘龙佳话一卷　一册　高昌寒食生撰　石印本。

支机石传奇一卷　一册　新建蔡荣莲金炬填词。

霜天碧一卷　一册　暗公杂著之一。

## 鼓书类

大鼓书词汇编三卷　一册　天津杨庆五辑述　新民图书馆聚珍板本。

# 新书目录

## 上卷

### 理想　政治

**百年一觉一卷　广学会本**

美国名儒毕拉宓著，李提摩太译。

译者小序曰："《百年一觉》一书，乃美国名儒毕拉宓君所著也。原名《回头看》。愚以不甚切实，故易之。惟所论者皆美国后百年变化诸事。西国诸儒因其书多叙养民新法，一如传体，故均喜阅而读之。业已刊印数十万部，行于世。今译是书，不能全叙，聊译大略于左。"

**回头看一卷　商务印书馆本，光绪三十一年二月出版**

美国威士著，商务印书馆译。

此本详于《百年一觉》十倍，盖全文也。惟威士即系书中自述之人，乃著者托名。当以李提摩太所题毕拉宓为正。

**经国美谈前编一卷后编一卷　商务印书馆本**

日本矢野文雄著。

《前编》纪齐武剪除奸党，整顿内政；《后编》记摧倒斯波多，主盟希腊。自纪元前三百八十二年，至三百六十六年，止十八年间事。

毗陵周维翰书后:《经国美谈》为日本前使中国矢野文雄所著。读之志气激昂,神采飞舞。惟人名、地名与诸书皆不合,爰钩稽参考,与诸书同异处,择其大者要者,为之疏释于下。

此书系纪元前三百八十年左右,当中国周安王时,专纪齐武国事。齐武:《万国史记》作德巴,《万国通鉴》作提比,《希腊志略》作低比,《万国通史》作涕涥郾。其地在阿善西北。齐武之北为马基顿,其南为伯拉代亚,后为马基顿所灭。

阿善:诸书皆作雅典,为全希文明国之冠。本民政国,与绅政党争,屡兴党祸。时与斯波多有二十七年之战,因政党不和,卒为所败。

斯波多:《志略》作斯巴达,《史记》作士帕太,《通鉴》作斯帕他,《通史》作泗巴塔。为披旁列沙强国,其衰亡独后。

格德:系阿善贤王,《史记》作哥德落,《通鉴》作扣德鲁斯。

士武良:《史记》、《十五战纪》均作亚基庇亚底,《通鉴》作阿西拜阿氐,《志略》作亚基比亚低,《通史》作阿僛倍矮弟。与政府不合,历奔斯波多、波斯,卒为三十奸党所杀。与此略异。其杀三十奸党者,为达掠西涥路,见《史记》,然才不如亚基远甚。

披旁列沙:《志略》作比罗奔尼苏,《通鉴》作培罗哀尼素,《十五战纪》作毗路保尼沙斯,《通史》作沛潞坯郧。在希腊南境。其言此大战者,即二十七年之战也。

巴比陀:《史记》作百路丕达,《通鉴》作培拉皮大,《志略》作贝罗比达,《通史》作潘罗披大。为齐武民政党世族,后成名将。

威波能:《史记》作越巴美纳达,《通鉴》作伊帕米南大,《志略》作意巴米嫩达,《通史》作爱葩敏恩达。为齐武名将,大败斯波多兵。马基顿名王腓立,学其阵法者也。其余诸志士之名,他皆未见。人名、地名一一疏注,殊费篇幅,然执此以与诸书相印证,自不难索解也。

**瑞士建国志一卷　华洋书局本**

广东郑哲贯公译。

赵必振序曰:世运自新,文明大启,学堂林立,报馆栉比。开智之道,亦几无遗。论者谓小说一端,为世尤钜。独立自由之代表,愚夫匹妇之警钟。泰西哲学家有言曰:“入其国,问其小说何种盛行,即可以觇其国之人心风俗、政治思想。”旨哉言乎!中国之有小说,由来已久,绝无善本。而家弦户诵者,非《西游》、《封神》之荒唐,则《红楼》、《品花》之淫艳,而所谓《七侠五义》之类,词既鄙俚,事亦荒谬。或谓《水浒》一书,稍有国家思想,亦凤毛麟角矣。吾闻泰西之小说,不可以数计,而其宗旨则大异于吾中国操觚之流,竟至谓英、美、德、法各国之振兴,咸归功于此。日本维新之时,亦汲汲于小说,以开民智。小说之功,亦诚伟矣。吾中国忧时之士,有鉴于此,敛其惊才绝学,俯而就之,一洗旧日之习,以震动国民之脑筋为宗旨。佳人奇遇、经国美谭、累卵东洋之类,接踵而起,小说之宗派,为之一变。吾友贯公既著《人民论》问世,以开民智而鼓民气;今复关心于小说一端,入人深而感人易,曾译《摩西传》,风行于时。近复取端士建国之事,译而演之。余读其书,悁悁然悲,感激愤发,有不能自已者。夫瑞士隶于日耳曼之时,种种压制,仰他人之鼻息,几无人理。国中伟人维霖惕露,振臂一呼,国民振起,卒脱异国之羁勒,恢复固有之疆宇,共和立政,独立地球,以迄今日,与美利坚而媲美。蕞尔弹丸,列强环立,无敢侮之者。且能倡文明政会,执各国之牛耳,讵不懿欤?以视以二万里幅员之广、四百兆人民之众,而低首下心,甘为奴隶,而不求脱羁勒者,庶几知所兴起矣。异日者吾同胞之四百兆,感发振兴,步武瑞士,而与列强相角逐,则此书之功也。觇国者又视吾中国之人心风俗、政治思想何如?九皇六十四民之后裔赵必振曰生氏序于日本之争自存斋。

李继耀序曰:小说之多,不可胜数;小说之益,不可胜言。惟我中国政治小说,如晨星之落落,每欲得一善本,足以发聋振聩,有补民智者,苦不可得。余友贯公亦抱此志。去岁,余识荆于日本,尝与谈及。余屡促其择一东文善本,译而演之。贯公以主持报馆之笔政,不暇旁及。继而余返香港，而贯公又得港报之聘，买棹归来。余喜交缘之妙，行止相亲，遂叩以违教后有何大著。贯公即从行箧中出《瑞士建国志》稿示余。余展卷一观，知是政治小说，慰如下系，即求其付枣问世。贯公以未经润色辞之。延至今日，求之再三，始许付诸剞劂。余细为校订，以助万一之力。书中理明词达，壮快淋漓，如暮鼓晨钟，发人深省。自有阅者鉴之，余不暇述。至论贯公议论之精新，悲天悯人之苦志，观其著作，可以定评，更不俟余之饶舌褒奖也。书成，聊弁数语，以志不忘。壬寅桂月，李继耀谨识。

郑哲自序曰：谈绝世伟人，今日莫不以华盛顿、拿破仑为首屈一指，谓其能崛起宣威于美法也。然先乎二氏而建惊天动地之业、救国安民之功，如瑞士之维霖惕露者，竟无闻于人间世。究何以故？无他，未知瑞士当年之事、伟人当日之劳耳。夫瑞士位于欧罗巴洲之中央，间于澳、法，南连意大利，北界日耳曼，当十二世纪即中国元朝元贞年间。之际，为日耳曼所属，压力无边，生灵涂炭。而维霖氏耻之，起而倡建国之议，卒恢复山河，整顿国是，人存政举，屹立群雄角逐之间。民主共和，万年不朽；不宁惟是，文明举动，多起点于其间，如赤十字会、万国公会、交通邮政会等，以瑞士为首执牛耳。使非有出类拔萃之伟人，如维霖惕露等者，曷克臻此？然则维霖氏威名之隆，与华、拿映辉夫前后，岂不盛欤？抑吾又闻之，瑞士之山川风景，为欧洲巨擘。从事游历者，莫不首途于彼都焉。然当未恢复旧势之先，寄人篱下，且干戈攘扰，无寸地干净土之秋，鬼哭天阴，畏人于千里之外。是时虽有千里马，兴四方志，亦莫敢南从意大利，北向日耳曼，而一登亚律士山。瑞士山名。或取道澳大利、法兰西，而一游鲁沙尼湖洞，瑞士地方。又何风景幽绝以之足云？呜呼，伟人救国，有志竟成，甚而风景山川，亦不遗余力，声名文物，固不虚传；即其国家政治学术之文明，更不言而喻也。虽然，吾人今日之仰慕瑞士，安知他日无人仰慕我中国乎？今之视昔，犹后视今，维霖与我同是人也，英雄豪杰，岂有种乎？他山之石，可以攻玉，览是书者，其亦知著者之用意，而闻鸡起舞,则幸甚。是为序,壬寅八月二十日,郑哲贯公父序于香海之文明斋。

例言:

一、是书故事,初由西文译为日本文,后从日文译其意,著为小说。转接之多,增删遗略,在所难免。然小说不比正史,事不必尽有,而理不可无。总求描情写景,明白了利为近惜。

一、小说以能开拓民智,激愤人心为贵。是书之作,非徒敷衍笔墨,实于人心世道,大有裨益。

一、是书虽译外国之事,所有西历时候,亦从年表考出中国时候,以对证之,随注于脚。

一、书中地名、人名,俱是译音,必加一记号于旁。凡地名侧有双直线,人名侧有单直线。

一、瑞士自建国后,其政体乃民主立宪。一切制度,另有专书,惟其迩年国计,姑译一表,列诸篇首,以为留心政治者知所考求。

一、政治小说,关系新政甚钜。他日若有暇晷,当再取外国故事,译而著之,以继阅者之兴。

一、是书可以多分回目,旁及琐事,惟无关要紧者,不若删繁就简之为愈,故仅分十回,纪其元要。

**游侠风云录一卷　明权社本　上卷,光绪二十九年四月出版**

独立苍茫子译。

译者自序曰:一国之特质有三;风俗,其一端也。觇国者若不于此中求之,则虽钻研政籍,翻译律书,恐亦只知其表面之形式,而不深悉其内部之精神。夫风飙寥唳者,发动于青萍之末;国势熛腾者,胎源于社会之中。如日本以长蛇三岛,僻处亚东,维新三十余年前,藩幕倒戈,外患烽起,皇纲解纽,不绝如线。然不数年间,而能云踊电掣,横海夷岳,辉国旗于大地,握霸权于东方者,岂真有奇术之可操乎？抑亦别有他故耶？试考其历史，求其习尚，而始知其立国二千余年来，殆已演成一种所谓大和魂、武士道之风俗者，是乃其立国之要素、强国之一大原因也。吾国自秦汉以还，朱郭之俦，青史绝书，媚骨柔心，于今为烈。人号四百兆，欲求一拔一毛以利天下者，已如麟毛凤角而不可多得，况冀其赴汤蹈火，瞭胆抽肠，以救人之危、急公之难乎？此国之所以不振也，固亦宜然。吾人有忧之，乃译演此编，以饷我国民。至其中所述，虽不过一二儿女子之事，爱波成海，情尘为岳，究亦人世常谭。然观其拯闺媛于危难，殉肌肤于猛鸷，热血坌涌，侠气淋漓，而其社会之风潮，亦足窥见一斑矣。庄子曰："哀莫大于心死。"吾国民读此，庶可以兴乎？癸卯夏初中浣，南墅独立苍茫子识于东京旅次。

记秋野武藏、佐久间勇游侠事，惟止见上册耳。

**谷间莺一卷　光绪三十年七月出版**

法国彭生德著，逸民译。

记西班牙赖德罗犯罪越狱，逃至意大利罗马府及拿破里府、及撒丁、热那、多加纳易北岛诸地，见闻增长，悔悟前非，卒成佳士事。

## 历史

**黑奴吁天录四卷**

美国斯土活著，闽县林纾、仁和魏易同译。

魏易序曰：今使卒然问于人曰："尔愿举动自由乎？愿奔走自效乎？"必曰："愿自由。"又卒然问于人曰："尔将厚待子孙乎？将厚待臧获乎？"必曰："厚子孙。"问其何以愿自由，必曰："自由，主也。自效，奴也。"问其何以厚子孙，必曰："子孙，家人也。臧获，外人也。"呜呼，此心此理，固合古今中外圆颅方趾之人所同具，而未尝或异者也。然易尝读《南雷集》，谓后世所求乎草野者，不过欲得奔走服役之人。草野之应乎上者，亦不出奔走服役，跻之仆妾之间，而以为当然。又读俄罗斯报，则谓中国本有外人执政之例。至近年美洲驱逐华工，而我支那之人，且欲为奴而不可得矣。夫奴隶，可耻也；奴隶于异域，尤可耻也。至求为奴隶于异域而不可得，而我使臣且出而争之，而争之又不能胜，诚不知我支那之人，自居何等？而列邦待我支那之人，又居何等也？易尝闻先生长者言，吾支那人奴隶性质，萌芽于秦，枝干于宋，充实蕃衍于明。故秦以后，朝廷得而奴隶之；宋以后，同洲异族得而奴隶之；明以后，则天下五洲各国得而奴隶之。盖理学八股之效，如是其彰彰也。虽然，及问我支那之人，愿自由不愿自效，厚子孙不厚臧获，此心此理，仍与古今中外圆颅方趾之人未尝或异。意者读孔孟书，其尚有几微独立之性，未尽汩没者邪。然易闻法之汪勒谛，昌明正学，恒假小说以开民智。近得美儒斯土活所著《黑奴吁天录》，反复披玩，不啻暮鼓晨钟，以告闽县林先生琴南。先生博学能文，许同任翻译之事。易之书塾，与先生相距咫尺，于是日就先生讨论，易口述，先生笔译，酷暑不少间断，阅月而书竣。遂付剞劂，以示我支那同族之人。语云："前车之覆，后车之鉴。"窃愿读是编者，勿以小说而忽之，则庶乎其知所自处已。光绪辛丑年秋月，仁和魏易自叙。

例言：一、是书专叙黑奴，中虽杂收他事，宗旨必与黑奴有关者，始行著笔。一、是书以吁天名者，非代黑奴吁也。书叙奴之苦役，语必呼天，因用以为名，犹明季六君子《碧血录》之类。一、是书为美人著，美人信教至笃，语多以教为宗。顾译者非教中人，特不能不为传述，识者谅之。一、是书系小说一派，然吾华丁此时会，正可引为殷鉴，且证诸凇噜华人及近日华工之受虐。将来黄种苦况，正难逆料，冀观者勿以稗官荒唐视之，幸甚。一、是书描写白人役奴情状，似全无心肝者。实则彼中仇视异种，如波兰、埃及、印度，惨状或不止此。徐俟觅得此种纪录，再译以为是书之佐证。一、是书开场伏脉，接笋结穴，处处均得古文家义法，可知中西文法，有不同而同者。译者就其原文，易以华语，所冀有志西学者，勿遽贬西书，谓其文境不如中国也。一、书中歌曲六七首，存其旨而易其辞，本意并不亡失，非译者凭空虚构。证以原文,识者必能辨之。一、是书言教门事孔多,悉经魏君节去其原文稍烦琐者,本以取便观者,勿以割裂为责。

林纾后序曰:考美利坚史,佛及尼之奴黑人,在于一千六百十九年,荷兰人以兵舰载阿非利加黑人二十至雅姆斯庄卖之。此为白人奴待黑人之始,时美洲尚未立国也。华盛顿以大公之心官其国,不为私产,而仍不能弛奴禁,必待林肯,奴籍始幸脱。迩又浸迁其处黑奴者以处黄人矣。夫蝮之不竟伸其毒,必别啮草木以舒愤,后人来触死茎,亦匪不死,吾黄人殆触其死茎乎?国蓄地产而不发,民生贫薄,不可自聊,始以工食于美洲,岁致羡其家。彼中精计学者,患泄其银币,乃酷待华工,以绝其来。因之黄人受虐,或加甚于黑人,而国力既弱,为使者复馁慑不敢与争,又无通人纪载其事,余无从知之,而可据为前谳者,独《黑奴吁天录》耳。《录》本名[1]《黑奴受逼记》,又名《汤姆家事》,为美女士斯土活著。余恶其名不典,易以今名。其中累述黑奴惨状,非巧于叙悲,亦就其原书所著录者,触黄种之将亡,因而愈生其悲怀耳。方今嚚讼者已胶固不可喻譬,而倾心彼族者,又误信西人宽待其藩属,跃跃然欲趣而附之。则吾书之足以儆醒之者,宁可少哉?是书假诸求是书院,仁和魏君聪叔易口述其事,余涉笔记之,凡六十有六日毕。光绪辛丑重阳节,闽县林纾琴南序于湖上望瀛楼。

又跋曰:斯土活,美洲女士也。卷首署名不以女士加其顶者,以西俗男女并重,且彼原书亦不自列为女士,唯跋尾见之,故仍而不改。斯氏自云:是书多出诸一身之闻见,本事七八,演者二三耳。卷中士女,名多假托,实则具有其人。余与魏君同译是书,非巧于叙悲,以博阅者无端之眼泪,特为奴之势,逼及吾种,不能不为大众一号。近年美洲厉禁华工,水步设为木栅,聚数百远来之华人,栅而钥之,一礼拜始释其一二人,或逾越两礼拜仍弗释者。此即吾书中所指之奴栅也。

---

① 名:原稿讹作"知"。

向来文明之国，无私发人函。今彼人于华人之函，无不遍发，有书及美国二字，如犯国讳，捕逐驱斥，不遗余力。则谓吾华有国度邪？无国度邪？观哲而治与友书，意谓无国之人，虽文明者，亦施我以野蛮之礼，则异日我华为奴张本，不即基于此乎？若夫日本亦同一黄种耳，美人以检疫故，辱及其国之命妇，日人大忿，争之美廷，又自立会与抗，勇哉日人也。若吾华有司，又乌知有自己国民无罪为人囚辱而庾死邪？上下之情，判若楚越，国威之削，又何待言？今当变政之始，而吾书适成，人人既蠲弃故纸，勤求新学，则吾书虽俚浅，亦足为振作志气，爱国保种之一助。海内有识君子，或不斥为过当之言乎？辛丑九月，林纾识于湖上望瀛楼。

**瑞西独立警史一卷　译书汇编社本　光绪二十九年五月出版**

云间陆龙翔译。

脂车荣骥生序曰：立国于今日之世界，据四千万方里之地，有四万万伟秀之民，为四千余年文明之胄。典章制度，冠绝环球；文物声明，甲于万国。矿山四辟，而利源可以不竭；物产丰富，而衣食可以无缺。长城万里，为其北藩；葱岭千寻，为其西蔽。南临暹、缅，东界大洋。长江大河，舟楫利便；汽车铁道，来往迅捷。若是者，宜其扑英狮、摧俄鹫，欧风美雨，扫荡干净，执全球之霸权，而为世界之主人翁矣。而孰知其含羞纳垢，腐败衰弱，放弃其一切权利，甘为波兰，甘为印度。此在旁观，尤为疾首；况身当其境，目睹其惨，而能不悲愤抑郁乎？呜呼，此吾所以对瑞西独立小史涕泪纵横，掩卷而不忍卒读也。夫瑞西，一介小国耳，始属于罗马，后隶于日耳曼，眇焉小邦，自昔恒为臣属，初未尝有独立之性质，有独立之制度者也。况国境小弱，形势迫狭，其民无伟大之气象，其国乏富强之根本。而瓦尔德、威尔尼、亚尔那脱等，身无权位，起自田间，攘臂一呼，全国响应，虽妇人孺子，莫不奋发兴起，卒至诛除虐吏，脱外人之羁绊，握自由独立之实权。

呜呼，何其伟也！夫世界当竞争之日，优者胜，劣者败，此天演之公理也。近数年间，若非律宾、若南阿、若日本，皆以区区小国，欲一跃而回复其自由独立之精神。虽成败有不同，然其欲实践优胜之说，则一也。惟我支那，我支那之人民，吾支那之土地，吾支那之财产，我支那之形胜，皆为环球之所莫能及。矧复非律宾，矧复日本，矧复南阿，然而沉沉长睡，茫乎不知其劣而将败也。及今不思振作其独立之精神，回复其自由之权利，则我支那必将为万矢之鹄的，为群剧之舞台，为俄鹫英狮之所攫食，为欧风美雨之所摧折，后顾茫茫，我黄种之尚能生存于世界者几希矣！云间陆君龙翔有感于此，因译是书，而问序于予。予尝谓文字之最足以感人者，莫如小说。且是书行文疏畅，无奥博难读之患，用以输入自由独立之精神，以激醒我民心，以振作我民气，吾知四万万同胞，必将感动奋发，投袂而起也。然则中国强盛之机，可于是书卜之。遂不辞其不文而为之序。癸卯清和望日，上海脂车荣骥生序于日本东京旅舍。

盛时培序曰：太史公作《游侠传》，盛称豪侠之士，与儒者并重。余以为侠士之风，上不畏王侯，下不恋妻子，运离世之妙想，发救世之苦心。使世无其人，以维持补救于川溃横流之际，恐生人之类灭久矣。而三代以前，不称侠义，何欤？意者圣人首出，一国之君，即全国民之代表，故士皆统于一尊，而无所用其侠欤。秦汉以来，君民暌隔，务专制之政，使民皆屈抑而无所告，于是朱家、郭解辈相继迭出，傲帝制，蔑王侯，平尊卑，轻名节，而汉代之侠，独多千古。此时局之变机而文明之将启也欤，惜乎王者厌之，侠义之风终不得扩明于天下。近世如美之华盛顿、匈牙利之葛苏士、意之嘉富洱、日本之西乡隆盛等，皆以朱家、郭解之心，行汤武革命之事。盖侠义之大者耳。而迂儒断断之以为非中国之所宜有，不知道行于上则君为尊，道行于下则民为贵，伊尹之伐暴救民，墨子之摩顶放踵利天下，皆足为任侠之祖。而况秦汉以来，暴君污吏实为国民之公敌，天下之人认之矣。乃数千年来，但有攘国而无革命，以中国历史之久远，土地之广大，芸芸万民，曾不能发明任侠之大义，而使欧洲列国独擅此文明，此吾辈所以抚膺感愤，击案而长叹息者也，岂非国民之耻欤？瑞西区区一小国，迫于日尔曼权势之下，而瓦尔德、亚尔那脱、威儿尼等，独能以数十布衣，不避艰险，出万死一生之计，抗政府，驱虐吏，救民于水火，非有古豪侠之风，何能若是欤？近世皇皇大国，或什伯倍于瑞西，而其屈抑于专制政体之下，受官吏之毒焰，亦复有更甚于瑞西者。试观《瑞西独立小史》一书，能无自愧而兴起也欤？陆君龙翔译是书，将以饷我国民，启发后进。余喜其有合于太史公作《游侠传》本意，足以救末俗之人心，故欣然而为之序。癸卯四月，云间盛时培铁颜氏序于日本东京之柳町。

**俄宫怨二卷　南昌普益书局本　光绪三十年九月出版**

日本森林黑猿著，中国傅阔甫译。

原名《俄国之宫怨记》。俄皇尼古拉斯二世为太子时，游历日本，为津田三藏所刺伤。及即位后，防卫虚无党事。译者自跋曰：专制之为害甚矣哉，观现在之日俄竞争之际，惨杀酷烈，得未曾有。方其始也，论者鲜不为日本危，谓日本区区岛国，决非强俄之敌。迄今日屡胜而俄屡败，虽结果尚未能决，而胜负之数已昭然若揭矣。我国民昏昏，犹在梦中，诧为奇事异闻，而不知俄为专制之国，其帝性情柔弱，不能变法自强，以餍民望，徒为太后及权臣诸顽固所掣肘，复惧怯于国中之虚无党，进退失据，狼狈不堪，如囚徒然。伤哉，专制君主之苦也！虽然，若苦罗巴金之材略，及得俄帝之信任，迥非寻常人物可比。观其十余年前策日本数语，可谓烛照而龟卜矣。至高等将校之卖国，其结果虽未说完，而俄国士官之腐败，已见一斑。我国人手此短册子，亦可洞悉俄国致负之缘因，不致如前之作呓语。至于写情妙处，俄皇与皇后之敦睦，俨然一种融融气象。而无影中时有一虚无党在侧，如恶鬼老魅，欲伺隙以食人者。令人为俄帝担忧，为俄帝生怜，亦可引人入胜。此又著者之苦心经营，读者勿等闲视之，译者幸甚，我国幸甚。

**侠奴血□卷 小说林社本 上卷:光绪三十一年十一月出版**

法国嚣俄著,吴门天笑生译。

一名《西印度怀旧记》,记法国佐官礼甫杜伯宁自述其在阿美利加之历史。

## 地理

**秘密使者二卷 小说林社本 上卷:光绪三十年六月出版;下卷:八月出版**

法国迦尔威尼著,吴门天笑生译。

译余赘言:一、是书亦为法国小说家迦尔威尼氏一杰作,即前著《铁世界》之人也。原书凡十五万言,约之今得十二万。其情事之离奇变化,往往在人不可思议之中。译者竭四月之力而成之,亦以见彼种族之坚忍卓绝,以为我国民借镜之资也。一、是书亦自森田思轩本转译而得。余于日本小说家独好森田氏,所谓赵松雪之画马,独得其神骏也。今森田已归道山,其文之价值,为世宝贵,当不在迦氏下。读者应能识之。一、西伯利亚之地理书,非枯涩无味,即繁冗生厌。今此书于小说之中,详述西伯利亚风土人情、山川景物,使读此书者,如游历一周,则亦不无小补。故译者于此,恒以笔墨渲染之,使读者精神一振焉。一、是书开译之日,在日俄开战之前一日;竣译之日,在芬兰总督被刺之后一日。黑风吹海水而立,红雨卷硝弹以驰。大舞台初幕方开,无政府新硎乍试,吾将命笔拂笺以记之,抑不知有多少奇事珍闻之奔赴腕下也。一、是书原名《瞽使者》,今易是名较确,特附志于此。译者识。

此书记俄皇爱烈珊德第三时,叛将渥可烈纠合土耳其兵作乱,帝弟大公爵被困于也尔克苦。帝命穆勒苏朗笏为秘密使者,往谕之,经历千辛万苦,卒达使命事。

## 游记

**神女缘一卷　时报馆本　光绪三十一年十月出版**

荷兰麦巴士著，嘉定吴竟口译，秀水洪光笔受。

译者自跋曰：此书乃摘译麦巴士游记中之一篇。麦巴士为十九稘荷兰国之大文豪、大探险家，著述甚富。其游记经美国人新为刊行，共四厚帙。昨岁李君翔甫自美输来，从一借览，见其中言东方国俗与南洋群岛诸蛮族者，殆不下三百篇。吾国人之智识，大率局于封畛，能为域外观者盖寡。得此异闻，或足以扩张心理，当为吾党所不弃也。惜李君归期匆遽，索还甚迫，而予仅得竭三十日之力，成此一小册，为可憾耳。甲辰九月译者自识。

## 科学

**空中飞艇□卷　明权社本　上卷：光绪二十九年七月出版；中卷：八月出版**

日本押川春浪著，海天独啸子译。

弁言

小说之益

小说之益于国家社会者有二，一政治小说，一工艺实业小说。人人能读之，亦人人喜读之。其中刺激甚大，感动甚深，渐而智识发达，扩充其范围，无难演诸实事。使以一科学书，强执人研究之，必不济矣。此小说之所以长也。我国今日输入西欧之学潮，新书新籍，翻译印刷者，汗牛充栋。苟欲其事半功倍，全国普及乎，请自科学小说始。

小说之于社会国家

小说者，自然感情之发泄，一关于地理位置，一关于风俗习惯者也。如古代希腊、罗马，富于文学之思想，其间名家，至今犹脍炙人口。今之世，小说著作以法兰西为甚。法俗风逸淫靡，小说家善道儿女事，识者谓于此观国风焉。我国国于东亚大陆，土地膏腴，山河秀灵，国民对此自然美丽之感情，形诸诗歌，形诸小说，形诸绘画者，莫不雅驯文华，至一时之盛。数千年来，文人学士，沉溺于中，流而不返。而政治小说之基，亦以之脆。识者谓之右文之国，观其沿革，良有以也。

我国小说之力

我国说部多名家，绮丽缠绵，盛矣，观止矣。然作者好道风流，说鬼神，势力所及，几为社会之主动力。虽三尺童子，心目中皆濡染之，故其风俗，人人皆以名士自命，人人皆以风雅自命；妇人女子，慕名女美人故事，莫不有模效之心焉。至其崇信鬼神之风潮，几于脑光印烙，牢不可破。民间爆发者辈，亦皆假此为利器，振臂一呼，四处皆应，如先时之红莲、白莲，近时之义和团，皆职是也。虽然，居蒙昧时代，得此一伸民气，亦良佳。今者世界文明，光焰万丈，此等网罗久宜打破，则小说之改革尚焉。顾虽言改革矣，毋如我国民，自欧势拦入，政府窘迫，一蹶再蹶而后，相顾失措，四望彷徨之时，脑筋之影泡顿涡。此时正宜慎选其材料，改换其方略，以注射之，使其新知新识，焕然充发，则小说之急于改革尤尚焉。日本维新之先，小说中有首译《经国美谈》等一二书，非无故也。

是书之特色

是书为日本押川春浪君所著，以高尚之理想、科学之观察，二者合而成之，一名曰《日欧竞争》。著者为日本小说名家，久为学界所欢迎。其间思想陆离，层层变化，说情说景，宛然逼真，读之者无不拍案叫绝，盖小说中卓绝之珍本也。飞行之艇，虽为优孟之言，而其实固意中事。吾尝评我国小说，至所谓封神唐传，野陋不堪之书，叹曰不可及也。我国理学道学者流，安能思想自由若此？今且为常事矣，飞艇亦然。今世纪已汽电渡移之时代，安知异日所谓兵舰者，皆弃而不用，较国之势力，数飞艇以对乎？又安知异日所谓飞艇者，皆嫌其硕大濡滞，而另有他物以胜之乎？理想者非空物也。

译述之方法

是书原本为二厚帙，本卷名曰《空中飞艇》，续卷名曰《续空中飞艇》。今易之为三卷，一上卷，二中卷，三下卷。卷中多日本俗语，今代以我国文话。凡删者删之，益者益之，窜易者窜易之，务使合于我国民之思想习惯，大致则仍其旧。至其体例，因日本小说与我国大异，今勉以传记体代之。若夫谬误之处，则俟我国达者勉赐裨正，所厚幸也。海天独啸子译并弁于简端。

**月界旅行一卷　进化社本　光绪二十九年十月出版**

美国培仑著，进化社译。

译者自序曰：在昔人智未辟，天然擅权，积山长波，皆足为阻。递有刳木剡木之智，乃始交通，而桨而帆，日益衍进。惟遥望重洋，水天相接，则犹魄悸体栗，谢不敏也。既而驱铁使汽，车舰风驰，人治日张，天行自逊。五州同室，交贻文明，以成今日之世界。然造化不仁，限制是乐。山水之险，虽失其力，复有吸力空气，束缚群生，使难越雷池一步，以与诸星球人类相交际。沉沦黑狱，耳窒目朦，夔以相欺，日颂至德。斯固造物所乐，而人类所羞者矣。然人类者，有希望进步之生物也，故其一部分，略得光明，犹不知餍，发大希望，思斥吸力，腾空气，泠然前行，无有障碍。若培仑氏，实以其尚武之精神，写此希望之进化者也。凡事以理想为因，实行为果。既莳厥种，乃亦有秋。尔后殖民星球，旅行月界，虽贩夫稚子，必将夷然视之，习不为诧。据理以推，有固然也。如是则虽地球之大同可期，而星球之战祸又起，呜呼，琼孙之福地，弥尔之乐园，遍觅尘球，竟成幻想。冥冥黄族，可以兴矣。

培仑者，名查理士，美国硕儒也。学术既覃，理想复富，默揣世界将来之进步，独抒奇想，托之说部，经以科学，纬以人情，离合悲欢，谈故涉险，均综错其中，间杂讥弹，亦复谭言微中。十九世纪之说月界者，允以是为巨擘矣。然因比事属词，必洽学理，非徒摭山川动植，侈为诡辩者比。故当觥觥大谈之际，或不免微露遁辞。人智有涯，天则甚奥，无如何也。至小说家积习，多借女性之魔力，以增读者之美感。此书独藉三雄，自成组织，绝无一女子厕足其间，而仍光怪陆离，不感寂寞，尤为超俗。盖胪陈科学，常人厌之，阅不终篇，辄欲睡去。强人所难，势必然矣。惟假小说之能力，被优孟之衣冠，则虽析理谭玄，亦能浸淫脑筋，不生厌倦。彼纤儿俗子，《山海经》、《三国志》诸书，未尝梦见，而亦能津津然识长股奇肱之域，道周郎葛亮之名者，实《镜花缘》及《三国演义》之赐也。故掇取学理，去庄而谐，使读者触目会心，不劳思索，则必能于不知不觉间获一斑之智识，破遗传之迷信。改良思想，补助文明，势力之伟，有如此者。我国说部，若言情谈故，刺时志怪者，架栋汗牛，而独于科学小说，乃如麟角。智识荒隘，此实一端。故苟欲弥今日译界之缺点，导中国人群以进行，必自科学小说始。

《月界旅行》原书，为日本井上勤氏译本，凡二十八章，例若杂记。今截长补短，得十四回，初拟译以俗语，稍逸读者之思索。然纯用俗语，复嫌冗繁，因参用文言，以省篇页。其措辞无味，不适于我国人者，删易少许。体杂言庞之讥，知难幸免。书名原属自地球至月球在九十七小时二十分间意，今亦简略之曰月界旅行。

癸卯新秋译者识于日本古江户之旅舍。

**环游月球一卷　商务印书馆本　光绪三十年七月出版**

法国焦奴士威尔士著，日本井上勤译，商务印书馆重译。

记亚美利加合众国独立战争时，联邦内马里兰国都巴的摩地枪炮公司总理巴毗根穴居弹丸，借发射力以达月球事。

此书即《月界旅行》，惟三人既入弹丸后，一切情形为《月界旅行》所未及。盖彼仅译其半，而此则全帙也。

**黑行星一卷　小说林社本　光绪三十一年七月出版**

西蒙纽加武著，东海觉我译述。

记黑行星与太阳冲突，发出火炎，焚烧全球事。

**地心旅行一卷　广智书局本　光绪三十二年三月出版**

上海知新主人周桂笙译。

此书一名《地球隧》，记英国博士哈馥卿与其徒濮龄锡，同乘气球，旅行于地球之隧，自南极以达北极事。

## 理想

**未来战国志一卷　广智书局本　光绪二十九年正月出版**

东洋奇人著，南支那老骥氏译。

东洋奇人原序曰：以一乳臭书生，进而论天下大事，鲜不为识者所笑。虽然，余性狂价，未遑顾及。况于此列国之形势，东洋之运命，有不得不痛哭流涕、长太息者邪！

试开巨眼，而睆视列国之形势，观察东洋之运命，其为可恐之修罗巷，佛经语。如何耶，其为可悯之奴隶界如何耶。惨淡暗雾，横迷列国之间。郁勃激波，冲突东洋之岸。一时迫于一时，一步危于一步，呜呼，此可恐之修罗巷，此可悯之奴隶，岂吾人因循姑息，以贪安眠之秋耶？此所以不得不大声喝言，搅破世人之迷梦，而使知所警戒也。

我日本士人于此，须注察蜻蜓州之将来如何，东洋之未来如何，列国之结果如何。以注察望人，而亦以顾省策己，将顾省其有积山埋海、滔天蔽地之蓄财耶？有鞭汗马而指挥三军，以蹂躏列国草野之英雄耶？有侃侃谔谔，鼓其涨河之辩舌，而唤起世界舆论之豪杰耶？虽然，竞争不止东洋已也，萎靡亦不止东洋已也。偶一念及，潸然泪下，而忧其元气之衰颓，且恨无格龙伟、拿破仑其人者，再突起于世，而与论世界之大势也。

世之文学者，动曰杀伐之气象，荼毒其社会者也。此言诚然，然余岂好讲杀伐哉？今日时势，当列国互磨其齿，锐其牙，而将肆奋吼之际，独伪装其文明，而彷徨眩目于夜光之花者，此余所大摈斥者也。

而余所以敢痛论武备之不可不兴起，海防之不可不振作者，欲率我东洋一孤岛，冲冒于黯雾激波之间，一鼓而为东洋之霸国，再鼓而为世界列国之盟主，不欲喁喁溺溺，而浮沉于东洋之波上耳。

虽然，余非专主尚武论者，盖知立国之大本，经世之阖策，非特此区区武备所能尽也。故余既主张兴起武备，同时又奖励航海及贸易，以率斯民尝郁郁自由之美味者，余固不必喋喋，而读者当亦知所谅也。

少壮血气之际，议论多驰于激烈，不独余为然也。古今一辙，东西一轨，盖亦有不得已者。何则？身处社会之舞台，其所行为当与之相适合，斯人也庶与世有所关系，否则中正以下，因循之议论，不适于社会之大法之以进取为性也。况于今日天下滔滔，士民皆优柔惰弱，沉溺酣眠，非千斤之爆裂弹，突然破烈其眼前，有不奋起者也哉？

时明治二十年五月初旬，东洋奇人识。

凡例：一、是书原名《世界列国之行末》，以累赘故，易其名曰《未来战国志》。一、是书回目，本非偶语。今偶之，以醒眉目。一、原书地名人名概以和文，如德利耶玛，和文为トリセコ，不译鸟山而译德利耶玛者，从其音也；ウマキ，译马关者，从训，且仍其旧也；ホソコソ、ツセソハイ，译为香港、上海者，仍其旧也。一、是书节目，有译汉不甚醒豁者，节而易之。一、原书无楔子，译者增之。一、地名旁双直，人名旁单直，而引号则为引用句，或突出语，用以醒眉目。一、地名人名之已志直于前者，后不复直。

此书预计纪元二千五百四十三年，波罗的专制国攻击参国，参国女子泰启哈纳乞援合众共和国事。楔子言书中夸大日本，且若利支那之灭亡。此亦敌国恒情。又云书共两卷，而此则仅译其上卷耳。

**极乐世界一卷　广智书局本　光绪二十九年三月出版**

日本矢野文雄著，披雪洞主译。

矢野文雄曾任中国公使，夙以文名著。此书原名《新社会》，其意欲破旧社会之一切制度，而行大同之法。因生计界之竞争，而论及农工商业教育行政，实日本自著书中空前之名作也。

## 伦理

**美洲童子万里寻亲记一卷　商务印书馆本　光绪三十年十月出版**

美国增米自记，英国亚丁编辑，闽县林纾、长乐曾宗巩同译。

林纾序曰：宋朱寿昌去官寻母，苏诗纪之，顾朱氏不自为记也。明周蓼洲之公子奔其父难，记则门客为之，公子亦未尝自记。则《万里寻亲记》为余所见者，仅瞿翁两孝子而已。然入于青年诸君之目中，则颇斥其陈腐，以一时议论，方欲废黜三纲，夷君臣，平父子，广其自由之途辙，意君暴则弗臣，父虐则不子。嗟夫，汤武之伐桀纣，余闻之矣。若虞舜伯奇，在势宜怼其父母，余胡为未之前闻邪？顾犹曰支那野蛮之俗，故贤子恒为虐亲所制。西人一及胜冠之后，则父母无权焉，似乎为子者均足以时自远其亲。而余挚友长乐高子益而谦，孝友人也。曾问学于巴黎之女士，迨子益归，而女士贻书子益，言父母皆老，待养其身，势不能事人，将以弹琴授书活其父母；父母亡则身沦弃为女冠耳。余闻之恻然，将编为传奇，歌咏其事。旋膺家难，久不填词，笔墨都废。洎来京师，忽得此卷，盖美洲一十一龄童子，孺慕其亲，出百死，奔赴亲侧。余初怪骇，为非欧美人，以欧美人之文明，不应念其父子如是之切。既复私叹，父子天性，中西初不能异。特欲废黜父子之伦者，自立异耳。天下之理，愚骙者恒听率狡黠者之号令，彼狡一号于众曰："泰西之俗，虽父子亦有权限，虐父不能制仁子。吾支那人一师之，则自由矣。"嗟夫，大杖则逃，中国圣人固未尝许人之虐子也，且父子之间不责善，何尝无自由之权？若必以仇视父母为自由，吾决泰西之俗，万万不如是也。余老而弗慧，日益顽固，然每闻青年人论变法，未尝不低首称善；惟云父子可以无恩，则决然不敢附和。

故于此篇译成，发愤一罄其积。光绪三十年七月既望，闽县林纾畏庐序于京师寓楼。

**英孝子火山报仇录二卷　商务印书馆本**

英国哈葛德著，闽县林纾、仁和魏易同译。

林纾序曰：吾先哲有言，圣人人伦之至也。林纾曰："人伦之至归圣人，安得言一圣人外无人伦？"宋儒严中外畛域，几秘惜伦理为儒者之私产，其貌为儒者，则曰："欧人多无父，恒不孝于其亲。"辗转而讹，几以欧洲为不父之国。间有不率子弟，稍行其自由于父母教诲之下，冒言学自西人，乃益证实其事。于是吾国父兄始疾首痛心于西学，谓吾子弟宁不学，不可令其不子。五伦者，吾中国独秉之懿好，不与万国共也。则学西学者，宜皆屏诸名教外矣。呜呼，何所见之不广邪？彼国果无父母，何久不闻有商臣元凶劭之事？吾国果自束于名教，何以春秋之书弑者踵接？须知孝子与叛子，实杂生于世界，不能右中而左外也。今西学流布中国，不复周遍，正以吾国父兄斥其人为无父，并以其学为不孝之学，故勋阀子弟，有终身不近西学，宁钻求于故纸者。顾勋阀子弟为仕至速，秉政亦至易；若秉政者斥西学，西学又乌能昌？余非西学人也，甚悯宗国之蹙，独念小说一道，尚足感人。及既得此书，乃大欣悦，谓足以告吾国之父兄矣。书言孝子复仇，百死无惮。其志可哀，其事可传，其行尤可用为子弟之鉴。盖人莫不冒利而怖死，孝子已拥资累巨万，则尽弃弗恤，再厄于水，三厄于刀，瘟疫拷掠，靡所不尝。势皆可死，而坚持母仇必复之志，又幸皆不死，仇卒以复。此又颜习斋之所不及矣。事迹繁重，吾序不能备举，今但问世之君子，吾身重耶？吾亲重耶？吾宁忘仇而享素封，正耶？因复仇而弃其资产，正耶？则将曰亲重报仇正，然则有是之者，足为名教中人，可无怫于伦理矣。则将曰然，然则此事出之西人，西人为有父矣，西人不尽不孝矣，西学可以学矣。呜呼，封一隅之见，以沾沾者概五洲万国，则目论者之言也。虽然，吾译是书，吾意宁止在是哉？忠孝之道一也,知行孝而复母仇,则必知矢忠以报国耻。若云天下孝子之母皆当遇不幸之事,吾望其斤斤于复仇,以增广国史孝义之传,为吾国光,则吾书不既傎乎?盖愿世士图雪国耻,一如孝子汤麦司之图报亲仇者,则吾中国人为有志矣。大清皇帝光绪三十一年四月,闽县林纾畏庐父序于都下望瀛楼。

又译余剩语:

是书本叙墨西哥亡国事。墨之亡,亡于君权尊,巫风盛,残民以逞,不恤附庸,恃祝宗以媚神,用人祭淫昏之鬼。又贵族用事,民逾贱而贵族逾贵。外兵一临,属国先叛,以同种攻同种,犹之用爪以伤股,张齿以啮臂。外兵坐而指麾,国泯然亡矣。呜呼,不教之国,自尊其尊,又宁有弗亡者耶?

瓜迭马克者,墨之嗣王,犹金哀宗守炬也。幽兰一炬,史家惜之,顾犹不如瓜迭马克之坚忍。先是,墨人窖重宝于地,西兵百索不得,遂滥刑以施,瓜迭马克手足焦烂,终始不言窖金所在。呜呼,吾闻明季六君子之狱矣,然犹曰魏珰之报私怨也,世安有囚亡国之帝,加以炮烙,刺取窖金,何与闯贼之入燕同也?西班牙可太时为世名将,行为乃同草寇,然则身为国民者,宜戮力同保其国,脱一受外兵,安有幸免之事耶?

孝子受瓜迭马克殊知,宝与同瘞,身与同刑,亦皆不言,凛凛乎其勇男子也。可太时遂以孝子授其仇若望。若望者,即杀孝子之母之人也。处孝子加酷,孝子慨然受之,备极惨暴,终无挠诎之言。盖自念身为母身,世可死于仇刃,身亦何妨更殉之仇以从母。自有此念,义心勃然,千灾五毒,一不之恤。呜呼,孝之于人,能自生其神勇矣。

汤麦司之言曰:吾不欲令读吾书之人,谓我图报母仇之故,至于备极刑酷如是,灰天下人子之心。孝哉言乎,此即所谓永锡尔类也。吾译至此,哽咽几不能着笔。

小说一道,不着以美人,则索然如啖蜡。然汤麦司身为孝子,使俪之以荡妇,则作者必不至有此文心。哈先生不知作何幻想,乃觅取节烈二妇为孝子偶，王章殊有妻矣。丽榴以藁砧之故，作二十年单栖，后乃圆其破镜。倭土米情钟客卿，出百死相卫，国破家亡，始以身殉。一烈一节，在吾中烈女传中，犹铮铮然。顾一得之野蛮，一得之文明，彼此若合符节。性恶之说，吾又不能信荀卿矣。

倭土米归汤沐邑起兵时，誓众之言曰：父兄何为乐子弟为奴，而惮于死国。部人因之大奋，然国亦寻灭。义气已凌纸而发。呜呼，是言女子之言也，尚能权为奴与死国之轻重，世有男子，乃甘媚外以奴自居，何也？畏庐附识。

## 道德

**狱中花二卷　广学会本　光绪二十七年出版**

法国散颠著，美国女士亮乐月译，镇江陈春生笔述。

原叙曰：此书撰自法人散颠，时在西历一千八百四十余年。先生诚实可信，聪颖过人，心无瑕疵，且极仁爱。每晚必自省一日所作之事，笔之于书，以资儆惕。书中美善之处，仅露先生言行之一斑耳。先生著作颇多，其极驰名誉者，无过此书。迄今六十年间，已排印五十余次，并多有译作欧美各国文字者。此书始出行世，法人视同拱璧。其时丹青所绘，伶人所歌与优孟所扮演者，俱系《狱中花》故事。甚至富室名园中，偶得何种奇花，亦以狱中花命名。此书如何脍炙人口，已可概见。然先生之心，仍自淡然。尝谓人曰："凡人著作何书，不当图一己之名，当审众人之益。"由是观之，是知先生之书不惟大得名誉，实与世道人心大有裨益矣。深愿阅是书者，慎勿以寻常稗官等量而齐观也。

法皇鲁意拿波伦复散颠公函：

按：鲁意拿波伦乃法皇拿波伦义外甥孙，因拿波伦势败不久，鲁意斐礼获法皇之位，遂置鲁意拿波伦于舍狱，后乘间逃至英国。至鲁意斐礼出亡，始得复国。旋经法人举为民主之君，复陟皇帝之位。

累蒙诸大方家不我遐弃，惠赠佳作，拜受之下，感激良深。其最不能忘情者，无过足下颁赐之《狱中花》一书，实一出类拔萃，有益世道人心之作也。覃研书中大旨，宛如专为予一囚人而作。中寓儆醒、诲训、安慰三要意，一使予追忆外祖母，即法皇后约瑟斐。淑范美德，如何可风；二使予知世间万事，及一切灾患，犹之泡影浮光，转瞬即去；三使予知深思之人，无论至何地步，其心均有真理安慰，自得无往不乐。人虽威权震世，其侍御左右者，仍不免有巧言令色之辈，转不若一遭冤者，能得真实心交。其忠厚之处，实出若辈万万也。特此谨复，藉鸣谢悃，并颂著安，不宣。西历一千八百四十三年八月十五日，鲁意拿波伦发自舍狱。另有香花一朵，系予于狱院中亲手栽植者，附陈座右，以博一哂。越日鲁意拿波伦又及。

考证：

散颠曰：此书所纪各事，大概确实可据。予曾亲见夏迩年妻面。自夏迩年去世后，其妻结庐于夏迩年墓侧，家有白发老仆一人，粗鲁朴质，饮食起坐，恒以平等礼相待。其女姿色艳丽，与母相仿，呼老仆为保父，老仆亦呼女为保女。按：欧罗巴洲及英美之天主教与监理会，凡为幼童行洗礼时，必延请一二人为保父保母，盖欲日后辅助督责此童，不入歧途而守圣道也。予又数次亲见夏迩年之妻，佩带系念盒，中有枯干狱中花一朵。其妻与仆为予缕述此花由何得来。更有夏迩年于狱中题写之诗词，予曾觅得数种。其初写者系以手帕，其后写者系以楮墨。并得国家议夏迩年之案卷数纸及其妻面述者，引为考证，实非凭空结撰也。

凡例：一、是书所纪皆是西事，但译作华文，自多隔阂。遇有中西语意相仿处则以华语代之，盖欲华人阅之爽目，非敢妄有改易也。原文仍分注于下，以存本真。一、中西音义不同，每译人地等名，各人不得一律，如意大利有作以大利，有作义大利者；拿波伦有作拿坡仑者。恐以一人而误作两人，一地而误作三地也。因作中西合璧表于卷首，以资考证。一、书中遇有人名，即以单线标识；遇有地名，即以双线标识，以示区别。一、书中遇有原来之评语，均另行平写，诗词均别行降一格写。间有解释,则分注于本句之下,以醒阅者之目。一、是书本无总目,特仿稗官小说之例,不揣鄙陋,每回编作对偶目录,使阅者便于记忆。一、是书句意仅依原本译出,惟中西语气不同,间有先后互易之处。非敢妄有增减,惟惜学识浅薄,才力不逮,尚祈博通中西之君子讨论润色,尤为幸甚。

**一柬缘一卷　商务印书馆本　光绪三十二年二月出版**

英国孛来姆著,兰言主人口译,江东老钝演义。

江东老钝序曰:正直者,社会之美质也;欺诈者,世界之变相也。世道日坏,人心日偷,欺诈之术百出,蝇营狗苟,惟富贵之是贪,遑计乎义不义;虽身败名裂,亦所不惜。攘往熙来,猎取富贵者,莫不肆其欺诈,以与正直者战。于戏,小人道长,君子道消,遂酿成一欺诈之世界。于是乎舆论雷同,变其名曰权术,而目正直者曰拙、曰钝、曰迂腐。然则世道人心,颠倒缪盭,至此极矣,尚可救乎?兰言主人慨然叹,瞿然起,欲提倡而改良焉。特注意于小说,大开帏幙,以欧美日本之可师可法者,尽献于同胞。或有憾其入人未深,导流未畅,乃以文言道俗,烛世态而牖乡愚,惜乎道德一门,犹阙如也。乃取英人所著之《伯爵之女》一书,口译而嘱老钝演其义。病其名晦,易之曰《一柬缘》,藉此警戒妇女贪憎妒嫉之心,则庶几乎讲求家庭教育,母仪妇德,群焉日臻。他日夺社会欺诈之机械,树以正直之旗帜,骎骎乎一国道德之风,从小说发端,即从《一柬缘》滥觞矣。嗟乎,或有讥今日之过渡时代,谓西方之公德未吸,东方之私德反漓,故导虎作伥、引狼入室者有之,惟外是媚、惟利是图者有之,狐假虎威者有之,甘为鹰犬者有之,猎取浮名、借为捷径者有之,不恤人言、纵客压主者有众,甚至杀同胞之身命,攘同胞之衣食,而后甘心者有之。得非世人所谓权术耶?而何以沉溺于富贵之中,颠倒缪戾,一至于斯邪?是书之出,其能唤醒此黑暗世界之欺诈社会否邪?我不禁蹙然悲,罣然望已。甲辰十二月二十四日,江东老钝序于海上。

## 教育

**贫子奇缘一卷　广学会本　光绪二十九年出版**

美国女士亮乐月译。

记瑞士国月溪外村恒施力以卖苕箒起家事。

**冶工轶事一卷　文明书局本　光绪二十九年九月出版**

法国刚奈隆著，上海朱树人译。

著者自序曰：国民教育者，所以使国民知本国行政裁判之制度，及国民之权利义务者也。近日课程条目中，以国民教育为小学校紧要课程，意则美矣，而收效实难。为童子敷陈名义，整襟而谈，使略记模糊影响之字句，无益也。不如演空言为实事，令读者如见组织运动之迹，则意义亲切，而于国民应尽之职分亦庶乎有所持循矣。此书之所由作也。前人著述，多载忠义勃发、舍身殉国之事，此杰出之国民也。是书所载，多寻常国民，凡笃于义务，能宣力社会者，皆不愧为良国民焉。国之强也，在于民，良国民愈多，则国愈强。此书出而能为国家增益良国民之数，则区区之微愿偿矣。著者识。

**儿童修身之感情一卷　文明书局本　光绪三十一年六月出版**

吴门天笑生译。

记意大利瑞那一工人子，年仅十三岁，单身寻其母于北亚美利加州事。

## 军事

**新舞台一卷　小说林社本　光绪三十年六月出版**

日本押川春浪著，昭文东海觉我译。

记日本巡洋舰日出，与海底战艇电光号，在中国海为俄国水雷艇所袭击。日出舰沉没，松岛大佐与樱木大佐节次设谋，誓复大仇事。

和文原帙名《武侠之日本》，明治三十五年十二月发行，与商务印书馆所译《秘密电光艇》，实两书也。

**新舞台二编一卷　小说林社本　光绪三十一年五月出版**

日本押川春浪著，昭文东海觉我译。

记怪巡洋舰送桃井男爵夫人之归国，稻村岩太郎与俄人吉内尔徒步竞争之历史，海光丸被劫之结果诸事。

觉我自跋曰：译者曰："余读《新舞台》第一编毕，见其布置井井，将由预备时代而入于实行时代。意其第二编必将单刀直入，前编所设诸疑阵一一解决之。及读本编毕，乃与前事绝不相侔，另辟一机局。噫，此何为者耶？余闻小说以耐人寻味为最佳，请诸君一深味之，其能悟乎？抑否乎？则三编之出，必急欲一读，拍掌欢迎之矣。"

和文原帙名《新造军舰》，明治三十七年一月发行。

**秘密电光艇一卷　商务印书馆本　光绪三十二年四月出版**

日本押川春浪著，会稽金石、海宁褚嘉猷译述。

即新舞台海底战艇之话三节，柳川龙太郎所述，弦月丸为海蛇舰触沉，与日出雄漂流至无人岛，遇樱木大佐，造成电光艇。又因海啸漂失秘密药水，乘轻气球购制造药液材料，为飓风飘荡，落印度洋中。为新落成军舰日出所救，同击沉海贼舰七艘。较《新舞台》叙述更详，译笔亦雅。惟未及日出舰为水雷艇击沉事耳。

和文原帙名《海底军舰》，明治三十三年十一月发行。《新舞台》即《武侠之日本》，与此书实两帙也。

《秘密电光艇》原序云：今世界各强国，竞汲汲于整饬海军，蕲海事之日进之日上，诚欲握制驭之权，张国家之威福也。我帝国本世独一无二之海国，将以宣扬国威，增进国利，必先收海上之权力，以盛输运，翼商政，扩充富强之业。而达兹目的，则无亟于奖励国民之海事思想者。是书本科学之进步，创海军之秘制，命意奇兀，结构瑰雄，使读者若研究精神教科书，将由此骎骎推大，自茁然含其海事思想，而炽人为国之热心。余喜其将刊行于时，以饷志学者，爰为识数言于简首。伯爵吉井幸藏序。

## 武侠

**埃司兰情侠传二卷　自印本　光绪三十年七月出版**

英哈葛特著，闽县林纾、仁和魏易同译。

林纾序曰：阳刚而阴柔，天下之通义也。自光武欲以柔道理世，于是中国姑息之弊起，累千数百年而不可救。吾哀其极柔，而将见饫于人口，思以阳刚振之。以老惫不能任兵，为国民捍外侮，则唯闭户抵几，詈孔光不言温室为畏死，师德唾面自干为无耻，究于国家尺寸不能益也。嗟夫，英法之人，重私辱而急国急，宁今日为然，盖千数百年之前已然矣。埃司兰之民，未开化之民也。吾观其中男女，均洸洸有武概，一言见屈，刀盾并至。迹虽迩于盗侠，然部中各有父兄，为之平亭疑法，固我古中国之宗法，即未臻于文明极治，而阖户噤口，坐受人侮，则未之见也。是书所述多椎埋攻剽之事，于文明轨辙相去至远，然其中之言论气概，无一甘屈于人。虽喋血伏尸，匪所甚恤。嗟夫，此足救吾种之疲矣。今日彼中虽号文明，而刚果之气仍与古俗无异，特既富而显，不欲为急装缚袴之状以自矜炫；然偶犯其其锋，问有甘心让人者乎？则名虽文明，其根株仍蛮耳。是书情迹奇诡，疑彼小说家之侈言。顾余之取而译之，亦特重其武概，冀以救吾种人之衰惫，而自厉于勇敢而已。其命曰《情侠传》者，以其中有男女之事，姑存其真，实则吾意固但取其侠者也。光绪癸卯嘉平之月，闽县林纾序。

涛园居士序曰：余友林畏庐征君，治《史记》《汉书》廿五年，长于叙悲，巧曲哀梗，人所莫言，言而莫尽者，征君则皆言而皆尽之矣。余读其文,似得力于马第伯《封禅仪记》及班书《赵皇后传》,故奥折简古至此。征君昔曾译《茶花女遗事》,严几道以为支那浪子之魂咸为所荡,而征君自言,则谓茶花女用心,盖如古之龙比,抵死不变。议论颇奇诡骇众。癸卯之秋,余朝京师,征君复出此卷见示,中以桓桓武概之爱力克,乃为情所罥,至于坠涧以死。离奇变幻,与中国小说之界截然不犯。征君语余,哈葛得者,英之孤愤人也,恶白种之霸驳,伪为王道愚世。凡所诩勇略,均托诸炮火之厉烈以矜武能,殊非真勇也者。故哈氏之书,全取斐洲、冰洲之勇士,状彼骁烈,以抒其郁伊不平之概。而今日开化诸君子读之,则必斥为野蛮之陈迹耳。余曰:"欧洲百余年来进化日速,实不测其涯涘,然彼中剧场,则多演罗马故事,至购取古器物图画,凡亚剌伯、西西里、希腊之一笺一素、一盂一爵,恨不惜数十万金得之。盖其嗜古之心,有匪言所详者。此书摭拾古冰洲事实,宁在所怪?且余每见富贵故家必多嗜古物,彼西人富强之基久立,故乐取野蛮时代之轶事,用娱其心。犹之显宦大老与后生款语,必喜述其微时落寞之状。语固谦质,心实骄裕。然则哈氏之书,讵尽关孤愤哉?"征君笑曰:"涛园居士,知言者也。"趣余即书其上。

**鬼山狼仙传二卷　商务印书馆本**

英国哈葛德著,闽县林纾、长乐曾宗巩同译。

哈葛德原序曰:余手著此书,固挟勇敢之心,编野人之史,餍诸当世嗜吾书者之眼。此书为余前十七年在南亚斐利加时之著作。吾年尚稚,客中侍数长德之后,均年五十以后,寄居苏噜,习其土著如朋俦,因得询其历史,审是中壮士风概与其古俗,闻所创闻,传诸人口,万众一辞。顾彼国亡人殒,后来亦无倔起之人,今残黎寥寥,恐过此以往,亦无能言者矣。方吾辈来时,苏噜尚为影国,今则声影俱寂,白种人蟠居其地,蠹蚀其根,至于糜烂无余,而前此尚武之精神,则凛凛莫之过焉。顾白种乃以平和之酝酿,积渐消磨之。今彼垂尽,可哀也哉。苏噜刚敢无敌之风概,赫然为天下奇观者,竟瞥眼如飘风焉。盖安阔地一战，倾覆无余矣。然兵制之备，士气之勇，经营鼓励，均肇自查革一人。其始结一小小营队，在此百年中权舆部落至纤微也。考其灭亡，则在一千八百二十八年，死于其手足安黎根那、邓革与其奴摩波矛下。方其未死时，凡东南部之亚斐利加，悉居彼裁制之下。或云彼国力之伟，杀人不止一百兆。此百年中之初年，东南部亚斐利加人绝少，实查革一人屠戮垂绝。以下吾书所述，为宇内之英雄、最枭侠之魁渠实录，合拿破仑、特伯利斯为一手，故暴烈至于无上；而嗣王邓革，则琐琐无录。然著书者之宗旨，则遵小说经途，必曲绘查革之事实，虽纤细必举，使有位者生其尚武之精神，尤不能不稍加点染，令观者爽目，代亚斐利加之外史。然吾书所言半多轶事，为他书所无，非纯史之家，仓卒中亦不详斐洲之事，故吾书必历历言之，以备阅者简择。第着笔至难耳，凡为外史家言，当舍文化，但言其榛狉之状，残杀尚勇之风，存国故实，张为古音，以发幽响。故余书叙苏噜事，至劲悍无伦，叱咤之间，伏尸十万，厥状亦云烈矣。乃以野蛮故，不能发现于文明之世界，以文明人固无此蛮想。虽近时炸药鱼雷，杀人亦烈，其烈亦不如查革；乃不称查革，而称炸药鱼雷者，正文野之别耳。然虽如此，而吾书欲存故事，亦不能不述野蛮之言。彼难予者，必将曰此书叙杀戮过当，非文明人语，或专门报章中述及此耳。又或曰此书出可立毁之，吾辈尚自由，胡乃以霸王专制事，令人馁丧。不知吾书特纪事，备史家采摭，非好妄语，以取大雅君子之罪责。今彼人尚云查革亲弑其母安莺谛。弑母之由，吾书已历叙之，且一举覆麦革丹马全族于达底耶纳之山谷，惨烈之刑，闻者发指。而又尠其临死之预言，言白种人将躏其族，后乃皆验。此三事，斐洲遗老实时时述之。至邓革戕教，烧杀健儿示武，此二事则不辨其信否矣。传此事者，盖一游食苏噜之人，语著书者以状，因而记之，实莫得其确据。然邓革之为人，残暴无人理，宜视人命如草菅，初不甚惜。若摩波者，当余编述时，其人尚生。彼手刃查革后，逃入深山，与人世绝，不知为矛所剸耶？或屏居斯登角，易名为瑞德者耶？则不可知矣。至绝世美人，身死岩洞，父老咸传其事为故实，此故已在余书一一存其面目，无敢僭羼以己意。其后有黎西利者，死于一千八百七十年中。死后有人传其遗书，书中正叙苏噜事。余取而证之，后此始闻作者身世。其人曾云，吾才能为小说者，必著一集，合人生第一等之感情。其言及其宗旨，乃果发现之于吾书矣。书中尚云洛巴革以诡谋取苏合西。苏合西，天险也，竟唾手得之。黎西利又云，此事滋确，苏噜人自兵间归，告余。入险成功，得妻而返。黎西利之能成此书，得力于其友者至多。友名西尼，为苏噜极边之贾人，见闻极广，咸得诸内地之传播。因以述之黎西利。黎西利亦成一书，名曰《苏噜内地记》。又有约翰者，编日记成帙，亦言苏噜事。其人居那达勒，为度支使。日记中则逐年纪那达勒之时政。余得此书，证以苏噜新辟世界中故事，颇穷其纤悉。至于野蛮如洛巴革及革拉氏，从群狼行猎，则荒谬之尤，实类小说中之妄语。兹过余亦任之，由苏噜内地实无狼，以识者观之，则壮士任侠，托为狼名，亦未可定。若那彼数书所传之事实，以意度之，在榛榛狉狉中，每有如是之侈述。如倭西沙革书，恒历历言之矣。若鱼鹰之椎，苏噜人谓之无那路拉麦西布库。在喀拉威教士书中，亦云为古时之利器，蛮族中人曾一用之，用者曰安利卑。其人为自由人，无论他族扰攘，直以此椎入而镇之，皆定；即苏噜兵冒触其锋，一椎之下，死人以二十为数。矛队遇之，直如坚芦之竿，鞭覆小草，立殒。其人力绝大，杀豹如扑蝇。如吾书中叙洛巴革力扨叛奴之身而死，其同英武矣。平心论之，吾书多旷渺之谈，实则中含玄机，亦不能示人以兆。若云言逾其实，吾亦不即甘受。余曾闻一故事于先辈，曰古苏噜明神，似曾临照苏噜，鼓荡其英侠之气，故国民果毅如是。此一节与西尼言至类，其言曰，部中有神，曰南柯布鲁万，为天上女王，曳白衣，状如少女，为天帝之使。其见神多择人而显其神通，无论何语，外人咸莫能闻。方苏噜未战之前，神复降，示人以将有大故，且言灾害将立至。天降火于古皇之殡宫，宫中火亦大炽。其第二次降于苏噜，则迷惘群妇人，生瘗其子，露首地上待死。悠然自归，而儿能啼，均不死。

追暮则挖地取儿，儿生也。由是观之，此神固蓄方术。听者将唾吾面，不知苏噜人迷信此神，咸蓄异想，贵者极贵，富者极富，自信身得神佑，故富贵永永不杀。读者欲知吾书之详，当一一检阅喀拉威之书。彼书固多言古苏噜之宗教也。今约言之，苏噜之人崇祀者惟其先祖，自祖考上追崇所始，至于天帝而止。摩波者，微贱人也，生有儁才，能记故事，历历如贯珠，实以专制为宗旨。吾书但撷采精华，期振作国民精神而止。且倍增其色，使观者神动，其事宁易易哉？书中图画详赡，而皆有凭证，又多从文法中出，临时取证，靡不符合。即言故事之摩波，虽报仇杀人，有干天律，不能使其部民自由，而方寸之中，则夷然无怍，方知自由之至可乐也。哈葛德叙。此文极冗长，然原作如是，不能不存其真。译者于序事之文有时颇加芟节，惟论事之文则不敢妄意裁减，故此文颇不中程。中西文法稍异，识者谅之。译者记。

林纾序曰：畏庐曰，余前译《孝子火山报仇录》，自以为于社会至有益也。若是书奇谲不伦，大弗类于今日之社会，译之又似无益。不知世界中事，轻重恒相资为用：极柔无济也，然善用之，则足以药刚；过刚取祸也，然善用之，又足以振柔。此书多虐贼事，然盗侠气概，吾民苟用以御外侮，则于社会又未尝无益，且足以印证古今之风俗。宋孟珙《蒙鞑备录》曰："凡占吉凶，每用羊胛骨。"而是书中言神巫占卜，则亦用牛骨也。文惟简《虏廷事实》曰："富贵之家，人有亡者，取其肠胃，实以热盐。"而是书言腌尸，亦用盐也。其尤奇者，苏噜杀人之烈，乃一一如《蜀碧》之记张献忠。查革自戕其子，则与《汉书·孝成赵皇后传》中所记，又无异也。余最服班孟坚记赵昭仪，以绿绨方底，取牛官令舍妇人新产儿，凡两戮儿，一写绿绨方底，一写绿囊书。曲折幽闼，为好手稗官百摹不能一及。今此书写摩波存儿事，情事亦至曲折。余间以汉书法写之，虽不及孟坚之高简劲折，而吾力亦用是罢矣。凡以上所言，均非是书精神所在。是书精神，在狼使洛巴革。洛巴革者，终始独立，不因人而苟生者也。大凡野蛮之国，不具奴性，即具贼性。具奴性者，大酋一斥以死，则顿首俯伏，哀鸣如牛狗；既不得生，始匍匐就刑，至于凌践蹴踏，惨无人理，亦甘受之。此奴性然也，至于贼性，则无论势力不敌，亦必起角，百死无馁，千败无怯也，必复其自由而已。虽赋性至厉，然用以振作积弱之社会，颇足鼓动其死气。故西人说部，舍言情外，探险及尚武两门，有曾偏右奴性之人否？明知不驯于法，足以兆乱，然横刀盘马，气概凛然，读之未有不动色者。吾国《水浒》之流传，至今不能漫灭，亦以尚武精神足以振作凡陋。须知人心忍辱之事，极与恒性相戾。苏味道、娄师德，中国至下之奴才也，火气全泯，槁如死人，无论矣。若恒人者，明知力不能抗无道，然遇能抗无道之人，未尝不大喜，特畏死之心胜，故不敢出身与校。其败类之人，则茹柔吐刚，往往侵蚀稚脆以自鸣其勇。如今日畏外人而欺压良善者是矣。脱令枭侠之士，学识交臻，知顺逆，明强弱，人人以国耻争，不以私愤争，宁谓具贼性者之无用耶？若夫安于奴，习于奴，恹恹若无气者，吾其何取于是？则谓是书之仍有益于今日之社会可也。闽县林纾叙。

**撒克逊劫后英雄略二卷　商务印书馆本**

英国司各德著，闽县林纾、仁和魏易同译。

林纾序曰：伍昭扆太守至京师，访余于春觉斋。相见道故，纵谈英伦文家，则盛推司各德，以为可侪吾国之史迁。顾司氏出语隽妙，凡史莫之或逮矣。余适译述此篇，即司氏书也，故叩太守以所云隽妙者安指。太守曰："吾稔读《吕贝珈传》，中叙壳漫黑司得善射，乃高于养吾。吾已摭拾其事，入英文课中矣。"余大笑，立检此稿示太守，自侈与太守见合。太守亦大喜，翻叩余以是书隽妙所在，趣余述之。余曰："纾不通西文，然每听述者叙传中事，往往于伏线接笋变调过脉处，大类吾古文家言。若但以是书论，盖有数妙。古人为书，能积至十二万言之多，则其日月必绵久，事实必繁伙，人物必层出；乃此篇为人不过十五，为日同之，而变幻离合，令读者若历十余稔之久。此一妙也。吾闻有苏三其人者，能为盲弹词，于广场中，以相者囊琵琶至，词中遇越人则越语，吴人、楚人则又变为吴楚语，无论晋豫燕齐，一一皆肖，听者倾靡；此书亦然，述英雄语肖英雄也，述盗贼语肖盗贼也，述顽固语肖顽固也，虽每人出话恒至千数百言，人亦无病其累复者。此又一妙也。书中立义，与天主教人为难，描写太姆不拉壮士，英姿飒爽，所向无敌，顾见色即靡，遇财而涎，攻剽椎埋，靡所不有，其雅有文采者，又谲容诡笑以媚妇人，穷其丑态，至于无可托足，此又一妙也。《汉书·东方曼倩传》叙曼倩对侏儒语，及拔剑割肉事，孟坚文章火色浓于史公，在余守旧人眼中观之，似西文必无是诙诡矣。顾司氏述弄儿汪霸，往往以简语泄天趣，令人捧腹。文心之幻，不亚孟坚，此又一妙也。且犹太人之见唾于欧人久矣，狗斥而奴践之，吮其财而尽其家，欧人顾乃不怜，转以为天道公理之应尔。然国家有急，又往往假资于彼族，春温秋肃之容，于假资还资时斗变其气候。犹太人之寓欧，较幕乌为危，顾乃知有家而不知有国，抱金自殉，至死不知国为何物。此书果令黄种人读之，亦足生其畏惕之心。此又一妙也。包本王裔之于拿破仑，漆身吞炭，百死无恤，又日为秦廷之哭。英俄怜之，挟以普奥之怒，因得复辟。虽为祚弗修，其复仇念国之心，可取也。今书中叙撒克逊王孙，乃嗜炙慕色，形如上偶，遂令垂老亡国之英雄，激发其哀厉之音。愚智互形，妍媸相对，令人悲笑交作，此又一妙也。吕贝珈者，犹太女郎也，洞明大义，垂青英雄，又能以坚果之力，峻斥豪暴。在犹太中未必果有其人，然司氏既恶天主教人，特高犹太人以摧残之。文心奇幻，此又一妙也。华德马者，合贾充、成济为一手者也。其劝喻诸将，虽狡诈者亦将为之动容。天下以义感人，人固易动，从未闻用篡窃之语，宣之广众，竟似节之可听者。则司氏词令之美，吾不测其所至矣。此又一妙也。综此数妙。”太守乃大韪余论。惜余年已五十有四，不能抱书从学生之后，请业于西师之门。凡诸译著，均恃耳而屏目，则真吾生之大不幸矣。西国文章大老，在法吾知仲马父子，在英吾知司各德、哈葛德两先生。而司氏之书，途术尤别，顾以中西文异，虽欲私淑，亦莫得所从。嗟夫，青年学生，安可不以余老悖为鉴哉？光绪三十一年七月六夕，闽县林纾畏庐甫叙于春觉斋。

## 下卷

### 侦探

**新译包探案一卷　素隐书屋本**

一、英国包探访喀迭医生奇案，见《伦敦俄们报》；二、英包探勘盗密约案；三、记伛者复仇事；四、继父诳女破案；五、呵尔唔斯缉案被戕，见滑震《歇洛克·呵尔唔斯笔记》，桐乡张坤德译。

此《时务报》所译，汇刻成帙者。由是呵尔唔斯之探案，一续再续，而侦探小说译本多至数十种，皆此书为之首基也。

**续译华生包探案一卷　文明书局本　光绪二十八年十二月出版**

警察学生译。

一、三开字五橘核案；二、跛海淼王照相片；三、鹅腹蓝宝石案；四、伪乞丐案；五、亲父囚女案；六、修机断指案；七、贵胄失妻案。

**四名案一卷　文明书局本　光绪二十九年十月出版**

医士华士笔记[①]，英国爱考难陶列辑述，无锡吴荣鬯、嵇长康同译。

嵇长康序曰：亘廿世纪，其意匠镕铸全社会，其感情深刻人群脑髓中，足以激发国民政治思想、团体精神，暨各种科学之原理，有以批窾奥、穷变幻者，莫如西国文学界中意必蕴藉、言必雅驯之小说。故

---

① 华士：似为“华生”之讹。

欧美名流，察广宇悠宙之大势，洞人种物类之赜理，探原立论于过去、现在、未来间，著为历史小说、政治小说、哲理科学小说以及政党、军情、言情、志怪种种小说。或仿札记之例，或拟传奇之体，乃以极世界说部之大观。呜呼噫嘻，小说界势力范围，不诚涵盖全球，披靡一世哉？至探侦小说者，为我中国说部之缺点，而欧西通人独辟思潮，别开生面之杰构也。而探侦实业之巨子，吾必崇拜英国理想家休洛克为泰斗。何则？以彼理想之学，遗躯壳而重灵魂，浚神经以究物理。当冥心孤往时，大自大千诸天，小至微尘芥子，有无坚不摧、无微不破之能力。今试本其观察理审之作用，历级求之，彼之各各理想，恒由微而至著，钩深以知远，举凡万汇错综之为动为植，有觉无觉，有官无官，有质无质者，一归宿诸实验，而探侦以神。例如先由声热光电诸无质不可称量物，以进验有质可称量者；继由金石水土诸无官体物，以进验有支体官理者；更由诸无智觉植物，以进验有智觉运动者；终由不灵之胎生、卵生、甲生、湿生、化生等物，以进验一切众生中之灵者。根此理想，是以独垄断探侦中之生涯，而智术所照，遂如铸禹鼎、然温犀，怪怪奇奇，无形可遁。由前各说，即呵自述先沉溺于化学剖分试验中，折而推求此案之问题，挈领提纲，一筹全局云尔。至其高探业上之声价也，如世尊起于菩提树下，有上天下地，惟我独尊之概。其受探业上之付托也，有佛为一大事出世，众生同体，慈悲普度之概。从知此书开宗明义第一章，自谓议探二字之名词，由我而起。第十章谓各种研究，尽为彼专门学问者，洵非溢美。至谓吐弃陈腐之学业，研究艰深之问题，吾尤必推彼为探业中之哥仑布、玛赛郎矣。医士华生，时时以慧眼观察彼理想之作为，时时以雄笔记载彼理想之能事，摭罗全案，盛水不漏，使举世读者亦自然悲智相剂，愿力无尽，罣然深高立须弥，俛视群虻之怀抱。是则之二子者，一现生，一写生，各极其四肢五官，十有七种之原质，一百有奇之骨节，八万四千毫孔之能力，以铲除人间社会种种之孽根，描写人间社会种种之变局，则虽谓合无量数眼鼻耳舌心触发以干事，合无量数眼鼻耳舌心触发以作鉴，并合无量数眼鼻耳舌心触发以组织是书可也。顾华生记呵探侦事，多至七十余案，其已经译出而为我国说部界所欢迎，并为我国说部界放一异彩者，书凡两见，大要皆集录之体，自成篇段，不相统贯者也。惟此书体例之特色，振纲提目，如桐城吴氏所谓建立一干，枝叶扶疏者，庶几近之。而书中烘托霞绮，翻腾波澜处，更有一段温浓美满之姻缘，作离奇巧合于公义私情一得一失间，于探案之上，愈觉有声有色。譬诸讲图学者，摹写一种横槊高歌、看剑引杯之豪情胜概，必间以红鬟低唱、翠袖提壶情韵，以点缀之；譬诸观戏剧者，演过《三国志》、《水浒传》，厌见习闻夫国家鼎立时代之战争，下流社会起义流血之历史，必愿得《红楼梦》、《桃花扇》、《牡丹亭》、《西厢记》等绘影绘声之演剧，以消息之。此亦小说之内容适于公例然也，抑小说之价值为社会所公认者，亦以与公例适者居优点，与公例背者居劣点，则文足贵焉。惟译书之难，斟酌于字句之间，迁就于笔舌之下，求其信达雅兼备者，如凤毛麟角之艰鲜。岁季春，吴君震修归自南洋铁路学堂，越二月将东游，于假中译成是书，不以予为不文，乃属点定之。顾斟酌于字句之间，迁就于笔舌之下者，其难乃称是。欲妄施藻饰，极瑰伟陆离之观，则犹移金星、木星上动物以实美洲。深惧予有识者以不类之诮，将仍素地而不文，诮之者或更有说，于是视下笔如移山，从事一小时即失我一小时自由之乐趣，故时作时辍，至岁暮乃蒇事。昔日本文学士寺内淳二郎译日耳义大学教授书，以庸工毁玉自逊。此则正可为予赠矣。虽然，法国之有朝露楼报也，发行之册数以百万计，至销路之涨缩，其原因乃一根诸小说。英已故内阁皮根所著燕代鸣翁小说，原稿之值，乃获一万镑。小说之于人间社会，固如是其重也。此书之原文，其价值或竟与二者作同等式之比例，然辗转译述，不见讥于庸工毁玉则幸矣，而敢与法报中之小说、英相所著之小说争价值邪？光绪壬寅季冬，无锡嵇长康序。

吴荣鬯序曰：欧美立宪政体，肇初于地方自治，而警察一部，遂为地方自治之机关。侦探者，尤机关中之机关，庸以诘奸慝、禁暴宄，为警察部之血轮、之涅伏，流灌百体，达脑求觉，作地方社会之保障，以卵翼群团之生命财产者也。特包探一业，中土等诸下流社会中之游手，而西国必有警察学识，且沉毅机警者，始获充选。英国休洛克呵姆斯者，侦探中人仰之如泰斗，且于学无所不通，奔走国事，终身不娶，实为探界中大学问家，视名在青史之爱国家不啻也。厥友医士华生，历记彼侦探各奇案，都七十余种，类皆可惊可骇，于探界中时放一异彩者。夫苟得华生笔记而尽读之，亦足豪矣。岁辛丑季春，予归自沪上，适获陶列爱考难，英国近世著名小说家。所编《四人之签押》一卷，知为呵氏所缉案，乃狂喜。详读书中内容，则离奇变幻，胜读我国志怪博物等书殆百倍，即较诸已译各案，就中奇情壮彩，耐人寻味处，且过之矣。抑以斯说部输入我学界，得藉悉人间社会上牛鬼蛇神之活剧，中西一辙，而西国地方政策所以能保全公众安宁，奏治安之神效者，吾知得百大政治家，其钩深索隐之作用，不如得一大侦探家，鬼怪百出，烛照需才，以后为国铸人，当与名臣良将一炉并冶矣。闲居多感，料为迻译，当世有心人愿毋丰蔀耳目，与荒唐悠谬之稗史杂读之。癸卯夏季，吴荣鬯叙于日本东京府下田端村之先忧室。

**补译华生包探案一卷　商务印书馆本**

商务印书馆译。

序曰：最先译包探案者，为上海时务报，即所谓《歇洛克呵尔晤斯笔记》是也。呵尔晤斯，即福而摩斯；滑震，即华生；盖译写殊耳。嗣上海启明社续译，凡六则。上海文明书局复选译之，凡七则。顾华生自言，尝辑福生平所侦奇案，多至七十件。然则此不过三分之一耳，时人多以未睹全书为憾。本馆乃先取《歇洛克呵尔晤斯笔记》中所遗六则补译之。或曰是不过茶余酒罢遣兴之助，何裨学界？奚补译为？虽然，是固可见彼文明之情伪，异日舟车大通，东西往来益密，未始不可资鉴戒，且引而伸之，亦可使当事者学为精审，免卤莽灭裂之害，然则又未必无益也。本馆将持此意，裒集华生所记以赓续之。世之人其必有韪余言者。光绪二十九年癸卯仲冬，上海商务印书馆主人序。

一、哥利亚司老得船案；二、银光马案；三、孀妇匿女案；四、墨斯格力夫礼典案；五、书记被骗案；六、旅居病夫案。

**大复仇一卷　小说林社本　光绪三十年六月出版**

华生笔记，昭文黄人、元和奚若同译。

此福尔摩斯侦探第一案，述华生初遇福于培克街同居，探哲斐森花魄在劳立士敦园复仇事。

**恩雠血二卷　小说林社本　光绪三十年七月出版**

震泽陈彦、吴江金一同译。

此书与《大复仇》复出，后半所述，互有详略。而福联父女被难之历史，为前书所无，惟福与华生相遇事，又此书所阙。可据《大复仇》补之，首尾始完具耳。

**降妖记一卷　商务印书馆本**

英国亚柯能多尔著，侯官陆康华、永福黄大钧同译。

此即华生包探案之一。

**怪獒案一卷　人镜学社本**

英国韩瑇著，成城子译。

成城子自跋曰：右记獒一书，为韩瑇所作。韩乃英伦当世之大文豪也，年甫壮岁，而平居著作言盈百万，以文誉膺列爵之赏。由是大名鼎鼎，震于寰宇。比年疾当道之懵懵，侦探之昏昏，坐令狡狯之徒，作奸犯科，而莫能察，故托屈臣之名，而作施乐庵侦探案，以状当时上下社会之情形，且意谓倘得一人如施乐庵者，则奸宄不作；若犹不靖，亦断无苟免之理。噫，以世称文明之英国尚且如此，吾国更何如也？余有慨乎斯，爰泚笔译之。甲辰腊八日，成城子识于大我堂。

此与《降妖记》复出，屈臣即华生，施乐庵即歇洛克也。

**福尔摩斯再生后探案十卷**

小说林社本　一、光绪三十年十二月出版；二、三、四、五、十月出版；六、七、八、三十一年十二月出版；九、十、五月出版。

华生笔记

一、阿罗南空屋被刺案，上海周桂笙译。

二、约拿哑特克之焚尸案；三、却令敦乘自转车案；四、麦克来敦之小学校奇案；五、宓尔逢敦之被杀案；昭文黄人、元和奚若同译。

六、毁拿破仑像案；七、黑彼得被杀案；八、密码杀人案；元和奚若、武进蒋维乔同译。

九、陆圣书院窃题案；十、虚无党案；上海周桂笙译。

毁拿破仑像案，有知新子译本，见《侦探案汇刻》。

**二金台一卷　通社本　光绪二十九年六月出版**

慈溪叶启标译。

记美国侦探大金台、小金台缉雪利曲银行总理傅美亚被戕案。

**侦探谈一一卷　时中书局本　光绪二十九年七月出版**

东西两大贼合传，冷血译。

游皮第一，法兰西余谷著。

冷血解例曰：余谷氏为十九世纪之文学大家，生当那破仑三世，为文字故，以一千八百五十一年十二月二日被逐。至翌年是日，那翁称帝号，是录又在那翁称帝之次年所作。余谷氏始亡于比利时，寻至英吉利，转流于鄀献间，是录乃在鄀献时所作。是篇虽如小说，然确是实事，殆无一语虚构。盖余谷氏不肯自欺欺人也。

大村善亮第二。

记日本侦探缉民政党大村善亮事。

**侦探谈二一卷　开明书店本　光绪二十九年十二月出版**

东西两小贼合传，冷血译。

关口太三郎第一，日本渡边为藏著；格儿特奇第二，法兰西彭脱著。

附三常贼，冷血译。

松野贯一附一，日本上野和夫著；梅脱附二，英吉利皮登著；落勃脱附三，英吉利皮登著。

**侦探谈三一卷　开明书店本　光绪三十年四月出版**

三缕发，日本泪香小史著，冷血译。

记支那人秦施仁在日本杀其弟金起事。

**侦探谈四一卷　开明书店本　光绪三十年十月出版**

卷上：美人狩，冷血译。

记日本东京侦探松井敏雄辑专六谋害妻妹秀子事。

卷下：自杀俱乐部，斯吐爱沙著，冷血译。

**离魂病一卷　广智书局本　光绪二十九年七月出版**

披发生译。

记美国奥利安州侦探赛孙勘厚利银行被窃案。

**侠男儿一卷　明权社本　光绪二十九年十月出版**

英国因凡痕斯著，燕蓟少年译。

记美国西克哥人劳而弗脱，助同学梅弗里破墨罕儿奸谋事。

**生死自由一卷　惠学书局本　光绪二十九年十月发行出版**

暂生生译。

此书一名《毒杀案》，记美国纽约市医长茂善达因医友人叶田雄之病，误投规尼涅毒药，因而毙命事。善达研得奇药，投以甲剂，足以死人；投以乙剂，复能生之；以身试验而得效，此所以名书之意也。

**侦探新语一卷　昌明公司本　光绪三十年正月出版**

赤曼译，事索公属文。

序辞曰：英国之斯格兰耶德者，何物乎？大侦探局也，大警视厅也，械关遍地，线索经天。凡诸恶魔及放僻邪诡之徒，无不震恐，如小儿深夜闻谈鬼神，慑伏勿敢动。虽然，斯格兰耶德何足惧，所惧者，其中有灵心慧眼，见微知著，探有于无，具不可思议大能力之无数侦探耳。是篇所揭，大都从事斯局，以机智敏捷鸣于世者之历史，失策成功，超轶人意，诚佳构也。以何因缘，以何动机，乃有此案，则吾请言之。有亚郎夫概者，奉职于斯格兰耶德垂二十五年，以谙练机智故，綦见重于侦探社会。比耄年退隐，同人为之开饯别之筵，会长起陈辞，惜夫概氏之辞职，且谓经其侦探，虽大憝极诡，无或漏网，足以垂名于侦探家列传，无有愧色。夫概答言，谢会长之温美，已不敢受。盖自入侦探社会以来，失败之事不可偻指，因掇其一宣告大众，即是书之第一则也。言次，拍掌成雷，赞叹相属。既终，大众建议各述所遇，以新众耳，且人不得越一小时。于是次夫概氏言者，若华士曼雷比等凡七八辈，成功失策，妙语澜翻。历三四永夕而新语以成，后乃付梓，分贻会众。世人大欢迎之，几于家有其书焉。寒夜半阑，拥衾展诵，万籁寥寂，如闻其声，惊诧叹笑，倾刻波起。他日以语索公，遽大欢喜，怀铅来译，期月遂成。至读者之感情将何如，则智非夫概，未敢必也。

一、塔尖之自缢，夫概述；二、邮票毒，华士曼述；三、诱拐公司，雷比述；四、异形之腕，穆尔司述；五、复仇，某氏述；六、暗杀党，葛史克述；七、石炭窟中之侦察，恺陀斯敦述；八、试金室之秘密，皤兰德述。

**血手印一卷　文明书局本　光绪三十年十一月出版**

日本茂源周辅译，桃源陶懋立修正。

记英国伦敦富翁勃洛克斯被戕后，其弟威斯脱因血手印而获真犯事。

**黄金血一卷　商务印书馆本　光绪三十年十二月出版**

美国乐林司郎治著，商务印书馆译。

记福拉史缉格伦维尔镇学塾教习孛劳来被戕案事。

**奇狱一一卷　小说林社本　光绪三十年十一月出版**

美国麦枯滑特尔著，丹徒林盖天译。

一、假死伪葬，二、邮书之奇祸，三、金刚石之颈链，四、签票，五、金网，六、万金之革袋。

例言：一、此书原名《欧美探侦吏》，系美国麦枯滑特尔氏所著，日本千原伊之吉代以奇狱二字，今仍其名。一、此书记事材料率皆采辑探侦吏之手页、日记、报告等，故篇中纯用自叙体。译者亦仍其旧，至于探侦吏之名，或显或隐，亦传事不传人之意也。一、原文于实际情况描写尽致，故其叙事颇涉烦碎，直译之未免令读者生厌，今于下笔时随手删节，以期简明，然自信未失原书之意旨。一、此书计二十章，约共六万余言。今分三卷，先出其一。译者识。

**侠恋记一卷　时报馆本　光绪三十年十一月出版**

时报馆译。

记日本人小林在俄罗斯圣彼得堡救日本某子爵女美佐子事。

**一封书二卷　小说林社本　光绪三十一年二月出版**

英国麦孟德著，洞庭吴步云译。

记英国克拉勤街花德雷被杀，由其女儿玛林在遗书中发见宝石钞票，因而捕得罪人事。

**银行之贼一卷　小说林社本　光绪三十一年三月出版**

美国侦探丛话之一，谢慎冰译。

记北美国薄斯敦地方灰脱银行失去二十万金元，为侦探长达基缉获事。

**母夜叉一卷　小说林社本　光绪三十一年四月出版**

小说林社译。

记日本大坂女子阿仙屡犯命案，逃至西京，为侦探闪太缉获事。阿仙臂刺夜叉，故以为名。

**大彼得遗嘱一卷　时报馆本　光绪三十一年四月出版**

法国大文豪握兴著，嘉定吴士毅口译，无竞生属文。

译言：一此书原名《白藕节》，法国百年前大文豪握兴氏所著。此译本乃据握氏原本及英人弥尔顿所译之英文本对勘而成者。一原本及弥本间有简短难明之处，译者更钩稽阿夫佛德法人。之《俄罗斯史》，以伸其绪。一握氏著此书，非用现行之法文体，其文颇简洁古朴，如吾国之秦汉文字，且其中多羼入拉丁文。译者于法文极浅，颇极困难，故遇此事必多方研求，务得其真义，虽此一小册而已费二月余之日力。一此书如演成通行白话，字数当增两倍，尚恐不能尽其意，且以通行白话译传，于曲折之处惧不能显。故用简洁之文言以传之，自谓不后于林氏《茶花女》，惟当时之事迹本多隐晦，观书后握氏自言可见。且二百年前物质文明之发达亦不逮今日，故书中于神速变化或有未尽。此则时势为之，非作者与译者之过也。君子观于此，可以知世变矣。一握氏于此书外复有一书，名曰《月莲》，观其命意，似为接续此书而作。其书专纪彼得遗嘱发见后，俄法两国外交之隐秘与当时俄国贵族之情状，在今日虽为已过之陈迹，然而禆补神智，至为不浅。译者当续成之。一比年译事明憧,顾往往苟且为之以规近利,受世诟病而不恤。译者于此书虽不敢谓无一疵可指,然于苟简恶劣之讥则知免矣。一是书译者为嘉定吴士毅笔受,而属文者则无竟生也。

**双金球二卷　祥文社本　光绪三十一年四月出版**

日本黑岩泪香译,中国祥文社重译。

记英国贵族竹田男爵殁后,双金球被窃事。

**玉虫缘一卷　小说林社本　光绪三十一年五月出版**

美国安介坡著,会稽碧罗译述,常熟初我润辞。

萍云序曰:天下之物,莫不各有其代价。纳价若干,则得货若干,无或出入,此贸易之道然也。惟事亦然,欲成一事,必先纳其代价,或以劳动为代价焉,或以心力为代价焉,或以一切之苦乐荣辱及生命财产为代价焉。夫而后乃各按其所应得之数,得报酬而去。而决不容徼天之幸,得无因之果。此实人事之自然而合于公理者也。夫人之贫富,天地之一大缺陷也。然而贫者必有其所以贫之故,富者亦必有其所以富之故。逸者,贫之代价也;劳者,富之代价也。纳如何之代价,则得如何之报酬。然则一事之成败,天行虽存乎其中,而人事实为之枢纽,于缺陷乎何有?夫不观之力学乎?以助力器运重者,力重则必费,时省则力必费,二者交相为因,故交相为果。浅人不察,相惊为异,不亦陋乎?顷者碧罗女士之译述莱格兰事也,叙其以一月获百五十万之巨金,然而无足异也。彼其一日之间,绞脑汁,竭心血,焦心苦思,以探索此事者,其价值已不下百五十万金也。且此百五十万金,非彼之智慧,亦莫能支配也。故如安介坡不屑于此事,则不得也;如迦别之不能思得此事,则亦不得也;如莱以外之种种,或莱自己不能解明其秘密,则亦不得也。何者?盖思索此劳苦,实为得百五十万金之代价也。夫致富难事也,然以掘藏而致富,则易事也。既易易矣，而复有难，甚矣天下无易事也。近者吾国之人皆思得财矣，而终勿得；吾国之人皆思做事矣，而终勿成；何也？以不纳其得之成之之代价故也。使读此书而三思之，知万物万事皆有代价，而断无捷径可图，则事庶有济之一日乎？乙巳初春，萍云序于建业客次。

例言：一是书为美国拔尔祛摩人安介坡所著。坡少负隽才，年三十八而卒。其诗文惨怪哀感，为一时所欢迎。顾天不永年，殊亦长吉鬼才之俦也。此书曾应斐力代而夫一新闻社小说之悬赏，当选受三百弗之赏金。其价值可想见。闻其所作大鸦之诗及泻梨，酒名。之酒桶等篇，尤奇异，惜未得见。一是书英文原本名曰《金之甲虫》，著是事之原始也。日本山县氏译本名曰《掘宝》，著是事之结果也。译者不解和文，而于英文少有涉猎，因从原本紬绎成此，别著其名曰《玉虫缘》。一是书推测事理颇极神妙，虽只一平常纪事之文，而其中实含有侦探小说之意味。书系入作者口气，今仍其体例。译者识。

附识：

译者曰：我译此书，人勿疑为提倡发财主义也。虽然，亦大有术，曰有智识，曰细心，曰忍耐，三者皆具，即不掘藏亦致富，且非独致富，以之办事，天下事事皆可为，为无不成矣，何有于一百五十万弗之巨金，吾愿读我书者知此意。乙巳上元，译竟识。

初我跋曰：天下何地无黄金世界，天下何地非不平等世界？以脑战、以力战，以生命财产战，天行之力，不能人人而支配之，而竞争生存之结果现。呜呼，世界结果止于是，缺陷莫大也。然果均财主义行，而人力将何有也？贫富者，心力之媒介也；心力者，贫富之代价也。心力与贫富，又权衡而得相当之报称者也。举欧美实业王以衡吾亚东贫死国，程度相越乃若是远，而其所纳之代价固何如，顾欲一掘宝而致富也，且掘宝之易易，尚经几多之困难，竭几多之心力。西哲有言曰："勤勉造黄金。"吾亦读此书而有悟曰："天下皆莱格兰，天下何地非黄金世界？"乙巳暮春，初我识于文明长寿室。

**日本剑二卷　小说林社本　上卷:光绪三十一年五月出版;下卷:三十二年二月出版**

英国屈来珊鲁意著,沈伯甫译意,黄摩西润词。

记白来特来勤拿特侦司多麦克戕杀韩夫来亚来案,杀人利器为日本剑,故以为名。

**双指印一卷　商务印书馆本　光绪三十一年六月出版**

商务印书馆译。

记赖华侦得麦监脱案之罪人实查尔士,而惠廉白克以无辜枉死,及赖妇买来为人剚刃,而以书诱缚其仇维秃白里事。

**指环党一卷　商务印书馆本　光绪三十一年十月出版**

商务印书馆译。

记巴里奸商花赘庵阴用藏指环党之发见事。

**车中毒针一卷　商务印书馆本　光绪三十一年十二月出版**

英国勃拉锡克著,钱塘吴梼译。

记法兰西批喀利街马车中毒针害死女子史姿玉事。

**桑伯勒包探案一卷　商务印书馆本　光绪三十一年十二月出版**

商务印书馆译。

一、黑摄,二、珠还,三、枕诡,四、艇诈,五、庞证,六、婚变,七、医妒,八、盗仇,九、币泄,十、师绐,十一、丐蝥,十二、友残。述英国包探桑伯勒缉案事。

**一捻红一卷　小说林社本　光绪三十二年正月出版**

吴门天笑生译。

记日本侦探藤野坚太郎缉割面奇案事。

**彼得警长三卷　小说林社本　上、中卷:光绪三十二年正月出版;下卷:四月出版**

英文原本,洞庭吴步云译。

述俄国警察总长哥考罗开亲王恃权受罚事。

**侦探案汇刻一卷　广智书局本　光绪三十二年正月出版**

一、窃毁拿破仑遗像案,英陶高能著,中国知新子译。

小引:英国呵尔唔斯歇洛克者,近世之侦探名家也,所破各案,往往令人惊骇错愕,目眩心悸。其友滑震偶记一二事,晨甫脱稿,夕遍欧美,大有洛阳纸贵之概。故其国小说大家陶高能氏益附会其说,迭著侦探小说,托为滑震笔记,盛传于世。盖非尔则不能有亲历其境之妙也。吾国若时务报馆张氏所译者,尚矣;厥后续译者,如华生包探案等,亦即滑震笔记耳。嗣自歇洛克逝世后,虽奇案累累,而他人无复有如歇氏之苦心思索,默运脑髓以破之者。而陶氏亦几有搁笔之叹。于是创为歇洛克复生之说,藉假盛名,实其记载,成书若干。欧美各国风行迨遍。此篇殆其一也。全篇仍托为滑震记载语。

小说林社《福尔摩斯再生后探案》之六,为《毁拿破仑像案》,与此篇复出。

二、失女案,美国康培尔著,上海知新室主人译。

知新室主人自跋曰:按纽约一埠,在美国最为繁盛,五方杂处,良莠不齐,其中匪类甚众,要皆受指挥于一人。巨憝不知何许人,聪明才智,计画甚周,几几乎无日不与警察为敌。案虽屡破,而总莫能得其主名焉。美国才士康培尔因著侦探小说,以纪其事,凡十余篇。以上所译,特其一耳。余篇稍暇当续成之也。译者识。

三、毒药案,无歆羡斋主译。

记俄国莫斯科步兵大佐伊格拿辅与其侄炮兵大尉巴拉奴辅同为人毒杀，后由老侦探美卡威访得二人皆毕命于圣彼得堡妇人焦利亚之手，所中者耶列波尔之毒也。《浙江潮》有喋血生所译《摄魂花》一卷，《绣像小说》有《俄国包探案》一卷，均与此本复出。

四、双公使，上海知新主人译。

记史丹慕冒充英吉利驻法使臣解尔史，欺其参赞官施韬顿事。

**妖塔奇谈二卷　广智书局本　上卷：光绪三十二年二月出版；下卷：四月出版**

英国某著，无歆羡斋译。

记袁朝栋之女笑春，因妖塔冒杀人嫌，久始得雪事。通体俱作朝栋养子九郎自述语。九郎，后与笑春结婚者。

**白巾人二卷　商务印书馆本　光绪三十二年三月出版**

英国歇复克著，商务印书馆译。

记澳洲圣起达掰来街车中命案，为包探记尔锡缉获事。

**髑髅杯三卷　小说林社本　上、中卷：光绪三十二年四月出版；下卷：闰四月出版**

英国楷陵著，元和奚若译。

记利未骆丽以髑髅杯勘奥雷负杀兄事。

**秘密隧道二卷　小说林社本　上卷：光绪三十二年四月出版；下卷：闰四月出版**

英国和米著，元和奚若译。

记英伦之雷克司登地，有富家妇名绿杞，为人所戕。包探及宁因此案探得铸造伪币之秘密隧道事。

**死复仇二卷　第一书局本　光绪三十二年七月出版**

海德笔记，第一书局译。

例言：一是书系名探齐爱尔生平所查之案，其友海德记之，大小数百件，此其一也。一是书为海德笔记之一，原名《高平案》，今改名《死复仇》。一是书原文分上下两卷，译成汉文，约三万余言，共五十五节，分段之处，悉从原本。一仆英文既浅，汉文又不通顺，译此心殊惭愧，惟自信一切情节，与原本当不致有误。阅者谅之。

仆素喜阅侦探小说，新出一册，必购阅之，几至寝食都废。想同胞中必有表同情者。仆既得此英文原本，阅之，觉情节可观，不忍释手，然不敢独私，乃于暇时译之，以公同好。至译笔之陋，自知甚明，知我罪我，所不计焉。译者附志。

## 言情

**迦因小传一卷　文明书局本**

蟠溪子译。

天笑生序曰：有物焉，熨而不舍，袭予其凉；咽而复存，媚予其长。胎乎自然之域，孕乎无何之乡。呜呼噫嘻，此何物耶？天笑生曰："我尝秋夜被酒，凉风飒飒中户牖，拂我衣袂。瀹苦茗，剪灯坐钏影楼。时则新月娟娟，冷乎馨乎，微闻邻女笛声，若诉若泪。我不审凄馨哀艳之气，奚缭绕我帘箔窗纱而不能去耶？一灯荧然，短梦不稳，手《迦因》读之。此一境焉。"天笑生又曰："我尝登万山巅，拭怪石作卧榻，白云乱扑我衣襟，山鸟回翔，往来鸣叹。天日沉沉，风起卉木，放泪一恸，四籁应声，若小桥溪水呜咽我，若绝壑松涛奔泻我。我不省苍茫孤郁之泪，奚掬洒于泬寥空寂不已已耶？凉风瑟瑟，落叶打肩，手《迦因》读之。此又一境焉。"天笑生沉沉窈窈，若有所思，思堕尘球数十寒暑，颀一而肢四，而翘于植动有机间，曰人曰人，抑又锄之摧之，囚梏之，戕残之。则凄灵幽咽之一境，语言文字不可道，不可道者。如游魂之无舍，索诸天九万渊九万不得尼也。歌曰："缈猗窈猗，凄心魂猗，凉飔峭曳予轻裾猗，梦馨温猗。有美人猗，气蕙兰猗，秋肌星松堕梦无痕猗。苦心猗不可以说猗，苦心猗不可以说猗。"天笑生抽豪剔灯，寄所意于《迦因》之卷尾，噫。

蟠溪子自序曰：岁在庚子夏，某负笈来海上之三载，时以暑假，学堂中自教习、学生悉作休夏计。某家海上，辄以晚凉闲步，偶于冷摊得残破西籍数种，索价一先令。购归展读，中有《迦因喜司托来》一种，译言《迦因小传》者，为欧西小说家言，惜残缺其上帙。而邮书欧美名都，思补其全，卒不可得。时我友天笑生有事海上，楮墨之暇，辄相过从。距庐不百武，有公花园，期晤君则相期园竢，阳乌归山，微风涤暑，期天笑生不至，手《迦因小传》，就坐林下，泠然诵之。则所谓澄汰其烦缛淫蒸，而与以萧疏骀荡乎？天笑生来，则促膝并坐，手讲口译，恒至电魄列星，云衣漏月，相将俱归。迨秋来小病，昕夕多闲，乃就原文随译随录，得数十纸。适天笑生归自金陵，道海上，携稿去，嘱稍加删补焉。某既以译笔浅陋，深滋不文憾，又念今日需译之急，而乃虚牝光阴，消靡精力于小说家言，不几令有识者齿冷乎？亦以资茶话，觇西俗，将附于艳丽思想家之说耳。既述其缘起，复当觅其全帙以成完璧，然迦因之原委，以后度前，亦思过半矣，可勿赘焉。

**足本迦茵小传二卷　商务印书馆本**

英国哈葛德著，闽县林纾、魏易同译。

林纾序曰：余客杭州时，得海上蟠溪子所译《迦因小传》，译笔丽赡，雅有辞况。迨来京师，再购而读之，有天笑生一序，悲健作楚声。此《汉书·扬雄传》所谓"抗词幽说，闲意眇旨"者也。书佚其前半篇，至以为憾。甲辰岁，译哈葛德所著《埃司兰情侠传》及《金塔剖尸记》二书，则《迦茵》全传赫然在哈氏丛书中也。即欲邮致蟠溪子，请足成之。顾莫审所在。魏子冲叔告余曰："小说固小道，而西人通称曰文家，为品最贵。如福禄特尔、司各德、洛加德及仲马父子，均用此名世，未尝以外号自隐。蟠溪子通赡如此，至令人莫详其里居姓氏，殊可惜也。”因请余补译其书。嗟夫，向秀犹生，郭象岂容窜稿？崔灏在上，李白奚用题诗？特哈书精美无伦，不忍听其沦没，遂以七旬之力译成，都十三万二千言。于蟠溪子原译，一字未敢轻犯，示不掠美也。佛头着粪，狗尾续貂，想二君都在英年，当不嗤老朽之妄诞也。畏庐林纾书于京师春觉斋。

又题词：

买陂塘，并序：秋气既肃，林居寡欢，仁和魏生时时挟书就余谈译。斋舍临小桥，槐榆苍黄，夹以残柳，池草向瘁，鸣蛩四彻，寥然不觉其词之悲也。回念身客马江，与王子仁译《茶花女遗事》，时则莲叶被水，画艇接窗，临楮叹喟，犹且弗怿。矧长安逢秋，百状萧瑟，而迦茵一传，尤以美人碧血，沁为词华。余虽二十年庵主，几被婆子烧却，而亦不能无感矣。为书既竟，仰见明月，涉笔窗间，却成此解。倚风前，一襟幽恨，盈盈珠泪成瘿。红瘢腥点鸳鸯翅，苔际月明交颈。魂半定，倩药雾茶云，融得春痕。凝窗梦醒，甚恨海波翻。秋台路近，换却乍来风景。楼阴里，长分红幽翠屏，消除当日情性。篆纹死后依然活，无奈画帘中梗。卿试省，碧潭水，阿娘曾蘸桃花影。商声又警，正芦叶飘萧，秋魂一缕，直上画中镜。

**双线记六卷　中外日报馆本　光绪二十九年三月出版**

英人厄冷著，逸儒口译，秀玉笔述。

化道者叙曰：《双线记》又名《淡红金刚钻记》，英人厄冷所著，罗缉师京卿归国过沪时所赠，秀玉宜人特为笔述也。欧洲十九世纪，号称稗官世界，凡著述家，人有数种行世，其体不一。是记乃谈说辩论体，绝无纤巧高深语，尤宜于街谈巷议，脍炙庸夫愚妇之口。西国之梨园演法亦不一，有专演口白，无须乐部，盖即乱谈也。故其说部具谈论体者，尤易盛行。虽其间夹有名学、教理、性理等学，于吾人不大了彻，而西人则无不知也。然于伦理之际，彬彬有礼，又可想见其俗之大端，固无异于我矣。闻是书剞劂成时，五日内伦敦一城销售二万余部，远道信电争购及贩运分售且不计。是其有得于人心者可知矣。书中所言，上半确有其事，而真姓名则露于第十九回中，佳人黄土，所欢遁入空门，诚为情天一大缺恨，无异于我之《红楼梦》。十九回以下，虽似衍文，犹之《红楼梦补》以弥其缺，亦作者欲表其补天手段耳。至章节有数次故作反对，似作者有意迷人，亦西国文法本有之例，存之以见其真。宜人脱稿时，适余大笑出门，宜人嘱带客中删润。今展读数四，似无须删润。删润之，微特有负作者之心，亦无以见宜人之朴质也。第有数字应宜注脚，而一时匆匆，未能及此，愿读者谅之。壬寅腊月，化道者叙于海上。

薛绍徽序曰：壬寅七月，余随绎如夫子寄居海上，课女咏诗，呼儿作绘，曳柴食啖，助班超之写书；烧烛添香，伴子京以读史。一日，绎如自外归，手携丹篆，字露金题，佉卢之梵体尤新，贝叶之芸香欲浥。余笑而问之，则以《双线记》对，且曰："神光离合，无非儿女私情；云雨荒唐，别出温柔佳话。虽其新来海外，只宜弃置箧中。"余曰："不然，维摩法喜，内典犹存。伽女阿难，佛经具在。君能讲学，依喜言情，不搜汉苑稗官，安见国风好色乎？倘蒙出口成章，谨自濡毫待润。"绎如曰："可。"于是旅灯相对，书案双凭，调言语之侏离，佐帷房之欢谑。继而棘闱夺锦，天际归舟，余亦橐笔从之。簪故里之黄花，代写银釭新句。忽月宫之桂子，来熏砚席浓香。美矣备矣。十月既望，是书告成矣。余乃有感焉。夫俪皮见《三皇本纪》，乾坤秉上古之爻。青毡以八月为期，嫁娶定胡天之礼。夫名金聚，执女乳便算好逑。妻号恪尊，赠赤珠如通媒妁。未闻有阿夷阿等，幻如倩女离魂。三绝三通，始作伯鸾佳耦。如夏兰者，曼理皓齿，妙婧纤腰。长短莫加以分，嗔喜适宜其半。家传金锁，珥七叶之貂珰。首戴花冠，守层楼之狮子。十六间波罗檀洞，婿屋难容。廿五弦锦瑟华年，叔愧未嫁。遂具善心为窈，兴思悦己者容。天女化身，铅华不御，观音锁骨，眉目皆春。贵易交而富易妻，岂得心心相印？东家食而西家宿，自然面面皆圆。则克一介莽夫，三生深情，邂逅目成，殷勤心许。飞燕合德，无石华广袖之衣。虢国太真,有淡扫蛾眉之别。莫问曰姝曰茂,剖分于锦褓彩绳。况教集菀集枯,妩媚在乱头粗服。羌乃纱封玉臂,聘下镜台。无须鸩鸟之媒,共结鸳鸯之带。如皋索笑,等游戏于天公。仙洞偕藏,恋欢娱于太白。固已盟心白水,誓成比翼连枝。讵知照骨毂环,闹出天惊石破。则有淡红金刚钻焉。靡刻玉之苕华,实荡情于帷簿。惠而好我,偷来贾女之香。底事干卿,窃到嫦娥之药。案起疑团,事腾物议。而则克之心,犹未夺也。迨至宛转君前,从容自剖,明说移宫换羽,好花只此真身。转抛凤只鸾孤,筮蓍竟占反目。噫,异矣,从此身飘萤火,骨挂飞龙。泊岸有船,空见韦皋旋马。织机无锦,那教伯玉回心。几埋地下相思,种成红豆。强剩人同恨魄,瘦尽香桃。亡何,妳姑逝矣,痴叔仙乎。富贵倘来,藁砧顿返。都谓旧欢宛在,郎情如起死之丹。奈何宿忿未蠲,女心炼不移之石。幸有鸿都道士,能充和事先生。掉三寸法华之舌,现成并蒂连花。开无边欢喜之门,收得同功蚕茧。嗟乎,鹿女无夫,马郎有妇。吉利吉利,苏卢苏卢,道其道而言其言,不外贪嗔痴爱。色是空而空是色,别成开合文章。姑存一说,亦足千秋。故准风俗于礼经,观乐无讥郐下。通人情以王道,删诗何碍郑音哉?日者绎如省兄沪渎,上计公车,行色匆匆,征尘黯黯。取侬拙稿,压君行装。算今朝闺序莺啼,即当骊歌杨柳。愿明岁宫花马策,并看鸾镜芙蓉。南姒薛绍徽撰于榕北书窟。

**俄国情史斯密士玛利传一卷　开明书店本　光绪二十九年六月出版**

一名《花心蝶梦录》,俄国普希罄原著,日本高须治助译,房州戢翼翚重译。

绪言:全书仅二万数千言,为叙事体,非历史,非传记,而为小说。所述者又不出于两人相悦之轶事,实则即吾国之所谓传奇。其曰情史者,乃袭用原译者之原用名词也。

通览全书既毕,恨弥士不与弥路洛夫及路顿三人同死,又恨玛丽亦不死。然吾东洋人最好以死责人，而不问其时与事之必须死与否，是不然也。将谓弥士当为君死乎，此固为东洋专制国民之眼孔，不暇深驳。将谓弥士宜为死者死乎，彼弥路洛夫与路顿之就义，诚伟矣，然视彼从次林军大破敌酋，复得亲见普加秋尔枭首之弥士，则又何其壮也？弥士不死则玛丽亦不必遽死，有弥士存而玛丽亦可以解嘲，安得谓彼二人之偷生苟活耶？

自由结婚，世界文明之一大证据也。弥士自为觅妻，于公理宁有所背？而乃父竟施严酷之手段，以阻遏之。可见俄人之专制，较之支那，殆不相下。夫婚媾，何事也，而父母干预之，越俎代庖。有此习惯，致使全国之男女皆不能得其所，则人生无乐矣，可悲也哉！

夫小说有责任焉。吾国之小说，皆以所谓忠臣孝子、贞女烈妇等为国民镜，遂养成一奴隶之天下。然则吾国风俗之恶，当以小说家为罪首。是则新译小说者，不可不以风俗改良为责任也。

元成述俄国情史，能以吾国之文语，曲写他国语言中男女相恋之口吻，其精神靡不毕肖。其文简，其叙事详，其中之组织纡徐曲折，盘旋空际，首尾相应，殆若常山之蛇，其不以弥玛二人之不死为嫌者，正谓死者易而生者难也。弥士之匍匐救玛丽，玛丽之殷勤为弥士哀恳，较之一死塞责者，其情感之深，殆百倍过之。抑亦见自由结婚之结果之善，呜呼，我国人见此，社会可以改革矣。癸卯展端阳巩黄和南。

**恨海春秋一卷　文明书局本　光绪二十九年九月出版**

日本佐藤藏太郎著，仆本恨人译。

樋艿序曰：太上忘情，下焉者不及情。佛说钝根众生，堕落尘界，便尔迷惘，毋宁牺牲肉欲，希望净土。夫有希望，乌足语解脱？世界各各圣愚之轨辙，文野之程度，一视感觉力之敏钝盈朒为比例差。是说也，泰西前识之士异口同唱者也。浅儒嫥嫥，至以近世利俗文字所习见，妄相呰謷，傎已。盖感情之消长，世界之成毁视之矣，未有无感情而得为有机物者。我将化此身为野马，为微尘，为秋空之云，为春夜之月，冷乎清乎，温乎馨乎，飘飘乎御风而仙乎？俄而游目四顾，悲来填膺，俯仰身世，一呻百吟，黯然若有余痛者，则何以故？我将化此身为死灰，为槁木，为释家之涅盘，为天空之陨石，收视返听，窅窅冥冥，渺乎若不系之舟，泛乎若无根之萍。俄而时鸟百啭，来悦我魂，长波千里，时荡予魄。遂觉非喜非怒，非悲非愉，有一种特别之意象者，则何以故？嗟乎，情因恨果，无果非因，如转法轮，循环不已。自书契来，最高尚纯洁之名词曰情，一切思想学问、道德事业，皆情所孳乳而发生者。是物也，实含有迎距质点，冷热要素，制造无量数圣贤英雄、美人名士之一大怪物也。我誓愿发大音声，为众说法，曰三界四生，有识无识，乃至若有识，若无识，发种种感情，证种种功德。人天魔龙，皆大欢喜。噫嘻，蜃灰以前，弗可考矣。京垓年代后，何者为美备之世界？不过如理想家所谓乌托邦、华严界云尔。吾读日本佐藤藏太郎之《恨海春秋》，不禁肠若湑汤也。櫆芗叙于海上寓楼，时阴历八月十三日也。

记日本少年教师久松菊雄与松江竹子磨折六年，得谐伉俪；后菊雄赴东京，竹子以产难死事。

**双碑记一卷　一名媚兰色斯克遗事　光绪三十年七月出版**

法国金威登著，铁英生译。

铁英生自叙曰：呜呼，毕斯姆之父谓罗生曰："婚姻不幸，事最伤心。"余读而反复思之，旨哉旨哉！西人近日男女自相择配，父母不得而强持，未始不有感于斯言也。夫天理人欲，二者一以贯之，无天理即无人欲，无人欲即无天理。而拘墟之士，迂腐之儒，龂龂号于众曰："宜存天理，宜去人欲。"截然分天理、人欲而为二。其心盖以正为天理，邪为人欲，欲世人轨于正而弗即于邪云尔。殊不知人虽至愚，苟非大不得已于中者，亦孰乐为邪而不乐为正哉？即如婚姻一事，为男女之大伦。若任男女之相悦相偶，则终身永无反目之时；若父母为之主持，或慕门第，或羡富豪，而于男女之才貌性情毫不加察，强为捏合。一旦嘉礼告成，男憎女怨，莫可如何，则异日必有淫奔之行。夫男女之相悦相偶，似近于邪，而无反目之伤，则正矣。父母之主持，似近于正，而有奔淫之丑，则邪矣。媚兰色斯克，以绝代佳人而误于其叔之贪，巧割毕斯姆之情缘，阴图华利之田产，致媚兰色与毕斯姆为情而死。其忧愁幽思，流离恻怛，结若胶漆，惨若冰霜之概，闻者莫不怜而嘉之。然而不得谓非始于天理，而终于人欲也。此书原名《媚兰色斯克》，著者为法京巴黎金威登。余在巴黎，以五十佛郎得之。此书于吾国婚姻界上有绝大之感动，故译而出之，以代遒人木铎之徇云。光绪壬寅仲秋，译者铁英生序于法都巴黎清使馆之瞻云就日楼。

**双艳记一卷　小说林社本　光绪三十年十月出版**

英国佛露次斯著，小说林编辑员译。

记英国两女子大灵、加蓝定情事。

**美人妆一卷　女子世界社本　光绪三十年十月出版**

昭文东海觉我译。

记西班牙富曷今阿立司改妆赚非蝶南伯爵，发见诬害同学霍尔士阴谋事。

**埃及金塔剖尸记三卷　商务印书馆本**

英国哈葛德著，闽县林纾、长乐曾宗巩同译。

哈葛德原序曰：凡莺吞礼、格鲁巴亚轶事，见诸正史者，哀惋之情，读者怆然，天下悲愁之感动力，与怨恨之感动力，败家亡国，从是胚胎。是二力者，能自吮其国本之腴沃，俾之消衄。物事陈列，而目力翳隐，妍媸以溷，此有识者咸觉之矣。格鲁巴亚从两军尘扑中御舟遽移，而莺吞礼身悬万军之命，乃并弃水陆二军，追逐美人内逝。余至莫测其故，久而虚构其象，成此稗史。大开大阖，状其事理之所必有，复旁摭遗事，佐证己说，蔚然颇有条理。读吾书者，必谓此种思想在文明眼中已成陈旧，然当时埃及亡国之余，臣宗德老，痛故国崩敝，言言发诸哀吻，颇可念也。或又谓书中崇礼妖神，事迹多涉不经，似皆为余臆造。讵知神道设教，当时高座夏马之，实具有道力，为浅人所莫测。高座自信仰叨神贶以生，并能隐接鬼神，发宣幽扃，洞彻未来，预决生死。阿施利者，埃及大神也，高座神与之通，且能践彼冥迹，划为深隐渺冥之界。若严设帷幕，猝搴之亦莫即其堂奥。今且弗问神情鬼趣，何者属实，但以高座夏马之事迹。凡大宗教中陈籍，咸有其名。余又探诸碑林及名辈著作之所引据，亦在在见列，而意昔司灵迹，则尤与天帝同其隆祀。余哀夏马之遗事，始成此篇。若径遂书之，不能动观者之目。用摭别籍，以助吾澜。特余之笔力，不能举千载以上之陈死人，为之机括而生之，见状于读者之前，述及衰敝之情及不宣之秘，则又作者之不幸矣。今学生辈寻味吾书，必不乐睹此幽怪之事，及古时礼法，与意昔司宗教，并埃及之文化。然学生欲知跳舞之源头，则舍吾书第二卷上歌词，无更古于此矣。至余叙格鲁巴亚之收局，谓仰药殊也。然希腊史家博拉达，则以为不然，而遗老传说又谓其死于蛇祸。虽格鲁巴亚晚年惑于妖人阿利巴之言，国政恃之取决，蛇祸之来，或因此而肇其说。后人又云，夏马之者，波利弥王族托名也，后亦王于埃及。然埃及僧徒之谶书，则云希腊灭埃及后，有大神夏西斐，将莅其领土。意其神即为夏马之。余合群书证之，则埃及遗老欲力驱格鲁巴亚出诸国门之外，又非无据而谈矣。且此等事实，亦埃及义士胸中所必有。以埃及堕落希腊之手，久困厮台之属，凡具国民思想，能不逞其志气以伸冤穷？顾遍览古史，于此事又不恒见焉。余书中意昔司歌及格鲁巴亚曲，则安度阑所为，取而施之吾书之上。查美莺所歌调，亦安度阑翻译希腊大师马利格稿也。哈葛德叙。

林纾译余剩语：

畏庐曰：埃及不国久矣，始奴于希腊，再奴于罗马，再奴于亚剌伯，再奴于土耳其，再奴于拿破仑，终乃奴英。人民降伏归仰，无所拂逆，若具奴性。哈氏者，古之振奇人也，雅不欲人种中有此久奴之种，且悯其亡其不知恤，忽构奇想，为埃及遗老，大张其楦。呜呼，埃及蠢蠢，又宁知所谓亡国耶？

欧人之言曰：埃及国中金字塔，为数不下百余。计其劳力，及于时日，每日需一百五十万众之役夫，筑可一千七百五十年而成。此举塔之全数言也。然吾考埃及古史，猛加那生时，已自构此塔；至死时实其珠宝腹中，则未之闻。若果有此者，谓储此足以赡国，为计则大愚陋。天下徒富胡足以全国，使人人咸不念国，即十倍于此者，亦将尽供一日之掷。宜乎，埃及一万一千三百余年之古国，从梦中褫落也。

是书好言神怪之事，读者将不责哈氏，而责畏庐作野蛮语矣。不知野蛮之反面，即为文明，知野蛮流弊之所及，即知文明程度之所及。虽然，神怪亦何害于文明耶？古书之最古者，宁如四韦陀。四韦陀之书，哲学家不能驳诘而焚弃之。其书固专言鬼神也。余曾论造物之所始，宗教家恒归功于上帝，虽达尔文犹不敢力辩其非。然则宜道释耶教至今存矣。

是书之主人翁，莺吞礼也。莺吞礼踵凯彻之后，最有武略，权力奄有亚西亚及东方之诸侯，乃一为女王张锦帆江上，明珠醇酒，醉心眩目，尽举一生霸业，付之流水。然则陈、隋二帝，吾亦不能峻责矣。江上锦帆之事，埃及古史所有。

畏庐笔述书，将及十九种。言情者，实居其半。行将摭取壮侠之传，足以振吾国尚武精神者，更译之问世，但恨才力薄耳。

光绪三十一年元夕，畏庐居士识于京师春觉斋。

**阿难小传一卷　时报馆本　光绪三十一年十一月出版**

英国笠顿著，支那平公译。

冷序曰：余曾译日人抱一庵主人所译英人笠顿氏《圣人欤，盗贼欤》小说，载于《新新小说》上，才及七回，而知平公亦译是书，行将脱稿矣。因请而读之，觉其词其句，其情其境，其雅之与俗，其幽远之与粗鄙，虽同出一书，而其相去也，不啻天壤。余由是而知天下万事，苟有所作，必与其人之性情相近也，乃能相宜。以余之粗直，而欲译此幽怨悱恻之小说，不知自量，宜乎其俗与粗鄙而不可耐也。余喜是书之不为先余成也，并喜阅是书者之得舍瓦砾而取金玉也。急投弃其余稿，而记一言。

**车中美人一卷　小说林社本　光绪三十一年十一月出版**

小说林社员译。

述伦敦小加格佛与加度雪夫人结婚事。

**狸奴角一卷　小说林社本　光绪三十一年十一月出版**

果盘著，饭囊译。

述英人海立德自荐为葛雷夫书记，雷夫被戕，力护雷夫女葛雪兰，卒许结婚事。

**玉雪留痕一卷　商务印书馆本　光绪三十一年十二月出版**

英国哈葛德著，闽县林纾、仁和魏易同译。

林纾序曰：黥，墨刑也。汉之以黥王者，英布也。欧之以黥富者，奥古司德也。古者黥不上女子，西人尤无其事。奥古司德，美人而有才者，胡得黥？其黥为义黥也。余观段柯古《酉阳杂俎》，叙黥至十数。奇骇可怖，殆皆自黥，而黥者又皆男子。若《赤雅》及《桂海虞衡志》，记犵獞之属，或并妇女而黥之。余翻《民种学》一书，上古野蛮，黥涅亦不分男女。然则天下受黥之人，或以罪，或以国俗，断无为义而黥者矣。是书言奥古司德善著书，为一书贾所困，将逃于纽西兰。而书贾适与同舟，舟碎于海，又同栖于荒岛。初，贾与其从子弗协，推巨产与其同人。至是且死而悔，将易其遗嘱，无所得纸，至用鲗墨镌诸奥古司德背上。而贾之从子，固与奥古司德雅有情愫，至是遂有大贾之产，成夫妇。事至离奇，皆哈葛德无聊不平，幻此空际楼阁，以骇视听耳。天下著书之业，与商业本分二道。商业以得财为上烈，若著书之家，安有致富之口？虽仲马父子以笔墨拥资巨万，又卒皆以好客罄之。即哈氏亦为书二十六种，得酬定不赀，乃忽辟奇想，欲以著书之家，奄有印刷家之产。则哈氏騃货之心，亦至可笑矣。惟此节非书中正意，可略勿论。但以奥古司德义心侠骨，为义自陷于黥，此万古美人所不能至者。译而出之，特为小说家开一别径。光绪三十一年九月，闽县林纾畏庐父序于望瀛楼。

**洪罕女郎传二卷　商务印书馆本**

英国哈葛德著，闽县林纾、仁和魏易同译。

林纾序曰：昔者波斯匿王请佛宫掖，自迎如来，时阿难执持应器，因乞食次，径历婬室，遭大幻术。摩登伽女以娑昆迦罗，先梵天咒摄入婬室。婬躬抚摩，将毁戒体。于是世尊宣说神咒，敕文殊师利将咒往护。恶咒消灭，阿难顶礼悲泣，启请妙奢摩他，三摩，禅那，最初方便，而楞严大定，乃为学者所闻。畏庐居士曰：嗟夫，所谓奢摩他者，寂静之义也。三摩者，观照之义也。禅那者，寂照不二之义也。此皆发心见相之根源，实则一名为相，即复非相；一名为心，即复非心。盖澄寂者空也，摇动者尘也。既落尘义，则念念生灭，遂成轮回。轮回之成，心自成之，且不名为心，何名为相？彼摩登伽者，又安为摩登伽？阿难之过，在以眼色为缘耳。虽然，眼色为缘者，世界中宁一摩登伽耶？一触于尘，尘尘皆摩登伽，因尘生相，相相又皆摩登伽，故眼色之缘，易生幻妄。阿难为世尊爱弟，不惮屡舒其金色臂，放其胸前卍字百千之宝光，使之得寂照之义，而十万善男子，又何从得此量之受持？居士且老，不能自造于寂照，顾尘义则微知之矣。前十年译《茶花女遗事》，去年译《迦茵小传》，今年译《洪罕女郎传》，其迹与摩登伽近。居士以无相之摩登伽，坏人无数戒礼，在法当入泥犁，不知居士固有辞以自辩也。世尊言晦昧为空，空晦暗中，结暗为色，色难妄想，是何以故？弊在遗失本妙也。以众生始则迷己为物，终则认物为己，辗转而讹，然则畏庐居士所译之《茶花女》、《迦茵》、《洪罕女郎》，又干涉众生甚事耶？世尊之告阿难曰，认悟中迷。释者以为心镜所现，全体是心。然则五虫万怪，一摄入镜，皆足踞心之一偏。以此心里万物，则万物均足为心之蠹。心镜一蒙，身在心中，转无地足以觅心之所在。则此心化为百千万亿之摩登伽，又将化为百千万亿之茶花女、迦茵、洪罕女郎。是学者不能固妙明心，宝其妙明性，与畏庐居士何干涉之有？须知无外道之扰，亦不足以见正法眼藏。寂照之义，何尝非心？学者之误，不误在迷，误在悟中之迷。幻妄之来，不自外来，以本有之心镜，收此五虫万怪，使之为幻妄也。知此幻妄，即心所照，并不执此幻妄，以为别有幻妄，则立吾心于身外，能寂照矣。寂照之义，至深且奥。居士尘浊人也，胡饶舌为？居士曰，世尊鉴之。花眼相荡，结为尘翳。弟子守定涅盘常住之义，花当奈何？翳当奈何？所愿读吾书者，常持此心如畏庐也。光绪三十一年十一月十五日，闽县林纾叙于京师望瀛楼。

又跋曰：哈葛德之为书，可二十六种。言男女事，机轴只有两法，非两女争一男者，则两男争一女，若《情侠传》、《烟水愁城录》、《迦茵传》，则两女争一男者也。若《蛮荒志异》，若《金塔剖尸记》，若《洪罕女郎传》，则两男争一女者也。机轴一耳，而读之使人作异观者，亦有数法。或以金宝为眼目，或以刀盾为眼目，叙文明则必以金宝为归，叙野蛮则必以刀盾为用。舍此二者，无他法矣。然其文心之细，调度有方，非出诸空中楼阁，故思路亦因之弗窘。大抵西人之为小说，多半叙其风俗，后杂入以实事。风俗者，不同者也，因其不同而加以点染之方，出以运动之法，等一事也，赫然观听异矣。中国文章魁率，能家具百出不穷者，一惟马迁，一惟韩愈。试观马迁所作，曾有一篇自袭其窠臼否？《史记》至难着笔者，无如绛侯、曹参、灌婴、滕公、樊哙诸传，何以言之？数人战功，咸从高祖，未尝特将。每下一城、略一地，数人偕之，则传中如何分析？史公不得已，别之以先登，分之以最。每人传中,或领之以官,或数之以首虏,人人之功,划然同而不同。此史公之因事设权者也。若韩愈氏者,匠心尤奇,序事之作,少于史公,而与书及赠送序二体,则无奇不备,伏流沉沉,寻之无迹,而东云出鳞,西云露爪,不可捉扪。由其文章巧于内转,故百变不穷其技。盖着纸之先,先有伏线,故往往用绕章醒之。此昌黎绝技也。哈氏文章,亦恒有伏线处,用法颇同于《史记》。余颇自恨不知西文,恃朋友口述,而于西人文章妙处,尤不能曲绘其状。故于讲舍中敦喻诸生,极力策勉其恣肆于西学。以彼新理,助我行文,则异日学界中,定更有光明之一日。或谓西学一昌,则古文之光焰熸矣。余殊不谓然,学堂中果能将洋汉两门,分道扬镳而指授,旧者既精,新者复熟,合中西二文镕为一片,彼严几道先生,不如是耶? 译此书竟,以葡萄酒自劳,拾得故纸,拉杂书之。畏庐居士识。

**忏情记二卷　商务印书馆本　光绪三十一年四月出版**

法兰西小说,日本黑岩泪香原译,商务印书馆编译所重译。

记法国巴黎女子花娜辩雪谋杀两亲夫大罪事。

**女魔方三卷　小说林社本　上卷:光绪三十一年五月出版;中卷:六月出版;下卷:三十二年正月出版**

英国奇孟著,洞庭吴步云译。

是书原名《妇人之势力圈》,记英国伦敦海姆斯希亚约翰轶事。

**万里鸳三卷　小说林社本　上卷:光绪三十一年六月出版;中、下卷:十一月出版**

英国婆斯勃著,洞庭吴步云译。

记英国伦敦少年罗腾郎与白兰姬同至美洲寻其兄古芬兰,因而结婚事。

**白云塔一卷　时报馆本　光绪三十一年九月出版**

冷译。

是书一名《新红楼》，记亚丁埠银山王邸绿姬，与秋山枫子争一石公子。枫子登白云塔觅死，为风伯老人所救，卒复旧仇事。

**银山女王□卷　小说林社本　光绪三十一年四月出版，中卷六月出版**

日本押川春浪著，摩西译补。

此书即时报馆所译之《白云塔》，因避复制，故中卷以下颇与原本不同。第七回之《春风得胜歌》、第八回之《离岛老人歌》，皆摩西自撰。郭象注庄又一庄，可与《白云塔》称二妙。

**新蝶梦一卷　时报馆本　光绪三十二年二月出版**

意大利波仑著，冷译。

弁言：

告罪：余译此《新蝶梦》，余于译笔丑劣之外，更有不得不先向阅者告罪者，阅者请于阅《新蝶梦》之先，一阅我言。情，难言者也。言之而失其轨，能使人志气沮丧，性情昏迷。今余于此中国人气沮丧、人情昏迷之时，而又译此言情小说，是不啻以水济水也。余罪一。情，又不当破之者也。世界之所以营营而不寂死者，以其有情以相系也。情也者，人类之粘液质也。假使人类而尽去情，则父子夫妇、兄弟朋友之间，已索然而无味。矧其能维持世界也。今既言情矣，而又破之，是不但不利我国家，且不利我人类也。余罪二。以知情人而言情，而破情，虽于国不利，于人不利，而于情固能言之，能破之也。虽有二失而尚有一得，若余也者，固蠢然一物，不识情为何事者也。而乃欲缘人之意而译之，真所谓寄五声于聋，辨五色于盲者也。余罪三。此三罪之外，又有一至深且巨，为阅者所必不肯赦者，则为对于妇女。夫妇女者，非今世新人所谓神圣不可侵犯者乎？而余亵渎之，亵渎之,亵渎之,而至再三亵渎之,使阅者不我赦也,使阅者而非有深仇宿恨于妇女之人,亦必不我赦也。而余乃绝无仇恨于妇女,而以无意识译之。以无意识译之,其事虽非由我而造,其事实为由我而传。而余之罪,亦不可以逭。余罪四。因此四罪,欲执笔译之而投之者屡矣。然屡投之而又屡欲译之者,则以言情之事,人所喜闻。方今东西文明之说,渐输入我国,翻译之业,于兹大盛。其中又以小说为尤多。而小说之中,则以言情者为人所喜闻而尤多。夫情,人心中最微妙高尚之物也。若徒以男女相爱之为情,则其情丑矣。故言情者,至于男女,则必假以险阻艰难之事,以显其情之贞洁。言情之小说,为写男女之相爱,而其所写之事,则必为欲相爱而不可得。盖以岁不寒不足以知松与柏,而境不逆不足以见情之深远也。故言情之小说,必写其情如帝天,而阅之者亦必视其情如帝天。视如帝天,则必于情无或有敢非者。见有类似者,即曰情也情也,而醉焉梦焉,且生死焉,则必胥我国人而尽陷于情之涡焉。是则将尽我所输入之新思想、新学问,而不足以供情之作用也,又奚暇及他事哉?故余之译此《新蝶梦》也,为写其情之一方面,见用情之人,亦有时而误,以稍杀言情者之势力,故虽知有罪,欲舍之而不能也。至于亵渎妇女之罪,俟此书译尽后,更译一与此书相反之书,以之自赎。阅者鉴之。

声明:一此书原本为意大利人所作,甚冗长,有二十万言。今仅节译其一二万言。一此书为作者自述口气,译之仍其旧。书中所谓我者,作者自称也。译者记。

**鸿巢记一卷　小说林社本　光绪三十二年二月出版**

酒瓶著,饭囊译。

记苏格兰民党轶事。以被捕时匿鸿卫尔家中,故名鸿巢。

**寒牡丹二卷　商务印书馆本　光绪三十二年三月出版**

日本尾崎红叶著,钱塘吴梼译。

记俄国圣彼得堡栢列基伯爵夫人事。

**情海劫□卷　小说林社本　上卷:光绪三十二年三月出版**

吴江任墨缘译意,武进李叔成润词。

**阱中花二卷　商务印书馆本　光绪三十二年四月出版**

英国巴尔勒斯著,常友柏译。

常友柏自序曰:此书为英国小说名家巴尔勒斯所著。巴君曾游学俄国,历有年所,据云书中事实,皆身亲见闻,毫无虚构。仆得其原书,屡持以质西友,俱云确有依据。即警察大臣佳尔阁,亦实有其人。尝思世界专制政体,至二十世纪仅余数国,而此数国中,最残忍危险者,莫俄国若。是书于俄国警察部之实际,与虚无党之内容,均能窥见底里,语语道破。洵非身与相习者不能道。爰积一自之力,译成初稿。复得李君子干为之整比润色,始厘然成书,聊以备好奇之士茶余饭后消遣之一助。如欲考察俄国政治,亦可于此略见一斑云。光绪三十有一年岁次乙巳季冬之月,常友柏自识。

题词:

满江红:带绾同心,早订了白头盟约。曾不料,狼贪趸毒,鸾飘风泊。虎口余生春尚在,蛾眉善妒衔难脱。幸君王,成就美姻缘,恩波阔。螳螂健,来黄雀,狐兔狡,盘雕鹗。笑机心相斗,翻撄矰缴。无限恩仇都是幻,有情眷属终须合。愿普天花好月长圆,升平乐。光绪丙午人日,梓斋倚声。

阅《阱中花》小说感赋七律二章:人间行路古今难,相斫书成不忍看。怀璧逡巡挂文网,拜金容易躐高官。战龙野洒玄黄血,刺虎宵探赤白丸。总为浮云能蔽日,箜篌一曲郁长叹。风风雨雨镇年年,飘泊申江坐惘然。梦里琼花和镜碎,眼前青草比袍鲜。一春心事长耽酒,三寸毛锥不直钱。寄语群公须好在,佛时巨任待仔肩。山阴金为鹤笙父。

**三字狱一卷　商务印书馆本　光绪三十二年丙午四月出版**

英国赫穆著，商务印书馆译。

记英京伦敦郊外谋脱别墅比邻麦格司登为人刺死，左臂有血书三字。医生爱立司侦破此案，与麦夫人妹琴妮订婚事。

**红礁画桨录二卷　商务印书馆本　光绪三十二年四月出版**

英国哈葛德著，闽县林纾、仁和魏易同译。

林纾序曰：女权之倡，其为女界之益乎？畏庐曰，是中仍分淑慝。如其未有权时，不能均谓之益也。西人之论妇人，恒喻之以啤酒，其上白沫涌溃，但泡泡作声耳。其中清澄，其下始滓。白沫之涌溃，贵族命妇之侈肆罄产，恣其挥霍者也。清澄之液，则名家才媛，力以学问自见者也。滓则淫秽之行，无取焉。故欧西专使，或贵为五等，年鬓垂四十而犹鳏，即以不堪其妇之侈纵，宁鳏以静寂其身，而专于外交。吾人但仪西俗之有学，倡为女权之说，而振作睡呓。此有志君子之所为，余甚伟之。特谓女权伸而举国之妇人皆淑，则余又未敢以为是也。欧西开化几三百年，而其中犹有守旧之士，不以女权为可。若哈葛德之书，论说往往斥弃其国中之骄妇人，如书中所述婀娜利亚是也。婀娜利亚之谯让其夫，词气清鲠，不宁为贤助。顾乃恐失一身之富贵，至以下堂要胁，语语离叛，宜其夫之不能甘而有外遇也。而其外遇者，又为才媛，深于情而格于礼，爱而弗乱，情极势逼，至强死自明。以西律无兼娶之条，故至于此。此固不可为训，而哈氏亦窃窃议之，则又婚姻自由之一说误之也。呜呼，婚姻自由，仁政也，苟从之，女子终身无菀枯之叹矣，要当律之以礼。律之以礼，必先济之以学。积学而守礼，轶去者或十之二三，则亦无惜尔。古今行政之善，其中未有不滋弊者，以防水之出，而水之濡出者，非司闸者之责，防不胜防也。故虽有大善，必畜微眚。西人婚姻之自由，行之亦几三百年。其中贞者固多，不衷于礼者亦屡见。谓其人贞于中国，不可也；抑越礼失节，逾于中国，又不可也。惟无学而遽撤其防，无论中西，均将越礼而失节。故欲倡女权，必讲女学。凡有学之女，必能核计终身之利害，知苟且之事无利于己，唾而不为；而其保傅又预为白其得失，即所谓智育。凡有智之人，亦不必无轶防之事，然而寡矣。难者曰："君言积学者能守礼，若书中之毗亚德利斯，非积学者邪？胡为亦有苟且之行？"曰："人爱其类，男女均也。以积学之女，日居荒伧中，见一通敏练达者，直同日星鸾凤之照眼，恶能弗爱？爱而至死，而终不乱，谓非以礼自律耶？"文君、相如之事，人振其才，几忘其丑。文君、相如又皆有才而积学者也，中国女权未倡之先，已复如是；矧彼中有自由之权，又安禁之？综言之，倡女权、兴女学，大纲也，轶出之事间有也。今救国之计，亦惟急图其大者尔。若掔取细微之数，指为政体之瘢痏，而力窒其开化之源，则为不知政体者矣。余恐此书出，人将指为西俗之淫乱，而遏绝女学不讲，仍以女子无才为德者，则非畏庐之夙心矣，不可不表而出之。林纾叙。

译余剩语：

方今译小说者，如云而起，而自为小说者特鲜。纾日困于教务，无暇博览。昨得《孽海花》读之，乃叹为奇绝。《孽海花》，非小说也，鼓荡国民英气之书也。其中描写名士之狂态，语语投我心坎。嗟夫，名士不过如此耳，特兼及俄事，则大有微旨。借彩云之轶事，名士之行踪，用以眩转时人眼光，而彩云尤此书中之宾。但就彩云定为书中之主人翁，误矣。天下文章无妨狡狯，发起编述二君子，吾奈何不知其名耶？

《孽海花》之外，尤有《文明小史》、《官场现形记》二书，亦佳绝。天下至刻毒之笔，非至忠恳者不能出。综览世变，怆然于心，无拳无勇，不能制小人之死命，而行其彰瘅，乃曲绘物状，用作秦台之镜。观者嬉笑，不知作此者揾几许伤心之泪而成耳。吾请天下之爱其子弟者，必令读此二书，又当一一指示其受病之处，用自鉴戒，亦反观内鉴之一助也。

委巷子弟，为腐窳学究所遏抑，恒颟顸终其身，而清俊者转不得力于学究，而得力于小说。故西人小说，即奇恣荒眇，其中非寓以哲理，即参以阅历，无苟然之作。西小说之荒眇无稽，至噶利佛极矣。然其言小人国、大人国之风土，亦必兼言其政治之得失，用讽其祖国，此得谓之无关系之书乎？若《封神传》、《西游记》者，则真谓之无关系矣。

余伤寿伯茀光禄之殉难于庚子，将编为哀王孙传奇，顾长日丹铅，无暇倚声。行思寄迹江南，商之于南中诸君子耳。

林纾又识。

**蛮荒志异二卷　商务印书馆本　光绪三十二年四月出版**

英国哈葛德著，闽县林纾、长乐曾宗巩同译。

上卷记苏噜人那豪与其舅安格那之女娜妮事，下卷记以色列亲王阿西尔在亚斐利加之圣堡城，与圣堡大帅萨昆之女薏莱萨事。

林纾自跋曰：长安大雪三日，扃户不能出。此编誊缮适成，临窗校勘，指为之僵。是书无他长，但描写蛮俗，亦自有其耸目者。留仙之志异，志狐鬼也。葛书之志异，则多志巫术。南荒信巫，其说或不为讹谬也。雪止酒热，梅花向人欲笑，引酒呵笔，书此数语，邮至张菊生先生，为我政之。光绪三十一年十二月二十七日，畏庐书于雪中。

**双美人一卷　群学社本　光绪三十二年闰四月出版**

村井弦斋著，群学社译。

记日本民野魁之女弟莲香，为兄复仇，后以冒名为星月男爵之侄女，事泄下狱。武田少尉欲救之不得事。

## 家庭

**小英雄二卷　华美书局本　光绪二十九年出版**

美国步奈特夫人著，美国亮乐月译意，润州陈春生演话。

亮乐月序曰:此书乃美国步奈特夫人所作也。出版以来,人争购阅,诚近今小说界中之铮铮者。欧洲各国及远东之日本,已各译此书为本国文字,以便尽人传诵。其声价谅可概见矣。闻之步氏,慈爱为怀,教子有道。其子亦克遵懿训,宅心仁孝。本书小少爷藩特那悦之品性言论,多半本之。论者谓步氏为今日美洲之孟母云。客岁,广学会领袖李提摩太先生之夫人,以此书嘱余译为华文。因夫人自入华以来,视译书为己任,匡救中国,输灌文明,其功已彰彰在人耳目。既承尊命,欣然允诺。延至今年闰五月十六日,甫经脱稿,忽闻夫人亦于是日逝世。经云,可息其勤劳,功亦随之。其李夫人之谓乎!时维光绪二十九年闰五月中旬,美国女士亮乐月序于黄歇浦之寓庐。

**小公子二卷　小说林社本　光绪三十一年七月出版**

小说林社员译。

此书由东文重译,与华美书局本大同小异。

## 国民

**无名之英雄三卷　小说林社本　上卷:光绪三十年八月出版;中卷:光绪三十一年三月出版;下卷:六月出版**

法国迦尔威尼著,吴门天笑生译。

记加拿大法人谋覆英政府事。主动者为无名氏,太守以六千圆购其首级。实叛国卖友史孟毛雅之子次□,牺牲一身,战死海军岛,终得湔涤其父卖国贼之污名者也。

**卖国奴一卷　商务印书馆本　光绪三十一年十一月出版**

德国苏德蒙著,商务印书馆译。

记德国史拿特男爵导法兰西兵占领史拿特城,为村民所诟辱。其子史约西为后备军守备,战死利古尼,以干父蛊事。

## 社会

**哑旅行二卷　小说林社本　上卷：光绪三十年六月出版；下卷：**

日本末广铁肠著，昭文黄人译。

记一不通英语之日本绅士旅行欧洲，贻人笑柄事。

**重译昕夕闲谈二卷　文宝书局本　光绪三十年七月出版**

英国约纳约翰重译，英国李约瑟笔述。

藜床卧读生序曰：或谓全球六大洲，风俗万变，人性约分三大级，聪明而弱者，亚洲也；坚忍而强者，欧墨也；其非澳两洲，则愚而固执，不足深论。然以亚洲之人而概名为弱，实非确论。不观夫今昔西域之波斯、阿富汗，今之东瀛日本国，不但多精巧制，而前与中国战，今与俄国战，威名赫奕，声震全球乎？盖亚东之弱，惟中国耳。欧墨风俗纯厚，人性坚忍，凡作一事，必要以成；或察一物，必推其原。此所以能将目不能见、手不能捉之物，而创声光化电等极大之实用。考察物情，若为彼国人根性固有之天职，且内亦分有多级也。其有国民思想者，莫如经商之巨贾、传道之牧师，每至一地，必先察访其政治为急务，笔之于书，登诸日报。故中国政体之完缺、风俗之美恶，莫不滔滔论之，赞叹讥诮。华人之能读西文者，阅之面赤心动，有深服其言之非虚者。中国人性则不然，揆其大误于人心者有二字，曰私、曰独。探此原因，由于专制之压力，使人不得不私不独耳，得过且过，本为历史上执政之妙诀，故遇事仅求其所当然，而不必求其所以然。学术腐败，风俗人心亦因之流入私心独欲二者之界，苟有固穷君子，毫无权力，而欲以公理之事报之公家，为世益者，虽不染指，亦招群谤。盖上之授权，不在公而在私也。故执笔论他人之事，则甚公明；论人事而与其有关系者，则公明之中必有偏护之私。盖一为旁观之公论，一为涉己之公论，故判若两人也。数十年前，苟有以民主国政之说进者，则必指为叛逆。此家天下之私心，与公天下之正理，犹有间也。甲午以来，出洋游历者自王公以迄工商学生，日益加多，渐有羡泰西宪法，反效彼起居风俗者。闲步街衢，口衔雪茄烟，眼带金丝镜，皮鞋阁阁，短衣紧裤，以脱帽握手为礼者，亦日见其多。于以见泰西风俗浸灌东亚，不十年而将众效之，而以滨海诸埠为先导也。一昨坊友来访，谓近年之爱西式者，无论衣服，凡男女之起居、亲朋之来往，均拟摹仿，惜无彼国新译小说以餍爱西式者观感，欲央予代访数种，以见彼国之风俗、小民之举动。予乃忆及行箧所存《昕夕闲谈》一书，为彼国章回小说之最佳者，惜译语累坠，事多惝恍。为更觅得泰西原本，而重删润之，仍以外国小说为名，计分上下两卷，都五十五回，并绘以图，付诸排印，以公同好。于以见欧人之坚忍、作事之勇敢，虽其间有邪正之分，而其男女之钟情、亲朋之交谊，固亦非大异于我人也。书既成，为序其缘起如此。时在光绪三十年岁次甲辰五月，吴县黎床卧读生序于海上揉云馆之南轩。

**虚无党一卷　开明书店本　光绪三十年二月出版**

第一白格氏，杜衣儿著；第二绮罗沙夫人，渡边为藏氏著；第三加须克夫，田口掬汀氏著；均冷血译。

绮罗沙夫人，即喋血生所译之《专制虎》，《浙江潮》附刊本；米加野，即宓克儿；爱圣夫人，即绮罗沙夫人也。卷末云，后数年，乃有俄宫人鬼事，则爱圣夫人流配西伯利亚，当在亚历山大第三时矣。

**昙花梦一卷　商务印书馆本　光绪三十一年八月出版**

商务印书馆译。

译者自序曰：甲辰仲夏，李君克立自俄都归，访予于钱唐。予因讯李君虚无党情状，李君曰：“东方所传此事，大氐出于日本人。虽有毁有誉，然证以目验，大率未尽其真相。”因出小册示予，则萨拉斯苛夫所纪月莲风莲事。风莲为萨氏妻，故纪述加详，而又曲尽；且更旁涉学术。则此书固不当作小说观也。由此书以推究虚无党，不独其智力有可称述,即其道德,均堪世师。君子观此,则知吾国比年纷起之党会,无一足以称道者已。甲辰十月,译者自述。

**巴黎繁华记二卷　商务印书馆本　光绪三十一年十月出版**

商务印书馆译。

记法兰西巴黎都雪南子爵初入社会事。

## 冒险

**长生术一卷　素隐书屋本**

英国解佳撰,湘乡曾广铨译。

记何礼与立我探亚非利加洲阿麻哈噶事。此书时务报馆所译,与包探案同刻者。

**十五小豪杰一卷　广智书局本**

法国焦士威尔奴著,少年中国之少年译。

此书原名《两年间学校暑假记》,英国纽西仑岛奢们学校生徒十四人,乘胥罗船漂流至哈诺巴岛,二年始得还国事。英人某译为英文,日本大文豪森田思轩又由英文译为日本文,名曰《十五少年》。是编即由日本文重译者也。

**海外天一卷　小说林社本　光绪二十九年十月出版**

英国马斯他孟立特著,昭文徐念慈译。

此书为马利约脱舰长马斯他孟名立特姓所著之冒险小说。该舰长在英国海军中,昔年列国窜法皇拿破仑于圣吼立那岛时,当警护之任。既而辞职,专著冒险小说,名于世。日本樱井鸥村君由英文译为日文,名曰《绝岛奇谭》。此编又由日本文重译,原文十六回,悉仍旧贯,惟起讫处稍为裁补,取其机势也。

**金银岛一卷　商务印书馆本　光绪三十年九月出版**

英国司的反生著，商务印书馆译。

记利弗山劳乃得佛令脱遗图，航海至骨殖岛，觅取海盗藏银事。

**小仙源一卷　商务印书馆本　光绪三十一年十一月出版**

戈特尔芬美兰女史著，商务印书馆译。

凡例：一是书为泰西有名小说，原著系德文，作者为瑞士文学家。兴至命笔，无意饷世，后其子付诸剞劂，一时风动，争为快睹。已经几次翻译，今戈特尔芬美尔女史复参酌损益，以示来者。一是书于纤悉之事纪载颇详，足见西人强毅果敢，勇往不挠，造次颠沛，无稍出入，可为学子德育之训迪。一当时列国殖民政策尚未盛行，作者著此，殆以鼓励国民，使之加意。今日欧洲各国殖民政策炳耀寰区，著是书者殆亦与有力也。一穿凿附会病不信，拘文牵义病不达。译者于是书虽微有改窜，然要以无惭信达为归，博雅君子尚其谅之。一原书并无节目，译者自加编次，仿章回体而出以文言，固知不合小说之正格也。

按：是书原名《小殖民地》，述瑞士人洛萍生携其妻子浮海，遇飓风触礁，截桶为舟，得登绝岛事。卷末有译者附注云，后有俄罗斯军舰行经纽基那左近小岛，鲜水适绝，登陆取水，见有居民，大骇。察其举动，与白人无异，始就问之，知为瑞士洛萍生及其子五人，遇风覆舟，居其地已数年，乃携之返欧洲。或谓有英舰至南洋一小岛，遇洛萍生等。洛萍生不愿归国，以长子托舟主携之归英。继洛萍生氏后，后欧人有追踪洛萍生而移居是岛者。是书信否不可知，姑摅所闻，以待考证。

**足本鲁滨孙飘流记二卷　商务印书馆本**

英国达孚著，闽县林纾、长乐曾宗巩同译。

林纾序曰：吾国圣人，以中庸立人之极，于是训者以中为不偏，以庸为不易。不偏云者，凡过中失正，皆偏也；不易云者，夷犹巧避，皆易也。据义而争，当义而发，抱义而死，中也，亦庸也。若夫洞洞属属，自恤其命，无所可否，日对妻子娱乐，处人未尝有过，是云中庸。特中人之中，庸人之庸耳。英国鲁滨孙者，惟不为中人之中，庸人之庸，故单舸猝出，侮狎风涛，濒绝地而处，独行独坐，兼羲、轩、巢、燧诸氏之所为而为之，独居二十七年始返。其事盖亘古所不经见者也，然其父之诏之也，则固愿其为中人之中，庸人之庸，而鲁滨孙顾乃大悖其旨，而成此奇诡之事业。因之天下探险之夫，几以性命与鲨鳄狎，则皆鲁滨孙启之耳。然吾观鲁滨孙氏之宗旨，初亦无他，特好为浪游。迨从死中得生，岛居萧寥，与人境隔，乃稍稍入宗教思想，忽大悟天意有属，因之历历作学人语。然鲁滨孙氏初非有学，亦阅历所得，稍近于学者也。余读之，益悟制寂与御穷之道矣。制寂以心，御穷以力，人初以身犯寂，必焦蹶恼恐，凄然无所投附，非寂之能生此状也。后望无冀，前望无助，长日悸动，患与死濒，若囚之初待决然者。顾死囚知决日之必至，则转坦易而泽其容，正以无冀无助，内宁其心，安死而心转，得此须斯之宅。气机发充，故容泽耳。鲁滨孙之困于死岸，初亦劳扰不可终日；既知助穷援绝，极其劳扰亦无成功，乃敛其畏死之心，附丽于宗教。心既宅矣，遂大出其力，以自治其生。须知生人之心，有所寄则浸忘其忧。鲁滨孙日寓心于锹锄斧斤之间，夜复寓心于宗教，节节磨治，久且便帖，故发言多平恕。此讵有学问匡迪，使之平恕耶？严寂之中，无可自慰，遂择其不如我者以自尊其我，天下人人无不有好高之心，抑人以自高，则高者慰矣。自外闻之，似喜其能降抑以为平恕，实则非平恕也，无聊反本之言也。迨二十七年后，鲁滨孙归英，散财发粟，赒赡亲故，未尝靳惜。部署家政，动合天理，较其父当日命彼为中庸者，若大进焉。盖其父之言，望子之保有其产，犹吾国宦途之秘诀，所谓不求有功，但求无过者也。鲁滨孙功既成矣，又所阅所历，极人世不堪之遇，因之益知人情之不可处于不堪之遇中，故每事称情而施，则真得其中与庸矣。至书中多宗教家言，似译者亦稍稍输心于彼教，然实非是。译书非著书比也，著作之家可以抒吾所见，乘虚逐微，靡所不可。若译书则述其已成之事迹，焉能参以己见？彼书有宗教言，吾既译之，又胡能讳避而铲锄之？故一一如其所言。而吾友曾幼固宗巩，亦以为然。幼固自少学水师业，习海事，故海行甚悉，且云探险之书，其为第一。各家叙跋无数，实为欧人家弦户诵之书，哲学家尤动必引据之者也。尚有续篇二卷，拟春初译之。今先书其缘起于此。大清光绪三十一年十月，闽县林纾畏庐父叙于京师望瀛楼。

**斐洲烟水愁城录二卷　商务印书馆本**

英国哈葛德著，闽县林纾、长乐曾宗巩同译。

林纾序曰：陶潜恶刘寄奴之将篡晋，乃有桃花源之作。尽人均知其为寓言也，而余独怪宋之王明清作《投辖录》，谓“祥符中，真宗皇帝招群臣入别殿假山下小洞中，忽而天宇豁然，千峰百嶂，杂花流水，与二道士款洽欢宴而出。”明清且自云，闻诸欧阳文忠。文忠生平颇不言神仙事，而明清何为有此语？然则尤寓言中之无谓者耳。余四十以前，颇喜读书，凡唐宋小说家，无不搜括，非病沿习，即近荒渺，遂置弗阅。近年与曾、魏二生相聚京师，乃得稍读欧西小说家言，随笔译述，日或五六千言。二年之间，不期成书已近二十余种。是译又哈氏丛书中之一也。哈氏所遭蹇涩，往往为伤心哀感之词，以写其悲。又好言亡国事，令观者无欢。此篇则易其体为探险派，言穷斐洲之北，出火山穴底，得白种人部落。其迹近桃源类也。复盛写女王妒状，遂兆兵戈，语极诙谲。且因游历斐洲之故，取洛巴革为导引之人，书中语语写洛巴革之勇，实则语语自描白种人之智。书与《鬼山狼侠传》似联非联，斩然复立一境界，然处处无不以洛巴革为针线也。余译既，叹曰：“西人文体，何乃类我史迁也？”史迁传大宛，其中杂沓十余国，而归氏本乃联而为一贯而下。归氏为有明文章巨子，明于体例，何以不分别部落，以清眉目？乃合诸传为一传。不知文章之道，凡长篇巨制，苟得一贯串精意，则无虑委散。《大宛传》固极绵褫，然前半用博望侯为之引线，随处均着一张骞，则随处均联络。至半道张骞卒，则直接入汗血马，可见汉之通大宛诸国，一意专在马。而绵褫之局，又用马以联络矣。哈氏此书，写白人一身胆勇，百险无惮，而与野蛮并命之事，则仍委诸黑人，白人则居中调度之。可谓自占胜着矣。观其着眼，必描写洛巴革为全篇之枢纽，此即史迁联络法也。文心萧闲，不至张皇无措，斯真能为文章矣。至所云从火山之底，复辟世界，事之荒怪，尤奇于陶潜及王明清之所记者。顾西人之书，必稍有根据，始肯立言。其书言苏伟地之立国，谓昔有十族人出探天下之新地，均亡而不返。谓此新世界，即属十族人之苗裔，又谓为波斯人云云。则又近我中国徐市楼船之说矣。综而言之，欧人志在维新，非新不学，即区区小说之微，亦必从新世界中着想，斥去陈旧不言。若吾辈酸腐，嗜古如命，终身又安知有新理耶？书成，仍循探险小说例，名之曰《烟水愁城录》。愁城者，书中所有者也。较之桃源及别殿之洞天，盖别开一境界矣。光绪三十一年七月六夕，闽县畏庐林纾序于京师望瀛楼。

**澳洲历险记一卷　商务印书馆本　光绪三十二年四月出版**

日本樱井彦一郎著，会稽金石、海宁褚嘉猷译。

记英国一童子名显礼冒险至澳米，为人佣工，经历艰苦，卒受父执栗米松遗产，为思普林哥谷之大地主事。

## 滑稽

**孟恪孙奇遇记一卷　作新社本　光绪三十年七月出版**

德国男爵孟恪孙著，支那谔谔译。

译者小叙曰：孟恪孙，德之男爵也，性豪侠，好游历。故当十八世纪之末，以冒险家闻于时。而是书所载，即其一生所遇诸奇事也。观其所述，归国时自录以示人者，然流传甚广，译为英法诸文者，亦尝见之。今从日本所印英文本中译出。虽事太离奇，转滋人惑，然亦未始非振作冒险精神之一助也。译者志。

**新法螺先生谭一卷　小说林社本　光绪三十一年六月出版**

首新法螺先生谭，昭文东海觉我戏撰。

自叙曰：甲辰夏，我友吴门天笑生以所译日本岩谷小波君所译《滑稽谭法螺先生》前后二卷见示。余读之，惊其诡异，暑热乘凉，窃攫之与乡人团坐，作豆棚闲话，咸以为闻所未闻。倏惊倏喜，津津不倦，至三日而毕。次夜集者益众。余不获辞，乃为东施效颦，博梓里一粲，不揣简陋，附诸篇末。大雅君子，尚其谅诸。

次法螺先生谭，吴门天笑生译。

译者小叙曰：癸卯残冬，团炉围坐，我妇震苏手日本岩谷小波之滑稽谭，名曰《法螺先生》者，泥予口述。予披是书，其原本出自德文，读之能助人奇想。而日文之法螺两字，此言荒唐不经，其名义实亦传自西域译文。述法螺先生竟，震苏欲录出之，而不能文，予乃草此示之。下述皆法螺先生话。

次法螺先生续谭，吴门天笑生译。

此二书大半与《孟恪遇奇遇记》所述同，疑即日文所自出也。

# 读译本小说诗

甲辰里居多暇，日读译本小说，意有感触，辄赋数截句，得二十种而中辍。丙午来京师，小说日出益夥，最录其目，殆逾百种。是区区者，管窥蠡测，媕陋不足数，而以其颇费日力也，不忍焚弃。古人所谓鸡肋者，近之矣。弁此数言，愿与嗜鸡肋者共惜之。虹隐楼主人记。

## 军事

### 少年军一

登车誓死励同群，热血淋漓染阵云。长为国民留纪念，美洲南部少年军。

义勇无端说拒俄，支那影响果如何。新声谱出从军乐，风雨深宵一剑磨。

《少年军一》一卷，喋血生译，《浙江潮》附刊本。记一千八百六十四年美国南北战争，南部威尼亚兵学校生徒退校从军事。

### 少年军二

蜗髫愤气吞骄虏，不破重围誓不生。片纸邮书忽飞达，万人性命一身擎。

拔刀断指血淋漓，坐困睢阳厄数奇。读尽神州争战史，故应南八是男儿。

强将铁血励青年，祖国沉沦满目前。雪白头颅空老大，顺民降将一腥膻。

《少年军二》一卷，亦喋血生译，《浙江潮》附刊本。记一千八百四十八年伊大利抵抗墺国虎狼压制，不幸被围于克士闸，弹药罄矣，一十四龄勇少年为祖国出死力，作寄书邮以请援，伊大利兵卒获大胜焉。

## 斯巴达之魂

军歌争唱从军乐，一士生还实汗颜。儿女爱情拼一割，鬼雄羞上望夫山。

誓抉心肝奉至尊，不甘乘眉入生门。青年艳说斯巴达，唤起西欧武士魂。

《斯巴达之魂》一卷，自树译，《浙江潮》附刊本。述西历纪元前四百八十年，波斯王泽耳士大举侵希腊，斯巴达王黎河尼佗将市民三百、同盟军数千，扼温泉门。敌由间道至，斯巴达将士殊死战，全军歼焉。一武士名亚里士多德，由爱尔俾尼目病院而生还。其妻涘烈娜不纳，且以死谏。亚里士多德卒战死于浦累皆。将军柏撒纽闻而壮之，为涘烈娜立纪念碑焉。

## 义勇军

森林兵气遏归云，万岁争呼义勇军。战旆森严天荡堡，让他红粉策奇勋。

军歌板屋喜从戎，巾帼犹知竞武功。妒杀燕脂颜色好，岂知儿女即英雄。

《义勇军》一卷，法国毛白石氏著，冷血译，新新小说刊本。述普法大战时，天荡堡附近守林人竹骨老人之女铃多娘，计诱普鲁士兵士六人入窖内，为法兰西义勇军司令罗美似所捕虏事。

## 地理

### 秘密使者

欢宴新宫玉漏长，鼓鼙惊破舞霓裳。西厢夜半闻私语，一片疑云费揣量。莫斯科新宫之夜宴。

领土安危系一书，禁中使者竟何如。斗罴旧径依稀认，垂白萱堂望倚闾。飞使。

贱族飘零卖技车，避人侦视意何居。中原逐鹿谁先得，刘项今宵识面初。尼塞尼之道中。

市场逐客令新颁，女伴提携一破颜。红粉青衫天作合，龙沙万里玉双环。哥哥去休，哥哥去休。

絮语微闻逊克儿，宫闱秘密有人知。天教叛将逃罗网，险绝加桑上陆时。高加索汽船之中。

插天山脉划银沙，板屋奔驰午夜车。旅客区分鸦与鹫，一鞭遥指月轮斜。板屋车与裸体车。

左迎削壁右深渊，木石当头势转旋。乌拉山中风雨夕，一车如叶幸生全。乌拉山中之大风雨。

旅客两人车半部，中途遗失记新闻。国民解体浑如此，笑倒诙谐绝妙文。车半部客二人途中之遗失物也。

少年胯下淮阴屈，武士车前穆勒卑。万死不甘为决斗，英雄忍耐两心知。万死不愿决斗。

芒唐豺虎路纵横，裹创茅檐庆再生。三日光阴掷虚牝，圆苍故意误邮程。土耳其斯坦兵。

私恩公义两难并，精铁为阑界爱情。觌面相逢不相识，背人耳目一吞声。穆勒汝忘乃母邪？

重铠犹难避剥肤，流传西谚到澄湖。飞蚊如市能传毒，科学精微解得无。泊拉泊大湖。

只身避敌倏衔枚，家难摧肝志未灰。鸦比河头呜咽水，夜深灵马蹴云来。追骑。

双双候雁逐风飞，满地兵戈旅信稀。万里关河书一幅，枪林炮雨久忘机。电报局中之人物。

明驼翠幕郁云蒸，荼火军容虎气腾。谁识楚囚心事苦，红颜白发恐难胜。可汗之阵营。

造化无端遇合奇，承欢佳妇替佳儿。此中自有因缘在，憔悴长途不忍离。两女囚。

沟水东西各自流，银河咫尺会牵牛。生憎石阙犹衔口，一抹红墙两地愁。意外之遇。

分我杯羹莫诩渠，海滨窃负较何如。欧洲骄虏犹人子，那有家庭革命书。聊报汝以春之一鞭。

此后惟娘可见儿，儿生无复见娘时。两行血泪填胸臆，胜读兰陔补阙诗。盲目之刑。

未能徒步当安车，附翼攀鳞乐有余。话到吟诗传电事，兵戈丛里一轩渠。马车之少年。

万灶无烟冷戍楼，移民避寇岂良谋。可怜国破山河在，钩起羁人一夜愁。死都会。

野渡无舟阻马缰，革囊横截水中央。旋涡虽险终能济，谁说风波不可防。叶尼塞河。

见兔怀疑竟陨生，神权迷信出真诚。热心幸为倾城死，赢得香花供墓茔。地上之人头。

欲离虎暴入狼群，地棘天荆讵足云。不是冰霜难炼骨，国民进步在从军。狼群。

欢传飞使达围城，叛将阴谋喜告成。信口张皇强敌势，一时股掌玩孩婴。大公爵之宫中。

高壁轻投一纸丸，东门管钥几难完。如斯间谍终亡灭，始叹兵家冒险难。土耳其斯坦兵之内应。

万古千辛持使节，大功圆满释肩任。一篇秘密行人传，两字团栾儿女心。噫渠能视也。

《秘密使者》二卷，法国迦尔威尼著，吴门天笑生译，小说林刊本。述俄皇爱烈珊德第三时，叛将渥可烈纠合土耳其兵作乱，帝弟大公爵被困于也尔克苦。帝命穆勒苏朗笏为秘密使者，往谕之。经历千辛万苦，幸而得达，可谓不辱使命矣。迦尔威尼氏为法国小说家，即著《铁世界》之人也。是书原名《瞽使者》，自日本森田思轩本转译，上卷第十四章两通信员电中所羼入之诗歌，皆彼中暗码。闻迦氏原本均英法名家之诗，森田氏删之，而易以我国唐诗及日本俚歌。天笑生嫌其失真，又不能得法文原本，乃以己意补之云。

## 外交

### 白丝线记

外交秘密有人窥，暗杀难成帝位危。自古女戎能召祸，深宫莫更妒蛾眉。

樽俎戈矛孰见几，白丝一缕伏危机。前尘枨触肌生粟，残月黄昏铁网衣。

《白丝线记》一卷，法国某著，披发生译，新小说刊本。述塞尔维亚警视总监改妆刺俄代理公使事。自跋谓塞尔维亚王曰美兰，其后曰拿陀利，俄国近卫队大佐茄士支哥之女也。后为俄出，故党于俄；而王则倾心于墺。两人若冰炭，后卒以千八百八十八年十月为王所出，而俄不能默视，乃以阴谋政略迫美兰王使退位，而拥其幼主亚历山为王，西历一千八百八十九年事也。作者实因此事敷衍而成，惟总理大臣被刺，颇属虚构，似假用千八百九十四年普尔牙利亚首相斯聃布禄之事，惟白丝所系之斯陀罗支为俄党，而斯聃布禄则排俄者耳。

## 社会

### 哀 尘

莽莽尘球遍网罗，亚欧蛮野竟同科。文明社会伤心史，千古词人感慨多。

《哀尘》一卷，法国嚣俄著，庚辰译，《浙江潮》附刊本。乃《嚣俄随见录》之一，自述于霞骇街警署救一受冤女子芳梯事。

## 冒险

### 二勇少年

百尺岩头晓日暹，神锋照耀莫邪銛。少年各抱凌云志，公义私情两美兼。

沉舟援溺大慈身，危垒拯婴亦至仁。莫但悲歌矜血气，英雄儿女只情真。

《二勇少年》一卷，南野浣白子译，新小说刊本，述爱兰特新旧两教战争时，金吾与吴尔达二少年事。

### 小仙源

开辟荒陬新日月，安排绝岛旧山川。欧洲第二哥仑布，冒险成名万口传。

营窟橧巢犹草昧，夫妻儿女小团栾。蓬莱方丈知何许，且作桃源一例观。

《小仙源》一卷，原名《小殖民地》，戈特尔芬美兰女史著，绣像小说译刊本。述瑞士人洛萍生携其妻孥浮海遇飓风触礁，截桶为舟，得登绝岛事。凡例谓是书原著系德文，作者为瑞士文学家，历经重译。戈特尔芬美兰女史复参酌损益，以示来者。当时列国殖民政策尚未盛行，作者著此，殆以鼓励国民，使之加意。原书并无节目，译者自加编次，仿章回体，分为十四回。又附跋，谓后有俄罗斯军舰行经纽基那左近小岛，鲜水适绝，登陆取水，见有居民，大骇。察其举动，与白人无异，始就问之，知为瑞士洛萍生及其子五人，遇风覆舟，居其地已数年。乃携之返欧洲。或谓有英舰至南洋一小岛，遇洛萍生等。洛萍生不愿归国，以长子托舟主携之归英，继洛萍生氏后。于是欧人有追踪洛萍生而移是岛者。是此书所述，实有其人，不尽子虚乌有也。

## 法律

### 宜春苑

琴心何不效当垆，其奈罗敷自有夫。一失足成千古恨，相思爇尽爱情枯。

斧声烛影动人疑，桃李无言路更歧。风汉岂知能误事，冤家错认两情痴。

但求达宦陷交朋，酷吏心肠实可憎。罗织百端终失败，名场中热一壶冰。

《宜春苑》一卷，法国某著，无歆羡斋译。述一千八百七十一年，法国巴黎城外巴尔逊村放火杀人案豫审判事。阿宾枉断侯爵何士兰，卒为律师柯万宜陆仓设法辨护得直。读此可见裁判之不易称职也。

## 侦探

### 新译华生包探案

间字成文索解难，片言冰释一疑团。闲搜北宋新稗史，捷报三元一例看。三元捷报，间三字成文，见近人所著《荡寇志》。哥利亚司考得船案。

黄浦春秋两著鞭，万人空巷绮罗鲜。无人解盗银光马，闲却华生十幅笺。银光马案。

柳月黄昏事可疑，浮梁夫婿忽乖离。岂知牛渚然犀夜，即是明珠入掌时。孀妇匿女案。

绕榆悬栎借余晖，礼典传家识者稀。奴辈聪明偏胜主，惜哉知进不知几。墨斯格力夫礼典案。

厚禄能羁失意人，那知形影有分身。缠腰十万盈贪壑，无奈严关不过秦。书记被骗案。

绿林卖友陨残生，白刃寻仇了旧盟。天外冥鸿逃法网，樽前警吏斗心兵。旅居病夫案。

《新译华生包探案》一卷，绣像小说癸卯译刊本，一哥利亚司考得船案，二银光马案，三孀妇匿女案，四墨斯格力夫礼典案，五书记被骗案，六旅居病夫案。其有年月可稽者，第一案哲姆士亚密忒治犯事，在一千八百五十五年；第六案瑟吞劫俄新顿银行，在一千八百七十五年；第四案福尔摩斯自述其勘革罗力亚斯喀特案后，始立意为包探，墨思格力夫礼典案，第三次盖尚在福与华生未遇之先也。又述幼时所勘诸案，为偷勒吞命案，为酒商案，为俄国妇人案，亦足资考证云。

## 专制虎

王僚尚饮专诸刃，嬴政犹惊博浪椎。孰谓中原无暗杀，周秦早树党人碑。

民权欧美始萌芽，罗刹风潮十倍加。宪法未颁新政府，同胞志士已无家。

百折难回侠烈肠，誓倾血泪洗红妆。问谁制造虚无党，专制完全帝国皇。

《专制虎》一卷，喋血生译，《浙江潮》附刊本。记俄国大侦探米加野于圣彼得堡缉获虚无党爱圣夫人事。末云后数年乃有俄宫人鬼事，则爱圣夫人流配西伯利亚，当在亚历山大第三时矣。

## 摄魂花

从古蛾眉是祸胎，竹林摧折有余哀。一瓯基督蔷薇露，断送巫云入梦来。

醉舞僛僛是邪非，波兰贵胄款朱扉。秋蝉待厌螳螂腹，岂料霜林伏杀机。

鬼魅无端幻化奇，元妻嫫母两传疑。莫斯科有留仙笔，应续聊斋志画皮。

旁行重译儿聱牙，轶事疑文勘舛差。七字头衔应自诩，泰西说部校雠家。

《摄魂花》一卷，喋血生译，《浙江潮》附刊本。述俄国莫斯科步兵大佐伊科纳杜与其侄炮兵大尉勃兰芝傅同为人毒杀，后由老侦探米加野访得二人皆毕命于圣彼得堡妇人裘丽雅之手，所中者海娄濮儿之毒也。海娄濮儿，俗名基督蔷薇，其叶根含毒汁，初食之不觉，须食他物有油质者，毒始发云。

绣像小说所译者，名《俄国包探案》，以伊科纳杜为伊坤图，以勃兰芝傅为伯兰，以米加野为梅嘉谐，以裘丽雅为裘丽华，以海米濮儿为海留卜儿。译音小舛，叙述则无甚歧异，惟较《浙江潮》本稍曼衍耳。

《新小说》所译者，名《毒药案》，无歆羡斋主译述，所据似别一本。如以伊科纳杜为伊格拿辅，以勃兰芝傅为巴拉奴辅，以米加野为美卡威，以裘丽雅为焦利亚，以亚历山德为亚历山大，以海娄濮儿为耶列波尔，译音颇有参差，叙事更多歧出。耶列波尔以基督蔷薇酸汁加药料制成，为焦利亚夫人所自造。又大侦探与亚历山大问答，又波兰伯爵伪银纸被窃后，竟以使用伪银纸捕得亚历山大；又伯爵到焦利亚跳舞会，为特里辅所绍介，皆足补《浙江潮》本阙略，惟《摄魂花》与侦探同一画皮手段，则又为《新小说》本所未详也。

## 返魂香

小丑掷还金作赎，离奇电谕黑魔王。岂知咫尺深宫地，颠倒钧天梦一场。

玉食无端成祸水，蛰龙窟室认分明。尊严帝后如狮虎，不及巴黎一客卿。

《返魂香》一卷，喋血生译，《浙江潮》附刊本。记西班牙自罹拿破仑战祸，民凋财匮，生气奄如。至一千八百九十八年，美西战争之风云起，共和党无政府党之内讧，即踵布哇匪律宾之外患以起，加之董克仑派谋恢复正统，王位如幕燕。是时约芬十三世仅十二龄之稚子，太后玛利雅代摄庶政。稚子王以临幸阅兵，为庖人郭懋士所匿，大索不得。后由任满法公使密侦，得王于王宫地窟中。此书即公使所自述也。

《新小说》所译者名《窃皇案》，叙述大同小异，以郭懋士为戈灭，则译音之小舛耳。

## 雌雄蜥

强将怨泪洗红妆，错识当年李十郎。誓向情场除薄幸，美人心事侠游肠。

爱林比翼忽分飞，万里风波款绮扉。一刹秋风捐故扇，温柔乡里伏危机。

黄笳天外雌雄蜥，情史新编色诫书。寂寞羊城游冶地，有人遥指旧时庐。

绿杨难作两家春，恨海无端起战尘。同命鸳鸯长已矣，可怜桃叶渡头人。

邃房秘密藏深阱，尚有雕梁一燕窥。三尺红罗销弱质，痴迷世界梦阑时。

《雌雄蜥》一卷，喋血生译，《浙江潮》附刊本。记法兰西名侦探律月氏缉获美利坚人梭齐，冒女为男，谋毙中国人松筠及其妾秦月怜事。梭齐原姓美丽，名舒敦，本民家子，嫁松筠三载，既归国，乃易男子装，托名游历来华，为并栖计。而松筠溺于爱姬秦月怜，美丽妒心难禁，乘间手刃之，并及月怜。事发，美丽亦自缢。

### 离魂病

鸳鸯颠倒累情根，深销空房拭泪痕。海外人心深似穽，惊鸿几断美人魂。

事非目睹总狐疑，午夜离魂病更奇。多少沉霾三字狱，有谁能辨路中歧。

《离魂病》一卷，披发生译，《新小说》刊本。述美国奥利安州侦探赛孙勘厚利银行被窃案事。

### 忏悔录

父雠已雪宁归死，尚有周秦烈士风。我欲举觞浮大白，千秋愧杀鲁庄公。

青楼三岛传游侠，赤血千春葬孝心。谁为鹣鹣书逸事，赋闲警吏是知音。

《忏悔录》一卷，译者无名，《新新小说》刊本。记日本老侦探清水氏捕欲田贤吉事。贤吉之继父利助，与贤吉母通奸，谋杀其父。贤吉长始知之，斫杀利助。清水氏哀其纯孝，遇而故纵者再，卒为所缚。艺妓小胜善贤吉，闻贤吉被逮，骤癫狂，削发为尼。清水氏亦以不能尽职为耻，旋自引退云。

## 理想

### 世界末日记

虚无世界断灵根，岂独金仙有泪痕。二百万年才一瞬，再看混沌凿乾坤。

前为亚当后加巴，生也无涯死有涯。万劫不灰金字塔，雪中犹植爱之花。

《世界末日记》一卷，法国著名文豪兼天文学者佛林玛利安著，饮冰译，《新小说》刊本。原名《地球末日记》，以科学上最精确之学理，与哲学上最高尚之思想，组织以成。此文实近世一大奇书也。其述地球人种遗存最后者，仅有阿美加及爱巴两男女，与数千万年前之亚当、夏娃相对峙。阿美加者，译音最后之义。

### 梦游二十一世纪

篝灯一梦堕华胥，如展生平未见书。果有弭兵新世界，受廛吾愿结蓬庐。

早雪犹凝淑气融，琉璃一片覆长空。铁时代后铝时代，原质无穷叹化工。

食古多疏况证今，嫏嬛福地杳难寻。愿生万国藏书室，一快神仙老蠹心。

猪都登得已聱牙，何况旁行画革斜。别创方言通绝域，西欧东西我邻家。

度量权衡表大同，通行钱币及银铜。磅亏底事纷筹议，卢布先令一扫空。

虹镜窥天体验真，目中矿产美无伦。穷研科学滋流弊，描写贪迷警世人。

巾帼须眉竞爽才，刚柔偏胜费量裁。一篇男女平权说，惹出红闺驳议来。

《梦游二十一世纪》一卷，荷兰博学士某君原著，《绣像小说》译刊本。记十九世纪时，梦见西历纪元后二千零七十一年事。

## 怪异

### 俄皇宫中之人鬼

冬宫霜冷月无声，神驭灵衣讶再生。九五飞龙轻一蛰，皇权不羡羡编氓。

野史荒江懒拾遗，玉棺天降总传疑。惜无绝域皇华使，续赋清凉赞佛诗。

《俄皇宫中之人鬼》一卷，法国前驻俄公使某君著，曼殊室主人译，《新小说》刊本。俄前皇亚历山大第三以光绪二十年十月崩于格里迷亚之离宫，归葬于圣彼得堡。此人所共知者。此书述其佯死避位，实著者之寓言耳。然描写俄廷隐情，外有无限之威权，内受无量之束缚，历历如绘。自跋云，专制君主之苦况，万方同概，岂惟俄皇？译此以为与俄同病者吊。亦足以告世之崇拜皇权者矣。

# 女子题壁诗录

## 三乡题壁诗

阮阅《诗话总龟》卷十五《留题门》上:《三乡题》,不知谁氏题云:“余本家若耶溪东,从良人西入函关,寓居新昌里第。不幸良人已矣,邈然无依。东迈历渭川,涉浐水,背终南,涉太华,经虢略,抵陕郊,皆曩昔宴游之地,命笔辄题,终不能涤其怀抱。翰墨非女子事,故隐其名而不书。为诗曰:‘昔逐良人西入关,良人身殁妾空还。谢娘卫女不相待,为雨为云过此山。’”和诗十一首。陆正洞云:“惆怅残花怨暮春,孤鸾舞鉴倍伤神。清词好个干人事,疑是文姬第二身。”王祝云:“女几山前岚气低,佳人留恨此中题。不知云雨归何处,空使王孙见即迷。”刘谷云:“兰蕙芬芳见玉姿,路旁花笑景迟迟。苎萝山下无穷意,并在三乡惜别时。”王条云:“浣沙游女出关东,旧迹新词一梦中。槐陌柳亭何限事,年年回首向东风。”李昌邺云:“红粉萧娘手自题,分明幽怨发云闺。不应更学文君去,泣向残花归剡溪。”王顾云:“无姓无名越水滨,芳词空怨路旁人。莫教才子偏惆怅,宋玉东家是旧邻。”李绘云:“会稽王谢两风流,王子沉沦谢女游。归思若随文字在,路旁空为感千秋。”张碕云:“洛川依旧好风光,莲帐无因见女郎。云雨散来音信断,此生遗恨寄三乡。”高衢云:“南北千山与万山,轩车谁不念乡关!独留芳翰悲前迹,陌上恐伤桃李颜。”章冰云:“来时欢笑去时哀,家国迢迢向越台。待写百年幽思尽,故宫流水莫相催。”贾驰《五言》云:“壁古字未灭,声长响不绝。蕙质本如云,松心应耐雪。耿耿离幽谷,悠悠望瓯越。杞妇哭夫时,城摧无此说。”《云溪友议》。

## 怨　妇

《诗话总龟》卷四十二《怨嗟门》：怨妇，不知其姓。既笄，受币于姨兄马生。父没，继母渝其约，改适母之族兄。老而猥恶，居官纳贿，以罪犯为五羊民掾。舟过英州，庸良醉卧，妇因题三绝于驲亭。初与马绝，马作诗贻妇人曰："急水浮花入乱流，浓云遮月暗西楼。风流忿恨知多少，但看青春已白头。"妇答诗曰："金丸打折鹣禽翼，利刃偏伤连理枝。自古一床无两好，如今方信昔人词。"《题驿亭》曰："情若分满[①]归故国，梦随瘴月过梅峰。谁将此骨埋烟陇，寂寞魂游山雾中。"《翰府名谈》。

## 周仲美

《诗话总龟》卷四十三《伤悼门》：余于一杂编中，见有书邮亭事，既不晓其谁作，但观其诗有足哀者，故载之于此。其末云周仲美，不知何许人。自言世居京师，父游宦，家于成都。既而适李氏子，侍舅姑宦泗上，从良人赴金陵幕，偶因事去官，入华山，有长住之意。仲美寄身合淝外祖家，求归未得。会舅遽调任长沙，不免共载而南。云水茫茫，去国益远，形影相吊，洒涕何言？因书所怀于壁。诗曰："爱妾不爱子，为问此何理？弃官更弃妻，人情宁可已。永诀泗之滨，遗言空在耳。三载无朝昏，孤帏泪如洗。妇人义从夫，一节誓生死。江乡感残春，肠断晚烟起。西望太华峰，不知几千里。"《王直方诗话》。

## 南阳县驿女子

马纯《陶朱新录》：靖康间，京畿士人往往南窜。邓州南阳县驿，有女子字书清婉，留题于壁，云："流落南来自可嗟，避人不敢御铅华。

---

① 分满：文渊库《四库全书·诗话总龟》中作"秋云"。

却思当日莺莺事,独立东风雾鬓斜。”

洪迈《夷坚甲志》卷八:靖康元年,邓州南阳县驿有女子留题一诗,曰:“流落南来自可嗟,避人不敢御铅华。却怜当日莺莺事,独立春风雾鬓斜。”字画柔弱,真妇人之书,次韵者满壁。

## 李　媛

何蘧《春渚纪闻》卷七:蘧兄子硕送客余杭步伍亭,就观壁后,得淡墨书字数行,仿佛可辨,笔迹遒媚,如出女手。云:“夜台夜复夜,东山东复东。当时九龙月,今日白杨风。”后题云李媛书。详味诗句,似非世人所作。亭后荒阒,有数十冢,疑冢间鬼凭附而书。不然,好事者为鬼语耳。

## 柔　姬

章炳文《搜神秘览》卷下:予自真定还都下,道由邯郸,因得柔姬所题壁曰:“妾家圃田,世族豪贵,门馆幽邃,竟日阒然。时与伴侣有追随调笑之欢,不知寒暑之催人。年始及笄,闲情渐生,遂托身于良人。因此远适真定,离亲去国之意,怅恋不已。而镇阳风景,酷似吾乡,有佳花幽圃,可以行乐于春时;有修竹小洞,可以迎凉于朱夏。鱼稻果实,与夫醪酒之美,又足以供膳饮之具,而资燕笑之娱。不幸居未半纪,而良人倾亡,家宗无亲,身将安托?由是飘然南归。每临当时留食寓宵之地,逝而复苏者数矣。乡关千里,欲到未能。上无以副父母之望,中不得尽良人之情,哀哀此心,非可述矣。反视三乡佛寺所题,此有甚于彼矣。因以拙句书之,亦不欲直见名氏,隐语以道焉。箕子狂,宽夫性,腹长空,麟之定。诗曰:‘忆昔鬟初合,离家千里征。凤鞋金镫稳,罗袖玉鞭轻。月下并肩语,花间把手行。欢娱将半纪,恩爱卜平生。岂谓中途误,翻为一梦惊。抚心嗟薄命,饮泪想当情。匹马溪边影,哀鸿枕上声。重经旧游处,幽恨写难成。’”杜俨仲观为之作歌曰:“君不见,丛台驿,圃田柔姬自题壁。柔姬姓杨族绪豪,朱碧辉空门馆阒。春风女伴戏青楼,窈窕文章语笑柔。云鬟初拢钗梁重,脉脉兰心春思动。一朝选配少年郎,粉质飘流入镇阳。镇阳岩岩甲第好,风景仿佛同吾乡。三春桃李照亭榭,六月竹洞薰风凉。四时佳景供情赏,翡翠屏风鸳枕两。酒阑拂镜匀挑花,良宵蜡烛烧红纱。红纱荧荧夜复晓,五岁歌吹时节少。良人一旦捐仙居,罗幌无光愁悄悄。宝鉴同心不忍看,回看前欢仙梦杳。良人之家无宗戚,千里乡城独南适。与郎曾宿此传舍,门掩回廊宛如昔。并肩行处长莓苔,井上梧桐空自碧。无言看月立空阶,镂金沾露鸳鸯鞋。铅华不御见天质,珠泪掩挹芙蓉腮。一身有违父母托,九泉无路追多才。君不见,三乡寺,昔时弄玉尝题字。今日柔姬归故乡,悲愁更过当时事。妇人无非亦无仪,赋笔虽留隐名氏。卒章饮恨令人哀,吟诵拂拂悲风来。想君题时翠眉促,彤管纤纤指如玉。行云往矣无复寻,寂寂洞天三十六。噫嘘嚱,杨柔姬,未亡人,何用归?多情既如此,有色将安施?傥能节死同邃穴,犹胜风月长相思。"

## 陆放翁妾

陈世崇《随隐漫录》卷五:陆放翁宿驿中,见题壁云:"玉阶蟋蟀闹清夜,金井梧桐辞故枝。一枕凄凉眠不得,呼灯起作感秋诗。"放翁询之,驿卒女也,遂纳为妾。方余半载,夫人逐之,妾赋《卜算子》云:"只知眉上愁,不识愁来路。窗外有芭蕉,阵阵黄昏雨。晓起理残妆,整顿教愁去。不合画春山,依旧留愁住。"

吴骞《拜经楼诗话》卷三:"玉阶蟋蟀闹清夜"四句本七律,明载《剑南集》。而《随隐漫录》剪去前四句,以为驿卒女题壁,放翁见之,随纳为妾云云,皆不足信。

## 陈　氏

陈衍《元诗纪事》卷十七:陈氏《闻雁》:"浪喜灯花落又生,夜寒频放剪刀声。游鸿不寄征夫信,顾影娉婷无限情。"《梧溪集》:"右妇陈题于华亭戍壁。陈，儒家女，夫本县曹吏，因兵乱隶军籍，久在外。”

## 旷家妇

陈衍《元诗纪事》卷十七“旷家妇题壁”：“泾渭能分浊与清，妾身岂肯堕风尘？孤儿未必从他姓，一女何曾侍二人。白刃自伤心似铁，黄泉要见骨如银。深山落日猿啼处，过客闻之亦惨神。”《草木子》：“至正壬辰，红巾盗起，江西吉安敖城旷家妇为盗所得，欲妻之。妇乃先刃其子，题诗于壁，亦自尽。”按，《江西通志》作庐陵人，旷维祯妻。

## 徐彩鸾

陈衍《元诗纪事》卷十七“徐彩鸾句”：“惟有桂林桥下水，千年照见妾心清。”《浦城县志》：徐彩鸾，字淑和，浦城人，徐嗣源之女，李文景妻。略通经史，每诵文天祥《六噫歌》，欷歔泣下。至正十五年，青田贼寇浦城，氏从父逃山谷间，俱为贼所掠。贼持刀欲害其父，氏直前愿代父死。贼乃释父而絷氏。氏顾语父曰：“儿义不受辱，必死，父可速去。”贼拘氏至桂林桥，氏拾炭题诗壁间云云。遂厉声骂贼，投桥下，贼竞出之。既而，乘间复投水死。

## 胡妙端

陈衍《元诗纪事》卷十七“胡妙端啮指题壁”：“弱质空怀漆室忧，搜山千骑人深幽。旌旗影乱天同惨，金鼓声淫鬼亦愁。父母劬劳何日报，夫妻恩爱此时休。九泉有路还归去，那个云边是越州？”《辍耕录》：越嵊县剡溪胡氏，讳妙端，适同邑祝某。至正庚子春，为苗獠虏至金华县，将妻之。义不受辱，乘间啮指血题诗壁上，已，赴水而死。三月廿四日也。獠帅服其节，为立庙祀之。诗云云。

## 阆中守某妻宋氏

桂馥《札朴》卷十：明洪武中，阆中守某妻宋氏，谪戍永昌，赋诗题邮亭壁。嘉靖十六年，御史阴汝登祠而祀之，御史黄中刻诗于石。今读其诗，词意率直，音节悲凉，有古乐府之风，惜刻石远在边徼，流传绝少。余见而亟录之："邮亭咫尺堪投宿，手握亲姑憩茅屋。抱薪就地旋铺摊，支颐相向吞声哭。旁人问我是何方？俛首哀哀诉衷曲。妾家祖居金华府，祖父曾为上千户。举艘运粟大都回，金牌敕赐双飞虎。弟兄晦迹隐山林，甘学崇文不崇武。方今玉堂宋学士，亦与妾家同一谱。笄年嫁向衢州城，夫婿好学明诗经。离骚子史遍搜览，意欲出仕苏苍生。前年郡邑忽交辟，辞亲笑傲趋神京。万言长策献阊阖，驰书归报泥金名。承恩拜除阆州守，飘然画舫西南行。到官搜贤访遗老，要把奸顽尽除扫。日则升堂剖公务，夜则挑灯理文稿。守廉不使纤尘污，执法应教僚佐怒。府推获罪苦相扳，察院来提谁与诉。临行囊橐无锱铢，惟有旧日将去书。牵衣父老泣相送，遮留赤子争号呼。彼时征脏动盈万，妾夫自料无从办。竟晨拷打不成招，暗属家人莫送饭。嗟呼饿死囹圄中，旗军原籍来抄封。当时指望耀门户，岂期一旦翻成空。亲邻怜妾贫如洗，敛钱殷勤馈行李。伶仃三口到京师，奉旨边方戍金齿。阿弟远饯龙江边，临歧抱头哭向天。姊南弟北两相恸，别来再会知何年。开船未几子病倒，求医问卜皆难保。武昌城外野坡前，白骨谁怜葬青草。初然有子相依傍，身安且不忧家荡。而今子死姑年高，纵到云南有谁望。八月官船渡常德，促装登程戒行色。空林日暮鹧鸪啼，声声叫道行不得。上山险如登天梯，百户发放来取齐。雨晴泥滑把姑手，一步一仆身沾泥。晚来走向营中宿，情思昏昏倦无力。五更睡重起身迟，饭还未熟旗头逼。翻思昔日深闺内，远行不出中门外。融融日影上阑干，花落庭前鸟声碎。宝髻斜簪金凤翘，翠云蝉鬓蛾眉娇。绣妆新刺双蝴蝶，久坐尚觉春风饶。谁知今日夫亡后，天末遐荒要亲走。半途日午姑云饥，欲丐奉姑羞举口。同来一妇天台人，情怀薄似秋空云。丧夫未经二十日，画眉重嫁盐商君。血色红裙绣罗袄，骑驴远涉长安道。稳坐不知行路难，扬鞭笑指青山小。取欢但感新人心，那忆旧夫恩受深。吁嗟风俗日颓败，纲常废尽趋黄金。妾心汪汪淡如水，宁受饥寒不受耻。几回欲葬江鱼腹，姑存未敢先求死。前途姑身少康健，辛苦奉姑终不怨。姑亡妾亦承姑亡，地下何惭见夫面。说到伤心泪如雨，咽咽低头不能语。道傍闻者总凄酸，隔岸猿啼叫何许。”

周亮工《书影》卷二：林若抚曰：明初宋氏《题邮亭壁歌》，《彤管遗编》、《明人诗抄》俱摭入。而不知此诗乃白振子昌所作，见《琼台清啸集》，名曰《戍妇行》，初非出于宋氏也。振，吴江人，自号钓鳌叟，明初至金陵，进紫金山、金水河二赋，被宠遇。其七言歌行擅场。若抚吴人，斯言有据。

## 媚兰仙子

赵吉士《寄园寄所寄》卷六《焚尘寄》“闺中异人”：南宁伯毛舜臣在南京留守，洒扫旧内，见别院墙壁，多旧时宫人题咏，年久剥落，不能尽识。其一署云“媚兰仙子书”，末二句犹存云：“寒气逼人眠不得，钟声催月下斜廊。”字婉丽，辞意凄怨，可想其风神月思。《尧山堂外纪》。

陈文述《秣陵集》卷六《过明大内感媚兰仙子事》：《梦樵诗话》载：“南宁伯毛舜臣留守南都，洒扫旧内，见别院墙壁多宫人咏。有句云：‘寒气逼人眠不得，钟声催月下斜廊。’款曰‘媚兰仙子。’”媚兰仙子题诗处，家国沧桑故苑荒。何处夜钟声不定，更无寒月下斜廊。想见婵娟绝代姝，流传一字一明珠。阑干影里秋如水，谁写深宫夜怨图。开国君王说爱才，青丘往事最堪哀。夜深宫禁清冷地，可有金铃吠影来。

## 卢翰妻李氏

赵吉士《寄园寄所寄》卷六《焚尘寄》“闺中异人”：卢翰妻李氏，名妙惠，有贞操。弘治初，卢会试不第，留京讲学。有同姓名者死，误传至家。会岁饥，父母怜寡，强以聘江西新淦巨商谢能之子启。李自经者再，不得死，迫归谢。谢继母亦扬州人，李恳乞为婢，以全节操。启不得夺，李侍母不离。启先载盐赴江西，母与李继归，舟泊金山，母与李登寺酬愿。李题诗于壁云："一自当年析凤凰，至今消息两茫茫。盖棺不作怀金妇，入地还寻折桂郎。彭泽晓烟归宿梦，潇湘夜雨断愁肠。新诗写向金山寺，高挂云帆过豫章。"署其后曰："扬卢翰妻李氏题。"既而卢举进士，以修实录，差往江西。过扬州，知李已嫁，登金山寺，见所题诗而泣。及至江西，访盐船多舣河下，教隶诵诗，往来盐船间二日。李闻知，唤问诗从何处得？隶告以故。李惊喜曰："吾夫尚存耶？"密约暮夜以舟来迓，盖恐明言之，则声扬不雅也。是夜果附舟舁至卢寓馆，为夫妇如初。盖李归谢二年，贞操益励，谢母亦为护持，以遂其志。及是归，卢母亦叹异。《尧山堂外纪》。

陈文述《西泠闺咏》卷七《梅边柳外怀金丽卿》：《古杭杂记》载，临安妇人金丽卿广信道中题壁诗云："家住钱塘山水图，梅边柳外识林苏。平生占惯清凉国，岂料人间有暑途？"亦见《七修类稿》。客路青衫点薄埃，吟魂频向故乡回。旧家山水图中住，高咏清凉国里来。柳外娇鬟窥晓月，梅边香屧印寒苔。应知绿绮文窗下，定有乌丝好句裁。

徐祯卿《异林》：朱氏，海昌人，过吴虎丘山，题诗壁上云："梵阁凭临入紫霞，凭栏极目渺无涯。天连淮海三千里，烟锁吴城十万家。南北舟航摇落日，高低丘陇接平沙。老僧不管兴亡事，安坐蒲团课法华。"

## 会稽女子

褚人获《坚瓠集》卷三：崇祯癸酉，新嘉驿壁有会稽女子题诗，并序云："予生长会稽，幼工书史。年方及笄，嫁与燕客。具林下之风致，事负腹之将军。加以河东狮子，日吼数声。今早薄言往诉，逢彼之怒，鞭棰乱下，辱等奴婢。气填胸臆，几不能起。嗟乎！红颜薄命，死何足惜？但恐湮没无闻，直与草木同腐。故忍死须臾，以泪和墨，题诗于壁。倘輶轩君子过此读之，悲予生之不辰，则余死且不朽矣。”诗云：“杏红衫子半蒙尘，一盏残灯伴此身。恰似梨花经雨后，可怜零落不成春。”“终日如同虎豹游，含情默坐恨悠悠。老天生妾非无意，留与风流作话头。”“万种忧愁诉与谁，对人强笑背人悲。此诗莫作寻常看，一句诗成千泪垂”。冯犹龙和诗云：“千秋红粉尽成尘，诗句犹留梦里身。恰似太真香袜在，行人指点马嵬春。”“已嫁从夫怨阿谁，换花换马亦何悲。忍将无限闺中苦，博取诗名壁上垂”。

徐釚《本事诗》卷六高承埏《和会稽女子诗纪梦》：余从征轺尘影中，为会稽女子录成。憩装沧洲，拥絮就梦。余若俛眉披传时，方云会稽女子，莫详姓氏，恍惚有向余而唱者。云本姓李，幽恨草萋萋。声甚清丽。余矍然遽寤，耳余犹呖呖可听。意者会稽女子不忍终自晦，翩其来告乎？非烟非雾，岂独古有李夫人？特余操三寸不律感之，笑少君之符，不免多事矣。呼灯志异，并系以诗：“彤管留诗说会稽，邮亭姓字已凄迷。小窗夜半沧洲梦，鹦鹉能言是陇西。”“谱韵吟香高达夫，感魂得似少君符。李花笑指来千里。愁杀霜痕惹袜无。”

宋长白《柳亭诗话》卷二十四：高寓公承埏有《新嘉驿纪女子梦为诗》二首，其一曰：“驿壁题诗说会稽，新嘉幽恨草姜萋。小窗夜半沧洲梦，鹦鹉能言是陇西。”钱牧斋《和袁小修新嘉驿诗》三首，但云会稽女子，而不知其实姓李也。

徐釚《本事诗》卷六《徐石麒吊会稽女子有序》：“自古孤臣怨妇，异地同情，为次会稽女子驿壁怨词。越水名花绝点尘，花烟挎作苎萝身。自从一嫁燕兵后，岁岁年年不复春。宝屧香泥旧日游，花尘红起不知愁。无端误入豺狼径，生折瑶钗双凤头。”

徐釚《本事诗》卷七钱谦益《新嘉驿壁和袁小修题会稽女子诗》：“红粉谁人省识真，试临青镜已伤神。还愁着眼难分别，取次先过妒妇津。”“零落风光哀怨人，银钩玉筋一时新。可怜和墨千行泪，也作邮亭十丈尘。”“五湖烟水兴茫然，尘劫何因问宿缘。他日海天寻伴侣，洞天深处劈瑶笺。”附：会稽女子题壁诗：《兰陔集》曰，会稽女子名李秀。兖东新嘉驿壁间，有题字云：“余生长会稽，幼攻书史。年方及笄，适于燕客。嗟林下之风致，事腹负之将军，加以河东狮子，日吼数声。今早薄言往诉，逢彼之怒，鞭棰乱下，辱等奴婢。余气溢填胸，几不能起。嗟乎！余笼中人耳，死何足惜？但恐委身草莽，湮没无闻。故忍死须臾，候同类睡熟，窃至后亭，以泪和墨，题诗于壁。庶知音读之，悲余生之不辰也。银红衫子半蒙尘，一盏残灯伴此身。恰似梨花经雨后，可怜零落旧时春。终日如同虎豹游，含情默坐恨悠悠。老天生妾非无意，留与风流作话头。万种忧愁诉与谁，对人强笑背人悲。此诗莫把寻常，看一句诗成千泪垂。”湖广女士畹兰有《悼会稽女子二绝》，云：“驿舍题诗今尚存，断烟荒草锁重门。多情况有千秋月，夜夜墙头照墨痕。”“碎璧沈珠最可怜，墙头题恨墨犹鲜。妖魂欲问归何处，不化鸳鸯化杜鹃。”按，畹兰未详，诗见《名媛诗纬》。

又，卷七黄周星《闲庭枯坐，秋风飒然，忽忆昔年公车时，过兖州新嘉驿，觅壁间女子诗不得，乃见李小有诗云：“有才无命老秋风，锦字销亡泪墨空。我亦十年尘土面，总来无分碧纱笼。”盖小有下第南归时，亦觅女子诗不得，而题壁者也。长吟数四，不觉潸然，感而和之》：“文章几度吊秋风，碎玉遗香梦亦空。若使骅骝悲皂栈，何殊鹦鹉殉雕笼？”

徐釚《本事诗》卷九施闰章《新嘉驿次会稽女子韵》：“环佩魂归何处游，若耶溪畔路悠悠。生前不作鸳鸯梦，定化孤鸿叫陇头。”山阴徐缄伯调曰：会稽女子《题新嘉驿壁诗》，传播久矣。驿距兖州府四十里。丁酉六月，余道过之，觅其题，字已漫漶不可识。今年春暮，愚山学宪乘传止是驿，特征遗事。有老驿卒出应云：“万历四十七年，有某将军过宿，旦发甚早。身实司供具，收器物，失一锡灯檠，最后得之屋角墙阴石碣上。则诗在焉。”盖其女是夜秉以作书，即置其处而卒遂言其状于人也。卒秦姓，名登科，年已七十余矣，顾今尚在，诵诗及序甚详。愚山既为文记之石，并和其诗。余亦有作，云："邮亭雨过绿苔生，使者风流万古情。白发五朝存驿卒，红颜双泪湿灯檠。烧残银烛心同死，题罢新诗日渐明。往事徘徊何限恨，神宗时节本升平。"

施闰章《蠖斋诗话》卷二：新嘉驿在滋阳县北四十里，池台古柏，剧有幽致。驿后土壁，故会稽女子题诗处。诗传于世，而驿壁字无存者。余至询之，有老驿卒秦登科，年七十矣，能诵其诗。言某将军挈家过此，不知其姓名，仆妾甚盛；既早发，失一烛檠，寻觅得之壁间石碣土，始见是诗，盖女子秉烛夜题者也。世传死驿中，当时实未死，或永夜沉吟，含凄达旦耳。然岂能久人间哉？事在万历四十七年。又四十年，予为刻之于石，且次其诗曰："美人零落泣风尘，不惜明珠掌上身。泪入邮亭千尺土，莫敎杨柳更生春。""环佩魂归何处游？若耶溪畔路悠悠。生前不作鸳鸯梦，定化孤鸿叫陇头。""借问萧郎是阿谁？笑啼不解坐生悲。可怜一夕魂销尽，博得千年客泪垂。"又次亭碑韵云："蔓草荒台合，危桥曲沼分。庭沾春过雨，树老昼成阴。疲马何时歇？啼莺不可闻。美人题字处，肠断对斜曛。"按，《诗话》附录女子诗，与《本事诗》同，惟"残灯"作"孤灯"，"恰似"作"恰是"，二字小异。自序下半云："故忍死须臾，候诸妮子睡熟，潜步后亭，以泪和墨，题三绝于壁。庶知音读之，悲余生之不辰，则余死且不朽。"亦与《本事诗》小异。此系刻石原文，传录者或意为增损耳。

郎兆玉《无类生诗选·和新嘉驿会稽女子题壁诗并序》：予读会稽女子三诗，句未遒，语未典，风调卑弱，然而意恳辞切，哀怨之致，庶几哉与连理诸篇争响矣。长安日远近之对，出乳口故奇，不则呓语耳。女子姿态不可想见，以彼其才，不获辟尘之宠，竟遭入宫之妒，而蓬转南北，绕枝无栖，天何啬之而遇不配才也？乃悲歌怨诉，情见乎词，汲汲以文采自表见，岂湮没无闻，女流亦羞之耶？虽然，长沙之迁，江潭之放，金马之辟世，郎署之皓首，日近前而不御者，独女子然乎哉？骚赋恢谐，倘亦三诗意乎？予沧然伸纸，连和六绝，一以述其殷忧，一以揣其离思。指本序中，词穷象外，播诸好事，永话风流。

"容落飞鸿音落尘，霞笺彤管漫随身。自从乌鹊填桥后，不见江郎秋又春。"其二："脉脉春愁却为愁，自嫌风致自成悲。漂摇恰似无栖鸟，拣尽寒枝翼又垂。"其三："对面如同陌路游，锦囊空赋韵悠悠。何如村妇无文墨，随倡相依到白头。"又和："翠袖金裆舞绛尘，真儿才藻雪儿身。妆成未得铢衣宠，寂寞芙蓉不遇春。"其二："翔风未老弃凭谁，秋落春花只自悲。此去蓟门家耗断，钱塘江上柳空垂。"其三："挑灯潜向驿庭游，拂壁挥毫意自悠。莫把三诗同盼盼，舍人奚落和楼头。"附录会稽女子原诗并序："余生长会稽，幼攻书史。年方及笄，适于燕客。慨林下之风致，字腹负之将军，加以河东狮子，日吼数声。薄言往愬，逢彼之怒。嗟嗟！余笼中鸟耳，死何言恤？诚恐委身草莽，埋灭无闻，故复忍死须臾，候同伴睡熟，潜身后亭，以墨书三诗于壁。倘知者见之，怜余生之不幸，余死且不朽。'银红衫子半蒙尘，一盏青灯伴此身。恰似梨花经雨后，可怜寒落不成春。''万种忧愁诉阿谁，向人含笑背人悲。此诗莫作寻常看，一句诗成千泪垂。''终日如同虎豹游，含情默坐恨悠悠。老天生我非无意，留与风流作话头国'"按，郎氏附录原诗，二三首次第互易，字句亦有异同；序文更刊落数语，与诸家不合。此系传录者所删节，非原文本如是也。

潘曾沂《功甫小集》卷二《银红衫子曲题陈小莲画新嘉驿图卷》：图写会稽女子新嘉驿题壁事，禅侠道人江保若录其词，附寄慨词四首，跋曰："雄县壁间，又得大书行草三行云：'妾心江岸石，千古无变更。郎心江上水，倏忽风波生。'后题款'银红衫子古虔李秀'。知女子为李秀也。"鸦翎羽箭风肃肃，翠袖暮寒泣修竹。狮子吼断红粉香，凄凉小星融冷光。新嘉驿边鬼昼哭，将军昨夜旗亭宿。啼候虫，咽幽露，古壁寒，风兼雨。衰灯三尺委墙根，施愚山乘传止是驿，有老驿卒称万历四十一年，某将军过宿，旦发甚早，失一灯檠，后得之屋角墙阴石碣上，则诗在焉。愚山为文记之。银红衫子染血痕。二十八字绝命词，一字一泪遗阿谁。妾如松柏石上生，历千百年无变更。断肠集，今谁看。披画缣，忽长叹。泪花落尽墨花乱，珠帘绣阁钗声断。

郑敷教《桐庵笔记》：甲戌之岁，余驱车过新嘉，驿主与游云："驿壁间有女子题诗。"试往观之，但见墨痕犹在，依稀可辨。里中有梓其诗者，系之以序云："余生长会稽，幼攻书史。甫及笄，事负腹将军。河东狮子日吼数声，薄言往愬，鞭棰乱下。余气溢填胸，几不欲生。嗟乎！余笼中人也，死何足惜？第恐與草木同腐朽，故忍死须臾，俟诸妮子睡熟，剩月潜步后庭，以泪和墨，题三绝于壁。倘辎轩君子过此见之，稍赐矜恤，则余死且不朽。"诗曰："杏红衫子半蒙尘，一盏孤灯伴此身。却似梨花经雨后，可怜零落旧时春。"其二云："终日如同虎豹游，含情默坐恨悠悠。老天生妾非无意，留與风流作话头。"其三云："万种忧愁诉與谁，对人强笑背人悲。此诗莫把寻常看，一句诗成千泪垂。"同闺人杨氏执灯书，书毕投缳死。驿夫云："往有一都司南下，后车美姬數十，呼喝鞭笞，同于仆隶。"与游云："恨不得其姓名，当仗剑杀之耳！"盛柯亭云："若识其姓名，则流传后日。此弁與女子并传矣。"故书执灯某，而并讳其氏，一夕同栖鸟，不得而有之也。女子之妙若此。

陈文述《西泠闺咏》卷八《江上吊会稽女子》：新嘉驿，在滋阳县北。万历中，有会稽女子题壁云："余生长会稽，幼攻书史。年方及笄，适于燕客。嗟林下之风致，事负腹之将军。加以河东狮子，日吼数声。今日薄言往诉，逢彼之怒；鞭箠乱下，辱等奴婢。余气溢填胸，几不得起。嗟乎！余笼中人耳，死何足惜？恐委身草莽，湮没无闻，故忍死须臾，候诸妮子睡熟，以泪和墨，题三绝于壁，庶知音读之，悲余生之不辰，则余死且不朽。"诗云："银红衫子半蒙尘，一盏孤灯伴此身。恰似梨花经雨后，可怜零落旧时春。""终日如同虎豹游，含情默坐恨悠悠。老天生妾非无意，留与风流作话头。""万种幽愁诉与谁？对人强笑背人悲。此诗莫把寻常看，一句诗成千泪垂。"见《蠖斋诗话》。不堪狮子吼河东，从古红颜是惨红。那有鸳鸯来枕上，可怜鹦鹉在笼中。残灯照影孤檠断，破壁题诗古驿空。愁绝梨花经雨后，飘零香玉委芳丛。

## 秦昭奴

谈迁《枣林杂俎·义集》:定远合肥间,有亭曰响道。旅店之东房,万历末,秦昭奴题诗二首。序曰:"妾本燕人,幼依表兄李内官处。抚育教训,颇习诗史。年十八,嫁为江南士人侧室。虽爱有所钟,而分制于嫡。春灯秋月,独宿多愁,长途旅馆,孤衾更惨。夜深滴泪,和墨成吟,亦以写斯幽怨云尔。逐日一程人一程,风沙拂面鬓云轻。鸳鸯有伴非吾伴,愁向孤衾数漏声。其一。日日长途马上尘,佳人薄命怨青春。小星千古称贤淑,坐对寒衾泪满巾。其二。"后书"秦昭奴记,时某年月日也"。跋曰:"昔王昭君适胡,曹大家能文而寡。妾文不逮曹,而境未适胡;而有夫无夫,咫尺胡越,意颇似之。用取小字,以识深愁。后之文人君子,倘怜而表章之,君施惠不酬,妾感且不独。昭奴又记。"熊人霖《南荣集》。

## 四明邬氏

褚人获《坚瓠补集》卷六:如皋冒汝九先生,梦龄。《庬语》载:崇祯戊辰十月,予儿起宗奉使入闽,宿崇安别司,见壁上题诗云:"五月天气佳,山行不厌远。他年抱子还,彩舆入何馆。"傍注云:"丙寅仲夏,携侍儿四五辈,赴任岭南。宿此馆中,漫题鄙句,四明邬氏书。"呜呼,妇人娴于词翰,而能不妒,为夫求子,真人情之所最难者。天眷有德,岂有不怜而赐之子者哉?

叶绍袁《甲行日注》卷一:吴叔向送其尊公谧生《星带草堂集》,诗文足称作者。闻其人,古笃行君子也。集有《驴子上记》一卷,《乙亥春游燕之笔记》,载二女子题壁诗云:"瓜正及期冰泮心,愁听流莺织柳阴。夜来拟逐庄周梦,却被啼鹃血染衿。"款题"两三氏春琼记"云。字杂行楷,一一具帖意。又一首云:"少女何慊慨棘心,岂思鸣鹤杳和阴。日见家人嘻笑语,但少韩侯结蜕衿。"后书"两三门古月氏依韵嘲姑记”云。嫂氏较稍拙，其诗故甚典则云。夫少女有标梅之感，嫂故谑之如此。两闺秀一室倡和，正复难得。可见世间扫眉才子，原自不少，但湮没无传多耳。又春琼《嘲题壁》一绝云：“堪笑痴愚子，涂抹房中壁。并无得意话，声声叹落魄。”隽快之甚，想其胸中如飞花荡漾，游丝飘洒，使穷措大何处生活？故谧生云：但吾辈客中即有作，都不必题，惧有人焉议其后也。

## 宋蕙湘

之江抱阳生《甲申朝事小纪》卷二“难女宋蕙湘诗”：宋蕙湘，金陵人，年方妙舞，家本秦淮，自留都既摧，为游骑所掳。三秋毳幙，月葬花魂，千里鸣笳，风雕玉骨。因过卫州旅舍，题词壁间云：“被难而来，野店露宿，即欲效新嘉坡故事，稍留翰迹，以告君子，不可得也。偶居邸舍，辄题四章，以期万一之遇。命薄如此，恐亦无望矣。春动空江羯鼓催，降旗飘飐凤城开。将军战死君王系，薄命红颜马上来。风陌黄尘暗髩鸦，北风吹面落铅华。可怜夜月箜篌引，几度关山伴暮笳。春花如酿绮如烟，良夜知心画阁眠。今日相思浑似梦，算来可恨是苍天。盈盈十五破瓜初，已作明妃别故庐。谁散千多金同孟德，□□□□赎文姝。”吴蕊仙和宋蕙湘诗：“佚二。城头万骑截飞鸦，磷火无声温露华。帐下红颜悲薄命，夜深马上听吹笳。香烬炉寒犹袅烟，残钟敲断不成眠。可怜此夜看明月，各抱单情别一天。”

施闰章《蠖斋诗话》卷一：宋蕙湘，秦淮女子，题卫辉驿壁云：“风动江空羯鼓催，降旗飘飐凤城开。将军不战君王系，薄命红颜马上来。广陌红尘晴髩鸦，朔风吹面落铅华。可怜夜月箜篌引，几度穹庐伴暮笳。盈盈十五破瓜时，已作明妃别故帷。谁散千金齐孟德，镶黄旗下赎文姝。”

计六奇《明季南略》卷六：宋蕙湘，金陵人，弘光宫女。年十四岁，为兵掠去。题诗汲县壁云：“风动江空羯鼓催，降旗飘飐凤城开。将军战死君王系，薄命红颜马上来。广陌黄尘暗鬓鸦，北风吹面落铅华。可怜夜月箜篌引，几度穹庐伴暮笳。”

陈维崧《妇人集》：秦淮宋蕙湘，教坊女也。被北兵掠去，题诗邮壁，凄然有去国离家之痛焉。诗凡四首，犹记其一云：“风动江声羯鼓催，降旗飘飐凤城开。君王下殿将军死，绝代红颜马上来。”王西樵曰，“绝代”，一作“薄命”。

董含《三冈识略》卷一：乱离以来，东南闺合，间关戎马，情殊可怜。金陵宋氏蕙湘题卫州旅店云：“盈盈十五破瓜初，已学明妃别故庐。谁散千金同孟德，镶黄旗下赎文姝。”香粉流离，红颜薄命，读之凄然酸鼻。

徐釚《本事诗》卷十：徐缄《客有述秦淮女子宋蕙湘题壁诗，感而有作》：“何处黄金北斗傍，胡笳拍拍断人肠。若无海水添成泪，莫话尊前宋蕙湘。”附宋蕙湘《邺城题壁诗》：“风动江空羯鼓催，降旗飘飐凤城开。将军战死君王系，薄命红颜马上来。”按，蕙湘题壁在卫辉旅店中，长洲尤侗悔庵和云：“管弦未散鼓鼙催，金粉飘零宝镜开。好似明妃出塞去，几时桃叶渡江来。”又云：“青楼梦断杳如烟，懊恼邮亭一夜眠。回首长干天外隔，洛阳别有断肠天。”

按，尤侗《西堂小草·和秦淮女子宋蕙湘题卫辉店壁诗》三首，徐录二首，其二云：“强驱彩凤去随鸦，憔悴宫腰泣丽华。续得拍声三十六，妾笳哀似蔡家笳。”

又按，蕙湘诗跋云：“欲效新嘉坡故事。”即指新嘉驿会稽女子言。而余怀《板桥杂记》卷下作，欲效章嘉故事。诗句亦微有异同，录之以资考证。“宋蕙湘，秦淮女也。兵燹流落，被掳入军。至河南卫辉府城，题绝句四首于壁间云：‘风动江空羯鼓催，降旗飘飐凤城开。将军战死君王系，薄命红颜马上来。’‘广陌黄尘暗鬓鸦，北风吹面落铅华。可怜夜月箜篌引，几度穹庐伴暮茄。’‘春花如绣柳如烟，良夜知心画阁眠。今日相思浑似梦，算来可恨是苍天。’‘盈盈十五破瓜初，已作明妃别故庐。谁散千金同孟德。镶黄旗下赎文姝。’后跋云：‘被难而来，野居露宿。即欲效章嘉故事，稍留翰墨，以告君子，不可得也。偶居邸舍，索笔漫题，以冀万一之遇。命薄如此，想亦不可得矣。秦淮难女宋蕙湘和血题于古汲县前潞王城之东。'潞王城，潞藩府第也。

《梵天庐丛录》卷十六"宋蕙湘"条：吾郡张忠烈公苍水《奇零草》有和诗一首。

## 叶子眉

之江抱阳生《甲申朝事小纪》卷二"宫娥叶子眉诗"：叶子眉，广陵人。其自序云："妾祖籍广陵，从事宫中。俄遭大变，剪却霓裳，弓袖革靴，抱琵琶而北。道灵壁，睹虞姬石碣，感而且愧。书此以志，时甲申七夕也。剪落霓裳别样装，青骢有分断河梁。文章漫说夸机女，羞见虞姬舞袖长。风送尘飞到鬓边，伤心从此别江天。劝君莫问宫中事，杨柳回头起暮烟。"

计六奇《明季南略》卷十三：叶子眉《朝歌逆旅题壁》："马足飞尘到鬓边，伤心羞整旧花钿。回头难忆宫中事，衰柳空垂起暮烟。妾广陵人，从事西宫。曾不二年，马上琵琶，楚尘远去。和泪濡毫，语不成章，怆怀赋此，幸梓里同人见之，知浮萍之所归耳。广陵叶子眉题，戊子七夕前二日也。"

陈维崧《妇人集》：辛卯冬，宜兴史孝廉，名鉴宗。北上，道经淇水，夜宿宜沟客舍。壁间有数行云："马足飞尘到鬓边，伤心羞整旧花钿。回头难忆宫中事，衰柳空垂起暮烟。"后又云："妾广陵人也，从事西宫。曾不二载，马上琵琶，逐尘长去。怆怀赋此，和泪濡毫，促装心乱，语不成章，时庚寅七夕后四日。广陵叶子眉识。"呼主者问之，知为弘光西宫也。

袁枚《随园诗话补遗》卷一：康熙辛亥，赵斗瞻从晋入都，道经定州清风店，宿逆旅。主人家姓陈，号继鸣。壁上有绝句一首云："马足飞尘到鬓边，伤心羞整旧花钿。回头难忆宫中事，衰柳空垂起暮烟。"后跋云："妾广陵人也，从事西宫。曾不一年，被虏旗下，出守秦中。马上琵琶，逐尘崦去。逆旅过此，语不成章。非敢言文，惟幸我梓里同人见之，知妾浮萍之所归耳。时庚寅秋杪也，广陵叶眉娘题。”

王豫《江苏诗征》卷七十八刘增琳《和叶子眉诗》：“永别南中赴朔边，风沙满眼泣花钿。黄龙紫塞无消息，惟见寒鸦噪晚烟。”“秋风瑟瑟鬓云边，梳洗无情堕翠钿。马上琵琶千古恨，伤心何独步非烟。”“羌笛横吹杨柳边，飞蓬那复饰钗钿。驿亭偷写伤心句，惭愧当年惹御烟。”“可怜埋骨是穷边，一望乡园老额钿。最是晓风残月夜，哀笳吹彻九秋烟。”

## 吴芳华

之江抱阳生《甲申朝事小纪》卷二：吴琪《和女郎吴芳华题壁诗》：有序。并附吴琪传。吴女芳华，西湖茂才康氏之室也。结褵三月，兵迫钱塘，从夫避难天竺。道遇乱兵，挟之北去。题诗旅壁，有“但期死看江南月，不愿生归塞北秋”之句，其词良可悼也。呜呼！凤系鸾囚，怅红颜之无主；花残玉碎，惜薄命之多艰。为赓原韵，以续幽怀：“断瑟分香万斛愁，水云漠漠水东流。边城夜静烽烟隔，故国风生薜荔秋。绿鬓朱颜伤寂历，白杨青冢寄温柔。于今玉貌知谁赏，衰草迷离隔断沟。”按，吴琪，字蕊仙，别字佛眉，江南长洲人。乃方伯挺庵公之孙女，孝廉康侯公女也。世居姑苏之花岸。蕊仙生而颖悟，五岁时辄过目成诵。父母见其慧性过人，为延师教读。髫龄而工诗，及笄而能文章，益昼夜攻苦不辍。父母见其善病，屡止之，不得也。尤精于绘事，一时女郎脱簪解佩，求其片纸者日相望。许字管君名勋，字予嘉者。管固贵公子，且时彦也。定情之夕，舆仆喧阗，冠盖绎络道左。而两璧人掩映镜光奁影间，见者窃叹为神仙下世。嗣是翻书赌茗，扫黛添香，二十年如一日也。无何，夫死于甲申之难，家产流离。蕊仙以一女子，支离困顿于荆榛豺虎之间。圣朝定鼎燕京，兵戈宁谧。蕊仙复居旧宅，结二三闺友，抚丝桐而弄笔墨，意殊慷慨，不作儿女态也。慕钱唐山水之胜，乃与才女周羽步为六桥、三竺之游。晤慧灯禅师，为故大夫若青公季女。蕊仙遂洗心皈命于大张兰若。慧灯令之剃发，命名上鉴,号辉宗,盖不复问人间事云。河南太守朱公闻其名,迎致之。蕊仙终以不乐喧杂,拂衣归。将结庐于锡山二泉间,弗克就。近又驻如皋之洗钵池,为栖禅计,而游倦无枝。或有贻之书者,议婚旅馆,将挚之而奔。蕊仙则大书札尾曰:“自许空门降虎豹,岂容弱水置鸳鸯!”致书者惭而退,励志坚决如此。诗有新旧二种,久已镌梓行世,毋庸再录。今遴其和诗二章,以供诸世,实有同病之叹云耳。

陈文述《西泠闺咏》卷九《天竺吊吴芳华》:钱塘人,文学康某室。结褵三月,兵渡钱塘,从夫避地天竺,为官军所获,挟之北去。题诗逆旅,有云:“后之过此者,为妾归谢藁砧,当索我于白杨青冢间。”见者哀之。诗云:“胭粉香残玉镜收,澹黄衫子谢风流。但期死看江南月,不愿生归塞北秋。掩袂自怜鸳梦冷,登楼谁惜楚腰柔。曹公纵有千金志,红叶何年出御沟。”吴蕊仙和其韵:“千金何处赎青蛾,黄鹄新翻出塞歌。北去风尘愁细马,南来消息断明驼。钿车碾恨香尘少,驿壁留题蜡泪多。回首鹃啼残照里,白云峰影尚嵯峨。”

## 邓 氏

之江抱阳生《甲申朝事小纪》卷四:原按云,氏虹县人,久居金陵,宁河王之裔,文太清光禄之继室也。其详载《历朝诗选》闰集中。壬辰,予客燕京,华州孝廉东云雏谓予曰:“当逆闯据秦时,闻邓名,掠为女师。继大兵至,载之入京。其驿亭旅舍,往往有题志,可感也。忆其《过华阴题壁》一首,则钱选所未见。情词凄婉,有动人者。”予为录之:“三峰一别不知还,玉女愁客锁玉颜。妾与王嫱同命薄,学骑边马度阴山。”

## 平阳女子

之江抱阳生《甲申朝事小纪》卷四:按,彭禹峰记云:女因姜帅之变,没于兵,自缢于定州北唐城村。炭书四绝。此壁改作,余土人不能全记。予乙未八月至其地,寻墓吊焉。秋树萧槭,香骨泽畔,封不及尺，莲房在左。有一诸生云，女子可二十许，艳甚。兵儿鼾睡，雉经柳枝。马蹄既远，居人埋之。十余日后，乃见文昌阁壁字痕，所书日月，是营屯所至，女子死期也。女不书姓，噫伤已！其诗云："血泪春山染碧纱，哭声直入河东家。楼前记得孤身死，愿作来生并蒂花。"

又，陈蔼公《吊平阳女子墓》：原按云，晋中罹变，有女子陷军中，矢死不从，被系北来。途次唐城，乘间自经文昌阁。留题壁间，隐其姓名。其地土人立墓祀之，恐久而湮没，作歌吊之。"帝子城隅寇水滨，一坏黄土骨嶙峋。白杨空咽千秋泪，青草徒飞万骑尘。颜色尚悬梁上月，姓名宁泄路傍人。重思戎马当年事，西望并州涕满巾。"

## 张 潮

之江抱阳生《甲申朝事小纪》卷四：其自序云："妾张潮，番禺人也，从舅官楚，兵挟而北。渡河矣，弟妹谁寻，乡关何处？终当一死，聊赋□□。朝云东去暮云西，泪滴残花和作泥。愿逐黄河流活活，何时青冢色萋萋。魂随夜雨飞羊石，风乱寒笳送马蹄。杜宇不知归不得，天津桥上向人啼。"按，方蒙章跋云："乙未过河南郊，路见残壁上字纵斜数百行。立马观之，书法婉妍，如有颦笑。其下和者数十辈，不复读也。谁堪见此？矧我同乡，怅然和之。东风吹恨数行西，古驿荒墙旧燕泥。蔡琰拍成秋惨惨，王嫱曲半草萋萋。天生薄命供狼狈，春断芳红逐马蹄。为拾愁心归故国，粤王台上夜乌啼。"

## 蓟州难妇

萍浪生《梦言》卷三：明末，蓟州难妇题诗野店壁上，不著姓名，曰："俛首漫凭几，难将旧日题。夫君镇紫塞，妾命落黄泥。风惨尘为粉，天寒草作衣。何日归桑梓，心酸只暗啼。"味其诗，必守边将帅之妻也。

## 赵雪华

陈维崧《妇人集》：王考功《笔述》云："孙沚亭相公《南征纪略》载，

女子赵雪华题李家庄壁上三诗，并有感寄。不记其词。”

余怀《板桥杂记》卷下：山东郯城县之李家庄旗亭壁间，题三绝句云：“不画双蛾问碧纱，谁从马上拨琵琶。驿亭空有归家梦，惊破啼声是夜笳。”“日日牛车道路赊，遍身尘土向天涯。不因薄命生多恨，青冢啼鹃怨汉家。”“惊传县吏点名频，一一分明汉语真。世上无如男子好，看他髡发也骄人。”末书云：“吴中难妇赵雪华题。”谈迁《枣林杂俎·义集》亦载赵雪华诗，“髡发”作“髡秃”，云在剡城县李家庄镇亭壁间。

徐釚《本事诗》卷九：钱中谐《和驿中女子赵雪华》：赵雪华，吴中羁妇，有题壁诗云：“不画双蛾向碧纱，谁从马上拨琵琶。离亭空有归乡梦，惊破啼声是夜笳。”一时和者甚众见。来元成《南行载笔》。“憔悴征尘去画楼，平沙万里赴边州。可怜青塚千行泪，并作黄河一夜流。”

## 卫琴娘

陈文述《西泠闺咏》卷九《江上吊卫琴娘》：琴娘，天台卫氏女，顺治三年死润州。甘露寺之《杨公祠题壁自序》有云：“于归三月，鼙鼓南来。拥之北去，历河渡淮。幸托余生，言来京口，遂入北固。”盖宋蕙湘、会稽女子流亚矣。“鼙鼓无端动地来，故山回首隔天台。空江飘泊怜黄叶，古寺荒凉黯绿苔。银汉疏星云澹远，金波凉夜月徘徊。琼台双阙家何处？玉骨芳魂尽可哀。”

陈裴之《澄怀堂诗集》卷三《琴娘曲和仲瞿丈石帆楼诗》：天台卫琴娘，以国朝顺治三年，死润州之甘露寺。书寺壁云：“琴娘归三月，鼙鼓南来，拥之北去，历河度淮，欲死无地。既而琵琶击碎，幸脱余生。破面毁形，蒙垢废迹。昼乞道途，夜窜青草。托流水之飘花，言来京口，遂登北固，涕泪如狂。忆昔耶娘，空伤魂魄。良人天远，存没何知。惟幸游魂带血，夜化啼鹃，犹恐不解南归，雁峰路绝。因题短什，望远孤亲，遗事流传，附诸志末，亦足伟矣。”仲瞿赋《石帆楼诗》以纪事，爰横琴以和之。“月麟香暖销银烛，画屏照影人如玉。三尺龙腰卸锦囊，当筵试奏琴娘曲。双璪风流署小名，琴娘才调擅倾城。还凭怨鹤鸣鸾谱，写出单凫寡鹄情。珠柱微挥银甲拨，此日琴娘鸳未匹。赤城霞起艳明妆，青石梁高亘香雪。宫声征声后扌复挑，此时琴娘春正娇。琼花十队围红玉，绛树双声谥紫箫。清商韵转琼徽裂，此日琴娘恨啼血。铁马金戈卷地来，娇凰雏凤分飞急。罗袜抛残晓镜昏，东风吹堕落花魂。零香断粉无穷恨，写入冰弦有泪痕。处女余生同脱兔，晚潮东下横江渡。雁外金焦两点青，家乡何处天台路。鹤唳猿啼激楚音，墨花濡泪托悲吟。离鸾操与思归引，并入婵娟此夜心。云容寂寞啼鹃哭，香魂漂泊随黄鹄。素壁流传绝命词，西风雨蚀荒苔绿。肠断江楼夕照时，蘼香萧寺问谁知。谱成三叠贞姬引，緪向千秋寡女丝。”

汪端《自然好学斋诗钞》卷二《琴娘曲》：琴娘，天台卫氏女。顺治三年，王师南下，被掳北去。渡江历淮，乘间脱身南归。至润州之甘露寺石帆楼，死焉。题壁自序，语极酸楚，诗以传之。“月斜京口春烟碧，江声东下婵娟泣。素壁流传幽恨词，墨花和泪红冰湿。生小婠婗掌上身，深沉绣闼驻芳春。赤城霞影凭栏见，家本天台玉女邻。青粉墙头柳丝拂，翡翠帘栊耀朝日。金箱绮丽令晖诗，玉版风华茂漪笔。慧质原同艳雪清，指将珠柱作芳名。挑灯偶读文姬传，幽意低徊每不平。一夕围城鼙鼓急，钗凤分飞痛仓卒。永辞鸾镜照明妆，却向毡庐泣寒月。越水吴山次第过，弓腰纤弱怯明驼。沉忧每矢磨笄志，肯效芦笳出塞歌。匆匆已渡长淮北，回首关山暗如墨。北里燕支陌上尘，南朝花月伤心色。此际蛾眉决死生，越壕渡堑总心惊。干戈影里潜身去，豺虎丛中夺命行。深夜潜踪泪偷滴，不惜花钿委荆棘。松栝凌寒自抱贞，蕙兰经雨愁无力。古刹凄凉佛火明，芳华销歇化秋萤。香埋玉瘗知何地，应傍金焦两点青。小劫昙花谢尘界，藓痕犹护银钩在。比似昭仪古驿词，飘零心事同千载。凤靡芝焚最怆神，故乡何处石梁云。仙源隔断人间世，才调由来误美人。君不见，霜钟一杵沉瓜步，暮雨潇潇暗江树。惆怅当年宋蕙湘，残妆竟逐宫车去。”

陈文述《西泠闺咏》卷九《钱塘怀宋娟》：杭州人。以乱被掠至清风店，题诗于壁云：“妾命如朔风，飘然振落叶。不及郎罗帏，乃逐尘沙陌。妾本良家儿，流落平康劫。十三工秦筝，十五好笔墨。武林遇公子，知心不徒悦。忽尔天地崩，干戈作长别。塞马嘶寒风，皴肌冷如铁。谁谓文姬哀，犹得返汉阙。谁谓明妃愁，犹能封马鬣。而我薄命妾，终当染锋血。胡不即就死，心为公子结。公子尔多情，岂忘西湖月。公子尔多智，岂不识我节。公子尔任侠，忍妾委虎穴。公子尔多交，交岂无豪杰。媒妁扇上诗，颠沛不忍撇。忍死一相待，悲酸难再说。又闻洞山方，风流当世杰。尔既善顾郎，何不一救妾。”后归嘉善曹太史。“晓日楼头黛影间，清风驿壁泪痕班。竟遭武骑驱燕塞，谁赎文姬返汉关。岭畔莺花思妇石，江头风雨望夫山。烟波毕竟鸳湖好，胜夺蛾眉匹马还。”

王豫《江苏诗征》卷八十六：邹象雍，字蕤宫，号拙庵，无锡人。顺治己亥进士，官行人司行人。邹方锷《半谷居诗话》：锷曾大父抑庵府君以顺治己亥归自京师，由涿州旅壁见维扬女子王静婉《感怀诗》，凄切幽婉，援笔和云：“多君才调重连城，洒笔邮亭无限情。燕语帘前声似咽，蝶酣花外梦初成。团香暗忆当年事，坠粉空留异代名。怀古自来怜盼盼，于今肠断为怜卿。”后数年复过此，前题宛然，再和云：“十年两过涿州城，此日偏多黯淡情。旅壁留题香未减，离肠无绪韵难成。汉宫不尽伤春意，楚泽犹传恋主名。记得小青秋水句，君应怜我我怜卿。”阮小云云：“方锷，字豫章，抑庵曾孙也。”

## 海阳赵玑

李调元《雨村诗话》卷九：余在粤，按试至龙川。通衢壁上，有海阳赵玑和嫂题壁韵，序云：“儿与嫂共笔砚者四载矣。顺治癸巳，城陷被俘。至通衢，见壁间诗，知出嫂手。因次其韵，续题于后。倘嫂一日生还，重过此地，睹儿泪笔，儿死犹生矣。”诗云：“分明笔仗影依稀，惊阵啼鸦散夕晖。去国竟成千古恨，抱琴应共九泉归。才高柳絮余香渖，命薄桃花卸舞衣。泪眼相逢何日事，一声鼙鼓各魂飞。”今笔迹犹存，但不知嫂何名，兼失其诗，可惜也。

陈玉琪《学文堂诗余》卷一《减字木兰花》：见清风店壁女子陈秀兰诗，用其意代为词。“孤灯细雨，冷夜难禁侬独处。长望长叹，妾本江都陈秀兰。天公偏妒，红颜怨杀风尘误。廿四桥边，绿树红窗谁更怜？”原题：妾江都陈秀兰，因流北上，怅然有作：“孤灯细雨可怜宵，瘦骨难禁冷夜迢。不信天公偏妒我，故教痴魄葬风潮。”又前调：见窦店壁女子金官诗，用其意代为词。“凄其旅店，自怜不及成行雁。塞雁成行，犹得飞鸣返故乡。飞蓬慵理，千斛离愁共流水。水向东流，愿入秦淮古渡头。”原题：“旅店凄其倦整妆，寒风冽冽雁成行。空宵半榻人何处，数尽更筹枉断肠。”妾字金官，金陵女也。

陈文述《西泠闺咏》卷十二《西泠怀小卿右卿》：《随园诗话》云：“戊戌仲春，西泠女子小卿同妹右卿将之楚，舟过皖江，泊大观亭下。小卿登亭赋诗，右卿病不克谐，倚枕而和，录稿亭壁。惜不得其姓也。余至皖曾和之。”“何年题壁大观亭，回首家山一抹青。远道关河经北渚，故乡云树梦西泠。晓烟楼阁开明镜，斜日林峦拥翠屏。我亦当年援笔和，皖江城外忆娉婷。”

## 清河女史云蒨氏

钱孟钿《浣青诗草》卷五《和清河女史云蒨氏题壁韵四首》：“帘波隐约思无涯，窈窕文窗度物华。香国影寒眉妩薄，蜡房心转泪痕斜。重廊暮雨常飘幔，别圃春愁欲判花。试问卢家梁上燕，往还海国几程赊。”“轻车细毂马空驮，之子归欤赋汜沱。清镜相思秦士会，回文故事窦连波。兰含露蕊神初远，秋入冰纨梦几多。若使蟾蜍常抱影，一生只向月中过。”“憔悴何人曳练裳，五更欹枕月微茫。笼灯自写心三叠，弹壁犹余泪数行。兰茝讵宜尘鞅历，冰霜况复客途长。牵萝补屋依家事，怜汝风沙更理妆。”“眼倦银缸欲见稀，接天海色寸心违。蛟珠百琲堪为佩，雾縠千重漫制衣。芍药枝头春事晚，蘼芜山下故人非。回肠更比河流曲，寂寞熏笼但掩扉。”

附原作：“从夫十载客天涯，暂许归宁感岁华。翠袖障余寒日影，高鬟倚待晓风斜。怀人古驿梅无信，忆别山城菊自花。借问春明何处是，计程争似客心赊。”“一尺腰肢细马驮，燕南如蛎带滹沱。何人握管酬徐淑，有客弯弓效李波。白日堂堂芳讯远，黄云霭霭旅怀多。最怜巾帼无长技，输与关门拥传过。”“当年弄翰咏霓裳，秋月春花事渺茫。乳燕啁啾都解语，征鸿嘹唳不成行。关河南望烟波阔，风雨西来道路长。为报红闺诸伴侣，也应怜取俭梳妆。”“芳华畹晚梦依稀，太息韶年乐事违。几度红尘侵雾鬓，早时别泪湿罗衣。经营粉黛皆颜色，辛苦齑盐有是非。此去尊嫜重展拜，肯教金屋敞云扉。”

又《复题清河女史诗后四首》：“天上星娥见影迟，迢遥河汉望中疑。如何一幅璇玑锦，却付香奁寄所思。”“仆仆征车不自聊，金闺梦远路迢迢。应愁高唱无人惜，故遣新声学细腰。”“东风吹遍柳初齐，晕碧裁红到眼迷。蜂蝶纷纷成底事，二分流水一分泥。”“花落随风任所之，半飘茵席半飘池。流莺只在垂杨岸，回首重帘不可窥。”

刘嗣绾《尚絅堂词集》卷一《薄幸》：韩景图话女郎絮絮题壁事，为填此词。“谢家人杳，讶壁上、香名谁扫？记细语一星星絮小，立夕阳魂悄。恁因缘、剩粉零烟，年年留伴花风袅。早千叠柔肠，十分痴梦，锁断画廊春晓。重唤起杨枝恨，想白傅清歌多少。怅红情绿意，闲悰无分，鬓丝几日吹残了。湖山缥缈，便同心结就，西陵何处逢苏小。愁他归路，一碧芳塘萍绕。”

陆继辂《崇百药斋文集》卷十二《餐术集》二《辛酉正月，偕刘大、嗣绾。洪大，饴孙。宿富庄驿，寒夜被酒，戏联句成六绝，题壁上。署曰蜀中女子鹃红。已而传和遍于京师。两君戒余勿言。顷来平梁，有王秀才，塝。以行卷来质，则悲鹃红诗在焉。既为失笑，而死生今昔之感，不能无怆于怀。书此寄刘大都中，并邀同作》："分明重展退红笺，此事沈吟二十年。纵使兰亭非赝本，也应不是旧婵娟。""洪厓仙去太匆匆，流尽湘波恨未终。一赋玉楼传诵遍，不烦人世碧纱笼。""依然一苇阻银河，珍重寒宵听玉珂。此日江头谁濯锦，恐无清泪涴春波。鹃红诗仅忆'年年手濯江边锦，不彀人间拭泪痕'二语。"

又《偶感鹃红旧事，有诗寄刘编修，并邀刘大令同作。大令诗至，复次其韵》："凄迷梦影重低徊，一寸空余未死灰。不及佳人名姓好，颓垣着意护残煤。""传遍城南尺五天，谭资留取到今年。由来醉语醒难解，莫误他人作郑笺。""长堤浅草露春痕，犹是禁寒酒不温。侵晓十三桥上望，纵无离恨也消魂。""草草催妆上画轮，重来谁与话前身。刘郎便是桃花影，何必天台问玉人？"

## 云间月移

李调元《雨村诗话》卷六：余遣戍出京时，甫至涿州，闻袁清恪公奏赎，乃别移北城旅邸，见壁间题绝句二首，云："寒鸡初唱已中宵，独拥银釭耐寂寥。一月不将奁具理，侍儿犹道黛痕娇。""密意深深人未知，自将新恨写新词。邮亭多少题诗客，谁是当年杜牧之？"后书"家君宦留京邸，氏同母入都，旅馆凄凉，有感书此。云间月移题，时年十七龄"。盖摽梅之怨，已露毫端，惜未书年月，不知何姓，良可念也。

汪端《自然好学斋诗钞》卷八《林秋娘词》：秋娘，吴人，明艳善歌，兼耽翰墨。年十五，为巨室侍姬。既而遭妒被遣，偕母北行。尝于岔河驿壁题数诗，自叙酸辛婉丽，颇为文士钞传。有为绘悲秋图者，因题四绝。"金谷歌残舞袖凉，鸧鹒疗妒叹无方。羡他冷雨幽窗女，死傍梅花骨亦香。”“当筵曾记听新词，余曾闻《秋娘歌》。绛树双声酒一卮。太息护花铃未系，可怜吹作道旁枝。”“风沙憔悴惨云鬟，澹墨如烟不忍看。绝似会稽题壁咏，银红衫子怯秋寒。”“水流花谢总堪悲，弦上商声纸上诗。秋士春人原共感，伤心岂独谢芳姿？”

《碧城仙馆女弟子诗》卷一：王兰修《墨红阁诗·和壁间萧我闻韵》：乙亥十月朔日，至邓尉扫墓，晚宿西虹桥庆福尼庵。见壁上题句云：“孤雁月明楼外响，修萝风起殿头寒。”余字漫漶不可辨，末署云：“湘江萧我闻题。”询之尼众，知外邑饥妇逃难至此，随即逐去，不知所往。余嗟悼良久，乃和一律，书于左方。“满壁蚕眠仔细看，不禁击节为心酸。定知中泽飞蓬改，何处天涯翠袖寒。谁与伶俜千里去，可能栖息一枝安。嗸嗸遍地哀鸿是，更为萧娘泪不干。”

《碧城仙馆女弟子诗》卷一：袁淑《剪湘亭诗·莫愁湖题壁用蕖芬士女韵》：“凫鹥三两浴波新，指点前游已隔春。莫怪群山争染黛，湖波原属扫眉人。”

龙启瑞《浣月山房诗集》卷四《和芙娉女史题壁绝命诗叠韵四首》：女史不知何许人。戊戌春，予与北上诸君宿邯郸旅店，见壁间小洲氏诗跋。知女史有绝命诗一首，在褡裢店旅壁间；又清风店壁有与其兄期云唱和之作。小洲并得见之，且疑女史为南中闺秀，随宦京师，许字故里，未婚而孀。其兄送归婿家，投缳以殉。今读其诗，殆信然也。次日道过褡裢店，停车访之，果得于所谓河南店之东壁窥。其情词凄惋，书法端丽，定为闺阁手迹无疑。爰步韵成诗四首，属诸君共和之。“犹从壁上留题处，想见当年掩泪时。憔悴那堪为女子，从容原自胜男儿。春兰已尽无多露，秋柳犹余未断丝。添却眼前多少恨，行人拂拭诵新诗。”“守义已拚身一死，小鸾羞说返魂时。人怜薄命同秋草，天妒奇才到女儿。剩有凄凉题锦字，谁将哀怨谱琴丝。此行惆怅清风店，不见联吟柳絮诗。清风店壁之诗，已为俗子所污。”“宛转柔肠将断日，分明心事未归时。由来寡鹄难为女，故遣明驼远送儿。弱质自怜身似叶，苦吟争奈气如丝。伤心棣萼重经日，忍和墙阴堕泪诗。期云北旋后，见此诗，曾有和作题于壁间。小洲犹及见之，今亦为店主人垩去。""徒闻海上成仙日，女史清风店遗句云：'金玦已成千载恨，玉环难得再生期。'已是昙花过眼时。大地无人容作女，老天何事定生儿。空余残雪留鸿爪，无复乔松施免丝。惟有芳名知不朽，待谁重选玉台诗。"附原唱："四千里路还家日，廿一华年绝命时。入户羞称新媳妇，悬梁谁惜女孩儿。身如秋燕都成客，死到春蚕尚有丝。多少行人应堕泪，读侬题壁数行诗。"

## 邳州女士芮蓝玉

《何蝯叟日记》：齐河县东门外店茶尖，店内见邳州女士芮蓝玉题壁，略云："妾本儒家女，以贫卖为李侍卫妾。携至京师，大妇不容，遂见逐。侍卫遣老仆送回沛县，誓以破镜重圆。自矢相守，以报侍卫。时己酉重九后二日。"其诗有云："照镜剧怜尘满面，临妆无复婢梳头。"余平平。

刘履芬《鸥梦词·卜算子》：丙辰南下，夕宿南沙河，读秣陵砚芬女史丙申题壁诗。吁！蛛网半销，麝煤不灭，一片伤心，不堪说起也。"灯背夜情孤，墙脚春愁重。十二年如水样过，不尽分飞痛。'孤行一千里，小胆偏粗；远别十二年，狂夫不谅。'诗序中句。郎似豆花骢，妾似桐花凤。但想夫怜到白头，胜作钧天梦。"

## 渤海女史张秀君

文廷式《南轺日记》云：记壬午十一月廿一日，自李家庄启程，途中遇灵輀，题湖北候补道官衔。比至红花铺，入栈，则壁间题字犹湿。凡绝句四首，第二首云："朝夕从亲十八年，吟诗学赋绿窗前。何期转饷扬州去，一旦暌离隔九天。"余时荒遽，亦不甚记忆。雪门长兄志之。又其旁注云："余父之渊需次湖北十余年，今年夏，以解饷赴扬州，卒于差所"云云，末署"渤海女史张秀君题"，知为张香涛中丞之胞侄女也。后与张蔼卿，华奎。谈及，知为黄仲弢，绍基。编修续弦聘定之夫人。及余第六妹适周荟生编修，遂与往来。面质之而信。今重来至此，则店主以析产分店为两，房舍皆已改观。而余十二年仆仆南北，亦将四十矣，人生到处皆陈迹，岂不信哉！

龙继栋《槐庐诗学》："绿杨城郭藕花居，三八年华水不如。欲向王昌问消息，五更扶梦上征车。"沂州店壁题诗也。款署"松琴内史"，盖何方闺媛，诗笔清丽。附书一绝于后。"一字因人意未安，槐庐居士作诗难。不得伴侣随杨五，许尔吟闺杜小冠。"

王蕴章《然脂余韵》卷三：崇川冯晏海，云鹏。《扫红亭吟稿》中有《和南沙河维扬女子题壁诗》二首，序云："腊日集轩五弟因公事赴邹，小憩东滩旅舍，见壁上抄粘腊前二日北平叶天培录维扬女子在南沙河旅店题壁诗，甚佳。其诗云：'轻谪尘寰黯自怜，误人幻梦小游仙。如弓明月初三夜，自注：初三日为母难之期。似剪春风十五年。屋纵黄金伤不偶，玉虽白璧叹难全。无端竟属沙叱利，并少韩郎若个边。'其二云：'怕泛鄱阳波里船，何如如此入秦川。心惊路远三千里，命薄身随一万钱。恨不疎顽同白腹，悔曾闺阁理丹铅。比他花蕊夫人苦，旅壁聊充十样笺。'诗后自序云：'侬本维扬贫家女也，幼从李猗芗夫人伴读。今春夫人随任远赴楚江，遣侬他往。无奈父母愚弱，家室凋零，长安贾以百十金购得。侬即敛艳潜光，无如不免。良人年已周甲，腹无一丁，朝夕相对，默无一语，呜呼！此身已托，理难再抱琵琶。不知前世何愆，受此无边罪孽？肝肠寸裂，声泪俱干。俚词疥壁，以遣无聊，而良人在侧，犹问乌雅之作何生活云。'末书'道光乙酉五月三日，贾芷孚题'。一时和作如林。初参疑信，后署友吕子心渊自南沙河来，见其墨迹，实女人书。叶氏抄稿有十余字不同，今改从原本。

予悲其遇，和其诗，欲与会稽女子并传云。”会稽女子，明万历时某将车妾，题诗新嘉驿后壁上。施愚山为刻于石，并和其诗。

王蕴章《然脂余韵》卷一：祥符周昀叔星誉姬人吴县女史许麐令芬，雅擅诗词，兼工绘事。尝题山东李家店壁云：“山程风景日荒寒，触拨离情百不堪。除是琅琊城畔柳，依稀一样学江南。晶奁深锁懒梳头，脱却春衫赋独愁。凤胫花残官柝急，一衾残月梦苏州。”嘉兴杜若香漱芳女史和云：“衣褪深闺半臂寒，尘迷凤髻亦何堪。五更促起登车客，夜色微茫斗指南。罗衫冷浸月当头，生小痴憨不解愁。异日重逢诸姊妹，细将情绪说皇州。”

钟骏声《养自然斋诗话》卷十：有人于资州驿见题壁诗曰：“弱质初为客，风霜半不禁。慵妆羞镜影，离恨托琴心。愿逐南飞雁，相依共命禽。郎君非薄幸，敢赋白头吟。”自注云：“外子宦游江南，已十年矣。今闻其获邀一命，将往赴之。宿此志感，华阳娟如女史作。”噫，有才如此，而天尘奔走乎，风诗意可知矣。

钟骏声《养自然斋诗话》卷十：女史题壁诗，凡绮丽之制，半多伪托。临城驿壁间有阮芷孚诗曰：“轻谪尘寰黯自怜，误人幻梦小游仙。如弓明月初三夜，似箭春风十五年。屋纵黄金伤不偶，玉虽白璧叹难全。无端竟属沙叱利，并少韩郎若个边。”“怕泛鄱阳波里船，何如此次入秦川。心惊路远三千里，命薄身随十万钱。恨不痴顽同白腹，悔曾闺阁理丹铅。比他花蕊夫人苦，旅壁聊为镜面笺。”后有吾乡戴文节公跋云：史维扬人，少伴读李猗香夫人。夫人随任，史不能从，依母家。母贫，鬻于秦中贾人。贾六十余，目不识丁，史伤非偶，作诗摅恨。醇士记，则读者哀其遇可也。

钟骏声《养自然斋诗话》卷十：“梦回刚半醒，鸡唱一声尖。灯影红留壁，霜华白染檐。迷离乡思远，寒暖世情兼。又听催登道，匆匆启镜奁。”齐县客馆金陵女史刘萼仙题。又苦水铺客店有诗云：“南朝金粉认儿家，忽逐征鸿听暮笳。千里行踪飞柳絮，三年别泪洒桃花。题成红叶词犹丽，吟到白头愿未差。此去洛阳应不误，渔郎方恋武陵霞。”“宝马空劳向北平，笋舆南指步山程。赏花携得新俦侣，拜月抛残旧誓盟。妾似藕丝牵不断，郎如萍水去无情。镜中得睹双鸾影，纵化鹃啼泯怨声。”后云：“妾遇红巾之乱，往寻仲楷。抵京潜访，知已买妾随某大尹赴洛阳幕矣。返舆南行，过此漫题。”后有王达源跋云：“蔡仲楷孝廉，仆曾晤于许昌道中，知此事甚详。为补一序。中云，采英幼依大母，家傍小姑。妾本冰如，再过大清之水。郎同石转，请看无定之河。驿路蝉鸣，都是懊侬之曲。芳林蝶舞，谁怜委地之花”云云。颇为工切。

又槲湖女史韩苕题翟家庄客店云：“颠风一夜响檐铃，旅驿霜浓冷不扃。乡国书遥频入梦，长宵酒薄易为醒。寒灯碧孕花千粟，兽炭红添火几星。最是五更天欲雪，新妆重理上银軿。”以上数诗，皆从吴县倪朗山，世珍。《雪鸿偶钞》录出。朗山远贾数千里，薄暮抵客舍，喜录题壁诗，积成巨帙。将择其佳者付梓，亦有心人也。

钟骏声《养自然斋诗话》卷十：“堪怜夫婿已无家，欲倚将军矢靡他。最恨三春辛苦意，杏花不嫁嫁杨花。”山东济阴女题壁诗。女少字良家，于归将届，值逆匪煽变，陷入贼中，为某将军所得。会有诏，难民在俘者悉令还乡，将军遣卒送之。卒欺其无依，劫之。时过清浦，题诗旅壁。盖犹冀珠还也。读者哀其志可矣。

## 张少卿

司香旧尉《吴门百艳图》卷一：张少卿，锡山人，本良家女。兵燹后，孤苦无依，为假母所诱，遂致沦落。善曲工诗，一时倾倒。人皆品姬为吴下群芳冠。壬申春，有某观察深契之，遂娶于吴门寓次。姬有虎阜题壁留别四绝句，中有句云：“阿侬已作征人妇，谢却歌衫舞扇缘。”“难忘旧日情如海，濡墨留题泉石边。”一时和者甚众。

## 藕 红

柴萼《梵天庐丛录》卷十五：资阳县前属资州，俗以资字与州名混，但称阳县。黎莼斋先生《纪程》云：“偶阅店壁，有女子藕红题诗，字迹亦秀，颇具苦节。惜不知姓氏，恐其湮没，附录其诗如下。‘九十春光寻不见，寻春又怕花相怨。随花步过小阑干，且立花间唱团扇。妾生腰似柳条柔，妾自怜花花自羞。欲把痴情向花语，月明鹦鹉在前头。喜道貌如花，花放枝头春正赊。人道花如妾，妾心苦处花应泣。不愿白头吟，但慕董双成。趁此好春光，春光知妾心。妾愁挫弄花愁折，折花风信催离别。须知心归人未归，此生之愿何日毕。日落兮花残，春归兮少年。吁嗟此心兮问青天。’序云：‘妾永川农家女也，字藕花，幼居乡塾间，闻读书声，甚好。尝问字于李小园老先生。先生怜而教之，粗识诗词。十五岁时，父心欲择富家独子为婿，遂适同里张兴发之子张小五为妻。家有二百余租，并无兄弟姊妹，一生足食。但翁婿均不识字。次年姑亡，娶吴继姑，恶毒异常。翁因气疾而死，家业尽为吴母卷去。婿复好赌，衣饰荡尽，苦无良策。适甘肃回乱，劝去投营。若得功名，尚可再兴家业。不料乱平之后，婿久不归。人劝妾嫁，妾以先之所适，已非其天；倘再另嫁，是与命相争。誓曰，之死靡他。吴母急欲得妾聘财，逼迫太甚。不得已，漏夜出外，乞食赴甘。如能与婿相见，则破镜重圆，三生之幸也。若婿已死，妾当立从地下矣。路过此店，感而题壁。妾非路柳残花，赐和诗翁，应怜节苦，万莫戏言，自贻妾罪，谅之恕之。光绪十一年九月二日，藕红识。’溯古来女子旅馆题壁诗，类多缠绵悱恻，情怨深长。或言出于文人墨客，不得志于时者之所为。予喜其诗工比兴，有三百篇之遗意，未可等诸香奁体也。”

## 兰陵女子鹃红题壁诗

沈宗畸《便佳簃杂钞》:“苔径无人草自青,深深庭院掩重扃。吴娘日暮秋房冷,夜雨潇潇不可听。”“而今孰与话温存,夜夜衾罗渍泪痕。万种相思千种恨,要凭题叶一相闻。”“却悔当年不自持,微波宛转许通辞。明珠双寄绸缪意,恰是相逢未嫁时。”“不因佻巧谢鸣鸠,鸩鸟无端托蹇修。刚得琴心通一语,相携便上木兰舟。”“未能深浅识郎情,为倩烟波打桨迎。但愿郎心如妾意,肯辞多露畏宵行。”“立残风露夜深时,为制春衣织藕丝。未得尽平针线迹,要将辛苦与郎知。”“谁料郎情已渐移,别风吹水皱春池。一从打鸭惊鸳后,云鬓无端怨别离。”“春闺曾与致缠绵,秋扇如何忽弃捐。不怨郎恩轻似叶,自知妾命薄如烟。”“蓉塘蓦地起轻雷,瑶想琼情寸寸灰。尚有龙楼侍儿在,可知赤凤为谁来。”“杜鹃红尽隔天涯,婴武传言事可疑。便是蛾眉善谣诼,不应虚构十香词。”“回廊独自步莓苔,织锦心情久已灰。况是红颜近憔悴,容光原让赵阳台。”“飘烟抱月守空船,尚得江心一见怜。一样琶琶呜咽语,向谁哀怨诉秋烟。”右诗十二首,或云并非女子诗,系某君作客侯门,不见契于府主,托于美人香草,以自写其牢愁。与三十年前王鹃娘题壁诗之为某名士托名,同为才人不遇,亦可哀也。

《松荫庵漫录》卷二:滦阳女子雪侬,与西溪生有白头之约。西溪生,故文士,因饥驱橐笔出游幕府,日久未归。其母悔盟,鬻于豫客。客挟以偕行。时寓中和店,临行题诗于壁云:“征鞍欲上泣无声,意里连环绾不成。此去死生悲异路,他年魂梦逐归程。琵琶有怨嗟鸳侣,翡翠无温听雁更。试问天涯久游客,黄金何日赎残生。”词旨哀怨,恻恻可怜,惜乎胡笳蔡女,未知其果返汉关?而赵郡美人,亲见其拥归叱利。西溪生闻之,正不知其何以为情也?

王蕴章《然脂余韵》卷三:光绪辛未,京师陶然亭有女士题壁诗云："行尽阑干九曲湾，箨龙惊起扑双鬟。故乡亦有千竿竹，侍婢卖珠还未还。如此登临亦快哉，惜无人与酌新醅。多情只有亭前柳，绾住秋心不放开。欲驻颜光药未灵，鬓边减却旧时青。闺中已醒封侯梦，怪煞车轮不肯停。拚造沧江一叶舟，自摇柔橹自闲游。生来不及鸳鸯福，秋水芦花共白头。"尾署"湘湄"二字，不知何处人也。

张茂镛《巽庵诗》：连日车行困惫，晚宿沿河集。宿迁县境。又不成寐，偶有感触，戏假太原女子名题词于壁。有引。"妾系出太原，远嫁吴会。生小金张华胄，偏逢天壤王郎。比以夫婿远游，积年无耗，织成苏锦，莫寄连波。写就瑶笺，枉题驿壁。兼之白发高堂，黄口稚子，家鲜储石，树少连枝。不得不鬻珠里粮，典衣就道。然而抟抟大地，朝朝行路之难。黯黯离魂，处处寻君之梦。伤心薄命，茧足穷途，聊托风吟，敢云怨语。读我诗者，勿以为伤心人别有怀抱也。家世清门擅五侯，莫愁生小不知愁。却从嫁与萧郎后，尝遍离愁惹遍羞。洞房花烛灿金莲，系得同心比玉坚。底事繁华成一梦，了无信息过三年。梦里繁华是也非，怜卿怜我故依依。如何醒转全非梦，劳燕分明各自飞。犹记兰闺饯别筵，瞒人情话话缠绵。临歧还道归期准，准在梅花十月天。归期问讯故园梅，几度花开客未回。悔读楚词成语谶，夫君伫望不归来。抛离儿女别姑嫜，千里间关客梦长。最是伤心忘不得，牵衣揽袂女呼娘。三更驴背五更霜，尖宿匆忙办急装。野店欲眠眠不稳，身随魂梦到君旁。平原寥廓日沉西，野路黄沙扑面低。苦恨下车行不得。绣鞢帮脚尽沾泥。一群女伴笑哗过，红借胭脂绿借螺。我自满腔心事在，铅华不御泪痕多。出门夫婿杳无音，母氏关心恩最深。又恨白云千里隔，伤心侬更负娘心。弟兄富贵拟神仙，姊妹花开取次妍。偏我天涯憔悴极，风号雪虐有谁怜。传闻夫婿讹防真，金屋有人别买春。便是事真侬不管，侬非妒妇不知津。就使新营金屋成，层楼也可贮云英。如何不记三生约，孤负从前香火盟。高堂垂白莫相闻，君负亲恩我负君。瞥睹寥天有孤雁，飘零似我不成群。阿依辛苦尔酣嬉，打叠征衫赋别离。好语天涯浪游婿，母无甘旨子啼饥。”

李调元《雨村诗话》卷十五：粤东梁裕堂赴京，过白沟河，在逆旅午餐，见有骡车载妇女住对屋中，饭毕去，偶步入，见壁上新题一《眼儿媚词》云：“垂杨袅袅映回汀，作态为谁青？可怜弱絮，随风来去，似我飘零。蒙蒙乱点罗衣映，相送过长亭。叮咛嘱汝，沾泥也好，莫化浮萍。”梁讶曰：“此妓语也，有厌倦风尘之意。”遂日逐同行至京，遣小奴记其下车处，后宛转物色，竟纳为小星。两不相期，偶然凑合，竟以一词为媒，亦奇矣。

## 高芝仙

孙枟《余墨偶谈》卷一：马头驿壁间，有北平高氏第三女芝仙题《过秦楼》词一阕云：“月旧愁新，宵长夜短，今夜如何能睡？灯疑泪晕，酒似心酸，一样断肠滋味。独自背着灯儿，数尽残更，懒寻鸳被。更空槽马啮，荒邮人语，嘈嘈盈耳。空叹息落絮沾泥，飞花堕溷，往事不堪提起。美人红拂，侠客黄衫，不信当时如此。试问茫茫大千，可有当年，昆仑奇士？提三尺青萍，访我枇杷花里。”自署云：“妾良家女，为匪人所赚，误堕风尘。父母早亡，叔氏又病且懦，门户衰微，势力薄弱，遂无能与争衡者。荏苒三年，朝夕惟以眼泪洗面。纷纭人海中，古押衙向何处求耶？”后读潘绂庭封翁《蜨圆词》，谓有客近自天津来，能举其居址形貌者。言全稿尚多，大致凄惋动人。有才如此，沦落堪怜云云。益信非落拓词人所假托者。

# 女子题壁诗一卷[①]

袁枚《随园诗话》卷十三：明季用兵时，有女子刘素素者被掠，题诗店壁云："天明吹角数声残，将士传呼上玉鞍。恰忆当时闺阁里，晓妆犹怯露桃寒。"

李中馥《原李耳载》卷上：三晋文宗文公，陕西人。岁丙戌，予两同年张华阳、贺四明俱应聘陕西，入帘归，备道文公续弦夫人事。夫人高才博学，名噪关中，因罕其匹，摽梅不字。文公使议婚，曰："学相若矣，必须《并头莲诗》百首方可。"如数投之，始诺。亲迎之夕，文公以红缎裀铺地，自下舆以至卧室，重其才品若此。好事者以谓相如、文君世称双绝，此更三绝，谓室女胜卓氏也。闯逆入关，宜一死以报夫子，乃受伪诏为六宫司训，复被虏，甘随马上。壁题"妾与王嫱同薄命，学骑匹马渡阴山"之句，入韵"还"、"颜"二字。余因赋昭君问，步韵寄慨：问一。"和戎奉命去难还，青草年年不改颜。今日马前同去者，奉谁明旨度阴山？"问二。"子卿男子得南还，妾没须髯却有颜。一去不回羞汉将，生魂空自系家山。"司训伪宣官。"岂是女为君子儒，莫教鸣鼓问吾徒。深宫桃李都沾雨，错认当年曹大家。"被获。"忆昔

---

① 该书似为《女子题壁诗录》之初稿，资料编排无序，亦未有条目标题，上有墨笔圈去若干则，皆已见于《女子题壁诗录》，今仅录不见于《女子题壁诗录》者。

曾盟白首谐，不知何日坠荆钗。曹瞒拆散夫妻颐，不为文姬为伯喈。”百诗允聘。“惜哉文子爱才偏，百首诗辞写素笺。今日花开非故苑，可曾赋得并头莲。”红蕉叶载夫人九思，余深嘉其婉逸，尤不胜慨。惜德不符才，反为才累也。因步体附一思，以毕其数。“我所思兮在银河，欲往从之雀桥过。玉宇无尘袜凌波，支机不动锦停梭。美人赠我并头莲，何以报之月涓涓。擘盆求子房空焉，断节见孔思杳然；不记当初三五前。”余不能诗，聊记其事，亦一时有感而发，非欲以诗见也。

宋荦《筠廊偶笔》下：明末蓟州难妇题诗野店壁上，不著姓名，曰：“俛首漫凭几，难将旧日题。夫君镇紫塞，妾命落黄泥。风惨尘为粉，天寒革作衣。何日归桑梓，心酸只暗啼。”味其诗，必守边将帅之妻也。①

娄谦《北野闲钞》卷四：《陈迦陵集》有和郑州驿女子芳芸句。芳芸不知为谁，诗亦不见。今于郑州志中得之。其诗云：“露冷寒烟拂树低，嵩高太室望中迷。惊心怕听涛声急，弱质还怜草色萋。自分深闺销岁月，那堪长路逐轮蹄。银釭烧尽心犹热，画鼓金钲日已西。”“画鼓金钲”，盖军中所掠也。迦陵和韵云：“五更柝尽日痕低，月里惊看字迹迷。丽句半侵尘漠漠，粉墙欲上草萋萋。开奁料尔萦蛾黛，漱墨如予怯马蹄。寄语红闺莫憔悴，古来沟来尚东西。”

谈迁《枣林杂俎·义集》：“不画双蛾向碧纱，谁从马上拨琵琶。驿亭空有归家梦，惊破啼声是夜笳。其一。”“日日牛车道路赊，遍身尘土向天涯。不因薄俗生多恨。青冢啼鹃怨汉家。其二。”“惊传县

① 按此条亦见于《女子题壁诗录》“蓟州难妇”条，出处作萍浪生《梦言》卷三。

吏点名频，一一分明汉语真。世上无如男子好，看他髡秃也骄人。”其后跋云：“吴中难妇赵雪华题。”在剡城县李家庄镇亭壁间。

又：宫人广陵张氏过崇德县石门镇，题壁四首。或云投河死。诗云：“身随劫数从奴虏，愁听胡笳声可哀。柔肠已碎如针刺，况值萧萧夜雨来。”其一。“深闺日日谐鸾凤，愁被干戈出画堂。弱质那经罹虎口，可怜魂梦绕家乡。”其二。“绣鞋脱却换宫靴，女易男妆寔可嗟。扶上玉鞍愁不稳，泪痕相逐马蹄赊。”其三。“□□□□□□□，车骑辚辚野店来。怜我故乡生死别，花枝已向别园栽。”其四。

又：妾本虎林女也，所逢不淑，再罹干戈。腊月甚寒，挟之北上，终日坐破车中，槛槛哼哼，筋骨欲脱。寒风惨烈，尘沙眯目，塞马悲鸣，凄其欲绝。真蔡琰车中、明妃马上所不能彷佛者，几欲自经。念妾本良家，流落至此，曾与魏里曹生订终身交，自谓才士必不弃予。死之无名，何如忍以相待？已复念此，乃又强食。偶从将士阅省录，知曹郎已乡荐，旦夕公车至此，恐谓妾已死，遂尔捐弃，故乘暇窃书此诗，令知薄命妾犹然西湖月下心也。当妾与曹郎晤时，六桥明月，十里湖山，澄波渺然，万籁萧寂。妾吹箫，忽悲泣，曹郎举酒酾天曰：“勿忧，终当贮汝以金屋。”妾改颜谢曰：“无媒妁，何以先是？”曹郎尝怀一扇，妾甚爱其扇上诗，为桐山方生名玄成者作，有云“苍壁倚千寻，空江自古今；浪翻丹□合，庙枕碧流深”等句。妾赏其壮凉高逸。是时，曹郎即出其扇曰：“汝佳此人诗，此人吾好友，海内名士，即以为媒妁，可乎？”妾拜受之，至今数滨死，不去袖中。又闻此生亦登乡荐，倘曹郎不及见此，万一桐山生寓目焉，谓妾尚存，亦不负当日以胥长公待先生意也。西湖薄妹宋娟和泪书。“风动空江羯鼓催，降旗飘飐凤城开。将军战死君王系，薄命红颜马上来。其一。广陌尘沙满鬓鸦，北风吹雨落铅华。可怜明月箜篌引，几度穹庐伴暮笳。其二。春风如绣雨如烟，良夜知心画阁眠。今日相思浑似梦，算来可恨是苍天。其三。盈盈十五破瓜初，也作明妃别故庐。谁散千金效孟德，镶黄旗下赎文姬。其四。南庄胜处妾常忆，借问轩车早晚游。美景难忘竹廊下，好风争奈柳桥头。其五。冰消见水多于地，雪霁看山尽入楼。若待春深始同赏，莺残花落却堪愁。其六。妾命如朔风，飘然振落叶。不入郎罗帏，乃逐尘沙陌。妾本良家儿，留落平康劫。十三工秦筝，十五好笔墨。樽前柔歌声，泪湿江州褶。人谓妾颜美，妾谓多生孽。武林遇曹郎，心知不徒说。忽尔天地崩，遂令山川别。一为俗羁绊，再为干戈绁。哼哼大车中，尘土满鬓髻。猗那一羊裘，皴肌冷如铁。昼则强欢笑，夜则潜哽咽。谁为文姬哀，文姬犹返阙。谁为明妃怨，犹得封马鬣。而我薄命人，终当染磷血。所不即就死，心为曹郎结。曹郎尔多情，岂忘西湖月？曹郎尔多智，岂不谅我节？曹郎尔任侠，忍妾委虎穴？曹郎尔多交，交岂无豪杰？媒妁扇上诗，颠沛不忍彻。忍死一相待，悲酸难再说。又闻桐山生，风流当世杰。尔既善曹郎，何不一救妾。”

又：新乐县南关旅壁题曰：“妾本淮上弱质，僻陋而无心。戊子遭兵燹，满之狂丈夫以我北去，壬辰复挟我南征。过此，偶遇之子盱衡之间，情溢于露，气幽于兰。呜呼，此谁氏之美也！嗟余薄命，感而赋此：‘北去南来空自猜，编愁为□几时灰。妾心最慕汉天子，自将单于不敢来。造次相逢若有私，目成那复畏人知。胸中历历不然事，可得对床说与伊。’”

又：甲申九月，友人赵昌龄出杭之涌金门，至剩园，见题壁云：“芙蓉花发满堤红，尽道芙蓉胜妾容。昨日妾从湖上过，行人何不看芙蓉？”

陈维崧《妇人集》：邹平西青羊店逆旅中，有女子题壁者，自署“万里女郎”。诗云：“独抱寒衾忆梦眠”，第二句不记，“马蹄得得行何已，归雁提提又近年。”盖和唐人韵也，亦宛转可诵。

又：又有题济南东王舍庄壁者，不记姓名。诗云：“梦寄车尘马足中，依稀绮疏夜灯红。无端野鹳鸣寒柳，惊起愁心对晓风。”后小字旁注“随外北征作”。

又:阳丘道上卢氏店中,曾有女子于七夕题绝句壁上,前一小序,末署云“天孙渡河之夕梦儿书”,梦儿盖其名也。诗后二句云:“惆怅佳期不复还,有似银屏坠智井。”余不复记忆矣。数条予并载入《朱鸟逸史》中,以俱题壁诗,故识于此。

又:赓明弟,名玉璂。自北归,以邮亭女子一诗示予,予为怃然。诗曰:“凌波卸却换宫靴,女作男妆实可嗟。扶上高鞍愁不稳,泪痕多似马蹄沙。”盖流人羁子过之系念矣。诗更有自序云:“乙酉六月一日,遇难宝林庄,彷徨无地,洒泪而书,以为异日访寻之具。广陵十七岁女子张氏泪笔书于方顺桥店中。”

又:耕坞老人为余言:予壬寅过郑州,见驿亭有姑苏女史芳芸诗。犹记其末句云:“银釭烧尽心还热,画鼓金针月已西”,最为清丽。其全首录藏敝箧,曾举似映然子,即采入《名媛诗纬》。王考功所载,亦余言之也。予闺人亦有和韵。

又:乙酉澄江之变,士子黄姓者妻秦氏,被掳不屈,过金山,题诗壁上。末二句曰:“蒲团夜坐三更月,忏悔今生未了缘。”明日投崖殒,兵去复苏。适遇乳母夫过,携归复合。

又:女子琅玕,济南德州人也。曾有句云:“自怜身似杨花,愿向天涯情死。”字数不多,读之居然怅惘。琅玕《题德州旅壁》,一序二诗。序云:“妾家齐右,欢是吴侬。玉树其人,红叶赠我。既见君子,信绿绮之可媒;我思古人,愿红拂以为友。佳人久嗟薄命,好缘肯俟来生。苦海斯离,多露弗畏。宝马踏来刚半夜,老昆仑焉所用之?彩鸾飞去向天边,莽叱利从兹逝矣。聊题短句,用示情痴。”诗一云:“何须押衙妙手,五更暗度香鞍。谁续奇女子传,小名唤作琅玕。”二云:“昨宵红拂深闺,今日高唐去矣。”后二句,则所载也。此女子不特笔艳,人亦复奇。

又:长沙女子王素音,为乱兵所得,题诗古驿。有云:“可怜魂魄无归处,应向枝头化杜鹃”,见者莫不怜之。王阮亭有《减字木兰花》云:“离愁满眼,日落长沙秋色远。湘竹湘花,肠断南云是妾家。掩啼空驿,魂化杜鹃无气力。乡思难裁,楚女楼空楚雁来。”盖为素音作也。

又:乙未岁,阿贻偕同邑傅侍御扆北上,至白沟河,顿此邸中。见壁间有和素音诗者，觅原题不得。以问居停，指墙边积木，堆五六尺许，云："在此中堵壁上。"时方隆冬，阿贻与侍御急欲读素音诗，乃同从奴共运木。及半而诗尽出，侍御执炬，阿贻呵冻蘸笔，录诗竟，共读。书已，复各为和章，书之壁。书竟，乃命酒剧饮，始觉手腕欲僵，各大笑，相顾谓痴绝也。此事亦极可传。余后此至邸，亦和韵，末有"也学低头拜杜鹃"之句。素音原诗共三绝，前有小序，是俪语，凡二百许字。其精丽可与琅玕女子相敌，载余《燃脂集》中。上三条俱系西樵先生笔述并注。

董含《三冈识略》卷一：予友琅琊氏计偕北上，于涿鹿旅邸见一女子题壁，附录于此，以贻好事者："妾雪英，朱氏，古吴人也。先君起家墨绶，进秩黄门，误事权奸，骤登清要。不谓冰山难恃，春雪易消，志虽切于缇萦，法难宽于正卯。其时旅榇南归，茕茕母女，堂虚栖燕，庭可张罗。又以伯氏枭獍，横加惨毒。始则假当道之虎威，贻讯里闬；继乃效中山之狼狈，造祸萧墙。遂致六旬嫠母，抱恨黄泉；及字孤儿，失身翠馆。嗟呼！白杨衰草，难呼怙恃于九泉；路柳墙花，空伴王孙于锦帐。此情此境，苦矣惨矣。而鸨母奸贪，取偿无厌，逼嫁武弁之手，时遭妒妇之拳。我生不辰，一至于此！兹者奉诏南征，途经涿鹿，中军起塞外之声，闺合谱曲中之调，少舒幽恨，薄赋短章。此闺人诉怨之词，非骚客摛文之咏也：'吴地红颜旧世家，自怜薄命滞天涯。含羞懒唱青楼曲，拭泪悲听紫塞笳。不及曹碑传古石，漫同章柳集寒鸦。当年妆阁今何在，万种伤心付落花。'时丙戌季冬五日。"

褚人获《坚瓠集》卷一：顺治初，有长沙女子王素音，题良乡琉璃河馆壁诗并序：妾生长江南，摧颓冀北，豺狼当道，强从毳帐偷生。乌鼠同居，何啻将军负腹？甚难自遣，事已如斯。因夜梦之迷离，寄朝吟之哀怨。嗟乎，高楼坠红粉，固自惭石崇院内之姝；匕首耀青霜，当誓作兀术帐中之妇。天下好事君子，其有见而怜予乎？许虞侯可作沙叱利，终须断头陷胸；昆仑客重生红绡妓，不难冲垣奋壁。是所愿也，敢薄世上少奇男；窃望图之，应有侠心怜弱质。愁中得梦失长途，女伴相撈听鹧鸪。却是数声吹去角，醒来依旧酒家胡。“朝来马上泪沾巾，薄命轻如一缕尘。青家莫生殊域恨，明妃犹是为和亲。”“多慧多魔欲问天，此身已判入黄泉。可怜魂魄无归处，应向枝头化杜鹃。”和者甚众。苍书叔父次韵哀之云：“楚山行尽总征途，谁向黄陵唱鹧鸪。烟火不禁愁日暮，江乡还忆煮雕胡。”“红泪模糊白练巾，封侯夫婿陌头尘。弓刀队里羊裘畔，祇共题愁笔墨亲。”新城王阮亭，士祯。赠之以词，《调寄减字木兰花》：“离愁满眼，日落长沙秋色远。湘竹湘花，肠断南云是妾家。掩啼空驿，魂化杜鹃无气力。乡思难裁，楚女楼空楚雁来。”

光绪《丹徒县志》卷五十二《艺文》七：《北固书壁诗自序》，闺秀卫琴娘：“妾赤城弱质也，姓卫，小字琴娘。于归三月，忽遘难端。匝地鼓鼙，拥之北上。悲门外即是天涯，恸生离更难死别。历吴渡淮，欲死无所，幸而琵琶击碎，得脱虎口潜逃。破面毁形，蒙垢废迹，昼乞穷途，夜伏青草，吞声背泣，生恐人知。托流水之飘花，以来京口。偶登北固，江山满目，不觉涕泣如狂。忆昔爹妈，空劳魂梦，良人天远，存殁何知？一时顾影自怜，则花容尽毁于风尘，衣衫全属于泥涂矣。此夕此心，如焚如刺，回首雁峰，何年得到？惟思游魂带血，夜化啼鹃，又恐不解。南归家乡信远，因为短吟数绝，泣书壁间。倘得仁慈德士传其言于妾家，亦足以达孤亲云尔。‘梦里还家拜阿娘，相逢泣诉泪千行。窗前绿树依然在，那得看来不断肠。’‘衣片鞋帮半委泥，千辛万苦有谁知？几回僻处低头看，独自伤心独自啼。’‘目断天台旅雁长，青山绿水杳茫茫。不知憔悴中途死，魂梦何时返故乡？’”

吴文溥《南野堂笔记》卷十二：顺治三年，丹徒甘露寺杨公祠内，有妇人死。题诗壁上，并序。知为天台卫琴娘，遭乱被掠，潜逃毁形，死以全其节焉。诗云："衣片鞋帮半委泥，千辛万苦有谁知？几回僻处低头看，独自伤心独自啼。"其一。"目断天台旅雁长，青山绿水杳茫茫。不知憔悴中途死，魂梦何时返故乡？"其二。

王昙《烟霞万古楼诗选》卷一：石帆楼吊琴娘也。琴娘，天台魏氏女，以国朝顺治三年死润州之甘露寺。按魏自序，琴娘归三月，鼙鼓南来，拥之北去。历河渡淮，欲死无地。既而琵琶击碎，幸脱余生，破面毁形，蒙垢废迹。昼乞道途，夜窜青草，托流水之飘花，言来京口。遂登北固，涕泪如狂。忆昔爹娘，空伤魂魄，良人天远，存没何知？惟幸游魂带血，夜化啼鹃，犹恐不解南归，雁峰路绝。因题短什，望达孤亲。遗事流传，附诸志末，亦足伟矣！尝览润州故实，如华山畿杜秋娘，琐屑闺情，文人脍炙。琴娘以奇特孤操，委身宿莽，翰墨无声，访诸操觚，未能口实。予登石帆之明日，缉缀繁辞，次其梗概，虽不足振扬艺林，亦未始非宏奖人伦之本意也。"江上晴云画如絮，红梨花底红禽语。红禽楼下逐花飞，楼上飞红堕楼女。金闺自述琴娘嫁，银炉爇麝檀郎夜。珊瑚枕絮不成眠，玳瑁妆花未曾卸。鲸鲵唐突月翻营，蜂蛾一旅雪登城。当时风吹楼头出，今日莺啼马上声。敲冰斫冻朝浆汲，掩翠低红夜深泣。上前鸦袜倩人扶，落后弓鞋乱流立。黄云堕阵浊河头，红旗扱軷清淮流。驼囊泻酒驼鞍吃，鬼妾呻吟鬼马愁。蛮毡帐里蛮弦语，春燕秋鸿乱无序。昆仑不是姓康人，琵琶忽中秦庭柱。鞍骡抱马三更栉，戴月承星伯呼叱。偷壕出堑死谁知，虎口䭔生命如虱。野田积水淮南道，日乞穷途夜青草。娉婷秋月缺谁圆，烂熳春云乱谁扫？云烟羃㕟天如弓，关山不见昔来鸿。猿惊鸟怯伤前侣，鹤寡凰孀泣故雄。北固山头半城雪，西陵渡口行人绝。魂禽叫下土山云，鬼鸟啼红寺门血。阿爷生我阿娘慈，袖中却扇妾郎诗。君生妾死君休恨，妾死君生妾不知。风风雨雨山头壁，字字行行泪泚澼。此时烈骨枕荒凉，此夜游魂免惊惕。豚鱼吹浪江生风，云霓为佩月为容。石帆山下帆来去，且上帆船到雁峰。江南游子青衫客，捉笔题诗替呜咽。一吊江楼谥君贞,再吊江楼谥君烈。”

按:寒松阁所刊《烟霞万古楼残稿》,有异同者录下:“吊琴娘也。琴娘,天台魏氏女。”作“吊贞烈也。贞烈,姓魏氏,字琴娘,赤城人也。”“亦足伟矣!尝览润州故实。”作“亦足伟也!间尝览润州故实。”“琐屑闺情,文人脍炙。琴娘……”作“闺情猥亵,礼法羞称,文士诗歌,到今脍炙。今琴娘……”“虽不足振扬艺林,亦未始非宏奖人伦之本意也。”作“虽不敢以传播艺林,敷扬藻泽;倘异时上之礼官,谥以贞烈,抑未始非宏奖人伦之盛事也。”“楼上飞红堕楼女。金闺自述琴娘嫁”:“女”,《颐道堂诗选》作“雨,注云一作女”;“自述”作“昔日”。又寒松阁本作“坠楼雨。金裙簇蝶琴娘嫁”。“玳瑁妆花”作“玳瑁簪花”;“蜂蛾一旅”作“蜂蛾杂沓”;“楼头出”作“楼头夜”;“敲冰斫冻朝浆汲”作“截云劚冻朝浆汲”。“琵琶忽中秦庭柱”,《颐道堂诗选》作“琵琶忽作都亭女”;“鞍骡抱马”作“鞍骡軏马”;“伯呼叱”作“避呵叱”,寒松阁本同。又寒松阁本“偷壕出堑”作“偷壕窃堑”;《颐道堂诗选》“死谁知”作“死谁是”;“谁缺圆”作“缺难圆”;“猿惊鸟怯”作“猿惊雁怯”,雁怯,寒松阁本亦同。“此夜游魂免惊惕”,寒松阁本作“此夜贞魂罢惊惕”;《颐道堂诗选》“此夜”作“此夕”,“免”作“客”。又“江南游子青衫客,捉笔题诗替呜咽。”《颐道堂诗选》“捉笔”作“振笔”,“替”作“纪”;寒松阁本“青衫客”作“家居浙”,下句作“笔不能诗臆呜咽。”

陈文述《颐道堂诗选》卷二《琴娘曲和王仲瞿石帆楼诗即用原韵》:仲瞿诗序云:石帆楼吊琴娘也。琴娘,天台卫氏女,以国朝顺治三年死润州之甘露寺。按卫自序,琴娘于归三月,鼙鼓南来,拥之北去。历河渡淮,欲死无地。既而琵琶击碎,幸脱余生。破面毁形,蒙垢废迹,昼乞道途,夜窜青草,托流水之飘花,言来京口。遂登北固,涕泪如狂。忆昔耶娘,空伤魂魄;良人天远,存没何知?惟幸游魂带血,夜化啼鹃,犹恐不解南归,雁峰路绝。因题短什,远望孤亲。遗事流传,附诸志末,亦足伟矣!尝览润州故,实若华山畿杜秋娘,琐屑闺情，文人脍炙。琴娘以奇特孤掺，委身宿草，翰墨无声。访诸掺觚，未能口实。余登石帆之明日，缉缀繁辞，次其梗概。虽不足以骥附艺林，亦未始非阐显人伦之鄙意也。吴澹川《南野堂笔记》亦载其事。“芳树零香丝绾絮，陌上哀禽向人语。花飘柳泊不成悲，并入青琴怨春雨。昔日琴娘欢早嫁，石梁明月蓝桥夜。画帘金鸭昼长熏，宝镜银鹅娇不卸。岂意将军细柳营，翻同青犊夜翻城。满城风雨桃花泣，弹入冰弦第一声。当时愿学桓罂汲，岂料今从道旁泣？道旁饮泣不得留，多少健儿马前立。薄命凄凉沟水头，眼前无水不东流。清淮落叶黄河冷，鸣咽笳声夜夜愁。女伴相看不成语，鱼贯前行雁行序。楼台当日惜娉婷，琵琶此地悲儿女。晓波作镜寒风栉，疲马投荒犷犬叱。微躯侥幸脱豺狼，残命凄凉吊虮虱。茹荼集蓼谁知道，虎口余生真草草。远望淮南一发山，黛痕翠比修眉扫。秋露如珠月似弓，相看北雁与南鸿。小名忆到金徽侧，别鹄离鸾感故雄。横江夜渡风兼雪，故园消息音书绝。鬼伯催人行路难，冬青夜半鹃啼血。一死艰难仗佛慈，两行题壁断肠诗。凭谁录向天台去，骨肉流离那得知？太息东南天半壁，浣女心情共絖缈。多少婵娟去不归，夜潮呜咽心惊惕。归去芳魂一夜风，朝真缝节礼真容。会仙石畔家山在，认取琼台第几峰。横琴吊古江南客，蕙湘本事同凄咽。润州城郭石帆楼，磨崖终古铭贞烈。”

《沧江乐府》：沈穆孙《茗翠词·满江红》：“石帆楼吊琴娘，用王昭仪题汴京夷山驿韵。青琐楼荒，零落尽、胭脂春色。更惆怅，把琴人隔，璚壶仙阙。愁听金笳鸡塞外，魂归玉佩鸾台侧。想露凝，秋草暗潜踪，芳情歇。鸳鸯柱，灰飞灭。凤凰操，休重说。认摩挲苔壁，一腔残血。妾梦迢迢江上水，妾心皎皎天边月。痛尘封，明镜影难圆，菱花缺。”

王士禛《池北偶谈》卷八：甲寅，闽贼作乱，有陈某妻张氏，早孀，抚孤十二年矣。贼至，题诗壁上，有句云“乾坤此际当自决”，遂雉经。思南守陈君某为作传。

《蠖斋诗话》卷一：康熙丁巳，余友刘缉生见徐州驿壁题云：“望断乡关行路难，可怜春色已摧残。儿家夫婿长安道，止恐相逢不忍看。”末署“江西难妇”四字，无邑里姓氏。相传建昌某孝廉之妻，不知后能赎回否？

徐釚《本事诗》卷八：龚鼎孳《过昭君故里和邸店壁上女子韵》：“郁金堂外总愁乡，青粉含毫恼客肠。悲角夜寒孤枕月，紫驼家指一鞭霜。魂摇环佩春何在，语涩琵琶曲几行。千载明妃怜薄命，画图犹得诉君王。”

褚人获《坚瓠四集》卷四：吴门女子白捥月，题任丘旅店壁云：“妾白捥月，号莲仿，家住半塘。幼失双亲，寄养他姓。姿容略异，慧业不同。非敢擅秀闺中，愿效清风林下。岂意我生不辰，所适非偶。日弹琴之相对，百限缠绵；时卷幔以言征，一诗哽咽。余爰题之驿亭，人各怜之黄土可耳。”诗曰：“吴宫春深怨别离，风尘惨淡双蛾眉。鹃啼月落寸肠断，香消芍药空垂垂。流黄未工机上织，生小殷勤弄文笔。新诗和泪写邮亭，珍重寒宵谁面壁。康熙丙辰三月廿日。”商丘宋牧仲荦北上过此，挑灯细读，感慨系之，因檃括原诗，为《调笑令》用贻好事云：“面壁泪痕湿，想见含毫灯下立。风鬟雨鬓吴宫隔，芍药香消堪惜。明妃远嫁归何日，一曲琵琶凄恻。”康熙戊辰，宋公为江苏藩宪，有惠政，升任江西巡抚。

王蕴章《然脂余韵》卷三：杭郡女子有白晓月者，遭遇略与浣月相同，尝题诗庵壁。有满人色他哈者，见而和之，订为姊妹。其诗并载《杭郡诗辑》。何白氏女之多才，而所遭又皆不幸耶？

徐釚《本事诗》卷九：宋荦《清风店口号》：店有西陵难女宋娟遗笔。“凄风苦雨不胜悲，独宿清风店里时。一夜几番添蜡烛，墙头细读宋娟诗。”

吴仰贤《小匏庵诗存》卷一《清风店》：“宋娟题壁今无字，石将屯兵尚有场。多少英雄儿女感，乳鸦啼月满街霜。”李崆峒有《石将军战场歌》，纪石亨勤王事。场在清风店南。又店有西泠难女宋娟遗笔，见《绵津山人诗集》。

徐釚《本事诗》卷九：彭孙遹《和松陵女子虎丘题壁诗》：“黄叶惊秋树影微，天涯羁客苦思归。松陵江上青枫冷，梦逐行云一片飞。”王西樵《再过虎丘题彭十诗后》云：“岭梅江草迹参差，拂壁空思半醉时。幸不巡墙兼绕柱，春风曾此读君诗。”时羡门方游岭南也。

徐釚《本事诗》卷九：尤侗《和涿州邮亭诗》：涿州驿壁有诗云：“弃子抛夫咽北风，驰驱心逐晓云空。此身一死非难事，惟恋今生魂梦通。已丑冬日，晋中薄命妾徐淑题。”予使车宿此，读之黯然，漫和一绝。“翠黛黄裙逐晓风，汾阳回首凤楼空。只留蔡琰题词在，那得秦嘉音信通？”甲申以后，燕南赵北，邮亭驿壁间，粉香狼籍。壬子，仆自北归，宿任丘旅店中。墙上有句云：“咫尺帝城愁更切，入门何以御摧残。”自题“邗关女子赵氏”。其全首漫漶不可读。仆和云：“满庭霜月浸阑干，肠断题诗上玉鞍。毳帐自随沙草去，兰闺犹忆露桃寒。只愁绿鬓颜须改，无那青衫泪易干。多恐书生同薄命，休将红粉怨摧残。”

尤侗《右北平集·和涿州邮亭诗二首》：诗云：“弃子抛夫咽北风，驱驰心逐晓云空。此身一死非难事，惟恋今生魂梦通。已丑冬日，晋中薄命妾徐淑题。”“翠黛黄裙逐晓风，汾云回首凤楼空。只留蔡琰题词在，那得秦嘉书信通？”“马上琵琶弹北风，匣中半镜舞鸾空。柳枝已折沙叱手，旧梦巫山何处通？”

褚人获《坚瓠集》卷一：壬子夏五，予北上，夜宿雄县旅店，见壁间武陵十五龄难女三诗，和者甚众，择其佳者录之。年久散失，昨检败笥，原韵尚存，纸尾并存和者越人傅庸庵名，而诗已不全矣。“生小盈盈翡翠中，那堪多难泣途穷。不禁弱质成囚系，衣自斓珊首自蓬。”“垂垂绀发未瓜期，锦帐罗帏梦已稀。魂化杜鹃应有日，壁间先写断肠诗。”“一丝残息自淹淹，泪落衣裳血色鲜。谩托秃毫空写怨，有心人见定相怜。”

《国朝词综》卷二十九：江炳炎《高阳台·清溪女子雄县题壁画卷》：“野店烟迷，霜扉月坠，酒醒渐觉寒侵。淡闪星灯，映他半壁愁吟。断肠人远空留迹，卷青衫、细拂墙阴。想难禁，瘦怯罗表，泪冷罗衾。梨花貌比轻云薄，恨当时不见，见亦酸心。从古蛾眉，多教玉掩珠沉。钟情最是车中客，和瑶词、欲寄知音。倩谁寻．画里关山，一片愁深。”

钮琇《觚剩》卷四《燕觚》：邮亭旅舍，好事者往往赝为巾帼之语，书以媚笔，以资过客传诵。多不足信。沈公子二闻夜宿垛庄，所见延平女子题壁诗，骑尘未远，墨痕犹新。小记短章，凄惋可诵。惜其依违寡断，阅者不无夫人少商量之叹也。序云：“妾闽峤名家，延平着姓。十三织素，在家赋娇女之诗；二八结褵，新妇获参军之配。何异莫愁南国，得嫁阿侯！庶几弄玉秦楼，相逢箫史。方调琴瑟，顿起干戈。夫死于兵，妾乃被掠。含羞辞故里，魂销剑浦之津；掩而强登舆，肠断西陵之路。兹当北上，永隔南天。爰题驿舍数言，聊破愁城百叠。嗟乎！昔年熏香染翰，粉印青编；今日滴血濡毫，绡封红泪。秋坟鬼唱，哀似峡猿三两声；青冢魂归，恨拟《胡笳十八拍》。”诗云：“野烧猎猎北风哀，细马毡车去不回。紫玉青陵帐已矣，泉台当有望乡台。那堪驿舍又黄昏，桦烛三条照泪痕。想象延津沉故剑，相期青冢一归魂。昨夜严亲入梦来，教儿忍死暂徘徊。曹瞒死后交情薄，谁把文姬赎得回？不道临时死亦难，强为欢笑泪偷弹。同行女伴新梳裹，皂帕蒙头压绣鞍。"后书"庚申季秋，延平张氏题于沂水县垛庄驿舍。"

王蕴章《然脂余韵》卷四：庚申为康熙十九年。此序及诗悱恻哀怨，特不能无夫人于此少商量之叹耳！

徐釚《本事诗》卷十二：吴汉槎兆骞惊才绝艳，数奇沦落，万里投荒。驱车北上时，尝托名金陵女子王倩娘，题诗驿壁，以自寓哀怨云："忆昔雕窗锁玉人，盘龙明镜画眉新。如今流落关山道，红粉空娇塞上春。""毡帐沉沉夜气寒，满庭霜月浸栏干。明朝又向渔阳去，白草黄云马上看。"情词凄断，两河三辅间多有和者。故计改亭《甫草诗》云："最是倩娘题壁句，吴郎绝塞不胜情。"

## 查嗣庭女蕙纕

王应奎《柳南随笔》卷四：海昌查某以诽谤朝廷，身罹国法，其女亦徙边塞。女故工诗，途次题驿壁云："薄命飞花水上游，翠蛾双锁对沙鸥。塞垣草没三韩路，野戍风凄六月秋。渤海频潮思母泪，连山不断背乡愁。伤心漫谱琵琶怨，罗袖香消土满头。"吾友汪西京沈琇尝次其韵云：'弱息怜教绝域游，魂飞何只似惊鸥。覆巢卵在漂流际，薄命人丁琐尾秋。绮阁低迷空昔梦，边笳凄切咽新愁。伶仃历尽崎岖苦，任尔青春也白头。"

景星杓《山斋客谭》：陈千顷，汉儿也。后仕浙东遂昌、福建尤诏二邑，没于任。尝经山右灵石县义棠桥，店壁有秦女子题一绝云："零鬓风鬟乱晓妆，孤星淡月影微茫。自怜薄命同秋草，胡马鞍头困海棠。"盖一武夫之妾也。

袁枚《随园诗话》卷十四：永安寺壁上有梅田女史题诗云："灵妃

齐驾玉龙回，留得清阴满绿苔。来岁春风一相待，囊琴便约懒仙来。”所云懒仙，不知何人。

马位《秋窗随笔》：曾于涿州旅舍，见土壁上闺秀题诗，笔法纤媚，有“静锁春风燕子楼”句，惜不记其全首。

林昌彝《射鹰楼诗话》卷十五：谢甸男广文，震。《富庄驿书蜀女鹃红题壁诗后》云：“一曲鹃啼不可听，红颜飘泊寄零丁。慈帏漫冀生无恙，破镜终期合有灵。夜雨魂归秦栈黑，春风恨入蓟门青。金焦他日休西望，沱水南来尚血腥。”

又，卷二十：东芗吴兰雪先生绝句，神韵不减渔洋山人。嘉庆六年，富庄驿有蜀中女史鹃红《题壁诗》六首，赵君野航见而和之，且为谱《鹃红记》院本八出，属题其后云：“故乡遥隔马嵬坡，兵火飘零奈汝何？题到小名知是谶，万行红泪子规多。杜宇声中夜月高，十分哀怨寄檀槽。倚声曾似西泠女，白昼青衫诵楚骚。”

王蕴章《然脂余韵》卷一：《四川通志》云：鹃红不知何姓氏，于富庄驿题壁，自署蜀女。有序云：“妾生于剑外，死别刀环锋镝之余，全家失所，慈亲信绝，夫婿音讹。依于所亲，挈至蓟州，遂偕南下。妾意稍迟玉碎，犹冀珠还，期秋扇之重圆，愿春晖之永驻。流离数月，甫达此间。嗟乎，陌头杨柳，总是离愁；门外枇杷，都非乡景。望齐门而泣下，思蜀道以魂归。阿鹃阿鹃，生何如死？扶病夜起，勉书数绝。邮尘信宿，便入江南，当是薄命人断送处也。”诗云：“万里飘零百劫哀，青衣江上别家来。朝云暮雨番番看，一路山眉扫不开。深闺一命弱于丝，金鼓声中怯几时。妾恨也同花蕊恨，阿谁马上是男儿。阿元音书隔故关，儿身除有梦飞还。年年手濯江边锦，不觳人间拭泪斑。藁砧望断路盈盈，敲罢金钗忆定情。妾自马嵬坡下住，此生只待卜他生。小婢娇痴代理装，穷途怕检女儿箱。儿时爱谱江南好，怕到江南已断肠。雾鬓风鬟一段魂，喘丝扶住几黄昏。残灯背写伤心句，界乱啼痕与粉痕。”按，常州陆祁孙《崇百药斋诗集》中有三绝句，序云：“辛酉正月，偕刘大嗣绾、洪大饴孙宿富庄驿。寒夜被酒，戏联句成六绝，题壁上，署曰‘蜀中女子鹃红’。已而传和遍于京师。两君戒余勿言。顷来平梁，有王秀才埒以行卷来质，则悲鹃红诗在焉。既为失笑，而死生今昔之感，不能无怆于怀。书此寄刘大都中，并邀同作。”诗中自注：“曩题壁诗有‘年年手濯江边锦，不彀人间拭泪斑’等句。”则鹃红身世，无待更考。前辈风流，可称雅谑。又吴兰雪《香苏山馆集》亦有绝句四首，序云：“嘉庆六年，富庄驿有蜀中女史鹃红题壁诗六首。赵君野航见而和之，且为谱《鹃红记》院本八出，属题其后。”然则野航之痴，更甚于平梁王秀才矣！附记于此，以佐谐笑，且使后之读鹃红诗者，不至有扑朔迷离之感也。

袁枚《随园诗话补遗》卷五：戊戌仲春，西泠女子小卿同妹右卿将之楚，再遇皖江，泊大观亭下。小卿登亭赋诗；右卿病，不克偕，倚枕而和，录稿于亭壁。至今十余年，不知何家闺秀。小卿云：“入楚才逢此壮观，春云树杪见朱栏。空亭啼鸟山花早，古殿无人暮雨寒。正苦浮家吊湘水，那能分泪寄长安？时兄官关中。小乔况复愁欹枕，每到登临放眼难。”右卿云：“晚泊蓬莱江上寒，高亭烟树雨初残。今朝万壑云中见，昨日孤舟天际看。小病支离空怅望，何时风月倚阑干？片帆西去重回首，寄语青山兴未阑。”鲁星村过而和云：“空亭游览寻常事，不意香闺有二难。”

陈文述《颐道堂诗选》卷七《大观亭和壁间西泠女子小卿右卿韵》：“如此登临洵大观，万重山翠拥朱阑。西来远树横江出，东下归潮带雨寒。静夜龙吟声激楚，遥天雁字写平安。十年踏遍黄尘路，宦海名场一例难。多恐春阴拂袖寒，扁舟小泊百花残。独游何处凭栏咏，扶病应怜倚枕看。绿水浮家新驿路，青山回首旧江干。怀乡我亦西泠客，一抹湘霞梦未阑。”附录：“入楚才逢此壮观，春云树杪见朱栏。空亭啼鸟山花早，古殿无人暮雨寒。正苦浮家吊湘水，那能分泪寄长安？时兄宦闽中。小乔况复愁欹枕，每到登临放眼难。”右小卿作。“晚泊蓬莱江上寒，高亭烟树雨初残。今朝万壑云中见，昨日孤舟天际看。小病支离空怅望，何将风月倚阑干？片帆西去重回首，寄语青山兴未阑。”右右卿作。

史承谦《静学斋偶志》卷四：淮北红花铺有女子燕常题壁诗云：“消瘦衹余情一缕，强濡泪墨和新词。天涯才子如怜我，生受旗亭夜读时。”情致凄绝，不知何许人。

姚元之《竹叶亭杂记》卷六：江西临川驿壁间，有女子题诗云：“无端驱马向南天，回首吴山隔暮烟。一点乡心飞雁外，五更归梦落灯前。晓风残月三千里，水绿苹香二十年。愁绝明朝听杜宇，又随芳草过临川。”清俊绮丽，书法亦明秀，一时传颂。款署曰“姑苏女史虞桐凤”。群以不知其人为惜。余亦初爱其句。家辰沅观察莲溪先生兴洁能诗赋，引见入都，为诵之。先生笑而不言，后乃知即所作也。书者为同邑顾含章坤。顾书学董，以秀媚胜，兹特效女子用笔，加柔妩焉。先生以桐城人侨居姑苏，时官凤凰厅司马，撮合恰如女子之名。虞姓乃隐姚氏也。可知凡驿壁旅店女子题诗，如“镶红旗下说明珠”之类，皆文人一时游戏，嫁名为之耳。未可信为真也。

天汉浮槎散人《秋坪新语》卷五：乾隆乙酉，天津有妇人携一幼女，行乞于市。年三十许，衣甚褴褛，而举止娴雅，有大家风。其女约五六岁，亦娟洁。人叩其姓氏、里居，不肯言，但眉痕惨黛，泪落连珠而已。久之，题一绝句子城南门上，不知所往。一时和者甚众。诗曰：“滴滴青衫湿溜痕，不堪回首旧朱门。相将剩有伶仃女，行过前村复后村。”读者悲之，卒莫知其为何如人。

天汉浮槎散人《秋坪新语》卷五：甲申道过任丘，偶止逆旅。壁有次韵七律一章，后署名“古虞阮桂堂”，词翰皆有致，和章满壁，无一佳者。访其人，盖妓女，已流徙他所矣。其诗曰：“敢言妾貌可倾城，北里烟花旧有名。客路未逢荀奉倩，人间空羡董双成。眉开新月帘前见，脸晕朝霞镜里生。自分此身浑是絮，陌头□□阙漫多情。”又传其《春夜雨有感》一律：“春雨廉纤入夜多，丝丝点点奈人何？东风不为吹愁绪，南浦空教长恨波。隔个窗儿胜璚句，垂将帘子阿灰歌。等闲聚上眉峰碧，泪影涔涔蹙黛蛾。”情韵楚楚，尤可怜人。

《娄水琴人集》庚集：萧揆《梁园唱和集·鹃啼曲》：北平冯圣世，以事至岭南，宿南雄旅店。壁间有诗云：“金能买妾谁为俑，流毒蛾眉直到今。贱等青衣遭妒辱，瘦同黄叶又霜侵。魂消枕上鹃啼梦，胆落尊前狮吼音。一自昆仑翻案后，并无豪杰具婆心。自临春水唤卿卿，千古伤心疗妒羹。伊有诗词留断简，我余衾影吊寒檠。朝飞血泪梅花赤，夜数苔斑蝶梦惊。薄命小青原一派，可怜无地觅仓庚。”自注云：“妾姑苏薛印江之女也，卖身江右，逐官岭南。偶值归途，漫吟哀怨，因粉壁留数行之血，或英雄生一线之怜。破壁有期，衔环无尽。”事载冯所著《杂录》中，距今将三十年。余于容堂寓斋翻故帙，见而哀之，赋《鹃啼曲》一章：“梅花染血泪，有鸟名杜鹃。飞飞岭南去，翡鸣如急弦。自言少小时，栖宿吴山巅。饮啄了不惊，毛羽光新鲜。一朝鸩为媒，送到浔阳边。箫吹凤凰曲，名写鸳鸯笺。凤凰自有侣，鸳鸯自有缘。老雌占故雄，鹃也如赘悬。双双翼谁比，命命情徒牵。鸱鸮为巧妇，搏击伸鹘拳。杜鹃安所望，望归眼欲穿。相牵逾岭粤，飞落南雄川。孤蝶不成梦，孤鸿不成眠。临水欲跕跕，照月空娟娟。夜深堕血泪，泪洒孤驿前。行行皆鸟篆，字字如蝉联。上言妾薄命，下言想夫怜。仓庚恐妄语，出笼求方便。世界多缺陷，我欲问金仙。云何有情人，误入离恨天。东南飞孔雀，曾闻乐府篇。我为歌此曲，四座应凄然。”

顾王霖《五是堂诗集》卷七《鹃啼曲》：序。三韩冯拙圃先生以事至岭南，过南雄，宿旅店。店壁有诗云：“金能买妾谁为俑，流毒蛾眉直到今。贱等青衣遭妒辱，瘦同黄叶又霜侵。魂消枕上鹃啼梦，胆落尊前狮吼音。一自昆仑翻案后，并无豪杰具婆心。自临春水唤卿卿，千古伤心疗妒羹。伊有诗词留断简，我余衾影吊寒檠。朝飞血泪梅花赤，夜数苔斑蝶梦惊。薄命小青原一派，可怜无地觅仓庚。”其自注云：“妾姑苏薛印江之女也，卖身江右，逐宦岭南。偶值归途，漫吟哀怨，因粉壁留数行之血，或英雄生一线之怜。破壁有期，衔环无尽。”事载冯所著《杂录》中。距今三十余年。百堂翻故帙，见而哀之，作《鹃啼曲》一章，属予和焉：“杜宇一声归不得，美人肠断无颜色。乡壁流传懊恨词，夭斜字迹行人识。门户犹夸薛夜来，浣花溪上女郎才。蜂媒蝶使间相引，水驿山程去不回。门前记得西江水，珠帘十二高楼起。笃耨香烧燕莒炉，合欢花绣鸳鸯被。山海分明订誓盟，河东蓦地吼狮声。停杯莫进消愁酒，入馔先调疗妒羹。檀郎犹复怜眉妩，背地柔情互相吐。帐后虚惊霹雳车，当头忽见胭脂虎。惨黛妖红满面愁，葳蕤深锁绿窗幽。凄凉秋雨梧桐院，寂寞春风燕子楼。含情含恨眉难语，龙绡拭泪浑如雨。玉镜台空鸾影孤，蓝桥路断银河阻。全家眷属向羊城，山下蘼芜照眼青。血泪已拼凝垩壁，墨花犹自洒离亭。几载炎洲容我住，微词常触夫人怒。嫠面慵簪茉莉花，空闺独对桄榔树。欲把归心托岭云，谁知妒妇有迷津。可怜待命笼中鸟，化作鹃啼到处闻。天涯远宦冯唐老，摩挲旅壁将尘扫。薄命哀歌读未终，赫蹄故纸书成稿。好事萧郎写艳思，重将旧恨补新词。当筵试唱鹃啼曲，愁绝吴娃年少时。”

原作，同里萧揆百堂：“梅花染红泪，有鸟名杜鹃。飞飞岭南去，哀鸣如急弦。自言少小时，栖宿吴山巅。圆吭比莺滑，毛羽如花妍。一朝鸩为媒，乃到浔阳边。箫吹凤皇曲，名写鸳鸯笺。凤皇自有侣，鸳鸯自有缘。空随岭表去，又过南雄川。孤蝶不成梦，孤燕难安眠。临水欲跕跕，照月空娟娟。自将羁雌泪，洒向孤驿前。行行皆鸟篆，字字如蝉联。上言妾薄命，下言夫相怜。不求仓庚疗，但期出笼年。东南飞孔雀，昔闻乐府篇。我为歌此曲，四座应凄然。”

同作，同里萧抡子山：“乘鸾爱双栖，嫁鸡住一处。万物有匹俦，啼鹃何独苦。细听鹃啼声，似把生平诉。少小住吴门，阿母能将护。花前鬓影娇，月下箫声度。只知春色浓，不怨秋光暮。何物是金钱，能使红颜误。鸩鸟一为媒，漂泊同飞絮。周姥自撰诗，仓庚疗无据。可怜鸳与鸯，有情空相慕。可怜鹊与鸠，有巢不同住。携我江右来，又向岭南去。云深万树梅，瘴黑千山雾。古驿南雄川，乡梦苏台路。开笼放白鹇，不望主人恕。决网出冤禽，庶蒙豪士顾。以此杜宇情，写入薛涛句。句自粉垣题，曲更灯前赋。愿比乌夜啼，新声乐府附。”

《娄水琴人集》癸集《捃逸》卷四：萧师度《鹃啼曲》：“朝栖郁金堂，暮宿桄榔树。鹃梦远迷离，望断江南路。江南路迢迢，南雄去更遥。此际星看嘒，此时魂暗销。魂销那可说，星小愁欲绝。岭上多梅花，多染鹃啼血。鹃啼日以哀，鹦笼谁能开？谅无昆仑侠，携出薛夜来。夜来悲薄命，偷把新诗咏。愿作乌夜啼，庶动行人听。听者尚凄凉，啼者定断肠。鸳鸯七十二，何处不飞翔？飞翔空复羡，吴云望难见。古驿一灯昏，乡梦回时倦。啼罢泪沾衣，霜风助惨凄。仓庚苦难觅，何日得双栖？”

陈文述《颐道堂诗选》卷十三《鹃啼曲》：娄东萧百堂《鹃啼曲》序云：“北平冯圣世以事至岭南，过南雄，宿旅店。壁间有诗云：‘金能买妾谁为俑，流毒蛾眉直至今。贱等青衣遭妒辱，瘦同黄叶又霜侵。魂消枕上鹃啼梦，胆落尊前狮吼音。一自昆仑翻案后，更无豪杰具婆心。自临春水唤卿卿，千古伤心疗妒羹。伊有诗词留断简，我余衾影吊寒檠。朝飞血泪梅花赤，夜数苔斑蝶梦惊。薄命小青原一派，可怜无地觅仓庚。'末云:'妾姑苏薛印江女也,卖身江右,逐宦岭南。偶值归途,漫吟哀怨。因粉壁留数行之血,或英雄生一线之怜。破壁有期,衔环无尽。"事载冯所著《杂记》。偶于友人斋中翻故帙,见而哀之,赋《鹃啼曲》以记其事。"余于令弟樊村案头见此作,因继声焉:"梦回薛荔烟,泪湿桄榔雨。纸上起秋声,如听鹃啼苦。鹃啼复鹃啼,章江日又西。前程赵王苑,故里白公堤。七里山塘路,飞燕单栖处。薛曲傍横塘,门前乌柏树。何物是黄金,能移阿母心。吴云千叠远,岭树万重深。鹣鹣长比翼,鸳鸯亦作匹。底事泣青衣,么弦弹锦瑟。覆水本难收,江波日夜流。鹃声啼不住,残月下西楼。"

周有声《东冈诗剩》卷二《渡漳河次丰乐镇书壁间女子诗后》:"西陵回首白杨枝,铜雀荒凉暮角吹。衰草黄沙无限恨,断肠还赋洛神词。濡墨淋漓渍泪痕,比红哀怨竟谁论。知君亦是伤心者,不独青衫叹轭軘。回雪惊鸿比似无,秦家好女是罗敷。不知碧海三山客,消得人间几斛珠?佩环何处杳云烟,知在蓬瑶第几天。欲向风尘问词客,橘潭湘浦更茫然。"

钱泳《履园丛话》卷二十四《杂记下》:毕秋帆先生购得朱长文乐圃,不过千金。没后未几,有旨抄其家产。园已造为家庙,例不入官。一家眷属尽居圃中,近亦荒废不治,无有过之者。有女史胡智珠题壁一绝云:"清池峭石古亭台,深锁园扉昼不开。此日恰逢摇落后,花时悔我未曾来。"

又:国初王文简公尝为扬州推官,提倡风雅,极一时之盛。后卢雅雨先生为两淮转运使,在平山堂筱园筑三贤祠,以欧、苏两文忠配以文简。四方游客,每来谒祠。辄有议论,以文简尚不称与欧、苏同祀也。近复移三贤祠于桃花庵,又以汀州伊墨卿太守附入为四贤者。嘉庆己卯六月,有莲因女史过祠下,题壁云:"谁人于此祀三贤,风雅骚坛有后先。堪笑扬州花月地,不知水部与樊川。"语中带刺,颇见心思。

戴璐《藤阴杂记》卷十二：庚辰春，游直隶学幕，驻窦店，见壁上有女子新题六绝，墨渖犹新，然多不可辨，仅识其一云："极目萧萧易水声，一腔幽恨最难平。燕丹已是无家别，枉指归期马角生。"秋杪回京，壁已重粉，诗则默志不忘。后述之汪讱庵郎中，亟选入《撷芳集》并《水曹清暇录》中。

梁绍壬《两般秋雨庵随笔》卷四：先大父己丑出京，过三家店，见壁间题五绝句云："十载长安簇泪痕，几将心事托朱门。非关老大无车马，自恋三生旧石魂。回文织锦苎萝纱，底道天津是妾家。红豆落时郎有意，为侬飞雨洗残花。休将颜色共人争，莫问章台旧日名。从此铅华冰雪净，幸随司马老长卿、地北天南有尽头，离魂愁垒望中收。纵教尘污花纱绣，不数飞英逐水流。同云缥缈朔风高，脱尽烟花梦自遥。怕投天津桥上月，多情惟有广陵潮。"下署"天津薄命女左手书"大父和诗云："古墙尘网笔踪昏，无限芳情动旅魂。人事左来书亦左，留将右手拭啼痕。"

宋咸熙《耐冷谭》卷三：辛未在都，偕费兰舟国博、徐旭海、劳如斋两明府，登黑窑厂，至陶然亭，壁间有女士诗，署"湘湄"二字，不知为何处人。诗极风雅可诵，录归藏箧衍。倏已十五六年，今偶检得，钞入是编，与此诗亦殆有前缘也。诗云："行尽阑干九曲湾，箨龙惊起扑双鬟。故乡亦有千竿竹，侍婢卖珠还未还。如此登临亦快哉，惜无人与酌新醅。多情只有亭前柳，绾住秋心不放开。欲驻颜光药未灵，鬓边减却旧时青。闺中已醒封侯梦，怪煞车轮不肯停。拼造沧江一叶舟，自摇柔橹自闲游。生来不及鸳鸯福，秋水芦花共白头。"

谢元淮《养默山房诗稿》卷二十《南皋店感滑县女子章莲宝事》：

嘉庆十八年滑县之难，女子章莲宝美而才，陷贼中。城破，为官兵所得。题诗南皋店，以寄悲愤，冀破镜之重圆也。其夫郑俊卿访寻，见诗大恸，和韵亦留壁。阅者哀之，为赋二绝句。“谁教城邑陷穷奇，乱定翻遗妇女悲。破镜重圆应有日，黄金只要赎蛾眉。全节尤难在守身，千秋名教有完人。休将大义绳儿女，佳传何当恕二臣。”

陆长春《香饮楼宾谈》卷一：嘉庆甲戌，江浙大旱，饥民载道。有女丐至湖州，题诗寺壁云：“萧萧湖地此经过，苦为年荒受折磨。踏破绣鞋埋雨径，吹残云鬓入风窝。沿门乞食推恩少，仰面求人忍辱多。欲赋归兮归不得，夕阳回首泪滂沱。”

玉梅词隐《说部撷华》卷五引《花笑庼杂笔》：曩传成都施粥，有丐妇题诗于壁云：“弹铗惭非彼丈夫，计穷井冷思模糊。已云不食连朝夕，难弃余生薄舅姑。破纸羞遮愁面目，饥儿啼曳敝衣襦。同人拥挤谁怜拙，饘粥怀兹德一盂。”又相传洛阳旅店有女史二人题壁诗，款作“琴仙、素馨”，莫知名氏也。琴仙诗云：“何曾有梦到天涯，十二巫山锁妾家。一线寒光收晓月，半窗香雪落梅花。冰肌乍减凉偏觉，睡眼才开泪便遮。愁压锦茵眠不稳，起来强理鬓儿斜。”素馨次韵云：“乍经飘泊即天涯，似妾偏愁更有家。万种依人轻若絮，一生薄命蹇于花。三千弱水迢迢隔，十二巫山面面遮。惆怅鸰鹏何处觅，背人偷拭泪横斜。”又传有沈香铺女史黄湘蓉题壁诗：“腊日将残岁渐新，行权青帝为谁春。无情柳眼偏窥我，得意梅花欲傲人。自惜纤腰今更瘦，可怜幻梦屡疑真。晓来收拾妆初罢，强画双蛾半未匀。”余昔游蜀，同人颇艳诵之。

孙兆淮《片玉山房花笺录》卷十二《闺秀》：石河旅店有琴仙、素馨两女郎题壁二律，和者甚众。琴仙诗云：“何曾有梦到天涯，十二巫山锁妾家。一线寒光收晓月，半窗香雪落梅花。冰肌乍减凉偏觉，睡眼才开泪便遮。愁压锦茵眠不稳，起来强理鬓儿斜。"素竟句云："但教飘泊即天涯，似妾何曾更有家。万种依人轻若絮，一生薄命蹇于花。三千弱水条条隔，十二巫山面面遮。惆怅鸧羹何处觅，背人偷拭泪横斜。"余有和作云："因缘翰墨遇天涯，黄绢新词属谢家。但看仙才清似水，可知卿貌胜如花。不堪娇小风尘走，底事情痴泪眼遮。我亦东西飘泊者，青衫检点旧痕斜。"素馨有"惆怅鸧羹"之句，似是小青一流人物，重步一律云："此恨绵绵未有涯，院庭深锁在谁家。芳情如许同飞絮，愁绪无聊怨落花。秋水伊人明月共，巫山神女暮云遮。鸧羹未必能医妒，痴立垂杨日影斜。"

又吴江绣林女史和琴仙原韵，嘱辛田主人代书于壁云："梦到天涯与水涯，姑苏台下忆侬家。依依共折桥边柳，缓缓同寻陌上花。乡味久怀云子滑，晚烟昨把月儿遮。从今共棹吴江里，不畏崤函石径斜。"

孙兆溎《片玉山房花笺录》卷十二《闺秀》：古吴杨云裳女史题壁诗云："深闺不惯涉风尘，才过山村又水滨。对镜自怜痴婢立，却言侬貌愈鲜新。侬犹作客到天涯，何怪征人远忆家。但愿世间车马息，莫辜秋月与春花。"

又："红颜忍使扑黄尘，回首伤离灞水滨。姊妹闺中应屈指，有人愁织柳条新。双飞燕燕共天涯，忍学吴侬惯忆家。莫笑钿车忙不住，同登庾岭看梅花。"丁亥四月，随夫子之任粤东，和杨云裳女史原韵。江右徐蠹窗女史漫笔。蠹窗，费子旉原配。

孙兆溎《片玉山房花笺录》卷十二《闺秀》："客子题墙感故秋，道途说尽故园愁。青云得路身安乐，可有功夫忆陌头。浮踪未敢拜蝉娟，新月穿窗怪影圆。谁道清光千里共，可能寄语问吴天。"金台女史徐宝华和壁间韵，以寄恨怀，时年二十二，道光三年并志。诗虽不工，味其语意，似有难言之隐。不知何人淑配也？同时又有苏堤女史慧珠题壁云："隆隆车响扑沙堤，晓露侵衣滑马蹄。悔嫁金龟好夫婿，安门不及饼家妻。"

孙兆溎《片玉山房花笺录》卷十二《闺秀》：铜城驿有女郎络珠题壁诗云："千点杨花碾路尘，生来游冶不知春。从今省得魂归处，揉碎心肠结可人。拼守春风十载余，旧愁新恨两消除。杜郎重过东山道，怜取吴儿是络珠。生不相逢死不休，可知红泪咽心头。凭谁为我埋香骨，静锁春风燕子楼。劈头新句费寻思，应向章台折一枝。今夜妾来君已去，误人偏是落花时。"一何幽怨至此？令人不堪卒读。

袁翼《邃怀堂诗集前编》卷五：道光甲午九月十八日，宿东滩店，见店壁上有小红女史绝句，字迹颇秀，殆女子有才色而沦落风尘者。后有山阴二泉女史随宦出都，宿此和韵，讥其诗意不庄，自怜而实自炫，惋惜良深。余亦为之怃然。是夕风雨交作，辗转不寐，因次其韵，书三绝于壁："历遍山陬取水涯，漂零红粉已无家。江东昭谏重来此，一恸人间薄命花。黄金欲赎意无涯，柳絮清才属谢家。安得秋娘为侍女，夫人门下学簪花。蛾眉若个访天涯，抱病南归可到家。恐是吴郎题驿壁，倩娘两字镜中花。"

潘曾沂《功甫小集》卷一《春日杂感》二首之二："黑窑厂路旧停车，一角孤亭带暮霞。酒客心情携菊叶，美人愁绪到芦花。陶然亭壁间，有陆素秋诗，今但记其'不与芦花共白头'之句。知交契阔今三载，县令风流有几家。想得苕溪明月夜，梅花压雪数株斜。谓姚大令樟。"

郭沛霖《日知堂笔记》卷下：庚戌四月十五日，过宿迁北关外，又数里过运河，河干即大顺集，饭焉。见题诗满壁，有西泠女史二绝云："无复幽闺时样妆，合教铃语唤郎当。垂帘不是防人见，如此风波未惯尝。山程水驿总离家，才罢舟行又上车。却忆邻家诸姊妹，湖头何日看梅花。”跋为“庚戌二月，西泠女史题”。和诗无可采者。

同治《续纂扬州府志》卷二十四《杂志》：陈女瑞云，随母赵氏居立贞堂。咸丰三年，贼至，赵氏缢死。瑞云痛之，题诗于壁云：“邯郸一枕已朦胧，回首人间总是空。好月好花皆幻境，全名全节是英雄。灵萱勉侍精神瘁，岩竹完贞志愿终。盛世承平应有待，何如撒手付东风？”《扬城殉难续录》。

郑锡祺《零金碎玉》卷二：灌阳女子王莲侬，幼字同邑姬生。姬故文士，因贫出游，日久未归。其母悔盟，鬻于秦贾。道经中江，题诗于壁云：“征鞍欲上泣无声，意里连环绾不成。此去死生悲异路，他年魂梦逐归程。琶琵有怨嗟鸳侣，翡翠无温听雁更。试问天涯久游客，黄金何日赎残生？”

## 倪世珍《雪鸿偶钞》卷一

### 众兴集

乙巳桂秋，出都省母。孤灯只影，小别王郎，虽良会之匪遥，奈离怀之如许。中秋之夕，旅宿于兹，望月怀人，感而成赋。　锡山女史金佩秋

碧落高寒笑拍肩，西风肠断别离天。孤花易负三春好，明月还期再度圆。青鸟有心空缱绻，红蚕无力倍缠绵。腰支瘦尽何人觉，说与郎君定也怜。伶俜弱质上雕鞍，瑟瑟秋风压鬓寒。驿路三更寻梦易，蛮笺十幅寄情难。眉痕似黛凭谁画，烛泪成堆替不干。小别经年如织女，银河缥缈几回看。

阴平　临汝女士花娟卿

远随夫婿宦京华，猎猎西风扑鬓鸦。忽忆故园春色好，新红初上小桃花。

临城驿　女史阮芷孚

轻谪尘寰暗自怜，误依幻梦小游仙。如弓明月初三夜，似箭春风十五年。屋纵黄金伤不偶，玉终白璧叹难全。无端嫁作商人妇，絮泊萍飘水驿边。怕泛鄱阳浪里船，何如此次到秦川。心惊路远三千里，命薄身随十万钱。恨不疏顽同白腹，悔曾闺阁理丹铅。比他花蕊夫人苦，旅壁聊当镜面笺。史维扬人，少伴读李猗香夫人。夫人随任，史不能从，依母家。母贫，鬻于秦中贾人。贾人年六十余，目不识丁。史伤非偶，作诗摅恨。戴熙记。

午前館滕县北栅，见壁间题句，因用其韵，成两绝句。补书于此，癸丑冬月廿六日　女史绛莲

兰叶苹枝水一涯，青溪溪畔忆儿家。自从不打秋风桨，闲煞鸳鸯白浪花。

绮愁锦思两无涯，屈指残年可到家。不敢怨他风雪紧，冻苔多勒数分花。

兰陵倦客①

车轮诘屈又天涯，艾叶蒲香苦忆家。差喜野田新雨后，瓜棚随意作黄花。

## 又卷二

翟家庄　女史韩若

颠风一夜响檐铃，旅驿霜浓冷不扃。乡国书遥频入梦，长宵酒薄易为醒。寒灯碧孕花千粟，兽炭红添火几星。最是五更天欲雪，新妆重理上银軿。

## 又卷三

齐河县　金陵女史刘萼仙

---

① 此诗无题，“兰陵倦客”为女子之号。

梦回刚酒醒，鸡唱一声尖。灯影红留壁，霜华白染檐。迷离乡思远，寒暖世情兼。又听催登道，匆匆启镜奁。

苦水铺

妾避红巾之乱，往寻仲楷于都，抵京潜访，知已买妾，随某大尹赴洛阳幕矣。返舆南行，过此漫题。　金陵女史采英

南朝金粉认儿家，忽逐征鸿听暮笳。千里行踪飞柳絮，三年别泪洒桃花。题成红叶词犹丽，吟到白头愿未差。此去洛阳应不误，渔郎方恋武陵霞。宝马空劳向北平，笋舆南指步山程。赏花携得新俦侣，拜月抛残旧誓盟。妾似藕丝牵不断，郎如萍水去无情。镜中得睹双鸾影，敢对东风有怨声。

右诗为采英女史所作。其夫为蔡仲楷孝廉，仆曾晤于许昌道中，廉知此事极详，为补一序　王达源

采英幼依大母，家傍小姑。射孔雀之屏，郎才凤吐；合鸳鸯之梦，妾貌鸿庄。因诏试于燕京，遂歌成夫骊曲。柳折河桥之绿，玉笛传声；花探阆苑之红，金钱问卜。别虽久而有梦，期已订而未归。突来西粤豺狼，莺花零落；遂使南朝士女，冠盖分驰。异无价之绿珠，空坠西楼之粉；等有郎之碧玉，盼穿北塞之云。茅店闻鸡，误听箫吹；彩凤乱山，如马错疑。郎系青骢，向凤阙以遄征；妾意已随轮转，到燕台而税驾。郎情可比水深，剧怜万里寻君。空余落月，闻道千金买妾。也唤朝云，妾名玉云。杜少陵笔墨生涯；长辞北阙，梅县尉神仙眷属。辇至西京，岂真红粉怜才？莲愿开夫并蒂，果是青衫薄幸，带莫绾夫同心？如为解语之花，好植宜男之草。尔无相妒，我见犹怜。妾本冰如，再过大清之水；郎同石转，请看无定之河。任教水复山重，应许玉鞭飞渡。纵使鸾飘凤泊，终当金镜重圆。驿路蝉鸣，都是懊侬之曲；芳林蝶舞，谁怜委地之花？偕征燕而南飞，遂涂鸦于东壁。爰作抛砖之句，敢云唾玉之词。

富庄驿　女史茗卿

生小京华十七春，那知行路剧艰辛。蜀江水碧滇云白，换得征衣

万斛尘。

河间二十里铺　女史黄伴兰

长途征鞍响如雷，扑面黄埃眼倦开。羡煞故园诸女伴，柳阴深处刺船来。

## 又卷四

邯郸县

妾籍隶钱塘，系本天水。家风清白，生来诗礼之门；命运苍黄，误入烟花之队。诗工咏絮，扫眉着才子之名；貌颇羞花，捧心效施家之媚。箜篌学就，群惊舌底春莺；柘枝习成，共羡掌中飞燕。忽遇潇湘名士，一笑情钟，原教松柏同心，三生约订。无奈相如壁立，阮籍囊空，难留买笑之金，早罄缠头之费。遂使咸阳大贾，携去绿珠，可怜京洛书生，莫投红拂。琵琶别抱，乃是茶商；蒹葭何知，竟倚玉树？昨随狂夫南贸，今又驱车北征。劳碌风尘，销磨粉黛。自恨杨花无力，随波化作青萍；堪嗟莲子苦心，此念可盟白水。日来眼泪洗面，谁悲小草黄瓜？时缘情绪断肠，洒尽相思红豆。今生已矣，重结再生之缘；旧恨何如，且题长恨之曲。　钱塘赵云翼

廿年零落在天涯，嫁得商人不恋家。顾影自怜鸡队鹤，伤心竟作凤随鸦。良媒空忆昆仑仆，侠士难逢古押衙。一种幽怀谁省识，羞花风貌命如花。

粤西李师山

琵琶别抱恨无涯，浙水迢迢不见家。金井梧飘终误凤，白门柳老不藏鸦。诉愁旧燕难寻垒，采艳游蜂竞散衙。不遇江州司马客，更谁沦落惜名花？

黄钧宰《金壶浪墨》卷六附《北行日记》七则，《题壁诗》条云：沿途题壁诗甚多，而佳者绝少。惟同城驿云："东阿道上春风天，杨花片片飞作绵。行人尽日向村坞，马头尘起如飞烟。数家茅屋山前路，墙头

旧有题诗处。满树桃花不见人，流莺啼罢还飞去。”语亦犹人，而丰神秀倩。新店笘香女史云：“雪满征鞍沙满衣，北风吹粟上冰肌。侍儿莫道寒威苦，犹胜空庭倚竹时。”腰站二首之一云：“鸡声喔喔四更余，正是沈酣入梦初。娇女那经行役苦，朦胧扶起上征车。”又甜水铺律句云：“敝裘萧瑟浣尘沙，村酒微醺兴更赊。暗逗春愁堤畔柳，怕撩客绪路旁花。惯尝辛苦翻无病，已分飘零不忆家。别恨离情消不得，年年惆怅独天涯。”署“真州午桥氏题”。

孙枟《余墨偶谈》卷二：曩过滹沱旅店，见壁上有旧凡女史诗四绝，凄惋动人。后仅记其“秦淮一片胭脂水，都是风流酝酿来”之句，其它不复记忆矣。辛未夏五，杨剑潭刺史以四诗邮示，特亟录之。诗云：“十九年华正好春，飘零无奈落风尘。梦中犹认金闺质，低卷珠帘怕见人。生怜薄命向谁论，风月当场泪有痕。笑语温柔心宛转，屈身犹是受人恩。断梗飘蓬剧可怜，画中眉意晚春前。玉堂夫婿神仙眷，多少金闺美少年。手把菱花温自哀，个中沦落几仙才。秦淮一片胭脂水，都是风流酝酿来。”

孙枟《余墨偶谈》卷五：入店先寻壁上诗、前人句也，余颇有是癖，随在物色之。山东李家店旅壁，有吴县女史许麐令芬氏诗，元韵云：“山程风景日荒寒，触拨离情百不堪。除是琅琊城畔柳，依稀一样学江南。晶奁深锁懒梳头，脱却春衫赋独愁。风胫花残官柝急，一衾残月梦苏州。”又槜李杜若香潄芳女史和韵云：“衣褪深闺半臂寒，尘迷凤髻又何堪？五更促起登车客，夜色微茫斗指南。罗衫冷浸月当头，生小痴憨不解愁。异日重逢诸姊妹，细将情绪说皇州。”又挺生和云：“春风泪唾不知寒，卿有奇才我不堪。红烛烧残甘独坐，推敲字字抵双南。玉箫一曲倚楼头，吹去行人无限愁。明月满时江水绿，载将诗句过扬州。”又维扬某某佚其名和云：“曾闻此地十分寒，窃恐孱躯去未堪。夫婿有言频慰藉，宣南风景似江南。征途见雁屡回头，寄语高堂莫漫愁。别后舟车无恙也，儿于重九到沂州。”

孙枟《余墨偶谈续集》卷八：曩于山左道上李家店旅壁，钞录吴县女史许令芬原倡及诸和作，刊于《初编》。余实未知其何如人。及壬申冬返桂林，周畇叔观察以诗函见示，述及端委。始知女史为观察如夫人也。其《赋诗志感》云：“当代风骚重品题，空山萧艾亦无遗。难成苏氏机中锦，敢示孙郎帐下儿。银笔自羞同刻楮，玉台应笑困然脂。牵萝汲瓮贫居久，那有吟情似曩时？”

孙枟《余墨偶谈》卷八：“桃花马上劈吟笺，回首家山路几千。消受软红尘十丈，易阳门外月如烟。”又“朔风吹到满城鸡，铃柝声中月尚低。记得去年今夜梦，梅花香里在辽西。”此钱芷香女史题壁诗也，于易阳旅店见之。

孙枟《余墨偶谈续集》卷四：泉郡客店有女史题壁诗三首，云：“肩舆得得走天涯，一路狂风扑面沙。盼到夕阳投逆旅，银红衫汗换轻纱。晚妆试罢镜奁昏，眉画初三月一痕。行到中庭防客见，教鬟先自掩重门。杨花薄命怨前生，飘泊无端又化萍。听绝鸡声侵晓发，高楼独有梦甜人。”细味诗意，似有风尘之感，而含意未申，尤令人耐味。

孙枟《余墨偶谈》卷六：搭连店旅壁有芙娉女史题诗云：“四千里路还家日，廿一年华绝命时。入户羞称新媳妇，悬梁谁惜女孩儿？身如秋燕都成客，死到春蚕尚有丝。来往词人应堕泪，读侬题壁几行诗。”嗣其兄过此，又题数语于壁云：“芙聘妹子亡后，搜其遗箧，其颔联已易为‘金玦已成千古恨，玉环重订再生期’矣。”

李文泰《海山诗屋诗话》卷四：遂溪新墟店壁有女子题诗，字多剥落，陈子厚太守录之，重粘壁上。诗云：“婵娟□□脱二字国，生小住西家。几折苏台柳，曾看茂苑花。茗香成梦事，蓬转忽天涯。怕对鸾文镜，凋残两鬓鸦。记得连枝折，苍凉十载余。心伤团雪曲，目断大雷书。远道羊舆倦，遥天雁影疏。传闻兵革息，何日返姑胥？”末署云：“小婳生长苏台，幼耽文翰。会遭兵燹，转徙岭南。今日道出雷州，是先兄作令地。抚今思昔，怆然于怀。因赋二章，书之壁上。”大抵苏州才女，不知其谁氏也？

李文泰《海山诗屋诗话》卷八：甲戌五月出都，寓杨村店，见壁上诗云：“长天征雁逐云飞，愁入闺中上鬓丝。万里封侯人未返，陌头又见柳如眉。”跋云：“早尖浦口，和壁间芷香女史诗。一时索笔不得，补书于此。古鄮女史韵荪偶笔。”

李文泰《海山诗屋诗话》卷九：己巳秋，有女子寓那珠尾店，题诗云：“覆水真成永诀时，晓妆无复画蛾眉。多情却被多才误，悔读西厢待月词。临去依依步不前，痴心犹望镜重圆。从今只怨娲皇石，不与人间补恨天。”款落纸如女士，盖寓薄命之意。有才如此，以失德见弃，可惜也。

朱逢甲《雪鸿偶钞》序：又于毕节县之白岩旅壁，见两女史诗皆佳。一为藕香女史，诗云：“鸡声未唱整长鞭，无那愁思满眼前。雪压山头如琢玉，云回人足似冲烟。安舆怎惯蚕丛里，灵榇何堪鸟道边？一步踟蹰千句佛，惟期存没总安然。”款书：“癸巳冬，洪溪藕香女史。”观此诗，殆宦女扶榇过此岩作。白岩高峻险绝，故有“一步踟蹰千句佛”之句也。一为宛温女史，诗云：“半掩湘帘半掩门，晓临池畔对花论。笑鱼亦是多情物，依影非花莫浪吞。”余尝评云：“藕香诗哀而婉，庄而肃，读之恻然敬。宛温诗新隽侧艳，风致自佳。”

王之春《椒生随笔》卷六：嶅阳旅店有白下女士柳眉卿题壁二绝句，云：“飘零薄命恨缘悭，旅馆凄凉百不堪。每忆故园诸姊妹，一灯飞梦到江南。""铅华不御鬓蓬松，消瘦形容镜影中。绿遍垂杨青遍草，教人一路怨东风。"哀艳风流，必非伪托。

邹弢《三借庐赘谈》卷三：毕节县白岩旅壁，见两女史诗。一为藕香女史，诗云："鸡声未唱整归鞭，无那愁思满眼前。雪压山头如琢玉，云回人足似冲烟。安舆怎惯蚕丛里，灵榇何堪鸟道边？一步踟蹰千句佛，惟期存没总安然。"此殆宦女扶榇过此。结句宛是女儿险情事。一为宛温女史，诗云："半掩湘帘半掩门，晓临池畔对花论。笑鱼亦是多情物，依影非花莫浪吞。"华亭朱莲生先生逢甲谓："藕香诗哀而婉，庄而肃，读之恻然敬。宛温则新隽侧艳，风致绝佳。"余谓一则雅颂之音，一乃国风遗韵也。

杨琼《滇中琐记》：普溯旅店题壁二绝，金陵田氏作也。语意凄楚，恻恻动人。诗曰："自恨平生类小青，倚门不敢怨双星。纵无鹦鹉偷传语，犹恐痴鬟背后听。""可怜飘泊叹无家，首似飞蓬泪似麻。莫向西风嗟薄命，海棠原是断肠花。"

孙雄《眉韵楼诗话》卷一"兰陵女子鹃红题壁诗"："苔径无人草自青，深深庭院掩重扃。吴娘日暮秋房冷，夜雨萧萧不可听。""而今孰与话温存，夜夜衾罗渍泪痕。万种相思千种恨，要凭题叶一相闻。""却悔当年不自持，微波宛转许通辞。明珠双寄绸缪意，恰是相逢未嫁时。""不因佻巧谢鸣鸠，鸩鸟无端托蹇修。刚得琴心通一语，相携便上木兰舟。""未能深浅识郎情，为倩烟波打桨迎。但愿郎心怜妾意，肯辞多露畏宵行。""立残风露夜深时，为制春衣织藕丝。未得尽平针线迹，要将辛苦与郎知。""谁料郎情已渐移，别风吹水绉春池。一从打鸭惊鸳后，云鬓无端怨别离。""春闺曾与致缠绵，秋扇如何忽弃捐。不怨郎恩轻似叶，自知妾命薄于烟。""蓉塘驀地起轻雷，瑶想琼情寸寸灰。尚有龙楼侍儿在，可知赤凤为谁来。""杜鹃红尽隔天涯，婴武传言事可疑。便是蛾眉善谣诼，不应虚构十香词。”“回廊独自步莓苔，织锦心情久已灰。况是红颜近蕉萃，容光原让赵阳台。”“飘烟抱月守空船，尚得江州一见怜。一样琵琶呜咽语，向谁哀怨诉秋弦。”右兰陵女子鹃红题壁诗十二首，曾于何鬯威舍人，震彝。席间见之。鬯威云：“此非真女士之诗，系甘君作客侯门，不见契于府主，托于美人香草，自写其牢骚之意。”余亟询其人姓字，鬯威笑而不答。

瞿园居士《绿天香雪簃诗话》卷一：乙未入都，过津门，见旅邸壁上留题一律，末署“何娘秋暮三宿于此”，诗云：“雁飞已不到衡阳，欲寄音书黯自伤。千里共明关外月，五更独宿塞前霜。夜垂蓉帐嫌衾薄，晓束榴裙讶带长。眼底悠悠沧海梦，难将消息问沙场。”

瞿园居士《绿天香雪簃诗话》卷七：梓潼县旅店壁上书一小诗：“妾貌若桃花，郎心如柳絮。桃花艳有时，柳絮飞何处。”序云：“妾小字蛾眉，金渊人也。十三学绣，情长秋母之丝；二七能史记，诗咏冬郎之句。蛾眉甫画，马足旋催。君思万里之游，妾恨十年之别，一言珍重，两意缠绵。南浦送而孤还，北风趣兮半夜。冷然数语，用留鸿爪之踪；和者万人，请试风毛之笔。”味其词意，殆生长薛涛之乡，有才而多情者也。

瞿园居士《绿天香雪簃诗话》卷八：威县燕郊旅店壁上，有袁听涛题绝句一首。女史名悟香者题其后云：“听涛二字凭谁问，有字无名我转嗔。一自小仓灰烬后，能诗又见姓袁人。”末署“悟香”二字。杨莩甲孝廉书悟香诗后云：“推袁有癖欲同谁，驿馆喧传幼妇辞。半枕黄梁填骥尾，千秋青眼到蛾眉。笼纱满壁知缘重，剪彩招魂入梦迟。不识悟香藏款意，教人愈悟愈寻思。”听涛名国柱，华阴人，官遵化州吏目，并无诗名。受女史之知如此，侥幸之至。

《南亭四话》卷二：前此金陵失守时，秦淮女校书，佚其姓氏，尝作《感怀》四律，题邮亭壁。曰："江南金粉坠纷纷，江北名花剩几分？铁马雕戈惊枕梦，舞裙歌扇付尘氛。青衫泪早新亭湿，红板词曾旧院闻。烟雨楼台无恙否？丁帘□□隔愁云。寻花蜡屐过东园，大舍门楣旧姓袁。阿姊能歌桃叶渡，芳邻同傍苎萝村。云生冰簟知秋到，月上珠帘近晓昏。憔悴冬郎今日恨，冷吟闲醉总销魂。城头昨夜望烽尘，仓卒桃源欲避秦。钗卜乍辞鸳帐冷，巢居初葺燕泥新。蝉琴幽调悲齐女，鸾纸歌声泣楚人。潺潺帘雨剧酸辛。曾画旗亭壁上诗，□□□□□□□丝。为怜飘泊同桃梗，谁与玲珑唱竹枝？涕泪初干翻欲笑，乱离何处不相思？茫茫此后穷途恨，一盏醇醪醉饼师。"

《南亭四话》卷二：安成彭氏家庵，有女鬼题壁曰："只见船泊岸，不见岸泊船。岂能深谷里，风雨误芳年？薄情君抛弃，咫尺万里远。一夜月空明，芭蕉心不展。解下罗裙带，无情对有情。不知妾意重，只道妾身轻。经从佛口出，佛岂在经里？郎在妾心头，郎心隔千里。"四诗或本俚谚，或矜妙悟，类《前溪》《子夜》之遗。至"经出佛口，佛不在经"云云，可辟流俗迷信之讹。我遇此魅，当引为谈玄之腻友。

《南亭四话》卷二：《平等阁笔记》卷一：庚子仲冬，由日本西京偕日友数人，乘玄海丸返国，便途得游朝鲜及关东关外诸地，雨雪载途，寒风砭骨，哀鸿遍野，春燕无归，触目心伤，梦魂郁悒。一日薄暮，将投逆旅，适一女子姿容倩雅，妆服淡素，冷月凝晖，寒山蹙翠，携一姥一仆，匆匆更望北发。余心讶之，入旅店中，见壁间题诗数首，墨痕未干，字体秀逸。一云："本是明珠自爱身，金炉香拥翠裘轻。谁为抛却乡关道，白雪苍波无限程。明镜红颜减旧时，寒风似剪剪冰肌。伤心又是榆关路，处处风翻五色旗。"其三云："无计能醒我国民，丝丝情泪揾红巾。甘心异族欺凌惯，可有男儿愤不平？"尚有一首，字体潦草，不能辨识。噫嘻！此何人也？问之逆旅主人，茫然不答。

又，龚家庄旅壁有无名氏女子题七绝一首，又律诗二章，颇佳，并录之。“铅华不御鬓蓬松，消瘦形骸镜影中。绿遍垂杨青遍草，教人不敢怨东风。”“乱山合沓锁空城，细数邮签第一程。渐远欢如侵晓梦，不支愁是乍离情。暗飞蝙蝠窗扉寂，红见樱桃节序更。挑尽寒灯不成梦，未知斜月又晶莹。”“罗衣轻叠缕金箱，草草征轮倦晓妆。开镜已应羞翠黛，入厨犹记问羹汤。刀环怅望疑长别，萍梗飘流屡异乡。莫唱定风波一曲，声声凄恻断人肠。”

又，新乐旅壁无名氏云：“漫说郎痴侬更痴，阿侬心事只郎知。郎今欲去侬先醉，莫教侬知郎去时。”

《南亭四话》卷二：女史题壁诗，大都不得志于时者所托，非必果有其人也。湘芸先生有《步凤笙女史韵》诗云：“香国名花几万丛，纵然解语也难工。才人领略风人意，一缕情丝付女红。《离骚》读罢黯然伤，一样春愁接渺茫。直为风骚留嫡派，休将艳曲谱求皇。歌残白雪更阳春，识曲无真墨已尘。明月一篇参透否，断无才子不佳人。”说破殊堪一噱。

《南亭四话》卷三：丙午之岁，江南大荒，流亡殆尽。有姑嫂二人，不知何许人，且不知其姓氏，乞食吴门，题诗寺壁二首，其一已自涂抹，仅留一首云：“萧然行李此经过，只为年荒受折磨。踏破绣鞋穿竹径，吹残云鬓入风涡。叩门乞食推恩少，仰面求人忍辱多。欲赋归与归未得，夕阳回首泪滂沱。”读之怆然欲绝。妇人能诗，其亦穷而后工乎？

《南亭四话》卷八：茌平旅壁有女子题《苏幕遮》词，并和作录后。词云：“月儿高，灯影媚。悄背兰釭，双鬓颓云坠。私语喁喁呼小字。促卸残妆，听落钗声腻。漆投胶，盐着水。侬我欢卿，不尽绸缪意。赠与定情金合子。握手匆匆，已月波窗渍。”“困添愁，慵益媚。水阁风回，絮影侵帘坠。爱听鹦哥呼小字。笑拓纱棂，露紫痕红腻。槛凝烟，屏折水。一寸柔肠，百丈缠绵意。喜报银釭红结子。私语凭肩，见唾绒新渍。”

邹弢《三借庐赘谈》卷六：维扬阮芷孚女史，字秋侬，少伴李猗香夫人读，遂娴吟咏，著有《晴霞楼诗稿》一卷。后猗香夫人随宦粤中，阮不能从，依母家。母贪银钱，鬻女于秦中贾人，年五十余，目不识丁。秋侬竟以抑郁卒。尝贾过临城，题驿壁云：“轻谪尘寰暗自怜，误侬幻梦小游仙。如弓明月初三夜，似剪春风十五年。屋纵黄金伤不偶，玉终白璧叹难全。无端嫁作商人妇，絮泊萍飘水驿边。”更有次首，中有“命薄身随十万钱”句，亦可想见其志矣。

邹弢《三借庐赘谈》卷十二：杜剑翁有近戚祝兰言秀才者，尝郊行至一古寺。十余武外，遥见一美女扶婢，向粉壁振笔疾书。祝趋前，女急避去。视壁上七绝一首，吟云：“吟诗重过板桥西，杨柳垂垂绿一溪。正恨好春寻不着，流莺无赖向人啼。”下书“闲步寻春，偶占一绝，金湖女”。其下则以避去，未及书也。祝狂喜，熟诵之。归家冥想，怜才爱色，交萦于中。物色数年，始知为浙江洪姓女，字绿筠，犹待字也。时祝亦未聘，辗转贿媒媪求之。女父母又故意留难，计费千金，方得娶归，伉俪极笃。新婚三日，祝遂口占嘲女云：“怜才心事亦艰辛，今日才教了夙因。却怪卿家磨折甚，不容修到比肩人。”绿筠答云：“两地如何合得来，逢郎多谢有诗媒。好将往日艰难意，赚取温家玉镜台。”一时传为佳话。周伴莲述。